I0892684

Van Morrison

El genial poeta del rock

BRIAN HINTON

Van Morrison

El genial poeta del rock

BRIAN HINTON

Traducción de Joan Sardà

(coordinador del Jubilee Jazz Club de Barcelona)

MA NON TROPPO

MA
NON
TROPPO

Un sello de Ediciones Robinbook
información bibliográfica
Industria 11 (Pol. Ind. Buvisa)
08329 - Teià (Barcelona)
e-mail: info@robinbook.com
www.robinbook.com

Título original: *Celtic Crossroads.*

© 2000, Brian Hinton.
Published in Great Britain by Sanctuary Publishing.

© 2004 Ediciones Robinbook, s. l., Barcelona.

Diseño de cubierta e interior: Cifra, s.l.
Fotografía de cubierta: Xavier Mercadé.
ISBN: 84-96222-15-2.
Depósito legal: B-34.555-2004.

Impreso por Hurope, Lima, 3 bis - 08030 Barcelona.

Impreso en España - *Printed in Spain*

Quedan rigurosamente prohibidas, sin la autorización escrita de los titulares del Copyright, bajo las sanciones establecidas en las leyes, la reproducción total o parcial de esta obra por cualquier medio o procedimiento, comprendidos la reprografía y el tratamiento informático, y la distribución de ejemplares de la misma mediante alquiler o préstamo públicos.

Índice

Agradecimientos

Me gustaría dar las gracias a las siguientes personas: Penny, Jeff, Michelle y Eddy, de Sanctuary Publishing; Julian Bell, Emma Bradford, Ken Brooks, David y Monique Caddy, poetas colegas y proveedores de buenos vinos artesanos; Alan Clayson y Mike Cunliffe, por mantener mi sensatez (o casi); Andy Darlington (el «poeta rock»), Alan y Caroline Dawson (de Replays); Jean Foister, por tener fe; Angela Hampton, por las fotografías y por tanta comida deliciosa, días de un «aturdimiento» feliz; David Harris, por su generosidad; Amanda Hemingway, por su apoyo y su belleza; Sally, Scott y Dave Henderson; Jeff Lewis, por desenterrar vinilos raros con la misma habilidad con que un sabueso desentierra las trufas; Carl Major, por su profundo conocimiento de la poesía contemporánea; Eli McCarthy, por sus recuerdos personales; Eileen McManus, casi por todo; Phil McMullen, del *Ptolemaic Terrascope;* Neil Philip, por ponerme en el buen camino; James Sale, por guiarme en internet; Don Saul, por las cintas; Oliver Scott (el sabio neozelandés del rock), Iain Sinclair, Ron y Audrey Smith, Dick Taylor, Vic y los otros dos sabios de los Isle of Wight Rock Archives (gracias por las cintas de Robyn Hitchcock); al sufrido personal de Dimbola y a la pareja misteriosa de la feria del disco de Southampton. Un agradecimiento especial a Geoff Wall, que me ha ayudado excepcionalmente con casettes y vídeos raros, con apoyo e información. Y otro para Ben Cunliffe, por su dura tarea. Y a Ediciones Robinbook, en cuyo sello MA NON TROPPO han vertido al castellano este libro, permitiéndome actualizarlo y completarlo con un apéndice que espero que agradezca el lector.

Clive Whichelow, de Backnumbers, ha sido de inestimable ayuda a la hora de encontrar revistas de rock ausentes de mi extenso archivo personal de objetos de colección. En la bibliografía he relacionado mis principales fuentes de información impresa.

Introducción

¿Te has curado? («Did Ye Get Healed?»)

Estamos a principios de 1996, y Van Morrison y su grupo son los artistas principales de *Later*, el mejor programa variado de música en directo de la BBC2; el estudio huele a menta fresca. Van va vestido de negro, desde el sombrero Stetson a las botas, pasando por las gafas oscuras, como un descartado de la película de los *Blues Brothers*. Su expresión perpleja se crispa con intensidad mientras interpreta las letras con una mezcla de pasión y de mal genio; luego, da un paso atrás, con los brazos rígidos a los lados, mientras sus músicos, uno tras otro, tocan los solos. Van inclina la cabeza al compás de la música, como inmerso en ella. Casi oculto por la ropa, él está en escena como un cantante de jazz, el tempo estricto y con las emociones a la espalda, pero a cualquier espectador conocedor del pasado de Van se le agolpa una enorme cabalgata de imágenes ligadas al artista. El hombre duro de Them, huraño y melenudo, compendio de gruñidos irlandeses e intimidación sexual, el hippy californiano de adopción —con su caftán a la moda— de principios de los setenta, o el viajero místico de *Veedon Fleece*. Todo ello converge en esta persona sumamente privada, cuya imagen actual repele cualquier intento de personalizar o de penetrar su armadura. Apoyado en Georgie Fame, cuya afabilidad y talento musical son sinceros y públicamente reconocidos, el cantante sigue siendo un enigma, un espacio vacío, un loco sagrado, quizás con la carencia de personalidad canalizada de alguna forma hacia esa voz maravillosa, a la vez apasionada y amenazadora, meliflua y erizada, todo al mismo tiempo.

En su, por otra parte, acertado estudio de Van Morrison, John Collis empieza por pillar a contrapié a los lectores con la siguiente declaración de intenciones:

«Un acercamiento falso a la obra de Morrison sería verle como un poeta que actúa en el marco del rock». Como es ésta la percepción más general que tienen de Van sus numerosos y profundamente leales seguidores, uno inquiere una pequeña aclaración sobre el tema. «La poesía debiera ser el lenguaje en su forma más brillante, como una destilación de la experiencia del poeta.» Inmediatamente, Collis se contradice a sí mismo al reconocer que, a menudo, Morrison consigue cumplir exactamente con el enunciado. Luego, el escritor complica la cuestión al añadir que Van es más propenso a la repetición de una frase, como un mantra, o a rebajarse hasta el canto en *scat*. «A menudo, las palabras son prosaicas, y así difícilmente se puede llegar a la poesía.»

Raramente se podría disentir de la definición de poesía que antaño estableciera la distinguida poeta y mística Kathleen Raine como «el lenguaje organizado para ser dicho en voz alta». Las letras de Van Morrison estremecen justamente por esa razón; como cualquier gran poeta, desde Blake hasta Seamus Heaney, él devuelve las palabras a sus orígenes mágicos. Al trenzar, corear, repetir y hacer trizas lo prosaico, convirtiéndolo en estructuras nuevas que calan profundamente en los ritmos subyacentes del lenguaje y el sonido, Van puede transportar tanto al público como a sí mismo hacia una realidad diferente. Efectivamente, Morrison retorna la poesía a sus raíces más primigenias, como en las obras de Homero, las antiguas epopeyas británicas como *Beowulf*, los salmos o el folclore, en todos ellos las palabras y la música se combinan para crear una nueva realidad.

A este respecto, Collis proporciona una advertencia útil, en el sentido de que cualquier intento de estudiar las letras de Morrison aparte de la música que les da vida está abocado al fracaso, y a ser considerado la peor especie de tontería académica. Como señaló Greil Marcus en su día, hay demasiados críticos de rock que otorgan una importancia desmesurada a las letras sin más. La voz flexible y sumamente rítmica de Morrison, y los patrones musicales que él y sus compañeros (y compañeras) cuidadosamente elegidos tejen alrededor de las letras que él improvisa, son los que las transforma en una expresión más amplia. *Astral Weeks* es quizá el mejor ejemplo, en todo el rock, de cómo cualquier cosa puede cohesionarse en un todo cargado con una emoción suprema. En una entrevista para el fanzine irlandés *Into The Music*, David Hayes declara que Van es la única persona del mundo del espectáculo que él conoció que «si todos los elementos son buenos y todo está en su sitio, puede llevar la música hacia un campo totalmente diferente, un lugar en el que puedes penetrar». El guitarrista Arty McGlynn declaró a Joe Jackson, del *Irish Times*, que trabajar con Morrison era como «estar colgado a una altura de ochenta y cinco pisos con la punta de los dedos».

Como cualquier poeta verdadero, Van funciona como una especie de chamán o sumo sacerdote, acrecentando nuestros sentidos. Una rara grabación de uno de sus grandes mentores, W. B. Yeats, nos ofrece, bajo la crepitación, el sonido de una voz que es cantarina, vigorosamente rítmica, como un conjuro. Morrison atrae hacia su obra todo tipo de influencias, desde los gritadores de blues hasta los predicadores cristianos pentecostalistas del fuego del infierno, desde el jazz, el rhythm and blues, el country y el rock 'n' roll hasta la tradición mística inglesa. El título de este libro, VAN MORRISON: EL GENIAL POETA DEL ROCK, refleja con exactitud esta dicotomía entre el legado natural y el anhelado de Van, el blues y la música tradicional irlandesa, de la que él ha forjado una nueva alquimia: el «caledonian soul».

Hace tiempo que sostengo la opinión de que la más importante música rock ha intentado, de manera parecida, forjar una cosa nueva a partir de la sensualidad y el conocimiento místico. Y esto no atañe sólo a la música rock. En *La Divina Comedia*, de Dante, se traduce el amor platónico que el poeta siente por Beatriz en una búsqueda del paraíso, a la inversa que en la obra de Yeats, quien abandona las preguntas místicas para descansar en la «trapería del corazón». Más cercana en el tiempo, la música de John Coltrane puede verse como una indagación mística, que conduce desde el post-bop y la adicción a la heroína a una búsqueda del sentido espiritual, mientras que la trágica vida de Marvin Gaye se iluminó con su busca de la «curación sexual». En términos rockeros, el extraordinario álbum *Greetings From L. A.*, de Tim Buckley, deja atrás el viaje del cantante a través del folk psicodélico y del jazz libre para transitar una especie de brutal soul de Filadelfia, en el que la expresión «yo hablo en "lenguas"» tiene sentido tanto respecto al sexo oral como a la clase de revelación pentecostal que sintieron los apóstoles de Jesucristo después de la resurrección.

Es la misma perspicacia que destella brevemente en el primer tema del magistral *New York*, de Lou Reed. Un acto de amor parecido ofrece un breve momento de iluminación, condenado en esa conjunción especial a lo Romeo y Julieta, que concluye en un momento de auténtica esperanza del álbum. En «Begining Of A Great Adventure», el hombre que antaño surcó mares oscurecidos bajo la influencia de la heroína, y que en el tercer álbum de Velvet Undergrond realizó un corte transversal de los placeres prohibidos, se rinde al sencillo amor heterosexual y a la posibilidad de tener hijos.

La mejor música de Van Morrison ocupa este espacio encantado, en el que se hace difícil desligar el amor sagrado del profano. Una de las imágenes preferidas de Morrison, la del jardín brumoso y con lluvia podría ser el edén, el paraíso o el jardín de su casa. Sólo alguien que ha celebrado la sencillez corporal de «Gloria», o el sexo adulto de *Moondance*, uno de los mejores álbumes para hacer el amor, y que también puede viajar sinceramente «hacia la mística», puede después llevarse a su público con él hacia las verdades complejas de, digamos, *No Guru, No Method, No Teacher*. En un viaje como ése, hay implicada una especie de confianza que, una vez rota, se ha perdido para siempre.

La musa particular de Morrison está cerca de la belleza henchida de «Sad-Eyed Lady Of The Lowlands», amante y diosa a la vez a la que el cantante adora y teme al mismo tiempo, o de una canción posterior en la que (presumiblemente) Sara es ahora esposa y deidad egipcia. «Me casé con Isis el cuarto día de junio.» Especificar una fecha es de gran relevancia. Afianza un relato misterioso en una especie de hecho imaginario. Richard Thompson, en sus mejores momentos, puede alcanzar ese mismo mundo, como en el terror sagrado de «Devonside», o en su álbum *Pour Down Like Silver*, en el que las canciones de amor humano también pueden estar dirigidas a Alá, o viceversa.

Ser muy puntilloso sobre este tipo de cosas podría resultar un desastre. Las listas de los diez primeros están llenas de ejemplos de música que funciona tanto para el baile como para la mente. La obra de Prince parece residir en un lugar entre el sexo extremado y, a menudo, pervertido y el abandono religioso. Incluso Madonna, cuya asociación del catolicismo a la cópula sexual le ha valido acusaciones de blasfemia —¡el nombre mismo de Madonna!—, también puede cantar al sexo más refinado que la hace sentir «como una virgen, en la primerísima vez». Una buena aliteración, desde luego. En mi reciente libro sobre Joni Mitchell intenté mostrar cómo lo mejor de su música sólo enuncia una dicotomía, ligada con su búsqueda personal de libertad: Coyote que huele en sus dedos el perfume de ella, el ansia desesperada de la cantante por «Blue», o la consolación del amor doméstico en *Wild Things Run Fast*.

Volviendo a las listas de éxitos, el «God Only Knows», de los Beach Boys, es mitad canción de amor mitad himno, mientras que «Love Resurrection», de Alison Mollet, es, a la vez, asombrosamente inmunda y genuinamente emocionante. No es casualidad que el autor, hasta la fecha, de la seguramente mejor biografía de Van Morrison, Steve Turner, haya escrito brillantemente también sobre estos temas en *Hungry For Heaven: Rock And Roll And The Search For Redemption*, aunque desde una perspectiva estrictamente cristiana que no puedo compartir en su totalidad.

Es la belleza del interminable cuestionamiento de tales temas lo que ha hecho que él no se haya acomodado mucho tiempo en ninguna fe ni religión, y ha tomado lo que podía de cada una, para seguir adelante. Los que han acudido a sus mejores conciertos testimonian sobre la atmósfera especial que Morrison puede tejer entre el intérprete y el público, un regocijo comunitario, que tan sólo han podido experimentar en otra parte con las cumbres más altas de la world music —sin pretender trucos de marketing—: el canto sufí de Nusrat Fateh Ali Khan, o los soliloquios nostálgicos de Salif Keita. Tal vez proviene del poder de la voz humana, más allá del de cualquier instrumento, para expresar y canalizar esos anhelos y esa confianza.

En un anterior, y malhumorado, estudio sobre la música de Morrison, John Rogan afirma que «mientras que algunos escritores han intentado presentar a Van Morrison como el artista sensible e incomprendido, creo que dicha opinión es conceptualmente ingenua». Bien, yo creo, al contrario, que un cinismo así es conceptualmente nulo y vacío. En vez de tratar de inflingir una especie de psicoanálisis aficionado sobre el cantante —o el lector—, yo intento ocuparme de las extrañas curvas de la carrera de Morrison, de las que saldrá una imagen mucho más clara de un personaje complejo y fascinante.

Van Morrison ha surcado un único y, a veces, perverso camino musical, y a lo largo de su trayectoria ha producido alguno de los discos más memorables y emocionantes de los últimos treinta años, desde «Gloria» a *The Healing Game*. Sus canciones han funcionado como banda sonora de una generación. La carrera de Van ha sido rica y extraña a la vez, desde los tiempos de aprendizaje en una orquesta de baile irlandesa, pasando por el duro rhythm and blues de Them, con quienes en 1967 compartió actuaciones en clubes con los Doors, hasta la autorrevelación de *Astral Weeks* y los fascinantes conciertos en directo con su Caledonia Soul Orchestra.

Después de una misteriosa desaparición, de tres años, en el cenit de su fama, Morrison ha editado una serie de álbumes cada vez más profundos —alimentados con su ingenio singular— que ponen de relieve los misterios celtas, su búsqueda de algún tipo de epifanía espiritual y la simple alegría de vivir. Y cantando con una pasión total, directamente desde el alma.

Musicalmente, su obra ha crecido para abarcar elementos de pop, rock, jazz, rhythm and blues, blues, soul, folk, música clásica y de ambiente, y, además, los ha fusionado. Morrison ha gozado de fructíferas colaboraciones con Bob Dylan, The Chieftains, Cliff Richard, The Band, el poeta irlandés Paul Durcan, Tom Jones, The Crusaders, Mose Allison, Georgie Fame, Frank Zappa y John Lee Hooker. En las letras, ha citado a personajes que van de William Blake al jugador de snooker Alex Higgins, de John Donne a Spike Milligan, de William Wordsworth a George Best. A su vez, Van ha influido a muchos, desde su casi tocayo Jim Morrison hasta Bruce Springsteen, de Elvis Costello a U2, de Robyn Hitchcock a Lisa Stansfield. Mientras tanto, los conciertos en directo siguen siendo totalmente imprevisibles. En plena forma, Morrison es capaz de paralizar a un público como ningún otro intérprete vivo, llevándoselo de inmediato fuera del tiempo y el espacio en un viaje auténtico «hacia la mística». Y todo ello gracias a alguien al que recientemente se le otorgó la Orden del Imperio Británico.

De golpe, y al mismo tiempo, Morrison puede ser enormemente cómico y un Don Malhumorado, un místico y un inadaptado, a ratos ingenuo, a ratos majestuoso. Igual que cualquiera, en realidad, excepto que él también ha creado, lentamente, un catálogo de canciones y de actuaciones que durarán más allá del tercer milenio. Qué mejor para empezar que los primeros versos de «Astral Weeks», indudablemente, una gran poesía.

If I ventured in the slipstream
Between the viaducts of your dreams
Where the mobile steel rims crack
And the ditch in the back roads stop
*Could you find me...?**

* [«Si me aventuro en la estela / entre los viaductos de tus sueños / donde el acero en movimiento está a punto de chocar / y se termina la cuneta de las carreteras secundarias / ¿Podrías encontrarme...?»]

uno:

En la calle Hyndford («On Hyndford Street»)

La calle Hyndford, en Belfast, donde vivió Van Morrison entre 1945 y 1961.

GREENVILLE
ELECTRICAL
SUPPLIES
PHONE 450402
458334

En ***Mitos, sueños y misterios,*** Mircea Eliade nos describe el persistente sentido que tenemos de unidad con el mundo natural como un «sentimiento profundo de provenir de la tierra, de haber nacido en el planeta igual que la Tierra misma, con su fecundidad inagotable, que hace nacer las rocas, los ríos, los árboles y las flores». Según Jeremy Hooker, todos los poetas posteriores a Wordsworth «se han identificado a sí mismos con lugares con una intensidad nacida de la pérdida». Los paisajes que han cantado han sido una expresión de su aislamiento, y «se han relacionado con los colegas poetas... más que con la "gente"».

La celebración que Van Morrison hace de su tierra natal es también aislada, curiosamente. Compuesta en su mayor parte en el exilio, comprende el suburbio de Belfast de la infancia y los paisajes surgidos de su imaginación: el verano en Inglaterra, los campos de Avalon. Para todos nosotros, el paisaje en el que crecemos evoca una tristeza oscura y elegíaca. En palabras de Jeremy Hooker, es «el país original al que nunca podemos regresar, una condición completa del ser... un lugar sagrado, un "centro" en el que se puede encontrar la totalidad del ser».

Como escribió George Eliot: «nunca podríamos amar tanto a la tierra si no hubiera infancia en ella. Tales cosas son la lengua materna de nuestra imaginación, el idioma que está preñado de todas las sutiles asociaciones inextricables que las horas pasajeras de nuestra infancia han ido dejando atrás».

John Cowper Powys habla en su *Autobiografía* de cómo la imaginación de un niño tiene el «éxtasis de lo ilimitado», y de cómo puede encontrar «lo infinitamente grande en lo materialmente pequeño». Para Morrison «siempre es ahora». Sus canciones sencillamente recobran el sentido de «soñar en Dios».

George Ivan Morrison nació en East Belfast el 31 de agosto de 1945, hijo único de una familia obrera. George, el padre, era un electricista que trabajaba en los cercanos muelles del río Lagan, y Violet, la madre, trabajadora en una fábrica. Los padres eran veinteañeros y se habían casado el día de Navidad de 1941 en St. Donard's, vecina sede local de la Iglesia de Irlanda, en su misma calle. Van nació bajo el signo de Virgo, el signo astral de la creatividad y el control. El apellido Morrison sugiere unos ancestros escoceses, y un artículo publicado en *Rolling Stone,* en 1970, llega a describir al padre de Van como un «portuario escocés casado con una irlandesa». En la vejada y violenta historia de la otra isla de John Bull, muchos escoceses se han visto obligados a emigrar hacia el oeste y a establecer un baluarte de acreditado linaje anti-papista contra la población autóctona.

Van nació en la casa en que su madre había crecido, en el 125 de la calle Hyndford, una pequeña casa alineada de dos habitaciones. A pocos pasos está la Cyprus Avenue, con sus filas de árboles, por donde él pasearía encantado. Aunque posteriormente transformado por el poder de la imaginación de Van, el suburbio de clase obrera de Bloomfield no se diferencia, en gran medida, de cualquier otro suburbio urbano en crecimiento. Los campos en la baja llanura costera que rodea las colinas de Castlereagh hace tiempo que desaparecieron bajo un revoltijo de urbanizaciones residenciales, fábricas y tiendas.

El joven Van era, según dijo Rod Demick a John Collis: «un poco aislado, un hijo único. Jamás un buen comunicador, incluso cuando él estaba relajado, hablando con los amigos». El campo todavía se hace presente en Bloomfield, con parcelas de campo y bosque que invaden los suburbios casi repletos. Como reveló otro amigo de infancia a Collis: «Parecía como si el campo empezara justo aquí. Todo campo verde». Aparentemente, en cada esquina, los edificios parduscos están engalanados con mensajes de fe evangélica. Las ricas cadencias de la *Biblia* continúan resonando a través de la obra de Van.

Ésta era una zona sólidamente evangélica, en una ciudad que pronto estallaría en una guerra civil de religión. Con todo, tanto católicos como protestantes eran bien recibidos —y empleados en el personal docente— de la Orangefield School For Boys. Fue aquí, en 1956, donde Van empezó su educación secundaria, después de asistir a la primaria Elm Grove, de Beersbridge Road, justo a la vuelta de su casa. Como declaró él a *Rolling Stone* en 1972: «Yo no era consciente de ningún prejuicio religioso hasta que un día un par de chavales a los que no había visto antes vinieron hacia mí y empezaron a vacilar. Habían estado dando puñetazos ya no recuerdo si a católicos o a protestantes. Se pararon cuando les dijimos que no éramos lo que fuera que ellos pensaban que éramos. Todo en general era increíble». A causa de todos los serpenteos de su peregrinaje espiritual, la intolerancia hacia los demás credos, o hacia los no creyentes, brilla por su ausencia en las canciones, o en las entrevistas de Van. Él no se ha mostrado nunca, como lo hiciera Dylan a finales de los setenta, con la arrogancia del fanático religioso.

En el tesoro hallado que es la biografía de Steve Turner, éste relata la infancia feliz y convencional de Van, «nadando en el cercano río Beechie, cavando agujeros en el jardín y vagando por los descampados», mientras que en su interior permanecía el solitario, que miraba los acontecimientos de manera distante. Un maestro describe a Morrison como furtivo, como una liebre de marzo. Muchos piensan que él estaba, en palabras de George Jones, «totalmente chiflado». Un vecina recuerda haberse quedado un día sin poder entrar en su casa: «El hombre con el que yo estaba hablando vio a Van y le pidió que trepara por el muro de mi jardín y que fuera por la puerta trasera para permitirme entrar. Van se limitó a negar con la cabeza e irse». El Morrison joven era la clase de chico al que siempre encontrarías dentro de casa, leyendo atentamente un libro. En su dormitorio del piso de arriba, Van hizo sus primeros intentos de escribir poesía, y de cantar para su perro *Maxie.*

Van creció en un tiempo de austeridad, como consecuencia de la II Guerra Mundial. Se formaban resignadas colas para mercancías de «utilidad», y la alimentación y el vestido estuvieron racionados hasta bien entrados los años cincuenta. El trabajo se centraba en el laberíntico puerto de Belfast, con sus astilleros enormes que reclamaban un pequeño ejército de caldereros, carpinteros, lampistas, electricistas e ingenieros. A principios de los cincuenta, justo cuando Van empezaba la escuela primaria, George, su padre, se fue a Detroit, a casa de unos parientes, a la búsqueda de un trabajo fijo, y trabajó en el ferrocarril. Como le dijo Van a Ritchie Yorke: «Él vino para ver cómo estaban las cosas. Luego se suponía que iba a traerse al resto de la familia, pero no salió bien. Él me envió algunos trajes norteamericanos, y los demás chavales estaban celosos». Por todo ello, los Estados Unidos se convirtieron para Van en una tierra mítica, de la que manaba leche y miel, y una música maravillosa. Él se mudó allí con su imaginación.

A George Morrison se le tenía en el trabajo por introvertido y silencioso. Su única pasión perdurable era su colección de discos, una de las más amplias de todo el Ulster, y este sentido de inclusión total en la música se ha traspasado a su hijo. Van declaró después a Paul Jones: «Mi padre tenía discos de la época de las big bands. He olvidado exactamente, quizá Woody Herman o algo así. Él era uno de esos coleccionistas». Violet, la madre de Van, pequeña y vivaz, una obrera fabril que adoraba montar su número en las fiestas, era, además, una buena cantante aficionada: «Cualquier cosa, desde Al Jolson al "Ave María"», como recordaba Van con orgullo.

Ésa fue su auténtica escuela. Durante un periodo de tiempo, como declaró a Yorke: «Cuando teníamos clase de música, nos sentábamos y soplábamos la flauta de pico. Si eso era tener una educación musical, a mí no me impresionaba tanto. Pero en casa me lo pasaba en grande. También me gusta la música clásica. Todo empezó cuando yo tenía dos años y medio. Ringo, el padre de un amigo mío, trajo algunos discos de Hank Williams, nos sentamos en la escalera y escuchamos "Kawaliga". Mi abuelo cuidaba de mí, mientras mis padres estaban en el cine, y yo le hacía poner discos una y otra vez, durante toda la noche, en un viejo tocadiscos con una gran bocina, de la marca La Voz de su Amo. A mi abuelo también le gustaba». La música country era la preferida especialmente por el niño prodigio que pedía a gritos a «Big Bill Campbell en el Grand Ole Opry, "Texarkana Baby" de Eddie Arnold, y Tex Morton, el vaquero que cantaba al estilo tirolés "Big Rock Candy Mountain" y "My Sweetheart's In Love With a Swiss Mountaineer". ¡Vaya disco!».

En paralelo a estos descubrimientos, y heredado casi inconscientemente de su madre, había un cierto cariño por la música irlandesa tradicional. Intérpretes como Cork's Na Fili y la familia McPeaks de Antrim se convertirían posteriormente en atracciones habituales en los clubes de folk de Belfast. De manera más inmediata —y excéntricamente, para la época—, Van desarrolló su interés por el blues. Era una música fuertemente enraizada en la experiencia de los negros, trasladada desde África en los buques de esclavos, tan brutalmente apropiada como sus primeros cantantes, aunque en Irlanda se sabía todo sobre la repatriación obligada, y sobre los seres humanos tratados como animales. El autor y músico escocés Jim Wilkie —y posteriormente Van— sostenía que el blues también debía mucho a los gaélicos que colonizaron los estados del sur a finales del siglo XVIII. Los visitantes en casa de los Morrison podían oír un espiritual de Mahalia Jackson, un «jump blues» de Louis Jordan, el be-bop estruendoso de Charlie Parker o las diversas complejidades de Jelly Roll Morton, Billie Holiday y Duke Ellington.

Uno de los preferidos era Leadbelly. En 1978, Van declaraba a Jonathan Cott: «Él era mi gurú. Una vez alguien me envió un cartel enorme de Leadbelly sonriendo satisfecho con una guitarra de doce cuerdas. Lo enmarqué y lo colgué en la pared, y lo he tenido en la pared dondequiera que he vivido. Un día lo estaba mirando y pensaba: ya estoy harto de esa cosa, me está matando. Así que lo descolgué y estaba a punto de tirarlo. Luego me puse a jugar con la radio, y sintonicé una emisora y ahí estaba Leadbelly cantando "Rock Island Line". Y me volví, tío, y rápidamente puse de nuevo el cuadro en la pared». En un álbum de promoción de 1986, Morrison explicaba a Mick Brown: «Entre Leadbelly y la Carter Family, así es cómo me metí en lo de cantar».

En Belfast, muchas de esas grabaciones se podían comprar en una tienda de bicicletas del centro de la ciudad, que ofrecía cajones con discos raros de blues de 78 rpm, entre horquillas y faros de bicicleta. El propietario, Dougie Knight, comparaba el blues a la forma sonata, para provecho del joven Van: «Los intérpretes establecen un tema y luego lo adornan». Los clientes de Knight incluían a miembros del club de jazz de la ciudad que se reunían cada martes en un salón del Old Seaman's Maritime Hotel. Allí discutían temas tan académicamente esotéricos como «los pequeños grupos ellingtonianos».

Para sorpresa de la propia empresa, estos excéntricos fueron el lejano rompeolas de una onda musical. Pronto esos entusiastas trabajadores saltarían de la cama a las cinco de la madrugada para sintonizar un programa de blues, de media hora, en la red de emisoras de las American Forces. Cantantes como Memphis Slim, Jesse Fuller y Champion Jack Dupree empezaron a considerar que valía la pena que Belfast se incluyera en sus itinerarios europeos. Fue un trombonista blanco y tradicionalista, Chris Barber, quien avaló personalmente los conciertos en Gran Bretaña de gente como Little Walter, Sonny Boy Williamson, Howlin' Wolf, Muddy Waters, Roosevelt Sykes y los multiinstrumentistas Sonny Terry and Brownie McGhee que, en consecuencia, se establecieron en Inglaterra.

La Jazz Band de Barber también fue la que introdujo en 1951 a The Washboard Wonders: Beryl Bryden a la tabla de lavar y el propio Barber al contrabajo, que acompañaban las canciones del folk norteamericano teñidas de blues del guitarrista y banjo Lonnie Donegan. Este intermedio «skiffle» llegó a destacar como el punto culminante de toda la actuación, de tal manera que «Rock Island Line», de Leadbelly, se extrajo como sencillo de entre las piezas del LP de Barber *New Orleans Joys*. Hoy en día suena soso, pero en su época fue una explosión atómica. Su parentesco más cercano en términos de alboroto primitivo era el «rockabilly», una tendencia del rock 'n' roll que un crítico resumió como «el blues con acné». En 1957 Donegan se convirtió en el «Rey del Skiffle» sin corona, y el impacto de su música casera y esencialmente amateur tuvo todo tipo de rebrotes fructíferos, tiempo después de que todos los contrabajos hechos con latas de té y tablas de lavar fueran a parar a la hoguera, y de que los dedales volvieran al costurero de mamá. Los Beatles, por ejemplo, procedían de la forma más burda, la del «esto lo hace cualquiera», del skiffle. Como el punk, pero sin electricidad.

Como declaró Morrison a Steve Turner: «Lo que me unía con aquello es que yo había escuchado a Leadbelly antes, así que, cuando llegó Donegan, yo pensaba que todos estaban enterados». A partir de las enseñanzas de Dougie Knight, Van comprendió instintivamente el truco de la cuestión, usar la misma fórmula como cualquier otro, aunque sin dejar de pellizcarla sutilmente, y desarrollar un sonido individual al permitir que sobresaliera la personalidad de uno mismo. Justo como el punk, o cualquier forma artística, desde la sinfonía hasta el poema épico.

Un instrumento bautizado como «zobo» —por el que se soplaba— era la desviación principal de las normas en el primer grupo skiffle de Morrison, The Sputniks, que empezó con amigos de la escuela, a la edad de once años: «el rollo skiffle estaba justo empezando. Yo fundé un grupo de skiffle». Van ya era hábil con una guitarra de segunda mano que le había comprado su padre. Al igual que Joni Mitchell, en otro continente, que aprendió a tocar el ukelele gracias a un manual de Pete Seeger, Van practicaría sin descanso. La forma de tortura elegida, para él y los vecinos, era *The Carter Family Style*, un manual de guitarra escrito por Alan Lomax, especialista en folk que fue el primero en grabar a Leadbelly. Aprende de los maestros y no te equivocarás demasiado.

La música era ya algo más que un hobby. En declaraciones a Chris Welch, de *Melody Maker*, Morrison se mostraba así de enfático al respecto: «Pienso que estaba alucinado. Durante una época pensé que no iba a vivir mucho tiempo. Lo que me salvó fue mi interés por la música. Quería saber más acordes, cantar mejor, tocar mejor el saxo, hacer arreglos, ¡siempre más música!».

Una educación musical paralela hizo que Van pasara de tocar la flauta de pico a tomar clases privadas de saxofón. También estaba aprendiendo a sacar una melodía al piano, y pronto dio con la manera de extraer notas «blue» de la armónica, con la que más tarde sería considerado un maestro. En The Sputniks, Van actuaba en general de cantante y guitarrista, un centro de atención nato, ya que el grupo soltaba su limitado repertorio en banquetes de boda, clubes de juventud, celebraciones parroquiales, fiestas y en cualquier concurso de aficionados. En ellos competían contra cómicos impresionistas, tragasables y émulas de Shirley Temple. Un ejercicio de humildad. Cuando The Sputniks se separaron, la mayoría de sus miembros se quedaron impávidos. Incluso a ojos jóvenes, el skiffle se veía como un callejón vocacional sin salida, un disparate que debía abandonarse cuando el mundo del trabajo llamaba a la puerta. A excepción, claro está, de su cantante solista.

Morrison supo de otro grupo de skiffle, compuesto por estudiantes del Belfast College of Technology, que había ganado buena parte de su reputación tocando en la parte trasera de un camión, en la calle Greenville. A cada nuevo compromiso, cambiaban de nombre, que sacaban al azar de una baraja, igual que en *Alicia en el país de las maravillas*. Los Deuces, Aces, Jokers o cualquier otro nombre que el destino les diera esa noche, eran un par de años mayores que Van, a una edad en que estas diferencias se notan. El batería y cantante Roy Kane y los guitarristas George Jones y Billy McAllen le dijeron a Van, medio en broma, que se fuera y aprendiera a tocar el saxo. A Van le costó tres semanas, y casi acabó con su reputación entre los vecinos. Steve Turner publica la reacción de uno de ellos: «Lo recuerdo vivamente. Yo le gritaba por la ventana la mayor parte del tiempo». Todavía no era la buena época: el equipo debía cargarse y descargarse en autobuses, si la actuación era más allá de una distancia que se pudiera cubrir a pie.

Dos influencias posteriores aún tenían que hacer mella en el joven Morrison. En 1956, unos prematuramente envejecidos Bill Haley And His Comets hicieron una versión de una canción de las listas «de raza», «Rock Around The Clock». El conformismo de la posguerra crujió como un huevo podrido, una fisión nuclear entre la música negra y la blanca, cada una de ellas previamente encerrada en su gueto. Todo lo que se necesitaba era un ídolo joven y de repente, allí estaba Elvis, con su fabuloso atuendo raído, su buen aspecto «ordinario», su torcida sonrisa de satisfacción y ese glaciar pródigamente regado con brillantina, del tupé a la nuca. Y, por supuesto, una voz que podía mover montañas.

Además, también estaba, como caído del planeta Venus, la bola de fuego de Luisiana, Jerry Lee Lewis, aporreando las teclas como un poseso, un personaje que seguro que había cambiado a Dios por el Diablo e iba de cabeza al infierno. El público británico tenía acceso a las giras de varios artistas, que implicaban la majestad sórdida de Gene Vincent, el testimonio gospel de Little Richard, y a Chuck Berry, astuto como un zorro y que convertía en arte las letras más estúpidas. El primer poeta rock. El más importante en términos culturales era Buddy Holly, no sólo por el tifón de sonido que provocaba —lo más fuerte que nadie había oído jamás—, sino también por su importancia en ser el primer rocker blanco que componía sus canciones. Los resultados quizá eran un poco dulzones para el gusto de Van, pero el tema estaba allí.

Y luego vino la aparición repentina de rockers patrios, el sonriente y feliz Tommy Steele, y Cliff Richard (cuya amenaza inicial no se debe despreciar), que escalaban las listas británicas sin conseguir interesar a nadie en Norteamérica. Habría que esperar a los Beatles para que eso sucediera. Mientras tanto, el primer éxito de Tommy Steele, el ahora risible «Rock With The Cavemen», había sido desplazado de los veinte principales, en el otoño de 1956, por «Bloodnock's Rock 'n' Roll», de los consumados humoristas The Goons. Ése fue el verano supremo del *Goon Show*, del Programa Ligero (Light Programme) de la BBC, con Spike Milligan, Peter Sellers, Harry Secombe y Michael Bentine. Cine para los oídos, los estrafalarios guiones de Milligan estaban atestados de analogías incongruentes, crueldad desconsiderada y conexiones con el «monólogo interior»; el *Monty Python's Flying Circus* en embrión. Van Morrison raramente se perdía a los Goons los domingos por la mañana, y era capaz de repetir sus frases en su integridad, en el patio de la escuela.

Fue en Orangefield que llegó a la madurez, tanto como líder de The Sputniks, y en plan de letrista en ciernes. Al igual que el joven John Lennon, también aficionado a los Goons, Van escribía fragmentos en verso y prosa en cuadernos de notas privados, para su propio deleite. Sus estados de ánimo internos, cuidadosamente blindados —como aún hoy en día— frente a los intrusos, oscilaban entre la melancolía y las rapsodias de exaltación misteriosa. «Una visión infantil que salía a la luz.» Van podía estar paseando por la calle, y de repente transportarse fuera del tiempo y el espacio hacia otra realidad. Tales viajes interiores son comunes entre poetas como Blake, Wordsworth —con sus intimidaciones de inmortalidad— y W. B. Yeats. Thom Gunn relata, en *The Occasion of Poetry*, cómo, haciendo autostop en Francia, experimentó de repente «una revelación de libertad física y espiritual... como si se eliminara un problema enorme aunque indefinido». Colin Wilson, uno de los autores favoritos de Van, también ha escrito sobre un sentido de eternidad parecido. La crítica que J. B. Priestley hizo de *The Outsider*, de Wilson, sostenía que dichos estados de ensoñación no estaban reservados a los aristócratas (de nacimiento o por intelecto), ni a los vanguardistas: «Los corredores de bolsa pueden tener sueños extraños, y los carniceros pueden emocionarse con intimidaciones de inmortalidad mientras cortan costillas, como el tendero, incluso si titubea sobre el azúcar, puede ver también el mundo en un grano de arena». El propio Priestley era un hombre de visiones extrañas, obsesionado con el tiempo que se escapa dislocado, a pesar de la oscuridad con la que escogió perfilarse a sí mismo en plan de falso caballero de Yorkshire.

Mientras tanto, Violet Morrison había visto una luz nueva. Ella se convirtió al credo de los testigos de Jehová, una religión más bien paralela al cristianismo, aunque no parte de él, que predica abundantemente sobre el fin del mundo y la inminencia de Armagedón. Una visión del mundo, más que una doctrina, que Bob Dylan ha llevado recientemente a sus conciertos en directo, con un efecto aterrorizante (que se acrecienta con los actuales y tristes resuellos de sus cuerdas vocales). Van acompañaba a su madre a los oficios en el Salón del Reino local. Una canción posterior sobre el tema fue una de sus más animadas, y los extravagantes regocijos y lamentos ceremoniales podrían haber influido en su música ulterior, incluida la transposición de Jehová hacia lo carnal. La democracia esencial que practicaba la congregación, suponía un gran atractivo de la religión. Sin sacerdote ni pastor que urgiera a su rebaño al odio comunitario o a la intolerancia marcada.

Incluso una película tan inofensiva como *Don't Knock The Rock*, con Bill Haley, estaba prohibida en toda Irlanda, y los rockers locales se encontraban con dificultades para seguir avanzando en un clima de desaprobación oficial. Excluidos de los más que formales clubes de juventud y de la mayoría de espectáculos adultos, surgió una nueva generación de intérpretes carismáticos, como Johnny Johnston, de Belfast, líder de The Midnighters, y Brian Rossi, nombre artístico de un tal Brendan Rosbotham, un Jerry Lee celta, que gruñía en el escenario como un animal y que golpeaba el teclado con la parte de su anatomía que le viniera en gana. Fue un hombre fuera de su época.

La primera oleada de rock 'n' roll se había roto en las costas del ultraje, del escándalo y de la desaprobación paterna. No tardaron el llegar los días grises, con una nueva hornada de astros pop estadounidenses: intercambiables, con ojos de merluza, tímidos y de hermosura insípida, y que todos parecían llamarse Bobby. Los rockers británicos que sobrevivieron a estos años de algodón hidrófilo, Johnny Kidd And The Pirates y Screaming Lord Sutch, mantuvieron llenas sus agendas de actuaciones gracias a sus espectáculos de «sangre y fuego», más que por su asiduidad en las listas de éxito. Dicho esto, «Shaking All Over», de Kidd, que Morrison ha versionado numerosas veces en directo, fue quizás la mejor canción rockera de cosecha nacional de su época.

Una clase diferente de herencia musical comprendía clásicos irlandeses como la lacrimógena «Rose Of Tralee», la sentimental «Danny Boy», o la animada «Star Of The County Down» —¡ojo con bailar pegados!—, canciones adoptadas en masa por las seiscientas orquestas de baile profesionales que funcionaban en Irlanda a finales de los cincuenta. Sus nombres reflejaban una presunta sofisticación a la estadounidense —The Miami Showband o The Dixies— o compañerismo —The Royal Showband, The Clubtime, The Swingtime Aces—. La modestia no se valoraba mucho. La regla no escrita aunque inflexible era que toda orquesta no debía estar compuesta por menos de ocho músicos, con mucho metal y una presentación con trajes de escena con galones y pulcros cortes de pelo. Las mujeres sabían el lugar que les correspondía en el tinglado, arregladas, mirando con paciencia, recatadamente sentadas en taburetes altos en espera de su turno para desplegar unos sincronizados pasos de baile, hacer coros o incluso, en ocasiones, cantar de solistas, una bocanada de aire fresco en un campo dominado por los vínculos masculinos.

«Con populares vocalistas» era la fórmula para presentar a cualquier especialista en cometidos que no se juzgaban convenientes para el cantante habitual o simplemente para dejarle que bebiese velozmente su media pinta de Guinness, una tradición que Brian Kennedy ha mantenido en las apariciones en directo de Van Morrison hasta la actualidad. El panorama de las orquestas de baile produjo sus vocalistas de excepción como Dermot O'Brien, de The Clubmen, o Tom Keely, de The Abilene Showband, que destacaron en sellos discográficos locales como Envoy, Release y Emerald. Un contrato discográfico era un objetivo difícil de conseguir, aunque The Royals y The Miamis habían firmado, respectivamente, con EMI y Pye. Los resultados eran difundidos regularmente en el Programa Ligero de la BBC, lo que comportaba ocasionales giras por Inglaterra, generalmente por cuaresma para las bandas del sur. Un punto culminante en la carrera podía ser una actuación de la noche de San Patricio, en el Shamrock Club de Medway Town. The Dixies alcanzaron una cumbre en plan de invitados especiales del *Charlie Drake Show* de la ITV con un «divertidísimo» arreglo de «Rave On», de Buddy Holly. En medio de tales esperanzas mínimas es donde Van tendría que irrumpir con Them. Su lucha en solitario rescribió el libro de estilo y preparó el camino para gente como Thin Lizzy, The Boomtown Rats y U2, todos los cuales aspiraban a algo más que ser la actuación curiosa en el programa de Jimmy Young.

La fórmula de orquesta de baile ha durado hasta ahora. En 1981 todavía surgió Coast To Coast con todo intacto: su sección de metal, sus americanas blazer con monograma y chicas vaqueras dando vueltas. Llegaron a anotarse un gran éxito en Gran Bretaña, al reavivar «Do The Hucklebuck», un número uno irlandés de casi veinte años antes. Después de la época del rock 'n' roll, las orquestas de baile se polarizaron en tradicionales y modernas, igual que en el jazz. The Fontana Showband fue tan lejos como para cambiarse el nombre por The Impact, pero aún así, su guitarrista adolescente, un tal Rory Gallagher, coaccionó al bajista y al batería para fundar un grupo disidente que se separó completamente de la gran orquesta. Cuando el trío no consiguió el impacto que Gallagher esperaba, el joven maestro se subió de nuevo al tren orquestal.

«Las orquestas de baile han destruido algunos de los mejores músicos del país», gruñía Phil Lynott, de Thin Lizzy, en 1972, «y los mismos tíos lo saben. Naturalmente, ellos se excusan por estar en las orquestas de baile. Incluso Eric Bell [el guitarrista de Thin Lizzy] os dirá que casi se vuelve loco después de tocar dos años con The Dreams. Se unió a ellos por la pasta». «Podías tener un saxofonista de jazz realmente genial que tuviera que tocar "The Twist", de Chubby Checker», coincidía Rory Gallagher, «y un batería que lo que realmente quería era estar en una orquesta tradicional irlandesa, o alguien como yo que tan sólo quería tocar Chuck Berry, pero hasta cierto punto lo hacías para divertirte. Desde el primer día yo sabía que sólo estaba de paso».

Los últimos meses de Van en la escuela los pasó en diversos grupos locales, una fiesta móvil desde el mismo pequeño vivero de los músicos aficionados de la ciudad. De entre los más recordados están Deanie Sands and The Javelins, en esencia el grupo anterior con más guitarras, liderado por una víctima de la polio llamada Evelyn Boucher, que cantaba con aparatos ortopédicos en las piernas. Van se alternaba con ella para cantar. Él dejó Orangefield en julio de 1960, sin cualificación ni una dirección auténtica en la vida. Uno de sus maestros declaró a Steve Turner que Morrison «pasó por la escuela sin causar demasiada impresión. No creía en nadie que no fuera él mismo». Una ventaja crucial para su futura carrera como compositor y músico. «Si me hubiera hecho caso, [Van] nunca habría escrito una línea.»

En aquel entonces Van ingresó en el Sindicato de Músicos, y su carné significaba que, si no tenía ya una actuación para la noche, cualquier orquesta de baile podía llamarle de improviso para cubrir una baja. A Van no le sorprendió que a última hora de la tarde de un sábado le localizaran para una sustitución en una cena con baile de debutantes en Coleraine, pasada la frontera de Sligo. Naturalmente que le pagaban por tocar, pero no tocó lo bastante a menudo como para dejar atrás los escalofríos de la realidad rutinaria. Para que un talento provinciano triunfara en el pop todavía era necesario, como lo había sido para los vocalistas de gran público como Frankie Vaughan o el nativo irlandés Ruby Murray, patearse un largo camino hasta Londres. Así fue la trayectoria profesional de Ross McManus, el padre de Elvis Costello, que para su carrera propia tomó una ruta más bien diferente. Que también se demostraría como la salvación de Van, aunque todavía no.

Sueños de gloria musical, mantenidos por la ocasional actuación nocturna, iluminaron el empleo diurno de Morrison —arreglado por un vecino de la calle Hyndford— como aprendiz de ajustador en Musgrave & Co., una empresa local de ingeniería. Tras unas pocas semanas, ya lo había dejado. Tommy Hannah, un colega suyo, le dijo a Steve Turner que desde el primer día «se podía ver que su corazón estaba en otra parte. Él no quería estar allí realmente, y el capataz tampoco quería que estuviera». Van sólo lo dejó por orden de su madre, y nunca tuvo mucho en común con sus compañeros, que apenas le oyeron decir nada.

Después de una corta temporada en una «fábrica de limpieza de carne», Van cambió el mono azul por el blanco, y montó una empresa de limpieza de ventanas con su amigo Sammy Woodburn. Como bromeó en una canción posterior, siempre podía volver a dicha ocupación si la música no le daba para ganarse la vida. Sin embargo, era un negocio serio, no una tontería cualquiera. Van declaró a Sean O'Hagan, de *Select:* «Cuando empecé a hacer giras, mi primo ya hacía tiempo que estaba en ello. Yo quise seguir, pero él encontró algún otro quehacer. En realidad yo adquirí una empresa de limpieza de ventanas; yo era el presidente de una empresa de limpieza de ventanas y tenía personal a mi cargo». En declaraciones a Steve Turner, Roy Kane recordaba a Woodburn como «un teddy boy con un gran abrigo de paño. Él tenía el pelo rizado y un ojo completamente girado. El pequeño Van acostumbraba siempre a hacer las ventanas de abajo porque no podía trepar por las escaleras de mano».

Este trabajo también le permitía a Morrison disponer del horario, por si el sindicato de músicos solicitaba su presencia en algún salón de baile lejano. Van no se comprometió musicalmente con The Javelins, ahora con Deanie Sands, que usaba la armónica y la guitarra eléctrica en vez de una sección de metal. La incorporación de Wesley Black al piano precipitó un crecimiento, en 1961, hasta conseguir una orquesta de baile hecha y derecha, ahora con una fantástica sección de viento de cuatro piezas, con Morrison al saxo tenor. La transformación se completó con un cambio de nombre, que indicaba el alto concepto en que tenían sus habilidades musicales.

The Monarchs se habían subido al trono. Con pajarita y calcetines blancos, imitaban a los americanos de manera más bulliciosa que la mayoría. En las fotos de publicidad en blanco y negro, el impacto de sus sorprendentes americanas de color rosa confeccionadas a medida (amarillo en el caso de Jimmy Law, el nuevo cantante) se perdía en cierta manera, pero la marcada imagen colectiva impresionaba de forma inmediata. Van nunca más tendría un aspecto tan aseado en escena, pero él sabía que aquella era la manera de avanzar. Como relató él mismo en *Now Dig This*: «Nos convertimos en una orquesta de baile porque, en Irlanda, para trabajar tenías que presentar cuanta más gente mejor. Con los grupos no pasaba realmente nada. Tenías que tener una sección de viento. No podías trabajar correctamente si no lo hacías así».

Los ensayos se celebraban en un viejo camión de mudanzas, y en ocasiones la orquesta se aumentaba con The Federals —con Geordie, un socio de Van en la empresa de limpieza, al saxo—, bajo el nombre de The Half Cuts, para tocar un

The Monarchs en una grabación en Colonia (De izquierda a derecha: Billy McAllen, Van Morrison, Oliver Trimble, Wesley Black, George Jones, Roy Kane, el productor Ron Kovaks y Harry Megahey.

rock 'n' roll salvaje. The Monarchs llegaron a ser residentes en el Thomson's Restaurant de Belfast, con la alocada aportación de Morrison como nota destacada. Éxitos clamorosos como su rara versión de «I Go Ape», de Neil Sedaka, quedaban bordados con aquel caerse de rodillas, ir a rastras, dar saltos de tijera y bailar sobre las mesas, además de las vueltas que Van solía dar en los solos de saxo. Su escasa estatura le fue útil para la demostración del Double-Decker, un baile de moda, de corta vida en Gran Bretaña, en el que Van, con su gimiente saxo, era llevado a cuestas sobre los hombros de Jimmy Law. Morrison era el foco de atención del grupo; según declaró Tommy Hannah: «Era un chaval muy tranquilo, pero cuando escuchaba la música, se animaba súbitamente». En medio de una canción de título «Daddy Cool» llegaba a arrojar la camisa y rajarse los pantalones a propósito, todo ello dando vueltas alrededor del escenario. Johnny Rogan se acuerda incluso de una versión de «Yakety Yak» en la cual Van se disfrazaba de cavernícola.

Morrison dejó por un tiempo a The Monarchs y estuvo con The Great Eight y con los Harry Bird's Olympics, aunque, en cierta ocasión, cuando lo llamaron para una actuación, su madre les dijo que él no podría ir porque estaba en la habitación escribiendo poesía. Por supuesto, pronto volvió a ser un Monarch.

Un contacto con un cantante de Glasgow llamado George Hethrington ayudó al grupo a entender exactamente la seriedad de la música enfocada como carrera profesional. Hethrington y seis de The Monarchs, Van incluido, se amalgamaron bajo el nombre de Georgie and The International Monarchs, tan imponente como prolijo. Estas superestrellas globales hicieron una gira por Escocia en una vieja furgoneta. Iban como cabeza de cartel por encima de atracciones locales, haciendo una actuación propia, y luego acompañando al cantante de rock 'n' roll Don Charles, cuyo número alcanza el clímax con uno de sus temas, que figuraba en los cincuenta principales de entonces —con el único que lo conseguiría—, «Walk With Me My Angel». Siguiendo el consejo de Charles, el grupo se trasladó a Londres.

Así era el negocio del espectáculo: sin saber si dormirían en una pensión barata o en la parte trasera de la furgoneta, acomodándose entre los amplificadores tras alguna actuación nocturna. Era una vida más cercana a la calle que a Hollywood, lavándose el pelo en los servicios públicos, comiendo en cafeterías grasientas y durmiendo cuando y donde buenamente se pudiera. Como recordaba Van posteriormente: «Hacíamos vida en los parques y dormíamos allí porque no teníamos dinero para un hotel». Una vez se estacionaron por error en el aparcamiento de la Cámara de los Lores.

Justo cuando The Monarchs, limitados a una dieta de chocolate caliente, estaban a punto de caer en la desesperación, encontraron en Don Charles a su ángel guardián una vez más. Los alojó en su piso, los puso presentables y les dio una recomendación para su agente, Ruby Bard, que también representaba a The Temperance Seven y Georgie Fame, que se ganaban la vida en el circuito de bases aéreas estadounidenses. Los caminos de Fame y Van se cruzarían con gran regularidad en el curso de los siguientes treinta años, para su mutuo beneficio. Hethrington y The Monarchs encontraron una buena posición en clubes irlandeses como el Hope-And-Shamrock, de Birmingham. Se hace raro pensar en el reciente poeta y místico tocando en cafetuchos de rock and roll, aunque así es el aprendizaje que incluso los más grandes deben experimentar. Antaño incluso una criatura tan bendita como Sting tocó el contrabajo en una orquesta estudiantil de jazz.

En esta vida la persistencia y el trabajo tenaz traen aparejada la suerte, y de repente The Monarchs vieron como se les invitaba a tocar una temporada en el sur de Alemania. El cambio de nombre se revelaba profético, y ellos eran el primer grupo anglosajón que se contrató directamente para clubes nocturnos, en vez de para la ristra interminable de bases estadounidenses. Georgie And The International Monarchs tocaron dos meses en el Odeon Keller de Heidelberg, y luego fueron a los clubes Storyville de Francfort y Colonia. Ritchie Yorke cita párrafos del diario privado de Van, cuyo intenso estilo y su habilidad para resumir experiencias rápidas en instantáneas de lenguaje presagian un escritor en ciernes.

> Heidelberg. Líneas de tranvía. El Odeon Keller, mucha cerveza de calidad. Mi única e incomparable escena de película. El Bahnhof. El pueblo de Mark Twain. La pelea en el hotel. Bratwurst. Cigarrillos americanos. Soldados. Y, mientras escribo, la música de Miles Davis llena la habitación. Big Ricky. Cognac. Mi fiesta sorpresa de cumpleaños. Siete pa-

> ses por noche. Siete noches por semana. Sábados y domingo por la tarde. El águila vuela el viernes. Lo llaman aprendizaje, hacer méritos. Así es como lo llaman... Correcto, Pete, correcto, Paul, ahora. Esperando que venga el Volkswagen.

Obsérvense las restallantes referencias, el montaje veloz, como en una película. Morrison ya había aprendido de los novelistas beat como Jack Kerouac. Las imágenes cinematográficas se refieren a una película alemana titulada *Deslizamiento*, en la que él efectuaba una aparición fugaz. Dado el estilo de vida que él retrata tan vivamente, incluso el servicio militar podría haber sido una opción fácil. Un destacado agente de Birmingham consideraba que enviar a los grupos británicos a los clubes de Alemania era «más bien como entrenar a un sprinter de mil metros, con carreras de cinco mil». A los chicos los hacía hombres.

Uno podía abastecerse de provisiones de píldoras Preludin y Captigun, supresoras del apetito a base de anfetamina, prohibidas en Gran Bretaña, en la mayoría de locales nocturnos. «Para no parar, yo tomaba un par de píldoras —confesaba Ace Kefford de The Vikings—, aunque nos emborrachábamos más con la cerveza alemana.» Georgie And The Monarchs igualmente gastaban lo que ganaban en bebida; algunos miembros más que los demás. El consumo entusiasta de jarras de cerveza dorada por parte de la representación escocesa llegó a ser tan importante que los consiguientes despidos y substituciones transformarían a The Monarchs —con un nuevo «Georgie»— en un asunto exclusivamente irlandés una vez terminada la temporada alemana.

La necesidad de aumentar su repertorio habitual de club dio a los grupos residentes en Alemania una oportunidad maravillosa de experimentar en el escenario. «Tocábamos de todo», sostiene Ace Kefford, «rock 'n' roll, blues, nos inventábamos cosas, y teníamos tres cantantes solistas, sólo para ocupar el horario». Van iba a convertir todo esto en una costumbre de por vida: como dijo recientemente en una actuación en Bournemouth: «Esta noche no voy a tocar nada que la mayoría de vosotros conozca». Con la cara ardiente por la concentración, sus prestaciones vocales con The Monarchs abarcaban el rock 'n' roll como consecuencia del blues y el country, con Little Richard, Gene Vincent, Fats Domino y James Brown —cuyos discos se habían distribuido en Gran Bretaña vía EMI desde 1960— como sus intérpretes preferidos.

En declaraciones a Johnny Rogan, el integrante de los Monarchs George Jones indicaba la importancia de aquella experiencia en la futura carrera de Van: «Eso fue cuando Van se convirtió en la base de lo que es hoy. Por primera vez en su vida había conocido a soldados afroamericanos a los que les gustaba el soul, el blues y toda la música que él había "mamado". Van se dejaba llevar cada día para estar cerca de los tipos negros que hablaban el mismo idioma que él. De repente él ejerció una gran influencia dentro de The Monarchs. Comenzamos a tocar esa música soul en los clubes de Alemania y nos empezó a gustar de verdad». Las raíces del *Caledonian soul*, nada menos.

Los puntos culminantes individuales comprenderían «Hound Dog», de Elvis, prologado con una estrofa de «Que Será Será», un truco que Morrison repitió en el programa radiofónico de la Pacific High de 1971, «I Put A Spell On You», de Screamin' Jay Hawkins, y «I Can't Stop Loving You», en la versión country del entonces reciente sencillo de Ray Charles que fue número uno. Van era un admirador acérrimo de Ray Charles, sin la menor idea de que más de treinta años después compartiría el estadio de Wembley con él. En el Storyville, rara era la noche en que Van no interpretaba un prolongado «What'd I Say», el cántico de «llamada y respuesta» que Charles había sido el primero en improvisar, en 1959, en un baile de Pittsburgh. Como la posterior y celebérrima «Gloria», de Morrison, la canción podía durar una hora entera, con Van subiendo y bajando la temperatura emocional a voluntad. Para un efecto más dramático, él pedía al batería que dejara de tocar, y luego gritaba al público para que hicieran palmas a compás, hasta que los vientos y las guitarras entraban de nuevo. Un truco viejo, pero que todavía funciona.

«One Two Brown Eyes» era una demostración más personal, la primera composición de Morrison en interpretarse en un escenario. Como declaró a Ritchie Yorke: «Lo que compuse eran cosas de chico/chica en su mayor parte y algunos blues». George Jones sostenía ante Johnny Rogan: «Harry Mack era el chivo expiatorio del grupo..., pero él reconocía que Van tenía capacidad para componer. Solíamos tocar una versión de "Daddy Cool" que iniciaba Van y que, desde el solo central hasta el final, la hacía totalmente improvisada. Él cambiaba la canción cada noche, y se inventaba todas aquellas estrofas diferentes». Ninguno de estos primeros experimentos compositivos estaba mínimamente elaborado cuando Ron Kovacs, un clónico calvo de Drácula, y eminencia gris de la delegación alemana de la discográfica CBS, invitó a unos emocionados Monarchs a grabar un sencillo en un estudio de Colonia. Se le pagó unas cincuenta libras a cada uno por el privilegio. Van, posteriormente, consideraba que «era una canción realmente mala, aunque realizamos una pista instrumental que era pura dinamita». Kovacs insistió en «Boo-Zooh» para la cara A, una nadería que precisaba de un explicativo «hully gully» bajo el título en la etiqueta del disco, que señalaba una forma mutante del twist. Podía haber sido peor, incluso. ¡Otros bailes locos de la época incluían el *fly*, el *shimmy-shimmy*, el *gorilla walk* y el *slop*!

La foto de portada presentaba a un gran George, sobreimpreso al resto de The Monarchs. Morrison aparece a la izquierda con la cara netamente cortada por la mitad, con un sombrero blanco de paja que le hubiera sentado ligeramente mejor a un pollino. La música en sí es, en gran medida, un número estrafalario sin ninguna extravagancia auténtica. Además, The Monarchs no eran unos intérpretes cohibidos, como lo sería el propio Van, aunque él recordaba ante Ritchie Yorke aquellos largos días perdidos con afecto sincero: «Entonces era una escena completamente diferente. Las cosas no eran tan personales. Teníamos un tipo de orquesta en la que los egos no estaban implicados y la gente no se ponía nerviosa por pequeñas cosas. Todos "doblábamos" instrumentos y nos lo pasábamos bien. Pero mi lugar no estaba al frente, de ninguna manera. Yo estaba a un lado».

De regreso a casa, la explosión beat estaba apartando a ese tipo de orquestas de baile, como un tren desbocado que se llevaba todo por delante. Era tiempo ya de que Van Morrison encontrara su propia orientación.

«Boo-Zooh» llevó a Georgie And The Monarchs hasta los diez primeros puestos de Alemania, durante el tranquilo y húmedo verano de 1963, aunque era un caso imprevisto e irrepetible. En noviembre de 1963, cuando The Monarchs abandonaron Francfort, una de cada dos peticiones era para «Twist And Shout» o «She Loves You». Asimismo, un adolescente de Belfast podía echar un vistazo a las páginas del *City Week* y escoger una noche de diversión de entre toda la multitud de antros enrollados como el Cavern Club de Lisburn Road, de una autenticidad conferida por su débil iluminación y sus arcos en el techo, idéntico a su homónimo de Liverpool.

De cada ciudad se esperaba que tuviera un «sonido» propio. Y, así, el «Blarney Beat» lo suministraron unos monstruos melenudos como The Chosen Few y The Green Beats, que posteriormente acompañaron a Dusty Springfield. Al norte de la frontera habían nuevos nombres en la onda como The Interns, The Mad Lads y The Gamblers; adolescentes con guitarras brillantes y estrellas en los ojos. Muchos empezaron sus carreras suplicando a los viejos promotores que les concedieran los intermedios entre orquesta y orquesta. Si tenían suerte, podían subir al escenario a las nueve en punto, y justo después de la hora de cierre de los pubs, cuando los adultos y las orquestas de baile regresaban para clausurar la noche de una manera honradamente «profesional». Tanto unos como otros se imaginaban que las tonterías de inspiración Beatle con la que sus hijos acababan de brincar pronto desaparecerían, al igual que pensaban los músicos y seguidores «serios» de rock, cuando más tarde el punk levantó su cabeza llena de acné.

Sin embargo, había muchos músicos mayores que encontraban divertido, más que amenazante, el beat británico post-1962. A su regreso de Alemania, Van Morrison se unió a The Manhattan Showband para una serie de actuaciones en Inglaterra durante la primavera de 1964. En la estancia en el Club A Go Go de Newcastle, Van y Herbie Armstrong, el guitarrista de la Manhattan, vieron por primera vez al Alan Price Combo. Con la americana descuidada, y los faldones de la camisa colgando, el rostro de cáscara de naranja de su diminuto cantante Eric Burdon estaba bañado en sudor cuando llevaba al grupo hacia un salvaje «Smokestack Lightning», el «Pretty Thing» de Bo Diddley y otros estándares del blues de Chicago. Una obsesión ritual había llevado a Burdon a garabatear con su propia sangre la palabra «BLUES» en la portada de una libreta de ejercicios en la que reunía letras sacadas de discos de 45 rpm de importación. Él tenía una voz parecida. La agonía y el éxtasis de sus conciertos frenéticos les habían otorgado al grupo el apodo de «Animals» que estaban a punto de adoptar de manera oficial, seguramente por consejo de Graham Bond.

Ellos no estaban solos en la defensa de la música que anteriormente Van había pensado que estaba confinada en la colección discográfica paterna. Era como si los sonidos de su infancia —que eran considerados a la vez risibles y profundamente excéntricos por amigos y parientes— estuvieran ahora apoderándose del mundo. La Chris Barber's Jazz Band fue probablemente la primera atracción blanca que versionó «I Got My Mojo Working», de Muddy Waters, el himno de la cruzada del rhythm and blues británico. Muy cerca quedó «(Get Your Kicks On) Route 66». Otros candidatos fueron «See See Rider», de Ma Rainey, «Hoochie Coochie Man» y «Boom Boom», de John Lee Hooker. Dos músicos de Barber, Alexis Korner y Cyril Davies, habían fomentado la causa del rhythm and blues, a despecho de la popularidad personal o el beneficio financiero. Claro que Davies murió joven, y Korner respetado, pero lejos de hacerse rico (excepto en espíritu, y con el testimonio de aquellos a los que animó). En 1957, la primera reunión de su Blues And Barrelhouse Club del Soho londinense atrajo un público de tres espectadores. Las cifras de asistencia resultaron más alentadoras cinco años después en el G Club de Ealing, con una clientela de fanáticos de Middlesex y de más lejos. Entre los jóvenes entusiastas que hicieron sus pinitos en aquel escenario con el grupo residente, la Blues Incorporated de Korner, se encuentran Paul Jones, Long John Baldry y un nervioso estudiante de la London School of Economics, de nombre Mike Jagger.

La idea de ganarse la vida con el rhythm and blues parecía todavía una locura romántica cuando, en 1963, los Rolling Stones entraron en los treinta principales con «Come On», de Chuck Berry. Entre la multitud expectante del G Club estaban los Kinks, Yarbirds y Pretty Things venideros, destinados todos a aparecer pronto en *Ready Steady Go*, de la ITV, y en *Top Of The Pops*, de la BBC TV. El dotado Don Craine estaba al frente de The Dowliners Sect, un grupo condenado al estatus de culto. En escena, él lucía un gorro de cazador, un artilugio tan característico como el parche en el ojo de Johnny Kidd o la barba beatnik de Manfred Mann. The Sect también se jactaba de tener un virtuoso de la armónica como Ray Sone, y un concierto habitual de ellos podía desviarse bruscamente desde Bo Diddley hacia el blues rural, pasando por el skiffle inventado de «Wreck Of The Old 97», hábiles cancioncillas como «I Want My Baby Back», y extravagancias country and western como «May The Bird Of Paradise Fly Up Your Nose».

The Sect ocupaban el escenario del Studio 51 de Ken Colyer, al lado mismo de Covent Garden, cuando Van Morrison y Herbie Armstrong se encontraban en plena velada de asueto, antes de la actuación de la noche de San Patricio en Camden Town. Decidieron probar en el club de jazz londinense más antiguo. De todos los grupos británicos de rhythm and blues que él había visto hasta entonces, Morrison se quedaba con The Sect. Con la cabeza que le zumbaba por la energía y el desenfreno de The Sect, Van se perdió en la noche de marzo, absorto en sueños de un futuro todavía no imaginado. Van se giró hacia Armstrong y gritó: «¡Se acabó, ése es el tipo de grupo que quiero tener!». Aquello siguió con Morrison tocando para Armstrong una nueva canción acabada de componer, de título «Could You, Would You». El propio Morrison recordaba la experiencia, casi en código Morse: «Fuimos a ese Club 51. Estaba ese grupo llamado The Downliners Sect, ya sabes. Lo encontré genial. Yo tenía que hacer algo como eso en Belfast. Así que ésa era la idea completa que estaba detrás. Una especie de situación tipo Club 51».

Otro grupo de pioneros apasionados eran The Pretty Things, cuyo guitarrista Dick Taylor había sido el bajista original de los Stones. En el escenario, parecía como si todo —música y equipo— pudiera caer en pedazos en cualquier momento. Su batería Viv Prince era un lunático de primer orden, y con una influencia enorme en el adolescente Keith Moon. Entre otros devotos de sus caóticas actuaciones en los insalubres tugurios londinenses se contaban el joven Malcolm McLaren, el futuro Matusalén del punk Charlie Harper, David Bowie —quien bajo su verdadero nombre, David Jones, colocó a su grupo The King Bees en las listas— y un boquiabierto Van Morrison. Cuando regresó a casa, le dijo a George Jones que «tenemos que dejarnos crecer el pelo como los Rolling Stones, los Yardbirds y todos los grupos londinenses».

La actuación escénica de los Pretty Things era más indefinida que la mayoría; y culminaba en una interpretación continua apuntalada por el ritmo shuffle «shave-and-a-haircut-six-pence» marca registrada de Bo Diddley, con Phil May que se elevaba de una intimidad tranquila hasta el grito más vigoroso. Igualmente, los «más blueseros» Yardbirds —que habían sustituido como residentes a los Rolling Stones— se libraban a unas largas improvisaciones, o *rave-ups*, parecidas a las que Van Morrison efectuaba durante «What'd I Say» con The Monarchs. La psicodelia tan sólo añadió (diversas) drogas a esas expansiones, y cambió el mundo.

Mientras tanto, de vuelta al Ulster y —musicalmente— a las épocas oscuras, Van sirvió aquel nuevo tipo de agresión a un público incomprensivo, y dio voz a algo profundo en el interior de su alma negra. John Collis recoge una historia extraordinaria narrada por Harry Bird, el líder de The Regents Showband, con cuyos miembros tocó brevemente el saxo Morrison. La ocasión era en un baile de jóvenes granjeros en Randalstown, una maratón de cinco horas durante el cual Van relevó a los dos cantantes solistas principales con una versión improvisada de «Blue Suede Shoes», de Elvis. Cuando él se puso a cantar, el público quedó fascinado. «Avancé poco a poco para verlo; ¡la cara había enrojecido! Los ojos sobresalían como registros de órgano. A él se le iba la olla, enloquecía, y la multitud lo miraba con asombro y se preguntaba si le iba a dar un ataque. No le dejamos que siguiera cantando; estaba asustando a la gente». Viene a la mente la película *Regreso al futuro* en la que, en un baile escolar, Michael J. Fox ejecuta un número a lo Hendrix, tocando con la guitarra a la espalda, sumido en acople y actuando como un derviche. La multitud lo contempla boquiabierta, entre horrorizada y avergonzada. Música, literalmente, adelantada a su tiempo. Van podría haber creado el ambiente propicio para un alboroto semejante, y abrir el camino para una legión completa de cantantes salvajes —Joe Cocker, Roger Chapman, Arthur Brown— que habrían aprendido parecidamente cómo hablar en lenguas extrañas.

Volviendo al mundo real, Brian Rossi se había instalado en el Plaza de Belfast (llevado por la empresa Mecca de salones de baile), como disc jockey de la hora del almuerzo, y batería de la orquesta Golden Eagles, de once miembros. El truco que usaban era poner delante del grupo a dos bailarinas que hacían exhibiciones de las últimas sensaciones estadounidenses en materia de baile. Los Pan's People estaban a la espera. Yendo al grano, ellos eran el grupo más grande de

Belfast, en todos los sentidos. Cuando él supo de una vacante de guitarrista, Herbie Armstrong llamó a Rossi desde una cabina, sólo para saber que los Eagles también buscaban un cantante no solista que doblara al saxo y la armónica. Van, asimismo apretujado en la cabina, se presentó inmediatamente como candidato. Armstrong y Morrison —ahora con un pelo notablemente largo— efectuaron una prueba breve, y esa misma noche se pusieron a trabajar con un espléndido sueldo de once libras a la semana, con trajes de escena gratis, a juego, blancos y con hilo dorado. Ni que decir tiene que desde entonces Van ha renunciado a cualquier tipo de uniforme en escena.

Después de haber tocado dos números de Chuck Berry en la prueba, Van había ofrecido su número personal de rhythm and blues en el que una gran ovación acogía a dos composiciones de Ray Charles: «What'd I Say» y «Sticks And Stones». Luego volvía a las baladas y al tarareo meloso de Rossi. Van, en ocasiones, se debió preguntar si eso era lo más que podía acercarse a poder tocar la música que prefería y, sin embargo, ganarse bien la vida. El sueldo habitual para un miembro semiprofesional de un grupo beat eran unos pobres treinta chelines (una libra y media) a la semana, que no estaba mal en plan de hobby, aunque imposible como forma de vida. Así fue que Herbie Armstrong se quedó en The Golden Eagles, después de que Van respondiera a un anuncio intrigante del *Belfast Evening Telegraph* solicitando músicos para el lanzamiento de un club de rhythm and blues. Siguiendo el ejemplo de Londres, en provincias se estaban fundando un creciente número de clubes: el R&B Cellar, en Swansea, el Bluesville, en un pub de Sheffield, el Downbeat, en la zona portuaria de Newcastle (donde se asentó el Alan Price Combo). Un circuito nacional estaba emergiendo de manera lenta y dolorosa. Tan sólo otro entusiasta respondió también al anuncio, que resultó que lo habían publicado tres apasionados del blues, Jerry McCurvey, Jerry McKenna y Jimmy Conlon, a los que posteriormente todos conocieron como los «tres jotas». Van se sintió con la inspiración suficiente como para buscar un local adecuado, en un auditorio sin permiso, con un aforo de doscientas personas, en el interior del Maritime Hotel.

Sin tiempo para avisarles, Van no pudo contratar a los músicos con los que más le hubiera gustado tocar, presumiblemente Herbie Armstrong y el bajista Tito Tinsley, ambos de The Golden Eagles. Así que «conseguí otro grupo de gente y nos presentamos en ese club bajo el nombre de Them». Ese grupo era un combo de rhythm and blues duro, ya existente, con el cual Van acababa de tropezarse, y en el que, a la larga, demostraría ser el más chiflado. Van crecería más y más en cuanto a creatividad musical. The Gamblers se habían fundado en 1962 con el bajista Alan Henderson, el batería Ronnie Millings y el guitarrista Billy Harrison, quien retomó la historia ante Trevor Hodgett para el fanzine *Wavelength*. El grupo hizo actuaciones «en auditorios de boy scouts y legionarios, y en pequeñas recepciones». Harrison era el único con valor para cantar, y su repertorio en buena parte, era rock 'n' roll: el primer Presley, «Fever», de Little Willie John, o «The Hippy Hippy Shake». Antes de la incorporación de Morrison, acababan de hacerse con los servicios del colegial Eric Wrixon al órgano.

El propio Van entró como saxo, y aportó el componente de rhythm and blues: Muddy Waters, Howlin' Wolf, Blind Lemon Jefferson. Harrison ni tan sólo sabía que Van podía cantar, aunque «él quería hacer algunas canciones. En esa época no había egos de ningún tipo. Si tenías cojones para cantar, subías allí y lo hacías». Ellos empezaron compartiendo las tareas vocales, mitad y mitad, con Van soplando el saxo o la armónica entre las estrofas. «Luego, cada vez más, Van hacía los números. Lo que me permitía concentrarme más en la guitarra. No se trataba de ninguna decisión consciente sobre el asunto.»

El grupo ensayaba en el altillo de la tienda combinada de bicicletas y discos de Dougie Knight. Un representante de Philips fue a escucharles, pero los consideró como el «mayor cargamento de porquería» que hubiera oído jamás. Quizás fuera el material de blues que Van incorporaba al repertorio de ellos, aunque —en una reciente entrevista de Trevor Hodgett— Eric Wrixon enfatizaba que The Gamblers era el grupo de Billy Harrison, y no el de Van. «El grupo de Harrison había acompañado a Bridie Gallagher, que era el equivalente irlandés de Max Bygraves. En la misma época The Manhattan Showband vino a tocar en el Orchid, con Morrison al saxo. Ellos hicieron en realidad un pase de rhythm and blues de orquesta. Después estábamos hablando con Van, y éste dijo: "Bueno, a mí me gustan los pases de rhythm and blues, pero el resto lo puedo hacer sin que me guste", y Billy dijo: "Nosotros tenemos un grupo de rhythm and blues. ¿Por qué no vienes con nosotros?". Una semana después, él era un elemento estable del grupo.»

En 1964, The Gamblers se habían quedado sin sitios para tocar cuando Van les propuso que su nuevo grupo ocupara al escenario la noche de la inauguración del prosaicamente llamado Rhythm And Blues Club. El mismo nombre del grupo era motivo de gran ansiedad. Un grupo que también se llamaba The Gamblers acababa de sustituir a The Tornados como acompañantes del rockero frágil Billy Fury. Entonces, Eric Wrixon se acordó de *Them!*, una película de terror de 1954 sobre un ejército de hormigas gigantes que vagaba por California con ansia de presas humanas. Se necesitaba un aire de amenaza y de misterio, y el nuevo nombre —sin el «the» característico, sin complacencia, que no daba cuartel ni lo recibía, y que personificaba un estilo fuera de la ley— cumplía perfectamente los requisitos.

Como declaró Harrison al *Wavelength*: «Eric Wrixon mencionó el nombre cuando estábamos sentados en el local de ensayo, y decidimos dejarnos crecer el pelo, lo que era muy fuerte en Belfast, y no vestir uniforme. Ésa era la diferencia. Nosotros éramos un grupo, pero al mismo tiempo, personas individuales». Tal como lo era Van, que una vez sugirió la idea de un grupo que actuara con calzoncillos largos y chaquetas anticuadas. Si Them no llegó tan lejos, la época de los trajes de mohair se había terminado para siempre.

dos:

La historia de Them («The Story Of Them»)

Los componentes de Them en los inicios de su etapa londinense. (De izq. a dcha. y de arriba abajo: Alan Henderson, Van Morrison, Patrick John McAuley, Billy Harrison y Ronnie Millings.)

El martes 14 de abril de 1964 apareció un mensaje, aparentemente codificado, en las páginas de anuncios clasificados del *Belfast Evening Echo*. Era el tipo de acertijo con el que habría disfrutado Sherlock Holmes, colocado por alguna miserable mente criminal. «Who Are? What Are? THEM.» [«¿Quiénes son? ¿Qué son? ELLOS.»] Como si de una loca persecución de papel se tratara, cada tarde traía otro giro más del cuchillo. El miércoles: «¿Cuándo? ¿Y dónde? ¿Veréis a THEM?». El jueves: «Rhythm and Blues y THEM. ¿Cuándo?» Estas tres preguntas finalmente tenían respuesta —como en una indagación artúrica— el viernes por la tarde, muy poco antes de la actuación misma.

Rhythm & Blues Club
Hoy noche — 20:30 Presentación de «Them»
Especialistas Irlandeses en Rhythm & Blues
Maritime Hotel College Square North

Dado que ésta fue la única publicidad anticipada, no cabe duda que ayudó a conseguir una pobre asistencia a ese suceso misterioso. El hecho de que el Maritime careciera de licencia para bebidas también podía haber tenido parte de la culpa. Sin embargo, los que acudieron propagaron el mensaje mediante el boca oreja, y el aforo de doscientas personas del local estuvo casi lleno en la siguiente actuación. Una semana después, la gente hacía cola en la calle desde las seis de la tarde para entrar. Billy Harrison caía en el imaginario religioso al describir la respuesta del público: «El Maritime Hotel se convirtió en un lugar de peregrinación para la gente. Llegó a ser la fuente del saber del blues en Irlanda».

El proceso fue de dos vías. Como dijo después Van, el grupo estaba «alimentando a la multitud». Que luego decuplicó la respuesta. Harrison explicó a Trevor Hodgett: «En el escenario estábamos chiflados. No había rutina. Formábamos un círculo y todos pasaban una noche fabulosa. No querías parar de ninguna manera. Fue una época increíble». La espontaneidad alimentó de manera directa la particular manera de componer y actuar de Van Morrison. «Él siempre era genial a la hora de improvisar. Sólo tenía que conjurar las palabras.

No recuerdo que Van compusiera canciones; él anotaba ideas y luego la canción surgía cuando estaba actuando. No tenía nunca una canción escrita, todo lo más palabras aquí y allí en paquetes de cigarrillos, pero tú te ponías a enredar, entre temas, con algún riff y él ponía algo encima de aquello y poco a poco iba evolucionando. Todo esto se refinaba en las giras. Él era tan bueno en la improvisación que todo lo que necesitaba eran sus ideas para armonizarlas luego.» El mismo proceso llamado *toasting* que usa el reggae o el rap. Por supuesto, que es una técnica que ya existía con la primerísima poesía, recitada por los juglares. En una noche de las buenas, Van podía —y aún puede— elevar el resultado hasta una experiencia única.

Como siempre, Van Morrison seguía siendo un enigma. El promotor Eddie Kennedy declaró a Johnny Rogan: «Podía estar cantando y podía tumbarse en el suelo y tocar el saxo. E incluso, cuando el club estaba abarrotado con cuatrocientas personas, podías oír cómo caía una aguja cuando él tocaba el saxo; y luego él podía perder los estribos». Aunque, emocionalmente, el cantante aparecía como la calma en medio de un huracán. «Él era un tipo tan extraño. Era tan tranquilo que te parecía increíble. Morrison era un hombre de muy pocas palabras. Incluso fuera del escenario, la suma global de una conversación de Van Morrison era "Hola, tío".»

El Club Rado, como se llegó a conocer, sin motivo aparente, destacaba por la ausencia de la violencia habitual que estropeaba —o complementaba— los acontecimientos pop de cualquier otra parte. El compromiso furibundo con el rhythm and blues, así como la mística y el fuego del grupo, atrajeron un nuevo tipo de público. Los estudiantes de Belfast —hombres en su mayoría— habían crecido aburridos con el jazz y la imagen beatnik ya estaba pasada. Aquí había un tipo diferente de música underground, agresivamente no comercial y completamente amenazadora para aquellos ajenos al culto. El Club Rado era un lugar para posar como un presunto Mick Jagger, y también era el asunto predilecto de chicas urbanas, vestidas de ante y cuero, con medias de rejilla, y que chillaban sin cesar hasta que Them salía a escena. El grupo ya era un centro de atención, especialmente en aquellas ocasiones que, como destacó Van, «el público y los músicos eran una sola cosa». Emanaba una especie de alegría declarada entre los espectadores, que asumían el papel dual de sección rítmica y coro de acompañamiento, juntándose a Van en «What'd I Say» a la manera de los devotos pentecostales, ungidos con el espíritu santo. Y todo ello en una zona abstemia.

Este tipo de simetría tácita entre músicos y público, en la que ambos parecían habitar un mundo privado en plan de conocedores esenciales, ha propulsado las evoluciones más llamativas del rock británico: The Cavern, UFO, el Roxy, incluso los fugaces clubes nocturnos que alojaron a los Nuevos Románticos. Como declararía Van más tarde, todo era «como un enorme acontecimiento. Eso fue antes del Fillmore o cualquier cosa parecida. Pero sucedía el mismo tipo de vibración, y, además, en Belfast». Esto surgía de la sensación que el público tenía de sí mismo como algo especial, y a la que los mejores programas musicales de televisión —*Ready Steady Go*, *The Tube*— no habían llegado ni siquiera a acercarse, y que los peores —*Top Of The Pops*, *The White Room*— habían falseado de forma evidente. Es como el forofismo acérrimo y el zumbido en directo de la hinchada local cuyo equipo está en acción, algo que tampoco se vislumbra apenas en la tele. El tipo de carisma que los primeros Them tenían a paletadas, una intensidad sudorosa e incontenible.

El grupo se zambulló en el rhythm and blues mucho más profundamente de lo que se habían atrevido The Monarchs en Alemania. Había crecido y cantaba e interpretaba la música negra con una dedicación total. Su actuación habitual incluía «Stormy Monday», de T-Bone Walker, «Help Me», de Sonny Boy Williamson, «Baby What You Want Me To Do», de Jimmy Reed, y páginas de los cancioneros de Muddy Waters y Chuck Berry. Una influencia más amable fue la de Sam Cooke, mientras que la versión de quince minutos de «Turn On Your Love Light», de Bobby Bland, sobresalía como una especie de divisa del grupo. Eric Wrixon recuerda que empezaba «prácticamente como un canto fúnebre», para luego desatarse en un frenesí. Van podía ser «un chaval normal, sin complicaciones» fuera del escenario, pero que realizaba «una increíble prestación en directo en la que se desgarraba la ropa, se tiraba de espaldas y cantaba muy bien, todo a la vez». La lista de canciones era extrañamente parecida a la de los Grateful Dead cuando aún se llamaban The Warlocks, y tocaban en bares de motoristas. Al igual que Van, los Dead seguirían interpretando esas canciones hasta los años noventa, mitad por nostalgia, mitad como algo nuevo, rico y extraño.

Como dijo Morrison, Them vivió y murió en el escenario del Maritime Hotel: los discos y giras fueron la luz arrojada por una estrella agonizante. La cima de su espectáculo era una de las primeras de las canciones que su cantante solista se había atrevido a estrenar en el escenario. «Gloria» era un refinamiento de una composición anterior, se centraba en un monólogo de tres acordes, y en ocasiones, dependiendo del humor del cantante, a menudo podía llegar a durar veinte minutos. Un afortunado amigo que lo presenció recuerda que algunas noches el asunto podían derivar hacia lo extremadamente obsceno, con Van describiendo cuidadosamente, pieza a pieza, las prendas de las que Gloria se desprendía en el dormitorio del cantante, y relatando, de manera precisa, lo que ella le hacía para hacerle sentir «perfectamente». Él confirma también la naturaleza hipnótica del acto, con el público como sardinas en conserva pendiente de cada palabra de Van.

Esta vena de agresión musical siguió adelante. En 1975, Allan Jones podía registrar una postrera revolución rock en curso cuando informó en *Melody Maker* de una de las primeras actuaciones de un grupo de rhythm and blues, The 101ers. El cantante solista era un tal Joe Strummer, que pronto formaría The Clash. Su actuación en el club Charlie Pigdog suena como el Club Rado revisitado, aunque en un universo más desagradable, jaleado por Jones para atraer publicidad. «The 101ers gritaron a su manera a lo largo de una interpretación de veinte minutos de "Gloria", que sonó como la banda sonora perfecta para los últimos días apocalípticos del Tercer Reich.»

Gracias, en buena parte, a la llegada de los CD piratas se ha producido una resurrección milagrosa de antiguas actuaciones en directo, que durante mucho tiempo se creían perdidas, a cargo de grupos cuya vida auténtica estaba en el escenario. Cream, en Estados Unidos, presentando la orden del día para el *guitar hero*, Little Feat resbalando y deslizando su boogie mutante, la gira final de Television, con sus guitarras gemelas en un diálogo sin fin; todo ha sido rescatado por los discos plateados. Otros momentos clave de la historia del rock restan tentadoramente sin grabar, o tan sólo existen en forma de raros fragmentos: John Mayall con un joven Clapton que podía hacer creer que paraba el tiempo (escuchad la toma en directo de «Stormy Monday»), o los Fairport de Sandy Denny antes del accidente, o la alquimia en directo de Mighty Baby.

Them eran así, una química violenta que jamás se podría recrear en estudio alguno, alimentados por sí mismos y por la energía de su público; pero, a causa de la misma naturaleza de la tecnología de la época, sólo sobreviven las grabaciones más rudimentarias. Ni tan siquiera ésas están comercialmente disponibles, aunque alguien que haya cometido el error de adquirir, digamos que *Live At The Kelvin may*, de los Kinks, o la parte del Royal Albert Hall de *Gimme Shelter*, de los Rolling Stones, sabrá que seguramente no se perdieron. Con ironía doble si cabe, ¿cuántos de los conciertos antiguos de Bob Dylan han llegado hasta nosotros (extraoficialmente) en casi perfecto estado? Dicho esto, Johnny Rivers se especializó, mientras se encontraba en Francia autoexiliado, en largos desarrollos de rhythm and blues que pusieron en trance a las mujeres públicas del Sur, llevándolas a estados de frenesí. Los resultados grabados que sobreviven son tan salvajes como una noche de marcha con Little Jimmy Osmond o una cena para ligar con Karen Carpenter. Quizás, lo mejor sea dejar como leyenda a Them en directo en el Maritime, y así lo apreciarán mucho más los que tuvieron la suerte de estar allí.

El Club Rado era un empeño colectivo, por lo que, a pesar de las rivalidades locales que Them generó, otros grupos quisieron mezclarse con ellos en una comunidad parecida a la de mediados de los sesenta en San Francisco. El batería de The Misfits sustituía a menudo a Ronnie Millings, y Van hacía dúos en escena con Keith McDowell, de The Mad Lads —y más tarde le tomó prestada la idea de cantar «It's All Over Now, Baby Blue» de Dylan—, o con showmen del calibre de Johnny Johnston o Tony Ford, que subían al escenario para un par de números. Van aún tenía que aprender su maestría en la puesta en escena, pero su voz ya era todo lo que sería. Al parecer, desde los primeros tiempos, Van podía oscilar cómodamente de la lujuria reprimida hasta la insinuación perezosa, pasando por la angustia íntima, a veces mezclando el éxtasis y la melancolía en la misma frase. Su voz era opuesta al tipo de pureza vocal que ostentaban tantos cantantes ingleses que provenían de la tradición de coros infantiles, con Colin Blunstone de los Zombies, como mejor representante. Van era más como Ian Paisley —de hecho, casi un vecino—, que gritaba más que ronroneaba, y que consiguió un perfil de ventas a base de una dicción borrosa y una vehemencia estentórea, mientras tensaba sus dos octavas del registro medio a través de una megafonía sorda.

Justo como Mick Jagger, pero, de hecho, sin el agravante de la pose de cockney falso. Los Rolling Stones habían tocado por casualidad en Belfast un mes después de la inauguración del club de Them. El espectáculo terminó a los doce minutos a causa de los disturbios, pero el hecho de que los Stones hubieran conseguido ya entrar tres temas entre los treinta principales, así como las incursiones en las listas de Manfred Mann y de los Animals, era algo tremendamente alentador para los grupos como Them. Alentador, aunque profundamente frustrante. El grupo de Van operaba más allá de las aguas territoriales en las que las compañías discográficas con sede en Londres se preparaban para pescar los nuevos talentos. Además, Them eran, sin discusión, dueños de su propio terreno, el que suponía una completa carga de trabajo con cerca de ochenta clubes a su alcance. Como los grupos solían hacer dos pases de veinte minutos por actuación, era muy habitual participar en tres compromisos separados en el curso de una noche de fin de semana. En *Wavelength*, Eric Wrixon resumió una noche de faena. Them tocó en «el Dance Studio de Donegall Street —una media hora— luego bajaron e hicieron media hora más en el Plaza, y después salieron disparados y tocaron media hora en el Fiesta, y luego una hora en el Maritime».

El aspecto financiero del asunto era sorprendente. De nuevo Wrixon: «En aquella época veinticinco libras se consideraba mucha pasta, y antes de ir al Maritime ya habías recogido tus veinticinco tres veces. En el Maritime también se cobraba entrada. Las localidades se agotaban a las siete en punto de la tarde con doscientas cincuenta personas que habían pagado con billetes de diez chelines. Subíamos al escenario para actuar siete noches a la semana, cuatro veces cada noche».

Them también empezaban a andar cortos de dinero, porque sus pases se estiraban hasta casi el infinito. Esto fue cuando corrió el rumor de que Georgie Fame había solicitado que se le concedieran dos horas enteras en el Romano's Ballroom, lo que provocó quejas al sindicato de músicos. Them cogía todo el trabajo que podía. Durante un mes plagado de contratos malos en lugares como Spanish Rooms de Falls Road y el Sammy Houston's Jazz Club, también hubo viajes a salones de baile como el Embassy de Derry, con su pesado telón de raso. Habitualmente ellos pasaban la frontera hacia el sur, hasta Dublín o, como mucho, hasta Waterford.

Tales peregrinaciones no estaban exentas de peligros. Los chicos de la ciudad llegaban, como los corderos al matadero, a un pueblo donde predominaban todavía los años cincuenta. El «afeminado» pelo largo de Them era una alarma para todo aquel que incluso ya no veía al Elvis con tupé como un símbolo de masculinidad. Al minuto del primer tema, un matón con un corte al rape, envalentonado por la cerveza Guinness, podía tener que ser disuadido de irrumpir en el escenario para dar un paso más en favor de espectáculos decentes para la gente decente. Otros del público se limitaban a los aullidos de burla, abucheos esporádicos y brotes de aplausos lentos. Todo esto se reprodujo años después cuando a los Pink Floyd se les lanzaron monedas en los bailes Mecca de pueblo —un mundo que no estaba preparado aún para Syd Barrett—, y con una ferocidad añadida cuando los desintegrados Sex Pistols se abrieron camino hacia el oeste en su única gira estadounidense. Ningún cantante de rock ha sido asesinado en el escenario a manos de un público iracundo —todavía—, aunque Marty Balin fue apaleado hasta caer al suelo por los Hell's Angels en Altamont, y Frank Zappa cayó al foso de la orquesta del Rainbow de Londres (un motivo por el cual se tuvo que volver a comprar este local al grupo religioso propietario, tras lo cual se reinauguró, en mi opinión, con éxito). Una nueva y más delicada experiencia religiosa les llegó a los asistentes a la actuación de Van en ese mismo local en 1973, aunque será mejor no divagar en exceso.

De vuelta a Belfast, y a su circunstancia, otros grupos copiaban el repertorio de Them —«Gloria» incluida— y su aspecto informal. Como todos los grupos locales que habían conseguido una penetración en el mercado de su zona, Them podía o bien dormirse en los laureles y ver cómo otros héroes más jóvenes les tomaban la delantera o bien dar un paso adelante y, con el tiempo, dejar su ciudad natal. Incluso los Beatles se habían ido de Liverpool tan pronto como pudieron. Inmortalizarte tú mismo en cinta era el primer paso, aunque por entonces, excepto en Londres, había pocos estudios auténticos fuera de los habituales cobertizos, garajes o salas de estar adaptados. Con un simbolismo inconsciente, la primerísima grabación existente de Them fue una versión de «Turn On Your Love Light», registrada por un fan estudiante de electrónica en la Queen's University que tenía acceso a una cueva de Aladino de magnetófonos, equipos de montaje y cables de interconexión.

Una copia llegó a oídos de Mervyn Solomon, un empresario local que daba la casualidad que era hermano de Phil Solomon, un representante londinense que llevaba a los Dubliners, a los Bachelors con su rock barato y un buen número de grupos tradicionales irlandeses. Mervyn entró en el Maritime durante el tour-de-force de «Turn On Your Love Light». Chicas con minifalda y cara de golfillo con los labios pintados de colores pálidos rodeaban la parte delantera del escenario como hipnotizadas por el minúsculo cantante solista, que también podía soplar huracanes salvajes de saxo y armónica. El don de Morrison de transmitir una especie de calma interior misteriosa, de gracia bajo el fuego, convenció a Solomon de que el grupo merecía la atención de su hermano. Esta decisión hizo que Dick Rowe cruzara apresuradamente el mar de Irlanda para ver a Them con sus propios ojos.

En su cargo de jefe de artistas y repertorio —encargado de A&R para la industria— de la discográfica Decca, Rowe había cometido el error espantoso de rechazar a los Beatles ante la prueba de una maqueta ciertamente horrorosa con canciones de variedades e instrumentales trillados. Desde entonces, él había ido en busca, de manera febril, del nuevo fenómeno, y había fichado a los Rolling Stones, los Nashville Teens y los Moody Blues. Y ahora se había enterado que EMI, la gran rival de Decca, intentaba conseguir a The Wheels, el primer supergrupo beat de Belfast, liderado por Brian Rossi, y con Herbie Armstrong y el bajista Rod Demick, de The Telstars. Años antes del crecimiento de sellos independientes como Elektra o Island, cualquier grupo de valía necesitaba fichar por un sello grande, o sino se vería apartado de los considerados grandes, y ausente de las listas.

Rowe tenía que actuar rápidamente. Them era lo suficientemente prometedor como para que se le convocara a los estudios de grabación de Decca, de West Hampstead. Para aquellos que todavía eran demasiado jóvenes para poder firmar contratos legalmente, Rowe debía asegurarse la firma de los padres para un contrato habitual de dos años, con opción de renovación si el asunto iba bien. El matrimonio Wrixon rechazó la idea, por lo que Eric quedó apartado —para después unirse a Wheels— y Patrick McAuley le sustituyó en el órgano.

Después del estímulo que significaba para su carrera, McAuley quedó desconcertado al encontrarse al organista de estudio Arthur Greenslade preparado para grabar. Y no acababa aquí el tema. De todos los músicos de los grupos beat, el batería era el más propenso a ser sustituido en el estudio por un profesional anónimo, que cobraba por horas. Incluso en la primera sesión de los Beatles, para «Love Me Do», se utilizó a Andy White, que en una posterior y más melenuda encarnación sustituyó en Yes al insustituible Bill Bruford (resultado: declive musical, bienestar financiero). En sus actuaciones en directo los grupos beat tendían a acelerar y aminorar la marcha según el ánimo del momento. Un batería de estudio era el primer paso en la senda de las pistas de golpeteo y el sonido generado por ordenador, al suprimir claramente el corazón y el alma de la música rock, que de manera tan esencial era un fenómeno en directo. En la citada y en sesiones sucesivas, Bobby Graham estuvo en la batería, así como en los teclados el expatriado del Ulster Phil Coulter —un nombre que reverberará a lo largo de la historia entera de Van Morrison— y el prodigio de la guitarra «Little» Jimmy Page, con el apodo para distinguirle del colega guitarrista de sesión «Big» Jim Sullivan. Ya crecido, Page tomaría la dirección contraria, usando su destreza en el estudio para fundar el (insolentemente) más importante grupo de rock en directo de los primeros setenta, Led Zeppelin, para quienes incluso el lanzamiento de sencillos de éxito parecía ser una prostitución de su talento y ambición.

Coulter era un compositor en alza. Su canción «Puppet On A String» iba a proporcionar el éxito en el festival de Eurovisión a la descalza y sensual Sandie Shaw. El título era extrañamente profético, ya que la carrera entera de Shaw, incluido el nombre con retruécano, era creación de hombres, desde las composiciones de Chris Andrews, al mismo empeño doble de Coulter, hasta un posterior revival de su carrera bajo la tutela de Morrissey. Mientras tanto, a Coulter se le encargó de la organización cotidiana de Them, casi lo mismo que el papel que interpretaba Norman Rossington en *¡Qué noche la de aquel día!*, aunque sin comedia. El espíritu de Them seguía brillando en el estudio, aunque fuera de manera esporádica. Harrison iba a tocar el famoso riff solista de «Baby Please Don't Go», con Page proporcionando el «sólido "pedazo" de fondo», mientras, como cantante solista, Van Morrison era insustituible. Como declaró Mervyn Solomon a Johnny Rogan, el talento de Van brilló, literalmente como una estrella. «Van era uno de los artistas más grandes con los que yo hubiera tratado jamás. Yo noté que a Van se le debía apartar y hacer de él un solista. Me pareció que necesitábamos un grupo de jazz moderno acompañándolo con flautas.» Un presentimiento extraordinario de *Astral Weeks*.

Morrison era muy parecido al Dylan joven, que usaba el estudio como un lugar para componer, y probar ideas nuevas. «Se presentaba siempre con pedacitos de papel con letras y melodías.» No era fácil por entonces, antes de *Sergeant Pepper*, cuando todavía se contaba con que los grupos terminasen de grabar en el margen de las tres horas asignadas, o en una sesión de noche con un límite horario notablemente anterior a la medianoche. El hecho de que Jimi Hendrix, unos cuantos años después, se construyera unos estudios de grabación propios (los Electric Lady) no fue el menos importante de sus actos revolucionarios, ya que en ellos él podía improvisar durante el tiempo que le diera la gana. La ambición de Van descansaba en una orientación diferente a la del resto del grupo, dentro del cual otros miembros han dejado constancia del casi terror que sentían por el estilo de determinación de Harrison. Solomon no da nombres, aunque indica claramente la línea divisoria entre el cuidar de la carrera de uno y la imaginación. «En ese momento, el grupo debía hacer algo. Ellos estaban decididos a seguir. Van siempre supo lo que quería y se enfurruñaba si los demás no lo hacían de la manera que a él le gustaba. Aunque él no era una prima donna, no hasta ese punto.»

En declaraciones a Ritchie Yorke, Van ve hoy a Them como «fuera de contexto». Parece no sentir ningún recuerdo en especial: «Si yo no hubiera estado con Them, hubiera estado en cualquier otro grupo..., sin ningún problema». Como si confirmara lo anterior, Dick Rowe eligió una versión de «Don't Start Crying Now», de Slim Harpo, como la primera cara A de Them el 4 de septiembre de 1964, ignorando así el talento de compositor de su cantante solista y desperdiciando, por segunda vez en su vida, las joyas de la corona.

En el Ulster se vendió bien, aunque no consiguió entrar en los cincuenta principales británicos. La primera parte vocal grabada por Van comienza sin acompañamiento, y tenía el zumbido y la aspereza de una avispa. A fin de cuentas, la canción en sí es prescindible, y el interés del oyente no se reanima hasta el mismo final, con una intrincada labor de guitarra, al estilo country rock de los Byrds, anticipada en el tiempo. Otra canción de Slim Harpo, «Got Love If You Want It», se rescribió con una letra en la jerga mod y se convirtió en «I'm The Face», de The High Numbers, que pronto se cambiarían el nombre por The Who. En todo eso había un juego en el que Presley, los Beatles, The Police y Simply Red serían maestros, los lindos chicos blancos que toman la música negra, ya sea un blues de Arthur Crudup, de los grupos femeninos de la Tamla, reggae o soul, y la hacen aceptable para un público masivo. La única diferencia que había en la escena del rhythm and blues británico era que algunos de los chicos blancos distaban mucho de ser lindos.

El trompetista de jazz tradicional Kenny Ball —arrastrado ya por esta nueva ola— consideraba la locura por el rhythm and blues sólo como una pasión por el «rock 'n' roll con armónica». De acuerdo, siempre que la armónica la tocara gente como Van, o Paul Jones, ambos maestros. Aunque él mantenía su opinión. Los grupos retrato-robot con nombres como The Howling Wolves, The Boll Weevils o The King Bees —con un David Bowie, que aún no se llamaba así, actuando en su primer papel— de repente luchaban por sacar tajada.

Retrospectivamente, el aspecto de Them más importante para Morrison fue el de que el grupo se trasladara a Londres de manera permanente. Los ecos de esa estancia resonarían en canciones posteriores, y él se mudó de nuevo a Holland Park, después de años en Estados Unidos. Mientras tanto, él y Them estaban en la rutina de las sesiones únicas, a menudo realmente infernales, particularmente entonces que la única autopista de Inglaterra terminaba en Birmingham. Después de días de inactividad, una llamada telefónica podía significar que, una hora después, los chicos estarían «hombro con hombro» en una aireada furgoneta conduciendo y conduciendo hasta pueblos extraños, locales extraños y extrañas camas. Mientras tanto, su primer sencillo crepitaba en las atestadas longitudes de onda de las nuevas emisoras piratas.

Anunciados como vendedores de «Raving R&B» (opuesto al más brillante «Maximum R&B», de los Who), las actuaciones más destacadas de Them se realizaron en la capital, exhibiendo su material en clubes nuevos y a la última, como el Pontiac de Putney, o el efímero Beat City de Alexis Korner. Esa noche, Van no estaba nada ostentoso y actuaba por inercia hasta que Phil Solomon le hizo llegar, de manera exasperada, la orden de que se moviera. La reacción de Van, rencorosa aunque eficaz, consistió en patear y revolverse, una mezcla de todos los rocanroleros a los que admiraba; deambulando por el escenario como una luciérnaga cuando no estaba mandando desde el micrófono. Al guitarrista Dave Mason, de The Hellions, por entonces el grupo residente en el Whisky-A-Go-Go del Soho (y luego miembro tanto de Traffic como de Fleetwood Mac), le llamaron especialmente la atención las payasadas de Morrison en escena: «Tío, estaba loco. Brincaba arriba y abajo, y saltaba encima de la cabina de los altavoces». Otro converso a la causa de Them era un juvenil Rod Stewart, antes de la fama y del peinado de cresta de gallo, que aceptó la invitación de Van para ir a Belfast y tocar en el Maritime.

Las raíces de Stewart en la música folk, que aprendió tocando en la calle por Europa, aunque luego oscurecidas por la época de «Do You Think I'm Sexy», le hicieron próximo a su nuevo amigo Van, especialmente su amor por el lado tierno de Dylan. Desde luego, los tres primeros álbumes en solitario de Stewart parecían presagiar una carrera tan larga y destacada como la de Van, pero algo se torció cuando Rod hizo su travesía transatlántica, y cambió la sensibilidad por la autopromoción. De la cresta de gallo a pollo rockero. No le resultaría tanto económicamente, pero hay un lugar en el corazón de la gente que ni Rod, ni Phil Collins, Prince o Madonna consiguen llenar, por culpa de su mismo superestrellato. Un lugar que sí ocupan artistas como Van Morrison, Richard Thompson o Neil Young. Como prueba, ¡véase simplemente la calidad y entrega de sus fanzines!

Mientras tanto, el grupo avanzaba trabajosamente. Una actuación de teloneros de Screaming Lord Sutch le arrancó a Morrison un comentario memorable:

«No nací en Swindon, pero aquí me muero». Inmediatamente, Them se elevó sobre el vulgo con su segundo sencillo «Baby Please Don't Go», compuesto por Big Joe Williams, un bluesman de Mississippi de los años veinte. Decca decidió lanzar el arreglo de Them, ahora visto justamente como definitivo, como sencillo antes de cualquier otro. Un órgano de parque de atracciones proporcionaba dulzura, aunque la canción la lleva un vacilante bajo eléctrico, y el riff lo dobla Van a la armónica. Su canto es desesperado, suplicante, la historia de cárceles del condado y trabajo duro se desdibuja hacia un ritmo de semental. El acompañamiento se calma mientras el canto de Van llega a ser a ratos alegre, en staccato, a ratos suplicante o melancólico, con una cita de «I'm Crying», de los Animals. De principio a fin, la voz de Van recuerda mucho a las de Burdon y Jagger, aunque ya se percibe un sentimiento personal.

El nuevo sencillo se publicó a principios de noviembre de 1964 con una versión severamente cortada de «Gloria», el festivo tema de Van, en la cara B. The Wheels, con Herbie Armstrong, lanzaron la misma canción como cara A, sin éxito. «Baby Please Don't Go» entró en las listas del *New Musical Express* en el número treinta y tres después de que el grupo la hiciera en playback —con Van que se olvidó de «soplar» su armónica— en una edición navideña del decisivo *Ready Steady Go* de la ITV, con los Rolling Stones de estrellas principales. Más tarde sustituyó a «54321», de Manfred Mann, como sintonía del programa. Después de una subida de siete semanas, el sencillo se colocó entre los diez primeros.

El viejo amigo y competidor Georgie Fame estaba por entonces en el número uno con «Yeah Yeah», compuesta por el «sabio del jazz» Jon Hendricks, cuya canción «Centrepiece» también figuraría posteriormente en el repertorio de Van. Mientras tanto, él adquiría por fin una mayor proyección ante un enorme público nuevo. Yo recuerdo haber visto a unos jóvenes Them en *Top Of The Pops* e, incluso aunque los Animals eran mi grupo favorito, tuve la sensación de que en esa pandilla de matones melenudos había algo trasgresor. Pongamos por caso que Phil May tenía una especie de encanto juvenil por debajo de la maraña. Incluso la imagen de imbécil de Bill Wyman, con su bajo en vertical y mascando chicle aburridamente, parecía un poco acartonada. Van tenía un aspecto auténtico, el tipo de gamberro que, en la calle, evitarías mirar fijamente, y del que huirías rápidamente, aunque sin correr desde luego, para no alertarle.

Había algo de cromañón en su aspecto ceñudo, en la carencia de adornos musicales en el grupo (sin un Brian Jones, que añadiera todo tipo de contrastes tonales) y en la ferocidad de su entrega. Esto no era un juego, y ellos no eran chiquillos sonrientes. Por supuesto, que todo el asunto no quedaba muy lejos del primitivo porrazo que Chess editó como *Rhythm And Blues All Stars* —distribuido por el sello Marble Arch en Gran Bretaña— y que se infiltraba en el mercado de masas, más allá de lo que antaño había sido la reserva de jóvenes fanáticos como Keith Richard o Keith Relf. Mientras los Stones todavía actuaban de chicos duros de instituto —y vestían con un esmero acorde—, una oscuridad metafórica parecía rodear a Them, al menos en mi imaginación adolescente, aunque el resto del grupo se fundía en una banda callejera tras su líder carismático.

Aparición de los Them en el show televisivo británico *Ready Steady Go,* en diciembre de 1964, presentando su nuevo single «Baby please, Don't Go». Patrick John McAuley sustituyó de forma temporal a Ronnie Milings a la batería.

Con todo, salí precipitadamente y compré el sencillo o, más exactamente, esperé a poder conseguir una copia proveniente de un jukebox, con el agujero hecho polvo.

Una cosa sobre Van Morrison en la tele. Tanto si te gustaba como si no, no podías quitarle los ojos de encima. Él rezumaba ese aire de provocación del tipo «¿a quién estás mirando?» que tenía Trevor Burton, de The Move, o Pete Townshend. Había nacido una estrella.

«Todo el mundo era bastante inocente por entonces, algo así como una industria rural —recuerda sonriente Dick Taylor ahora—. Nosotros pensábamos que duraríamos unos dos o tres años quizá. Nunca nos sentimos integrados en la industria del espectáculo.» Aún así, a su pesar, los Things, Them y toda la nueva cosecha de creadores de éxitos de rhythm and blues se convirtieron en famosos.

«Baby Please Don't Go» había propulsado a Them hacia el estrellato, aunque las actuaciones en directo todavía se desenvolvían en el mismo circuito. Ellos iban y venían del Bird Cage de Plymouth al Agincourt de Camberley y del Floral Hall de Southport al Basingstoke Technical College y al Rock Garden Pavilion de Llandrindod Wells y del Dreamland de Margate al Palace Ballroom de la Isla de Man. A menudo tenían que dejarlo todo para actuar en *Saturday Club* o para ir hasta la iglesia desafectada de Manchester en la que se realizaba *Top Of The Pops*.

Con Phil Coulter de carabina, se producía una serie de entrevistas, apariciones personales, sesiones fotográficas y salidas a comprar vestuario de escena nuevo. El grupo había incorporado corbatas y camisas naranja de uniforme durante el periodo de Millings y McAuley, aunque, de alguna forma, todavía se las arreglaron para parecer desaliñados. Ellos se convertirían también en un caso escandaloso, incluso sin un relaciones públicas como Andrew Loog Oldham o B. P. Fallon que actuara en su nombre y facilitara artículos a la prensa. El agravio que Them provocó fue natural, no fabricado.

Un programa escolar de la BBC denunció la naturaleza «imbécil» de «Gloria» —arte moderno, visto ahora— con un clip del grupo en directo y todo. ¡Qué mayor incentivo se podía ofrecer a los aburridos escolares a los que se amonestaba, para que salieran corriendo de la escuela y compraran el sencillo! En el grupo había un humor soterrado, con su más evidente manifestación en el dibujo de la batería, con un tipo al estilo de Andy Capp, perezosamente reclinado, aunque se perdió en alguna parte entre los acentos y el dialecto del Ulster. Eran personajes, al menos así se los percibía públicamente, a los que no les comprarían agua ni en el Sahara.

«Here Comes The Night», el oasis del grupo por así decir, era una creación de Bert Berns, que tenía treinta y seis años. En enero de 1965, Bert había cruzado el Atlántico. Astuto neoyorquino, sus estudios en la Juilliard School of Music habían sido el meritoriaje para su posterior carrera como publicitario discográfico, copista de partituras y pianista de sesión; trabajo duro y desagradecido, pero que le supuso el empleo largamente deseado de arreglista y productor cerca de los estudios de Tin Pan Alley, en Londres, y del Brill Building, en Nueva York.

Él fue uno de los primeros de una nueva generación de vividores musicales, de los que Guy Stevens y Joe Boyd fueron los más gloriosos ejemplares últimos, como cerebros de la psicodelia británica con escasa recompensa.

Berns —que salvaría la carrera de Morrison en una posterior y crucial etapa— se mostró también como un compositor excelente, y escribió canciones de la calidad de «Twist And Shout», «Under The Boardwalk», «Cry To Me» y «Everybody Needs Somebody To Love». Inicialmente grabado por intérpretes negroamericanos, los chicos enrollados del sistema del rhythm and blues británico pronto se abalanzarían sobre este material. El otro gran talento de Berns era el de convertir una sesión de estudio en algo más, un lugar para hacer música. Tal como Billy Harrison declaró a *Wavelength*: «Le recuerdo saliendo de detrás de la consola: se iba hacía la batería, agarraba una baqueta, comenzaba a percutir un plato y decía: "Vamos a calentar esto" y creaba un clima. De repente todo el mundo pensaba: "Sí. No estamos atados a las sillas, tenemos permiso para expresarnos". Berns sólo creaba una enorme libertad de ambiente en el estudio. Un productor de cojones. Tenía magia el tío». Van lo refería más negativamente: «Excepción hecha de Bert Berns, pienso que esa gente que dice que producían a Them no tenían ni idea».

Incluso antes de que Berns se integrara en Decca, se había sugerido «Here Comes The Night» como próximo sencillo de Them. La pérfida Decca había hecho apuestas compensatorias al lanzar apresuradamente una versión de Lulu And The Luvvers, de Glasgow, que estuvo una semana en el número cincuenta antes de desaparecer para siempre. La superior versión de Them se publicó en marzo de 1965, promovida con apariciones en *Thank Your Lucky Stars* y *Ready Steady Go*, y fue directamente al número seis, sin llegar al número uno sólo por culpa de «Ticket To Ride» de los Beatles.

Alan Clayson describe el sencillo como «una balada de envidia lasciva con un toque latino», lo que es sencillamente correcto. Un redoble de tambor —en plan de llamada a las armas— y entonces entra Them en el estribillo, majestuoso con un amplio órgano y unas firmes baquetas. Cada estrofa sucesiva —cantadas por Van de una manera casi juguetona sobre un ritmo shuffle— da más revelaciones sobre la traición del chico. El estribillo, en contraste, se canta con una especie de dolor lujoso, con un solo de guitarra super relajado, que de alguna manera, hace que incluso aumente la tensión. De repente el paso de cada noche es insoportable, y Van imagina exactamente lo que ella está haciendo con su nuevo amante. Una canción vil, oscuramente voyeurista, aunque desafío a cualquier lector a que niegue que es una situación que no haya experimentado en su vida. El asunto termina con un Van de pasión ahogada que repite «long and lonely night» una y otra vez, hasta que el volumen se difumina, su primer intento en cuanto a sonido puro. Una canción que rezuma una inevitabilidad trágica, con Van que asume dos partes cantadas completamente diferentes, como en un bucle sin fin, una vez y otra, y otra vez más...

Them hizo una aparición como invitados en el concierto de ganadores de las votaciones del *NME* del Wembley Empire Pool, el 11 de abril de 1965, en un cartel en el que también figuraban dos futuros colaboradores musicales: Georgie Fame y Tom Jones. El cartel marcaba el apogeo del beat británico: los Beatles, Rolling Stones, Kinks, Animals, Searchers, etc. También estaban Freddie And The Dreamers y Cilla Black, pero ya se sabe que en la vida nada es perfecto. Derek Johnson del *NME* señalaba proféticamente que «el cantante solista del grupo generó un soul más genuino que cualquier otro de sus contemporáneos británicos».

Them estaban en la cumbre de su carrera, aunque siguieran desplegando una insolencia estúpida hacia los medios y las fans. Los encuentros con el grupo se veían fragmentados y marcados con tacos y ocurrencias desagradables, que anticipaban el «mal comportamiento» más cohibido de los Sex Pistols y de Siouxsie Sue en el programa de Bill Grundy. En las entrevistas usaban un cerrado acento irlandés, casi incomprensible para los endurecidos periodistas más acostumbrados a inofensivos bromistas como los Fab Four. Un truco repetido por Bob Marley And The Wailers que podían refugiarse a voluntad en el dialecto jamaicano. Phil Solomon había impuesto a Them un uniforme con trajes a la moda y delgadas corbatas a juego. El tiro salió por la culata, ya que en las fotos resultantes parecían una versión crecida de Guillermo y los Proscritos de los libros infantiles de Richmal Crompton, con las corbatas desgarradas, rodillas embarradas (metafóricamente), con sus caras sucias y ceñudas capaces de cuajar la nata más refinada. Them se rindió a una sesión fotográfica en bañador en una piscina al aire libre de Ruislip, aunque el efecto se acercaba más a la excursión de reformatorio que a un jolgorio de club juvenil.

El *New Musical Express* del 23 de abril de 1965 incluía a Them en su sección «Lifelines». El grupo había establecido temporalmente una formación con Billy Harrison a la guitarra, Alan Henderson al bajo, Pat McAuley ahora en la batería y su hermano John al órgano. Todos tenían en común un gusto «informal» por la ropa y una educación musical «autodidacta». Afloraban rarezas como el grandioso disgusto que el grupo tuvo con el fracaso de su primer sencillo, o que su primera aparición pública importante fue en *Thank Your Lucky Stars*. Del Maritime Hotel, ni hablar. Van, de 1'67 m., ojos azules y pelo rubio, señalaba al «sentimiento por el blues» como su influencia más importante. Su mayor emoción «hablar de "blues" con John Lee Hooker». Su color favorito, el verde. El jugo de tomate, su bebida preferida. Citaba a Ray Charles, Steve McQueen y Roland Kirk. Le gustaba el aire libre y la natación. Un detalle descubría el juego: las dos preguntas finales separaban las ambiciones personales y profesionales, pero la respuesta de Van era decididamente la misma para ambas: «triunfar en el negocio del pop». Lo que realmente consiguió.

Derrotado en sus intentos de asear la imagen de Them, Solomon decidió usarlo como tarjeta de visita. Grupo calificado en gran medida de no sonriente —Van lucía una especie de sonrisa autosatisfecha, vestido con ropa de sport sin combinar y sin corbata— en la contraportada de su LP epónimo, editado en junio de 1965, se les describe como «The "Angry" Young THEM». Según parece el invento del publicitario Les Perrin —maestro en la famosa técnica de los «dos teléfonos»— antes de que abandonara el buque, este enfoque era un retroceso a la estética del fregadero de *Billy Liar*, *Lucky Jim* y el *Mirando hacia atrás con ira* de John Osborne. Como proclamaban las notas de contraportada: «Estos cinco jóvenes rebeldes son escandalosamente sinceros consigo mismos. ¡Insolentes! ¡Airados! ¡Tristes! Son honestos hasta llegar al insulto. Cuando se les pidió que produjeran un tema que ellos consideraron como una "canción bonita", la respuesta fue simplemente "¡No! Ésta es nuestra música, tanto si os gusta como si no"».

Después de tan enérgica declaración de anarquía y disentimiento —que suena más como una muestra de The Velvet Underground en su época «Sister Ray»— la música en sí era un poco decepcionante. La presencia más vital era la de Morrison. «Los pensamientos puros y básicos que él escribe son tan vivos y vibrantes, que parece imposible que un hombre pueda tener tanto talento. Su fraseo es tan estupendo que en sus manos incluso la letra más banal adquieren una nueva profundidad y significado... y se convierten en algo tocado por el genio.» Un buen resumen de su carrera, aunque esta capacidad brilla brevemente, si bien reveladoramente. Especialmente en su encarnación original de vinilo, con el chasquido, el crepitar y el pequeño estallido del aparato comparado con la suave necedad de la perfección digital del CD, el álbum queda como un buen ejemplo en su género, el tosco rhythm and blues británico, con una vena salvaje de poesía celta en su interior.

El álbum comienza con tres canciones de Van, lo que como mínimo es un voto de confianza en su capacidad compositiva. «"Mystic Eyes" expresa la exuberancia absoluta con la que tratan estos chicos. Este número se montó simplemente como un tema sin voz —aunque en la sesión Van Morrison se puso a cantar algunas frases hacia el final— y de repente la canción se animó.» Van niega la historia en una entrevista posterior: «La letra eran palabras de otra canción que estaba componiendo al mismo tiempo. Las grabamos en la segunda toma.» Es extraño, porque ciertamente no suena de esta manera. La cosa más cercana a una juerga de Them en disco, basada en la armónica y con un ritmo casi a lo Bo Diddley, cuando sucede algo casi extraordinario. Éste es el primer intento de Morrison en el campo de la canción-poesía hipnótica. Es como si Morrison se viera inducido hacia esas extrañas y frías palabras, y él empieza dulcemente, como si hablara consigo mismo: «Un domingo por la mañana, fuimos a pasear por el viejo cementerio». Las palabras siguientes no se oyen bien, posiblemente por un corte en la grabación, o deliberadamente borrosas. «Y miré hacia sus ojos místicos». Suyos «de él» y no «tus ojos». Es una canción de amor a Dios, o al universo, o a una lápida esculpida, y no a una mujer. Una hoja de promoción de Decca de entonces revela que la canción se compuso después de ver jugar a niños en un cementerio. «La luz brillante en los ojos de los niños... la luz apagada en los ojos de los muertos.» Morrison repite al infinito la frase del título mientras que el órgano, la batería, las maracas y el bajo se hinchan hasta una especie de epifanía.

Un material fantástico, y que en pequeña escala prefigura todo lo que Morrison haría después, al llevarse consigo al oyente (además de a sus músicos) hacia un mundo propio de presagios y símbolos. Un mundo más aterrador por cuanto se accede a él desde la cotidianeidad, como Alicia que a través del espejo llega al País de las Maravillas, o Narnia que se escondía en el interior de un armario. La diferencia en las canciones de Morrison es que, una vez dentro, a menudo no hay regreso.

«If You And I Could Be As Two» es «la pieza preferida de "los chicos"», una canción rockera lenta y con balanceo con una introducción hablada y un puente a la mitad. Domingo una vez más, con las hojas caídas en el suelo, y una chica vestida de azul. «La tormenta ya pasó, y el barco zarpó.» Las palabras de Morrison están más cerca de la prosa que de la poesía —un paseo por la oscuridad—, pronunciadas con un acento agresivamente irlandés, en contraste con el deje americano en la manera de cantar de Van. Ésta sí es una canción de amor, con el mismo tema —casualmente— que el número uno de las Spice Girls («2 Become 1») en el momento de escribir estas líneas, aunque en plan de lamento amargo en vez de invitación coqueta.

«Little Girl» es el primer ejemplo grabado de la obsesión de Van con la inocencia infantil —«diez años de edad»— y una especie de apropiación mutante de «Good Morning, Little Schoolgirl». Ahí hay un sentido de Van como un observador pasivo, que lo registra todo aunque es incapaz de actuar, o incluso de moverse. Bastante más aterrador que el voyeurismo, desde luego. Van repite «in my soul» una y otra vez, como en una agonía terminal. Él es uno de los pocos cantantes que puede transmitir los dos significados de la palabra a la vez.

Las notas de contraportada describían «Gloria», de manera profética, como «indudable estándar de rhythm and blues del futuro». Ahora suena más punk que rhythm and blues. Con austeros tambores militares y un ritmo animado, con el bajo sonando como un látigo, Van suena descontrolado desde el inicio. Ronco, soltando las palabras como un felino fiero, él deletrea el nombre de su chica como un conjuro mágico. No hay solo de guitarra, tan sólo el riff con más volumen (cuatro veces), un adorno con el órgano, el acompañamiento se calma y Van suena jadeante y lascivo mientras relata cómo se acerca a su enamorada. Una batería genial, que lo dice todo. Hay una pausa subliminal entre «comes to my room» y «makes me feel okay», un fallo técnico en la narración que sugiere que ellos están haciendo algo que no tiene que ver con el crucigrama del *Times*. Al final, la batería se lanza velozmente hacia un ritmo orgásmico.

«You Just Can't Win» presume de eco natural y de silbido, y con referencias a la nueva vida de Van en Londres: «toma el metro a Camden Town», y «ahora estás en Park Lane». Él ya había aprendido a que las letras fueran concisas y directas al grano, sin nada que sobrara.

Seguía otro indicador de futuro. «John Lee Hooker, aclamado como uno de los mejores cantantes de rhythm and blues del mundo, compuso "Don't Look Back". Quizás no sea tan extraordinario que su balada sentimental suene extrañamente parecida a una composición de Van Morrison. Evidentemente, ellos tienen mucho en común.» Palabras proféticas, ya que en los primeros noventa, Hooker y Van formaban casi una atracción doble. Los Blues Brothers, o quizás más exactamente Father And Son.

Con «"I Like It Like That", Van vuelve de nuevo con una rendición soberbia de su composición propia». Excepto que suena más como unos Animals suaves que como Them, y la canción es profundamente aburrida. Una guitarra solista juguetona, aunque una composición adocenada. Aunque al final, la parte cantada de Morrison consigue una calidad de pesadilla a lo Captain Beefheart o Edgar Broughton.

La versión de Them de «Route 66» comienza con un piano jazzístico y un canto a lo Jagger, pero el acompañamiento tiene un swing mucho más enérgico que la versión de los Stones. Una canción de esperanza y entusiasmo, especialmente para Morrison por las historias de su padre sobre la vida en Estados Unidos, y la voz de Van tiene un deje norteamericano. Un hermoso solo tañido con la guitarra, y Morrison regresa con más energía si cabe, y suena melancólico en el verso sobre California. Cinco años después, estaría viviendo allí.

Un prensaje original de *Them* del archivo de Geoff Wall no presenta absolutamente ningún nombre en la portada a excepción del logo de Decca, lo que recuerda al anonimato deliberado del sorprendente primer álbum de los Rolling Stones. Si no sabes qué grupo es, no deberías preguntarlo. Todos los integrantes van vestidos informalmente, sin ninguna corbata a la vista. Van está en el centro, apoyado en el adornado brazo de un antiguo sofá, con la pierna derecha levantada, con botas de cuero negro, pantalones azulados de pana, y suéter a juego, con el largo pelo rizado por encima de las orejas. La expresión es inescrutable, llena de un humor tenue más que de amenaza. Su boca y sus ojos irlandeses ríen un poco.

El primer álbum de Them avanzó suavemente hacia lo más alto de las listas irlandesas, y el grupo fue recibido de vuelta a casa como héroes conquistadores. En la fotografía de portada figuraba Peter Bardens, que acababa de sustituir a John McAuley al órgano. Como ya había tocado el órgano para Them en el estudio sin que se le acreditara, tampoco es que fuera una gran novedad. Bardens era un teclista más que competente que se introdujo en los fuertemente psicodélicos Village, con Bruce Thomas, que luego estuvo con The Attractions. Su sencillo *«Man In The Moon»* es uno de los mejores de la época, y es del sello Head. Y con eso está dicho todo. Bardens realizó luego dos espeluznantes y subestimados álbumes en solitario, y fundó Camel, una especie de Caravan de segunda división. Bardens sigue entrando y saliendo precipitadamente en la saga de Van Morrison, esa historia cotidiana del folclore musical.

La salida de McAuley fue la primera de muchas, y el árbol genealógico de Them quedaría casi fuera del alcance de la pluma de Pete Frame. En su libro, Steve Turner identifica al menos ocho formaciones, y aún no es una cifra definitiva. Peter Bardens llegó con algo de «valor añadido». Van frecuentaría el piso de su organista, al norte de Londres, compartido con Mick Fleetwood, con quien Bardens había tocado en los Peter B's Looners con un joven, y sin drogas, Peter

Green. En aquel piso, los tres músicos consumirían una dieta rica en lo que rápidamente se conocería como música «soul», aunque ninguno de ellos le había añadido aún la palabra Caledonia.

Además de sencillos de James Brown, las Supremes, los Righteous Brothers, Nina Simone y Wilson Pickett —la saturación llegó a los cincuenta principales gracias a la radio pirata— los tres «soul brothers» pronto entraron en comunión con gente como los Drifters, Fats Domino, Chris Kenner y Bobby Bland, de cuyo álbum *Two Steps From The Blues*, una colisión de gospel y rhythm and blues de 1962, Van arrancaría «Turn On Your Love Light». Otras joyas tan eruditas se infiltraban en los repertorios de antiguos equipos de rhythm and blues de Gran Bretaña, que ahora lucían y sonaban peligrosamente como grupos pop. Es una época que se recuerda con cariño —para luego darle un giro amargo— en el álbum *Get Happy* de Elvis Costello que, aún en las copias de segunda mano en mejor estado, siempre tiene una mancha de café. Música de fiesta de la mejor clase.

Todos los tipos de artistas británicos con contrato discográfico probaban el soul por si les convenía. «I Can't Stand It» y «Every Little Bit Hurts» se habían promocionado con fuerza como sucesivas caras A del Spencer Davis Group. Cilla Black —nada menos— rechinó a su manera con la épica «You've Lost That Lovin' Feelin» que Phil Spector hizo para los Righteous Brothers, un ejemplo de copia tan acertada como un reloj Cartier de Taiwán. En directo, las concesiones de Them al soul fueron muchas. «I'll Go Crazy», «You've Lost That Lovin' Feelin», «In The Midnight Hour» y «Dancing In The Street», además de «Turn On Your Love Light», «Something You Got», de Chris Kenner, «Out Of Sight», de James Brown, «Hello Josephine», de Fats Domino, y «I Put A Spell On You», de Screaming Jay Hawkins. Todas se grabaron para que figuraran en el venidero segundo LP del grupo, *Them Again*, junto con una influencia radicalmente nueva.

Them lanzó una versión de «It's All Over Now, Baby Blue», el adiós de Bob Dylan a la escena folk y a su misma adolescencia. Los Animals ya habían incorporado en su primer álbum el blues tradicional «House Of The Rising Sun», y lo habían (literalmente) electrificado. Dylan devolvió el cumplido al contratar un conjunto de rock para una cara de *Bringing It All Back Home*, aunque ya había grabado con un grupo bien pronto, en las sesiones de *Freewheelin'*, produciendo la crujiente «Mixed Up Confusión». Los Animals le dieron a Dylan la seguridad para hacerlo en público, aunque las reacciones en el Newport Folk Festival, y en la gira europea de 1966, eran como si él hubiera escupido en la tumba de Woody Guthrie. El mesías convertido en Judas.

No es extraño, pues, que Alan Price aparezca orgullosamente en pantalla en *Don't Look Back*. Los Byrds sacaron su arrasadora versión de «Mr. Tambourine Man» de la tosca maqueta de Dylan con Happy Traum —razón por la cual la mitad de la letra no aparece en el exitoso sencillo del grupo— que se ofreció a los Pretty Things y que éstos rehusaron. En palabras de Dylan, aunque por supuesto podía tratarse de una broma, Manfred Mann eran sus intérpretes más eficaces. Hacia el final de *Don't Look Back*, es decir, cuando él no está pasando intencionadamente de Joan Baez ni riéndose abiertamente de su clónico Donovan,

Dylan se queda mirando extasiado un escaparate de guitarras eléctricas de Denmark Street. Un año después, de gira con los Hawks, la futura The Band, Dylan rescribió el lenguaje de la música rock. Entonces, su actitud respecto a las letras le llevaba a pensar que todo era posible; ningún tema era demasiado arcano, extraño o misterioso para una canción pop y Van Morrison iba a seguir esa estela de manera entusiasta.

Aunque por el momento, «One More Time», la primera cara A de Them compuesta por Morrison, fue un grave fracaso. Bert Berns había regresado a Nueva York para ocuparse de Bang, su nueva compañía discográfica. En su ausencia, Tommy Scott —que dirigía una empresa de producción con Phil Solomon— entró como principal supervisor de Them en el estudio. Él se ocupaba también de una cantautora llamada Twinkle (aunque seguramente sus padres no la llamaban así), cuyas caras B para Decca eran todas obra de Scott. Como explicó una resentida Twinkle: «No podía hacer otra cosa que soportarlo». Scott se benefició también de un casi monopolio a lo Twinkle, en las caras B de Them, y compuso la segunda cara de «One More Time» bajo el seudónimo de «Gillon». Tampoco es que fuera la mejor canción grabada jamás.

Them estaban en una pendiente en declive. En agosto, Billy Harrison comenzó a hacerse muchas preguntas difíciles acerca de adónde iba todo el dinero. El grupo estaba «caminando, hablando, comiendo, durmiendo, tocando y montando música todo el maldito tiempo», su único asueto consistía en ver películas de dibujos animados en un cine de baja categoría antes de las actuaciones. Como él mismo declaró en *Wavelength*: «Salté a la yugular y provoqué un gran escándalo. El grupo estaba de acuerdo conmigo en que las cosas no iban bien, pero cuando saqué a colación el tema me dejaron completamente solo. ¡Como el representante sindical de un sindicato sin afiliados!». Harrison tomó la decisión de irse antes de que lo echaran. Después de unas actuaciones ocasionales con los Pretty Things, se empleó en la Administración General de Correos de Londres, y actualmente, de regreso al Ulster, trabaja como electricista del puerto. Casi como el padre de Van.

Van vivía por entonces en un piso alquilado en Notting Hill, escenario de disturbios raciales diez años antes, suceso ampliamente glosado en la película *Absolute Beginners*. Él vivía con su novia, una mujer mayor llamada Dee, que algunos sospechaban como una treta del manager, con el fin de proteger a su inversión principal. A decir de todos, era mitad niñera, mitad madre de alquiler, le «ponía la bufanda y le daba dinero para una botella de vino y cigarrillos». Aunque esto no fuera del todo cierto, lo que sí es verdad es que ella dejó una profunda marca en las letras de Van (se dice que la idea de «T. B. Sheets» [«Sábanas tuberculosas»] surgió de la prematura muerte de ella), como también lo hizo el nuevo vecindario, aquel caldero a punto de estallar desde el que se produciría la psicodelia londinense. Un tiempo y un lugar que ya son mitológicos gracias a la narrativa de Michael Moorcock, un veterano residente. El lugar de nacimiento de su antihéroe Jerry Cornelius.

En agosto, Pat McAuley y Bardens también habían abandonado Them, y dos nuevos miembros, el guitarrista Joe Boni y el batería Terry Noone, aparecían en las fotografías promocionales, aunque no grabaron nunca. Mientras tanto, Van y el bajista Alan Henderson volvían a hacer pruebas para una nueva edición de Them, ensayando de nuevo en el Maritime. Nuevos en el redil eran el guitarrista Jim Armstrong de The Melotones, el dieciseisañero John Wilson, batería de The Misfits (y más tarde, de Taste), y Ray Elliott de The Broadways, con su barba a lo Manfred Mann y su gorro de cazador Don Craine. A Elliott se le reclutó por ser capaz de tocar «acordes de jazz» en el órgano y por doblar al saxo, a la flauta y al vibráfono. Un *Astral Weeks* en embrión.

John Wilson recordaba que «los demás solían reírse de mí, porque yo era tan joven y era influenciable para que me comprara ropa en Carnaby Street y todo ese tipo de historias. Ellos acostumbraban a decir: «No te preocupes, chaval, esta noche quizás puedas cruzarte con una estrella del pop». Wilson recuerda un grupo cuya inclinación por la bebida iba mucho más allá de sus actuaciones en directo. En declaraciones a *Wavelength*, Wilson recordaba también lo que, en este libro, parece ser una opinión consensuada: «Pero cuando Van actúa se produce un decidido carisma. Van siempre ofrecía algo más. Tanto si te gusta como si no, nunca podías dejar de lado el hecho de que era diferente de todos los demás seres humanos, y hoy en día, lo sigue siendo».

Wilson recuerda al joven Morrison como siempre creativo, aunque en esa época nadie le respaldaba jamás. «Él era una mercancía más, como una lata de judías.» En septiembre, el grupo nuevo hizo un pase de cuarenta minutos en el Top Hat Club de Belfast. La revista local *City Week* describía el cambio de dirección desde las filas del rhythm and blues más formal, y lo que Van iba a seguir por siempre jamás. «Se observa un énfasis en el jazz soul que habría levantado más de una ceja si el que tocara fuera cualquier otro grupo local. Ver a Van Morrison y al nuevo elemento Ray Elliott batirse a su manera en los chorus de una versión a dos tenores de "The Train And The River" podría haber animado incluso a un fan de la Royal Showband que hubiera venido una noche antes.»

Era una orientación que no satisfacía a todo el mundo, e incluso en una actuación cortaron el suministro eléctrico porque no se trataba del esperado rhythm and blues intenso, sino de algo «ligero y jazzístico». Todo este lío absurdo no afectó al quinto sencillo de Them, «(It Won't Hurt) Half As Much», extraído de una sesión con Berns, y que tampoco entró en las listas. Después del fracaso británico, la cara B «I'm Gonna Dress In Black» se convirtió en cara A en Estados Unidos, tal como había sucedido con «Gloria» que se había encaramado al número setenta y uno en los cien primeros estadounidenses.

Como el britpop de treinta años después, el beat británico —fuertemente deudor de modelos norteamericanos— volvió a cruzar de nuevo el Atlántico para revitalizar una escena musical moribunda. Los Byrds partieron de la fusión de Merseybeat y de folk contemporáneo que habían hecho los Searchers, mientras que el éxito de los Count Five, «Psychotic Reaction», era un homenaje inconfesado a los Yardbirds. De manera parecida, los Shadows Of Knight hicieron de «Gloria» un éxito en Estados Unidos, después de que le cortaran el órgano,

La formación más efímera de los Them, formada por Joe Boni (guitarra solista), Terry Noone (batería), Peter Bardens (teclados), Van Morrison (cantante) y Alan Henderson (bajo).

tanto de una manera literal como metafórica. En nombre de la decencia, el verso en que Gloria entra en la habitación del cantante también se suprimió. Entonces Decca hizo una desusada y atrevida jugada al reeditar «Mistic Eyes» en forma de sencillo. Alcanzó el número treinta y tres en la lista de *Billboard*, con la ayuda del estreno de una película promocional con unos estoicos Them —con el nuevo batería David Harvey— haciendo playback una mañana de principios de otoño, en el Canal de Londres, bajo la recelosa mirada de los transeúntes. Fue el principio de la mayor aventura de Them.

En noviembre, en un retrato para *City Week*, Van citaba como favoritos a Bobby Bland, Sam Cooke, Otis Redding, Booker T. y Stevie Winwood. Sus preferencias eran «las chicas, pasear por el campo, nadar, estar ocupado, las fans, París y la poesía». Su única ambición era «triunfar...». Y para eso era necesario que hiciera su propia travesía del Atlántico.

Decca sacó precipitadamente el segundo y último álbum de Them en enero de 1966. La portada de *Them Again* rezumaba truculencia y el habitual rictus sin sonrisas, con Morrison y Elliott apurando cigarrillos hasta la colilla. Van luce elegante aunque informal, con americana, suéter y camisa sin corbata, con mirada huraña, y cabeza de toro: se había hecho un buen corte de pelo después de la portada del primer LP. La nueva formación de la banda tiene un aspecto anónimo, con Alan Henderson luciendo una bufanda universitaria, y las gafas de Jim Armstrong calcadas de las de Peter Asher, del dúo Peter And Gordon. El álbum en sí, más tarde descrito por Van como un «revoltijo» y «no demasiado bueno» es un cajón de sastre de ideas sueltas, con doce títulos. Aquel sentido indefinible de un grupo haciendo música todos juntos, para ellos y para los demás, se había evaporado aún más que en el primer álbum. Se trata de una música interpretada, en gran medida, por músicos de sesión, y sin ninguna noción de a qué público iba destinaba. Aquí no se encuentra la continuidad y el flujo de los primeros álbumes de los Stones, o del primer LP de Manfred Mann. Dicho esto, él álbum no deja de ser un buen ejemplo de rhythm and blues británico. Y tiene en cuenta ciertos aspectos comerciales.

La anónima nota de contraportada centra la atención sobre los cambios que se desarrollan bajo la superficie, y elogia «el esfuerzo de Them por despegarse de la imagen habitual de los grupos pop de pelo largo que agitan las maracas. En este álbum, Them ha introducido el vibráfono, el saxo y la flauta. A ellos no les satisface estancarse musicalmente y se mueven hacia un «sonido» muy cercano al género del jazz. ¡Éste es un álbum para disfrutar! ¡Y para bailar! Pero también es un álbum para entendidos».

Según el propio Morrison, la nota abunda en el notorio problema de Morrison, aunque es perspicaz en cuanto a los motivos. «A veces él lanza a sus consejeros hacia un frenesí de desesperación como para tirarse de los pelos..., malhumorado, impredecible, perverso, a menudo realmente testarudo, aunque siempre creativo. En las sesiones, cuando se le pide que altere el fraseo de una pieza o que acelere el tempo, él replica con rebeldía tranquila: "No, yo siempre canto de esta manera... como lo siento". Y siempre tiene razón.»

Según la ficha de plástico que se incluía, es «un álbum tormentoso, con la energía de una tempestad, un álbum para los que van en pos de una "experiencia". Y en cada frase, y en cada nota, un álbum totalmente genial». Como en sus sueños. «I Can Give You Anything», de Tom Scott y Phil Coulter se compuso «a medianoche en plena tormenta. Es un tema agresivo y que pisa fuerte, escrito para la áspera y salvaje voz de Van». Greil Marcus describe la manera de cantar de Van en el disco como «un intento de comunicar todo lo que sabe y todo lo que siente, sin defraudar jamás, sin desperdiciar un verso ni una sola vez», aunque sin acabar de encontrar «la libertad que él busca».

De la oscuridad surgen algunos momentos memorables. «Turn On Your Love Light» se inicia con un órgano de iglesia, y el Van más seductor y suplicante que aúlla como un animal salvaje hasta el estribillo final. Él se inscribe en una cierta ventriloquia vocal: la de Eric Burdon en «Call My Name», de Tommy Scott, tema estrechamente relacionado con «Don't Let Me Be Misunderstood» y los metales de Stax, o la de un calmado Fats Domino en «Hello Josephine». «Something You Got» es el homenaje particular de Morrison a uno de sus compositores preferidos, Chris Kenner. Aunque en «It's All Over Now, Baby Blue» Morrison no se parece en nada a Bob Dylan. Un riff de bajo, una sensible guitarra sincopada, una batería suave, y un Van lo más relajado y triste posible. El acento de Morrison es una mezcla extraña de irlandés y americano, aunque el tono general es una dulzura triste, a años luz de la ronquera de Dylan. La canción se apaga con Van que adorna la línea melódica original, como si se perdiera en sus propios pensamientos. Una marca para el futuro, y una nota de lamento por las glorias pasadas, quizás el Them original.

Posteriormente, Greil Marcus, en un artículo para *Rolling Stone*, compone una sinfonía de palabras para describir ese tema, un ejemplo antiguo de cómo Van puede inspirar a (y, al mismo tiempo, inspirarse en) sus músicos. «El grupo dispone un bajo dominante, muy duro, que trabaja con las notas principales en vez de con patrones, una guitarra acústica, un órgano, una batería y un vibráfono eléctrico en plan de instrumento solista con un doloroso registro agudo. Cada nota se destaca como una creación especial: «Siglos de emoción se reúnen en la simple elección que realiza un músico para pasar de una nota a la siguiente», esta frase explica la profundidad de esa grabación. Interpretada a buen ritmo, con la voz de Van luchando virtualmente por el mando del grupo, "Baby Blue" surge como una música que a la vez es dramática y aterradora.» Marcus sólo la puede comparar con «Out Of My Mind», de Buffalo Springfield, en la que otro genio tímido, Neil Young, ofrece un relato terrible de la paranoia y la locura incipiente, como música para «la soledad de una noche oscura». La música que, por lo que a mí se refiere, sólo pondría con todas las luces bien encendidas.

De las composiciones originales de Van, «Could You Would You» es la segunda parte de «Here Comes The Night», aunque presenta una batería atronadora y un tono apasionado y suplicante muy propio. «My Lonely Sad Eyes» es como un Jagger de los más lentos, con la nueva técnica de Morrison de elidir una frase entera como si se tratase de una única palabra. El clima de pesar y las alusiones a «una tarde de sol azotada por el viento» prefigura posteriores y más geniales canciones. En la canción anida un adorable sentimiento de otoño agonizante. «Bad Or Good» se interpreta «en un estilo de gospel gritado», con un toque de Mac Rebennack, y palabras sin sentido. Una prima segunda de «Bring It On Home» de los Animals, con los coros chillones y todo.

Mucho más interesante es la canción de Morrison «Hey Girl», que se inicia con una flauta amable y piano, y cabalga a grandes pasos como un potro que se interna en una vereda campestre. La pieza en su conjunto es un ensayo para «Cypress Avenue», y se dirige a una chiquilla, «tan joven que no sé qué hacer». Él coge su mano en la «niebla matinal» —lo que recuerda a «Into The Mystic»— y los dos miran los barcos en la bahía, y luego trepan para mirar hacia «la ciudad ahí abajo». Aquí está en embrión el ambiente misterioso de *Astral Weeks*, un Belfast mental, y una sexualidad conflictiva. Van dice «chiquilla, quiero pasear a tu perro», un eufemismo tomado de la famosa canción sexual de Rufus Thomas. La canción concluye al vuelo, con Van que cuida de su hermana pequeña. La pieza se parece mucho a «Hey Sweetheart», de Doll By Doll, con el mismo sentimiento intenso de alegría desbordante. La manera en que Van alarga la palabra «sailing», como mínimo al doble de su duración normal, y la voz rota al cantar «little child» por sí solas ya amortizan el precio del LP.

Como señalaban las notas de contraportada, «Hey Girl» la «compuso y cantó Van como una canción de amor conmovedora y melancólica, pero es infinitamente más que eso. Aquellos que conozcan las complejas frustraciones que surgen de las superpobladas ciudades y de la falta de humanidad de una sociedad de neón verán en esta composición una firme y esencial protesta a cargo de un chico atrapado en un mundo indiferente». La canción final, el octavo tema de la segunda cara, suena al principio como un simple delirio. Sin embargo, «Bring 'Em On In», de nuevo, es algo más. «Van cita barrios y lugares de Londres. Queensway en especial, que es muy parecido al Greenwich Village neoyorquino. Casi se podría pensar que Van realmente "va al centro de la ciudad en este tema".» Aunque Van y Them son chavales irlandeses de Belfast, y comparten el amor por la «madre patria», ahora viven en Londres. «En donde —en palabras de Van— pasa todo.» Van conduce su Jaguar —seguramente ilusionado por entonces— y luego, de repente, camina en dirección a Queensway, en donde encuentra un amigo que le invita, no está claro si a drogas, a sexo o a una taza de café. Un salto más, y él baja del barco de Irlanda, y camina lentamente «como un loco» («out of my mind») hacia el aparcamiento y hacia su amado Jaguar. Una canción en clave.

«Bring 'Em On In» prefigura por completo una carrera futura. Menos mal que, al menos en Gran Bretaña, Them era un grupo en veloz declive. El nuevo sencillo, «Call My Name», de Tommy Scott, hubiera encajado mejor con los Herman's Hermits. Para colmo de males, EMI publicó una versión de la misma canción por sus competidores de Belfast, The Wheels. Ya nadie sabía casi nada de lo que Them había sido o representado, más allá de la presencia familiar de Morrison.

Esto condujo a una piratería absoluta, con unos Them de pega que hacían las actuaciones, a menudo sin conseguir que los locales se interesaran por contratarles de nuevo. La respuesta de Solomon parecía de película de gángsters. Lanzó una amenaza pública a la agencia responsable: «Nuestros Them han perdido contratos en todo el mundo gracias a la confusión causada por ese otro grupo. Me propongo causar una confusión parecida al ofrecer nuestros duplicados de Fortunes o Pinkerton's Colours; tengo los nombres registrados. Tan sólo cederé cuando la agencia de Terry King me compense por todo el trabajo perdido». El asunto se arregló rápidamente.

En Estados Unidos, donde *Them Again* había entrado en las listas, se puso a actuar otra pandilla de impostores con el nombre de Them. Al menos, esto era indicativo de la demanda del mercado, y se preparó una gira por Estados Unidos. Mientras tanto, había unos cuantos puntos que aclarar. Chris Murray relató a *Wavelength* de la que seguramente fue la última actuación de Them en Inglaterra. Fue en Ashton-Under-Lyne, en el salón de baile local Mecca. Un malhumorado Morrison, que antes de la actuación bebía zumo de naranja, firmó de mala gana un recorte de prensa que informaba de la actuación, después de usarlo para absorber un poco de cerveza derramada. Simpático. Cuando el grupo subió al escenario y después que les solicitaran sus éxitos en sencillos, se enfrentaron a abucheos y silbidos por lanzarse a tocar una serie de desconocidos temas de blues. A medida que la noche avanzaba y el público se reducía, Van «se creció, y cantó el blues a voz en grito, de manera belicosa».

En mayo de 1966, Them aterrizó en el aeropuerto J. F. Kennedy para dar una rueda de prensa, que careció del vivo ingenio que desplegaban las de los Beatles en tales circunstancias (y con una especie de agresividad ambiental a la que Van se ha aferrado desde entonces). Y, luego, directamente a California para unas cuantas entrevistas en la radio, y a un estadio de fútbol americano en Arizona para su primer concierto en suelo estadounidense. ¡Estos grupos modernos, ni ellos mismos saben lo mimados que están! Morrison se tragaba prácticamente el micrófono, ya que tuvo que esforzarse por hacerse oír a través de una megafonía diseñada para comentaristas deportivos.

El cenit de los dos meses siguientes, igualmente agitados, fue una estancia de tres semanas, en junio de 1966, con dos pases por noche en el Whiskey-A-Go-Go del Sunset Boulevard, en Los Ángeles, que tenía un aforo de trescientas personas. La incorporación de los instrumentos, de uno en uno, de la primera estrofa de «Baby Please Don't Go» les permitía a Them presentarse por turnos, con Morrison al final, con la entrada de la armónica. En ese contexto, gracias una vez más al lujo de una estancia prolongada, y a un público semi-habitual con quien podían relacionarse, el grupo se reinventó a sí mismo, y resucitó el espíritu del Club Rado. Las fotografías de la época que han quedado muestran a un combo siniestro, con Henderson y sus gafas de sol, y Armstrong totalmente vestido de blanco, que flanquean a Van en el centro, con su corte de pelo mod y su americana de vagabundo congelado. Ellos se agolpan en un diminuto escenario, no más grande que el hueco de un pub. Sólo Ray Elliott, con blazer a rayas y gorra de Sherlock Holmes, esboza la sombra de una sonrisa. La pequeña multitud, de pie y si agolparse, pronto se deshizo de la calma californiana, y asaltó el escenario con ocasión de un «Boom Boom» particularmente vibrante o cuando Van se ocupaba de tranquilizar los ánimos durante el «puente hablado» de «Gloria». Al igual que hacía en el Maritime Hotel, trataba entonces de elaborar y de alargar el monólogo, aumentando la tensión como si estirara el parche de un tambor. De la misma manera que hacía dúos con chiflados de Belfast como Johnny Johnston o Keith McDowell, ahora compartía el micrófono con el cantante de los pantalones de cuero de unos teloneros desconocidos, The Doors, todavía sin contrato con ninguna discográfica.

En su libro *Jinetes en la tormenta*, John Densmore recuerda que la última noche de la estancia de Them «tocamos "Gloria" todos juntos. Dos teclados, dos guitarras, dos baterías, Alan —el adorable, aunque siempre bebido, bajista— y los dos Morrison». La interpretación en cuestión duró veinte minutos. Las cintas grabadas en el Matrix en marzo de 1967 documentan a los Doors interpretando todavía su versión de «Gloria», junto con estándares de rhythm and blues como «I'm A King Bee».

Volviendo a la primera noche, el Whiskey «zumbaba por anticipado. Los reservados para VIPS del fondo estaban llenos». Lo que incluso afectó a la actuación de esa noche de Densmore, que se aceleró en la batería, en la primera canción del grupo, «Break On Through». Robby Krieger tuvo que levantar y bajar la cabeza al tempo correcto, para tranquilizar a Densmore. Durante el intermedio, se desencadenó una lucha por conseguir un asiento. «Them salió al escenario descaradamente. Soltaron varias canciones, sin solución de continuidad, lo que hacía que no se distinguieran. Van estaba bebido, y muy tenso y violento con el pie del micrófono, con el que golpeaba el suelo del escenario. Cuando él bajaba la mandíbula inferior y la lengua y dejaba ir uno de aquellos alaridos de rabia, mi legado irlandés interior hacía que se me pusiera la carne de gallina. Una angustia ancestral.»

John Rogan deja constancia de un Morrison que amenazaba al público con el pie del micro, y que lo empujaba con fuerza hacia los altavoces, con lo que se producía un chirrido de acople. Una noche se subió a un amplificador tambaleante y movió los brazos como si fueran alas, animándose a sí mismo a volar. Densmore se quedó aturdido del por qué «un tipo con tanto talento tenía que beber para subir al escenario». Conocidos los problemas posteriores de Jim Morrison con el abuso de alcohol, la frase es triste y profética a la vez. Mirando hacia atrás, él no recuerda la actuación de Them, sino «su carisma de borrachos y de extranjeros bravucones. Jim pensaba que ellos eran geniales». Los dos Morrison, Jim y Van, aullarían a coro, al estilo de «llamada y respuesta», en una épica y prolija «In The Midnight Hour». El ir de gira con Ike and Tina Turner había hecho que Mick Jagger aprendiera todo tipo de nuevos movimientos de escena. De la misma manera, Jim Morrison aprendió rápidamente del dominio del escenario de Van, de su temeridad aparente, de su aire de amenaza calmada, de la manera en que improvisaba poesía sobre un ritmo de rock, incluso la costumbre de agacharse cerca del bombo durante los solos instrumentales. El líder de los Doors iba a hacer de esas travesuras algo más cohibido, algo más teatral. Él también aprendió malas costumbres. Como señalaba Armstrong: «En el escenario, Jim Morrison era un típico californiano amante de los porros, mientras que nosotros procedíamos de un ambiente de bebedores, y en cierta forma reacios a adoptar nada de los demás. Así que fuimos los que realmente metimos a Jim en la bebida». Él tenía su propio viaje que hacer hacia el inconsciente, un sendero más siniestro y peligroso que el que tomaría Van, y que, cinco años después, conduciría a Jim a una tumba de poeta en París.

Irónicamente, Jim no estaba presente cuando a Densmore se le ofreció una oportunidad única, la de ver las primeras versiones de lo que se convertiría en *Astral Weeks*. Como Patti Smith después de él, Jim Morrison estaba obsesionado por la fusión de la poesía con la música de rock. Antes de su prematura muerte, Jim publicó tres folletos con poesía, bastante alejada de sus letras de rock, y había dedicado parte de la actuación de los Doors a su épica pieza narrada «Celebration Of The Lizard». Van iba en la misma dirección, a la velocidad de la luz.

Densmore le acompañó a una fiesta después de la primera noche en el Whiskey. A las dos de la madrugada, todos hablaban y bebían a excepción de Van. «Él se sentó en el sofá, ceñudo y malhumorado, sin decir palabra. De repente agarró una guitarra y empezó a cantar canciones sobre la reencarnación, que estaba en "otro tiempo y lugar".» La canción es «Astral Weeks». «Era poesía pura mezclada con rock 'n' roll. Me hubiera gustado que Jim estuviera allí. En el apartamento se hizo el silencio y todos los ojos se clavaron en Van. Al oírle cantar sobre "caminar por jardines húmedos de lluvia" me saltaron las lágrimas. Era como si él no se pudiera comunicar a un nivel de charla normal, y lo pusiera todo en las canciones. Nosotros estábamos fascinados. No parecía adecuado cubrir a Van de halagos, porque su música surgía de un lugar muy profundo. Así que cuando él terminó se produjo un silencio de un minuto o así. Un silencio sagrado. Y luego todos volvieron a hablar o a seguir de fiesta.» Un momento inestimable de la historia del rock, y si la memoria de Densmore es precisa, quiere decir que parte de *Astral Weeks* es anterior a la desaparición de Them, sin hablar de las sesiones Bang.

Aunque Jim se había perdido ese maná del cielo, el vínculo entre él y Van resistió. Densmore recuerda estar caminando por el Santa Monica Boulevard, unos meses después, cuando se cruzó con Van Morrison: «Él bajó la ventanilla y me dijo que estaba de nuevo en la ciudad y me preguntó qué hacía Jim. Yo sé que Jim admiraba y se preocupaba por Van.» Por entonces, Van se había trasladado de manera permanente a Estados Unidos, como intérprete en solitario.

Mientras tanto, otros pioneros de la psicodelia conocían los lugares extraños adonde podía ir la música de rock, al hacer de teloneros de Them en el Whiskey. Ciertamente, la tensión y la ansiedad de toda la música de Van dejaron su marca en los mal llamados Love, todavía en su fase de garaje, con Arthur Lee insinuándose como un negro, y más frágil, Mick Jagger. Lee era otro rockero cuyas canciones se iban haciendo extrañas, y un hombre que adquiriría su original lirismo, teñido de oscuridad, en *Forever Changes* de 1967. Otros actuantes en el Whiskey fueron Captain Beefheart And His Magic Band, cuyo singular acercamiento al blues superaba incluso al de Van. Howlin' Wolf en LSD, desde Neptuno. Otros teloneros eran The Association, suministradores de colocados coros, cuya influencia llegó hasta Inglaterra. El grupo mod The Action versionó las canciones de The Association, en el camino de su rica transformación en Mighty Baby, los Grateful Dead británicos. Estos pocos meses establecieron los parámetros de la música para los veinte años siguientes, quizás para siempre, y es fascinante que la última encarnación de Them gozara de tal compañía.

La música popular era como una gran pelota de playa de colores, en el aire y a disposición de cualquiera. Las múltiples sustancias químicas, un ambiente de optimismo juvenil, y avances como el LP estéreo y la mejora de los sistemas de megafonía, contribuyeron a alimentar la revolución. Allí estaba Van, con la agresividad de Belfast que crujía como un caparazón en los albores del Verano del Amor. Them fueron de Los Ángeles a San Francisco para tocar como cabeza de cartel en el Fillmore Auditorium. Un público variopinto se sentaba, con las piernas cruzadas y en silencio, en el suelo, en medio de parpadeantes luces estroboscópicas y proyecciones ectoplasmáticas que estimulaban vislumbres de lo eterno, químicamente inducidos. Todo como parte de la experiencia psicodélica, el tipo de «explosión de la mente» con la que posteriormente Van Morrison no estaría de acuerdo, y a la que su propia música ayudaría a la gente a viajar, y a sobrevivir. Como cualquier otro genio común y corriente, la mente de Van era ya bastante extraña, sin la ayuda de alucinógenos.

El promotor del Fillmore, Bill Graham, iba y venía, igualmente sin tomar drogas, carpeta sujetapapeles en mano, imponiendo un orden propio en medio del caos aparente. Graham provenía del ambiente del teatro de vanguardia, y esa misma noche, entre bastidores, le presentó a Morrison a una joven actriz que, en el más puro estilo hippy, se había reinventado a sí misma como «Janet Planet». Mujer independiente adelantada a su tiempo, Janet combinaba su carrera con la crianza de su hijo Peter, como madre soltera. Sea lo que sea lo que ocurrió entre Van y Janet, empezando por los mismos nombres que rimaban a medias, ella estuvo presente en el resto de las actuaciones estadounidenses de Them.

Aturdidos por el tipo de música que ellos descubrieron de primera mano en California, Van y los demás miembros de Them se enfrentaban a un futuro a la vez incierto y por decidir. Van vio que «por lo que se refería a las ideas y al material, Estados Unidos era el lugar para mí..., la gente comprendía, seguramente por primera vez, lo que yo decía». En aquel momento, ellos ya no eran, de ningún modo, un grupo de sencillos —si es que lo habían sido alguna vez— y sólo interpretaban la aborrecida «Call My Name» si se lo solicitaban expresamente. Tal cosa ocurría muy de tarde en tarde, por lo que la canción no consiguió molestar a los Cien Principales.

Los buitres se agrupaban. Roy Carr del *NME* describía a Them como «el arquetípico y malhumorado grupo de club británico de rhythm and blues: una pandilla descompensada de vaqueros de bar de carretera sin imagen, con un equipo anticuado que alcanzan algún grado de inmortalidad y de notoriedad a pesar de sus hoscas personalidades». Mientras tanto, el grupo esbozaba una primera versión de «Ballerina», una canción de impresionante belleza inspirada en Janet, que estrenaron en un concierto en Hawai. Con todo, las tensiones llegaban al máximo. Se producían disputas sobre el dinero, y una noche en San Luis, Van se puso a acechar furtivamente a Ray Elliott con un pesado pie de micrófono, con el objeto de causarle un daño físico grave. Elliott y David Harvey ya habían abandonado el grupo, por razones de índole práctica, y eligieron quedarse en Estados Unidos y arriesgarse en el valiente y confuso nuevo mundo del rock underground. Cuando la gira se terminó, Them se dispersó como pétalos en el viento.

Van y Alan Henderson se dirigieron de vuelta a Belfast, y tocaron en dos conciertos finales, en Derry y Dublín, con el batería Sammy Stitt. Durante su ausencia, en junio de 1966, Decca había publicado en sencillo «Richard Cory» —una canción amarga sobre el propietario de una fábrica, al que uno de sus obreros le envidia incluso su suicidio—, de sus sesiones de grabación finales. Compuesta por Paul Simon, la interpretación está próxima al folk-rock, y suena incómoda y sin convicción. Decca incluso canceló una versión competidora a cargo de los recientemente fichados Animals, para dar preferencia a la interpretada por Them. Con el grupo desplazado en Estados Unidos, e incapaces o poco dispuestos a promocionarlo, el sencillo no entró en las listas, y en este camino hacia un olvido piadoso le acompañó «I Can Only Give You Everything», sacado de *Them Again* como el único sencillo estadounidense. Aunque no tanto en este último caso, ya que los Troggs tuvieron en alto concepto esta conmovedora paliza como para incluirla en *Trogglodynamite*, de 1967, y veinte años después aún la usaban como bis.

Them apenas existía ya como un equipo operativo. «A veces el grupo tan sólo se formaba con los que se presentaban», admitía posteriormente Morrison. El lugar de Jim Armstrong lo tomó brevemente Eric Bell, ex de The Shades Of Blue, y que luego fundaría Thin Lizzy. El cada vez menos comprometido Henderson movilizó a un núcleo variable de nuevos miembros en garitos como Crymbles, en los que se congregaban los rockeros de Belfast para pedir equipo prestado, comparar notas, revelar secretos y presumir de inminentes contratos discográficos.

Las necesidades económicas obligaron a Them a cambiarse a cuarteto con Morrison a la guitarra y saxo, además de cantante. La actuación incluía «Gloria» y «Turn On Your Love Light», con arreglos libres en la frontera del pop jazzístico, un estilo post-rhythm and blues que también adoptaron Georgie Fame, The Artwoods y The Mark Leman Four. En la ciudad de Hull, The Rats, con Mick Ronson a la guitarra —otro futuro colaborador de Van— publicaron como caras A «Parchman Farm» de Mose Allison y «Sack O'Woe» de Cannonball Adderley. Era un estilo al que Morrison regresaría en los años noventa. Por el momento, y a la luz de lo que ya se estaba filtrando desde California, gracias a programas como

Perfumed Garden, de John Peel, en Radio London, aquellos procedimientos musicales ya sonaban trillados y caducos.

Así fue como «Van Morrison and Them Again» hicieron su primer concierto en julio de 1966 en Square One, un nuevo local de Belfast. Van vestía un manto azul y un traje «flower power» de San Francisco, un mesías de la moda. También musicalmente, ya que hizo pedazos la lista de temas y se lanzó hacia una improvisación de blues. Los músicos contratados se volvían más y más recelosos al tiempo que Morrison probaba canciones nuevas no ensayadas, y asociaciones de formas libres, en un número de funambulismo musical sin red. Habría estado bien si el grupo entero hubiera crecido conjuntamente, pero incluso Captain Beefheart tenía la necesidad de que sus músicos se ejercitaran a fondo, previamente. Bell declaró a Steve Turner que Van era como un músico de jazz, «inventando la letra a medida que cantaba, subiendo el volumen hasta lo más alto para luego bajarlo hasta el fondo». La actuación era más un desorden que una revelación, y parecía que Van había dejado de preocuparse por lo que su grupo o el público pensara de él. La expresión libre se mezclaba con una carencia de cualquier autocensura, incluso entre canciones, y el torrente de palabrotas en el Town Hall de Carrickfergus casi provocó disturbios entre teddy boys que pensaban que dicho lenguaje debía restringirse al pub, y no usarse en un lugar de diversión. Una lluvia de peniques de cobre sumergió al grupo, antes de que los lacerados músicos abandonaran el escenario. El incidente fue lo suficientemente grave para que apareciera en el noticiario de la televisión regional, incluida entrevista con un impenitente cantante solista.

Lo más extraño de todo fue una canción grabada en la sesión de «Richard Cory». «Mighty Like A Rose» —nada que ver con la composición posterior de Elvis Costello— es un poema de salón de finales de siglo musicado. Si la canción se hubiera publicado como sencillo, se podría haber relacionado a Them con el tipo de capricho de tiempos pasados que por entonces dominaba en los veinte principales.

Morrison era como alguien que, ahogándose, se aferraba a cualquier esperanza. Él pensó incluso en unirse a The Wheels, reducidos por entonces a Rod Demick y Herbie Armstrong. Turner narra que Morrison se encontró con Armstrong en el exterior de una tienda de pescado y patatas de Creggah Road, y que le expuso su interés, pero que «él tenía que efectuar una llamada a Bert Berns, a Estados Unidos». Él también hizo una expedición a la caza de talentos, de nuevo en el Club Rado en el que Taste, el nuevo grupo de Rory Gallagher —con John Wilson a la batería— estaba de residente, antes de una estancia de dos años en Alemania.

Por consejo de Phil Coulter, Van se había comprado un magnetófono de dos bobinas de cinta, para grabar maquetas con la clase de canciones-poemas impresionistas que había interpretado ante John Densmore, y que después había probado en escena, de manera desastrosa, con el grupo de aluvión antiguamente conocido como Them. Las maquetas de las canciones nuevas como «Brown Skinned Girl» y «T. B. Sheets» se distribuyeron con más esperanza que ilusión. Y con el agravante de saber que, desgraciadamente, caerían en la red de algún pirata.

Como si tratara de acentuar su aislamiento, cada vez mayor, Alan Henderson tenía una nueva formación de Them de nuevo en gira, con Kenny McDowell, de The Mad Lads, de cantante solista. Ellos editarían cuatro álbumes de mérito decreciente, de entre los cuales el primero, *Now And Them*, reposa injustamente en el olvido (aunque Zap logró lanzar una reedición en vinilo). Es una obra de transición, mitad rhythm and blues, mitad improvisación West Coast. Este último estilo está más presente en el excelente «Square Room», de influencia oriental, y cercano a las largas excursiones del grupo estadounidense, asimismo infravalorado, Kaleidoscope. Por todo ello, el grupo es como *Hamlet* sin el príncipe; las notas de contraportada de Carol Deck, de la desconocida revista de rock *FLIP*, tienen un tono esencial de desesperación. «Estos son Them ahora y ahora es Them. Ellos han sufrido algunos cambios, épocas buenas y malas y de todo ello han aprendido. Pienso que este va a ser el momento de Them. Y creo que Them os gustará.»

Pero no fue así, al menos de manera especial. La desafinada «I Happen To Love You» no ayudó, y el clima de paz y amor —incluso la portada es un flojo pastiche de Milton Glaser— no se corresponde con las descripciones del grupo. Alan Henderson es «un poco duro», mientras que Ray «no confía en la gente» y el batería Dave Harvey «no se destaca en una multitud» y es «lento, en todo».

La canción más interesante es «Walking In The Queen's Garden», compuesta en parte por Morrison, aunque acreditada sólo a Them, un caso contrario a la práctica habitual. La letra se canta con un acento irlandés fastidiosamente *sotto voce*, aunque surge lo bastante como para intrigar, con saltos de agua, cucharas de plata, «niebla púrpura» y demás. ¿Pero dónde habíamos oído esta última frase antes? La muy repetida frase «ahora que tú vas al grano, yo voy a por otra aventura» supone la despedida de Morrison a su grupo antiguo. Incluso la apertura surrealista «el duque es un rollo, con su bandera amarilla» podría muy bien haber sido la resolución artística de algún juego de palabras en el camerino. O no. Tommy Scott declaró a Johnny Rogan que Van «se me acercó en Los Ángeles y me dijo: "He compuesto este tema, ¿tú crees que es muy irrespetuoso?". No creo que él lo haya grabado nunca». Desde luego se inscribe en una no muy larga lista de canciones sobre el Duque de Edimburgo. El horrible *In Reality*, de 1971, presagia la desaparición de Them, aunque en 1979 se produjo una corta reformulación, cuyo capítulo auditivo ha aparecido recientemente en un CD alemán.

Un grupo disidente, The Belfast Gypsies, contaba con los hermanos McAuley. Su único LP lo grabó Kim Fowley en Suecia, con la portada presumiendo del nombre Them Belfast Gypsies, para confusión de compradores incautos. Finalmente se consiguió una edición británica, en 1978, con las notas de contraportada, típicamente meticulosas, de Brian Hogg, cuyo fanzine *Bam Balam* mantuvo con vida a nombres como Them durante los años del glam rock. El álbum retoma una alegre y más rápida «It's All Over Now, Baby Blue» —al parecer con un énfasis suplementario otorgado al verso «olvida tus deudas, no te seguirán»— y el extraño sencillo «Gloria's Dream». Se trata de una rara apropiación del original, ligeramente más lenta y más lejana. Es una noche de niebla, y la fiesta se está poniendo bien, y Gloria todavía está contenta de subir las escaleras, y todo da más vueltas y vueltas, como si se estuviera drogado. Hay un toque del clima de «The Sinking Of The Titanic», de Gavin Bryars, música refractada desde debajo de las olas.

Jackie se juntó luego con la primera cantante de Fairport Convention, Judy Dyble, en un dúo de voces de corta duración, llamado Trader Horne (nombre de la tía de John Peel, o de la abuela, o de alguna caprichosa familiar). Su único y hermoso álbum está muy buscado actualmente, al igual que el primer trabajo en solitario de McAuley, grabado con prominentes músicos de jazz como Henry Lowther. Jackie acabó por convertirse en el guitarrista y arreglista de Lonnie Donegan, para fundar después el grupo Poor Mouth, nombre sacado de una novela de Flann O'Brien. Dos influencias que da la casualidad que Van Morrison tiene también. En declaraciones a *Wavelength*, Jackie McAuley recordaba su época con Them, sin salir del circuito de salones de baile: «La gente solía preguntarle a Van: "¿Sabéis alguna canción de Cliff Richard?". Y él ni les contestaba. Tan sólo les echaba una mirada.»

Them recibió la mejor necrológica en un sencillo póstumo, publicado por el nuevo sello de Phil Solomon, Major-Minor, en septiembre de 1967. Morrison recuerda la época «cuando los amigos eran amigos / y la compañía era grata», riendo, bebiendo, montando «el número» en el Spanish Room de Falls Road. Él también recuerda el Club Rado:

Now, just about this time with the help of the three Js
Started playin' at the Maritime
That's Jerry, Jerry and Jimmy
And you know they were always fine
They helped us run the Maritime
And don't forget Kit
Hitting people on the head and knockin' them out.

That little one sings and that big one plays the guitar with a
thimble on his finger runs it up and down the strings
The bass player don't shave much
I think they're all a little bit touched
But the people came
*And that is how we made our name.**

* [«Ahora, acerca de la época con la ayuda de los tres jotas / empezamos a tocar en el Maritime / son los dos Jerry y Jimmy / y ya sabes que siempre lo hacían bien / ellos nos ayudaron a llevar el Maritime / y no os olvidéis de Kit / golpeando a la gente en la cabeza y dejándolos K.O. // El pequeño canta y el grandote toca la guitarra con un dedal que sube y baja por las cuerdas / el bajista no tiene mucho ritmo / creo que todos están un poco chiflados / pero la gente venía / y así es como nos hicimos un nombre.»]

Una buena época, incluso si ellos habían sido también «salvajes, sudorosos, rudos, feos y locos». En una entrevista de Roy Carr, en 1973, Van ya hacía un acercamiento a su pasado: «Durante mucho tiempo no me di cuenta de los buenos que eran los discos que hice con Them. En el momento que tú te pones a renegar de algo que hiciste, creo que tienes un problema serio».

Las respuestas que tuvieron las maquetas de Van Morrison sugerían que el auténtico espíritu de Them aún permanecía en el regordete cuerpo de él. Decca mostró interés, y se decidió por cuatro temas en solitario para grabarlos en sus estudios de West Hampstead. Aunque él había vuelto a firmar contrato con Decca, Morrison tenía que seguir el juego de la compañía discográfica, algo que ya había dejado bastante claro que no estaba dispuesto a hacer. Las actuaciones en cabarets y un personaje no conflictivo no figuraban en el camino elegido por él.

Una oferta más tentadora llegó como caída del cielo de parte de Bert Berns, de Bang Records de Nueva York, la llamada que Van debía contestar justo cuando se le presentaba el olvido musical con The Wheels. Ésta era una encrucijada importante en su vida. Para él aún no era demasiado tarde para poder volver de aprendiz a Musgrave and Co. Al principio, sus compañeros de trabajo se hubieran mofado de él por haberse dado aires de superioridad, pero luego él podría actuar los fines de semana con The Wheels, o hacer de telonero de cualquier nombre importante que fuera a Belfast.

La alternativa era un paso hacia la oscuridad, intentar de una vez por todas la carrera en solitario. Estados Unidos era la tierra de las oportunidades, la fuente del rico legado musical de Morrison, un sitio con inmensas posibilidades. Berns era un viejo amigo y aliado. Además, Janet Planet esperaba pacientemente el regreso de Morrison, y era poco probable que ella se mudara de California a Belfast. Realmente no existía dilema alguno. Van tomó el avión de ida a Nueva York.

tres:

Perdido en el sueño de un fugitivo

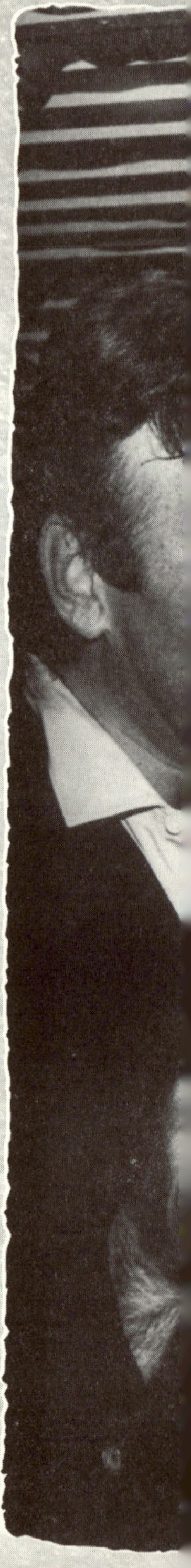

Van Morrison y Janet Planet con el productor Bert Berns (a la izq.).

Morrison había roto con su primer manager, Phil Solomon, aunque le seguía teniendo miedo. Incluso el cortés Phil Coulter se sentía «intimidado emocionalmente» en su presencia. Solomon no era consciente de ello, y Johnny Rogan declaraba: «Me ofende la palabra "intimidado". Esto es producto de la imaginación de Morrison. Todo lo que hice fue instar a un abogado estadounidense para que tomara cartas en el asunto. Desde luego, él no era la mafia». Y a qué viene citar a la mafia en primer lugar: Morrison no lo hizo.

Según Van, al final él no lo había hecho bien en su papel de manager, «aunque nosotros le hicimos ganar un montón de dinero». En este punto, Solomon se pone un poco de mal humor: «El hombre tiene la piel tan dura como el cocodrilo. Morrison dice estas cosas porque le conviene, porque no es un profesional. Nunca lo fue y nunca lo será. Esta es la tragedia de Morrison. Él era un genio que nunca se realizó. Pienso que su carrera ha llegado a un estancamiento total. Él sólo vende discos a unas pocas personas que adoran su obra».

En su libro, publicado en 1984, Rogan sostiene que si hubiera continuado con Solomon, Morrison sería hoy uno de los intérpretes de rock de más éxito comercial del mundo «con amplias ventas de álbumes y varios sencillos de éxito», aunque estaría artísticamente gastado. Unos Bachelors en solitario, una Lulu en masculino. De hecho, la popularidad de Morrison ha seguido creciendo desde entonces; ha mantenido la energía precisamente gracias a su inquietud, siempre un paso adelante de sus fans. Muy parecido a los casos de Joni Mitchell o Neil Young, que han tenido unas carreras igual de largas y exitosas. Como escribió en una ocasión Bill Flanagan: «Van se siente como si su persona no encajara en el mundo que se ha encontrado». Así que se puso a construir uno propio.

Phil Coulter fue un amigo que se dio cuenta de la desesperada posición de Morrison: «Van no había tenido muchas actuaciones. Estaba en un momento bajo. Era cuestión de sacarlo de East Belfast, donde no estaba siendo el más rentable de los artistas». La noche antes de tomar el avión, Van y Dougie Knight pasaron una velada alcohólica escuchando álbumes de blues. «En un momento dado, decidió que se tiraría de cabeza al Lagan», pero se le convenció de que no lo hiciera. Días después, Van arrastraba la guitarra y la maleta por la terminal de cúpula de cristal del aeropuerto Kennedy, y tomó un taxi hasta el apartamento de Bert Berns en Manhattan. A principios de 1967, Berns había abandonado Atlantic para fundar su propia compañía discográfica independiente, que se dividía en el sello pop Bang, que se anotó un número uno con «Hang On Sloopy», de los McCoys, y el sello Shout, de música soul negra. La financiación provenía de los hermanos Ertegun y de Jerry Wexler, así que Atlantic todavía ejercía algún tipo de control sobre su antiguo empleado. Bert, a su vez, le financió a Morrison dos días en los estudios A&R de Times Square —Van se pagó el billete de avión, y tan sólo recuerda una sesión de un día completo, desde las cuatro de la tarde hasta medianoche—, en los que produjo ocho canciones terminadas, suficientes para cuatro sencillos. Nadie había mencionado la posibilidad de publicar un álbum entero.

Posteriormente, Morrison recordó que el acuerdo no era «nada espectacular por lo que se refiere al dinero», pero que «respetaba verdaderamente a Bert como productor». Para Van, Bert era «alguien con el que quería trabajar». Como declaró Morrison a Ritchie Yorke: «Quise ir a California, pero terminé en Nueva York. No sabía nada de lo que pasaba en Nueva York, y tuve que informarme. A California sólo la tuve en mente hasta que conseguí saber de qué iba la cosa. En la Costa Este, ocurría un montón de cosas interesantes». Bert Berns era «también un hombre de negocios, un tipo negociante muy duro..., y estaba completamente metido en el asunto». Muy parecido a como se reveló finalmente en la canción «Big Time Operators», que sugiere una organización muy semejante a la mafia, «terrible y malvada», que puso micrófonos en el apartamento de Van, intentó que le deportaran y amenazó con montar una redada por drogas si él no se conformaba con la empresa. Los mismos tipos que titularon su primer álbum *Blowin' Your Mind.*

Morrison llegó con una cinta de canciones originales, grabada con guitarra acústica con (literalmente) sólo un tañedor de pandereta de acompañamiento. A Berns le gustó la desnudez del sonido, pero, el 28 de marzo, cuando Van entró en el estudio se encontró con tres guitarristas (entre ellos, Eric Gale), un bajista y un batería esperándole: «Era como un montaje de gran producción y pensé que buena parte de ello no era necesario». El primer día se centró en la canción «Brown Eyed Girl», que había cambiado su título original de «Brown Skinned Girl» para no ofender ninguna susceptibilidad racial. Veintidós tomas después, con coros de acompañamiento a cargo de las Sweet Inspirations, ya se había enlatado una versión final, y el grupo pasó a grabar «Ro Ro Rosey», «Goodbye Girl» y una canción que era lo menos apropiado para un sencillo con vocación comercial, los conmovedores casi diez minutos de «T. B. Sheets», una canción eminentemente personal, como también la interpretación, después de cuya grabación uno de los presentes recuerda que Morrison «estaba hecho trizas..., sentado en el suelo, acurrucado, como un trapo retorcido, completamente exhausto emocionalmente».

Al día siguiente se produjeron cuatro canciones más: «Who Drove The Red Sports Car», «Midnight Special», «Spanish Rose» y «He Ain't Give You None». Las disensiones de Van con los músicos de sesión se fueron acentuando cada vez más, tanto que en la charla de estudio previa a la grabación de la última canción citada se puede oír, en su resuelto tono irlandés, la siguiente declaración: «Pienso que debe ser más libre, ya sabes. Deberíamos montar algo más libre, entiéndeme —Morrison chasquea con la lengua para sugerir el ritmo que tiene en la cabeza—. Y en este momento tenemos una cosa muy sofocada». Explicó su frustración más ampliamente en una entrevista con *Rolling Stone*, en 1970: «Bert quería que yo compusiera una canción que fuera un éxito, pero yo simplemente no sentía ese tipo de canción. Quizá era su tipo de canción, pero no el mío». Esta diferencia de enfoque, el arte contra el comercio, se inmiscuyó en el proceso de grabación: «Yo había compuesto una canción y se la daba al grupo y nos sentábamos allí y la probábamos, y eso era todo. Ellos no tocaban la canción en sí, todo lo que pensaban era meterle la batería, o meterle una guitarra eléctrica, pero era mi canción y yo tenía que vigilar que no se hundiera». Van voló de vuelta a Belfast, y a casa de sus padres, en donde se puso a montar ese tipo específico de canción, el embrión de *Astral Weeks*. «Pienso que todo cambió al venir de un nivel mucho más inconsciente. Se trataba más de hacerlo conectando con el inconsciente».

El impulso que, a la larga, conduciría a la publicación de un material tan terriblemente anticomercial, y a la carrera entera de Morrison en solitario, estaba en una canción de tres minutos y tres segundos sobre el amor juvenil. «Brown Eyed Girl» trepó lentamente en las listas, para permanecer en los primeros puestos de los veinte principales nacionales junto a «Light My Fire», de los Doors, los viejos amigos, y «Up Up And Hawai», de los Fifth Dimension. El sencillo tenía más en común con esta última, un buen himno de la época, un pop soleado perfecto para el Verano del Amor. Como declaraba Van a la revista neoyorquina *Go* en una entrevista telefónica, en agosto de 1967: «Ahora no hay límite para lo que puedo hacer. Tengo la intención de utilizar el tipo de instrumentación que me gusta y ser completamente libre. Éste es tan sólo el principio para mí. Componer y cantar es lo que más me importa y siempre seré un intérprete. No tengo la intención de ponerme en un segundo plano. Mi material es mío y cualquier cosa que haga a partir de ahora será completamente en solitario».

Berns había emplazado a su pupilo para que volviera a Nueva York en cuestión de semanas, y le buscó alojamiento en un hotel de Broadway —totalmente a la vista, y al alcance de los micrófonos ocultos, de la oficina de Berns— en el que Janet Planet y su hijo pronto se reunieron con él. Berns reunió un grupo improvisado con Charlie Brown a la guitarra, el bajista Eric Oxendine y Bob Grenier a la batería. Ellos tocaban en un montón de clubes pequeños y hacían presentaciones mediáticas, llegando a tocar en la bodega inferior de un vapor que navegaba por el río Hudson, con ocasión de una fiesta de celebración. Donde Van se disgustó más fue en las apariciones televisivas en las que se le requería que hiciera playback sobre el sencillo de éxito, la mayor indignidad posible para un músico que se crecía con los serpenteos de la actuación en directo. A la inversa, ese tipo de estrategia le impedía pasar el tiempo en Greenwich Village donde todos, desde Dylan a Joni Mitchell, pasando por Jimi Hendrix, se habían dado a conocer en primera instancia, y frecuentar los bares y las cafeterías de los músicos alrededor de la calle Ocho, la vía pública principal del Village, sin que un gran número de gente le molestara solicitando autógrafos.

Mientras Morrison se había ido a hacer una gira de sesiones únicas en la Costa Este, Bang publicó un arbitrario segundo sencillo —«Ro Ro Rosey»— y, en octubre y sin molestarse en comunicárselo a su creador, montaron precipitadamente un LP, *Blowin' Your Mind*, con las cintas de la sesión. Van se enteró sólo cuando un amigo le telefoneó y le dijo que acababa de comprar un ejemplar, y ya se puede uno imaginar lo fuerte que fue la reacción de Morrison. Algunas piezas eran poco más que arreglos revueltos fusionados con una guía vocal. Sin embargo, el álbum alcanzó el número ciento ochenta y dos en Estados Unidos, y a Morrison le otorgó una credibilidad añadida con el movimiento underground de la Costa Oeste. Del 20 al 22 de octubre, Van tocó en el Avalon Ballroom, la cuna del rock de formas libres.

La portada de *Blowin' Your Mind* es un pastiche de los posters psicodélicos que eran la especialidad del Avalon, excepto que las virutas rizadas de color marrón no se convertían en palabras: el tema principal del truco original, un lenguaje que sólo los que estaban en el ajo podían descifrar. Greil Marcus lo describió como un diseño «monstruosamente ofensivo, una explosión super psicodélica más allá de lo invisible». El rostro de Van está a sangre, en un círculo de luz azul, aunque agresivo y con el pelo corto, con una mirada desdeñosa. La paz y el amor quedan lejos en el logotipo de Bang, que sale de una pistola humeante. El autor de la foto de portada es Rodríguez, de Los Ángeles, la antítesis de San Francisco.

Las notas de contraportada de Bert Berns, en plan de constatación de una época, no logran convencer. Son mitad realmente sensatas y mitad intento de lenguaje relajado a la moda —«una ventana multicolor a través de la cual uno se ve a sí mismo en ocasiones, y a su contrafigura... voluble y dolorosa... ¡cuya música expresa el ahora! ¡¡¡El ahora auténtico!!! El momento mismo de su propio camino, de su autopista antigua»—. Berns sitúa las encrucijadas celtas de Van, las influencias presentes del blues y de su patria:

> Nacido y criado en Irlanda por su madre y la música de radios de madera barnizada y altavoces con el paño rasgado que le conmovían con pocos pero preciosos fragmentos del sur y el soul. El muchacho de Belfast con su destino marcado que contó miles de cercas de estacas, se desmoronó; y eso lo condujo al Conservatorio y al futuro metálico del sonido y la distancia. Sus libros; su catedral. La tierra de Eire y Leadbelly.

Berns se aprovecha del hecho de que Morrison es un poeta auténtico entre un mar de poetastros falsos y colocados. «Sin letras nebulosas que prometen selvas con pájaros de color púrpura», sino más bien «un ansia infinita, una esperanza de expresar la forma y el olor de las sábanas que abrazan la vida y la muerte». Asimismo Berns pone de relieve la capacidad de Morrison para centrarse en los pequeños detalles, como hacen todos los grandes poetas, para «agarrarse al polvo de las botellas y a la angustia», con plena conciencia de la independencia de sus clientes. Aún rodeado de «hombres de posibles y labia», como el propio Berns, «Van toca, canta, grita, escucha y dice "venga, vamos arriba" y se transforma en Van y puede convivir consigo mismo».

El crítico más hostil del álbum fue Greil Marcus, que lo encontró «terriblemente aburrido, compuesto de los tres minutos suaves de "Brown Eyed Girl" y treinta

Concierto de lanzamiento de Van Morrison como músico de Bang Records, en un barco durante un recorrido por el río Hudson.

y dos más de la extensa y pesada sensación de "T. B. Sheets", un tema que resalta sobre los demás ni que sea por su adscripción a lo grotesco. Las demás piezas se mezclan sencillamente en un interminable desarrollo de blues sin inspiración... momentos sin rostro.» Era como una media hora de «Drunk Again», de Elvin Bishop —evidentemente no habitual en el tocadiscos de Greil—, «sólo que muchísimo peor». Morrison se había liberado de todas las limitaciones —canción, melodía, estrofa, estribillo— aunque con demasiada anticipación. En una conversación con Marcus, Van parece estar de acuerdo, y explica que «yo tenía una cinta en Belfast con todas mis canciones de ese disco, ejecutadas de la manera en que se suponía que se debían tocar. Y el resultado es bueno y sencillo, no se hace pesado. "T. B. Sheets" no es pesada. Es más bien tranquila». *Bang Masters* de 1991 reunió tomas alternativas y charlas de estudio, lo que coloca al álbum original en un contexto más amplio. Comienza, como lo hacen siempre este tipo de cosas, con el sencillo. «Brown Eyed Girl» es una canción de alegría, con la voz de Van que primero es melancólica y luego risueña. Hay un fuerte ritmo de shuffle con soul, que lleva el bajo, con una guitarra al estilo de Steve Cropper y un órgano más en segundo plano, que suaviza el sonido. La toma alternativa no tiene tanto empuje, con el riff de guitarra todavía indeciso, con el rasgueo de la acústica de Van más destacado, y la voz más nostálgica, no tan animada. Después de todo, ésta es una canción de mirar al pasado. Morrison se encuentra ahora «ensimismado» cuando se encuentra con una vieja novia, «destrozada» volviendo a pensar en el amor joven de los dos. La letra es Wordsworth puro, una emoción recordada con calma, con la relación enmarcada entre imágenes de niebla matinal, del arco iris, o de un salto de agua. Un fresco de amor «en el verde césped detrás del estadio», que busca la naturaleza allí donde puede. El hecho de que todo esto está en la cabeza de Morrison —«se dijo en los medios que yo la había compuesto expresamente para alguien que conocía, pero no era así»— hace que sea una experiencia aún más perfecta. El paraíso recobrado, en Belfast.

Y de ahí, directamente a un panorama sonoro de lujuria urbana, celos y repugnancia sexual. «He Ain't Give You None» se dirige también a una «chiquilla», con un ritmo de vaivén lento, una guitarra solista envolvente; en un momento dado, Van alienta con un «vamos, Eric» a Gale, no a Clapton. Se percibe algo de la intensidad desatada de la primera Velvet, y el sentimiento de fruta prohibida: «Puedes abandonarlo ahora si no te gusta lo que sucede». Se filtran referencias a Londres, con advertencias de no acercarse a Notting Hill Gate —«Yo viví allí un tiempo, pero me mudé»— y el viejo John que machaca su carne del día en Curzon Street. Como pasa con la «taberna de carne podrida» de *Greetings From L. A.*, de Buckley, mejor será no preguntar demasiado. Una canción de lujuria total, con un risueño Van que recuerda «cuando estábamos en el callejón» con algo parecido a una mirada lasciva. La jactancia sexual de superar al «papaíto» de ella —ya sea el marido o el macarra— y el preciso término «jelly roll» para indicar el dulce movimiento sexual, parecen a años luz de distancia del Verano del Amor. El jubiloso desdén del cantante, el ritmo de cementerio de la canción, el órgano majestuoso y la punzante guitarra, se puede comparar con el Dylan de la época de *Highway 61*. La cuarta toma alternativa de *Blowin' On Your Mind* no es un asunto tan alegre, y sí más amenazante. Hay un ambiente relacionado con las drogas, con veladas referencias a subidas y bajadas. La «hierba» que se cita es para liar, no para tenderse.

En este punto, todos los oyentes atraídos por la luminosidad del sencillo de éxito ya debían de tambalearse, y ya era demasiado tarde para detenerse, nos vamos directamente a «T. B. Sheets». En la canción anterior, Van confesaba al oyente que él se había «echado a perder» en Notting Hill, y aquí llega un cuento dickensiano de muerte y decadencia en una gran ciudad. El órgano y la batería comienzan de forma libre, y luego con un clima majestuoso que hace que la voz de Van parezca un garrote, conducido por la insistente guitarra solista. La armónica de Van hace daño al oído, y luego se vuelve como un terrier, que echa una reprimenda a su novia «Julie» porque no es de recibo que ella esté despierta por la noche, agonizante.

John Collis lo relaciona todo con la muerte de Dee, la amante y patrona de Van de antaño (otra candidata era la prima del cantante, llamada Gloria nada menos, y que murió joven). Collis compara el rico lujo de detalles de la canción —el olor de la cama empapada de gérmenes, un destello de sol que hiere los ojos— con Keats, cuya poesía febril en propiedad se generaba en la tisis. Éste es un logro parejo al pavor que se desliza en «Lamia», de la primera época del poeta, una canción de muerte de un joven, con Van mitad encantado y mitad horrorizado, que recrea toda la desesperada situación en el estudio, ejecutando ambas partes. Las cosas empiezan con una discusión a trozos, con la chica furiosa por los celos. «Tus pequeñas indirectas. Una temporada inadecuada. Cuerpos extranjeros.» Alguien se preguntó una vez si Dylan era mejor que Keats, como si esto fuera una especie de competición. Bien, ahí tenemos una escena sacada del Infierno de Dante, que describe una tortura. Comprobad como Van sorbe desesperadamente después de respirar, la súplica de agua, la necesidad urgente de escapar, el pánico de su voz en «gotta go» [«debo irme»]. El único alivio del dolor —aparte de sus risas culpables— es sintonizar la radio, y dejar que las canciones caldeen la «fría habitación». En canciones posteriores, el rayo de sol se convierte en una bendición, un signo de la gracia divina, pero aquí todavía no.

La desolación absoluta de «T. B. Sheets» puede verse como un infierno viviente del que la carrera entera posterior de Van se ha escapado para buscar el significado. Casi como la película *Tierras de penumbra*, que trata de la aceptación del dolor por parte de C. S. Lewis. Es una canción que Morrison raramente ha interpretado en directo, lo que no puede sorprender a nadie.

La segunda cara de *Blowin' Your Mind* es un asunto más relajado, de un tono más bajo. «Spanish Rose» retuerce la voz de Van hasta el punto de ruptura, con el ritmo de «La Bamba». Un disparate. «Goodbye Baby (Baby Goodbye)» está cantada con más dureza de la que pretendían sus autores, Bert Berns y Wes Farrell. Al igual que en la composición de Van «Ro Ro Rosey», suena como si estuviera más tiempo para cantarla que para escribirla. «Ella tiene dieciséis años y todavía no ha crecido», un hurgar en el inconsciente del compositor. La voz de Van parece romperse al final, en unos trozos de lenguaje joyceano.

«Who Drove The Red Sports Car» es otra cosa, de nuevo. «Un trozo de mi vida, si esto significa algo.» Un piano jazzístico y una afilada batería, mientras Van articula un sueño muy profundamente privado, aunque universal, con estratos de recuerdos sensuales. «¿Quién te hizo los deberes, y leyó tu Biblia?» Esta reminiscencia a medias, diseñada como una serie de preguntas, de repente cambia de marcha, con Van atrapado bajo la lluvia. «Sólo llevo puestos unos pantalones y una camisa. Me estoy mojando. Empapado.» En lo que sólo puede llamarse como un momento religioso, la voz de Morrison crece hasta la epifanía, cuando dos mujeres —Maggie y Jane— le invitan a subir hacia un ambiente cálido y seco, como si fuera el paraíso. La manera en que Van subraya la «t» de «wet» [«mojado»], al estilo de Woody Allen, la carcajada final y el «no te preocupes si lo hago», dicho como de paso, son muy divertidos. En realidad, casi no hay canción, tan sólo un riff y una hilera de recuerdos, aunque de ello Morrison crea un objeto de esperanza y belleza, la otra cara de la moneda de «T. B. Sheets», el cielo después del infierno. Como dice él a los músicos: «Esto es como una bolsa. La podéis volver del revés, colgarla en un perchero, doblarla, apretarla, y llamarlo un disco». «Midnight Special», un rugido de goce con coros femeninos, cierra el disco.

Como declaró Van posteriormente a Mick Brown: «No era un álbum en realidad, eran cuatro sencillos. Ellos los juntaron para lanzar el álbum. El ciego que conduce a los demás ciegos.» A otro periodista le dijo que: «No creo que este álbum tenga realmente nada que ver con lo que yo era entonces». Por todo esto, en noviembre Van regresó al mismo estudio para grabar ocho temas más. Berns le dijo a Morrison que «podía hacer lo que él quisiera» pero cuando comenzaron las sesiones «había una sección rítmica de casi diez personas y, además, cinco personas que no necesitábamos. Al ingeniero no parecían importarle nada las sesiones. Y yo no tuve la oportunidad de hacer "mi tentativa" como decía Bert».

Los resultados no tienen el impulso ni la concisión de la primera sesión para Bang, aunque los temas terminados incluyen primeras, e inferiores, versiones de «Beside You» y «Madame George», algunas de las cuales aparecieron en el álbum de 1970, con el absurdo título de *The Best of Van Morrison*. Como explicó el cantante: «Tendría que haberse llamado "Lo Peor de..."». Al principio me dijeron que me dejarían hacer algo propio, pero luego me sabotearon. Naturalmente, rehice algunas de las canciones en *Astral Weeks* sólo para demostrar cómo se tenían que hacer realmente». Sólo por esto el esfuerzo ya valía la pena. Publicado a fines de 1970, *The Best of Van Morrison* presenta una portada ridícula, que hace juego con el disco, con la cara de Van del tamaño de un grano, que se expande a su alrededor, como un gráfico barato de la serie *Doctor Who*. La foto de contraportada es mucho más atractiva, aunque sea la misma que se utilizó para la portada de *Astral Weeks* —el éxito del cual pareció instar a recurrir al recorte de archivo. De los temas nuevos, «It's All Right» suena como un mensaje privado, mientras que «Send Your Mind» es una rareza evidente, con muchos finales falsos. Hay un deje oriental en «The Smile You Smile», con la guitarra que resuena hacia atrás como un sitar, mientras Van habla con los árboles y el sol, y siente los labios de su novia en los suyos. Más colocado que cursi. «The Back Room» es la historia auténtica del rock 'n' roll, jugueteos de camerino con Van en su vena más jaggeriana. Vino, y «algo para colocarse».

El mismo material se volvió a agitar y a reciclar en *T. B. Sheets*, de 1974, que presume de tener una de las mejores portadas de Morrison, un cuadro del artista sentado en una mecedora, en medio de una sinfonía de color marrón, con rayos de luz celestiales que atraviesan la ventana. Aquí por fin se encuentran los dos primeros bocetos de *Astral Weeks*, un álbum que se convirtió en lo que fue «porque se quitó todo». A la inversa, «Beside You» está bastante más en bruto que en la versión acabada. El final es mucho más explícito: «adelante, hazlo una vez más, nena», y la melodía no está muy definida. «Madame George» carece de la azucarada tristeza de las cuerdas, y en vez de ello, está montada sobre una fiesta de estudio. Como comentaba Bill Henderson: «Tienes dos opiniones contrapuestas de la misma escena. En *Astral Weeks*, «Madame George» transcurre en el interior de la mente de Van, que observa a los juerguistas. La versión de Bang mira desde fuera hacia dentro». Van destaca también los versos suplementarios de la primera estrofa, que clarifican más el tema del transvestismo, a pesar de los desmentidos posteriores de Morrison: «Y entonces tu autocontrol desaparece, de repente estás de pie contra la puerta del baño... estás en la habitación de enfrente tocándolo a él». La canción comienza con Van que dice: «quítate las botas de forro», y acaba con la subida a un tren «de Dublín a Sandy Row», abandonándolo todo detrás.

Una tercera canción —que salió primero a la superficie en *The Best of Van Morrison*— está cortada sobre el mismo patrón. «Joe Harper Saturday Morning» tiene casi la misma melodía que «St. Dominic's Preview», y suena como un eslabón perdido de *Astral Weeks*: «No soy lo que mucha gente cree». Una narración extraña de una petición de dinero, que tiene lugar en un jardín, bajo la lluvia por supuesto, con una «vieja reina», y que finaliza en una parada cubierta de autobuses. «El brillo de la gloria alrededor no oculta lo que hicimos.» Un cuento en clave, sobre un joven que vende su cuerpo por poco dinero. (El Joe Harper auténtico puso en marcha las noches de blues del Maritime y era un solitario célebre.)

El CD *Bang Masters* reúne más cabos sueltos, con un «I Love You (The Smile You Smile)» previamente inédito, una maqueta acústica de una canción sobre una chica de ensueño con ojos de remolino que puede llevarle al paraíso. Sony también ha editado recientemente un CD de oro del álbum original, con cinco tomas alternativas, y un sonido ligeramente mejorado. Las ejemplares notas de contraportada de *Bang Masters*, obra de Bill Henderson, captan la creatividad dispersa de estas grabaciones, un semillero de futuras invenciones: «Él rebosaba ideas, con talento, con una visión especial. Cada artista trabaja para equilibrar el talento y la intuición, pero en el caso del joven Van Morrison era algo más que un acto de equilibrio, él hacía malabares con granadas de mano».

Todos los planes de futuro se abandonaron después del fatal ataque al corazón que Berns sufrió en diciembre del mismo año. Van se quedó sinceramente impresionado: «Bert era un gran tipo de verdad. Su muerte fue una cosa muy rara. Un día estaba en el despacho, y al siguiente había muerto».

¿Era la maldición de «T. B. Sheets», tal vez? Por entonces, *The Beat* publicó una extraordinaria entrevista personal con el cantante: «A veces pienso que debo ser una cosa underground. No sé mezclar, sabes, ése es el problema que tengo. Tienes que ser capaz de mezclar si quieres estar en el negocio del espectáculo». El tocar con Them se había convertido en «un juicio, una especie de prueba de resistencia como el que utilizaban los indios que hacían que la gente caminara mientras ellos les pegaban con palos. Ya no hay gente que haga música y que se diviertan juntos. Todo se ha vuelto un rollo absolutamente de negocios. Ha llegado a ser vomitivo». Por lo que se refiere al momento, Morrison sólo quería «hacer mis propias cosas y divertirme con ellas, quiero despertar a la gente».

Wavelength también ha trascrito una entrevista radiofónica holandesa de 1967, que al principio pensé que le había sido erróneamente atribuida a Van, ya que parecía una entrevista a Scott Walker en la época en que estudiaba el canto llano en la Abadía de Quarr, en la Isla de Wight. Aunque, por el fraseo, no podía ser otro que Van. Él explica cómo se retiró a un monasterio durante una breve temporada, por lo disgustado que había llegado a estar con la escena pop —«es tan falso, no es auténtico»— y con la dirección que estaba tomando su vida: «No quería ser un monje de ninguna manera. Ellos me dijeron que me dejarían estar allí tanto tiempo como quisiera. Para pensar, leer y filosofar, esa clase de cosas. Y me dijeron que podía volver siempre que quisiera». Por lo que se refiere a su música y a su nueva confianza interior en las letras, Morrison no se fue jamás.

cuatro:

Y la curación ha comenzado («And The Healing Has Begun»)

Van Morrison, Janet Planet y su hijo Peter en Woodstock hacia 1969.

Era el momento para otra clase de retiro. Van, Janet y Peter, el hijo de ella, se mudaron a trescientos veinte kilómetros al norte de Nueva York, a un piso en Green Street, que formaba parte del barrio bohemio de Cambridge (Massachusetts) y que estaba situado entre la Universidad de Harvard y el Massachusetts Institute of Technology. A menudo actuaba en clubes de la cercana Boston, como el Tea Party y el Slade Hill Cafe, en donde le acompañaban el grupo local The Montgomerys. Boston había producido a The Remains, entre los mejores grupos de la época, que habían grabado «Don't Look Back» como sencillo, sacado del primer LP de Them. Allí se engendró también el sonido Bosstown, un truco de marketing que se ahogó. Los reyes del rhythm and blues de Boston por entonces eran The Hallucinations —el embrión de la J. Geils Band— y The Colwell-Windfields Blues Band.

Después de una boda tranquila, Janet se dedicó a fomentar la carrera de Van, mientras su marido realizaba actuaciones en clubes locales y en universidades. Todo el que esperaba un espectáculo de rock 'n' roll quedaba decepcionado. Van rasgueaba calmadamente, suministrando un ambiente de fondo, y aparentemente perdido en un mundo propio. Van se tomaba su tiempo entre números, para afinar, beber sorbos de cerveza, mascullar instrucciones a los acompañantes, y ocasionales réplicas de refilón a los más escandalosos del público. Él corría el peligro de que se le relegara una vez más al olvido musical. «Ro Ro Rosey» y los siguientes sencillos del expediente Bang habían perecido fuera de los cien principales. Hubo una humillación añadida cuando Van se unió a los Hallucinations en «Gloria». Jon Landau recuerda cuán «frustrado y descontrolado, estuvo en el escenario gritando frases sin sentido y sílabas incoherentes como un demonio enloquecido». Peter Wolf vino en su ayuda, gritando: «¿No sabéis quién es él? Este hombre compuso la canción».

Morrison formó un grupo eléctrico, que comprendía a Tom Kielbania, un licenciado en música por la Berkeley School of Music, al bajo, y a Charlie Mariano al saxo; pero no encajó con sus nuevas canciones de monólogo interior. Kielbania se pasó al contrabajo acústico, los demás músicos se fueron, y se integró un flautista de veintidós años, John Payne, un estudiante de filosofía de Harvard que doblaba al saxo soprano. Al igual que Kielbania, era un músico más cercano al jazz que al rock, y el bajista lo reclutó y fue a una actuación en el Catacombs de Boston: «Durante el primer pase estuve escuchando, y luego Van me pidió que me uniera al grupo en el segundo pase. Desde el mismo momento en que me planté allí y comencé a tocar con él, yo podía sentir qué era lo que él intentaba hacer. Sólo fue cuando tocó "Brown Eyed Girl" que me di cuenta de quién era él». Morrison le pidió que se uniera al grupo: «Y yo dije: de acuerdo. Abandoné Harvard rápidamente, y me fui a Nueva York, donde él planeaba hacer un álbum nuevo».

Poco que ver con un trío enérgico del tipo de Cream o Jimi Hendrix, aunque John Mayall también se había deshecho parecidamente de la batería y las guitarras eléctricas. Asimismo con tres miembros, Traffic descansaba fuertemente en la flauta y el saxo de Chris Wood, y en el sentido canto de Winwood que flotaba por encima de una mezcla de folk y funk. A la inversa, Marc Bolan abandonaba sus gimoteos conducidos por un bongo élfico —siempre abiertamente sospechoso a mi manera de ver— por el rock eléctrico. La nueva mezcla de Van de jazz acústico y poesía era un gusto adquirido, y que aún no era apreciado por todo el mundo. «Fue después que la gente se dio cuenta de lo que hacíamos. Ahora la gente puede reconocerlo, pero entonces no tenían ni idea. Solíamos tocar en clubes y personas como Jimi Hendrix venían para sentarse delante de todo y escucharnos toda la noche. Parecía que a los músicos les gustaba, pero el público en general no sabía lo que estábamos haciendo.»

Andy Wickham, un inglés expatriado que también había remarcado a Joni Mitchell, desde luego vio el potencial, y recomendó inmediatamente a Morrison al vicepresidente del sello Joe Smith. Van firmó un acuerdo de representación con Inherit Productions, una empresa de Nueva York que, en 1967, acababa de ver cómo Miriam Makeba llegaba a los veinte primeros con «Pata Pata». Ellos negociaron el contrato con Warner Brothers, que actualizaban su imagen con nuevos fichajes como los Grateful Dead, y a Morrison le ofrecieron un acuerdo por dos álbumes.

Había un pequeño problema. Morrison todavía debía material a Bang Records. En una acción a la vez grosera y muy divertida, Van entregó cintas master con treinta estallidos de disparates sin valor, la mayoría de menos de un minuto de duración. Algunos títulos eran «Freaky If You Got This Far», «You Say France And I'll Whistle», «Dum-Dum George», «Ring Worm», «Walk And Talk» y variaciones sobre la canción de más éxito de Berns, «Twist And Shout» («Twist And Shake», «Shake And Roll», «Stomp And Scream»). Canciones como «Dum-Dum George» adquieren algo más de sentido, si se cree a un guarda de seguridad de un teatro que le dijo a Ben Cruikshank, que George es un buen apodo para Bert Berns (con guasa, al relacionarlo con el viejo actor George Burns).

La broma se la devolvieron a Van cuando estos mismos temas se publicaron finalmente en Gran Bretaña, bajo el título de *Payin' Your Dues*. La crítica de Geoff Wall señalaba que «no puede decirse que ninguno de estos bocetos acústicos en solitario aporte una idea acerca de la evolución como artista de Morrison». Si Bang hubiera hecho la acción indecorosa de publicar los temas, hubiera sido una manera excepcional de perder un público como lo fue *Metal Machine Music* de

Lou Reed, sólo que en este caso era premeditado. El talento musical de Van, a pesar de todo, emerge a veces. «Goodbye George» tiene algo de la lenta majestad de «Madame George», mucho más de hecho que con la primera versión grabada para Bang. Prácticamente «inescuchables», las «canciones» están llenas de tonterías deliberadas, como los poemas de Edward Lear, aunque sin el pathos subyacente ni el humor. «Blow In Your Nose» parodia el primer álbum de Morrison para Bang: «Montábamos un álbum y lo editábamos a la semana siguiente. Le ponían una portada psicodélica, tope moderna». Por supuesto que la persona que podía haberse horrorizado más con la malicia de cosas como «Dum-Dum George» —que termina con un resoplido— o el recauchutado de «La Bamba» como «La Mambo», ya había muerto. Con pensar en el efecto que esta cinta pudiera haber causado a la reciente viudedad de la Sra. Berns casi se te hiela la sonrisa.

Como ella misma declaró a Steve Turner, Morrison entregó una cinta master «que él debía haber hecho en pocos minutos. Consistía en estallidos de música absurda que ni siquiera eran canciones en realidad. Había una sobre la tiña y luego él cantaba algo del estilo de "Debo irme y grabar esta estúpida canción para esa señora estúpida". Yo tenía dos hijos pequeños, uno de ellos nacido tres semanas antes de la muerte de Bert, y yo sólo quería avanzar en mi vida. Así que lo dejé estar». En una situación vagamente parecida, Neil Young se encontró posteriormente con una demanda de Geffen, su compañía discográfica, por realizar «discos de Neil Young poco representativos de Neil Young».

El primer álbum para Warner lo produjo el director gerente de Inherit, Lewis Merenstein. *Sgt. Pepper's Lonely Hearts Club Band* había establecido al álbum como una obra de arte por derecho propio, desde su diseño de portada hasta el fluir de la música. *Astral Weeks* cumple perfectamente con ese criterio, con las dos caras etiquetadas por separado como «In The Beginning» y «Afterwards». Curiosamente, el álbum no parece caducado, libre de secuelas, trucos de producción y supercherías psicodélicas. Los contornos del rock y del jazz se disolvían cuando Van estaba en escena, así que Bob Schwaid, el socio de Merenstein, escogió a los mejores músicos disponibles en Nueva York. Tom Kielbania y John Payne también estaban a mano en caso de que —como pasaba con Them— los músicos de sesión no pudieran recrear lo que el grupo propio de Van conseguía intuitivamente en el escenario. Kielbania pasó por la indignidad de tener que mostrarle a Richard Davis las líneas de bajo que él ya había montado para esas canciones.

A la guitarra estaba Jay Berliner, que había trabajado con Mingus, un viejo héroe para Morrison, que ni se preocupó de escuchar el álbum en diez años. Por aquel entonces, no era más que una grabación: «En aquella época, yo estaba tan ocupado que no tenía idea de lo que tocaba. Mi contrato empezaba a las nueve de la noche, y por lo tanto no toqué en "Cyprus Avenue" y en "Madame George". Lo que recuerdo es el hecho de que él nos permitía extendernos. Nosotros solíamos tocar con partituras, pero Van sólo nos tocaba las canciones con la guitarra y luego nos decía que comenzáramos y tocáramos exactamente lo que sentíamos». Van declaró a Ritchie Yorke que «esa clase de tipos tocaban lo que tú ibas a hacer, antes de que lo hicieras, eran así de buenos». Aunque, en otra parte, él se quejaba de que «yo me sentía limitado porque no entendían lo que yo quería». John Payne se hace eco de la opinión de Berliner sobre el resultado de las sesiones: «Irónicamente la imagen que te viene cuando lo escuchas ahora es la de esos tipos que están todos muy unidos, y de que se dan cuenta de que están creando una obra de arte monumental, pero el hecho es que tan sólo fue una sesión más. El único tipo que parecía que estuviera realmente implicado era Jay Berliner. No estoy diciendo que ellos estuvieran allí sentados sin más, y que pensaran un día más, un dólar más, pero tampoco puedo decir con certeza que no fuera así».

En la percusión estaban Connie Kay del Modern Jazz Quartet y Warren Smith, que doblaba al vibráfono. Si se puede hablar de un instrumento solista, sería el deslizante contrabajo de Richard Davis, que había trabajado con el árbitro del talento, Miles Davis. John Payne se ocupó de la flauta y el saxo, después de que el músico de sesión contratado demostró que no encajaba. Lo único que se necesitó para completar la mezcla mágica era el clavecín y las cuerdas, que Larry Fallon grabó una semana después, bajo la atenta supervisión de Van una vez más.

Se fijó una sesión de cuatro horas para el 25 de septiembre, desde las siete de la tarde hasta las doce de la noche, en Century Sound, un estudio en el distrito teatral de Nueva York, propiedad (por casualidad) de Brooks Arthur, el ingeniero de «Brown Eyed Girl». «Cyprus Avenue», «Madame George», «Beside You» y «Astral Weeks» se grabaron todas esa noche. Van rehusó dar a los músicos ningún tipo de pista sobre la música que él oía en su cabeza. Payne declaró a Steve Turner que «parecía que estuviera colocado, y como si sufriera una gran pena personal». No hubo ensayos, simplemente un breve repaso y luego directamente a la música. «Esos tipos sólo estaban improvisando», según lo que Turner recogió de Tom Kielbania, reducido a espectador durante esa noche extraordinaria: «Ellos se pusieron directamente a interpretar las canciones y luego quitaron los solos. Si no lo hubieran hecho cada tema hubiera ocupado la cara entera de un álbum». Quizás, un poco exagerado.

Payne supo aguantar la presión de tocar con los músicos de sesión, y triunfó cuando Merenstein dijo: «Bien, todos nos lo estamos pasando bien, así que por qué no hacemos una canción más». Así fue como Payne tocó en la única toma de «Astral Weeks», la primera vez que oía la canción: «Desde entonces yo fui el flautista». Steve Turner anota que el método de trabajo de Morrison era muy parecido al de Dylan en el estudio, sin explicar nada, a la espera de que la alquimia se produjera: «Van nunca hablaba de la canción. Él nunca hablaba de nada. El final parece ensayado pero era la única toma. Recuerdo que Larry Fallon salía y decía que no tenían ni un esquema armónico. Pero fue una sola toma y dio título al álbum». Tan sólo alguien formado en la actuación en directo se podía atrever a tomar tales riesgos creativos, o sortearlos de manera tan espectacular.

Después de una sesión matinal (las menos deseadas por los músicos improvisadores) en la cual la interpretación salía tan apagada que hubo de ser abandonada, el elenco reagrupado volvió a arder de nuevo en la tarde del 15 de octubre. Como declaró Richard Davis a *Rolling Stone*: «Existe un cierto sentimiento con las sesiones que van de las siete a las diez. Acabas de regresar del descanso para

Portada del LP *Astral Weeks* (1968).

cenar, algunos han tomado una copa o dos, anochece, y todos están relajados. Yo recuerdo que el ambiente de esa parte del día está en todo lo que tocamos». Se produjeron versiones acabadas de «Sweet Thing», «Ballerina», «The Way Young Lovers Do» y «Slim Slow Slider». Desde entonces corren todo tipo de rumores sobre canciones de cuarenta y cinco minutos, listados de temas radicalmente diversos, y la idea original de editar un álbum doble. La supresión más radical que se conoce afecta a diez minutos sacados de «Slim Slow Slider», entre el fin de la letra y el adorno final del saxo. Van improvisó sin palabras sobre un dueto entre Davis y Payne, con el saxo de éste que volaba como si se hubiera cruzado con una flauta, y que sonaba «como si viniera a través de un lago».

Astral Weeks gozaba de un sonido propio, aunque la obra última de Nick Drake habita quizá el mismo mundo, el de la melancolía a la deriva. Al menos en el estudio, Morrison se responsabilizaba enormemente del proceso, a pesar de ser poco comunicativo. Como declaró Bob Schwaid a *Mojo*: «En aquel momento yo pensaba que era un enlace vanguardista de jazz y rock». Esta unión fue la que utilizaron Al Kooper —primero con Electric Flag, y luego con Blood, Sweat And Tears— y el (entonces) grupo de agit-prop Chicago. *Astral Weeks*, por supuesto, era algo más. «En realidad era una combinación del acercamiento de Van a lo que él consideraba como jazz, junto con los niveles de folk, blues, gospel y rock. Por aquel entonces ninguno de nosotros pensaba que esto pudiera encajar en una categoría cualquiera.» Como resultado, no se encontró nada que fuera susceptible de publicación como sencillo.

Elvis Costello describía recientemente *Astral Weeks* como «todavía el disco más aventurero realizado en el ambiente del rock, y realmente desde entonces no ha habido un disco que se haya realizado con tanta audacia». El álbum se editó en noviembre de 1968, y en Gran Bretaña sólo estuvo disponible de importación hasta su publicación en septiembre del año siguiente. *Melody Maker* lo describió como «uno de los álbumes más potentes del año. Van opone su pequeña voz áspera contra una interesante combinación de acompañamiento». El crítico anónimo escoge «Madame George», «que levanta una arrolladora atmósfera de desesperación y decadencia rayana en lo genial». Ésta no era la opinión mayoritaria. El *NME* comparaba a Van con un pobre José Feliciano: «El irlandés de la voz de grava ha hecho un largo camino desde que encabezaba Them. Las canciones en sí no son especialmente distinguidas, aparte de la pieza del título, y pecan de estar clavadas a un solo ambiente sonoro de principio a fin». *Beat Instrumental* desdeñaba el álbum como «casi dylaniano», con «Cyprus Avenue» como meramente aceptable, aunque «el resto carece de originalidad, y es enormemente monótono».

Como declaró Morrison a Mick Brown: «Yo no quería estar realmente en la escena del rock 'n' roll, así que pensé que debía hacer un álbum que fuera sobre la manera de cantar, y con canciones que trataran de algo. Así que, en cierta manera, me desmarqué de la escena del rock 'n' roll. ¡Y luego los críticos se pusieron a decir que era un álbum de rock! Para cualquiera con dos orejas es evidente que no hay nada de rock 'n' roll en todo el álbum. La cuestión principal era no hacer un álbum de rock». Como sucede a menudo, fueron los colegas músicos los que apreciaron primero sus cualidades. En Hollywood, el rey enrollado del momento, Johnny Rivers, interpretaba habitualmente «Slim Slo Slider», mientras que David Bowie introducía «Madame George» en su repertorio en directo de 1969. Quizás fue la inspiración para el célebre vestido de la portada de *The Man Who Sold The World.*

En la fotografía de portada de Joel Brodsky, Van está dentro de un círculo negro y mira hacia abajo y a su interior, con los ojos cerrados y la boca con una ligera sonrisa. Él está enmarcado por árboles, que fuera del círculo son de color verde, y que a su vez están rodeados por un marco negro. Siniestro y soñador todo a la vez, justo como la música. En la contraportada, un Van con el pelo largo, bien afeitado, mira ceñudamente, vestido con una camisa estampada, con los ojos entrecerrados como dos hendiduras, como si fuera un asesino.

Debajo de la foto se imprime una rareza final, un poema de Morrison que no ejerce función de letra, aunque se refiere a varias canciones del álbum. Escrito en verso libre, centrado en la página, usa la repetición y las rimas internas para otorgarle más energía. Es un poema de lugar, la acción se produce alrededor de la casa adoptada por Van en Cambridge, y respira aceptación, amor asentado y felicidad. La única nota falsa es cuando Van se compara a sí mismo con un cordero *(sheep)*, ¡ni aunque fuera para rimar con *sleep* en el verso siguiente!

> *I saw you coming from the Cape, way from Hyannis Port all the way,*
> *When I got back it was like a dream come true.*
> *I saw you coming from Cambridgeport with my poetry and jazz,*
> *Knew you had the blues, saw you coming from across the river,*
> *Told you on the banks of the river, carried you across,*
> *Loved you there and then, and now like a sheep,*
> *I close my eyes and sleep for love comes flowing streams of consciousness.*
> *Soft like snow, to and fro,*
> *Let us go there together, darlin', way from the river to here and now.*
> *And carry it with a smile, bumper to bumper,*
> *Stepping lightly, just like a ballerina.**

En el poema hay la misma conjunción de lo personal y lo trascendental que en las ocho canciones a que acompaña. Como comentó Van posteriormente, era «probablemente el álbum más espiritualmente lírico que había realizado». Debajo del poema, en un toque tierno, se encuentra la firma de Van Morrison con una letra infantil.

No es mi deseo desvelar el enigma subyacente de *Astral Weeks*, que es gran parte de su atractivo continuado, sino que fue el propio Van quien se abrió espectacularmente sobre el álbum, ante Ritchie Yorke, en el ensayo *Into The Music*, de 1975, agotado hace años: «*Astral Weeks* era un concepto total de principio a fin. Todo estaba pensado por anticipado. En un principio se suponía que sería una ópera, es decir, que tendría múltiples escenas visuales. Cuando hube compuesto las canciones, se habló de hacer una película. Así que era un concepto con una orientación visual». Por lo que se refiere a los rumores del tema de cuarenta y cinco minutos: «La verdad es que, por entonces, yo tenía una canción que duraba unos cuarenta y cinco minutos, pero no se grabó para el álbum. No creo que lo pudiera hacer de nuevo. Grabé una maqueta sólo conmigo y otro guitarrista».

Hubo sólo dos temas que no entraron en el álbum. «Uno era sobre Jesse James y el otro hablaba de trenes. Ambos no eran más que números de blues básico. Por eso no encajaban en el álbum.» Sobre el sentido de la decisión para la selección final, «todo está en tu cabeza».

* [Te vi venir desde el Cabo, desde el camino de Hyannis Port, / cuando regresé era como un sueño hecho realidad. / Te vi venir de Cambridgeport con mi poesía y el jazz, / yo sabía que tú estabas triste, te vi venir del otro lado del río, / te lo dije a orillas del río, que te ayudé a cruzar, / te amé en ese momento y después, y ahora, como un cordero, / cierro mis ojos y duermo por el amor que fluye como un monólogo interior. / Leve como la nieve, de aquí para allá, / vamos hacía allí, cariño, desde el río hasta el ahora y aquí. / Y llévalo con una sonrisa, dando tumbos, / con pasos ligeros, como una bailarina.]

De todos los álbumes editados en nombre de la música rock, *Astral Weeks* ocupa una esfera de misterio e intriga que está a la altura de una compañía realmente selecta. *The Velvet Underground* —que contiene el agujero negro de «Murder Mystery»— el semiabandonado proyecto *Smile*, de los Beach Boys, el *Let It Bleed*, de los Rolling Stones, quizás *Scott 4*, desde luego la obra de Dylan entre el accidente de motocicleta y *Nashville Skyline*, y la de los Beatles desde *Revolver* hasta el álbum «blanco». No es casualidad que todos estos discos daten de finales de los sesenta, con el sueño hippy potente pero agonizante, y con un sentido de apocalipsis —alimentado por las drogas y la paranoia— que vibraba en el aire. Esta música, tan variada por otra parte, conjuga la atracción superficial, con un profundo terror interior. Todos los álbumes citados implican elementos de muerte y decadencia, puestos frente a un deseo utópico por el amor y la libertad. Lo mejor de la obra de Pete Townshend, *Tommy*, *Lifehouse* y *Quadrophenia*, puso esta lucha en un formato de ficción; de una manera diferente Ray Davies realizó innumerables álbumes concepto que desenredaban los mismos contrarios en discordia, como lo hicieron los Pretty Things en *SF Sorrow* e incluso Mark Wirtz en su *Teenage Opera*.

La misma dualidad, a la vez optimista y desesperada, impregnó a otros álbumes de la época, menos conocidos aunque igualmente potentes, cuando el medio era todavía reciente, y abierto a la evolución. En Gran Bretaña, el *Keynsham* de los Bonzo Dog fue una obra profundamente seria bajo las bromas, un retrato de la sociedad como una cárcel de régimen abierto. En *Joy Of A Toy*, de Kevin Ayers, la infancia se volvía siniestra. *If Only For A Moment*, de Blossom Toes, abandona la ácida extravagancia por las opiniones de Brian Godding sobre la violencia y la inercia política. *Unhalfbricking*, de los Fairport, trata con una serie de muertes violentas, autopsias y ahogamientos, que de manera extraña prefiguran el accidente de carretera en el que pereció su batería, mientras que *Home*, de Procol Harum, es una suite (inconfesada) sobre la mortandad. Tanto *The Least We Can Do Is Wave To Each Other*, de Van der Graaf Generator, como *Lemmings*, de Bachdenkel, son álbumes concepto cuando dicho término no era una vanidad funesta, y ambos tratan de cómo sobrevivir a un armagedón futuro. *Astral Weeks*, en uno de sus muchos niveles, funciona como equipo de supervivencia para ese tiempo extraño.

Incluso los mantenedores futuros de la peor clase de pretenciosidad de mediados de los setenta se vieron tocados por el espíritu de la época. La frágil y emocionante «Survival» de Jon Anderson, en el primer álbum de Yes, y el primer LP de Supertramp presentan una respuesta extremadamente adulta a la pérdida, la nostalgia y el hastío. Como indicaba *Astral Weeks* de manera tan fuerte, hay el sentido de una nueva y mejor realidad tentadoramente al alcance de la mano, un sueño en el que aparcar la monotonía de los días. Por supuesto, que el uso generalizado de drogas blandas de la época ofreció el acceso químico tanto a la visión, como a la caída. El propio Morrison, notoriamente cuidadoso y puritano en el tema, admitió posteriormente que el uso de la marihuana —aunque nunca el LSD— le ayudó a viajar hacia la mística.

Los ejemplos estadounidenses de la misma época podrían incluir los primeros álbumes de Neil Young, David Accles y Leonard Cohen, el primer LP de

Mad River, *Elephant Mountain*, de los Youngbloods, y *Marble Index*, de Nico. Todos ellos son sinfonías de oscuridad. Ese sentimiento de descenso en la nada, tuvo su inicio en la extraordinaria «Tomorrow Never Knows», de Lennon, y motivó muchas películas rock del momento, de *Easy Rider* hasta *Performance*. Y está indisolublemente ligado a *Gimme Shelter*, la historia de Altamont. Un *Woodstock*, retomado como tragedia griega, aunque incluso en la luminosidad discordante de *Rock 'n' Roll Circus*, de los Stones, Brian Jones parece el espectro de la fiesta. La película de Murray Lerner sobre el tercer festival de la Isla de Wight, *Message To Love*, repropone los hechos reales como metáfora, un desfile de los que pronto van a morir, que acaba bajo la lluvia, una retirada a cámara lenta hacia la entropía.

Incluso entre los supervivientes a ese periodo, existe un interés continuado por músicos que o bien murieron jóvenes o que se arrastraron hasta el silencio, y dejaron como legado imperios musicales: Syd Barrett, Nick Drake, Peter Green y Brian Wilson (casi), Hendrix o Jim Morrison. Esto es en parte morboso, pero también un reconocimiento auténtico de breves espíritus que florecieron gloriosamente, de un modo imposible de mantener. La historia, en términos psíquicos, de una generación entera.

Los libros de Michael Moorcock con el personaje de Jerry Cornelius —ubicados en Notting Hill, casi en la misma época en que Van vivía allí— celebran la misma caída agonizante, como también lo hacen las novelas de Thomas Pynchon y, menos abiertamente, las más aterradoras ficciones de Ruth Rendell. Las teorías críticas de Lacan, Derrida o Barthes, que ahora dominan los análisis culturales, también son producto de ese periodo, y buscan deconstruir el mundo en infinitas series de signos e influencia del poder, que suprimen para siempre el significado.

Más tajantemente, la obra de Iain Sinclair —quizás el novelista inglés más importante después de Dickens— es un tratamiento, con muchos niveles, de la esperanza diferida. Varios supervivientes de finales de los sesenta van corriendo hacia el final de los tiempos, e intentan recrear una armonía perdida por medio de ceremonias de ocultismo, y renacimientos mágicos. No es casualidad que el primer proyecto fílmico de Sinclair, en el Dublín de mediados de los sesenta, fuera una serie de escenas callejeras, a las que posteriormente se añadió como banda sonora la música de Van Morrison y Them.

Los años sesenta y sus productos culturales reviven el poema de Milton, *El Paraíso Perdido*, el Edén vislumbrado y luego arrebatado. Lo que también puede verse como el patrón de cualquier vida humana, como el propio *Astral Weeks*, podría (re)nacer de la muerte. Muchos de los grandes manifiestos artísticos posteriores más importantes codifican el mismo sentido de un retiro obligado hacia el corazón de la oscuridad: *Apocalypse Now*, *Station to Station*, de Bowie, o *The Modern Dance*, de Pere Ubu. Incluso hay un placer indirecto en tales amputaciones, en la manera que el tejido normal de la vida cotidiana poco a poco se desgarra y se hace pedazos en *Twin Peaks*. Desde entonces el nihilismo se ha convertido en el espíritu de la época, celebrado en todas partes desde el punk rock al thatcherismo, las novelas de J.G. Ballard y Martin Amis, o incluso en las vacas muertas, en tajadas, de Damien Hurst. Por supuesto, celebrar no siempre quiere decir respaldar. La banda sonora musical más pura para todo eso fue *Unknown Pleasures*, de Joy Division. Termina con una canción cuyo título lo dice todo: «New Dawn Fades» [«El nuevo amanecer se apaga»].

La mejor música posterior a los últimos sesenta —de Gram Parsons a Bruce Springsteen, de R. E. M. a los Smiths, de U2 a Paul Weller— ha intentado encontrar un método de consuelo, y ha intentado penetrar en aquel vacío, para luego transformarlo completamente en otra cosa. De hecho, como lo hizo New Order. Ésta es la búsqueda con la que el propio Morrison se ha comprometido, desde *Moondance* hasta la actualidad.

Mientras tanto tenemos *Astral Weeks*. Para un álbum que significa tanto, yo rehúso proporcionar cualquier clase de interpretación sabelotodo que pueda perjudicar la percepción de esta obra extraordinaria, ya sea la de mis lectores o la mía propia. Afortunadamente contamos con los comentarios del mismo Morrison, cortesía de Ritchie Yorke, para iluminar el camino. Por todo ello, *Astral Weeks* permanece tan impenetrable y fríamente majestuosa como la Esfinge.

Morrison describe la canción del título «como energía que se transforma, o que va de una fuente a otra en un proceso de renacimiento. Recuerdo haber leído que para nacer debes morir. Es una de esas canciones en la que puedes ver la luz al final del túnel y eso es básicamente de lo que habla la canción».

La propia «Astral Weeks» renació, cinco años después, como la canción principal de la película canadiense *Slipstream*. Cuenta la misma historia triste que acabo de esbozar. «Trata de un disc jockey que es honrado y anticomercial; pero su jefe le quiere construir una imagen que venda. Él no lo acepta, y ellos le destruyen. Y yo pienso que "Astral Weeks" está en consonancia con la película.»

La canción se inicia con una guitarra estremecida y amable sobre un ritmo de shuffle, y luego, de repente, la voz de Van plenamente madura y tierna, abierta a todas las posibilidades. Él se dirige tanto a su anónimo amor como al oyente —individualizado— y va directamente al lugar del que Dylan cantó en «Going Going Gone», en el que las palabras no pueden oírse. El inconsciente colectivo se encuentra imprevistamente en una tierra baldía en la que «se termina la cuneta de las carreteras secundarias».

Todo es incierto, ese renacimiento espiritual permanece como una pregunta, no como una declaración, y Van pone al mismo nivel su traslado a un nuevo mundo —el de los Estados Unidos y el del amor, a la vez— y su sentido de encontrarse perdido, «no soy más que un extraño en este mundo». Él ve cómo su propia infancia se refleja en su hijo adoptado, y al final de esta canción circular sin fin se deja llevar por la corriente hacia sueños celestes, repetidos una y otra vez, mientras que su voz asume un tono de melancolía y rendición.

«Beside You» es «el tipo de canción que cantarías a un niño o a alguien a quien ames. Básicamente es una canción larga, tan sólo una canción que trata de estar espiritualmente al lado de alguien». Cantada con una especie de alegría acallada, es un monólogo interior con la lógica deriva de un sueño, en el que Van recrea aquellas visiones extrañas de su propia juventud, aparentemente fuera del tiempo y del espacio, y las transfiere al hijo de Janet. Él arrastra el «child» final como si fuera para siempre.

«Sweet Thing» es «otra canción romántica. Contempla jardines y cosas así... empapados de lluvia. Es una balada de amor romántico sobre un sentimiento, más que acerca de alguien en particular». Una extensión del verso de la primera canción que dice «tiéndete silenciosamente a mi lado», y aquí Van encuentra en su interior al niño perdido. Su manera de cantar es totalmente sin ego y sin empatía, casi aburrida, como un gato que ronronea. «Jardines completamente empapados de lluvia» se convierte en una piedra de toque personal para siempre, y uno puede facilitar todo tipo de explicaciones —el agua como energía curativa, el bautismo del amor, el «champán» de los ojos de su amor— sin que afecten apenas al significado.

«Cyprus Avenue» trata de «una calle de Belfast, un lugar donde hay mucha riqueza. No está lejos de donde me crié y era un ambiente completamente diferente. Para mí era un lugar muy místico. Era una avenida entera bordeada de árboles y allí encontré un lugar en el que podía pensar. En vez de bajar caminando por una carretera y ser molestado por cuarenta millones de personas, podías pasear por Cyprus Avenue y allí no había nadie. No era una vía pública. Era un lugar tranquilo y allí yo solía pensar sobre las cosas».

Dicho esto, ésta es una canción sobre la sensación de estar atrapado, «vencido en el asiento de un coche», y reducido a un silencio torturado, justo como en «T. B. Sheets». La necesidad de la inocencia en la canción más antigua se iguala ahora al enloquecer, aunque la visión que despliega luego está fuera del tiempo, y es asexuada. La dama de sus sueños en carruaje antiguo sólo tiene catorce años. La manera de cantar de Van es absolutamente poseída, y va del deseo ahogado al júbilo, pasando por el asombro acallado.

Quienquiera que decidió programar estas canciones, y dividir el disco en dos partes, el resultado es que las canciones de la segunda cara de la edición del LP original son más duras, más seguras y resistentes. Es como si, después de esas cuatro canciones de renacimiento, Morrison pudiera ahora entrar completamente en el mundo de la madurez. Canciones de experiencia, que inevitablemente siguen a canciones de inocencia. Incluso la música de acompañamiento —sea como sea que se lograra— es más animada, no tan perdida en su misma reverencia.

«En la segunda cara, "Young Lovers Do" es sólo una sencilla canción sobre el amor juvenil. Y *él* ríe misteriosamente.» De nuevo el mundo está «empapado de lluvia», pero aquí se echa en falta la sexualidad de antes. En la voz de Van hay un lucimiento a lo Sinatra, en un astuto blues con metal estilo Stax, y una sección de cuerda que se arremolina donde anteriormente iba a la deriva. La canción es sobre el crecimiento, el primer beso adolescente, y todavía expresa el mismo tierno misterio de «Astral Weeks», aunque más abiertamente.

Por lo que se refiere a «Madame George», «el título original era Madame Joy pero lo anoté como "Madame George". No me preguntes por qué lo hice porque no lo sé. La canción no es más que un tema de monólogo interior. Ni siquiera pensaba sobre lo que escribía. Básicamente la canción trata de un sentimiento espiritual. Quizá tenga algo que ver con mi tía abuela que se llamaba Joy. Según se dice, ella era vidente. La tía Joy vivía en la zona que he mencionado cerca de Cyprus Avenue». La (entonces) novia de Morrison sospecha que la canción también puede referirse a George, el padre de Van, aunque él sencillamente se encoge de hombros cuando se le pregunta.

Ritchie Yorke la describe así: «Palabras clave como ojo, adiós, por qué y amor se repiten una y otra vez en el interior de una melodía que suavemente se hincha y se desmorona, hasta que los músicos alcanzan el tono y la proporción instrumental. Es sedante y chispeante a la vez. Como plantarse de pie, cara al viento, en medio de una rugiente nevada. Contrapone sensibilidades en estéreo: caliente y frío, duro y suave, brutal y amable, amor y odio».

Aquí «las visiones infantiles» se vuelven siniestras, y se encuentran con una sexualidad que crece lujuriosa y decadente. El tono de Van es frío, extrañamente confidencial, y suelta las palabras como rollos de serpentina. A pesar de lo que dijo posteriormente, él canta definitivamente sobre «playing dominoes in drag» y no «is a drag» («jugar al dominó vestido de mujer» y «es un rollo»), y el ambiente es próximo al de «Sister Ray», de la Velvet Underground, un más explícito relato de transvestidos con felaciones y una redada de la policía. Mientras que esta canción es un amasijo sangriento de acoples y confusión, la de Van es imponente, con una rica textura de cuerdas, que desembocan en la coda posiblemente más hermosa de toda la música rock. La voz de Van se suaviza en un amor omnicomprensivo, que cubre el mundo por entero. Una canción de despedida, que se desvanece lentamente cuando Van sube al tren.

«"Ballerina" es el único tema del que no sé mucho, realmente. Yo tenía en la mente una imagen romántica sobre la vista de San Francisco. Estuve allí una temporada en 1966 y la ciudad me atrajo. Era la primera vez que yo estaba allí, y estando sentado en el hotel me vinieron a la cabeza todas esas cosas y tuve un flash sobre una actriz en un teatro de ópera que aparecía en un ballet y creo que de ahí vino la canción. Puede ser que sea sobre una prostituta, pero aparte de esto, es sólo poesía.» Y por supuesto, también sobre Janet Planet, una actriz que él encontró en San Francisco ese año, pero difícilmente él iba a hablar sobre eso, con su nueva novia al lado.

Si hay quien todavía discute que Morrison no sabe cantar —cosa improbable, de todas maneras— se le puede poner este tema. Toda la emoción humana se cristaliza aquí, y vocalizada de manera sutil: el deseo, la alegría, la esperanza, el hastío del mundo, el consuelo, el asombro y la ilusión. El «ángel infantil» es aquí también una mujer totalmente madura. Justo al final llega lo que parece una flauta metálica, casi subliminalmente. Aquí comienza la fase celta de Van.

«Slim Slow Slider» toma como tema a «una persona atrapada en una gran ciudad como Londres o quizá está drogada, no estoy seguro». Si los polos que se atraen del resto del álbum son Belfast y Estados Unidos, aquí hay una tercera e importuna invasión. La locura de «Cyprus Avenue» ha regresado, de manera que las calles de Notting Hill se han convertido en «una playa arenosa», a los ojos del yonqui. En un giro terrible, el muchacho de la primera canción se transforma de hijo en amante ilícito. Estamos de nuevo en el mundo de «T. B. Sheets», con un blues de doce compases, y la risita de Van es verdaderamente desagradable. Después de todos aquellos renacimientos, ahora hay una canción sobre el invierno, «blanco como la nieve», y sobre la muerte —sobre la cual Van canta casi alegremente—, una canción que termina de manera disonante, con un saxo estridente casi relinchando como el caballo de los primeros versos. Un tema directamente sacado del Apocalipsis.

Astral Weeks es un álbum que sobresalta y consuela al oyente a cada nueva escucha, que convoca emociones universales y recuerdos en profundidad como sólo lo hace el arte genial. Tiene la extraña atmósfera agridulce de las últimas obras de Shakespeare, con sus misteriosas transformaciones, con los muertos que regresan a la vida. El propio Morrison no parece saber cómo llegó a crear una música tal. «Muchas de estas canciones no son realmente personales y por eso yo tenía que intentar interpretarlas. Muchas de ellas son sólo especulaciones sobre un tema dado.»

Van describió posteriormente esta obra como un «monólogo interior», aunque con una técnica radicalmente diferente de la de su compatriota James Joyce. En *Ulises*, Joyce utilizaba la técnica para mostrar la fragmentada vida interior de sus personajes, con todo tipo de deseos básicos y pensamientos. Morrison está cerca del estilo más impresionista de Virginia Woolf, con sus flujos de sentimiento, y abstracciones plásticas. Van lo hace con más sencillez. Las suyas son canciones que no se basan en hechos sino en la imaginación.

«No estaba en ningún periodo romántico cuando grabé *Astral Weeks*, aunque cuando compuse las canciones seguramente sí lo estaba. Definitivamente soy un romántico, pero también un realista.» Es en esta doble visión en lo que sí se puede comparar a Morrison con Joyce, en el amor y la compasión que ambos pueden poner en los retratos de los demás, ya sean Leopold Bloom o Madame George, de los que ven sus oropeles y sus fracasos, aunque también el heroísmo con el que sobreviven y acaban sus vidas. Como escribió Lester Bangs sobre «Madame George»: «es sobre una persona, como las mejores canciones, y como la mejor literatura». Lo que también explica la energía continuada del álbum. Es sobre el seguir avanzando, «aspira, espira», sobre los peligros de la vida y sobre sus alegrías. Diga lo que diga la letra escrita en el papel, en el primer estribillo de «Astral Weeks» Van canta «nacer de nuevo, aburrirse de nuevo», y una cosa no excluye la otra.

Brian Hogg identifica que la fuerza de *Astral Weeks* no reside en las canciones individualizadas sino en «su aire acumulador de pasión y de misterio. Incluso la excelencia de lo mejor de Them no nos había preparado para la conmoción que produce esta brillantez. Desde entonces el álbum ha conseguido una reputación legendaria, y aparece a menudo en los primeros puestos de cualquier votación sobre los grandes momentos del rock. Sus detractores son realmente pocos, y uno de ellos es el propio Van Morrison —«los arreglos son demasiado parecidos»—; los demás son aquellos a los que, desafortunadamente, les hicieron escribir la biografía de Morrison. Ritchie Yorke habla sin vacilar del genio musical de Van, pero Johnny Rogan tan sólo ve «el origen de un fenómeno muy discutible..., la premisa de que él no es un mero músico de rock, sino algo semejante a un poeta místico». Las letras del álbum revelan «comparativamente poco de auténtica sustancia», y en la página impresa «Madame George» es «un poema puñeteramente espantoso, aunque una fascinante pieza de escritura automática». Collis llega incluso a comparar la introducción de «Astral Weeks» con el tipo de tontería pretenciosa tan acertadamente parodiada por la Bonzo Dog Band.

Es el mismo y viejo problema de confundir una letra impresa con la letra cantada por un gran cantante —que también la escribió previamente—, un cantante que utiliza el timbre de su voz y el eco de los músicos que le acompañan para introducir todo tipo de ambigüedades y significados. La letra en el papel es un discurso que sólo vive cuando se interpreta, y nunca está sujeta exactamente a la misma interpretación dos veces.

Según el mismo Van «cuando salió *Astral Weeks* yo me moría literalmente de hambre. Eso es lo que pasaba. Y no conseguí ningún reconocimiento por el álbum hasta mucho más tarde. La acogida de la crítica fue realmente buena. A muchos conocidos les gustó el álbum y yo sabía que no me lo decían porque sí. Y de todas maneras, en mi interior yo sabía que era bueno».

La música de *Astral Weeks* tenía esa misma calidad a vida o muerte, y es vergonzoso que alguien trate de reseñar la obra de Morrison sin tenerla en cuenta. El relato más emocionante de su fuerza lo escribió el malogrado Lester Bangs, un crítico de rock que no era famoso por la generosidad de sus opiniones, ni por un aprecio excesivo por el pelotón habitual de cantautores. Efectivamente, Bangs odiaba a los presuntos poetas del rock con la intensidad maníaca que Hunter S. Thompson reservaba para los políticos y la brigada anti-droga. En cambio, en este álbum, Bangs encontró a un hombre «horriblemente dolorido» y sin embargo el disco era como un rayo de luz, «un elemento de redención en la oscuridad, una compasión final, y un envoltorio de belleza pura y de asombro místico que iba de lleno al corazón de la obra». Y del oyente.

Bangs se hace eco de mi opinión propia de la época en que surgió el álbum, «cuando muchas cosas que importaban apasionadamente a mucha gente comenzaban a desintegrarse, y cuando la resaca de autodestrucción que acompañó la gran fiesta de los sesenta tenía un gran número de tobillos en la garganta e iba tirando hacia abajo».

Bangs se centra en la capacidad de Morrison para convertir las palabras en conjuro, «sobre todo en "Madame George" en la que él canta la palabra "dry" y luego "your eye" veinte veces en un arco melódico giratorio tan bello que te quita la respiración». Van se obsesiona por «cuánta información verbal o musical puede comprimir en un pequeño espacio y, casi al contrario, hasta dónde puede extender una nota, una palabra, un sonido o una imagen». Este es un álbum sobre «gente aturdida por la vida, totalmente agobiada, en los huesos, a la que se le concede un momento de visión y una vida entera para gozar de él». Vamos a ponernos en plan personal. En mi caso, fue viendo al adolescente Richard Thompson interpretando arabescos con la Les Paul en un pequeño club, con la lengua trabada y pose angélica, que transportaba al público a otro mundo, algo que no puedo ni explicar ni olvidar. ¿Cuál es el vuestro?

Para Bangs, *Astral Weeks* representa «una búsqueda genial, alimentada por la creencia de que a través de esos procesos mentales y musicales, se podía acceder a la iluminación. O como mínimo podía vislumbrarse». Morrison «nunca estuvo tan cerca de mirar otra vez a la vida directamente a la cara», aunque él, en cierta forma, excavó las interioridades de su propio cráneo. Como sugiere el mismo título, es como si Van mirara hacia su cuerpo inerte desde arriba, desde el plano «astral», y efectivamente él ha hablado a menudo desde este tipo de experiencia exterior al cuerpo, y de cómo siendo niño podía entrar en él, casi a voluntad. Nada de su obra posterior tiene sentido sin que se enraíce en este álbum, aunque en ninguna parte consigue él de nuevo ese estado de abandono emocional. «Sécate los ojos...»

La mayoría de los demás músicos, si hubieran gozado del milagro de *Astral Weeks* habrían seguido sondeando en su clima y su sonido hasta que, debido a la ley de los beneficios decrecientes, se marchitaran sus carreras. Ése fue el caso de James Taylor desde *Sweet Baby James*, un álbum que también traza un camino para la supervivencia, y cuya calidez todavía sorprende a quien lo oye por vez primera. Otra alternativa hubiera sido retirarse de la vida —ya sea literalmente o como intérprete discográfico—, y uno se atemoriza al pensar el tipo de mitología que podría haber crecido hasta el momento alrededor de *Astral Weeks* si eso llega a ocurrir.

Van estaba hecho de una materia más austera: su odisea como intérprete creativo apenas había comenzado. «Hay muchas cosas en medio de "Gloria", "Brown Eyed Girl" y "Astral Weeks". Son muchas las cosas diversas que he hecho y no puedes tenerlas todas en un álbum. Realmente no hay nada que decir cuando lo discutes, porque es tan sólo la diferencia entre el arte y el espectáculo.» Como declaró al *New Musical Express*: «Tan sólo es lo que quería hacer en esa época determinada, y así lo hice. Hay una buena cantidad de material que no he grabado jamás que es totalmente de vanguardia. Pero yo hago álbumes principalmente para que se vendan, y si yo voy demasiado lejos, mucha gente dejará de implicarse». La versión que Johnny Rivers hizo de «Slim Slo Slider» encontró la implicación suficiente como para convertirse en un éxito en Estados Unidos, y la propia obra de Van fue uno de los primeros productos indispensables en las florecientes emisoras radiofónicas de FM de difusión nacional, cuyas mejoras en la calidad del sonido, en estéreo, y cuya política de «más música y menos parloteo de disc jockey» estaba atrayendo un nuevo e importante bloque de audiencia.

Mientras tanto, Morrison hacía de telonero para Moby Grape, banda que en otros tiempos fue un cataclismo (pero que en aquel momento se había visto excluida de las campañas publicitaria de las discográficas), y también para Rhinoceros, unos prosaicos jazz rockers. No tan mal emparejado estuvo en una actuación con Tim Hardin, otro «fino deslizador lento» [«Slim Slow Slider»] cuya musa flotaba en estanques de melancolía. Al contrario que Van o Tim Buckley, Hardin se limitaba a crear estructuras convencionales en sus canciones, lo que le valió ser muy versionado por gente como Bobby Darin. El estilo introspectivo de Hardin se etiquetó pronto como «self rock» («rock propio») y, al igual que el amor propio, se atrofió rápidamente.

Morrison rechazó encasillarse, y siguió luchando en locales en los que la confrontación era casi segura. Durante un regreso al Whiskey-A-Go-Go, el corresponsal en Los Ángeles de *Disc* lo describía como «sencillamente espantoso..., canciones flojas y errantes que suenan todas parecidas. No se acababan nunca y la voz nasal de Van no hacía nada para variar la inflexión o el ritmo. Nos fuimos después de una hora entera de tal tortura».

Greil Marcus, el par de oídos más agudos de Estados Unidos, ofrecía una reacción mucho más positiva, en su crítica para *Rolling Stone*, de una actuación a la que asistió en el Avalon Ballroom de San Francisco. Morrison iba con guitarra acústica, acompañado por un contrabajo y un instrumentista que doblaba al saxo y la flauta, «un pase brillante en el que cantó la totalidad de *Astral Weeks* además de tres canciones de su disco anterior». Van cantaba entonces «Who Drove The Red Sports Car» y —más sorprendentemente— «He Ain't Give You None», con los mismos «ritmos suaves y seductores, y hacía que parecieran canciones nuevas».

John Payne, que acababa de casarse, había abandonado el grupo hacía poco, hastiado de la vida en la carretera. Le sustituyó el británico Graham Blackburn, que convenció a Van y Janet para que se trasladaran, en febrero de 1969, a Woodstock, en las montañas de Catskill. En ese lugar había otros iconos del rock que gozaban de la vida sencilla. Jimi Hendrix ensayaba su nuevo proyecto, mientras que Bob Dylan se había retirado a descansar a una granja de Bearsville. Los Hawks, ahora con el nombre de The Band, tenían una comuna en el cercano pueblo de West Saugerties, y allí desarrollaron *Music From Big Pink*, una nueva mezcla de folk eléctrico. Los Morrison alquilaron una casa en lo alto de Ohayo Mountain, no exactamente una mansión en la colina, pero casi. Entre sus vecinos más próximos estaba Clarence, un escultor que se había construido la casa con chatarra recuperada. Era precisamente ese tipo de lugar.

Los amigos hablaban de la nueva armonía doméstica de Van, con Janet «en plan de chica muy despreocupada, optimista sobre todas las cosas». John Payne declaró a Steve Turner que «ella era muy tierna. A él le adoraba desde el punto de vista artístico. Ella se dedicaba por entero a Van y a su carrera, y a creer en él». Turner reimprime una hoja de contactos del fotógrafo de Woodstock, Elliott Landy, que lo confirma, con los dos abrazados con suéteres de lana a juego, sentados en un claro del bosque, como duendes. En Woodstock, el cantante experimentó una racha creativa, y produjo páginas de letras garabateadas y con sus anotaciones singulares propias. Se apartaba de la informalidad de *Astral Weeks* y volvía a los modelos reconocibles, con estrofas y estribillo, con poca o ninguna improvisación vocal. Turner informa de los frecuentes viajes a Nueva York para grabar una canción, «Moondance». Como reveló Blackburn «a Van le gusta ser espontáneo en el estudio, aunque es una espontaneidad que le lleva mucho tiempo conseguir. Él intenta entrar por sí mismo en el clima y conseguir un ambiente que funcione. Podemos estar estirándonos de los pelos, y luego tenemos que hacerlo todo de nuevo».

Este perfeccionismo musical tiene que ver con la retirada de las actuaciones en directo, aunque *Rolling Stone* informaba de cómo el Newport Folk Festival

Van Morrison junto a Janet Planet, en sus primeros días en Woodstock.

«recobró la tensión», en julio de 1969, con «el romanticismo amargo del hombre bajo y fornido». Una fotografía del acontecimiento muestra a Van en la zona de camerinos comiéndose las uñas y con una mirada de animal peligroso. Van también comenzaba a manifestar un rechazo hacia los puristas de la «industria» musical que ha persistido desde entonces. Como declaró, en 1973, al periodista de *Melody Maker* Richard Williams (un dotado crítico de rock de los inicios, que posteriormente se pasó al periodismo deportivo): «Mira, yo definitivamente no encajo en lo que pasa en el ambiente del negocio del espectáculo. La mayoría de gente de ese ambiente piensan que es raro que yo no vaya y diga a cada uno lo buenos que son mis discos y lo bonito que es mi nuevo traje. Todos los demás lo hacen, se dan "autobombo" con los discos, y a sí mismos. No me preocupa nada lo que piense esa gente, a mí lo que me preocupa es llegar a mi público».

Frustrado por la falta de actividad, Blackburn lo dejó finalmente, al igual que Tom Kielbania al casarse. Van quería apartarse de todas maneras de la improvisación informal y semi acústica de *Astral Weeks* y formar una banda, e incluso una «Banda», en la que él fuera el líder y el punto de atención. Era el mismo proceso por el que Dylan había pasado en 1965, y lo que había sido tabú, como mínimo para los cantantes de folk, ahora era casi obligatorio. Para Van, de manera más importante, era cuestión de obtener el control creativo por entero. Como declaró a Mick Brown: «*Astral Weeks* fue una ruptura en el aspecto creativo para mí, aunque entonces no tenía ninguna relación en especial con aquellos músicos. Eran músicos de sesión de jazz que trabajaban en otro campo. Yo no podía decirles algo del estilo de "sois mi grupo, haced esto". Porque yo no tenía la relación que se precisaba. Pero cuando encontré a esta gente, a los que podía utilizar en directo y en el álbum, llegamos a una situación ideal, y funcionó».

Morrison reestableció el contacto con The Colwell-Winfields Blues Band, que también se habían trasladado a Woodstock, y estaban en pleno proceso de separación. El nuevo grupo eléctrico de Van incluía a su bajista John Klingberg, a Jack Schroer en los saxos alto y soprano y a Colin Tillton que doblaba al saxo tenor y la flauta. Schroer ya había tocado en sesiones de Boz Scaggs, un escapado de la Steve Miller Band cuando su música todavía tenía misterio. La carrera de Scaggs ofrece un contraste interesante con la de Morrison. Un crooner soul de voz tierna, dejó atrás el aturdimiento hippy por la aceptación enrollada, y se convirtió en la contrapartida norteamericana de Robert Palmer, aunque sin llegar a ser tan mono como él. Scaggs comenzó con la dura «Loan Me A Dime» —con una magistral guitarra slide de Duane Allman—, pero su trabajo fue quedando en agua de borrajas, diluyéndose en una melodiosa sensiblería. La obra de Van permaneció lo suficientemente mordaz y personal como para no verse en esa situación.

Otro músico de sesión, Jeff Labes, se integró a los teclados, junto al batería Gary Mallaber y a Guy Mason, a las congas y percusión. El idéntico estruendo doble en la sala de máquinas musical de *Astral Weeks*. En el estudio, Van se acompañó con un trío de coristas, Emily Houston, Judy Clay y Jackie Verdell, que fueron parte del endulzamiento general del sonido. Conocido ya, y apropiadamente, en la guitarra eléctrica, estaba Jack Platania, descubierto en verano de 1969 por el manager de giras británico de Van, y asimismo un antiguo intérprete discográfico en Bang.

La entrevista de Platania para *Into The Music* es la mejor descripción hasta el momento de ese periodo creativo para Van. Platania había conocido a Van gracias a la esposa de Bert Berns, y posteriormente se le convenció para que hiciera una prueba para el nuevo grupo de Morrison. «Me fui hasta ese lugar en las montañas. Habitualmente, todos esos lugares están en lo alto de las montañas, en la cima, por algún motivo, todas esas casas. Ellos siempre han tenido esa ventaja, es como si estuvieran en Inverness o algo así.» El primer grupo de Van Morrison también contaba con el batería que venía de los Fugs. «Hicimos un montón de actuaciones en directo y Van estaba en su periodo de transición. Económicamente no es que fuera muy bueno. Tocamos en todo tipo de actuaciones. Después de una temporada el grupo se separó, se hartó de todos a excepción mía. Hicimos varias actuaciones como dúo. Tocamos en el festival de Newport y demás. Luego, él comenzó a formar otro grupo.»

En el estudio, y planeando su próximo álbum, el manager de Van, Lewis Merenstein, había traído de nuevo a muchos de los músicos de *Astral Weeks*. Richard Davis rondaba por allí, pero no se le utilizó. Platania: «Van, en cierta forma, manipuló la situación y me cogió para tocar, estaba harto de todos ellos. Por algún motivo, él no quería esos músicos. Me llevaron al estudio, Mastertone, de la calle 42, y ahí fue donde se empezó el álbum. Buena parte de él era en vivo». Cuando la grabación en sí empezó en los estudios A&R, Van «realmente se puso al timón». Morrison «pasó mucho tiempo mezclando». Platania recuerda «algo de magia, algo de momentos divertidos». El descarte principal, una canción con el título de «Caledonia Soul Music», se demostraría como profético. «Yo toqué la slide en ese tema con una botella de cerveza vacía que recogí del suelo del estudio. No se incluyó en el álbum, era una pieza larga.» Van anotó los acordes de base, y todos se pusieron a tocar.

Moondance se editó en los albores de los setenta. Se presentó de manera consciente como música para una nueva era, tan ricamente humana y positiva como la mejor obra de The Band, y tenía la misma severidad en sus propósitos. Sin solos de guitarra extraños, ni arabescos vocales. Un álbum que trataba con la alegría, y no con el dolor interior. Si los álbumes más importantes de los últimos sesenta habían sido sobre la renuncia del autocontrol, este era el polo opuesto, diez lecciones de cómo llevar una vida feliz. Oportunamente, Lewis Merenstein se ocupaba de todo una vez más, aunque esta vez Van estuvo junto a él en la mesa de mezclas, y consiguió que se le acreditara como productor. «Come Running» se había desarrollado en el estudio a partir de una poco prometedora maqueta acústica sin más atractivo que un grito hipnótico de placer. Publicada como sencillo, entró en los cuarenta principales de Estados Unidos, al igual que *Moondance* en las listas de álbumes.

En la portada figuraban cinco fotografías de primerísimos planos de un Morrison con barba, cuyos ojos oscuros evitan la cámara y con aspecto pensativo, perdido en su propio mundo. La boca de Van está cerrada, en actitud contemplativa. En la contraportada, un afeitado y no sonriente Morrison mira fijamente al visor, con una expresión indescifrable. Con la música pasa algo parecido, ya que es curiosamente impersonal y cautelosa. Es más general que específica, en una línea más apolínea que dionisíaca, más elaborada que de inspiración salvaje.

Con un énfasis en lo romántico y el misterio celta, recuerda extrañamente a la poesía de Robert Graves. En su libro, *La diosa blanca*, un estudio del mito poético, Graves identifica la figura de la musa, a la vez mujer auténtica y sombra de la madre tierra, que inspira la gran poesía (¡la escrita por hombres, al menos!). Es un papel que aquí lo interpreta Janet. Como apunta Steve Turner, Van «parece idolatrar a Janet, y la ve no solamente como una amante sino como una salvadora». Cuando él canta que el amor de ella le hace honrado, «él utiliza conscientemente el lenguaje de la redención religiosa».

Ritchie Yorke proporciona unos inusitados comentarios del compositor sobre la génesis de cada canción por separado. «"And It Stoned Me" trata de una experiencia auténtica. Va, simplemente, de quedar colocado por la naturaleza. Recordar cómo era cuando eras un niño y llenarse de la naturaleza y ya no necesitas nada más.» Casualmente, por entonces, Van había abandonado el consumo incluso de las drogas blandas, por considerar que reducían la categoría de su obra. Esta canción celebra una alternativa natural.

El agua, como a menudo en la *Biblia*, es un signo de la bendición divina. Moisés golpea la roca y mana una fuente, Juan Bautista sumerge la cabeza de Cristo, y el propio Jesús convierte el agua en vino. También representa la gracia espiritual —las suaves corrientes de los salmos o del Cantar de Salomón— y, en términos paganos, la muerte. Caronte aguarda en la laguna Estigia.

La canción fluye suavemente, con la voz de Van como líquido puro, relajada y extática a la vez. Los vientos se arremolinan, e incluso el solo de guitarra acústica y los tintineos del piano son como murmullos en la corriente. Por lo que se refiere a la letra, su marco es decididamente rural: una feria del campo, un riachuelo en la montaña. Estas visiones infantiles se sitúan en primer plano, y prefiguran tanto la satisfacción sexual («jelly roll») como la gracia espiritual.

La canción evoca un estado de ensoñación, una de esas experiencias externas al cuerpo de la infancia de Van, cuya tranquilidad (literalmente) de otros mundos evoca él en su mejor música. Como declaró a Steve Turner: «Yo tenía unos doce años. Solíamos ir a pescar a un lugar llamado Ballystockert». Ellos se detuvieron en el pueblo y pidieron agua a un anciano «de piel oscura azotada por el tiempo» que vivía en una vieja casa de piedra. «Nos ofreció un agua que dijo era del riachuelo. Bebimos un poco y para mí parecía que todo se detuviera. El tiempo seguía. Durante cinco minutos todo estaba realmente tranquilo, y yo estaba en esa "otra dimensión". Es de lo que habla la canción.»

En «Moondance» lo romántico se traslada a un escenario adulto, la música perfecta para follar y sobre el follar. El sonrojo de su dama no es de vergüenza. «Con "Moondance" compuse primero la melodía. Toqué la melodía en un saxo soprano y supe que tenía una canción, así que escribí una letra que fuera con la melodía. Así fue como escribí esa. Realmente no tengo palabras que describan la canción especialmente, seguramente la palabra que le cuadra es sofisticada. "Moondance" es una canción sofisticada. Frank Sinatra no se encontraría desplazado cantándola.»

Una excursión ampliamente acústica, aunque anclada por el bajo eléctrico, con piano, guitarra, saxo y flauta, todo tocado con suavidad y adornando la voz de Morrison, tierna, exuberante y seductora alternativamente. Es un músico de rock que canta jazz, no un cantante de jazz, aunque la música en sí tiene un swing jazzístico, más bien con tresillos que con las habituales cuatro notas en cada tiempo. La canción de Van suena efectivamente como un saxo, e incluso él imita uno hacia el final. La primera de las muchas canciones de otoño, en la que un Virgo como Van se puede sentir en armonía inmediatamente.

«"Crazy Love" trata básicamente de lo que dice el título.» La canción se inicia directamente con la voz de Van, cerca del micro, bañada de alegría, casi conmovedora en su intimidad, y hermosamente subrayada por el coro femenino. Aquí la chica de «Moondance» se une con la bendición del primer tema, «corro hacia ella como la canción de un río», y Van ha compuesto un himno profano. Hay algo también emotivo en el verso «ella despliega un buen sentido del humor cuando yo me siento deprimido», que refleja lo que los de fuera observan en la relación, y uno, en cierta forma, siente que el problema puede presentarse más tarde. Después de todo, una musa también necesita consuelo.

Esta clase de relación mutua se desarrolla en «Caravan», con Van ofreciéndose a sí mismo como sanador, que hace desaparecer «lo que realmente no va». La vida gitana y la radio son imágenes de armonía y de bendición. Van está «recuperando ese romanticismo con gitanos y todo eso. Los gitanos realmente me fascinan. Los adoro». La canción también está basada en un recuerdo auténtico, como buena parte de *Moondance*. Allí arriba en Woodstock la casa más cercana estaba muy lejos, carretera abajo, pero él podía oír la música que salía de ella. «Puedo oír la radio como si estuviera en la habitación misma. No sé cómo explicarlo. Corre una historia sobre un pasaje subterráneo debajo de mi casa, ruidos de chiquillos y demás, y empiezo a pensar que es cierto. ¿Cómo puedes oír la radio de alguien que está a más de un kilómetro y medio, como si estuviera sonando en tu casa? Así que yo debía poner eso en la canción. Era una obligación.» La música tiene el mismo zumbido, una ostentación llena de confianza, con un piano al estilo de The Band, y Van con el acelerador al máximo. La interacción con la guitarra suavemente punteada de Platania llega al corazón.

Todo aquel que no sienta un escalofrío en la columna vertebral durante la siguiente canción debe estar como mínimo a dos metros bajo tierra. El bajo rasguea como un barco en movimiento, y la canción regresa al agua como método de transformación mágica. La única otra canción con esta majestuosidad acerca del zarpar es «A Salty Dog», de Procol Harum, aunque la letra tiene más puntos en común con Lord Alfred Tennyson —nada menos— en sus poemas de despedida. Existe el mismo sentido de travesía, tanto a una nueva tierra como hacia la muerte, como en su «Crossing The Bar». Por supuesto, la canción también trata de la unión mística del sexo provechoso y la inmovilidad visionaria de «And It Stoned Me». Es una canción que funciona en cinco niveles a la vez, y los propios comentarios de Van reflejan esta multiplicidad de significados. (Un crítico deconstructivo podría alimentar una carrera gastada por completo con sólo descoser las variantes que cuelgan. Un texto escurridizo, según el refrán).

«"Into The Mystic" es otra del tipo de "Madame Joy" y "Brown Skinned Girl". En un principio, la escribí como "Into The Misty" ["Entre la niebla"]. Pero luego pensé que tenía algo de un sentimiento etéreo en sí y la titulé "Into The Mystic" ["Hacia la mística"]. Esta canción es divertida porque cuando llegó la hora de enviar las letras a WB Music, no podía decidirme cuál de las dos mandarles. Porque en realidad la canción tiene dos letras distintas. Por ejemplo, hay "I was born before the wind" y "I was borne before the wind", y también "Also younger than the son, Ere the bonny boat was one" y "All so younger than the son, Ere the bonny boat was won".» Para confundir todavía más las cosas, en la hoja de las letras se lee «sun» en vez de «son». «Tenía todos esos significados diferentes y todos estaban allí: sea lo que sea que quieras está en la canción. Creo que la canción trata simplemente sobre formar parte del universo.»

Todo esto de parte de un hombre que titularía una canción posterior con el juego de palabras «Here Comes The Knight» [«Aquí llega el caballero», con una K añadida al anterior «Here Comes The Night» («Aquí llega la noche»)]. El libro *Performed Literature* de Betsy Bowden trata precisamente de estas dicotomías, y muestra cómo Bob Dylan a veces puede cantar dos palabras a la vez. Una de las alegrías de la música en directo es que todos los tipos de significado se pueden introducir gracias al cantante, en comparación con el carácter definitivo de un texto impreso. Incluso tales textos son en sí, solamente, un compromiso final, y los detectives literarios establecieron desde hace tiempo la manera en que poetas como Tennyson, Yeats, W. H. Auden y Robert Graves han cambiado a menudo, de manera retrospectiva, sus poemas en las ediciones siguientes. El mismo proceso, en realidad, que cuando Van reinterpreta una de sus canciones viejas en directo, aunque en este caso a menudo las palabras siguen siendo las mismas, mientras que todo lo demás —el ritmo, el significado, la música y el clima— cambian. Aunque, por supuesto, Morrison no es un gran poeta, o eso es lo que sigue diciéndonos Johnny Rogan.

«Into The Mystic» se hace eco de la canción anterior, «Quiero mecer tu alma gitana», aunque penetra más hondo, con la voz de Van que se eleva por encima de un murmullo suave —molesto como una sirena— hasta un momento extraordinario cuando él suena como si bebiera el aire. Los metales a lo Stax burbujean al fondo, con la guitarra eléctrica de Platania perfectamente en segundo plano, adornando la melodía vocal. Al final de todo, casi subliminalmente (no aparece en la hoja de las letras) Van canta «too late to stop now» («demasiado tarde para detenerse»), sugiriendo que la canción describe también un acto de amor.

Es una frase que se convertirá en un punto clave de posteriores actuaciones en directo. Entre tanto, de vuelta a *Moondance*, Brian Hogg tiene la impresión de que la segunda cara es un anticlímax, que «flota» para decirlo con la idea principal. La verdad es un poco más complicada, aunque el propio Van describe «Come Running» como «un tipo de canción muy ligera. No es muy pesada. Tan sólo una canción despreocupada. No hay mensaje ni nada por el estilo».

Bueno, no del todo. La imaginería es exactamente como la del final de «Madame George», un tren que pasa, viento y lluvia, en este caso como en «Percy's Song», de Dylan, o en el poema de Thomas Hardy «During Wind And Rain», una imagen de la naturaleza implacable con la que la vida humana y la muerte trazan sus juegos. Van y su amante «sueñan que nunca terminará» mientras que, por supuesto, saben que lo hará. Incluso la exigencia de «guarda todos tus zapatos de caminar» suena como provisional.

Mientras tanto, la canción está muy próxima, por lo que se refiere a los sentimientos, a la más o menos contemporánea «I'll Be Your Baby Tonight» de Dylan, con la misma mezcla de ternura y lujuria. La voz de Van hace dúo con un piano tintineante, y con el metal potente del estribillo, como una «Brown Eyed Girl» más refinada y mejor producida. El conjunto en pleno se lanza en «tendrás un arco iris si vienes hacia mí», como si fuera un bis. ¿Qué mujer se puede resistir?

Un golpe de batería, y «These Dreams Of You», a primera vista alegre, aunque luego una extraña mezcla de acusación y afirmación. Supongo que el intérprete de armónica no acreditado es el propio Van. La letra es «el resultado de un sueño que tuve sobre Ray Charles en el que le tiroteaban. Ése fue el impulso de toda la canción. El verso "pagaste tus deudas en Canadá", no tengo ni idea de dónde vino.

Para mí el ir a Canadá era una imagen romántica y ya está. La canción es sobre sueños, fundamentalmente». Más bien pesadillas, con la amante de Van que miente, le abandona, ignora su llanto, le rechaza, y le abofetea en la cara; extraño comportamiento para un ángel. La voz de Van suena casi ahogada en el estribillo final.

«"Brand New Day" expresa mucha esperanza. Yo estaba en Boston y me empeñaba en crecer espiritualmente. Nada de lo que escuchaba en la radio me llenaba. Y luego un día pusieron una canción en la emisora FM y tuve ese sentimiento especial, con ese *groove* particular, y era totalmente como nueva. Me pareció como si las cosas tuvieran sentido. La batería tocaba realmente relajada y no sabía quién coño era el intérprete. Y resultó ser The Band.» Morrison estaba sentado fuera de la casa, sobre la hierba. «Miré arriba hacia el cielo y el sol empezó a brillar y de repente la canción entró en mi cabeza. Comencé a componerla a partir de "cuando las nubes oscuras van pasando". Sintonicé la radio y pensé que algo sucedía. La canción era "The Weight" o "I Shall Be Released".»

La pieza resultante es hímnica en el sentido de que transmite una devoción tranquila, muy parecido al de «I Shall Be Released», de la que es prácticamente una repetición, una composición de Dylan, con quien Van la cantaría posteriormente en *The Last Waltz*, o de «Now Be Thankful», de Fairport Convention. Una canción de libertad aunque los versos acerca de antiguas traiciones —cantados con una especie de exuberancia amarga— son mordaces, como un antiguo pecador que confiesa su pasado. La voz de Van es completamente extraña, intentando aportar significado mientras que la música anda lentamente detrás de él, con Platania que suena como Steve Cropper tocado demasiado lento.

«"Everyone" no es más que una canción de esperanza, y ya está.» Tan sólo es una conjetura alocada, pero el verso sobre «gaita y tambor» sugiere un significado interno más oscuro, las bandas de marchas del Ulster. En 1969, Belfast estalló en una guerra civil, con las tropas británicas desplazadas, casi en plan de ejército de ocupación, para mantener el orden. La comunidad se había dividido en zonas mutuas prohibidas, y ello parece indicar que el deseo de Van de «caminar de nuevo por el callejón» no es sencillamente el de reavivar la infancia. Ya sea dicho significado intencionado o accidental, existe una cadencia en las palabras, al estilo de los salmos, y de nuevo estamos en la canción primera «en el riachuelo tortuoso». La música es bastante alegre, como las partes de mejor humor de *Astral Weeks*, muy veloz.

«"Glad Tidings" es sobre un periodo de tiempo en el que vivía en Nueva York. Un amigo me escribió una carta desde Londres y puso en el sobre "Glad Tidings from London" ("Buenas noticias desde Londres"). Así que yo compuse "Glad Tidings from New York", y así es como me vino la idea.» Una canción extraña que no tiene sentido, literalmente. Desde luego que Van suena muy feliz, y pronuncia borrosamente sus partes cantadas sobre un ritmo saltarín, pero las palabras son un extraña mezcla de lo surreal —cuentos de hadas que cobran vida— y lo impenetrable.

Seamus Heaney escribió una vez un poema titulado «Whatever You Say Say Nothing» [«Digas lo que digas no dices nada»] y aquí se produce el mismo tipo de advertencia, una invitación no «a leer entre líneas», lo que se hace exactamente cuando se lee poesía, por supuesto, sino más bien un aviso superfluo. «Glad Tidings» parece como si retomara algunos de los problemas que Van tuvo con la Bang; hombres de negocios que hablan de cifras, gente que interrumpe «cuando estás en trance», desconocidos que «exigen cosas». Incluso el primer y último verso, «y ellos te posarán tumbada y cómoda», puede tratarse de un asesinato o de un acto amoroso. Brian Hogg describe «estos cerrados, casi claustrofóbicos riffs de metal, envueltos en un estilo más libre, más abierto», y desde luego en el tema existe una oscura corriente oculta, como en la mayoría de las canciones. Incluso «Into The Mystic» puede verse como una metáfora de la agonía. El bailar bajo la luna es peligroso, una receta para la locura o un despertar de lo oculto.

La edición original estadounidense de *Moondance* se precia de presentarse en una carpeta desplegable, con una fotografía de Van y Janet en cuclillas en el bosque, inclinados sobre algún tipo de símbolo oculto, tejido en la tela. Jon Landau consideró que el único defecto del álbum era el de la perfección. «Las cosas tienen un sentido tan perfecto que yo desearía que hubiera un poco más de espacio para respirar.» A pesar de todo: «Morrison tiene una gran voz, y en *Moondance* encuentra su sitio».

Como declaró Van a Richard Williams, un par de años más tarde: «Me hubiera gustado conseguir a los mismos músicos de nuevo y grabar el álbum en directo. Eso habría sido espectacular. Ése es el tipo de grupo que me gusta. Dos vientos y una sección rítmica, ése es el tipo de grupo que prefiero. Pero los músicos no eran la clase de tipos que trabajan en actuaciones en directo, sólo trabajan en el estudio».

Resulta extraño, así, que prácticamente la misma formación apareciera en el Fillmore West el 26 de abril de 1970, y que deparara una actuación sensacional. Van toca la guitarra rítmica y el saxo, y el grupo es como el del álbum, aunque con un batería diferente, y sin las tres coristas. El CD pirata *Moonlight Serenade*, del sello italiano Teddy Bear (!), es una demostración ilícita de que Van tiene razón sobre lo fuerte que el grupo es en directo. Además de carecer del encantador refinamiento del álbum —que se toca íntegramente, salvo «Brand New Day»— existe un chasquido y un crepitar en su manera de tocar que no se encuentra en el material del estudio. Y Morrison en directo en escena es como un pez devuelto al agua, y goza con la gracia y el peligro del tiempo real, arriesgándose e interactuando tanto con el grupo como con el público.

Una voz estridente proclama «The Incredible Mr. Van Morrison», un par de compases de piano staccato, y ya estamos directamente en «Moondance», más jazzística y ligeramente más rápida que en el disco. La canción se alarga con la voz de Van ensombrecida por teclados tintineantes, y un «enciende mi corazón» medio hablado. «Glad Tidings» es, de alguna manera, más parecido a una lectura con respecto al vinilo original, con los dos saxos más punzantes. Van dice tres veces «crazy love», seguramente al grupo, y canta, a ratos suplicante y orgulloso, sobre un órgano de iglesia. Cada curva de su parte cantada está correctamente enfilada, incluido un gruñido («me hace virtuoso») que alcanza alguna zona primitiva del alma del oyente. Directamente hacia un alegre «Come Running», en el que cada instrumento —piano, vientos, guitarra, la mujer de Van— son percusivos: el solo de órgano es al estilo Brian Auger, y luego todo se ralentiza y Van parece que canta en sueños, «recuerdas, cuando bajabas, con los rayos del sol que se filtraban entre los árboles, y tú decías» —pausa para la repetición, clavando unos cuantos «do you?»— «y yo te dije que te quería dar, voy a darte, quiero darte, voy a darte, el arco iris de mi, de mi, de mi, de mi alma». Espectacular.

«The Way Young Lovers Do» es más apasionada, más abandonada que el original de *Astral Weeks*, con solos más fuertes. Un increíblemente veloz «Everyone», con teclados que imitan una espineta y una flauta alegre, da paso a una «Brown Eyed Girl» en la que el grupo de repente suena a disgusto, desfasado con respecto a la guitarra acústica fuertemente rasgueada de Van. Se echa en falta el ritmo saltarín del original, que ellos parecen conocer apenas. Tal vez Morrison los cogió de imprevisto. Van cuenta hasta cuatro, y de nuevo estamos en territorio más seguro, un groove parecido al de The Band de los buenos tiempos para «And It Stoned Me» (el solo de guitarra solista al estilo de Robbie Robertson, matemáticamente perfecto, se equipara con el piano temperado, justo como los hombres del bosque de Woodstock) que desemboca en «These Dreams Of You», con un saxo salvaje. Mientras Van canta «A Ray Charles le dispararon», Jeff Labes arrolla al grupo con el teclado, al estilo de Jerry Lee Lewis. El grupo entero se para de improviso durante el gruñido «hush-a-bye» de Van, y en ese preciso momento es como si tu propio corazón hubiera dejado de latir. En «Caravan», Van promete de postrarse de «manos y rodillas» para ver qué es lo que va mal. El grupo ralentiza y baja el volumen, casi hasta el silencio, antes de que Morrison lo lleve arriba de nuevo.

Sin ninguna fanfarria, Van inicia en sotto voce «Cyprus Avenue», con el grupo calmado, mientras que él tartamudea dolorosamente en «la lengua hace t t t, cada vez que pruebo de, sí, remover mi interior, sí» y luego de repente todo se centra, la música se acelera y el organista imita a Garth Hudson. Van canta «estoy extremadamente agotado» como si fueran las palabras de una confesión en el lecho de muerte. Los vientos aparecen, Van repite «nadie» como una oración, y luego «estabas ahí de pie» al menos seis veces, el grupo asiente, «en toda tu revelación» seis veces, diez «en toda tu», como un clímax sexual, luego la frase entera, después «espérame que voy» una y otra vez con la urgencia que surge de su voz. Una pausa pavorosa, luego ruge «es demasiado tarde para detenerse» mientras la música se hincha tras él. Van se detiene para presentar al grupo, aparentemente todavía en trance, y luego «estabas ahí de pie en toda tu revelación», una y otra vez, «espérame que voy» aún más urgente y sexual que antes, acortándolo hasta quedarse con la primera palabra a medida que él se va excitando. Otra pausa exasperante, y luego Van solicita de su grupo un «gran acorde de Sol», y de vuelta al clímax.

Doce minutos de alboroto musical, después del cual «Into The Mystic» suena como agotada, hasta que Van empieza a gemir en el verso de «la sirena suena». Él ejecuta el mismo truco de la repetición con «quiero mecer tu alma», y deja las palabras atrás. Un concierto para clasificar entre los mejores de cualquiera, y que desmiente la especie de que Van está inseguro e incómodo en el escenario, aunque por supuesto aquí se trata sólo de una grabación sonora. La prueba en vídeo de «Cyprus Avenue» en directo desde el Fillmore East, en octubre de 1970, muestra un físico visualmente inseguro, regordete y sin carisma al principio, que es como si creciera mientras avanza la canción. Lester Bangs captó el dominio escénico de Van en su crítica de este mismo concierto, al describir una invocación chamánica, casi como si Morrison se viera poseído por un poder superior.

> Morrison lleva la canción, al grupo y a sí mismo hacia un final. Con unas dinámicas insuperables que le permiten pasar de un fraseo improvisado indescriptiblemente excéntrico a la pasión pura en el inmediato aliento posterior, él ofrece la música que sube crescendo tras crescendo, parando y reanudando y parando y reanudando la canción una y otra vez, imponiendo largos silencios maníacos como puntos de interrogación gigantes entre las paradas y reanudaciones y llevando al local hasta la tensión pura, al construir una oleada de «It's too late to stop now!», y justo cuando piensas que todo va a desbordarse, él lo interrumpe todo de golpe, el vacío de un estallido liquidado, lanza el micrófono al suelo y abandona el escenario. Verdaderamente es una de las cosas más perversas que he visto hacer a un intérprete en toda mi vida. Y, desde luego, es sensacional: los tenemos por corbata, estamos enloquecidos y reclamando otra, aunque sabemos que hemos visto y sentido algo excepcional.

De vuelta al 5 de abril, Van había tocado en el Fillmore East, de Nueva York, todavía en el último lugar del cartel, aunque hoy pueda parecer extraño, al igual que Bob Marley And The Wailers, en su primera gira británica, tocaron en clubes pequeños y pubs, ¡y suerte que les contrataran! Harry Weiner estaba allí, y en un escrito para *Wavelength* recuerda que «la gente no paraba de charlar». La mayor parte del público ni siquiera había oído hablar de él. «Lo que captó finalmente mi atención fue la mirada de ese hombre pequeño que, a través de la niebla de marihuana, semejaba un macho cabrío, que cantaba con una energía y una intensidad con las que no me había tropezado antes. Él no sonreía nunca. Gracias a las clásicas paradas y reanudaciones, Van caminaba de un lado a otro del escenario, repetitivamente, se paraba, cantaba una letra que hacía algo así como "he venido hasta aquí" y seguía con ese movimiento y esa frase varias veces, en ocasiones de espaldas al público, mientras que el grupo seguía la marcha de él con empatía y énfasis, incluso si el público seguía con su rumor.»

Al otro extremo del espectro musical, ha surgido una cinta de maquetas acústicas realizadas entre 1969 y 1971. «Ballerina» es frágil, de sonido desnudo, «niña estabas abocada a caer». Un monólogo interior puro, enfatizado por la voz y la guitarra en solitario: «Yo mascullo y no puedo recordar la última cosa que me pasó por la cabeza». Tres canciones de *Moondance* se mezclan con tres más del álbum siguiente, y con cinco totalmente desconocidas. «These Dreams Of You» es triste, llevada por la pandereta, «And It Stoned Me» aún más lenta y triste, con Van que suena casi en llanto, y Janet que hace coros. «Come Running» tiene una melodía diferente, más a lo Dylan, con las palabras en diferente orden.

De las canciones nuevas para mí, «Bit By Bit» es una canción amable y lenta sobre la supervivencia, y la felicidad. Suena como si Van estuviera sonámbulo, mentalmente. «Hey Where Are You?» vuelve al territorio de *Astral Weeks*, aunque sin la desesperación, con contrabajo y una flauta soplada ligeramente (como Harold McNair lo hacía con Donovan). La movida letra describe un día problemático. Versos de muestra: «A medida que las gotas de lluvia caen en la cabeza de Sally, ella se acurruca en su abrigo rojo, y dice». Hay un altercado en una parada de autobús, con un «hombre gris». En general suena como una imitación muy mala de Van Morrison. «Lorna» es una canción de amor, quizás para Janet, «verte reír en una foto, eso es todo lo que quiero hacer, ver tu elegante caminar y hablar con tu chico, hablar, es todo lo que quiero hacer». Rezuma la inocencia de «Cyprus Avenue», como el Dante y Beatriz, también una canción de pérdida, de amor platónico desde la adolescencia. «Llevarte los libros hasta la escuela, es todo lo que quiero hacer», cantado con ternura y nostalgia. Como muchas de tales maquetas, ésta tiene la extraña calidad de hacer que Morrison suene como si estuviera en la misma habitación que el oyente.

«I Need Your Kind Of Loving» también parece datar de los tiempos del trío acústico, y es una muestra de por qué Van lo disolvió, a pesar de la competencia musical de sus miembros. Morrison va a la deriva, perdido en su propio mundo, y sin la cuidadosa preparación de *Astral Weeks* todo ello puede sonar sin propósito más que libre. «Rock 'n' Roll Band» es una canción sobre el tiempo perdido y las esperanzas marchitas, «hacíamos parar a los conductores de la autopista, en un viaje hacia ninguna parte». Un «ritmo soul», que baila con un «grupo de rock 'n' roll, con tres guitarras, batería y saxo». Una canción preciosa, que merecía haberse editado.

Mientras tanto, *Moondance* atraía una creciente marea de éxito de crítica. Un anuncio con el título de «Glad Tidings from Van Morrison» le describe como «Irlandés, pelirrojo y con cara de póker..., exitoso y gruñón». En marzo de 1970, *Rolling Stone* destacó a dos de sus mejores armas, para una crítica conjunta. Greil Marcus y Lester Bangs estaban de acuerdo en que aquel era un álbum con «invención musical y seguridad en la letra». La música de Van es única porque «lo que se oye no es estilo, sino personalidad». Él parece que logra «una vieja familiaridad» con sus músicos. Una imaginación «visionaria en el sentido más fuerte del término» se une a «una magia verbal tan inventiva y culta como la de Dylan». En cuanto al álbum en concreto, exhibe una «brillantez imponente». «El que él no tenga una gran presencia escénica es una buena cosa, porque si no ya sería demasiado.»

Los primeros subscriptores de *Zigzag*, yo incluido, leíamos a John Tobler afirmar con entusiasmo: «no puedo contaros lo extraterrestremente brillante que es todo el álbum». Incluso el *New Musical Express* consideraba que el álbum estaba «cerca de ser una obra brillante». El viejo sabio que presidía la escena de San Francisco, Ralph J. Gleason, identificaba, para los lectores del *San Francisco Chronicle*, la fuente principal de la inspiración de Morrison, un eterno continuo de la poesía folk. «Gime en el sentido de los músicos de jazz, como los gitanos, los gaélicos y los viejos de cualquier cultura. En este gemido, pone una calidad de intensidad tal que realmente agarra tu mente, y te lleva con su voz a medida que se eleva y desciende en versos largos y planeadores.»

En su biografía, John Collis se mofa de ese comentario, y dice que: «ha pasado mucho tiempo desde que los viejos de mi cultura se sentaban para gemir», aunque esto sea más una queja que una réplica. Morrison se inscribe en una tradición oral que todavía puede oírse en pubs de las zonas más profundas de Escocia y de Irlanda, a medida que la bebida corre y se empieza a corear. Un tipo de sonido natural, precultural, que raramente se oye en público en la actualidad, salvo quizás en los partidos de fútbol, y en el ámbito eclesial más evangélico, o después de un accidente de coche (o en la intimidad de los que se hallan haciendo el amor o agonizando), un don fiero y aterrador, aunque profundamente curativo para aquellos que lo prodigan. Cantantes como Dick Gaughan, Christine Collister, June Tabor o Salif Keita también lo poseen, y ninguno de ellos son exactamente de puro entretenimiento. También se puede hallar en grabaciones de campo de mitos y rituales. Basta con trasladarse a Padstow en día señalado, y escuchar el cántico infinito que se extiende de un pub a otro. Para disgusto especial de Johnny Rogan, la crítica de Gleason termina como sigue: «Suena como un joven irlandés acuciado por sueños, un poeta, uno de los hijos del arco iris, que vive en la mañana del mundo». En esta sola frase hay más verdad encerrada que en todo el libro de Rogan.

En una votación de los lectores de *Mojo*, de 1996, *Moondance* se situó en el número cuarenta, y esa era la opinión del fan medio del rock. Gente como tú o como yo. Oliver Dudek vio que el álbum ayudó a «establecer la reputación de Morrison como poeta místico del rock», mientras que M. Warley de Maidstone consideraba que allí había «más profundidad espiritual y liricismo místico» que «en toda la música psicodélica de la Costa Oeste de los sesenta, o en las efusiones sentimentales con angustia incorporada de los cantautores de los setenta». Una lista de *Rolling Stone* con los cien mejores álbumes colocaba el álbum en el lugar cincuenta y nueve. «Quizá sea el álbum de rock 'n' roll más romántico que se haya grabado jamás. La voz de Van Morrison, tan sensual como la miel cálida, reviste cada canción con un irresistible poder de seducción.»

En julio de 1970, la misma revista publicó una entrevista con Van realizada por Happy Traum. Se revelaba uno de los secretos tras la más que evidente felicidad de *Moondance*: Janet hacía poco que había dado a luz a la hija de Van, Shannon. Morrison describe el proceso de composición de las canciones: a veces es duro, y algo en su interior le obliga a componer, «a veces sale como si tal cosa, pero nadie más me puede obligar a componer. No se me puede obligar a hacer nada». ¿Lo pasa fatal al cantar sus canciones? «¡Oh, no!, me gusta cantarlas. ¡No lo paso fatal de ningún modo! Si así fuera, no lo haría. No quiero encontrarme a disgusto. Jesús, no. Todo ese rollo de que para hacer buena música tienes que sufrir, no es más que una sandez. Porque no puedes hacerla cuando estás sufriendo. Tienes que ser feliz.»

Van cita de nuevo a Leadbelly como su influencia mayor, y luego inicia una digresión que valdría para *Expediente X:* «No creo que él [Leadbelly] esté realmente muerto. La mayoría de cuerpos de la gente mueren, aunque no creo que mueran con ellos. Creo que muchos de ellos están todavía rondando por ahí en el aire. No se pueden haber debilitado porque esa gente son tan fuertes..., no pueden morir, tan sólo dejan algo tras de sí. No me puedo creer que esta gente se mueran del todo». Sin duda, éste es el tema central de toda tradición, ya sea música, poesía o el circo con pulgas, en el cual la sabiduría de los muertos pasa a los vivos. *Moondance* intentaba el mismo grado de espontaneidad de los maestros del blues. «Hacíamos una pista de ritmo y luego la vocal, o a veces la vocal con la rítmica y luego añadíamos los vientos. Aunque en su mayor parte era en vivo.» Como *Astral Weeks*, en sus inicios era una ópera rock, con un argumento definido. «Madame George» no es una drag queen, «si lo ves como un hombre o una mujer o lo que sea, es tu problema. Yo lo veo como... un bocadillo de queso suizo. Algo así». Lo que no explica nada, precisamente.

Muchos cantantes hicieron versiones de canciones de *Moondance*. El álbum *Slim Slo Slider*, de Johnny Rivers, también incluía «Into The Mystic». «Moondance» la grabó Irene Reid, «Brand New Day» la versionó Dorothy Morrison, de los Edwin Hawkins Singers, y Esther Phillips, después de actuar en el Monterey Jazz Festival. Phillips también interpretó «Crazy Love». La Warner no dudó en renovar el contrato de Van, con el acuerdo de lanzar dos álbumes por año, con los sencillos correspondientes. Igualmente se aceptó la oferta de un editor neoyorquino para publicar un libro de poesía y prosa de Morrison, en la línea de *Tarántula*, la novela de escritura automática de Dylan, o del casi tocayo de Van, Jim Morrison, o de Lou Reed y Marc Bolan, todos ellos editados como poetas en la actualidad.

La música rock había perdido su destello visionario. A finales de 1970, Hendrix había muerto y Jim Morrison había seguido rápidamente la misma senda. Los Beatles se habían separado y los Stones tenían problemas después de Altamont. Los grandes grupos psicodélicos estaban en franca decadencia, o se orientaban hacia una larga vida de espectacularidad vacía —Jethro Tull— o de concepto grandilocuente. Colocar en «rock progresivo».

Era tiempo de volver sobre los propios pasos, y Dylan era un nadir artístico, con *Self Portrait* y el falso amanecer de *New Morning*. Los Fairport habían tomado la ruta de The Band con *Full House*, como también (y más sorprendentemente) los Grateful Dead, ambos echando una mirada a los mitos y leyendas de sus naciones respectivas. La serenidad hacía furor, con James Taylor y Jackson Browne —ambos cantautores refinados y sensibles—, que tipificaban un movimiento que no tardó en hacerse muy popular en todo el mundo, aunque no sin dejarse en el camino su temperatura psíquica específica. El sencillo de éxito «American Pie», de Don McLean, era sintomático: la música rock se había convertido en su propia historia.

Había varias salidas para los intérpretes más brillantes de la era hippy, en especial para aquellos marcados por el destino para cantar las letras que escribían.

Podías internalizar esa melancolía, la muerte de la esperanza, tan profundamente que los que lo hacían correctamente —Tim Hardin, Tom Rapp, Nick Drake o, en una esfera diferente, Syd Barrett— no regresaron nunca en realidad. En segundo lugar, uno podía sencillamente dejar de actuar o de grabar. David Accles se refugió en Inglaterra antes de un breve retorno con *American Gothic*. Roy Harper amenazaba, como siempre, con retirarse, aunque casualmente nunca lo llegó a cumplir. En tercer lugar, podías suavizarte para que Keith Christmas, pongamos por caso, soltara el misterio y la fina pasión de su obra primera, Ralph McTell perdiera enfoque y —en un mundo completamente diferente— Frank Zappa cambiara la sátira política por el porno suave.

La solución más fructífera fue extenderse sobre el propio mundo musical, y luego sencillamente seguir adelante. La carrera en solitario de Sandy Denny pasó por el acercamiento al jazz y la música para el gran público, mientras que Kevin Ayers escogió la extravagancia, y Al Stewart, la historia. Michael Hurley siguió un surco marcadamente individual, hacia una rareza «colocada». El cambio más simbólico fue el de Daevid Allen, que había estado en el Mayo del 68 de París, y que desarrolló una completa mitología de duendecillo que expresaba y disfrazaba a la vez sus sistemas de pensamiento. Peter Hammill escarbó en las costras de su propia conciencia, mientras que Peter Gabriel utilizaba Genesis como vehículo para el surrealismo educado de cosecha propia. Tim Buckley abandonó el folk del renacimiento por los logros más lejanos de la vanguardia, y en *Starsailor* aullaba como una sirena de alarma, por encima de coros de ángeles caídos. Éste era el paisaje post-hippy arquetípico, doméstico a cargo del Pink Floyd post-Syd, y llevado a su lógico final por los grupos alemanes como Can y Popol Vuh: un mundo interior amplio, rítmico y mítico en el que poder divagar, como si fuera para siempre. Incapaz de ganarse la vida con dicha música, Buckley hizo de taxista en Nueva York una temporada, y luego regresó con el (aparentemente) más aceptable funk blanco de *Greetings From L. A.* y una estricta sección rítmica de Filadelfia.

Musicalmente, Van nunca ha sido tan extremo como Buckley y otros. A él se le puede relacionar más fácilmente con su ocasional colega musical Robin Williamson, que se centró, desde la caja de pinturas multicultural de la Incredible String Band, en una exploración intensa de las raíces celtas. Los riesgos que se tomaban eran en términos de estructura de la canción, no de las formas musicales. El periodo durante el cual Van experimentó con una serie de músicos nuevos —con la ayuda de los Crusaders y Mick Ronson, e incluyendo una extraña jugada con los monólogos cómicos— fue desde 1974 hasta 1977, sus años perdidos. Quizás el punto que define su carrera llegara en ese momento, con el muy importante tercer álbum.

Morrison ignoró completamente el lanzamiento del soul blanco que propició *Moondance*, al proponer un LP a cappella, del estilo de «esquina de la calle» que había imperado tanto como la guerra de bandas en los guetos negros e italianos de las ciudades estadounidenses. Era una dirección parecida a la que emprendió Laura Nyro, en *Gonna Take A Miracle*, con Labelle. En cierta forma, Nyro es el equivalente femenino de Van: su obra primera era parecidamente autoreferida y emocionalmente frágil, a la vez que mantenía un perfil comercial, y estaba atravesada por la influencia de la música negra. Los dos daban lo mejor de sí mismos en las actuaciones en vivo, tanto en el escenario como en el estudio, y ambos habían producido canciones cuyo misterio central se mantiene potente e inexplicado. La idea de Van se rechazó, aunque se puede detectar una velada indicación de lo que podía haber sido en el título de su tercer álbum para Warner Brothers, *Van Morrison, His Band And The Street Choir* (que inicialmente se debía llamar *Virgo's Fool*).

Era una decisión clave. Desde entonces, su música ha alternado entre los polos que se atraen de *Astral Weeks* y *Moondance*, en una propuesta de impresionismo con canciones tensas, compactas y melodiosas, sin perderse nunca detrás de ellas. Van ha desarrollado sus fuentes, con excursiones al folclore irlandés, al rhythm and blues más formal o al jazz de big band, y ha ampliado su invocación a los muertos heroicos. Leadbelly en *Astral Weeks*, William Blake y los eternos Jackie Wilson, John Donne, Rimbaud y Alan Watts posteriormente. El resto de su carrera ha profundizado y ampliado estas preocupaciones primeras: una infancia irlandesa, el poder curativo del campo, una búsqueda del consuelo espiritual. Mientras tanto, flotaba en el agua.

Morrison lo contó todo a Ritchie Yorke: «No creo que este álbum diga mucho en realidad. Este álbum es como una patada en la cabeza, o algo así. «Street Choir» tenía que ser un grupo a cappella, así que yo podía grabar muchas canciones con tan sólo una guitarra. Pero no resultó; todo se volvió extraño. En algún momento del proceso, perdí el control de ese álbum. Otra persona lo tomó y realizó la portada y toda la demás mierda, mientras yo estaba en la Costa Oeste. Casi no tengo nada que pensar sobre el álbum porque no significó mucho para mí en términos de dónde me encontraba entonces. Había alguien a mis espaldas para hacerlo arrancar, incluso aunque se sabía que estaba mal. Un par de canciones del álbum fueron sencillos de éxito pero el álbum no se vendió bien y estoy contento de que así fuera».

Es la historia habitual. En el momento en que un músico nuevo consigue un álbum de éxito, él o ella por regla general ha realizado su mejor obra, y su música se fija en un estilo reconocible —y vendible—. Cuando pasan unos años con más de lo mismo, el público empieza a notarlo, y se entra en el declive comercial. Los auténticamente grandes saben implícitamente cómo mantenerse en el camino propio escogido, y cambian cuando ven la oportunidad, mostrándose creativamente egoístas y sabedores de que su público, con el tiempo, se enganchará. David Bowie, pongamos por caso, en comparación con Dire Straits. Hacer una carrera al margen del alboroto.

En su edición estadounidense de octubre de 1970, *His Band And Street Choir* se recibió inicialmente igual de bien que *Moondance*, y mucho mejor en el caso del sencillo anticipado, «Domino», que se igualó con «Brown Eyed Girl» al figurar entre los diez primeros. Las ventas del álbum impusieron una ley de ingresos decrecientes en los discos pequeños que se publicaron después de su lanzamiento, por lo que «Blue Money» se coló hasta el número veintitrés, y «Call

Me Up In Dreamland» ni consiguió entrar en los cien primeros por poco. En la portada, la cara de Van —con barba entera y larga, pelo ondulado, los labios ligeramente entreabiertos, con camisa abotonada hasta el cuello aunque sin corbata— se superpone a otra instantánea, de pie con expresión triste luciendo un caftán estampado, con los ojos poco abiertos. En la contraportada del libreto del CD (y en la carpeta desplegable estadounidense) el grupo y él están sentados en la hierba, con los ojos irlandeses de Van sonrientes para variar, mientras que con su brazo derecho abraza a uno de sus colegas músicos, ofreciendo algo, quizá agua de un riachuelo cercano, en un vaso de papel. Van aparece en su mejor momento. El resto tienen aspecto de veteranos de Woodstock, ligeramente viejos y raídos.

Por lo que se refiere a la música, a Van se le destaca de nuevo como productor, con el nuevo batería Dahaud Elias Shaar en funciones de ayudante. El diseño del álbum se debe a Janet, que también suministra las notas de contraportada. Van toca la guitarra, la armónica y el saxo tenor, y Schroer, Platania y Klingberg sobreviven de *Moondance*. Keith Johnson entra en la trompeta y el órgano, y Alan Hand a los teclados, pero el conjunto carece de la tensión y dirección de antes. Es más profesional que inspirado. El «Street Choir» de cantantes lo integran Ellen Schroer, Martha Velez, Janet Planet, David Shaw, Andy Robinson y Larry Goldsmith. Velez constituye una sorpresa agradable y especial: después de un álbum en solitario de blues eléctrico, con Clapton a la guitarra solista, ella grabó posteriormente uno de los primeros álbumes de reggae blanco. El trío de cantantes femeninas de soul de *Moondance* —Emily Houston, Judy Clay y Jackie Verdell— regresan en un tema: «If I Ever Needed Someone».

La efusión de Janet Planet en la portada suena un poco desesperada. Nótese la palabra «debes». «Éste es el álbum con el que debes cantar y bailar, debes buscar un lugar para las canciones en alguna parte de tu vida. Ahora te pertenecen, querido oyente, especialmente para ti. Deja que tu cuerpo se suelte.» Por lo que se refiere a Van, ella parece como si tratara de convencerse de que él es un hombre cambiado: «Aquí hay mucha luz, y he visto a Van cómo abría, de manera increíble, esas zonas de su yo secreto —su núcleo esencial de soledad que yo siempre me temí que no se podría traspasar— y decía..., sí, entra dentro. Conóceme». Se dice que el amor es ciego, pero Janet decididamente se queda sola al maravillarse con las fotos de la portada, y ver «los buenos sentimientos que ahora emanan de él».

Ella hace una reivindicación extraordinaria. Esta música está muy lejos de —y es musicalmente inferior, podría añadir alguien— «la realidad anterior de una confesión de la naturaleza de «T. B. Sheets». Todo lo que realmente le ha sucedido a Van, no es ningún error. Sólo que allí no había nadie que estuviera junto a él. Para conjurar ese vacío de una vez por todas, él estuvo exasperantemente solo, con miedo y vociferando que no lo estaba».

Si esto es verdad —y es más creíble que lo sepa la mujer de Van que no cualquier periodista— entonces se desvelan muchos misterios: la creencia evangélica de Morrison en la música como fuerza curativa, el notorio malhumor de Van, su energía inquieta, su aspecto angustiado, o la manera en que él contrapone lo cotidiano a lo eterno. Uno puede suponer que la carrera entera de Joni Mitchell sea, digamos, como una reacción a haberse encontrado cerca de la parálisis por la poliomielitis, lo que la dejó con una fragilidad interior, igualada por una avidez de experiencias y diversiones nuevas que en ocasiones casi raya en la codicia.

Da que pensar que muchos escritores hayan estado considerablemente enfermos durante la infancia o la primera adolescencia, lo que les otorgó el tiempo y la soledad para entrar en su propia imaginación. En una ocasión, Alan Garner realizó una emisión de radio extraordinaria en la que recordaba haber pensado mucho sobre cuando notó un destello; la interacción de la noche y el día cuando se terminaban. Los trances de la propia infancia de Morrison asumen casi la misma intensidad. La capacidad de Van para mirar desde fuera a su propio cuerpo dormido es semejante a las muchas registradas por los que rondaron entre la vida y la muerte. De otra parte, parece dudoso que un suceso tan importante en la vida de Van no se halle impreso, ni por él mismo ni por sus amigos ni parientes.

Las fotografías del libreto del CD sugieren que el grupo de Van forma parte del estilo de vida de las comunas, como el de Grateful Dead. Ahora las canciones lucen el crédito editorial vagamente repelente de «Van-Jan Music». Las novias y los hijos aparecen en una instantánea, con Peter, el hijastro de Van, en bicicleta, y Shannon en brazos de una minifaldera Janet. El álbum ostenta una parecida calidad doméstica, a juego con la estupidez. Recuerda vagamente a *Nashville Skyline*, de Dylan, pero ¿cómo se hace para lograr una expresión musical de la alegría sin sonar engreído? El dolor siempre es más divertido, al menos para el oyente.

Hay una maqueta interesante de «Domino», en la que Van y su productor deciden suprimir la parte de flauta por considerarla demasiado compleja. La letra adquiere más sentido, enfatizando el tema original de la seducción, con recuerdos de una chica con largo pelo rubio y las luces apagadas. Además también cambia la altura de la canción. Como dice Van: «Ésta es una tonalidad que me va mejor, me da la oportunidad de gemir más». La versión grabada es un asunto punzante, con una letra con poco significado, aunque amenaza el empeño global de bienestar del álbum. «Es tiempo de cambiar», declaró Van antes. La música de nuevo es estupenda, inflexiblemente alegre, con un antiguo himno de Van en elogio de la radio, en el cual esta canción logra su verdadero hogar.

Después de este encomio de Fats Domino, en «Crazy Face» cita a Jesse James. Ésta bien podría ser una de las canciones perdidas de *Astral Weeks*, un largo slow triste, y luego una extraordinaria nota mantenida (¿del saxo barítono?). Van repite las mismas palabras extrañas, que podrían ser Tombstone o el Ulster, quizás incluso un joven Van jugando a los vaqueros. «Give Me A Kiss» tiene la inocencia de los primeros Beatles, puesta sobre un ritmo rodante. Música para pasarlo bien, con Van que hace scat alegremente. Alguna charla de estudio, con Van que le dice al grupo que no se preocupe, y luego «I've Been Working», un alarde hipnótico, en vivo en el estudio. Van suena como un predicador enrollado testimoniando que el amor «prendió fuego a mi alma».

«Call Me Up In Dreamland» trata de la vida en la carretera, con «radio» conjugado como verbo, y un saxo sonriente. «I'll Be Your Lover Too» es magnífica, un revolcón lento y acústico con la voz de Van empapada de emoción tierna y recuerdos de Derry. Morrison pregunta al final orgullosamente: «¿qué tal?». «Blue Money» parece tratar de una solterona top model de revistas, quizá fue así como Janet pagó el alquiler durante los años en el monte. La música suena como Georgie Fame And The Blue Flames, vientos borrachos y un estribillo tontorrón. «Virgo Clowns» —Van y quizá Janet— tiene un sentimiento de nana, con el cantante que ofrece apoyo a la mujer, que a su vez puede «llevarse toda mi pena y mi melancolía». Van y Platania hacen un dúo de guitarra acústica, cada uno en un altavoz, con un saxo deslizante que toca líneas de bajo. Ligeramente maníaco, sigue una carcajada de colocón, como en una película de Cheech y Chong. La versión de la maqueta es más lenta y más melancólica, y penetra más hondo.

«Gypsy Queen» es la más cercana al concepto original, con Van que canta en falsete, casi como una mujer, y un nutrido coro. La letra es casi un Van para colorear —baile, lluvia, claro de luna, coches en acción—, al igual que la del desechable blues «Sweet Jannie», sobre el amor juvenil. «Me enamoré de ti, niña / en la época que estabas en la escuela dominical.» La maqueta de «If I Ever Needed Someone» es tierna y afligida, con Van que saca la necesidad auténtica a partir de palabras sencillas. La poesía radica en la interpretación, en las ligeras demoras del cantante, en la manera en que respira. La versión con el grupo es ligeramente más alegre, más pública, con las partes vocales de Van menos angustiadas y un tierno coro de soul que rebaja la tensión. «Street Choir» comienza apropiadamente con un órgano de iglesia y un coro de gospel. ¿Alguien oye trompetas celestiales? La letra es perversamente amarga, «Positively Fourth Street» cantada más con pena que con rabia. Aunque Van demuestra concluyentemente que es un armonicista más tierno que Dylan. Existe una majestuosidad lenta y triste en esta interpretación, que da a entender que se pueden esperar cosas mejores.

John Platania consideraba, en cambio, que «es un gran álbum todavía. Sea lo que sea que Van diga, él estaba más preocupado por lanzar sencillos. No sé cuanto había de presión, pero creo que él tenía las miras puestas en conseguir radiodifusión. Todas eran canciones con gancho. Creo que después se apartó del tema». En el almacén quedaron dieciocho horas de material adicional.

Los críticos, como siempre, saludaban a un nuevo talento, ligeramente demasiado tarde. Para Jon Landau, se trataba de «un álbum libre, otra fase maravillosa en el desarrollo continuado de uno de los pocos originales que había en el rock. La canción que él canta sigue mejorando con el tiempo». Para Royston Eldridge de *Sounds*, la música soul es «una expresión de emoción, un desahogo de sentimientos y una música que es de Van Morrison tanto como lo es de Otis Redding». Richard Williams preguntaba a los lectores de *Melody Maker*: «¿Van Morrison ha aflojado?». Y encontraba al cantante «demasiado relajado y feliz», y echaba en falta la brusquedad habitual del cantante. Para *Friends*, Morrison permanecía como «uno de los pocos intérpretes blancos que utilizaba la música negra de una manera creativa en vez de poco original». Posteriormente, Brian Hogg encontró el álbum «una obra menor a fin de cuentas, una aglomeración precipitada y a ratos superficial», mientras que para el propio Van: «No creo realmente que ese álbum sea gran cosa. Ciertamente no digo nada que valga la pena».

En declaraciones a Michael Walsh, John Platania aporta nuevas ideas sobre la carrera de Van en esa época. «Trabajábamos mucho. Van estuvo de gira bastante más tiempo del que él hubiera querido.» Morrison se vio obligado a «buscarse la vida» con el tema del dinero, sólo para sobrevivir. «Él quería trabajar conmigo, con mi grupo. Y no disfrutaba de la mejor situación financiera posible.» Schwaid y Merenstein, los arquitectos de *Astral Weeks*, «le estafaron bastante», y el guitarrista cree que ése es el motivo de que se les excluyera de la producción de *Moondance*. «Él quería deshacerse de ellos, porque ellos le estafaban.» La salvación de Van fue una dama llamada Mary Martin, que «arregló sus asuntos y que le afianzó en la escudería de la Warner Brothers. Ella fue verdaderamente importante en términos financieros y en su papel de guía empresarial en esa época de la carrera de Van. Ella concertó sus derechos de autor, y ahí fue cuando realmente llegó el dinero».

Asimismo, aumentaron con creces las ofertas de trabajo. «Luego hicimos *Street Choir*, entre Woodstock y Nueva York. "I've Been Working", y todo ese material, que sale de ir estresado, de ir en coche arriba y abajo del estado de Nueva York y luego por la autopista hacia Woodstock. Estábamos bastante en la carretera, de gira por California y el Medio Oeste, más de lo que él hubiera querido, pero él debía trabajar para mantener en activo al grupo, era un grupo grande. Luego Janet convenció a Van para abandonar Woodstock y trasladarse a California y todavía estábamos trabajando, y eso fue cuando surgió *Tupelo Honey*.»

cinco:

El soul de Caledonia

Van Morrison con la Caledonia Soul Orchestra en un concierto de la gira Too Late To Stop Now.

Morrison concedió una entrevista a *Sounds* en diciembre de 1970, en la que prometía a medias un álbum en directo, grabado en dos pistas, y la edición en vinilo del *Astral Weeks* completo, «una ópera» de un par de horas de duración, con otros cantantes para aliviar la tensión. La idea misma de una ópera rock ya había sido manchada más allá de lo imaginable por gente como Andrew Lloyd Webber, aunque había ocupado las mentes de algunos de los verdaderos creadores del género.

SF Sorrow, la versión original de *Tommy*, *Arthur*, de los Kinks, *Fall of The House Of Usher*, de Peter Hammill, con libreto de Chris «Judge» Smith: nada que pusiera nervioso a Mozart, aunque todo tenía su propio sentido del destino, y una majestad rebelde. En el firmamento del folk, la ópera-balada *The Transports*, de ese genio triste llamado Peter Bellamy, había sido interpretada por otros después del suicidio de su autor, y funcionaba bien. Otro visionario muerto antes de tiempo, Randy California, compuso dos epopeyas compactas, la extravagancia de ciencia ficción *Future Games* y la fábula política aterradora *Potatoland*: ambas se desarrollarán de manera póstuma.

En ciudad extraña, Frank Zappa estructuró hasta los primeros álbumes de los Mothers como libretos complejos, y obras posteriores como *Joe's Garage* estaban cuidadosamente planeadas, cuando no hinchadas. Epopeyas ambiciosas de gente como Kaleidoscope (la variedad británica) y Julian's Treatment, tenían un pequeño pero vociferante coro de admiradores. Los conciertos en solitario de Roger McGuinn a menudo tenían como pieza central la explicación —y canciones de— el nunca completado proyecto *Gene Tripp*, e intérpretes tan diversos como Captain Sensible y David Bowie habían efectuado intentos recientes en el género. Todas estas tentativas tienen un clima y unas canciones sueltas de lo más fuerte, mientras que flojeaban en el desarrollo de la trama y en la estructura global. No es casualidad que quizás los dos talentos más veleidosos que el rock haya incorporado jamás, Captain Beefheart y Vivian Stanshall —ambos seducidos desde las bellas artes— hayan creado un mundo de creación propia: Beefheart, *Trout Mask Replica* y Viv, *Sir Henry At Rawlinson End*.

Morrison les iguala en creatividad, pero la suya es más estrecha, más enfocada hacia el genio, más auténticamente egocéntrica. Van Vliet y Stanshall se esconden detrás de ellos mismos, y se tiran de cabeza dentro de su arte. La idea de temas de *Astral Weeks* repartidos para voces individuales es difícil de tragar. El protagonista de cada canción parece ser una faceta diferente del propio Van. Dicho esto, con sólo pensar en la más mínima posibilidad de que este proyecto se llevara a cabo se me hace la boca agua.

Cosas más extrañas han surgido de los sótanos. Claro que, en el caso de, pongamos, *Strangelands*, el viaje de ida al infierno de Arthur Brown, uno desearía que se volviera a encerrar en el sótano, y de que la llave se tirara al océano más profundo.

De vuelta al reino de lo posible, Van también hablaba de trabajar con el Modern Jazz Quartet, y de producir un álbum de Lorraine Ellison («ella es fenomenal»). Por lo que se refiere al repertorio en directo del momento, además de las composiciones propias de Van, «hago algunas canciones de Hank Williams, y algo de Ray Charles, algunos instrumentales, en plan Horace Silver, suena raro, ¿verdad? Hank Williams y Horace Silver».

His Band And The Street Choir fue el último álbum que se editó durante la estancia de los Morrison en Woodstock, que acababa de hacerse famoso gracias al festival de rock celebrado algunos kilómetros más abajo. Al principio, el lugar había sido como Haight Ashbury en el bosque. Artie Traum recuerda: «Podías ver a Joplin, Hendrix o Morrison en la calle, o tocando en los clubes. La mezcla de granjeros republicanos de la vieja escuela y hippies locos por las drogas desde luego que produjo un ambiente interesante».

El dueño de la casa de los Morrison quería regresar a su propiedad, pero aún había más razones apremiantes para que se trasladaran al Oeste. Como declaró Van a Richard Williams, «Woodstock se estaba convirtiendo en algo insoportable. Cuando vine por vez primera, la gente se mudaba aquí para huir de la escena. Y luego el propio Woodstock empezó a ser la escena. Hicieron una película llamada *Woodstock* que ni tan sólo tenía lugar allí, sino unos cien kilómetros más lejos. A la parada de autobús empezaron a llegar ciento y la madre, y esto era totalmente lo contrario de lo que tenía que ser». John Platania declaró a Steve Turner: «Van no quería marcharse pero Janet quería trasladarse al Oeste. A él se le manipuló para que lo hiciera». La familia de Janet seguía viviendo en California.

Antes de partir, a principios de 1971, él realizó una serie de «actuaciones de despedida» en el Fillmore East de Nueva York. Se suponía que eran para preparar una gira europea, con conciertos previstos en el Festival Hall de Londres y en Escandinavia, Alemania y Holanda, un «In Concert» de la BBC y una filmación en Belfast. Todo quedó en nada.

Geoffrey Cannon —uno de los críticos de rock más meticulosos— proporciona un esquema verbal de la función, ni que sea de forma taquigráfica. Van «salta al escenario con gafas de sol y una chaqueta de piel de cordero. Canta como si no estuviera allí. Mueve el micro adelante y atrás como desconectando un enchufe». Para la siguiente canción, él se queda de pie, en rígida espera, de lado ante el público. «Después camina hacia detrás del escenario, con las manos en la cadera, la cabeza baja, con aspecto de intentar algo que ha decidido. Van es bajo y vacilante. Su pronunciación es borrosa. Ligeramente inclinado sobre el micro, levanta su mano derecha y luego la baja, como si tirara de la cadena.»

En un momento dramático, hacia la mitad de «Into The Mystic», Van se quita las gafas de sol, consumido por la tensión, con los puños apretados. «Parece desesperado por afianzarse en su propio cuerpo.» Cannon siente una dialéctica de recelo entre Van y el público, en especial cuando canta «Danny Boy» (una canción que casi ha perdido la credibilidad gracias a un millón de lecturas sentimentales), con una seriedad más aparente que cualquier cosa de su inspiración propia, «actuando como un barítono operístico». Parece como si le estuviera tomando el pelo al público, una estrategia peligrosa. El micrófono estalla, como un disparo de pistola, y ya estamos en «Cyprus Avenue».

En el verso sobre quedarse con la lengua trabada, Van «se contorsiona totalmente, mirando ceñudamente al micrófono. Entonces se calla. Luego resopla. Parece incapaz de encontrar una salida». «Aquí estoy» (repetido tres veces). «¡Estoy atrapado!», y lanza el brazo izquierdo hacia la cara, y sube el pie derecho a la altura de la rodilla. Un pequeño movimiento desesperado, anota Cannon. «Estoy extremadamente agotado, y voy a vomitar espaguetis a la boloñesa encima vuestro.» El público se divide entre la vergüenza, la carcajada y el desdén. Van grita: «Ahora viene lo bueno, Jimi», e incluso ese maestro del escenario del colocón no podría superar lo que sigue: estamos de lleno en el reino de Syd Barrett o de Twink.

«Haz que deje de amarte, niña» (mascullado).

«Y tú estabas allí de pie» (dos veces).

El órgano suena silenciosamente. Van se rasca la cabeza.

«Y vosotros estabais allí de pie.»

Da vueltas al micro. Se queda de lado. Y luego se lanza al improperio.

«Hay alguien aquí que está hablando. Esta noche hemos venido aquí a trabajar. Si alguien está aquí hablando, no podemos trabajar. Esto quiere decir, que si habláis, ya volvemos a estar igual. ¿Os queréis callar y ver lo que hacemos, o qué?» Pausa, mientras el público registra el shock de tener los focos encima, por así decirlo. Y luego Van de nuevo: «Los focos son un jodido rollo. Se pueden apagar los focos». Alguien cerca de Cannon grita con rabia: «Apaga los amplificadores». Van le cacarea: «Vale, habéis pagado para tenerlos, así que podéis quitarlos».

Una pausa, y luego: «Podemos parar en cualquier momento. No es problema. Podemos parar y ya está. Él reanuda la canción, corriendo por todo el escenario como una gallina sin cabeza, y luego tropieza con un cable. Morrison se vuelve a poner las gafas de sol, y se quita un bicho de la boca. El público grita «¡esto es lo de nunca acabarse!». Van «menea la cabeza de un lado a otro como un maníaco». Sus gafas se desprenden de golpe, con la cabeza todavía doblada. Agarra el micrófono con los brazos rígidos. «Me da igual lo que me habéis hecho..., porque ahora es demasiado tarde para detenerse.» Final del concierto y, casi, de la carrera de Van.

Después una chica decía: «Vaya, tiene cojones como para ofrecer una actuación tan horrible». Aunque la noche siguiente Van Morrison montó exactamente el mismo alboroto, después de un eléctrico inicio de espectáculo, prometedor e ilusionante. Cannon manifiesta la razón de que los éxitos y fracasos de Van provengan de la misma raíz: «Su naturaleza le obliga a crear las canciones de nuevo cada vez que sube al escenario. La canción no vive una existencia más allá de la voluntad de él de ofrecerla una vez más en directo. Cantar sus canciones "correctamente" o "competentemente" podría ser un acto de desdén».

En consecuencia, Van rechazó invitaciones frecuentes para aparecer en los gigantescos festivales de rock al aire libre de la época. La única experiencia de ese tipo, en la Isla de Randall, fue un desastre. El público parecía más interesado en lanzarse aviones de papel entre ellos, y, al verse ignorado, Van y su grupo se sentaron en el escenario, malhumorados y con las piernas cruzadas, hasta que finalmente les hicieron caso.

John Platania, en cambio, se dio cuenta de que la seguridad de Van en el escenario había disminuido: «Hubo muchas veces en que a él se le tenía que convencer, literalmente, de que subiera al escenario. Su lema era: "El espectáculo no tiene que continuar". Él hubiera querido poder elegir de subir al escenario o no.» Del mismo modo que Joni Mitchell en una ocasión calculó que ella había cancelado tantos conciertos como los que en realidad había hecho. La tensión del directo tiene tanto que ver con las expectativas del público como con las creencias del propio músico. Como explicó Morrison más tarde: «Nunca me he sentido cómodo actuando en directo. Y todavía hoy. Nunca he sido capaz de adaptarme porque cuando empecé y tocábamos piezas de baile, podías hacer un par de canciones y luego bajar entre el público. Nada del rollo de ser una estrella.»

Robbie Robertson también lo sabía todo del miedo escénico, e incluso compuso una canción sobre el tema. Él y Morrison coescribieron una canción para el álbum de 1971, *Cahoots*, en el que Van hacía una aparición como invitado, compartiendo una parte cantada con Richard Manuel. Ritchie Yorke sostiene la teoría de que el título «Four Per Cent Pantomime» es una arcana referencia al whisky, la diferencia de grado alcohólico entre el Johnny Walker rojo y el negro. Como la canción va de jugar a las cartas, parece una hipótesis poco probable, aunque se estrelle una botella de licor —como hacen los cantantes— sin motivo aparente. Van y Richard se gritan las melodías el uno al otro como hermanos del alma que no se han visto en años, mientras que Garth Hudson propone unos acordes de manera extensa, como un organista de iglesia secularizado.

Robbie Robertson miraba asombrado, a medida que los dos cantantes —ambos maestros de su propia melancolía— llenaban el estudio de inspiración pura: «Ellos lo realizaron todo por completo. Durante un segundo, fue sin sonido, sólo con las manos, las venas y hasta el cuello. Era casi como si la música siguiera por sí sola». Mary Martin había presentado los Hawks a Dylan por primera vez y notó que «Richard era, para Van, el alma auténtica de The Band». Una opinión mantenida en general, y cuando Manuel murió —como sucedió con Pigpen en los Grateful Dead— se apagó una llama que el grupo originario jamás fue capaz ni tan sólo de sustituir completamente. En esa época, además, The Band ya era una fuerza agotada, con Robbie Robertson ausente hacía tiempo.

Manuel se refería cariñosamente a Van como «el cowboy de Belfast», un apelativo que hizo fortuna. En la canción hay un subtexto sobre los rigores de la vida en la carretera: «Sr. promotor, por favor, tenga piedad y no ponga los conciertos tan lejos». Ya estaba bien, y Van canceló la gira europea, con la excusa de que no podía reunir un grupo adecuado. Mary Martin distribuyó una nota de prensa, que reivindicaba que «sólo es porque él es un perfeccionista exagerado, ése es el único motivo».

A pesar de que —como observaba Platania— ella había salvado la carrera de Van, éste decidió que la señora Martin sería la próxima a despedir: «Siento que no soy el tipo de intérprete que pueda tener un manager. Eso lleva a que la industria musical tenga que aceptar algunos cambios. Significa que ellos deben negociar con alguien que no es una marioneta, que no funciona como un robot mecánico». La frase parece un poco injusta con una energía creativa como la de Mary, cuyo arreglo de una cita a ciegas entre Dylan y un grupo canadiense de bar cambió para siempre la música rock. Se trata más bien de una reflexión en la línea de la misma inquietud artística de Van que le hace despedir y contratar a músicos de acompañamiento constantemente, con la seguridad de que dos álbumes seguidos no se parezcan en nada.

Uno piensa en Tony Hancock, otro genio gruñón y regordete, cuya paranoia por no ser la atracción principal le llevó a prescindir primero de los servicios de sus coestrellas, luego de sus guionistas Galton y Simpson, y finalmente de sí mismo. Morrison tiene un sentido más inquebrantable de la creencia en sí mismo, y la necesidad de controlarlo todo, como declaró en 1972 a John Grissim Jr., de *Rolling Stone*.

«Es ridículo. Si voy a trabajar con alguien, ellos tienen que hacerlo para mí y no al revés. La palabra "producto" sigue en alza. Y si yo soy el producto, esa gente se supone que tienen que ser una extensión de cómo actúo yo. Y si no lo son, entonces están actuando en mi contra. Esto ya viene de lejos. Quiero hacerlo en la forma más rápida posible. Yo no quiero vivir de los viejos pensamientos de nadie.»

El traslado de Van a la Costa Oeste era parte de este desafiante mundo nuevo: «Aquí se está cociendo mucha buena energía. La gente ríe más que en el Este. Parecen más felices. Las vibraciones de aquí son muy parecidas a las de Belfast cuando empecé allí a tocar en orquestas. Aquí hay muchos más músicos que se reúnen para tocar y que hacen cosas más por el puro placer que por la pasta». En abril de 1971, la familia se mudó a San Rafael, un enclave rural al norte de Marin County. La finca, en la cumbre de una colina, incluía unas cuarenta áreas, aproximadamente, de roble, secuoya y lirio silvestre. Aquí él podría crear el soul de Caledonia, e incluso el nombre de la región, Inverness, recordaba las raíces escocesas de Van. El estilo de vida era casi una parodia de aquellos álbumes de Joni Mitchell, como *Ladies Of The Canyon*, aunque para alguien venido de fuera de California aún era más emocionalmente cercano. Jesse Colin Young había sido un folkie neoyorquino estricto, aunque se suavizó con su grupo los Youngbloods, un conjunto carismático e influenciado por el blues con un batería de jazz y un guitarrista que doblaba al piano eléctrico y tan sólo respondía al nombre de Banana. Ellos también se habían trasladado al Oeste. El primer álbum en solitario de Young, *Together*, editado en el sello propio del grupo Racoon, es la más conmovedora de todas las evocaciones de este festivo —y predestinado— estilo de vida, en la que Young canta canciones sobre la vida en la cumbre de las montañas, y los días grises y nublados que aún pueden conmover el corazón. El siguiente álbum de Morrison irradiaría la misma clase de realización plena, y Young posteriormente se quejaría medio en broma de que con objeto de fundar un nuevo grupo, Morrison le robaría los miembros del suyo.

En ese momento, Van estaba completamente domesticado. Janet lo declaró a *New Spotlight*, aunque no está claro si ella está describiendo el Paraíso o el Infierno del Dante: «A él no le gusta tener mucha gente a su alrededor. En realidad, es un solitario. Es calmado. Nunca salimos a ninguna parte. No vamos a fiestas. No salimos nunca. Tenemos una vida increíblemente tranquila y la única aventura que hacemos es ir carretera abajo». Uno piensa inmediatamente en el verso de «Old, Old Woodstock»: «Mi mujer espera junto a la puerta de la cocina». O en el muy irónico chiste de ¿para qué necesita las piernas una mujer? Para caminar de la cocina al dormitorio. ¡Y con el tiempo para escapar de su marido! Como más tarde declararía John Platania a Steve Turner: «Janet quería hacer de actriz, pero Van quería una mujer tradicional en el hogar y yo sé que esto a ella le molestaba. Ella era joven y tan sólo quería caminar por su cuenta. Se encargaba en gran manera de la orientación musical de Van. Y ejercía sobre él una grandísima influencia. Hacía los coros para él, le ayudaba a escoger el material y le ayudaba en los negocios. Janet era una persona fuerte. Le solían ofrecer trabajos de modelo y de actriz, pero Van rechazaba de plano que ella los aceptara. La falta de vida social la volvió loca».

Cuando Van salía de casa, disfrutaba especialmente con la obra de un grupo local, que también había emigrado desde el Este. Asleep At The Wheel llevaba a la actualidad el swing del oeste, el «jazz hillbilly» que fue popular durante la Segunda Guerra Mundial; posteriormente, en 1974, el grupo se apuntaría una entrada en las listas con un revival de «Choo Choo Ch'Boogie», de Louis Jordan, que también versionaron sus homólogos británicos Chilli Willi, banda liderada por el maravilloso Martin Stone. Otros grupos de country rock que vivían en la zona eran Clover —que después pasó una temporada en Inglaterra, y acompañó a Elvis Costello en su primer álbum— y Lamb. Como buen cleptómano musical, Morrison contrataría al teclista de Lamb y al guitarra steel de Clover para que tocaran en sus álbumes.

Aunque ahora pueda parecer idílico, el propio Van considera dicho periodo como «intenso». Él tenía contrato para producir dos álbumes al año, con sencillos con posibilidades de entrar en las listas. A causa del traslado de Woodstock él se había visto obligado a reclutar un grupo nuevo: «Fue una época muy dura —declaró a David "Kid" Jensen en 1990—, yo no quería cambiar mi grupo, pero me vi en esa situación, con un estudio contratado, y tuve que llamar a alguien para que se incorporara. Me hallaba en un apuro». En ocasiones, Van llegó a permitir que esos músicos volvieran de donde venían.

Johnny Rogan describe al pianista Mark Jordan y al guitarrista Doug Messenger tocando en los primeros momentos: «Van los llevó hacia nuevos territorios, improvisando tanto la letra como la melodía de una manera que ellos nunca habían visto antes».

Para captar tales maravillas pasajeras, Van se compró un estudio doméstico de dieciséis pistas para grabar lo que quisiera, con quienquiera que le gustara invitar, y sin límite de tiempo. Como Pete Townshend con los Who, Van podía planificar detalladamente el álbum venidero, antes de que estuviera presente el grupo entero. Los planes de grabar a Jackie De Shannon no fueron más allá de un sencillo coescrito por los dos, «Sweet Sixteen», y de los rumores de una relación sentimental, bruscamente desmentida por Morrison. No se produjo ningún tipo de cotilleo con la colaboración musical de Van con John Lee Hooker, aunque duró hasta la muerte de éste, mucho más que los matrimonios de la época, incluido el mismo de Van. Hooker había ejercido una larga influencia sobre grupos como los Groundhog británicos, y sus canciones en aquel entonces las versionaban gente como Sam The Sham, los Doors y la J. Geils Band. Todo ello ayudó a llevar a cabo una colaboración con el «cantante blanco de blues preferido» de Hooker, Van Morrison, que cantó y soltó figuras de guitarra durante dos días de sesiones informales de las que se dieron por buenas versiones largas de «Goin' Down», «T. B. Sheets» y «Never Get Out Of These Blues Alive», que sería el título del álbum resultante. Van también apareció en el siguiente LP de Hooker, *Born In Mississippi*, de 1973.

Morrison puso el espléndido nombre de Caledonia Productions Incorporated a su estudio doméstico, como deferencia a sus ancestros por parte paterna, y como muestra para su Caledonia Soul Orchestra. Alan Clayson, ese bazar de sabiduría rockera, revela que «Caledonia (What Makes Your Big Head So Hard?)», de Woody Herman era un elemento fijo en los tocadiscos de San Rafael por aquella época. Morrison conseguía el control, como hacía tiempo que deseaba, sobre cada eslabón de la cadena del proceso de grabación, desde el estudio al lugar de venta, pasando por la fábrica de prensaje. En 1974, Caledonia Productions Inc. editó un libro de setenta y cuatro páginas con las opiniones de Morrison sobre la industria musical, y la vida en general, que era un intento de acabar con la obligación de las intrusiones periodísticas. Como sugería el título, el objetivo era ser lo más «sincero» posible, «la música, por supuesto, habla por sí misma».

Después del desastre del Fillmore East, incluso en eso Van tomaba las riendas, y dejó de poner trabas a tocar en el tipo de local pequeño e íntimo en el que su música brillaba de verdad, y la inspiración podía fluir. En septiembre de 1971, un Morrison bromista y relajado apareció frente a unos doscientos fans en los Pacific High Studios. Él y su grupo sencillamente pusieron el local patas arriba.

De buenas a primeras nos encontramos con un «Into The Mystic», que rueda perezosamente. «I've Been Working» la lleva un piano jazzístico, y una gruesa guitarra eléctrica, como en el blues de Chicago. A ratos cuesta descifrar las partes cantadas de Van y las de los vientos oscurecidos. Van murmura «And you send me», como para sí mismo. «Friday's Child» es una canción sobre el abandono del hogar, con un riff de teclado imponente, como los de Chris Stainton en la Grease Band de Joe Cocker, y uno se da cuenta de repente de que ésta es una versión ampliada de lo que intentaban los Mad Dogs and Englishmen de Cocker, con la poesía de más. La manera en que Van canta sobre «los arco iris a tus pies» es incomparable. El coreable «it's too late to stop now» se toma prestado de «Cyprus Avenue», aunque aquí sólo como estribillo.

Como si nada, Van resucita ahora una antigua preferida de su época en Alemania. Él comienza con un «Que Será Será» medio en broma, pero Doris Day pronto da paso a Elvis Presley, y a una versión de «Hound Dog» que sustituye la tensión sexual del Rey por una jactancia alegre. Los riffs de guitarra rítmica, al estilo de Keith Richard. Y luego a «Ballerina», como si nada, «con veintidós pisos de alto». La urgencia de la versión del álbum cede el paso aquí a una interpretación satisfactoria, casi perezosa. «Estoy mascullando, y no puedo recordar la última cosa que me viene a la cabeza.» Siguen dos canciones del venidero *Tupelo Honey*, el tema del título cantado casi en trance —Van adopta un acento caribeño en la estrofa final, al estilo de Ray Davies— y «Wild Night», un sencillo «que sale la semana próxima». El grupo se despierta, y Van baila sobre la descabellada melodía, con la voz sonriente.

«Me gusta ralentizar el tempo, a la hora de interpretar las canciones de los demás.» «Just Like A Woman» realmente tendría que estar disponible comercialmente, con Van cantando con una ternura infinita, haciendo suya la canción y atreviéndose a improvisar con una de Dylan. Él suprime palabras, las repite, y añade «¿está aquí este marica?» —sacando a la luz la ambigüedad sexual de la canción— y «yo era raro y tú también». «Moonshine Whiskey», de *Tupelo Honey*, es alegre, y luego reduce la marcha en una secuencia de sueño. «Voy a ponerme cachondo», desde luego. Van pasea por el Broadway marchoso, luego se va al agua y mira cómo nadan los peces, y cómo «ascienden las burbujas», además de hacer el sonido correspondiente. Realmente extraño.

En «A Hard Road, Dead Or Alive», Van interpreta el vaquero de Belfast como si le llevara el diablo. «El sheriff nuevo me ha mandado una carta», y lo que suena como un trombón lanza sugestivamente una mirada lasciva. Van inventa las palabras a medida que canta. «You're My Woman» es otro anticipo de *Tupelo Honey*, un himno de supervivencia. «These Dreams Of You» es saltarina, y «Domino» un grito de alegría: «Sólo quiero escuchar ese rhythm and blues. R&B. Por la radio». Gritos de «get it on», y ese río extraordinario de música desemboca en «Call Me Up In Dreamland»: «¿Por qué no volvemos al principio y volvemos a empezar otra vez?», y por un momento dichoso, piensas que él hará justamente eso. El disco pirata *Inner Mystic* titula por error como «Blue Monday» la canción siguiente, aunque Van no se ha adelantado a New Order, y lo que tenemos es otro tema alegre y en directo de *His Band And Street Choir*. «Bring It On Home To Me» suprime la amenaza de Eric Burdon, y añade «puedo bailar el bógalo» a un ensayo soñoliento. La última canción, «Buona Sera, Señorita», se inicia con una citación musical de la «Obertura 1812», y es music hall puro, casi la Bonzo Dog Band. «Dadme un beso de buenas noches» y piensas que el público lo haría, si pudiera.

Aquí no se registra pánico en la escena. Pero, tan sólo unas semanas más tarde, Van tenía que tocar en el Winterland, uno de los mayores locales de San Francisco. Dos días antes de la actuación, anunció que se retiraba de las actuaciones;

cuando al final se vio obligado a actuar, ignoró al público totalmente y rechazó hacer un bis hasta que Taj Mahal fue a pedírselo al camerino. La solución estaba prácticamente a la puerta de su casa. Una noche, Van asistió al club Lion's Share, a unos pocos kilómetros en coche de su casa, para ver a Ramblin' Jack Elliott, cuyo fraseo autodidacto había dejado huella en el joven Bob Dylan. El bueno de Dylan se rió de lo lindo cuando se enteró de que este vaquero «auténtico» también era de origen judío. La noche fue tan bien que Van empezó a hacer apariciones imprevistas por allí, lo que alivió la presión. Morrison interpretaba versiones iconoclastas de canciones como «Everybody's Talkin'» —la canción estelar de la película *Midnight Cowboy*— y «Misty», el caballo de batalla de Johnny Mathis en los clubes con cena incluida. Una noche Van interpretó un pase acústico en solitario, bromeando con el público —«Espero que veáis lo cómico de todo esto»— y experimentó con el canto en *scat*, una técnica de su época con las orquestas de baile. Luego, John Lee Hooker se le unió en el escenario, para algunos blues intensos, y un grupo improvisado con Rick Danko de The Band, y Bobby Neuwirth, el hombre de confianza de Dylan. Finalizaron con «Ballerina», en la que Van se empleó a fondo, con los ojos cerrados, ensimismado en la música.

Stephen Pilster declaró a Steve Turner que la espontaneidad era la clave: «él podía llamar al grupo a primera hora de la tarde para ver si estaban dispuestos a tocar por la noche. Entonces yo llamaba al propietario del club, que tan sólo suprimía uno de los números, y reservaba el mejor momento para Van. Era habitual que fuéramos tras avisar dos horas antes». Con la confianza de Van de nuevo en alza, se preparó una gira de costa a costa para principios de 1972, cuando Van tendría un álbum nuevo en promoción.

Para *Tupelo Honey*, Morrison escogió músicos de acompañamiento con la colaboración de Ted Templeman, el productor residente de la Warner Brothers que le habían asignado recientemente, aunque Van consideraba que «después el me dejó tirado». Templeman también produciría a los ingenuos Doobie Brothers y los sinuosos ritmos «*slip 'n' slide*» de Little Feat. Antiguo batería de los rockeros suaves Harper's Bizarre, Templeman había trabajado ya con Captain Beefheart, así que estaba acostumbrado a los inconformistas de la música, aunque él posteriormente declaró que: «No voy a trabajar más con Van Morrison en toda mi vida, incluso en el caso de que me ofreciera dos millones de dólares en efectivo. Envejecí diez años después de producir tres álbumes suyos».

Compuesto en su mayor parte en Woodstock, antes del traslado, *Tupelo Honey* se editó en noviembre de 1971, y entró en los treinta primeros de *Billboard*, y «Wild Night» —el primero de los muchos sencillos que se extrajeron del álbum— alcanzó el vigésimoctavo puesto. Van declaró al *NME* «que algunas de las canciones que publiqué como sencillos, en directo eran mucho mejores. En vivo duraban casi cinco minutos. Y bueno, en un sencillo tiene que ser algo así como tres minutos. Y eso te compromete. Son exactamente esas reglas que imponen las compañías discográficas sobre los sencillos de tres minutos».

Otro ejemplo de la búsqueda constante de Van de la inspiración por encima del envoltorio, y de su determinación de mantener las cosas vivas. Tal cosa se nota en sus opiniones sobre su último disco: «No estaba muy contento con ese álbum, no era muy fresco. Era un puñado entero de canciones que habían circulado por ahí durante un tiempo. Nunca lo escuché mucho realmente. Tanto *Street Choir* como *Tupelo Honey* me dejaron mal sabor de boca». Los que naturalmente los compraron sintieron tener que disentir.

El diseño del álbum refleja la intención original de Van: «Yo intentaba en realidad hacer un álbum de country and western». En la portada, Van con una camiseta sin mangas, el pelo largo a lo hippy, y unos horrorosos pantalones estampados conduce a Janet a través de un frondoso claro. Los rayos de sol se filtran entre los árboles, justo como la miel. El clima es decididamente prerrafaelita, con Van que interpreta un caballero artúrico y Janet a lomos de un blanco semental. Ella tiene esa belleza destinada a morir que se atribuye a Ginebra y sus cabellos largos hasta la espalda atrapan la luz del sol. En la contraportada, en una fotografía sepia que podía provenir de un siglo distinto, Van viste como un jugador del Mississippi, con pajarita y traje. Janet, con un vestido de flores, largo hasta el suelo, acaricia la rodilla de él. Van casi sonríe, como el caballo, que mira fijamente a la cámara. A la izquierda de Van figura lo que parece ser un gato disecado, pero que en otra foto mira fijamente a Morrison con un pavor del mismo estilo.

La obra de arte se «lee» como una imagen del amor conyugal —ahí no hay niños ni extraños que se inmiscuyan en esa autoabsorción mutua— y de los pioneros, que colonizaron las praderas. Se halla la misma gravedad tierna que en la conmovedora «Montana Song» de David Accles. Todo ello queda rebajado por el aspecto servil de Janet, que se deja conducir, de pie mientras que Van está sentado por encima de ella. Aquí se presenta un edén que de alguna manera uno sabe que no durará mucho. (El diseñador es un tal Ed Thrasher, un nombre aparentemente sacado del rock punk, que se desarrolló para librar al mundo de álbumes exactamente como *Tupelo Honey*.) Morrison parece reconocerlo en comentarios que otros han calificado de groseros, pero que yo entiendo como sencillamente realistas. «La foto se tomó en unas cuadras y no es donde yo vivía. Tan sólo fuimos allí para hacer la foto y nos marchamos. Mucha gente parece pensar que las portadas de álbumes son tu vida o algo así.»

No necesariamente, aunque las mejores reflejan el tipo de música que envuelven, y los sonidos de este album —con edición de Caledonia Soul Music— están llenos de la ensoñación y romanticismo de la portada. Grabado en el estudio de Wally Heider de San Francisco, como buena parte de la obra de los Youngbloods, rezuma calidez y una serenidad al estilo de The Band. Los músicos seleccionados incluyen algunos nombres del pasado de Van —Jack Schroer, los percusionistas Connie Kay y Gary Mallaber— y el núcleo de The Caledonia Soul Orchestra. Bill Church está al bajo, Mark Jordan a los teclados, Luis Gasca a la trompeta y Boots Houston y Bruce Royston, ambos a la flauta. Janet Planet se une a los coros. Y dos incorporaciones temporales son el guitarrista Ronnie Montrose, que es más famoso gracias al rock heavy, y John McFee, el steel guitar de Clover. El grupo se aferró a un *groove* maduro, que enmascaraba la creatividad febril de las sesiones de estudio. Templeman capta a Morrison en pleno flujo: «La capacidad de Van como músico, arreglista y productor es la cosa más espeluznante que he visto. Cuando él consigue algo, él quiere conservarlo así sin ninguna regrabación. Él trabaja deprisa y exige lo mismo a los demás. Yo he tenido que cambiar a ingenieros de sonido que no podían soportarlo.»

La música de *Tupelo Honey* se funde en un todo sin costuras, por lo que un análisis tema por tema no parece adecuado. En opinión de *Melody Maker:* «Hay esos álbumes que uno disfruta tanto que no apetece hacer la crítica, sino tan sólo ponerlos continuamente». Steve Peacock, de *Sounds*, dejaba las cosas claras; la música está «llena de color sin que sea llamativa, emocionante sin ser frenética, llena de bienestar y alegría sin que sea complaciente». Algunas observaciones aisladas. La pieza central es «You're My Woman», un largo llanto de deseo. El tema del título tiene un sentimiento de niño perdido, y una manera de cantar incomparable. Soul profundo, con Van que respira hondo al final. «I Wanna Roo You» es en código privado, y tiempo de vals. El subtítulo «Scottish Derivative» indica otro intento de Van por redescubrir sus raíces en Caledonia, con un violín campestre y un sentimiento de granja. «When That Evening Sun Goes Down» es un borrador emotivo para «I'll Be Your Baby Tonight» de Dylan, otra canción de alegría conyugal. Al final, Van se ríe entre dientes. Él admitió posteriormente que había compuesto «Moonshine Whiskey» «para Janis Joplin o así», aunque no es autobiográfica como «Chelsea Hotel Number Two», de Leonard Cohen. Esta especie de sexualidad vacía, «haciéndome una mamada en la cama deshecha», es el anverso total de *Tupelo Honey*. Una comparación más cercana sería la de *Pour Down Like Silver* de Richard y Linda Thompson, sensual más que sexy, canciones de amor y deseo, semidirigidas a Dios. Por supuesto, hay algo del nuevo converso —a lo doméstico, no al altar— en canciones como «Starting A New Life». «Ella es un ángel.»

Los críticos se mostraron enormemente positivos. En *Rolling Stone*, Jon Landau encontró una gran fuente de inspiración: «Cada nueva audición revela un nivel más profundo de significado. Van desarrolla de manera consciente y sólida el tema de "empezar una nueva vida" gracias al crecimiento de su propia fuerza y seguridad.» Al igual que en sus conciertos en directo, él desarrollaba la forma, «y cada vez más hace una utilización del álbum como unidad de comunicación opuesta a la simple canción. Todo está perfectamente integrado». Para *Time Out*, el álbum era «una cumbre», para John Tobler de *Zigzag*, «si toda la música fuera tan buena como ésta, no habría necesidad de que nadie hiciera más música».

La opinión más perspicaz vino del sabio del rock Charlie Gillett, en las páginas de *Creem*: «Muchas de sus canciones tardan cerca de un año en comunicarse conmigo, pero el tema es que yo puedo seguir poniéndolas hasta que lo consiguen. Mientras tanto, tarareo las melodías, balanceo mis hombros con el ritmo, y me maravillo de la manera en que cada una de las canciones me atrae a sus muy diversos ambientes. Él ha emprendido realmente un camino propio, sin preocuparse por lo que hacen los demás, se ha olvidado de su propio pasado, y en la actualidad sólo se preocupa por decir que está contento de vivir».

Para Richard Williams de *Melody Maker*, aunque *Tupelo Honey* no representa un regreso a la angustia de *Astral Weeks* o a la concisión de *Moondance*, «consolida el sentido de felicidad de *Street Choir* y hace que se extraiga algo que merece la pena».

Cuanto más crecía la demanda del público para ver a Van Morrison en directo, menos seguro se mostraba él en sus capacidades. Él podía abandonar el escenario inmediatamente si le molestaba un acople, un micrófono que no funcionara, las interrupciones del público o cualquier otra cosa no prevista en el guión. Van ya se arriesgaba bastante con su música, como para enfrentarse a más incertidumbres. En el escenario estaba en su mejor momento cuando parecía olvidarse por completo del público, absorto en un sueño de Belfast. De nuevo, la tendencia a tocar en estadios enormes, con fans sentados en el suelo, no era del gusto de Morrison. Él empezó a rechazar bises, y a hablar seriamente de abandonar todo aquella farsa sin sentido.

Una cinta de escasa calidad de la actuación en el Aquarius Theatre de Boston el 19 de mayo de 1972 registra al Van anterior a la Caledonia Soul Orchestra, un hombre en transición. La música tiene mucho metal, con el tema inicial, «I've Been Working» realzado por el solo de armónica de Van, que degenera en ásperos ladridos y alaridos, de perro rabioso. Sigue una tosca versión de «Astral Weeks» con bajo eléctrico y una guitarra solista sueltamente punteada, que parece hacer intros todo el rato. La manera de cantar de Van es como si resonara en sí misma, ya que él se hace los coros de acompañamiento, y todo suena como forzado y sin objeto. Después de un «Caravan» superficial, Van se echa a reír, y el clima se relaja de manera destacada. Luego él se pone a hacer *scat* en medio de la alegre «I Will Be There». Alaridos del público, y dos «oh muchachos» de Van.

«Moondance», en ocasiones, hace que Van parezca una copia de Jim Morrison, hablando a su manera. Un piano virtuoso. La voz suena islámica, llamando a los fieles a la oración. «Chúpame el alma», y luego él supera a Robert Plant, elevando su voz hacia aquí, allí y a todas partes. De principio a fin, hay una sutil corriente oculta de swing, que la versión de «Misty» enfatiza. Del otro lado, «Tupelo Honey» suena aquí como un lamento, con Van que esculpe en el aire arabescos con la melodía. Se produce una comunicación entre el intérprete y el público, literalmente, más allá de las palabras, y ellos responden a su vez con gritos de placer sin palabras.

Luego hay mucha reafinación, casi en plan de recompensa, y Van concede un raro preestreno de «Listen To The Lion» del álbum venidero. Empieza con una especie de calma sagrada, para luego cobrar velocidad como un tren de vapor, con Van que hace rebotar la letra con el coro femenino de acompañamiento, y que ralentiza la canción hasta el silencio. Grandes aplausos. «He Ain't Give You None» parece una elección extraña, quizá una afrenta para los que chillaron en solicitud de un material más conocido, aunque atrae algunos aplausos de los que saben de qué va la cosa. A la canción se la ha desposeído de su rencor original, y ahora es casi una celebración, con mucho saxo *gutbucket*. El público aplaude entusiasmado «Wild Night», y en «Domino» el grupo se queda en silencio, y Van la toca sin ellos, en solitario. «Cyprus Avenue» cierra el concierto, una meditación amable hasta que él saca el tema de ser «asesinado». A pesar de este repentino golpe, ésta es una versión con más felicidad interna que la del Fillmore, con Van que acaricia las palabras finales como en un hechizo. Un acople horroroso, que Van ignora, y el coro canta «revelation» una y otra vez, mientras Van gruñe por encima. Durante el estribillo intermitente, Van responde a un espontáneo que le interrumpe con un «si no te gusta el concierto te puedes ir». Otro grita «cállate, joder», no se sabe si a Van o al espontáneo, y el ambiente se carga de forma amenazante, mientras Van grita de dolor en el clímax.

Una crítica del *Globe* de Boston describía la noche como «un concierto de música pop casi perfecto», mientras que el mismo Van se entusiasmaba por «la energía, tío. No estoy acabado todavía». Cinco conciertos, con las entradas agotadas, en seis días.

Después Van se ponía al descubierto en dos entrevistas publicadas ese verano. La de John Grissim Jr. en *Rolling Stone* comienza con una descripción de la malhadada actuación del año anterior en el Winterland, que conllevó la ruptura de su grupo y el coro callejero: «Yo sentía que no lograba comunicarme. La única cosa realmente importante es que hago música para que la gente la oiga». Él también confirma su soterrado sentido del humor, enfatizado por una foto en la parte superior de la misma página, en la que él está con un tazón de café sobre la cabeza. «Hay una parte de mi aspecto que no es para tomarse en serio. Lo que sucede es que soy un hombre honrado. Sólo necesito un socio para meterme en el negocio. Así es como soy, el perfecto hombre honrado. Hay mucha gente que todavía no lo entiende.»

Él admite que no sabe con exactitud lo que quieren decir algunas de sus canciones: «A veces me quedo perplejo.» Van está de acuerdo con Grissim de que existe un fuerte elemento visionario en su obra: «Es extraño, porque no me veo a mí mismo como una persona de tipo místico. Aunque luego, de tanto en tanto, suceden esa clase de experiencias. Como el estar echado en la cama, con los ojos cerrados y de repente tener la sensación de que floto cerca del techo mirando hacia abajo. Lo que no puedo decir es si se trata de una proyección astral, pero sí que es algo fenomenal cuando sucede».

En julio, su compatriota irlandés Shay Healy entrevistó a Van para *Record Mirror*, después de verle actuar en directo. «El grupo era extraordinariamente disciplinado y Morrison lo dirigía con pequeños movimientos de los dedos tras la espalda.» El mismo Van canta «riffs fantásticos con un control asombroso». Lo más sorprendente viene luego, cuando Janet le dice a Healy que «a él no le gusta actuar porque no le satisface la idea de toda esa gente ahí mirándole. En realidad, él es un solitario». En consecuencia, Healy persigue literalmente a Morrison, mientras éste va a la biblioteca pública de Boston: «Soy un fenicio, tío. Y tú seguramente también. Ahora estoy muy metido en esto, averiguando sobre el pasado y así». Una dimensión que él exploraría mucho más, en su propio futuro. Asimismo, Van vuelve a interesarse por el pasado musicalmente: «Me encantan los viejos números de Louis Prima. Me gusta Tony Bennett. De hecho me gustan todos los buenos cantantes y por eso me gustan algunas orquestas de baile, porque tienen buenos cantantes».

Estas obsesiones nuevas, los misterios tribales y la exploración de la voz humana eran ríos paralelos, que desembocarían en el álbum triunfal *St. Dominic's Preview*, que trepó directamente hasta los veinte primeros estadounidenses, con el apoyo del repentino descubrimiento de su energía en directo. Editado en julio de 1972, se convirtió en el álbum de Van que había llegado más alto en las listas. El título previsto en un principio debía ser *Green*. Como una ironía inconsciente, ya que Santo Domingo fue quien fundó la Inquisición española, después de las armonías suaves de *Tupelo Honey*, en las mejores canciones de este álbum se halla un sentido de pérdida y dolor.

En la portada, Van está sentado solo con la guitarra, con los ojos alzados al cielo, una sinfonía de azul, delante de una gran puerta doble con adornos, salpicada de símbolos celtas y que es de suponer que se trata de la iglesia de St. Dominic. En los tejanos de Van hay un desgarrón, y las botas están gastadas. Él va recién afeitado y lleva un pañuelo gitano al cuello, como un trovador desastrado. En la contraportada aparece de nuevo en solitario, absorto en su música.

La coproducción vuelve a estar a cargo de Ted Templeman. Las caras nuevas de ahora son el saxofonista Jules Broussard, que anteriormente había trabajado con Boz Scaggs, Bernie Krause al sintetizador Moog, y el pianista Mark Naftalin, un escapado de los grupos de blues de Paul Butterfield y Mike Bloomfield. El guitarrista Ron Elliott, antaño un Beau Brummel —la respuesta de San Francisco a los Beatles—, publicó un álbum propio en solitario en 1969, *Candlestick Maker*. En la batería está de nuevo Connie Kay, el de *Astral Weeks*. Desde luego, el álbum suena como una amalgama de las mejores partes de la carrera pasada de Van.

«Jackie Wilson Said» según se dice estaba inspirada en un verso de «Reet Petite». Van empieza a capella, y luego entra un arreglo muy estricto. Hay un elemento de mala suerte ligado a esta canción. Seguramente escrita para Janet, ella dejó pronto de sonreír a Van y le abandonó, al tiempo que Wilson sufría un infarto en el escenario, en 1975, y ya nunca más pudo volver a andar o hablar, y no digamos a cantar. «Gipsy» empieza saltarina, pero se vuelve melancólica y rabiosa a la vez. Exactamente opuesta a las canciones domésticas del álbum anterior. En estas dos canciones, descansa la carrera entera de los Dexy's Midnight Runners, todavía por nacer.

«I Will Be There» es un sencillo blues de doce compases, alegrado con acordes raros y un piano honky tonk. Van evoca el espíritu de Ray Charles, y de nuevo fragua una inquietud, que esta vez está al servicio de los seres queridos. Aunque es una búsqueda fuertemente realista, con Van que agarra coca-cola, el cepillo de dientes y la ropa interior. De aquí se va a una jugada audaz que desemboca en «Listen To The Lion» de once minutos. Van interpreta a Hamlet.

De nuevo estamos en territorio de *Astral Weeks*, con un bajo que marca un ritmo shuffle y Van ensimismado en su propio universo poético, aunque aquí arriesga la voz de manera salvaje: gruñidos, casi un estertor de muerte, y unos rugidos feroces. El hablar en lenguas. Un coro masculino sustituye la sección de cuerda del álbum anterior: la canción en sí es una odisea personal, que tiene el inicio en el amor. El ritmo cobra velocidad, como un barco que zarpa, y Van traza la ruta vikinga de Dinamarca hasta Caledonia, y luego hasta América —el Golden Gate y la ciudad de Nueva York— «en busca de un comienzo desde cero». La narración olvidada de la carrera de Van, que surca los mares antes de que la historia la registre, en un viaje sin mapas. El propio Van describía después la canción como «una obra de monólogo interior». El viaje auténtico se produce interiormente, en busca de las propias raíces y del espíritu de creatividad viva presente en el «Tyger» de William Blake. Aquí no se trata de un juego infantil. Cuando Van canta «escudriñaré mi alma profunda», sabes que él lo dice en serio. Ritchie Yorke escribió sobre la «milagrosa energía derramada a través de su medium ideal, que te cae sobre la cabeza como las hojas muertas. A veces, alcanza una altura de tanto éxtasis que te sientes casi como si te fuera a arrancar la cabeza de golpe».

Sin respiro, y ya estamos metidos en «Saint Dominic's Preview». Acordes hermosamente complejos, una referencia a la limpieza de ventanas, y una canción sobre el Ulster. El propio Van está de regreso «a San Francisco, intentando armonizar todo esto». Como declaró a John Grissim: «En esta canción he trabajado sobre lo sucedido en Belfast. Y no estaba seguro de lo que escribía pero la imagen central parecía ser esa iglesia llamada St. Dominic, en la que la gente se reunía para rezar u oír misa por la paz en Irlanda del Norte». Unas semanas más tarde, Van actuaba en Reno (Nevada). A la hora de cenar, tomó el periódico «y allí delante de mí había un anuncio para una misa por la paz en Belfast a celebrar al día siguiente en la iglesia de St. Dominic de San Francisco. Me quedé absolutamente perplejo. Nunca había oído hablar de esa iglesia de St. Dominic».

Es parecido a lo que le pasó al escritor Iain Sinclair cuando visitaba la iglesia de Hawksmoor, en el East End de Londres, y la reconocía exactamente igual al sueño de unos días antes, el germen de lo que se convertiría en la epidemia declarada de *Lud Heat*. Como convenía a la situación de Belfast, la canción está en clave, cajas de «naranjas» y «banderas y emblemas», gente decidida «a no sentir el dolor ajeno». El rechazo de «commitments» (compromisos) podía estar tras la idea de la película de Alan Parker, que hace exactamente lo mismo, utilizar el rhythm and blues para escapar de la violencia urbana. En esta extraña canción crisol, con Van en su punto dylanesco más alto, podemos ver referencias a Edith Piaf, Yeats y Hank Williams. Finaliza con una recepción de una compañía discográfica, con Van incapaz de lanzar su capacidad de presentimiento sobre sus colegas, las estrellas del rock que «vuelan demasiado alto» para advertirla.

En la entrevista con Shay Healy, Van señalaba: «Yo soy decididamente irlandés. No creo que vuelva a vivir en Belfast. No lo echo de menos con todos los prejuicios a su alrededor. Todos somos iguales y creo que lo que está pasando es horrible. Aunque pienso que me gustaría tener una casa en Irlanda. Me gustaría pasar allí unos meses al año». «Redwood Tree» es una canción de reconciliación, que parece injertar la infancia de Van en Belfast en California, que en realidad es donde crecen las secuoyas. «Líbranos de todo mal», una invocación al espíritu del viejo bosque.

El álbum finaliza con otra epopeya de diez minutos, «Almost Independence Day», con Van que intercambia figuras de guitarra acústica con Ron Elliott y el sintetizador Moog de Bernie Krause, como una sirena de niebla en la Bahía. Anteriormente, Krause había trabajado en la «Space Odissey», de los Byrds. Como declaró Van a Ritchie Yorke: «Mi idea no era la de componer una secuela de "Madame George". Aunque la canción me gusta. Tenía que ser sólo con órgano y el Moog. Todo se grabó en vivo, excepto esa parte aguda del sintetizador. Le pedí a Bernie Krause que hiciera esa cosa estilo Chinatown y luego vino con la parte aguda porque yo pensaba en dragones y fuegos artificiales. Me hizo acordar de eso. De nuevo un rollo de monólogo interior». Danny Holloway del *NME* pensaba que sonaba «tan duro como se fabricó en el estudio», un paisaje marino a la deriva, un sueño de libertad.

Para Brian Hogg, ésta es «una canción fascinante, serpenteante». Otros críticos distinguieron las mismas cualidades. Para Stephen Holden, de *Rolling Stone*, «la cualidad profundamente imponente de los viajes de Morrison se encarna en su fugacidad misma; en el hecho de que las fuerzas que él conjura están más allá de una articulación precisa y tan sólo pueden ser sugeridas». Para *Sounds*, el propio Van se ha «convertido casi en un mito» para el público británico. La música aquí es «melosa como el chocolate caliente y aún así tensa como una goma elástica estirada al límite de ruptura». Para Dave Marsh de *Creem*, «Morrison expone declaraciones espirituales de una manera que podría sonar falsa o trillada en boca de casi cualquier otro. Él siempre ha tratado con un cierto tipo de regeneración espiritual, una especie de autodescubrimiento».

Como declaraba el propio Van a Ritchie Yorke: «El álbum era un poco precipitado, por causa de la disponibilidad del estudio y cosas así. Pero creo que, ese álbum, era un buen intento. Había muchas canciones buenas. *St Dominic's Preview* estaba más en lo que ahora estoy, que en lo que hacía entonces». El álbum se acredita a Caledonia Productions, y la música —como en el álbum anterior— está publicada por Caledonia Soul Music. El tema inédito con el mismo título, que duraba sus buenos veinte minutos, consistía en Van que entonaba sin parar esas mismas palabras, y dando paso a los músicos acompañantes, escupiendo un ronco «mandolina» o un «para ya». Interesante, aunque demasiado relajado para situarlo más allá de la música de fondo. La propia Caledonia comprende las regiones más salvajes de Escocia, una zona que los romanos no lograron conquistar, lo que, en consecuencia, hizo que incluso borraran el nombre de sus mapas, y que construyeran el Muro de Adriano para insistir descaradamente en ello. Morrison descubrió una «cierta cualidad en el alma» cuando estuvo por primera vez en Escocia, de gira con The Monarchs. De manera más directa, las escalas modales de la música de gaita forman parte de la majestad arremolinada de su propia personalidad musical.

Danny Holloway del *NME* fue hasta San Rafael para entrevistar a Van, a finales de verano. «Conduciendo hasta su casa, por las pequeñas carreteras sucias surgen curvas cerradas sin ningún tipo de aviso previo. Pasada la barrera, hay un largo camino colina arriba desde la entrada, hasta que se ve la casa en la cima de la montaña. La casa está completamente retirada, y rodeada de secuoyas por todas partes.» En la entrevista en sí, Van se muestra igual de aislado e impenetrable.

Sólo parece revivir para hablar de su música preferida, The Band, Mose Allison, Gil Evans: «No me gustan las guitarras chillonas y rollos así». Por aquel entonces, Van presentaba habitualmente un programa musical, sin retribución, en la KTIM de San Rafael. En una entrevista con *Spotlight*, explicaba: «Pongo los discos que normalmente no se difundirían y todo es bastante relajado y espontáneo. Supongo que es una de las pocas emisoras underground en el auténtico y original sentido del término. Está bien poner discos que me gustan y que los demás se interesen por ellos». Lo mismo que sucedería con sus versiones de canciones de otros autores.

Mientras tanto, el estudio casero de dieciséis pistas de Van, Caledonia, estaba montado y en acción. Incluso en una ocasión lo alquiló a unos amigos: «Lo dejé una vez para que lo utilizara la gente, pero todo fue raro, cerca de veinte coches en la entrada y gente por el suelo colocados y tal. Así que no lo hice más». Van acababa de contratar como manager a Steve Pillster, que anteriormente se había encargado de Dan Hicks And His Hot Licks, un grupo de música de entretenimiento fundado por el batería de los Charlatans, los originales pioneros psicodélicos.

En un plan más dramático, Janet finalmente se había mudado con su hija Shana, como llamaban a Shannon, después de entablar una demanda por divorcio y por recompensa financiera por el apoyo emocional prestado. El álbum proporcionó la catarsis final. John Platania: «Cuando empezamos a grabar, Janet todavía estaba en la casa, aunque ella ya había decidido marchar. Ella expresaba algunas quejas sutiles sobre la relación, aunque nada en concreto. Todo lo que ella podía decir era sobre la dificultad de la convivencia. Cuando el álbum se terminó ella se había marchado definitivamente».

Van parecía compensarlo incorporándose a las actuaciones en directo. Era casi como si con su vida personal en desorden, él encontrara un segundo hogar en el escenario. Como declaró a Ritchie Yorke: «Me estoy interesando más por el directo. Es increíble. Cuando toqué en el Carnegie Hall en otoño sucedió algo. De repente me sentí "volviendo a actuar", y así fue como pasó. Antes había hecho muchas actuaciones y se me hacía duro acabarlas. Pero ahora el conjunto de circunstancias parece ser correcto, y es un gran éxito». Él estaba a punto de embarcarse en su propia odisea personal.

En Gran Bretaña, a Van no se le olvidaba. En la sección «cantante mundial» de la votación de los lectores de 1972 del *NME*, Van quedó empatado en el número quince con David Bowie, Randy Newman y Paul McCartney, una hazaña inesperada para un hombre que no había actuado en aquellas tierras desde 1968. Mientras tanto, él seguía actuando en conciertos ocasionales en la Costa Oeste, con un grupo ahora oficialmente llamado The Caledonia Soul Orchestra. «Fue una combinación. Yo me traje al pianista. Y él en realidad se trasladó aquí. Jeff Labes.»

Existen cintas desiguales de dos pases en el Lion's Share de San Anselmo en febrero de 1973. El ambiente general es relajado, con mucho piano eléctrico tintineante. «St. Dominic's Preview» desemboca en un divertido «Hey Good Lookin» —con mucho saxo— y el amenazante blues «I Just Wanna Make Love To You», ralentizado. Sigue una versión de preestreno de «Hard Nose The Highway».

El concierto de noche todavía es más relajado, y se inicia con una versión del clásico de ese genio de segunda, Harry Nilsson, «Everybody's Talking», la canción principal de la película *Midnight Cowboy*. Un relato sórdido de vaqueros urbanos y un hombre que, literalmente, vende su carne diaria, antes de dar una paliza a un cliente y llevarse a un agonizante Ratso hacia Florida. «I've Been Working» se ha mutado en el «Help Me» de Sonny Boy Williamson, y presume de un último verso subido de tono: «Me siento incómodo, dame mi camisón, ponte tu vestido largo de día». El majestuoso «Wild Children» es otro preestreno del álbum venidero, y lleva directamente hacia «Listen To The Lion», una canción cuya inspiración podría proceder del nombre del local, y la auténtica piedra angular de la actuación. Esta noche se extiende a una longitud épica, subiendo y bajando como la marea. Luego viene «Misty», y después la más extraña aún «The White Cliffs Of Dover», el viejo chiste nostálgico de la Segunda Guerra Mundial, más comúnmente cantado por Dame Vera Lynn delante de un escuadrón de entusiasmados militares con uniforme completo. Un ejemplo del soterrado sentido del humor de Van —la canción se interpreta con una gran seriedad— y quizás también un toque de nostalgia escondido en alguna parte. «Little Jimmy» regresa de *Astral Weeks*, el fantasma de la infancia de Van.

En abril, Morrison regresó a San Anselmo para hacer una aparición con Jackie De Shannon, y allí fue donde empezaron a circular rumores sobre más actuaciones en directo y un álbum en colaboración, como el de Kris Kristofferson y Rita Coolidge. Según declaró Van a Cameron Crowe de *Rolling Stone*: «Nunca se planificó un álbum a dúo. No existía la asociación. No había nada. Sólo había lo que las revistas decían. Ellos escriben sobre algo de lo que no saben nada, sólo para hacer dinero. Así es como existen esas revistas». Con todo, DeShannon, en mayo de 1973, hizo de telonera en los cuatro días de actuación de Van en el Troubadour de Los Ángeles, un local pequeño cuya repercusión mediática era desproporcionadamente amplia.

Tocar allí era totalmente lo contrario de enterrarse en, digamos, San Anselmo. Sharon Lawrence habla de Van sonando «como Eric Burdon en su época», y «tan relajado como nunca». Todo de un intérprete que también podía ser «lleno de dolor y tan nervioso que duele de ver». Peter Jay Philbin informa del pase de la telonera Jackie De Shannon, con el grupo de Van y cantando «Santa Fe», el tema que ella compuso en colaboración con Van. Casi más importante, la primera noche fue la primerísima aparición en directo de Van con una sección de cuerda, que se sumó a los seis músicos que —con Platania, Labes y Schroer a bordo— habían desarrollado el que posiblemente era el mejor grupo de directo de toda la carrera de Morrison. El propio Van dirigía el grupo desde el pie del micro, mientras seguía actuando como si le rodeara «una espesa lámina de vidrio».

El disco pirata *It Ain't Why, It Just Is* capta dichas actuaciones. Desde la primera nota la música es más lista que el hambre, un grupo cuya época ha llegado. «I've Been Working» termina con la imprecación «te guardarás mucho» y un metal desaliñado. Luego un balanceo amable, y un ritmo fragmentado para, nada menos que, «Young Lovers Do». La sección de cuerda se coloca encima como la nata sobre un sabroso bizcocho, para luego desaparecer hacia su propio mundo. El efecto es todavía llamativo cuando surge de los altavoces, como un complicado edredón musical, con todo equilibrado y responsable ante la voz de Van. Sigue una animada versión de «Purple Heather». La voz de Van es infinitamente tierna, y la sección de cuerda es celestial, y el conjunto hace aflorar lágrimas a los ojos. Esta alquimia eterna de una voz desvergonzadamente masculina acompañada por un cuarteto de cuerda —lo amargo y lo dulce— Elvis Costello y el Brodsky Quartet, The High Llamas, «Hard Rain» en la versión de Bob Dylan en Tokio. ¡La clase de música para quedarse ensimismado!

Un «Come Running» funcional, para recobrar el aliento, y luego de vuelta a *Astral Weeks* para «Sweet Thing». Por fin aquí hay un grupo de directo que se puede comparar a aquellos tipos de estudio, tan rápidamente descartados. Esto no es ni rock ni jazz, y desde luego tampoco jazz-rock, sino una amalgama nueva, que tiene swing y empuje a la vez. El solo de guitarra no es egoísta, forma parte de la conversación musical, junto con la voz de Van, que es flexible y ligera como una anguila. La canción finaliza con una cena para dos, con los amantes que se «comen» el uno al otro.

«Blue Money» es otro interludio alegre, con estribillo de vaudeville, parecido a la versión del álbum, «Green» es del LP siguiente, dicho sea sin ironía. La voz de Van grita, la guitarra llora y la cuerda susurra. «Wild Night» es como un rompecabezas musical, con cada pieza perfectamente encajada. La actuación termina con un «Caravan» de nueve minutos, en el que los músicos tienen la oportunidad de improvisar, y Van sin ningún esfuerzo aumenta y disminuye la tensión, y presenta al grupo, con un énfasis especial para Jeff Labes. Luego «Cyprus Avenue» una canción que como «Dark Star» de los Dead o «Night Comes In», de Richard Thompson, o como la lista entera de una actuación de King Crimson a primeros de los setenta, ya es diferente cada vez. En esta ocasión es melancólica y pensativa, y que Van canta con la lengua particularmente trabada, y con una caja china añadida. Él se anticipa con la palabra *railroad*, a saber por qué, y luego vuelve atrás al inicio de la estrofa. Un estremecimiento en la columna vertebral, que se reproduce con la cuerda tras «seis caballos blancos y un carruaje» mientras un piano se ondula hacia arriba. La canción nunca ha sonado tan encantada, con la dama como una prima hermana de «La Belle Dame Sans Merci», de John Keats. Amor y muerte. Van menciona a Inglaterra con una nostalgia sincera. El cantante, el público y el grupo terminan por deshacerse en carcajadas después de una serie de finales falsos.

David Bowie exhumó «Here Comes The Night», de Them, en *Pin-Ups* (1973), un álbum con sus canciones preferidas del boom del beat británico. Todo el mundo, desde Brian Ferry a John Lennon, reciclaban la historia musical, cosa que se emparejaba con la nueva seriedad de los semanarios de rock, repletos de refugiados de *Schoolkid's Oz* y de la prensa underground. Típicamente perverso, Van hizo dos versiones en el álbum siguiente, una, un aire tradicional irlandés, y la otra cantada originalmente por una rana de fieltro verde de unos treinta centímetros de altura (con una mano de hombre dentro de ella).

John Platania declaró a *Into The Music* que *Hard Nose The Highway* se grabó en el estudio de la parte trasera de su casa, en lo alto de la colina. «Era un álbum genial para trabajar en él. Todo era muy relajado, habitualmente Van daba rienda libre a todos para tocar. Nunca quiso guitarras chillonas. Tenía un sonido, y una visión.» Para una canción, «The Great Deception», Van estaba literalmente tumbado, grabándola acostado en el suelo del estudio, para aliviar el dolor. «Cantaba tumbado porque no se tenía de pie. Improvisaba. Todo lo hecho salió de su cabeza, completamente, incluso las letras. Las partes cantadas de guía, en su sesenta o quizás setenta por ciento, era monólogo interior, salido de su cabeza. Creo que rehizo algunas posteriormente.»

Como declaraba el propio Van a Ritchie Yorke, *Hard Nose The Highway* es el primer álbum sobre el que él ejerció un control completo, de una manera que nunca conocieron grupos de moda como los Clash. Vi la gira «White Riot» y se me quedó el corazón de piedra, aunque la cabeza me latía. Van puede desencadenar ambos centros de placer. «Como concepto del álbum, yo sólo intentaba establecer lo difícil que es hacer lo que yo hago. Además había algunas cosas más ligeras que eran la otra cara de aquello. Una cara tenía una especie de sentimiento duro, mientras que la otra es suave. Esto es todo sobre el concepto del álbum.» En un principio se concibió como un LP doble.

Para citar un titular de un diario irlandés, «Van Morrison pone la infancia en primer plano». Editado en julio de 1973, *Hard Nose The Highway* se despliega para mostrar una pintura simbólica y cósmica, Magritte con LSD, justo como los álbumes de Miles Davis de la época. Es decididamente multicultural. Un joven Van sentado en cuclillas. Detrás de él, la luna sale sobre verdes campos. Un ganado silueteado muestra las estrellas que brillan en su interior. Un chino viejo con sombrero de paja agarra el bastón y dirige su mirada ciega hacia el cielo, las gaviotas vuelan por encima y una extraña figura envuelta en un sudario —¿la muerte?, ¿la peste?— se yergue ante unos acantilados lejanos y un mar en calma.

Detrás de Van hay el mundo moderno, revuelto y caótico, con alcohólicos, drogadictos y putas a la puerta de un bar, las cabezas de dos ancianos incorpóreos miran hacia el otro lado, y a lo que podría ser una valla o las rejas de una cárcel. Arriba a la izquierda, en dirección al infinito, se pueden ver las rayas blancas de una autopista. Lo que significa todo esto es incomprensible.

El grupo es prácticamente la formación del concierto de Los Ángeles —Jeff Labes, Jack Schroer, John Platania— con la sección de cuerda al completo, y vientos añadidos. Gary Mallaber permanece en la batería y David Hayes entra al bajo. Los coros se los reparten Jackie De Shannon y el Oakland Symphony Chamber Chorus. Éstos aparecen en el primer tema, «Snow In San Anselmo». Van le dijo a Yorke que es «un esbozo de cuando nevó en San Anselmo. Trata de las imágenes que se sucedieron cuando nevó allí por primera vez en treinta años». Dicha explicación apenas capta el aullido vulpino de Van, y los coros atonales —justo como los de la igualmente horripilante «The Forest And The Shore», de Keith Christmas—, la fotografía de un mundo cuya energía se ha venido abajo. Un «Desolation Row» menor.

Portada del LP *Hard Nose The Highway* (1973).

«Warm Love», un éxito de los cuarenta principales estadounidenses, es «sólo una canción de chico y chica, que caminan por la playa. Es una canción juvenil». Realmente no puedo añadir nada, salvo destacar que es un asunto amoroso musical, con la chica que se trae la guitarra. ¿Quién dijo Jackie De Shannon? Mi particular fotografía mental de la canción es la escena de *Zabriskie Point*, en que las dunas de arena están llenas de parejas que hacen el amor, justo antes de que todo explote y de que Pink Floyd lo sacuda. *Melody Maker* lo consideró un «sencillo estupendo», mientras que John Tobler, en *Zigzag*, opinaba que era «una prima segunda de "Crazy Love", y casi tan buena». Van canta casi en falsete, y la melodía es frágil y pasajera como una mariposa volando.

«Hard Nose The Highway» es una mirada oblicua a la carrera de Van. En palabras suyas: «Hay tres cosas que pasan. La primera estrofa es una imagen de Frank Sinatra que va al estudio y dice: "Vamos a por él". Él hace un álbum y luego sale y se va de vacaciones. Es una imagen de profesionalidad. La segunda imagen es de Marin County. Si tú llevas algo para reparar a una tienda y ellos te dicen que vuelvas dentro de una semana, y tú lo haces y te dicen: "No está hecho tío, estará listo en dos meses". Esto es lo que pasa en Marin County». También parece que hay una alusión encubierta a los Grateful Dead, en una cima creativa aunque también jugando con los excesos. El famoso síndrome del teclista muerto, tres de ellos por entonces, y ahora los tres pueden improvisar junto a Garcia.

«La segunda estrofa es algo así como estar cansado con la escena. Yo no puedo meterme en ese rollo de culto. La tercera estrofa es sobre las compañías discográficas, los promotores y toda la gente del negocio musical. El tema que subyace en toda la canción es "he visto tiempos duros", que efectivamente los he tenido.» Van sigue en la carretera, y es pronto para llevarle de vuelta a Belfast, aunque no para actuar.

«Wild Children» —«war children» en el primer verso— reúne a personajes contraculturales de los años cincuenta: Rod Steiger, Marlon Brando, James Dean y Tennessee Williams. Van tiene el poder de convertirlos en mitos. «Pienso que "Wild Children" destaca en especial. Para todos los chicos nacidos en esa época, era más pesado adaptarse al mundo. Por ejemplo, los uniformes de la escuela. Definitivamente se produjo una ruptura total. Crecer en otro país y conseguir liberarse gracias a personajes norteamericanos, como los antihéroes estadounidenses. Ellos eran alguien que representaban algo.» Guitarra eléctrica en fase, rock progresivo casi, aunque con un swing soterrado más que con un deprimente ruido seco. Y la voz de Van en este ejercicio de nostalgia es melosa y fluye como el río que él evoca. Y ahora yo me pregunto ¿de dónde sacó esa idea Bruce Springsteen?

La parte dura del álbum termina con lo que Ritchie Yorke describe como «una de las acusaciones más hirientes que provenga de cualquier observador, y no digamos de un intérprete de rock». Van introduce una amargura que sólo puedo comparar con los versos de Viv Stanshall sobre Marc Bolan, «liso como una litografía», cantados con el aborrecimiento de un profeta del Antiguo Testamento. Ésta es la «Babilonia» de Bob Marley, unos cuantos años antes. Morrison compuso la canción después de recibir una carta de un supuesto revolucionario, que solicitaba un considerable donativo. «Vi a ese tipo revolucionario. Vino a verme como si estuviera interesado en la escena. De alguna manera tenía que legitimarse. Pero a mí no me gusta la gente que te escriben una amable carta y luego a la mitad de ella te piden una gran suma de dinero, después de autoproclamarse como revolucionarios. Así es cómo empezó la canción.» Él declaró a Steve Peacock de *Sounds*: «Esa canción es para todos los farsantes. Hollywood es tan sólo uno más de los rollos ilusorios. Viajes de fantasía que no acaban más que en decepción. Mucha gente de Hollywood están metidos en su propio mundillo, y se creen su propia publicidad».

Eso no le pasa nunca a Van, salvo cuando se la escribe él mismo. «Green», de Joe Raposo de *Barrio Sésamo*, se compuso para que la cantara la rana Gustavo, que también hace un cameo en *Future Games*, el laberinto musical de Spirit. Debe recordarse que las estrellas del rock ven mucha televisión de día: Nick Salamon de *Bevis Frond* incluso concursó en *Countdown*, y ganó. Además Van también era padre, lo que le permitía ver programas infantiles sin tener que avergonzarse. Él vio la canción como una «declaración en el sentido de que no debes ser rimbombante». Por supuesto hay dos juegos de palabras subyacentes, el ser verde es mejor que ser «azul», es decir triste, y el hecho de que el verde se asocia desde hace tiempo con los irlandeses. A Van se le ha retratado a menudo como si fuera una emanación de los bosques, en *Astral Weeks* y *A Sense Of Wonder*. Quizás él sea un duende, lo que explicaría tantas cosas. Uno de los primeros himnos para el movimiento ecologista, junto con «Big Yellow Taxi». *Records And Recording* dijo de esta pieza, un tanto cruelmente, que «incluso el crítico más amable la consideraría como un montón de fango». *Melody Maker* opinaba que no era «un mal tema, sólo extraño», mientras que para John Tobler «"Green" es el factor de unificación del disco».

Más bien una observación extraña, ya que la siguiente canción se inicia con el color marrón. «Autumn Song» divaga durante diez minutos, primitiva música new age, como una película a cámara lenta. Postmoderna, incluso. El estribillo cita los acordes de «Wind Cries Mary» de Hendrix. Van la describe como «simplemente una oda al otoño», aunque a Keats no le va a quitar el sueño. Pasamos por las estaciones, y al final estamos de vuelta a «las Navidades de la noche». Una canción de despedida, la eterna «Purple Heather», en la que se echa de menos la mordacidad de la versión en directo, más en plan de canción de cuna. Es una recomposición de la canción tradicional «Wild Mountain Thyme» que Dylan cantó en el Festival IOW de 1969. «Realmente me gusta de la manera que la hicimos: pienso que funcionó muy bien.» Una antigua canción del repertorio de la familia McPeake, y la primera incursión de Van en el folklore. La segunda cara, por entero, es música de ambiente, no amenazadora, calmada, y con el tipo de sonidos que te gustan de fondo para leer un libro. ¡Prueba con éste!

Geoff Barron, de *Melody Maker* cree que el tema del álbum es el uso del color, una caja de pinturas en palabras. Él acierta en destacar el verso «deja que fluya tu inspiración», el tema principal en la obra posterior de Van. Nick Kent del *NME* describe a Van como «el mejor intérprete masculino de soul del momento». Él también dejó atrás a Dylan cuando «ambos emprendieron sus incursiones respectivas hacia el reino del relajado positivismo pastoral». Aunque para Brian Hogg «Van ha ido demasiado lejos, incapaz de ver sus limitaciones».

La auténtica malicia vino, sobre todo, de Ritchie Yorke. El enormemente respetado Charlie Gillett había observado en *Let It Rock* que «aunque la música a menudo es interesante, carece de una base emocional convincente. El ambiente dominante es el aire limpio del campo. A pesar de la falta de inspiración en las letras y de enfoque melódico, el disco es de escucha atractiva». Un comentario amable, en mi opinión, pero Yorke desempolva su imitación de Mary Whitehouse: «Lo auténticamente triste es que se tenga que talar un árbol para suministrar el papel para imprimir esta crítica. Me daría vergüenza envolver mi pescado con patatas fritas con ella».

Aunque Van parece estar de acuerdo. Él declaró a Cameron Crowe de *Rolling Stone*, justo antes de partir para Europa, que el álbum ya estaba «superado y era una cosa absolutamente del pasado». Él no es un músico de rock 'n' roll, y nunca lo fue. «Yo he hecho discos de rock 'n' roll, pero luego los he hecho de jazz y de country and western. Ellos siempre tratan de ponerte una etiqueta». La única preocupación de Van era seguir adelante, creativamente. «Mi único presente es la actuación de mañana por la noche, y la de pasado mañana. Ese álbum no tiene nada que ver con mi vida o con mi manera de vivir. Sólo es un disco de canciones viejas. Y aún así estoy aquí hablando contigo para promocionar el álbum... que ya es antiguo. Todo este negocio no es más que un juego.»

El álbum se editó en Gran Bretaña el 20 de julio de 1973, para coincidir con la primera gira de Van Morrison allí desde la época de Them. La ilusión por el regreso a casa del héroe, estaba casi al límite. Una revista británica le llegó a llamar «el Marlon Brando del rock 'n' roll». Un solitario misterioso.

Por entonces, la Caledonia Soul Orchestra se había estabilizado en una formación fija con el guitarrista John Platania, Jeff Labes a los teclados, Jack Schroer al saxo, Bill Atwood a la trompeta, el bajista David Hayes («birlado» a Jesse Colin Young) y el batería Dahaud Shaar. Había un quinteto de cuerda con Nathan Rubin, Tim Kovatch, Tom Halpin, Nancy Ellis —el centro de atención visual, con el pelo rubio largo hasta la espalda que se balanceaba al ritmo, cuando ella se inclinaba sobre el violoncelo— y Terry Adams, con arreglos de Jeff Labes. Después, Platania consideraba: «Yo diría que esa gira representó el apogeo de la seguridad de Van como intérprete. Hasta ese momento que él saliera a escena era una cosa que a menudo estaba en el aire». La orquesta estuvo constantemente de gira durante un año, en la carretera pura y dura a través de Norteamérica, Europa y de regreso a Estados Unidos.

Como escribió Ritchie Yorke: «Los nervios desaparecieron, los ataques neuróticos de pánico a la escena, la correspondiente depresión post-actuación de todas las noches», todos los síntomas de un hombre que a su público lo quería mucho, y no poco. «Dios mío, si es que él se divertía de verdad ahí arriba.» La reacción del público era de éxtasis, desde el fan más acérrimo a los periodistas más endurecidos. Ésta fue una de esas giras que conmueven para siempre a cualquiera lo bastante afortunado como para estar entre el público. Compartiendo la presencia del genio.

Michael Watts asistió al concierto de julio de 1973 en el New York Philharmonic: «Morrison en esencia es un artesano más que un showman, evita mirar al público al que concede el favor de unas pocas palabras. El motivo de que logre una empatía tan absurda con ellos se debe menos a un hacer gala de la personalidad que a la energía de la música, siempre en marcha, y que corta instantáneamente de una canción a otra, hasta que las emociones se ordeñan y se exprimen al máximo. Al fin y al cabo, quizás él sea el último showman».

Watts habla de «éxtasis» del público, y de «muy cerca de una experiencia poética». Roy Carr del *NME* resumió la primera actuación europea, en el teatro Carre de Amsterdam. Él comparaba favorablemente a Van con Presley en Las Vegas y James Brown en el Apollo, y redactaba el comentario con la ayuda de términos religiosos: «Yo atestigüé lo que sólo puedo describir como la *más* increíble no-actuación. Maldita sea, el tío apenas se movía en el escenario. Tengo que confesar que nunca me había sentido tan cautivado por una carencia tan premeditada de diversión visual». Van sale, haciendo la bicicleta con las piernas, «la salida más triunfal desde que Mohammed Ali bombardeó a Sonny Liston».

En una recepción de una compañía discográfica, Van pasaba inadvertido entre la aglomeración: «Mucha gente quiere pillarme en un mal día. Si lo consiguen, darán por bueno el mito». Él pregunta por los Pretty Things: «David Bowie hace sólo lo que Phil May solía hacer. Lo único diferente son los vestidos».

A finales de julio, Van empezó en Birmingham la gira inglesa, que siguió con dos noches en el Rainbow, y por Bristol, Manchester y Newcastle, a lo que siguieron dos conciertos en Dublín. El circuito clase «A». Richard Williams cubría la posición de comentarista para *Melody Maker*, y evoca aquella noche perfectamente, con un detalle que, hoy en día, reserva para los reportajes deportivos.

«El Town Hall de Birmingham, totalmente abarrotado, estalló en una ovación de alivio cuando el bajito y ligeramente gordito personaje se deslizó entre los integrantes de la sección rítmica y se colocó entre el saxofonista y el cuarteto de cuerda.» Primero de todo suena «Blue Money», luego el nuevo sencillo, «Warm Love». Bill Atwood y Jack Schroer interpretan una «picante melodía con la trompeta con sordina y el saxo alto» mientras que Van imita a Smokey Robinson. Entre canciones, Van permanece inmóvil, con la mano izquierda en el micro, y la derecha a la mitad del soporte, sacudiéndolo de un lado para otro. Él domina la música, y mantiene la tensión.

Un machacón ritmo a contratiempo de Dahaud Shaar inicia «Ain't Nothing You Can Do», de Bobby Bland, «a la que se da un sólido tratamiento de blues de bar, con grandes riffs dirigidos por la trompeta». El solo de órgano Hammond de Labes recuerda al Georgie Fame del Flamingo. El cuarteto de cuerda entra en «Into The Mystic». Cuando Van canta lo de la sirena anti-niebla que suena, un saxo barítono le responde con un «estrépito profundo y retumbante». El «piano de blues rapsódico» de Jeff Labes proporciona una intro a «I Believe To My Soul», de Ray Charles. «Las intervenciones instrumentales libres, que dejan espacio para las partes cantadas de Van, son increíblemente precisas y dramáticas.» Van se coloca al fondo del escenario, con los brazos en jarra, mientras el trompetista hace un solo exuberante.

«These Dreams Of You» incluye a Schroer con un saxo alto chillón. Williams piensa que parece demasiado joven como para sacar un sonido tan maduro: «Los espíritus de un centenar de altistas jump de Harlem se levantan para aplaudir, y la angelicalmente bella violoncelista rubia luce una gran sonrisa». «I Just Wanna Make Love To You» es «funky lento, rebosante y amenazante, y Platania se sale del papel habitual de proveedor de mil y una partes de relleno inolvidables para marcarse un punzante solo». El público lo saluda con rugidos lascivos. «Sweet Thing» es «una canción swing que flota a compás de seis por ocho, con la cuerda que monta unos clímax crecientes con la ayuda de la batería de mercurio de Shaar, mientras que Van interpreta unas difíciles figuras rítmicas en contrapunto». Platania más que notas interpreta sentimientos, y la canción adopta un ritmo fijo de compás de cuatro tiempos. Para cerrar la primera parte, Van retoma una vieja canción de Them, «Friday's Child», «adecuadamente reticente».

Durante el intermedio, el micrófono de Van se traslada del escenario de dos metros y medio de alto hasta la franja que hay delante del público, para que él pueda comunicarse más íntimamente con ellos (¡aunque la mayoría ahora no pueden verle!). Otra epopeya de Them, «Here Comes The Night». El público empieza a soltarse con «I've Been Working», que presenta un dentado solo de saxo alto «atravesado por la luz del sol», y una coda chillona. «Listen To The Lion» es «brumosa y flotante», «Green» —él desliza un gracias «con toda la profesionalidad de un encallecido intérprete de cabaret»— y una presumida «Gloria». El público está totalmente en pie, bramando el estribillo.

Se produce esa subida de adrenalina de un buen concierto de Morrison, «la sala arde de alegría». Un vendaval de fuerza «Domino», luego «Brown Eyed Girl», que ahora incorpora una aceleración inesperada en la segunda estrofa. Van ralentiza el tempo en «Bring It On Home To Me», de Sam Cooke, y se pone a ejecutar movimientos extraños, incluido el doblarse de espaldas. Su voz empieza a quebrarse en una «Moondance» para chasquear los dedos, pero es que ya hace una hora y media que está cantando.

«Cuando se mete en "Caravan", el clima se nota como si estuviera conectado directamente a una central nuclear.» La cuerda hace una entrada por sorpresa, «con una etérea invención de cuatro partes de gran lógica y pureza». «Más fuerte», y Van se desliza por el escenario, y lanza patadas y dobla las piernas. El conjunto regresa para «Cyprus Avenue», que ya no es torturada, casi una broma durante el trozo de «lengua trabada». Pero cuando Van corta en seco al grupo, y espera a que se haga el silencio, los nervios de Williams todavía se tensan más: «Agarra al público como un marionetista, y se demora hasta que están listos para gritar», y luego suelta la orden «it's too late to stop now». «El grupo estalla, él gira sobre los talones, y se larga. Eso fue todo lo que hubieras querido siempre.»

Steve Peacock entrevista a Van en el Europa Hotel de Londres, para *Sounds*, y consigue que él se abra un poco. Por lo que se refiere a sus composiciones: «A veces es un monólogo interior y otras es sobre un tema concreto». Ahora predominaba esto último, con historias auténticas como «The Great Deception». Van ha recuperado el gusto por actuar en directo, pero —como con sus composiciones— estrictamente en sus propios términos: «No me voy a poner a vestir ropas de circo y a brincar por ahí, puedo estar toda la noche quieto, sin tan sólo mover el meñique, o me puedo lanzar desde el escenario. No hay un patrón establecido. Este grupo no puede hacer un espectáculo enlatado. Tenemos que descansar». ¿Cuán a menudo sucede eso? «Casi cada noche. Casi siempre tocamos cerca de casa, ya me entiendes.» Morrison y dos de los músicos también hablaron con el «susurrante» Bob Harris para *Old Grey Whistle Test* de la BBC2. Van habló de un álbum venidero en directo, y de algunas bandas sonoras en las que estaba implicado. Sus respuestas eran opacas como siempre, cautelosas y lacónicas. Aquí no se trata del ingenio cockney de Phil Collins, o del rigor intelectual de Bowie, Eno o Sting. Más bien como un político receloso, que vigila cada palabra. Aunque John Platania revela el secreto: «Contrariamente a lo que la gente cree él se lo pasa muy bien».

Platania también le contó a John Tobler acerca de otro factor tras la Caledonia Soul Orchestra, Ed Fletcher: «Él es un consejero espiritual. En cierta forma se cuida de nuestras mentes. Es una persona muy relevante, positiva. También hace de presentador en la gira». Junto a Fletcher, el telonero Al Stewart —que acababa de cambiar las imágenes domésticas por canciones empapadas de la historia europea— y un público que abarrotaba la sala, Steve Peacock estaba en el Rainbow, para una actuación que *Q* incluiría en su lista de las cien más importantes de la historia. Hubo «una especie de ilusión eléctrica en el ambiente, un nivel creciente de entusiasmo a medida que la actuación avanzaba, una clase de fiebre desenfrenada de alivio festivo». Música que iba «directa a tu corazón como un obús».

La actuación del Rainbow se emitió en directo por Radio One y en la BBC2. Andrew Bailey del *Evening Standard* escribía que el concierto había sido «precedido por un clima de expectación tan notable como el de antes de una actuación de Olivier o Nureyev». En un momento dado, Shana apareció en el escenario, como uno de los niños sagrados de Blake, y Van parecía como encendido al cantar. Libre, sin ningún instrumento en las manos, él dirigía la orquesta con movimientos bruscos de cabeza y mirándoles fijamente, y contraponía las canciones nuevas con incursiones en su rico pasado, canciones de Them y el recurso al rhythm and blues del tipo que habían hecho The Monarchs en las brutales noches de una década atrás. Él incluso se dio el gusto de hacer unos gritos agudos dignos de las Tiller Girls, con la sonrisa en los labios.

Y con todo, la actuación en el Colston Hall de la noche siguiente se echó a perder por una sonorización mala, un público frío y un grupo inmóvil. «Si el Rainbow fue una tormenta eléctrica, Bristol fue niebla, con algún destello ocasional. La cosa fue ligeramente desesperada.» Con alguien como Morrison que se arriesga en el escenario, tal cosa son gajes del oficio, la diferencia entre la cerveza auténtica y la de lata, viva pero peligrosa y víctima del clima. Es el precio que se tiene que pagar.

«Yo ya hacía lo mismo cuando los Rolling Stones todavía estaban en el colegio», le dijo Van a Roy Carr del *NME*. El negocio de la música todavía «escurre lo que ya está exprimido. Los responsables todavía son los mismos. Sólo se han puesto al día un poco». El éxito de Van le proporcionó libertad artística, como se vio en el Rainbow. «Creo que, a pesar de todo, he sido uno de los que ha tenido suerte. En realidad, era como si hubiera acertado una quiniela de fútbol.» Carr recuerda cómo el joven Morrison «rezumaba una mística de autenticidad y de bronca en el escenario». Era como un estibador borracho con ganas de pelea. Todo el mundo se apartaba para ponerse a salvo. «Había tanta pena cantada en su corazón como fuego en el vientre... todo el empuje animal de Tarzán, aquejado de una hernia. Pero controlando, tío. Controlando.» Una autoridad al micro que los años no habían hecho más que profundizar.

El álbum doble *Them Featuring Van Morrison* se editó en noviembre para aprovechar la creciente popularidad de Van. Mitch Howard, también para *NME*, señalaba la manera en que Van evolucionaba al enfrentarse con las canciones esforzándose por cambiarlas, y con la utilización de «su característica progresión de acordes circular».

El conflicto del Ulster se había intensificado desde 1969. La presencia de las tropas británicas —enviadas en principio como una medida provisional, para separar a las facciones en guerra— no había hecho más que agravar la situación y facilitar la práctica del tiro al blanco. La zona se convertía en el Vietnam de Gran Bretaña, un problema continuo sin más solución a la vista que la retirada definitiva, una opción políticamente inaceptable. Los ya maltrechos paisajes urbanos aún se desfiguraban más con las bombas y los asesinatos al azar, las pintadas resistentes y el internamiento obligado, las patrullas armadas y los frecuentes cacheos. La limpieza étnica estaba en marcha, con el ejército como una superflua tercera parte en discordia, atacada por los dos bandos. Seamus Heaney, un católico norirlandés comprometido en el movimiento de libertades civiles de finales de los sesenta, había escrito directamente sobre estos antiguos rituales tribales de sangre en su largo poema, un libro entero, *Norte*, antes de que él mismo escapara a la masacre, y se trasladara al sur, a Dublín. Él formaba parte de una nueva generación de poetas irlandeses —de ambas comunidades religiosas— que trataban sobre el conflicto a través de la historia, el mito y el folclore.

Van Morrison raramente hizo alusiones directas, ni en canciones ni en entrevistas, a la guerra civil que había hundido a su lugar de nacimiento. Su música era una defensa implícita de la paz y el amor, la voz de la nación de Woodstock (sin patrullas armadas ni tiros a la rótula de nadie). Como James Joyce o Samuel Beckett, él había escogido el exilio, astutamente y en silencio. Sin embargo, la muerte psíquica de su país natal ensombreció oscuramente su obra, e hizo evocaciones de un paraíso vislumbrado en la infancia, inexcusablemente conmovedoras.

De regreso a Estados Unidos, Morrison hizo dos conciertos en el apropiadamente llamado Shrine Auditorium de Los Ángeles, un local asociado a Ray Charles. Él aumentó la proporción de versiones de blues, y se vistió de cuero negro como un rockero. Fue aquí donde primeramente se le colgó la etiqueta de «Marlon Brando del rock».

El 20 de octubre, Van y una amiga anónima viajaron hasta la república de Irlanda, para unas breves vacaciones. Llegaron sin ningún tipo de publicidad ni de escándalo, y se registraron en el Sutton House Hotel, una mansión reformada con vistas a la bahía de Dublín. La fotografía de portada de *Veedon Fleece* está tomada allí en aquel momento, al igual que ocho de las canciones del disco se compusieron durante esa corta estancia. Van pasó algún tiempo rodando en Belfast, revisitando los lugares de su infancia: Hyndford Street, Cyprus Avenue, y la escuela Orangefield. De regreso a la república, él alquiló un coche, y se internó en las profundidades de la campiña, para ver Cork, Killarney y Arklow, e incluso besó la Blarney Stone. Él declaró a un reportero que estaba «bien» estar de vuelta en Irlanda. Van visitó a viejos amigos, vio algunas orquestas de baile, y grabó un programa de dos horas para *Talk About Pop* de la RTE de Dublín, actuando con la guitarra, en solitario.

La media hora finalmente emitida —y luego borrada— provocó un escándalo. El mismo productor llegó a declarar que el programa era «pésima televisión y de una grosería imperdonable de parte de Morrison. Ni siquiera fue inteligente».

Morrison rasgueó la guitarra para cortar al entrevistador Tony Johnston, y literalmente le dio la espalda. A Van se le había concedido una libertad artística total, y sólo produjo un desastre. Aunque, los retazos musicales que han sobrevivido todavía son interesantes. Van intenta una primera versión de «Mechanical Bliss» sobre el piano de cola que se le proporcionó, y luego la melodía se convierte en una mágica versión de «Snow In San Anselmo». Mejor incluso es la por otra parte inédita «Drumshanbo Hustle», una divertida aunque amarga diatriba contra la industria musical. La ciudad en cuestión fue una en la que Morrison fue a tocar con una orquesta de baile, y le estafaron. La música emprendida como una carrera es una forma de prostitución:

> *They were trying to muscle in*
> *On the recording and publishing*
> *Oh you were puking up your guts*
> *When you read the contract you had signed.* *

La canción también parece aludir al divorcio con Janet, que iba adelante, mientras Van estaba de gira por Europa. El matrimonio es un tipo diferente de contrato, y más fácilmente roto.

> *I was talking to the judge just before we left the countryside*
> *Paper in his hand trying to find a way, going by the book*
> *Rip the pages out before we bring the final curtain down.***

Van también habló de que le habían solicitado que apareciera en una película sobre los músicos irlandeses de rock. Él había causado un gran disgusto cuando canceló dos actuaciones en el Carlton Theatre de Dublín, con sólo unos días de antelación, aunque después explicó que primeramente él no sabía nada de los conciertos. A modo de recompensa, en diciembre *Sounds* anunciaba que Van había accedido a dar cuatro conciertos en Dublín, en primavera, en el marco de un festival musical de una semana de duración, junto con los Chieftains, Tim Hardin, y los músicos de jazz Humphrey Lyttelton y Ronnie Scott, con Elmer Bernstein dirigiendo la Orquesta Sinfónica de la RTE. Todos ellos futuras orientaciones para la carrera de Van.

Van voló de regreso a casa, y volvió a reunir a la Caledonia Soul Orchestra para grabar ese nuevo material irlandés. Dos proyectos temáticos más estaban en marcha, un álbum de country and western —con canciones grabadas, aunque nunca editadas, como «Wild Side Of Life», «Crying Time» y «Banks Of The Ohio»— y un proyecto de Navidad. «Intentamos hacerlo el año pasado, pero es-

* [Ellos trataban de meterse a la fuerza / en la grabación y la edición / Oh, y tú vomitabas las tripas / cuando leías el contrato que habías firmado.]

** [Yo hablaba con el juez justo antes de que abandonáramos el campo / con el papel en su mano intentando hallar una manera, guiándose por el libro / arranca las hojas antes de que corramos el telón final.]

tábamos muy presionados. Para ponerte a hacer un álbum de Navidad, tienes que empezar el 1 de enero, si quieres sacarlo. Seguramente haremos algunas canciones propias, y algunas clásicas como "White Christmas" y ese tema "Chesnuts roasting on an open fire". Todo ese rollo romántico.»

Con un matrimonio roto a las espaldas, Van buscaba inspiración fresca en el paisaje de su juventud, como podría señalar el hermoso y misterioso *Veedon Fleece*. Se habían acabado los años del exilio autoimpuesto. A medida que pasaba el tiempo, Morrison iba a prestar cada vez más atención a su propio latido irlandés.

It's Too Late To Stop Now, un álbum doble sacado de conciertos en el Troubadour de Los Ángeles, el Civic Auditorium de Santa Mónica y el Rainbow, se editó en febrero de 1974. La portada: Van tiene un aspecto angelical, bañado de azul, con la mirada baja como en trance; la primera «o» de su apellido se ha convertido en una estrella de cuatro puntas que ilumina el escenario. Detrás de él una figura oscurecida toca el violín. En la contraportada, a Van se le saca de rojo, un diablo ahora, con los ojos cerrados, agarrado al micrófono, poderoso, sin esforzarse, una prefiguración de Captain Beefheart.

No hay regrabaciones: lo que se oye es exactamente lo que sucedió. El disco también sirve de recopilatorio de «grandes éxitos», una serie de instantáneas en directo del momento en que estaba entonces Van en su carrera. Él describió el álbum básicamernte como «una reafirmación. Es como si muchas de esas canciones salieran ganando en directo. De todas formas, cuando las tocamos en directo son diferentes. Son, fundamentalmente, interpretaciones de mis canciones: muchas de ellas son mejores que en mis discos originales. Pienso que las canciones maduran con el tiempo». Gracias al rechazo de regrabaciones en el estudio (la ruina de muchos álbumes «en vivo», con la ocasional nota falsa que es parte sustancial de la agitación de un alboroto escénico), «Moondance» se suprimió. Contenía una nota desafinada de guitarra. «Van tiene un sentido escrupuloso en cosas así», explicaba su manager financiero Stephen Pillster: «Así que realmente era un álbum en directo, absolutamente sincero, quizás el primero de todos».

Es una destilación maravillosa de una gira, de la que Miles Palmer, del *Times*, dijo que derribaba «todas las barreras entre el soul, el blues, el jazz y los géneros del rock. El conjunto instrumental era sencillamente el más sofisticado y extraño que había escuchado en una década de dedicación continuada al pop». Para *Record Mirror*, Van era «la voz del rock 'n' roll». Y para Robin Denselow, de *The Guardian*, «fue una noche tensa, emocionante y conmovedora, ya que Morrison se ha convertido seguramente en el mejor cantante blanco de blues del mundo».

El álbum recrea un concierto típico, recogiendo los frutos, y repartiéndolos en cuatro suites. La edición en CD es un disco doble, en un estuche cualquiera de precio normal, aunque muchos de nosotros preferimos la versión en vinilo, que parece captar la rica plenitud del sonido en directo, no digitalizado.

La primera cara se inicia con «Ain't Nothing You Can Do», de Bobby Bland, en la que Van grita a placer y hay un cauteloso sonido de metal con una brusca guitarra de blues de Chicago. Una canción de desesperación y masoquismo, bajo una superficie agresiva. Su reverso emocional y musical, «Warm Love» tiene vientos de Stax y guitarra al estilo de Steve Cropper, con las partes cantadas de Van en staccato y orgullosamente sin esfuerzo. La cuerda flota etéreamente detrás de «Into The Mystic». Un piano tintinea como una fuente, acompañado en la mezcla cristalina por la guitarra wah-wah y los vientos a coro. Mediante los altavoces, estás sentado en primera fila, centrado. Los dúos del bajo con la muy flexible voz de Van: «Just want to rock your jelly roll soul» [«Sólo quiero mecer tu alma de jelly roll»]. Lo sagrado y lo profano, *Astral Weeks* y *Blowin' Your Mind*, todo en uno. De vuelta otra vez a *Moondance* con «These Dreams Of You», llevada por David Hayes al bajo, sobre el que Van improvisa, un piano que aletea como una mariposa, y los saxos que enloquecen. La mención a Ray Charles insta a una versión de una de sus canciones, «I Believe To My Soul». La cuerda entra de nuevo, un toque celeste, el ritmo se acelera, ralentiza, cambia en redondo, y Van emite magistralmente entre la jactancia perentoria del riff de metal y el desmayo y el remolino de los violines. Música tan segura de sí misma que podría hablar, y el solo de saxo casi lo consigue. Sigue una ovación grandiosa, para recordarte que hay un público presente.

La segunda cara se abre con «I've Been Working», de *His Band And Street Choir*, con el mismo ímpetu glorioso que Ian Dury And The Blockheads unos años después, esos mismos teclados hiperactivos. Van suena tan feliz, haciendo lo que más le gusta. Es brusco y casi amenazador en «Help Me», de Sonny Boy Williamson, y luego se relaja en una improvisación verbal, con el extraño gruñido soul de fondo. «Wild Children», según su compositor, era «asesina, es mucho mejor que la versión de *Hard Nose The Highway*. Cuando grabamos esa canción, no estábamos metidos en ella, en realidad. Yo acababa de componerla. Lo ideal es sacar a la carretera una canción durante dos meses y vivirla un tiempo». Hay un gran sentido de la nostalgia en la voz de Morrison, con un acompañamiento rico en textura. Platania suena como Pete Banks de los primeros Yes —cuando ellos todavía intentaban hacer música— hay el mismo swing de jazz amable e intriga melódica. La canción suena con más peso, más como una epopeya de Hollywood, a medida que los arreglos asumen una extensión de pantalla grande. La canción parece que se detenga y reinicie, como un círculo infinito. «Domino» está llena de sí misma, a paso rápido, rítmica aunque plenamente melódica, con el empuje percusivo de una marcha rápida. «Sólo quiero oír un poco de rhythm and blues por la radio», y lo que sigue es exactamente eso, «I Just Want To Make Love To You», de Willie Dixon. Van testifica como un predicador, se mea en la versión de Jagger, y el nerviosismo de su voz lo dobla la *slide guitar* eléctrica, con un misterio digno del propio Ry Cooder. La sección de cuerda es casi morisca, como «Kashmir», de Led Zeppelin. «Corazón de piedra», canta rugosamente Van, como un hombre desesperado.

La tercera cara empieza con otra versión, «Bring It On Home», de Sam Cooke. Morrison suena frágil, luego suplicante, y después angustiado. Van grita «Jack», como si buscara ayuda, y Schroer le secunda en la misma vena, aunque sin palabras. Van se lo agradece, y luego adopta un acento antillano, y después gime. Un psicodrama, con el ritmo de un funeral. Directamente hacia «St. Dominic's Preview», con una cuerda compleja y Van que canta con urgencia sus palabras privadas. Órgano Hammond, como un fuego chino lento. «Listen To The Lion» termina en un silencio sagrado. Bob Woffinden habla de «una cadencia maravillosa, que deja al público en un estado acallado de perceptible asombro». Tiene el impacto de la oración, en cierta forma más íntima incluso que la toma de estudio. La voz de Van asume la calidad de un hombre que habla suave pero muy atentamente, para que tengas que inclinarte hacia delante para atrapar cada palabra. El cantante y los músicos están aquí en total comunión, el equivalente auditivo de hacer el amor. Contrariamente, las súplicas de «agua» pronunciadas a gritos son como la petición última de un agonizante.

La última cara se inicia con un popurrí de «grandes éxitos» de Them: «Here Comes The Night» es sentida y enérgica, «Gloria» agresiva, con Van como un gato sobre un caliente tejado de zinc. «Caravan» es más larga que la versión del álbum, aunque todavía sin un gramo de grasa de más. Un maravilloso arreglo de cuerda entra al final, mesurado, reservado, como una gavota, al tiempo que Van presenta al grupo. «Cyprus Avenue» es el único final posible, y empieza con él que casi arroja las palabras. Hay una ligereza de toque en el acompañamiento, en especial el de los teclados de Jeff Labes, que verdaderamente te deja sin aliento. Se oye reír a los instrumentos, como si fueran seres humanos, y luego la cuerda entra llorando en la parte de «cintas de arco iris en su pelo», con una belleza reluciente que conmueve el alma. Van canta «en toda tu revelación» como un hombre al que se le ha concedido una visión que le aparta del discurso coherente, que repite una y otra vez, y luego estamos en el habitual final de parada y arranque, con gritos y jadeos del público y Van que suelta sus palabras lujuriosamente. Ovación impresionante.

La emisión de la BBC, desde el Rainbow contiene tres canciones que no figuran en el álbum final: «Brown Eyed Girl», «Moonshine Whiskey» y «Moondance», mientras que la RTE añadió dos más: «I Paid The Price» y «Wild Night». La intención original de *It's Too Late To Stop Now* era la de un álbum triple, uno de proporciones Grateful Dead. El prensaje estadounidense presenta una lujosa carpeta triple, con fotos suplementarias en color de Van y su orquesta. Una reedición más acertada en CD incluiría los temas extra desde el Troubadour que un pirateador reclamaba como tomas alternativas oficiales, y varias instantáneas más de la bien documentada gira. ¡Demonios! Me ofrezco para hacerlo yo mismo. La emisión de la BBC desde el Rainbow podría también resucitarse en vídeo. Después de todo, estamos hablando de una de las giras de conciertos de rock 'n' roll más importantes, junto con la de Dylan del 66, la de Marley del 75 y del primer Springsteen, o la Zoo TV de U2, la de Primal Scream cuando descubrieron Muscle Shoals, o la de R. E. M. cuando Stipe empezó a afeitarse la cabeza.

Aunque esto estaba claro, el álbum doble atrajo pocas críticas. Steve Peacock de *Sounds* recordaba una noche extraordinaria en el Rainbow, «a mitad de camino entre una íntima sesión de club y una espectacular revista de soul». Van introduce siempre una fuerte carga emocional, y la música del álbum fácilmente transporta al oyente de vuelta a la sala de conciertos. El álbum alcanza «el empuje y el ritmo de un concierto en directo excepcional, con la espontaneidad temperada por toques pensativos y sutiles, habitualmente resultado de un trabajo cuidadoso en el estudio». En *Melody Maker*, Geoff Barron señala que Van tiene la capacidad mágica de detener el tiempo: «La retroalimentación que atraviesa las candilejas entre el intérprete y el público casi se puede tocar». Bob Woffinden escribió en el *NME* que «la coordinación de Morrison es inmaculada y su relación con un público emocionado es el tipo de cosa que hace que éste álbum valga diez veces más que el precio que la Warner Brothers le ha puesto».

En febrero, el *NME* publicó una entrevista de Ritchie Yorke con Van, que eligió cinco discos para la isla desierta: *The Best of Ray Charles*, un álbum de música vocal del Renacimiento, *Astral Weeks*, un disco de Shakey Jake y el entonces inédito *Veedon Fleece*. Ese mismo mes, se anunció una nueva gira europea, inmediatamente después de la edición de *It's Too Late To Stop Now*, el 18 de marzo. Se publicaron las fechas para el Colston Hall de Bristol —el 21 de marzo— y para el Edmonton de Sundown, el Free Trade Hall de Manchester, el Apollo de Glasgow y el Town Hall de Birmingham. Todos eran importantes locales de provincias, aunque la ausencia de una actuación en el centro de Londres resultaba extraña. Van y la Caledonia Soul Orchestra irían luego a Dublín, París, Múnich, Bruselas, Copenhague y Amsterdam. Justo cuando a Van empezaba a «gustarle mucho más viajar por puro placer que por trabajo». La publicidad anterior a la gira citaba como un todo el Van Morrison Show, mencionaba «secciones de cuerda y coros», y anunciaba que la propia CSO haría de telonera con una actuación instrumental, además de acompañar a Morrison, que asimismo interpretaría primero un breve pase acústico en solitario.

La Soul Orchestra había sufrido algunos cambios importantes. Las sesiones de *Veedon Fleece* registraban a un grupo en transición, con el guitarrista John Platania ya fuera de ella, sustituido por Ralph Wash (cuyo apellido recibe una «l» de más en *Veedon Fleece*). El bajista David Hayes y el batería Dahaud Shaar, permanecieron para la nueva gira, pero el saxofonista Jack Schroer había sido sustituido por James Rothermel Jr. (otro escapado del grupo de Jesse Colin Young), y asimismo Jeff Labes por James Trumbo a los teclados. El trompetista Bill Atwood se eliminó, así como la sección de cuerda. El propio Van tocaba ahora la armónica y el saxo. Uno de los conjuntos de rock más importantes no había durado lo bastante como para promocionar el álbum en directo que había establecido su majestad. El nuevo, o desmontado, conjunto pronto fue rebautizado como The Caledonia Soul Express.

John Platania contó al *Van Morrison Newsletter* las tristes noticias sobre el bajista original de *Band And Street Choir*, John Klingberg: «John empezó realmente a exagerar, por lo que hace a la bebida y todo lo demás. Murió hace algunos años. Y lo hizo por causa de la bebida. Estaba metido en las drogas, como Schroer». ¿Qué había sucedido con «Brother» Jack?: «Dejó de tocar y no podía mantenerse en buenas condiciones. Por lo que yo sé, hace de camionero, que es algo que siempre le gustó. Está en alguna parte del sudoeste conduciendo un camión». Más tarde, Van trató de reintegrar a Schroer en una formación posterior, pero «Jack no podía seguir y se le retiró progresivamente».

La única prueba de lo que sucedía musicalmente descansa en una cinta desigual de una actuación en Cambridge (Massachusetts) el 14 de marzo. Van revisita su antiguo hogar, y muchas de sus viejas canciones, en una lista que quita el hipo. Sólo en las cuatro primeras canciones ya incluye tres temas poco interpretados de *Astral Weeks:* «Ballerina», la canción del título y «Madame George», más «The Streets Of Arklow», del álbum venidero. Cuando muera, quiero oír estas mismas cuatro canciones en directo, por la Caledonia Soul Orchestra original, con toda la pompa posible. ¡Al menos el viaje merecerá la pena! De vuelta al mundo real, y en Cambridge (Massachusetts), hay otra canción nueva, «What's Up Crazy Pup», y una versión de «Caledonia», las dos caras del sencillo, además de recauchutados de temas del calibre de «Brown Eyed Girl», «Moondance», «Caravan» y «Gloria».

El problema es que después de la perfección glacial de los conciertos del Rainbow, ésta es una época musicalmente amateur. El grupo de acompañamiento suena poco convincente y sin compromiso, no lejos de un desastre después de los milagros del año anterior. Las carrerillas de la guitarra de Wash son anónimas, los flauta y saxo de Rothermel forzados y desafinados, y los teclados de Trumbo aburridos. Hasta el mismo Van no consigue ponerse a la altura de las circunstancias, y se produce una sensación terrible de un grupo que se arrastra, y que hace las cosas sin convicción. Como una empresa que acabara de «reducir plantilla», y con los obreros supervivientes luchando por llenar el vacío de los compañeros ausentes. Quizás la enfermedad que Morrison contrajo inmediatamente después fuera psicosomática, al darse cuenta de que, por casualidad o a propósito, se había arrancado el corazón de su empresa, que hacía poco era la atracción en directo más importante del mundo. Existe un vacío tan desolador, que uno no puede achacar exclusivamente a la escasa calidad de la cinta.

Dicho esto, Ritchie Yorke informa de una «actuación estupenda con tres bises» en el Capitol Theatre de Passaic (Nueva Jersey) el 17 de marzo. Stephen Pilster habla de cómo «sentíamos un cierto ímpetu al salir de los Estados Unidos y todo el mundo esperaba realmente con ansia esos conciertos británicos. Luego al día siguiente de llegar Van enfermó de gripe con una fiebre altísima, y no tuvimos más remedio que cancelar las primeras actuaciones». Todo esto en tierra firme británica, para comenzar.

Fue tanta la sensación de decepción que el *NME* se sintió obligado a publicar el informe médico de Van en primera página. Un tal Dr. Hugues, licenciado y colegiado, informa que el 21 de marzo se le avisó para que visitara al Sr. Morrison «después de que se desmayara y se recluyera en cama con una fiebre alta. Dicha persona había sufrido un acceso de fiebre en Hawai, tres semanas antes». El paciente había regresado a la actividad normal antes de estar totalmente recuperado, y «en mi opinión él no estará en condiciones de reanudar su profesión durante varios días». ¿No será este el «Rock 'n' Roll Doctor», de Little Feat? David Hayes considera que «Van pilló un virus en la sangre o algo así, en realidad le afectó la cabeza».

Desde luego, Van parece febril en una entrevista con Steve Peacock de *Sounds*: «No soy más que un cantante de pie ante el micrófono, y ya no se puede caer más bajo, y también soy poeta y músico». ¿Su gran habilidad artística reside más en la

El Olympia de Dublín, marzo de 1974.

escritura, y las actuaciones son una pura y simple repetición? «Sólo si no eres más que un poeta, aunque aún así. El escenario es mucho más creativo. Puedes hacer ambas cosas. Si dejas que todo se relaje un poco las dos se reconcilian mucho más.»

Van acababa de reponerse cuando actuó, el 29 y 30 de marzo, en el pequeño Olympia Theatre de Dublín, de mil localidades de aforo, una obra de arte victoriana «profusamente decorada con cristal emplomado y celosías de hierro forjado», un sitio más acostumbrado a la música clásica que al rock. Geoff Brown acudió para *Melody Maker*, y advirtió que gran parte del público había venido desde Belfast en autostop. Entre las primeras filas se destacaba Christy Brown, el autor y sujeto paciente de la película *Mi pie izquierdo*. Morrison se aferraba al soporte del micrófono «como un hombre que tropieza y se agarra a un brazo providencial». Arranca con «Astral Weeks» —¿cuál si no?— aunque Van «canta en rápidos grupos de palabras, con cada frase seguida de un angustioso trago de saliva. Canta una frase más, con la cabeza baja, los ojos fijos bajo las cejas levantadas, y el ceño fruncido». Morrison abandona el escenario, mientras los Soul Express interpretan un «Moondance» instrumental. Luego regresa con «Ain't Nothing You Can Do», irónico por las circunstancias, y de alguna forma se abre camino luchando a través de una hora de música, que incluye «Into The Mystic» y «Here Comes The Night». Ed Fletcher sale al escenario para pedir excusas por el estado de salud de Van, y el luego regresa el interesado para bisar con «Come Runnin'» y «Gloria».

La segunda actuación de la noche es mucho más relajada. Los Soul Express actúan primero, y realizan un pase instrumental de una media hora, con temas como «Funky Hinkel», «Orbital Transport» y «Song For The New World», de McCoy Tyner. Ellos tienen el mismo aire que los L. A. Express de Tom Scott, que acompañaron la odisea de Joni Mitchell hacia el jazz, casi al mismo tiempo. Como opina un artículo del *Van Morrison Newsletter*, los Soul Express eran más un grupo de jazz puro, que no la Orchestra. Hayes se destaca como el líder en la sombra, y los solos de guitarra de Wash son una delicia constante. Una breve pausa, y luego Van vuelve al escenario, con una voz mejor y un fraseo más audaz. Repasa «Warm Love», «Moondance» y «Domino», después hace un dúo de altos con Rothermel en «Caldonia», de Fleecie Moore.

Las dos actuaciones del sábado aún son más fuertes. En «Moondance», Van «para el tiempo, y lo mantiene suspendido como la fascinante bola de plata pendiente de un fino hilo y una hora pasa como si fuera un minuto». En «Help Me», el solo de armónica de Van «hierve hasta un crescendo acelerado que se corta como de un hachazo». «Into The Mystic» presenta de nuevo al dúo de saxos de Morrison y Rothermel, que ronronea «como si fuera a cien millas de aquí y llevado por una cálida brisa marina». El grupo sonríe radiante. El clímax del segundo pase se produce en una versión sin igual de «Listen To The Lion», aunque cada actuación es completamente diferente, gracias a un repertorio que vale por dos conciertos. En esta ocasión a ellos se les vuelve a destacar por el «relajante bienestar de una experiencia emocionalmente agotadora». La noche termina con una reyerta —una botella arrojada por un borracho del anfiteatro está a punto de golpear a los técnicos— y con Fletcher y Pillster retenidos por la Guardia para declarar. Van no ha dicho nada al público, salvo «gracias», y ha dejado la comunicación para las canciones, «con su voz punzante hasta el dolor, como la lava de un volcán que se derrama en tus oídos».

Preguntado por Ritchie Yorke, Morrison, antes de enfermar con la gripe, revela: «Compongo como un loco. Es como si estuviera atrapado». Él espera con ansia las dos actuaciones en el festival de jazz de Montreux, un concierto de jazz la una, y la otra un espectáculo de blues, ambos con grabación prevista. También se le había invitado a actuar con la Denver Symphony Orchestra. También planifica un libro de poemas y letras y la edición de *Veedon Fleece*, completado a falta de un par de remezclas. Mientras tanto, una edición no tan bien recibida es la de *T. B. Sheets*, la pieza del título de la cual no parece tener nada que ver con las actuaciones febriles de Van en Dublín. En su crítica del álbum para *Melody Maker*, Michael Watts observa —casi con segundas— cómo la «musa poética de Van vuela sobre los misterios gaélicos y presta a su música una rara y no especificada elocuencia, quintaesencialmente irlandesa». La idea fundamental de su siguiente álbum oficial.

Morrison voló hacia Europa. Durante un concierto de reaparición en el Carre de Amsterdam, se plantó en el centro del escenario con su guitarra acústica,

Rothermel a su derecha, a la flauta, y Wash sentado en un taburete detrás de Van, a la guitarra acústica. «Listen To The Lion», «Almost Independence Day» y «Astral Weeks» aparecieron en un pase que incluyó una «It's All Over Now, Baby Blue» sobresaliente y un bis sorpresa de «My Lonely Sad Eyes». En este viaje a Holanda, Van grabó un sencillo nuevo: «un tema de rhythm and blues llamado «Caledonia». La cara B es «Mixed Up Crazy Pup». Más tarde se dijo que Van quería ver lo rápidamente que un intérprete podía realizar un sencillo, y que el grupo había salido del estudio con masters de mezclas en seis horas y media. El tiempo que se necesitaba para grabar un álbum entero a principios de los sesenta.

La cara A era una versión, con un ligero cambio de título, de «Caldonia (What Makes Your Big Head So Hard?)», de Louis Jordan, compuesta por Fleecie Moore. Jeff Ward hizo la crítica para *Melody Maker*: «Un gran swing con soul de uno de los auténticos grandes intérpretes de nuestra época. Muchísimas buenas sensaciones y un gran humor festivo contenido en sólo un par de minutos. En el solo de saxo, un ímpetu magnífico, con el propio genio que se retuerce por encima de la línea de bajo. Un pedazo de cosa auténtica».

Van volvió a comprimir su gira británica cancelada a dos noches en el Hammersmith Odeon. Bob Woffiden del *NME* señaló que el grupo parecía «extrañamente insustancial», aunque ellos se habían impuesto a lo largo de un pase que incluía «Astral Weeks», una maravillosa «Madame George» —«tres guitarras acústicas y un piccolo insistente produjeron hermosos sonidos tenues»— y «It's All Over Now, Baby Blue», de Dylan. «Tienes la impresión de que él, antes de hacer el sexo, seguramente se quita la camisa con elegancia. Aquí la precisión y la destreza técnica es algo que él consigue con una facilidad asombrosa, un entusiasmo desenfrenado y una intensidad apasionada, cualidades que no se presentan de manera natural.» Bueno, ¡tampoco voy a hacer nada para saber si es así! Asistente al mismo concierto, a Martin Hayman, de *Sounds*, le encantó la guitarra de Morrison en «Cyprus Avenue»: «lacónica, con pasajes rápidos casi de flamenco», mientras que Michael Watts halló «una convicción, destreza y autoridad que no se ve muy a menudo fuera de los mejores espectáculos negros».

Van despachó a los Caledonia Soul Express tan pronto como terminó la gira. «No había nada más que hacer dentro de ese contexto particular», declaró él después. David Hayes lo explicó a su manera al *Van Morrison Newsletter*: «Van quería librarse de Dodge una temporada, así que disolvió el grupo y se puso a explorar ideas nuevas. Y nosotros dijimos, vamos a seguir tocando, qué coño». Platania habla de componer canciones en colaboración con Van, como «Family Affair» y «There, There Child», grabada aunque todavía acumulando polvo en los sótanos. La nueva Caledonia Express grabó música para todo un álbum, e inmediatamente se les ofreció un contrato por tres discos. En su ingenuidad, ellos insistieron en más dinero, y el proyecto se fue a pique. Y también el grupo. La época Caledonia de Van se habían terminado para siempre.

seis:

A la deriva

Van Morrison durante un concierto en Knebworth (Inglaterra), en 1974.

Los años siguientes Van, aparentemente, estuvo perdido e inquieto, grabando todo tipo de música sólo para rechazar la edición comercial, experimentando con distintas formaciones y sin exponerse demasiado a la vista del público. La vida de Morrison parecía estar en una especie de desorden después del divorcio y, musicalmente, volvió la espalda a la cima creativa que supuso la Caledonia Soul Orchestra, entregándose después a la improvisación de flujo libre y a canciones que parecían evitar deliberadamente las profundidades emocionales y la ambición formal del, todavía, no editado *Veedon Fleece*.

En junio, Van tocó en el Lion's Share, con el grupo más pequeño de toda su historia, con el afinador del piano del club, John Allair, al órgano y el batería Steve Mitchell. Era «otro capítulo» dijo él al público, y después de un pase de tres cuartos de hora a cargo del dúo —con Allair tocando los pedales del bajo con los pies, haciendo solos con una mano y tocando el ritmo con la otra— Van se unió a ellos para un pase que incluyó «Rock Me Baby» y «Since I Fell For You», de Lenny Welch.

Todd Tolces destacaba que, cuando Van tocaba la armónica «no tan sólo balanceaba el instrumento, el micro, el soporte y todo el cuerpo, sino que el escenario vibraba bajo sus pies a la par que las ondas, gracias a la megafonía, flotaban por los pasillos con el aire viciado hasta el bar y por todo el suelo en el que los pasmados fans escuchaban con asombro». Van dijo que tocaría con esta formación en Montreux, cosa que no se produjo.

Morrison sentía el tirón de la nostalgia. En mayo le dijo a un periodista que «intentaba organizar un equipo de fútbol en Estados Unidos, en plan de broma». Así que era por eso que emitía gritos agudos en directo, se entrenaba para la gloria de Wembley: «Yo tenía una radio de onda corta. En el valle sólo había un lugar donde se sintonizaba la BBC. Se supone que si te has criado en Gran Bretaña la debes escuchar».

En la época que fue a Montreux, a finales de junio, Van también había despachado a su manager Stephen Pillster y al grupo, y con él sólo iba su novia, Carol Guida, a la que por entonces se definía como su «prometida», y que también había compartido el viaje a Irlanda. Ritchie Yorke echa una tentadora mirada al ámbito privado que había desembocado en este punto muerto: «Hay pocas actuaciones de Van Morrison que se realicen sin ningún tipo de trauma entre bastidores, aunque en general sus conciertos borran de la memoria cualquier disensión interna que los haya precedido».

Según Pillster: «Van sólo dejó de hacer lo que yo quería». La idea de una actuación con la Denver Symphony también había fracasado. «No hubiera sido más que otro cantante de rock que había hecho algo con una orquesta sinfónica. De todas formas, yo ya había tenido cuerdas detrás de mí. Para mí es duro tener que seguir todo el rollo del negocio del espectáculo.» Él había tomado una decisión consciente, como la de Peter Gabriel al abandonar Genesis: «Me sentía como un elemento del decorado. Debía escaparme de toda esa maquinaria». Van había «llegado al punto en que no quería tratos con esa gente. Si ello significa hacer menos en mi carrera, si debo quedarme corto en algunos de mis campos artísticos, esto es lo que sucederá entonces».

Morrison tocó en Montreux con un grupo de ocasión, una formación delgada hasta los huesos. El propio Van se encargaba de la guitarra acústica, el saxo alto y la armónica, con el bluesman inglés Pete Wingfield —que había tocado con Jellybread, artistas de Blue Horizon— al teclado, el bajista negro Jerome Rimson, de los Detroit Emeralds, y Dallas Taylor, antaño con CSNY y entonces con Bill Wyman, a la batería. Taylor pronto fue sustituido por el músico de sesión inglés Peter Van Hooke.

Wingfield declaró que el grupo se reunió casi por casualidad. A él en principio le habían contratado como parte de un grupo residente para acompañar a gente como Muddy Waters y Buddy Guy, pero ellos trajeron a sus propios músicos, así que a última hora él accedió a echar una mano al organizador de Montreux, Claude Nobs, y acompañar a Morrison. En el avión hacia Suiza, Wingfield se encontró con Rimson y Van Hooke, integrantes de The Olimpic Runners, y a la larga ambos se unieron también a Van. Ellos encontraron fácil el trabajar con Morrison, que no les cargó con muchas partituras para el acompañamiento. «Básicamente él lo que hace es cantarlo o bien rasguearlo en la guitarra y grita la progresión de acordes y nosotros rellenamos los vacíos. Fue la reunión más sencilla para un set que yo haya hecho jamás.»

En Montreux, el grupo se movió entre el blues y el jazz, con muchos instrumentales improvisados, y con sólo «Street Choir» editada previamente en vinilo. De su último proyecto grabado, *Veedon Fleece*, sólo se tomó «Bulbs», y Van parecía como si se hubiera desprendido de su historia, a la deriva a la busca de tierra firme. El primer tema «It's Not The Twilight Zone» tiene acordes largos y lentos, y Van lo canta como si saliera directamente del inconsciente, y gruñe «honeycomb» o quizá es «heart of gold», una vez y otra. Una de sus interpretaciones más espeluznantes, como corresponde a una canción que alude al precursor televisivo de los años cincuenta de *Expediente X*, una versión mutante de «Leopard-skin Pill-box Hat», si he entendido la letra.

The carport took over, you left it ajar,
You know I caught you before you went too far,

But don't let it freak you when it gets to the bone,
It's not the twilight zone
*It's just a party phone, honeycomb.**

«I Like It Like That» es un blues, con una letra apenas sin sentido, aunque «Yo no quiero estar sólo» sí lo tiene. Con un piano eléctrico que predomina y su ambiente de jazz suelto, el tema podría ser de los Youngbloods con un cantante de voz más profunda, o tocado ligeramente más lento.

«T For Texas» aun es más relajada, un blues todavía más lento, y la historia musical de Van: «Esta música la he escuchado desde siempre, desde la edad de tres años». Él quiere «un trago de agua clara» —de nuevo *Moondance* por todo— y un helado con una guinda encima. Una canción sobre «esperar la lluvia de verano», el Van quintaesencial. La siguiente es «Bulbs», con Van a la guitarra rítmica, y el bajo como un *Astral Weeks* eléctrico, penetrante, que toca arabescos sobre el canto enérgico de Morrison. Luego afinan, y atacan «Buffy Flow», un instrumental de saxo en tonalidad menor, ritmado como un lento lamento y extrañamente conmovedor.

«Heathrow Shuffle» es mucho más animada, otro instrumental llevado por el saxo, mientras que «Naked In The Jungle» es animada de verdad, con un estilo de piano chino, con acordes, y un bajo enérgico, y una letra disparatada. «Street Choir» es una canción rara para retomar, llevada por la batería y a un ritmo lento y majestuoso, como un himno. En la voz de Morrison hay una tristeza auténtica. Después de una parte de piano al fresco —como si el grupo esperara la inspiración— y un instrumental de armónica sin título, y antes del tema final, hay un conato de abucheo, y una señora de la primera fila sugiere a Van que se largue a casa y deje el blues a los negros. Van responde en pleno enojo: «Si no te gusta cómo va, jódete, vale. Hay un tío que me paga para estar en este escenario, y eso es lo que hago. Si no te gusta, ¿por qué no subes al escenario y lo haces tú?». Wingfield teclea en el piano, como en una película muda. Van toma aire: «¿Quieres subir aquí y hacerlo? El único blues que tú sientes es cuando te aprietan los zapatos». ¿Habla él de música suela, en vez de soul? A modo de represalia, Van se lanza a una versión frenética de un estándar de rhythm and blues «Since I Fell For You». El verso «Tú, tú, tú, tú... no verás la luz jamás» se revela como particularmente adecuado, en especial por la manera en que él canta la palabra «tú», como si lanzara un cuchillo.

Entre bastidores, Ed Fletcher señaló que «ellos no pueden esperar que él siga cantando "Domino" toda la vida». Ritchie Yorke preguntó a Van si él había tomado la decisión consciente de eliminar el repertorio antiguo: «Yo no creo que haya nada que lo empiece o que termine todo. No sé lo que pasa. No soy más

* [La cochera acapara, tu la dejaste entreabierta, / sabes que te atrapé antes de que fueras demasiado lejos, / pero no dejes que te horrorice cuando llegue al hueso, / no es la dimensión desconocida / tan sólo es una fiesta telefónica, cariño.]

que cualquier otro. A veces, al menos a mí, no me molesta hacer todo ese material antiguo, y a veces sí. Todo depende de cómo te sientes. Definitivamente yo no soy un intérprete programado. Yo sólo puedo actuar cuando siento que tengo ganas de hacerlo y que sale de mí». En cuanto a la acusación de que parecen no importarle aquellos que van a verle: «A mí me importa mucho la opinión del público». Después, Van se sienta al sol, y lee *La huida de la razón* de Jean-Paul Sartre y Francis Schaeffer.

La mejor actuación en Alemania fue en Heidelberg: «Allí tocamos durante dos horas y media». En la estancia europea, el cuarteto grabó un álbum en una tarde y dos noches —eso recuerda a *Astral Weeks*—, todo material nuevo. Wingfield: «Van, de repente, decía: "Oh, aquí tengo esta otra canción", y recitaba de una tirada unas nueve estrofas. Nunca puedo decir con seguridad si improvisa o no porque la letra es siempre bien característica, por no decir más». El propio Van revela que el 16 de julio, él y el grupo entraron en un estudio de Amsterdam, y grabaron un álbum que debía titularse *Naked In The Jungle/Mechanical Bliss*. Incluía un instrumental compuesto en colaboración con Wingfield: «Estoy muy contento con éste que acabamos de grabar. Simplemente nos pusimos y lo hicimos como debe ser. Nadie fastidió». El contenido musical es todo: «en plan blues y jazz, rhythm and blues». Un álbum entero de material valioso, destinado a perderse en los sótanos.

Van difundió después maquetas de este material en la emisora KSAN, de Tom Donahue, y dijo que estaban listas para hacer la mezcla final, para editarse después del siguiente álbum, y que en ese momento él trataba de tener un tiempo de descanso para sí. Van entretiene al relajado Donahue con dos versiones de «Mechanical Bliss» y «Not The Twilight Zone», cantada en falsete en la tonalidad de Do, y que aquí suena como una obra maestra, sin problemas, extraída como el último suspiro de un agonizante, y luego suelta una risita. La letra apenas es audible, pero trata sobre cosechar lo que has sembrado. «Much Binding In The Marsh» es un alegre instrumental de saxo que toma el título de una comedia radiofónica de la BBC de finales de los cincuenta, y podría ser una buena melodía para una sintonía. Van le dice a Donahue que él dejó el saxo para concentrarse en el canto, pero que durante el último año ha estado tocando en serio. El sonido es de jazz de los cincuenta, casi un primer John Coltrane, antes de las «láminas de sonido». «Naked In The Jungle» tiene un estribillo extraño sobre «irse de la cabeza». «Foggy Mountain Top» es un «regreso al blues» y se parece a «It Takes A Lot To Laugh, It Takes A Train To Cry», de Dylan, con referencias a subir hasta la Autopista Uno. Es la misma canción que en Montreux se tituló como «T For Texas».

La propia «Mechanical Bliss» se publicó después, en 1977, como cara B de «Joyous Sound», y es absolutamente rara. Van suena como Jesucristo: «Ellos me golpean por mis creencias», luego pone voz de colono inglés, mientras la música suena como el *galloping* principal. Carruthers de Asuntos Exteriores se gana una mención, y hay un *Goons Show*, un elemento de estupidez, con rimas divertidas aunque Van también canturrea como Caruso. La cosa en conjunto es como una parodia de Viv Stanshall, sin el humor rápido. «Metiendo y sacando.» Los versos sobre un «la sacudida de un interruptor» y el hablar ceceando sugiere que se podría tratar de una oda a la sodomía en las clases altas. Por otra parte podría ser una respuesta a la importunadora de Montreux. Todo se acaba con una ensalada de palabras al estilo de Robert Wyatt, farfullando en lenguas. «Venga muchachos, levantad un labio.»

Cuatro piezas «en vivo desde EE. UU.», en 1974 —«Twilight Zone», «Foggy Mountain Top», «Heathrow Shuffle» y «Naked In The Jungle»—, se incluyen en el CD pirata *It Ain't Why It Just Is*; son temas que suenan sospechosamente parecidos a las versiones de Montreux.

Van declaró que hacía tiempo que no grababa constantemente porque acababa con el estudio lleno de cintas. También apuntó que la versión de Pacific Heigh de «Just Like A Woman» se editaría algún día en un álbum llamado *Highlights*, junto con una actuación en directo con John Lee Hooker. En la época de la actuación de Bremen del 10 de julio, Peter Van Hooke estaba firmemente asentado en el puesto de batería. Sobrevivieron dos canciones del programa «Musik Laden». Van, extrañamente germánico, con gafas y chaqueta de cuero marrón, toca el saxo en «Heathrow Shuffle» (con un maravilloso aspecto de mal genio), luego canta «Bulbs». Es una prueba magnífica de cómo puede inspirar y empujar a los músicos, sin que parezca ni tenerlos en cuenta: la tensión que sobrevuela a las cuatro personas decididas es palpable. La música es tan seria como la vida. Por todo ello, en un momento fuertemente cómico, el micro de Van cae de la pinza, y la cámara pasa a Wingfield, que improvisa una parte en falsete. De nuevo a Van y un micro de nuevo en su lugar. Hotel Fawlty puro. Luego Van ruge como un león, el grupo arde tras él, y las palabras absolutamente disparatadas —«las luces callejeras se vuelven todas azul niña»— parece que explican el universo.

El mismo grupo realizó un concierto al aire libre en Knebworth, el 20 de julio —tan sólo su tercera actuación conjunta—, con el título de «The bucolic frolic» [«La fantasía bucólica»]. Las primeras notas de prensa tenían de titulares a Led Zeppelin, la nueva Mahavishnu Orchestra con Jean-Luc Ponty, y «the full Van Morrison Show with The Caledonia Express». El día del concierto, Led Zeppelin se habían caído del cartel y los cabezas de serie eran los Allman Brothers, con el añadido de los Doobies y Alex Harvey. Se empezó a mediodía, cuando la mitad del público todavía estaba por llegar —o por retornar a la conciencia— y Tim Buckley hizo su última actuación en Gran Bretaña, un pase brillante que se basaba ampliamente en *Greetings From L. A.* y registrado en el pirata *Return Of The Starsailor*. *Sounds* percibió que «los objetivos de Buckley son parecidos a los de Van Morrison: crear una estructura sonora completa, a partir de una posición entre el rock 'n' roll y la improvisación de jazz. Morry iba a tener que moverse de alguna forma para superar el impacto que Tim estaba consiguiendo». Ésta debe ser la única vez que a Van le hayan motejado como «Morry». No fue un nombre que luego hiciera fortuna.

Chris Salewicz informó para el *NME* que Van parecía «como un maestro en prácticas en su primer día en el departamento de ciencia de un instituto de segunda enseñanza del East End. Durante la mayor parte de la actuación estuvo sin inspiración ninguna, aunque arregló los tiempos —sobre todo en «Into The Mystic»— cuando consiguió rascar mentalmente la vida del oyente y luego de nuevo deslizarse a una calma falsa. Las teclas del piano de Pete Wingfield se traban una vez y otra y Morrison parecería como una figura casi trágica cuando luchó por reactivar el pase, al quitarse las gafas dolorosamente y ofrecer un aspecto desmayadamente ridículo con sus pantalones de cuero con bragueta de cordones. Van regresó para hacer un bis con «Brown Eyed Girl».

Aunque para *Sounds*, Morrison «desplegó la música más atractiva de la tarde. Él parecía tan tenso como siempre a la hora de empezar, pero una vez se soltó muy rápidamente, con "Street Choir" directamente en el segundo lugar de la actuación, lo que era un gesto significativo. "Why did you let me down?" ["¿Por qué me abandonaste?"] parecía convertirse en una pregunta que no necesitaba respuesta, historia pasada. A veces a medida que la actuación avanzaba, con el martilleo de Wingfield y con Morrison balanceándose, parecía que los Allman iban a necesitar salvaguardar el título de reyes del boogie». Otro crítico alabó el estilo de jazz ligero del cuarteto, en canciones como «Since I Feel For You», y el público se entregó, y muchos de ellos ni se quedaron para ver a los cabezas de cartel, los Allman Brothers.

Después, Rob Mackie entrevistó a Van en el camerino, a petición del propio cantante. Muchas de las respuestas, sin embargo, son en su manera habitual, de un estilo parecido al de las contestaciones a los formularios de impuestos, un acuerdo o desacuerdo rápidos. Van había escogido reducir el tamaño de su grupo, y tocar más él mismo, aunque manteniendo el nombre antiguo. «Quienquiera que toque conmigo es la Caledonia Soul Orchestra.» ¿Hay alguien por aquí que le guste escuchar? Seguramente Mackie se refería a los compañeros que actuaban en el festival, por lo que se queda especialmente confundido con la respuesta de Van que le habla de Isobel Barnett. Lady Isobel era una acérrima de los concursos como *What's My Line*, y tuvo un final trágico después de una acusación de cleptomanía, cuando se la encontró muerta en la bañera. Terriblemente de clase alta, ella parecía ser una habitual en la primera televisión en blanco y negro, toda collares de perlas y vocales redondas, peinado de peluquería y con la cara de una gallina aristocrática. O bien Van se deja llevar por su extraño sentido del humor, o él mismo entra en la dimensión desconocida.

La respuesta viene de la mano de Pete Wingfield. «Van está loco, aunque en el mejor de los sentidos. Seguramente dirá que es la única persona sana de por aquí. Puede que parezca solemne e infeliz por fuera pero en el interior tiene un raro sentido del humor. A él le gusta el humor británico, los Goons y todo eso.» Van incluso le pidió a Pete que le pasara casetes caseros de Tony Hancock.

Van llevó al nuevo grupo, con las cintas de Hancock y todo, en una gira por EE. UU. y Canadá, de personal reducido, aunque alta en valores musicales. Como declaró Wingfield a *Beat Instrumental*: «Llevar un piano de cola de gira es algo que apenas se ha hecho anteriormente, aunque pienso que Elton John puede haberlo hecho. Aunque el alquiler y los portes resultaron ser ligeramente más caros que el alquilar un piano distinto en cada ciudad, merece la pena tocar un instrumento que ya conozco». Equipado así, el grupo estaba listo para el número de funanbulismo en que se convirtió esta gira de veinticinco actuaciones, listo para improvisar en cualquier momento. «A veces Van podía decidir de repente que él no quería tocar el pase que habíamos montado, y él se lanzaba hacia un tema que acababa de componer y que nosotros ni habíamos escuchado, con Van que nos gritaba la progresión de acordes en medio de la letra.» Bob Dylan había comenzado a emplear el mismo truco, para que él y su grupo se mantuvieran flexibles, aunque a menudo al precio de confundir al público. «Había muy pocos arreglos formales. Van lo controlaba todo con indicaciones manuales.»

El agradecimiento que el grupo recibió por todo este duro trabajo fue el despido por parte de Morrison al final de la gira, como un pañuelo de papel usado. Aunque Wingfield mantuvo el respeto por su ex jefe, y a la hora de hablar de la visión fundamental de aquel lo hizo con pleno conocimiento: «Para Van, la música lo es todo; él no tiene número escénico y no usa trucos. Él existe en el vacío; no sabe nada de la escena actual. Él escucha jazz y blues, nunca rock».

El 29 de agosto de 1974, dos días antes de su cumpleaños, Morrison tocó en el Orphanage de San Francisco, como parte de una recepción de bienvenida después de la gira europea. La actuación se filmó, aunque nunca se editó oficialmente. El director Craig Richins comienza con tomas del puente Golden Gate, escenas callejeras de San Francisco, y la cola de fans fuera del local. Es casi un documental de viajes de la época de Van en la Costa Oeste, y el presentador proclama que dos tercios del prensaje original de *Astral Weeks* se vendió en San Francisco. Apropiadamente, a Van le acompaña un joven grupo local. *Melody Maker* informó que «Sound Hole, el sexteto con gran empuje de Marin County, con Mario Cipollina al bajo, es el último grupo de acompañamiento de Van Morrison». El propio Van les describió como el «grupo más caliente de la zona de la Bahía». Van tenía un aspecto relajado, con pantalones blancos y una chaqueta de color marrón con lentejuelas, tocando ante el escaparate del club, de vidrio de color adornado, un ensayo para sus presentaciones en unos idóneamente sagrados recintos: St. Mary's de Stogumber y Glastonbury.

Una cinta de buena calidad documenta el concierto, Van y su joven grupo prorrumpen con «Heathrow Shuffle», con saxos masivos, luego un punzante «Ain't Nothing You Can Do», como una Band And Street Choir fresca y adecuada. Por lo tanto, no sorprende que la siguiente sea «Street Choir», aunque la versión es sofocante y llevada a un ritmo aún más lento que en Montreux. «I Believe To My Soul» es embriagada, con metales y relajada. «Snow In San Anselmo» también se toma sin prisa, con Van que parece imitar el canto áspero de John Lee Hooker, tal como Joni Mitchell imitaba a Furry Lewis en «Furry Sings The Blues». «Moondance» suena comatosa, y los gruñidos sin sonido de Van al final podían muy bien ser sus ronquidos. La cinta se pone a rodar lenta en este momento, así que «Into The Mystic» es agradable, aunque le falta misterio y «T For Texas» suena aburrida. Es como si se pudieran oír como se descargan las pilas creativas de Van. El hombre necesita un descanso.

Entrevistado en el camerino, él declara que tocar en los clubes pequeños ha sido bueno para él —«un club está bien, es íntimo, puedes meterte de lleno»—, pero que ahora él buscaba cómo transferir ese tipo de intimidad a los auditorios mayores. Desde luego, desde esa noche, decidió dejar de hacer actuaciones en clubes. El gerente del Orphanage, Richard Hundgeon, se quejaba de que la presencia en lugares como el Lion's Share había perjudicado el atractivo ante la taquilla de Morrison en California. Era casi como si él empezara a ser considerado como dado por sentado.

Van siguió trabajando con Sound Hole. Se presentaron juntos en el Great American Music Hall el 3 de septiembre cuando, después de un pase de treinta y cinco minutos del grupo en plan de teloneros, Van se les unió para interpretar canciones como «Ain't Nothing You Can Do», «St. Dominic's Preview» y «I Like It Like That». Él siguió aprovechando un filón de jazz-blues, realizando frecuentes solos con el saxo alto y la armónica. Fue por entonces que Lester Bangs vio a Van en un concierto de madrugada para una cadena de televisión.

«Van y su grupo se presentaron, golpearon algunos acordes trémulos y durante unos diez minutos él se demoró en las palabras "Way over yonder in the clear blue sky/Where flamingos fly". Ninguna letra más. Ni creo que solos instrumentales. Sólo esas palabras, repetidas lentamente una vez y otra, distendidas, cambiadas, en forma de scat, suspendidas en el espacio y luego esparcidas al viento, musitadas como un mantra hasta que se convertían en sílabas disparatadas, y luego de vuelta a la misma imagen elevada en que el tiempo es como si se detuviera por entero. Él permanece allí con los ojos cerrados, cantando, transportado, mientras que el grupo equilibra el estremecimiento con grandes vorágines de su cosecha, con afinación abierta y blues profundo.»

En noviembre, Van debía hacer una gira por Australia, y se había hablado de algunas fechas en Japón. Para marcar el fin del año, Van se presentó el 30 de diciembre en el club Keystone, en Berkeley, para dar un concierto a beneficio de Tex Coleman. Éste, amigo tanto de Van como de John Lee Hooker, había sufrido quemaduras graves en la mano, y la actuación se había convocado para recaudar dinero para los gastos médicos. Calor humano en acción. La noche comenzó con un pase de John Lee Hooker y terminó con uno de Elvin Bishop. Éste era un veterano de la Paul Butterfield's Blues Band que había roto moldes; solos de diez minutos de rock raga, una formación multiétnica, y acompañando, en 1965, el desafío de Dylan en Newport, por la libertad eléctrica.

Entre medio, Van improvisó una hora de blues, acompañado por el cuarteto habitual de Bishop, proponiendo números como «Trouble In Mind», «Swing It For Me», «Baby Please Don't Go», «Bring It On Home» y «Help Me». El pase improvisado se realizó sin ensayar, y Bishop, el héroe local, tocó bottleneck, slide e intercambió las partes cantadas con Van, que tocó la armónica y el saxo alto. Después, Van admitió que esperaba que la noche fuera más relajada. El Keystone estaba abarrotado, y contrariamente a sus deseos el nombre de Van había figurado en la publicidad del concierto.

Poco tiempo después de la gira europea y por la Costa Este, él declaró sobre su nuevo disco *Veedon Fleece*: «La gira estuvo bien, pero el LP se grabó hace bastante tiempo y no es lo que hago ahora». Quizá no, aunque permanece como su obra maestra olvidada, y no ha envejecido un microsegundo desde su edición.

Con *Veedon Fleece,* Van regresó a sus orígenes en más de un sentido. De aquí en adelante, sus discos obtendrían mejor situación en las listas de Gran Bretaña que en las de Estados Unidos, en parte debido a su decisión de trasladar el hogar principal al otro lado del Atlántico. Después de haber compuesto ocho canciones nuevas en menos de tres semanas, Morrison declaró a Ritchie Yorke que «esto se parece más a lo que hago ahora. Va a estar entre *Astral Weeks* y *Moondance,* aunque no va a ser como ellos».

Al contrario, John Cale era un veterano de la Velvet Underground, y un hombre cuya música propia está llena de dolor, que contaba a los entrevistadores sus estallidos de violencia doméstica, y que gritaba en escena, sentado debajo de un piano de cola. Cale realizó el comentario de doble filo de que «Van Morrison es todavía muy sincero artísticamente. Y eso es muy bueno considerando que no tiene ya por qué ser sincero en nada». Parece importante citar a un hombre que una vez escribió que «Fear Is A Man's Best Friend» («El miedo es el mejor amigo del hombre») a la hora de hablar de un álbum que estremecía con imágenes de miedo y terror, pero que también contiene visiones de ángeles y alegría campestre.

Veedon Fleece se editó a finales de octubre, producido por Morrison y grabado, en su mayor parte, en el Caledonia Studio del propio intérprete, con músicos sacados de varias ediciones de la Soul Orchestra. Es un álbum teñido de verde, tanto literal como metafóricamente. En la portada, Van está sentado en los terrenos de una casa de campo, cuyas torrecillas se ven al fondo tras él. Él se ha ganado su casa en la colina, aunque sólo sea como invitado. El verde césped sobre el que se sienta sólo puede ser el de Irlanda; Van luce, con una pulcritud sorprendente, chaqueta oscura, camisa blanca y corbata. En otra zona descansa un enorme mastín irlandés, una raza de perro largamente asociada, en ese país, con reyes y poetas. Tennyson, que viajaba con frecuencia a Irlanda, se llevó con él un cachorro de mastín de vuelta a Inglaterra.

En cuanto al nuevo álbum, Van explicó: «No tengo ni idea sobre el significado del título. En realidad es un nombre de persona. En mi cabeza tengo una serie entera de personajes que trato de encajar en temas. *Veedon Fleece* es uno de ellos y sencillamente me puse a cantarlo de repente en una de las canciones, es como una cosa de monólogo interior». Si Veedon Fleece es una persona, suena como si fuera un personaje de una novela de John Cowper Powys, fácilmente extraño y simbólico, casi una fuerza cósmica. Powys podría ser una influencia interesante, ya que sus novelas son actos enormes de nostalgia, la mayoría escritas en el exilio estadounidense, profundamente ligadas al paisaje y el misticismo, y poderosamente célticas. Sus novelas son quizás el último ejemplo de «monólogo interior», narraciones enormes en las que sucede muy poca cosa, más allá de la búsqueda por el sentido de la vida, colocada en un universo en el que incluso la piedra más minúscula es autoconsciente, palpitante de vida. También es una vislumbre rara hacia la propia mente de Van, gente con personajes de su propio inconsciente: Veedon Fleece, Madame George, Linden Arden. Uno imagina una cabalgata de personajes excéntricos en la estela de *Rawlinson End*, todos ellos facetas de su creador.

Hablando con Tom Donahue, Van deletreó enigmáticamente el título del álbum V-E-E-D-O-N F-L-E-E-C-E —como un código secreto— y dijo que «significa lo que dice». Después de escuchar «Bulbs», Donahue le dijo a Van que «tú haces grandes ruidos siempre. Las otras cosas que haces en canciones además de la letra. Escuchad al hombre, él se lamenta de manera diferente al resto de ellos». Musicalmente, el álbum carece de la sección de viento de los últimos proyectos, con Jack Schroer añadiendo el saxo donde se precisa, y una sección de cuerda lista para intervenir.

Van proporcionó algunas pistas inestimables para esta obra compleja —de la que no he podido ni tan sólo encontrar una hoja con las letras— en una conversación con Ritchie Yorke. El primer tema, «Fair Play», como todas las canciones del disco, se había «compuesto mientras yo estaba en Irlanda el octubre pasado. Tengo un par de amigos allí y era una frase que ellos usaban todo el rato. Yo daba vueltas por Irlanda y compuse una canción con lo que me pasaba por la cabeza. Así fue como se avivó la idea y sale sencillamente de ahí. Tan sólo se trataba de pensamientos que me venían». Hay una sensación tipo *Astral Weeks*, con contrabajo y batería de jazz, un tipo de paisaje de final abierto, sobre el que Van rumia en su pasado y en lo que ha sucedido en su tierra natal. Para Nick Kent «Fair Play» es «tan condenadamente hipnótica con su piano de bar de cócteles a lo Debussy».

La canción exhala Irlanda, su arquitectura y grandes héroes trágicos como Oscar Wilde, magos del lenguaje. Gracias a un talento lingüístico homologable, recupera una infancia irlandesa, con dichos como el título de la canción —una expresión preferida del amigo de Van, Donald Corvin— u «ojo por ojo». Se mezclan recuerdos del Llanero Solitario del cine infantil de los sábados por la mañana, con el grito de guerra de «Gerónimo». El Llanero Solitario podría haber sido el tema de una canción paródica de Quantum Jump, sugiriendo una relación contra natura con su compañero indio Tonto, aunque permanece el significado icónico como hombre enmascarado sobre un caballo blanco, enderezando anónimamente a los malvados. ¡Demonios, yo fui miembro de su club de fans a los ocho años, y todavía guardo la insignia que lo demuestra! La voz de Van casi se rompe hacia el final, y adopta un gruñido colocado al estilo de John Martyn. No se trata tanto de cantar como de lanzar emoción pura al aire, y verla vibrar.

Quizás las mejores versiones de la obra de Van sean las de Robyn Hitchcock, ese coleccionista de excentricidades de otras personas, como si no tuviera bastante con las propias para seguir adelante. Hitchcock se centra en la tristeza esencial y la gracia de este proyecto. Él interpretó «Fair Play» en la tienda de guitarras McCabes en 1991, con acompañamiento de piano por perversidad, y el disco parece detenerse en la palabra «dreaming», que Hitchcock repite como en trance. Él capta la excentricidad y el riesgo que Van corre con su manera de cantar —como bien pocos músicos más podrían— y al transponerlo a su propio inglés vulgar de clase alta, muestra lo universales que son dichos sonidos vocales. El verso sobre «brazos y piernas tan amoratadas» presta un rasgo siniestro incluso aquí.

La versión de Hitchcock de «Linden Arden Stole The Highlights» es parecidamente respetuosa, captando esa misma embestida de palabras, como patinar en un lago helado. Como todas las copias geniales, nos lleva de vuelta al original con más respeto. La canción es «sobre una imagen de un estadounidense irlandés que vive en San Francisco. Es una clase de tío realmente duro». Para Brian Hogg «la voz de Van se eleva por encima de un piano poderoso y de un cuarteto de cuerda, una canción que en sí suena más como una idea fragmentada aunque alcanza la plenitud por dejarse así, lo que permite que su calidad permanezca inmutable». Una vez más, adornada por el piano de Jeff Labes, ésta es la historia de un irlandés desterrado, un buen hombre perseguido por una banda malvada, y que «les corta la cabeza». Un hombre que se toma la ley por su mano, igual que el Llanero Solitario, y en todo ello hay una sensación del salvaje oeste, con la mitología de la violencia.

El verso sobre vivir con un arma liga con «Who Was That Masked Man», «una canción sobre lo que pasa cuando no puedes confiar en nadie. En la realidad, y no en algún tipo de paranoia. Lo que sucede cuando no puedes contar absolutamente con nadie. El tipo de la canción está metido en una casa con un arma y ya está, punto». Es una combinación del Llanero Solitario y el pistolero terrorista de la canción anterior. La voz de Van suena teñida de frenesí, forzada al límite más agudo, y cuando él canta sobre «un mal en todos» la canción termina abruptamente, después de haber alcanzado un punto en el que no se puede seguir por mucho rato.

«"Streets Of Arklow" viene de la época en que visitamos algunos lugares de Irlanda. Arklow fue uno de ellos. Así que escribí una canción sobre lo que sentía cuando estábamos allí descubriéndolo.» Según Kent comparte el «clima sentenciosamente surrealista» del álbum *John Wesley Harding*, de Dylan, con el añadido de «una atmosférica flauta de lengüeta (reed pipe) irlandesa». Van gruñe como un oso, y el ritmo se acelera, aunque todavía hay algo ominoso en el aire, incluso si «nuestras almas se encontraban limpias». Hierba que no crece: entra una orquesta siniestra cuando Van lo afirma, como una tormenta agitada. La canción establece una conexión directa con Irlanda —«la tierra verde del Señor»— y los gitanos condenados a vagar, con sus corazones encendidos.

«"You Don't Pull No Punches, You Don't Push The River" despega como una canción de amor para luego penetrar en un sentimiento, supongo, como imágenes de cosas. Fogonazos de Irlanda y otros de diversos tipos de gente. Además, por entonces yo estaba leyendo un par de libros. La canción también contiene un poco de terapia Gestalt.» Para Nick Kent, «desde luego, es bastante loca. Van se pone en marcha cantándole a una tía sobre la "satisfacción del alma" pero de repente el arreglo estalla con un flautista loco que tontea mientras que Van sigue como un derviche de Belfast. Una locura total, aunque es genial». Del otro lado, *Melody Maker* la consideró «casi carente por completo de la dinámica y la tensión que normalmente alienta vida en una canción como esa».

La canción se inicia con flautas y la evocación de Van de una muchacha vigorosa, la misma chica misteriosa de *Astral Weeks*, a mitad de camino de la feminidad. Una imagen parecida a la de la muy denostada (pero no por mí)

«Stairway To Heaven», de Led Zeppelin, otra maravillosa pieza de fantasía céltica, sobre el tránsito de niño a adulto (y, como apuntó alguien, la primera regla de una chica). De manera inconsútil, Van penetra en un sueño con las catedrales del oeste irlandés, y una visión de William Blake y las Hermanas de la Caridad (Sisters Of Mercy), muy parecidas, como en la canción de Leonard Cohen, a sus musas femeninas, mitad humanas, mitad figuras míticas. También hay una breve referencia a Meher Baba, el gurú particular de Pete Townshend, un hombre que se convirtió en literalmente mudo durante los últimos años de su vida, en plan de camino consciente a la iluminación. De un modo parecido, la obra de Van desde entonces también puede verse como un viaje hacia el silencio. La búsqueda del Grial se ha vuelto céltica, una investigación en busca de un símbolo altamente personal y disparatado. La propia voz de Van parece estar en una indagación, estirando cada nota, que expresa sucesivamente la esperanza ofuscada, la alegría alcanzada o la determinación inflexible.

Johnny Rogan señala la importancia enorme de este tema en la evolución artística de Morrison. Representa «una cima experimental, un paso más allá incluso de su obra más ambiciosa». Rogan recoge la referencia de Van al reciente uso de la terapia Gestalt, un intento de completar el círculo de la totalidad emocional. Ayuda al paciente a convertirse en activo, y no pasivo, participante en su propia vida, ejerciendo un control total, y así se habría confirmado el deseo de Van de tomarse un tiempo de descanso en su carrera musical, con el fin de encontrarse a sí mismo. *Veedon Fleece* es una parte muy importante de este mismo proceso.

«"Bulbs", definitivamente, va a ser el sencillo. No hay nada más que decir.» Es la canción más californiana que se ofrece aquí, y la más animada, montada sobre un rasgueo de guitarra y un bajo eléctrico. La canción trata de «marchar a Norteamérica, con una maleta en la mano» y sugiere el entusiasmo de Van ante su nueva vida. La importancia del título se me escapa, aunque Van está plantado en la sombra, mirando las luces callejeras, y su brillo, con un claro contraste entre dos clases de «bombillas». Como Linden Arden, su propio padre y muchos hijos de Irlanda, Van se vio obligado a cruzar el océano en busca de trabajo. Yo recuerdo una vez que estaba con mi novia irlandesa en la punta oeste de Kerry, y ella me decía que la siguiente tierra más al oeste era Nueva York. Es extraño escuchar relatos de comunidades familiares tan remotas como Los Ángeles y Londres, como si tratara del pueblo vecino.

«"Cul De Sac" es sólo lo que es. El título habla por sí mismo.» Para Steve Peacock de *Sounds*, la canción es un «tour de force» que justifica por sí solo justifica el precio del álbum. Morrison convierte el tiempo de vals, habitualmente ligero y a menudo frívolo en «una agitada firma de arma con espinas que soporta la canción y la interpretación en grandes ondas rodantes». Años antes, Polanski había utilizado el mismo título para la extraña película con Donald Pleasance de protagonista, un film de enredos e inesperados desenlaces. También hay ecos deliberados de la escalofriante canción «Dark End Of The Street» —que Richard y Linda Thompson convirtieron en el psicodrama de intentar la escapatoria allí donde no la hay, tan condenados como Romeo y Julieta—, tanto por su melodía como por el sentido de desesperación que aquí transmite la voz de Van. Suena como una bestia cogida en una trampa que golpea por todos lados.

Rogan habla de que la terapia Gestalt se dedica a la integridad de uno mismo, y que rellena los vacíos emocionales al «poseer» cualidades de los demás que uno desearía para sí. «I Wanna Comfort You» es «una canción sobre que alguien descargue el peso en ti. Como cuando las cosas crecen demasiado para manejarlas una sola persona, y tienes alguien en quien apoyarte. El final es como la situación contraria, ya que tú te apoyas en ellos». Nick Kent piensa en el mejor Percy Sledge. Para Peacock se encoleriza como en «Cul De Sac», «de una manera latente, casi sofocada». Morrison, mientras tanto, canta «con una maestría incuestionable. Él se arriesga terriblemente con la coordinación, el fraseo e incluso el registro, aunque no falla ni una sola vez». La voz de Van es llena como una marea que fluye, aunque semiahogada por la emoción.

«Come Here My Love» es «sólo una canción de amor», al estilo de «Suite For Susan Moore», de Tim Hardin. Doméstica y conmovedora. «Country Fair» es una prefiguración de la obra de Van con gente como los Chieftains. Tanto en el tema como en el ambiente musical evoca el oeste de Irlanda, donde el tiempo se detiene y la gente todavía tiene ocasión de meter la nariz en los asuntos de todos, y de cuidarse de los que necesitan apoyo. Como sostenía mi novia, Irlanda (entonces) podía haber sido todavía un país pobre, pero construía casas de campo baratas para los ancianos, en vez de empujarlos hacia residencias. Para Van, su canción no es más que «sobre cosas que recuerdas que te pasaron de niño. Se podría decir que es un poco como "And It Stoned Me", y de cualquier modo tiene el mismo tipo de sentimiento. Y aún siendo así, no trata de la pesca». Para Nick Kent, la canción es «como la calma final después de la tormenta de burla metafísica con que se nos ha importunado». Para nosotros, simples mortales que realmente compramos los álbumes de Van, es como una ducha acústica de lluvia, consoladora, curativa, con una flauta tan suave como la «niebla» perpetua del oeste.

La mayor sorpresa que me llevé en una feria del campo en Kerry fue los cajones de cintas de country y western norteamericano de oferta. Ésta es una sociedad imbuida de la transmisión de retorno con la cultura estadounidense —y el propio C&W deriva en gran parte de la música folclórica irlandesa llevada hacia el oeste— y este complejo tema es capital en *Veedon Fleece*, en el que un irlandés errante regresa a casa, y encuentra a Norteamérica e Irlanda sutilmente entremezcladas.

Cuando me decidí a escribir este libro mi primera idea fue la esperanzada de interesar en este álbum a algunas personas, por encima de todos las demás en la fértil obra de Morrison. Desde su edición, ha funcionado entre muchos amigos míos —junto a álbumes como *John Wesley Harding*, la mejor obra de Kevin Ayers y Roy Harper, y la miríada de vástagos del folk-rock inglés— como una piedra de toque de misterios profundos y una especie de curación interior después de los excesos de los años sesenta. La misma agenda que muchos de los primeros viajeros psicodélicos, aunque muchos de ellos puedan haber pasado de moda, y los tipos como Johnny Rotten —cuya obra muestra una carencia total de consuelo o autoconocimiento— garrapateen «lo odio» en sus camisetas de Pink Floyd. *Veedon Fleece* es más sutil que cualquier cosa que Roger Waters haya soñado jamás, aunque comparte la necesidad de explicar y explorar, y demuestra cómo el pasado puede dominar el presente. Hay algún terreno común con *The Final Cut*, esa declaración de derrota prácticamente mirada por encima. Es un álbum genuinamente underground del que el propio Morrison parecía renegar ampliamente, y cuyas canciones raramente las ha interpretado en directo, como si fueran demasiado difíciles o bien demasiado personales. Constituye una cara B perfecta para una cinta de noventa minutos para acompañar a *Astral Weeks*, y me parece que el álbum lo iguala, aunque todavía es más misterioso, más profundamente en contacto con las raíces celtas. Si *Astral Weeks* era una especie de precursor de la nación de Woodstock, al proponer un tipo de estilo de vida con amor y paz, luego *Veedon Fleece* proporcionó refugio para el mundo violento y amoral después de Altamont.

Un crítico lo describió como «una obra más libre, más decantado acústicamente». Steve Peacock, de *Sounds*, encontró que «el álbum en conjunto tiene el mismo tipo de producción, una intensidad de perfil bajo, aunque sin la especie de cólera desesperada de *Astral Weeks*. Un álbum casi sublime y muy conmovedor». En el *NME*, Nick Kent estima que la mitad de la brillantez de Van se opone a «su inclinación por la jerga totalmente inspirada. Uf, Van es un perfecto aullador inteligente, y ahora se nos ha vuelto un metafísico categórico». Geoff Baron, de *Melody Maker*, pone las cosas lo más erróneas posible, y halla que la primera cara «contiene algunas de sus instantáneas compositivas menos memorables desde *Tupelo Honey*, un álbum parecidamente fatal. El álbum deja al oyente en un «estupor relajado». Jim Miller siguió la misma vía en *Rolling Stone*. El álbum carece de enfoque y empuje, y de resultas suena «autoindulgente», al tropezar con sus propios clichés. Es música de ambiente para hippies maduros (por lo cual, Van ha inventado la música New Age, sin ayuda). Morrison sufre de una afinación tambaleante, y «muy a menudo sugiere un nervio vocal aplastado que se ahoga en potaje».

Miller quizá tenga oídos diminutos, aunque percibe lo que hace tan enigmático a Morrison, y sintetiza pulcramente lo que intento mostrar a lo largo de VAN MORRISON: EL GENIAL POETA DEL ROCK. Aunque Van se presenta como un brillante intérprete soul, «mantiene una presencia escénica extrañamente desprendida e indómita. Su visión es hermética, su energía implosiva: aunque su vocación es pública». Estas contradicciones dan a su obra una gran resonancia, «su distinción radica en la fusión de una intensidad visceral con un introspectivo estilo lírico». Él es capaz de «desmembrar una canción, y utilizar los fragmentos para audaces vuelos vocales».

Veedon Fleece era inequívocamente irlandés en cuanto a la inspiración y al tema, y forjó un nuevo tipo de música del pasado celta compartido por Van. Como con todas las tradiciones, el genio solitario y privado que se esconde tras la obra de Morrison era parte de un proceso más amplio. El grupo irlandés Sweeney's Men —con Andy Irvine, Terry Woods y Johnny Moynihan— ya había aportado una sensibilidad rock a las tradiciones celtas, y se demostraron muy influyentes en los propios experimentos de Fairport Convention con el trad-rock, que nutrió a una entera nueva generación de grupos irlandeses. Horslips —que tenían el batería más fuerte que yo haya oído en directo, aparte de Bev Bevan— grabaron un álbum concepto, *The Tain*, que soldaba el rock contemporáneo a la antigua saga del Ulster, *The Cattle Raid On Cooley*, y, en 1976, *The Book Of Invasions*, subtitulado «A Celtic Symphony». La canción folclórica «My Lagan Love» aparece, convenientemente transformada en la parte «Fantasia» del segundo movimiento.

«Todo lo que hicimos era el artículo genuino —explicó el teclista y flautista Jim Lockhart—, queríamos tomar melodías que eran inherentemente irlandesas o celtas, y ponerlas en una forma musical diferente.» Phil Lynott de Thin Lizzy, que compartía muchas raíces musicales con Van, ya había usado la misma estratagema al rockear la canción folclórica «Whiskey In The Jar» en 1973. Uno de sus peripatéticos guitarristas, Gary Moore, ya había improvisado con los ácidos y caprichosos guerreros folk Dr. Strangely Strange. Aunque decididamente acústicos, Planxty eran un supergrupo folk irlandés, que se formó primero para acompañar a Christy Moore (sin relación con el anterior) que lideró un movimiento entero de intérpretes que democratizaron sus fuentes —Donal Lunny ejerció una influencia especial— lo que llevó a los artistas locales hacia un público internacional. El futuro guitarrista del propio Van, Arty McGlyn, fue parte de este proceso, como asimismo el éxito mundial de los gaélicoparlantes Clannad, que añadieron sintetizadores a la tradición folclórica irlandesa.

Como si fuera en respuesta, Morrison estaba a punto de retirarse hacia las profundidades de su alma celta, y entrar en un largo y creativo silencio, del que por un tiempo parecía como si no tuviera que resurgir. *Veedon Fleece* era exactamente el tipo de álbum para dejar atrás como una nota provisional de suicidio. Sigue guardando muchos misterios, y si hay una llave para el alma cerrada de Morrison, creo que de alguna manera, está codificada aquí, escrita en su propia versión musical de la escritura Ogún. Van es el hombre enmascarado, en sí mismo.

Mientras tanto, Van todavía estaba a la deriva, y trataba de encontrar una orientación nueva para su vida y su música. Se produjeron informaciones no confirmadas de que él pensaba mudarse a County Wicklow, atraído tanto por el paisaje irlandés como por el generoso régimen de impuestos para los artistas creativos. Él se presentó de nuevo en el Great American Music Hall el 24 y 25 de marzo de 1975, después de declarar al *San Francisco Chronicle* que los conciertos iban a ser experimentales. «Estoy metido en algo diferente; sin las canciones antiguas, en una línea más instrumental, improvisación de tipo más libre en el saxo.» El mimo Joel McCord se unió al espectáculo, tanto para actuar con el grupo como en solitario, y cabía la posibilidad de que Morrison y McCord leyeran también algo de poesía. Bernie Krause a los sintetizadores y David Hayes al bajo eran otros miembros del grupo. El público se encontraría a un Van «cantando canciones que he grabado, canciones nuevas de reciente composición e instrumentales. Es un viaje diferente. Simplemente no quiero que la gente venga para verme cantar "Domino" o algo así».

En abril, Morrison regresó al Great American Music Hall para ofrecer cuatro conciertos más, con las entradas agotadas, y con un cuarteto nuevo, que desplegaba un sonido mucho más de «rock formal». David Hayes seguía en el bajo, con Mark Jordan al teclado —que había trabajado anteriormente con Boz Scaggs— y el ex guitarrista de Stoneground, John Blakeley. Tony Dey del grupo de Ted Ashford estaba a la batería.

La actuación de hora y media del domingo 21 de abril la inició McCord de nuevo. Van tocó cierto número de sus composiciones propias —con nuevos arreglos de «Wild Night» y «T. B. Sheets»—, viejos números de rhythm and blues, como «Walking The Dog», de Rufus Thomas, y estándares de blues como «Help Me». La auténtica sorpresa vino al final con una ampliada «St Dominic's Preview» que incluyó citas de «You Can't Always Get What You Want», de los Rolling Stones, y de «Walk On The Wild Side», de Lou Reed. AL final reapareció para hacer un bis con «Gloria».

El *Melody Maker* del 14 de junio de 1975 publicaba un reportaje de Todd Tolces sobre un concierto en sesión única en el Keystone de Berkeley. Morrison se presentó con el mismo equipo musical, al que «encabeza como un director auténtico». El bajista David Hayes estaba en préstamo de Terry and The Pirates, liderado por la guitarra estremecida de John Cipollina, antaño en Quicksilver Messenger Service. El guitarrista John Blakely tocaba el ocasional solo, aunque «empleaba la energía mayoritariamente en la estructura rítmica», mientras «el conocido músico de sesión de Marin» Mark Jordan tocaba los teclados. Van se concentraba principalmente en el saxo y sólo lo dejaba para que sus punzantes y emocionantes partes cantadas surcaran por el aire del auditorio.

La noche comenzó con «Wild Night», al principio más lenta y más funky que en el disco, luego más rápida e incluso más ardiente. «Van despegó con un inicio rugiente.» Cantó algunos blues lentos y luego algunos rápidos, y un tema instrumental parecido a «Green Onions», de Booker T. «Blue Money» encantó a la multitud. El punto álgido de la noche fue una versión de «Under The Boardwalk», de los Coasters, «ejecutada de una manera dinámica y sincera que sólo podía elaborar Morrison». Van puso la directa, y con el saxo gritón irrumpió con una «Lovelight» escandalosamente rockera —quizás alguno de los Grateful Dead estuviera entre el público—, seguida por «Domino», el tipo concreto de material de cuarenta principales que él había prometido abandonar. La complacida multitud del local le requirió para «un "St. Dominic's Preview" largo y definitivo». Un buen lugar desde el cual entrar en el silencio: durante el año siguiente o así, Van se convirtió en invisible. La siguiente presentación en público fue una corta y nerviosa aparición en el concierto de despedida de The Band, en el Winterland de San Francisco el 26 de noviembre de 1976.

Sin embargo, una nota de prensa anunciaba falsamente que él sería cabeza de cartel junto a los comerciantes de boogie sureño Lynyrd Skynyrd en la Crystal Palace Garden Party de finales de agosto. Por si ello fuera poco, también estaba anunciado el rock suave de James Taylor y de Jesse Colin Young, proveedor de muchos de los músicos de acompañamiento de Van. ¿Los había él tomado de nuevo, en plan de huérfanos, después de que Morrison los hubiera descartado como fuerzas agotadas?

Van había despedido a todos sus grupos: ahora parecía prescindir de sí mismo. Como decía en 1976 una nota de prensa de la WB, que sonaba más a nota de suicidio musical, «por lo que se refiere al año pasado, las cosas llegaron sencillamente a una interrupción absoluta. Todo se estancó en cuanto a la música. Simplemente dejé de dedicarme a ella por un tiempo con el fin de obtener una perspectiva nueva. Quería cambiar la manera de trabajar. Yo quería abrir zonas nuevas de creatividad, por lo que debía dejarlo todo durante una temporada». El tema no era altruista del todo: Van también hablaba de que quería «organizar más establemente la cuestión del negocio». En 1977, en declaraciones a Robin Denselow, de *The Guardian*, Morrison entendía que «he llegado al punto en que la música ya no significaba nada para mí. Algo me decía que debía dejarlo un poco. Y lo conseguí con años de sueño». Parecía que reaccionaba todavía contra la presión de la gira mundial de 1973: «Cuando te comprometes a una serie de conciertos se pierde toda la espontaneidad, ya no es jazz. La razón principal por la que me metí en la música y la razón por la que la hacía luego estaban en conflicto. Era una gran paradoja». Y él necesitaba espacio mental para resolverla.

Van también se acercaba a su trigésimo aniversario, una época en el que cualquiera necesita, naturalmente, mirar atrás y revaluar la orientación de su propia vida. Para conmemorar dicho acontecimiento, en septiembre de 1975, Ritchie Yorke publicó la biografía de Van, aunque como predijo Chris Austin en el *NME*: «Morrison no es una víctima del ácido; es probable que él dure al menos otros veinticinco años más, e incluso es más probable que produzca una música mejor cada vez». Austin también señala «una desagradable tendencia a la murmuración contra sus colegas periodistas», una costumbre extendida en los biógrafos de Morrison pasados y actuales.

Junto con contemporáneos como Dylan, Cohen, Neil Young y Joni Mitchell, Van entraba en un territorio inexplorado, y abrían el camino hacia un nuevo tipo de perfil artístico, como intérpretes de largo recorrido que resultaba que tocaban música rock. Sus predecesores habían disfrutado de un breve estallido de éxito, y luego de años de declive tocando en el circuito del revival. Incluso Elvis era ahora un ejercicio profundamente nostálgico, momificado en Las Vegas.

Demasiado crecido para ser una estrella pop, uno podía convertirse en una leyenda drogada como Brian Wilson, en figura de culto como Van Dyke Parks o esporádicamente activa como John Lennon. Paul McCartney derivó hacia la medianía: Bob Dylan se mantuvo sencillamente en el camino, siempre hacia delante hacia un «nuevo cruce». Muchos cambiaron de lado para trabajar tras el escenario en la industria discográfica como managers, productores o plumíferos musicales. El viejo amigo de Van, Phil Coulter, había compuesto canciones de éxito para Dana —la primera ganadora irlandesa del festival de Eurovisión— y los Bay City Rollers. Van también podría haber trabajado asalariadamente desde su casa, presentando maquetas y componiendo anuncios en su estudio portátil. Los royaltis del pop de consumo podían revertir en proyectos acariciados, como los álbumes de música orquestal de Coulter, un placer en gran medida privado.

En vez de ello, Van siguió un riguroso programa de autosuperación, una forma intelectual de circuito de entrenamiento, que compensaba la carencia de una educación formal. Él necesitaba localizar su verdadero yo interior. Como declaró a Steve Turner: «La gente puede estar ahí y hablar sobre Van Morrison, y yo me pregunto de quién están hablando. Cuando me hice famoso fue un rollo absoluto y todavía lo es. No importa nada y lo que dice la gente de la fama es absolutamente ilusorio». Él se sumergió en la música clásica —Debussy se convirtió en especialmente preferido— y se preparó un programa de lecturas de poesía, de historia, mitología celta y temas sobrenaturales, el semillero mental del que brotarían muchas canciones posteriores.

Él estaba especialmente interesado en explorar su sentido infantil de rapto místico, que le llevaba más allá del espacio y el tiempo, y esperaba «algún lugar donde poner mis experiencias, averiguar cuáles eran». Así fue cómo buscó «diferentes personas que me dieran consejos. No quisiera llamarles "gurús". Les llamaría "amigos espirituales". Yo no creo en "gurús"». Los apellidos de estas personas actúan como piedras de toque en la obra posterior de Van, parecidamente a los lugares conocidos y los nombres de calles de antes.

Con el que Van se identificó más inmediatamente fue con el visionario inglés William Blake, cuya amante esposa señalaría: «El Sr. Blake me hace muy poca compañía. Él siempre está en el Paraíso». Desde luego, los dos tienen mucho en común, como puede comprender cualquiera que haya leído la reciente biografía de Peter Ackroyd. Ambos eran en gran parte autodidactas, y provenían de un entorno de clase obrera, ambos veían visiones, y ambos creían en la fuerza de la magia. Blake vivió y murió «de manera gloriosa». «Él iba hacia ese país que había deseado ver toda su vida y se describía a sí mismo como feliz, esperanzado; en la Salvación por Jesucristo, justo antes de que él muriera su semblante se convirtió en bello. Sus ojos brillaron y él estalló en el canto de las cosas que vio en el Cielo.»

Morrison eligió otros poetas que pudieran suministrarle una clave para su experiencia visionaria: las complejidades ingeniosas de John Donne, o Wordsworth y Coleridge que buscaban el sentido en la naturaleza y revelaban tres intuiciones al lector en el «lenguaje real que utilizan los hombres». Hazlitt habla de «un puntero en la recitación, tanto en Wordsworth como en Coleridge, que actúa como un conjuro sobre el oyente, y desarma el juicio». La música nunca estuvo lejos de la mente de Van. Después de todo, Blake escribió canciones, Donne «canciones y sonetos» y Wordsworth y Coleridge hicieron su aparición con *Baladas líricas*. Al igual que Yeats, Joyce, T. S. Eliot y Kenneth Graham, Van buscaba escritores que, de maneras diversas, podían hacer cantar al lenguaje. Tendría que ser su genio especial el que combinara dicha alta cultura con la gama entera de la música popular de posguerra: el blues, el soul, el rock, el folk y el jazz.

Morrison también exploró su herencia como irlandés, gracias a las novelas de J. P. Donleavy y Brian Moore, con su prosa sencilla y vulgar sobre el Belfast de su infancia compartida. Van estudió pormenorizadamente «El crepúsculo celta» de W. B. Yeats y de la dramaturga Lady Isabella Gregory, un renacimiento de la conciencia nacional ligado a la recuperación del gaélico como idioma vivo, y el renovado interés en las leyendas antiguas y el folclore irlandés. Todo esto hizo que, a la vez, Van se sumiera en la vasta literatura alrededor del mítico Arturo, el rey antiguo y futuro. Las lecturas que siguieron iban de Aristóteles y Sócrates al proyecto de vida mística de Gurdjieff y *Autobiography Of A Yoghi*, de Yogananda.

Como Van decía en la nota de prensa de 1976: «Yo he sufrido muchas cosas en mi interior que debía solucionar». Van se zambulló en profundidad en el mundo de la psicología, de Jung a los pioneros de la Gestalt como Wolfgang Kohler, Fritz Perls y Max Wertheimer. Se suscribió a revistas del New Consciousness Movement y de la New Age Society. Se sometió también a ejercicios especiales de relajación con un alumno de Ada Rolf, y al análisis transaccional: «La mayoría de estos grupos vinieron a verme. Y yo los utilizaba si veía que ellos me podían ofrecer algo para que yo me sintiera mejor equipado para tratar con lo que tengo que hacer. Aunque ya está. Aquí se detiene todo. Nunca me he integrado en ninguna organización». Sin gurú, sin método, sin maestro.

Musicalmente, Van hacía un viaje parecido hacia su interior. Como declaró a Roy Carr del *NME*: «Yo pienso que, para los músicos como yo, el hacer conocer al público dónde tienen las raíces algunas cosas forma parte de la actuación, y que esas cosas no se materializan de la nada. Esto les abre a culturas musicales que ellos quizá no sepan ni que existen. En ellas hay algo que pueden disfrutar e incluso aprender, lo que está bastante bien». Van renegoció su contrato con Warner Brothers: «Con exceso de trabajo y de tensión, después de *Veedon Fleece*, yo renegocié el acuerdo. Fue una reacción frente al hacer demasiado». La compañía discográfica publicó un sencillo, para cubrir el vacío, que emparejaba «Caledonia» y «What's Up Crazy Pup?», al tiempo que daba indicios de un LP venidero con swing de los años cuarenta, con acompañamiento de big band.

Otros proyectos que, como mínimo, alcanzaron la fase de conversaciones incluían un propuesto álbum de skiffle con Bill Wyman, sesiones con Joe Sample, de los Crusaders, y un álbum de rock 'n' roll con producción de Al Kooper. Incluso se habló de que Van se uniría musicalmente a Phil May, que entonces vivía en París, y estaba sin nada que hacer después de que los Pretty Things hubieran llegado a ser «como un cuerpo que ha sido fatalmente herido pero que sigue caminando, sin saber la gravedad de la herida». Hubo otras colaboraciones musicales con Carlos Santana, George Benson y Brian Auger. Se grabaron maquetas con los Streetwalkers, que contaban con Roger Chapman, el ex cantante solista de Family, una relación frustrada por desacuerdos contractuales y entre managers. «Flamingos Fly» fue versionada por Sammy Hagar, el antiguo cantante de Montrose, en su primer LP en solitario, *Nine On A Scale Of Ten*. Tom Fogerty, después de huir de Creedence Clearwater Revival, grabó posteriormente dos canciones de Morrison, «You Move Me» y «Real Real Gone» en el álbum *Deal It Out*.

A Van se le obligó a dar una declaración personal a principios de 1976, con el resultado siguiente: «Sencillamente he estado probando varios proyectos experimentales en diversas épocas y lugares. Probablemente, en fecha posterior, se editará una amplia muestra de estas sesiones en un álbum del tipo "historia de..."».

Al menos ocho de tales temas se han publicado recientemente en el álbum *Philosopher's Stone*.

Se dijo que se había visto a Van entre el público en conciertos de Dr. Feelgood, del festival de Reading y en el de Eric Clapton. Tocó en sesiones para el álbum *Stone Alone*, de Bill Wyman. Hay una fuerte influencia de los Rolling Stones, con mucha guitarra slide, mezclada con Captain Beefheart en cinco piezas al parecer grabadas en 1975, en lo que se supone el proyecto de rhythm and blues. «I'm Not Working For You», «You Move Me» y «When I Deliver» son enérgicas aunque en el fondo poco convincentes, más sudor que inspiración, como Chris Farlowe en un mal día. Aunque, Van toca un poco de armónica con agallas. «Sweet Release» es más lenta y más sentida, con autoacusación: «Me corté la nariz para dañarme la cara». En «Joyous Sound», Van suena como Georgie Fame, el futuro colaborador, en una canción saltarina, casi teñida de reggae. Suena como una plantilla para Madness y la explosión «two tone», con unos cuantos años de anticipación.

Surgió una nueva cinta perdida de esa época, muy en la línea de «Joyous Sound». Toda ella tiene un aire de revisitación de *Moondance*, y permanece como eminentemente publicable. En «I Shall Sing», Van suena casi jamaicano, ligando palabras simplistas por encima de un alegre acompañamiento de big band. «Laughing In The Wind» se inicia con un tifón de metal, parecido al de la Bonzo del periodo medio, con Van que se siente lujurioso en primavera. «En un pequeño café, sólo para pasar el tiempo, me he quedado mirándote, no me preguntes el porqué.» La guitarra, prominente y precisa, sugiere que estos temas puedan ser de las abandonadas sesiones con Joe Sample. «Street Theory» es prima segunda de «Come Running», «Foggy Mountain Top» (o «T For Texas») la hace más lenta que antes con un buen piano de blues, y un solo de armónica al que sólo le falta hablar. «There, There Child» es en directo y en la sección de metal tiene una exuberancia a lo Nueva Orleans. Es una conjetura extravagante, pero Van podía haber devuelto a Shannon a casa de su madre «en la puerta delantera bajo el viejo roble», y pinta un cuadro verbal de la noche estrellada en esta explosión de cálido compañerismo: «Tú no has estado sobre las blancas rocas de Dover». «It Hurts To Want It Back» es de nuevo en estudio, y se inicia con un piano eléctrico que rueda constantemente. Van suena como Paul McCartney en la época de *Let It Be*, soul blanco percusivo. La pieza final, «Feedback On Highway 101», tiene un sonido de pub rock, como la mayoría de la cinta, activado nuevamente, más cerca de la diversión que del arte, que actúa más sobre el cuerpo que sobre el cerebro.

En «Street Theory», Van canta «es tan duro el regresar a casa», y por entonces él había abandonado los planes de volver a su patria: «¿Qué voy a hacer: mudarme a Irlanda y abrir un colmado? Yo estoy en la industria musical. No voy a sentarme en una colina cualquiera y componer canciones que van a vender diez o veinte álbumes». En vez de ello, él pasó una temporada en Londres, retomando el contacto con la industria musical. Como anunció en la fuente autorizada de una nota de prensa: «Me mudo de regreso a Gran Bretaña por un tiempo, primeramente porque quiero regresar a las raíces, allí de donde salí». En la vida como en su música: «Vuelvo a la base, el material básico de rock 'n' roll. Me gusta Gran Bretaña como lugar para vivir y me interesará comprobarlo de nuevo».

En su viaje de compras tomó un manager nuevo, el promotor de rock Harvey Goldsmith, aunque como éste dijo más tarde a Johnny Rogan: «¡Todos me decían que yo estaba chiflado! Quienquiera que hubiera estado implicado con él, ya fuera una compañía discográfica, una editora, promotora, agencia o lo que sea, le tenían un enorme respeto, pero todos decían también que él era la persona más difícil de tratar del mundo». Goldsmith siempre disfrutaba con un desafío, y aquí había uno de los mejores. En la primavera de 1976, Goldsmith contrató para Morrison los estudios Virgin's Manor, en el Oxfordshire rural, el lugar de nacimiento de *Tubular Bells* y de todas clases de jazz rock post-hippy, en el que Richard Branson encontró su primera posición satisfactoria en el mercado. Era el lugar ideal para reunirse en el campo, y casualmente no muy lejos de la casa de campo de Traffic, donde vuela el águila.

Morrison, «que en la actualidad vive en Berkshire, después de una estancia de nueve años en Estados Unidos», formaba un grupo nuevo, y el primer proyecto sería un álbum que se editaría a finales de año, seguido de una gira británica y una estadounidense. Su nuevo manager, que acababa de organizar una gira de los Rolling Stones —obligados como muchas estrellas del rock a vivir en el exilio fiscal— comentaba: «Debo decir que estoy muy contento de que Van haya decidido regresar. Es un cambio agradable el ver lo que este nombre aportará a la escena musical británica contemporánea.» Goldsmith favoreció la presencia colocada de Dr. John, o Mac Rebennack, un viejo músico de sesión de Nueva Orleans, que podría ayudar a Van a proseguir los experimentos rítmicos de las maquetas de las que acabamos de hablar. Como declaró él a Rogan, después de una larga serie de audiciones «quedamos con Mac y Ray Parker y los metimos en el estudio. Dos días después, Van decidió que no estaba satisfecho con Parker, que tenía un estilo brillante y saltarín. Van probó todo tipo de cosas. Él tenía a la orquesta de jazz de Chris Barber por ahí, que hacía algo de material de Nueva Orleans. No se utilizó para nada, pero fue divertido. Van pasó mucho tiempo en el Manor. Le gustaba el lugar».

En su autobiografía *Under A Hoodoo Moon*, Dr. John recuerda haberse encontrado con Van, que le mencionó la idea de un álbum de rhythm and blues, y de estar de acuerdo en ser el productor: «Me las arreglé para secuestrar a parte de la sección rítmica de Stevie Wonder», Ollie Brown a la batería, Reggie McBride al bajo y Ray Parker Jr. a la guitarra. «Estos tíos eran un éxito absoluto en aquella época; acababan de grabar *Songs In The Key Of Life* de Stevie.» Desgraciadamente, durante una comida en Oxford, Parker —cuya guitarra preferida se hallaba retenida en la aduana— se rió para contener la tensión, y Van se lo tomó como una cosa personal, y le despidió en el acto. Dr. John y los otros dos se quedaron con Van, pues «es posible que no tuviera la mejor personalidad para tratar con la gente, aunque la calidad mística de su voz podía llevarte a cruzar el infierno para tratar con él».

Las sesiones asumieron la calidad de una farsa del Whitehall: «Le recuerdo probando a muchos guitarristas, incluidos algunos de los mejores de Inglaterra, que habían ido en coche desde Londres hasta Oxford para hacer la audición. El estudio estaba lleno de intérpretes: yo le daba la entrada a un tío, él tocaba una nota y Van era capaz de echarlo: "¡el siguiente!". La Chris Barber Band al completo fue hasta allí para tocar en una canción, y a ellos también les despidió muy rápidamente. Nunca dimos con un músico fijo». Van y Dr. John se repartieron la tarea entre los dos, y Marlo Henderson —otro miembro del grupo de Wonder— regrabó las partes solistas en Los Ángeles. Surgieron otros problemas: «Yo había escrito algunos arreglos de metal para el álbum y fui al estudio listo para grabarlos pero Van había despedido a la mayor parte de la sección de metal». Y con todo, como hemos visto con muchos otros colegas músicos, el respeto por el talento de Morrison, y su energía mística, pesa más que sus manías personales. «Seguramente es uno de los pocos tíos con los que yo haya deseado emprenderla a puñetazos en plena sesión, pero nunca lo hice, porque respeto mucho su manera de cantar. Es un tío muy duro para tratar con él, pero su música es poderosa. Él es un enrollado místico y yo se lo respeto. Me imagino que a mayor talento que posea una persona, deben ser más incómodos de lo normal.»

Lo más misterioso de todo es una sesión en directo en el estudio que surgió en plan pirata, como *Amsterdam's Tapes*, y que John Collis fecha tan lejos como en 1974. Desde luego, la cinta de los Vara Studios es posterior, ya que incorpora a Dr. John a los teclados y vibraciones vudú y al guitarrista Mick Ronson, antaño con los Spiders From Mars, de David Bowie, y recién llegado de la «Rolling Thunder Review», de Dylan. Hay una sección rítmica con Leo Nocentelli a la guitarra y el organista Art Neville, uno de los cuatro hermanos Neville de Nueva Orleans. Jo Modeliste toca la batería y George Porter el bajo. Efectivamente, podría ser posterior a las grabaciones Manor, que se editaron oficialmente como *A Period Of Transition*, aunque aparecen más frescas y espontáneas.

«I'll Go Crazy» es un dúo con Dr. John de ritmo rápido, con una guitarra veloz. «Baby Please Don't Go» es una puesta al día del clásico de Them con un firme balanceo, de nuevo con una preciosa guitarra rítmica de Mick Ronson. Sigue «Wonderland», un instrumental de piano, especie de precursor del acid jazz, que se menea como el kilt de un escocés en Hogmanay. La lista de temas de la cinta en los archivos de Geoff Wall es radicalmente distinta de la descrita por John Collis, que incluye una actualización de «Into The Mystic» y «I Believe», aunque seguramente no es el pegajoso remedo de himno de los Bachelors. Luego viene un «Joyous Sound» sin metal, y después una primera versión de «You've Gotta Make It Through The World» con órgano swingante y aplausos del público.

Siguen dos versiones, «I Just Want To Make Love To You» —con piano tintineante y una guitarra chillona— y «Shakin' All Over», de Johnny Kidd, una canción muy querida por los Who como bis que complacía a la multitud, y que aquí termina como una ida de la olla de Led Zeppelin. «The Eternal Kansas City» es muy parecida a la versión de *A Period Of Transition*, mientras que «Fever» es otra revisión, con un acompañamiento como la primera Brian Auger Trinity. Después de una tosca «Foggy Mountain Top», la cinta salta a una interpretación descartada de «Dead Girls Of London», de Frank Zappa, con Van como escalofriante cantante solista. En *NME*, Morrison dijo: «Creo que Zappa es un ser humano muy inteligente. Pienso que tiene mucho que decir, sobre cómo funciona, lo que no debe suceder, y lo que él piensa que debe suceder. Creo que es muy bueno que él sea sincero sobre el tema». Muy parecidamente al propio Van, era la franqueza devastadora de un intérprete que siempre siguió su propia orientación, a despecho de las consecuencias financieras o políticas.

Una crítica aparecida en *Sounds*, el 24 de enero de 1976, consideraba la reedición de *His Band And Street Choir* y *Tupelo Honey*, con el título de *Two Originals*, como dos álbumes menores, aunque habían mejorado con el tiempo, como el buen champán, «con la garantía de ponerte una sonrisa en la cara y el ritmo en el alma». Barbara Charone sostenía que Van no se había convertido en superestrella al estilo Elton John simplemente por una cuestión de elección, «porque él no quiso, y huyó de las brillantes luces blancas y de las resplandecientes limusinas negras».

Las regrabaciones para el nuevo álbum se completaron de vuelta a Los Ángeles. El 25 de noviembre de 1976, día de Accción de Gracias, Van se unió a otras luminarias del rock —incluidas el igualmente solitario Bob Dylan, Joni Mitchell, Neil Young, Eric Clapton y Dr. John— tocando por los gastos para realzar el concierto de despedida de The Band en el Winterland Theatre de San Francisco. El resultado lo rodó Martin Scorsese como *The Last Waltz*, y apareció también como álbum triple, y más recientemente como CD pirata, directamente del master para mezclar.

El guitarra solista de The Band y maestro de ceremonias Robbie Robertson quería «una fiesta con nuestros amigos, como un funeral de Nueva Orleans». A pesar del clima alegre, Van estaba tan agarrotado por los nervios que el menos preocupado por la ropa de todos los astros del rock —desde luego, su aspecto normal es una parte importante de su atractivo— volvió al hotel para ponerse su vestuario de escena, menos de una hora antes de la actuación. Mientras se estremecía entre bambalinas, Van cobraba ánimo para enfrentarse a un público de pago por primera vez en más de un año.

El público respondió amablemente, sorprendido de que la superestrella local hubiera vuelto a pisar el escenario. Le saludó una lluvia de silbidos, ovaciones y patadas al suelo, que subió hasta el crescendo cuando atacó la canción folclórica «Tura Lura Lura (That's An Irish Lullaby)», «como un fiero blues de Ray Charles», a dúo con Richard Manuel, el malogrado pianista de The Band. Morrison se relajó visiblemente e hizo solos en su composición «Caravan», con gritos agudos de «gallo orgulloso» tal como había hecho en el Rainbow en 1973. The Band suenan como si imitaran al grupo de Van, en la época de *Moondance*. Adam Black del *NME* informó que Van «tiró hacia delante, llenando abundantemente un conjunto tipo chándal color arándano con lentejuelas con cordones en la entrepierna». «Fue una de las actuaciones más mágicas que le he visto realizar», dijo Harvey Goldsmith. «Él salió allí y realmente tomó por asalto el lugar.

Todos los intérpretes como Clapton, Dylan y Joni estaban en una pequeña zona lateral, y todos salieron para verle. A una persona que les hizo poner en pie y rugir con el público.»

Si el concierto señaló la muerte de The Band —y el estilo de vida comunitario que ellos representaban— también significó el resurgimiento de Morrison en la escena mundial. Él dio vida al acontecimiento. «Yo no quería promocionarme, aunque era la situación idónea por el karma. No se exageró publicitariamente, era una situación pura.» Van volvió a salir para unirse a todo el elenco en «I Shall Be Released» —el autor, Bob Dylan, ahora en el centro del escenario, compartiendo el micro con Van y Robbie Robertson—, aunque no se quedó para el calculado instrumental de retales que siguió.

De vuelta a Inglaterra, Goldsmith encontró para Van una casa tranquila con un amplio jardín en el selecto Kensington, y éste voló de Estados Unidos para verla, no le gustó, y voló de regreso. A la larga, su manager le convenció de mudarse a una casa alquilada en el suburbio de Brentwood, en Los Ángeles, durante el lanzamiento de *A Period Of Transition* en marzo de 1977. El siguiente domicilio permanente sería de nuevo en Inglaterra. El alejamiento de Van de su público tocaba a su fin.

En una entrevista transcrita en el fanzine británico *Nuggets*, Morrison describe *A Period Of Transition* como «un proyecto específico que salió de la forma en que yo quería». Coproducir el álbum con Mac Rebennack, «en cierta forma me hizo reducir la marcha, lo que fue realmente bueno para mi mente». Sobre usar la misma sección de metal para todos los temas «en ese sentido es un álbum limpio». El LP alcanzó el número veintitrés en las listas de Gran Bretaña, y el cuarenta y tres en Estados Unidos.

Van afirmó que el título del álbum se refería a la portada, en la que el fotógrafo Ken McGowan capta a Van en un estado de introspección hasta que finalmente él se da cuenta de que este humor —como todos los demás— es transitorio, y la instantánea final capta una media sonrisa. En la contraportada, él está pensativo de nuevo, virado en monocromo, con el pelo con tupé de teddy boy, lo que resume los desconcertantes cambios entre la música de varias décadas. En *A Period Of Transition* Van realiza complicados juegos con el tiempo, y con la naturaleza de su inspiración, y no fueron muchos los que se dieron cuenta en su momento. Un álbum zen.

El álbum de espíritu más cercano a este es *No Other*, de Gene Clark, un salón de espejos locos, chiflados; en cuanto a las letras ambos muestran la búsqueda del amor y la inspiración del cantante post-hippy a través de un desierto de esperanza agotada. Aunque musicalmente, la obra maestra de Clark se eleva y emociona, *A Period Of Transition* se arrastra como un perro con tres patas.

En palabras de Van «You Gotta Make It Through The World» «es una canción de supervivencia». Como en «Life's Greatest Fool», de Clark, los seres humanos están condenados a existir en un mundo que hiere y mata, una carrera de obstáculos a la que no sobrevive nadie. Para Dr. John, tiene un «sonido espiritual auténtico», pero Van suena aburrido, después del quejido y el gruñido del

Van Morrison, Bob Dylan y el miembro de The Band Robbie Robertson (dcha.) en el concierto de despedida de dicho grupo, el 25 de noviembre de 1976 (Winterland Theatre, San Francisco).

principio, antes de que irrumpa el acompañamiento y la música no consiga despegar y se equipare al malogrado tema. Se registra una falta de alegría, incluso en el solo de saxo. La vida es una putada, y al final te mueres.

«It Fills You Up» es un intento por parte de Van de expresar el espíritu inspirador tras su música, que le lleva a «otro reino... con reyes y reinas». La letra puede decir «debes hacerlo o morir», pero las partes cantadas son inconexas y la música anda lentamente. «It fill you up to the brim, Jim» [«Te llena hasta el borde, Jim»] no es precisamente inspirado.

«The Eternal Kansas City» la inspiró un sueño. Durante una estancia en la región de Costwolds, Van pasó por un lugar llamado Birdland —supongo que es el asilo de pájaros de Bourton on the Water— y en un extraño giro de la lógica y de transferencia del tiempo lo asoció con el club neoyorquino ligado para siempre a Charlie Parker. En un sueño ambas imágenes se acoplaban a Kansas City, sin más motivo. En la revista *Circus*, Dr. John la describe como «la canción sobre la que Van hacía girar el álbum entero. Para él era una cosa muy profunda en que centrarse. Iba de un sonido con una voz muy etérea hasta una introducción de jazz y luego hacia una especie de rhythm and blues fornido». Hasta aquí, muy bien. Todo está preparado para una epopeya con la fuerza y la majestad de «Listen To The Lion». Y lo que en realidad tenemos es un estridente coro de Las Vegas, con las mujeres en primer término, y los hombres en alguna parte muy al fondo, un (muy) corto pastiche de Parker, luego una breve letra de Van, que en su mayor parte repite el estribillo. Y se acabó, una primera cara corta y decepcionante.

«Joyous Sound» es más como el auténtico Van, cuando él empieza a gemir, y la letra se explica por sí misma. Gracias a la música, el cantante está en contacto con el paraíso, el cielo del amor terrenal. Al final un toque a cappella, «His Band And Street Choir» llega por fin. En cuanto al tema siguiente, «Flamingos Fly»: «He realizado tres versiones diferentes en el estudio. La he hecho lenta, una versión de balada. La hice en una versión a medio tempo y he hecho ésta. Que es la que me gusta más para editar».

En términos de velocidad, no es exactamente los Ramones, pero va adelante perfectamente con una guitarra al estilo de Steve Cropper. ¿Aunque dónde está Dr. John en todo esto? La cinta de los Vara Studios presenta sus potentes teclados con mucha más profundidad y urgencia. Van ha excluido la poesía de la canción, y su voz en vez de volar, fastidia, sólo hace falta comparar con «Silver Raven», de Clark, en la que el ex Byrd se eleva alto, siguiendo a la musa. En comparación, la voz de Morrison suena como si se le hubiera inyectado helio, y la tensa para llegar a la estratosfera del registro agudo de David Surkamp.

«Heavy Connection» es «material psíquico», y comienza con un auténtico escalofrío musical, con la voz de Van cantando frente al fondo de metal «desde el susurro hasta el grito». Luego él comienza a tararear y toda la esperanza se desvanece. La letra es interesantemente secreta; Van en Amsterdam, que recibe una «postal fotográfica» del «barrio de la luz roja». La imagen central —contactar con tu amante es tan secreto y necesario como con tu camello— es una metáfora de las drogas, como «From A Silver Phial», de Clark, aunque carece de la desesperación y la majestad de la canción. El final despega, con Van que canta al amor como un arco iris, y con los músicos de acompañamiento que pierden su anonimato tranquilo.

«Cold Wind In August», de repente, es lo mejor de todo, un estremecimiento de deseo entre dos amantes, y una fusión atrevida entre los estilos musicales de los cincuenta y los sesenta. Dr. John declaró a Elliot Cohen que «en la voz solista hay muchos matices. La canción es un recorrido de la música de los cuarenta a la de los setenta. Es como tomarlo allí donde Ray Charles lo dejó. Es una auténtica canción sentimental que te devuelve a lo básico de la música». La paradoja del título es como un escalofrío repentino de mortalidad, y la voz de Van es potente. El saxo tenor de Jerry Jomonville muestra a un músico inspirado, por fin, que desata un lento y largo chillido. Esta saga californiana puede compararse con la obra *Purgatory* de W. B. Yeats, con los mismos sucesos eternamente reciclados y no resueltos, como un bucle de cinta sin fin.

Sin embargo, la estrategia zen final es crear un álbum tan bien producido que toda la vida y la inspiración se han exprimido en él, de manera que Van parece que canta dentro de una campana de cristal. Los músicos de acompañamiento permanecen talmente anónimos, al fondo, fuera del contacto con la voz de Van. Cualquiera de los proyectos abandonados de los que hemos hablado antes tenía más vida e interés que esta cuidadosa confección. Los arreglos se describen como de «cabeza y cráneo»: ¿Así que, dónde está el alma?

Los críticos no quedaron impresionados. Jude Carr, de *Sounds*, piensa que el problema principal es el acompañamiento anónimo, las canciones previsibles, y la voz de Van que «carece de emoción verdadera, sin mucho sentimiento». Para Nick Kent, del *NME*, Van ha atraído una legión de imitadores: Bruce Springsteen, Graham Parker, Phil Lynott, Elvis Costello, Bob Seger... Efectivamente, Morrison ha fomentado un linaje enteramente nuevo de rockeros: el perdedor bajito, torpe y pendenciero lo patentó él, el primero y principal. Aunque, el álbum presente proporciona «un telón de fondo auditivo pálido y descuidado, que no significa nada». El álbum hubiera sido mejor llamarlo «un periodo en el limbo». El *Melody Maker* encuentra el álbum dominado por estribillos trillados, sin interés, y la impresión final —como la portada— extrañamente cohibida.

Van reconoce que es mejor confiar en el inconsciente. Como declaró a *Nuggets*: «He compuesto canciones que no sé qué coño significan. Como Kerouac —aquí la revista imprime "Cadillac", evidentemente sin descifrar el acento de Belfast de Van—, parte de su obra en prosa, no puedes preguntar qué significa, dice lo que dice. Y a ti te gusta o no. Esto es lo que me gusta del rock 'n' roll, el concepto».

siete:

Hacia la mística («Into The Mystic»)

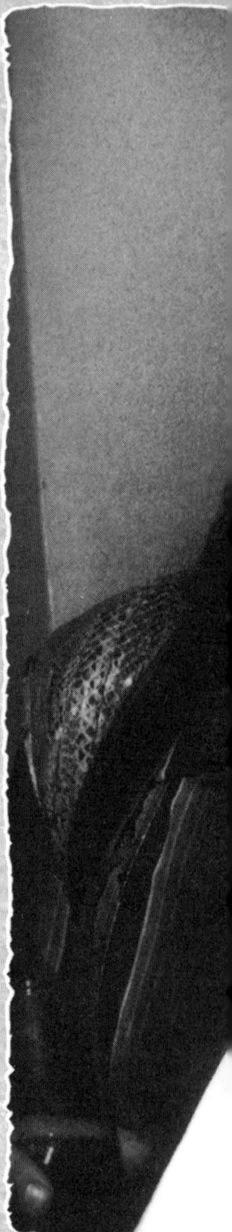

Van Morrison con el músico Dr. John, hacia 1977.

Los años de retiro habían terminado. Van se zambulló de nuevo en la agitación del rock 'n' roll y bajo la dirección administrativa de Harvey Goldsmith consiguió una repercusión mediática notablemente alta. Van grabó un «Midnight Especial» para la cadena estadounidense NBC, que se emitió en abril. Harvey Kubernick informaba para *Melody Maker*: «Los ensayos empezaron a la una del mediodía. Luciendo unos Levis beige y una camisa azul, Van tenía el aspecto de un universitario de sport. El pelirrojo desplegaba un humor jovial y se mostraba muy amistoso en los descansos de la grabación». Se rumoreaba que Robbie Robertson, Levon Helm y Ringo Starr estarían presentes, aunque la formación real del grupo de Van traía a dos nombres del pasado, John Platania y Jeff Labes, con Dr. John al piano y Ollie Brown, el batería de *A Period Of Transition*. En el plató también estaban el bajista Anthony Johnson, tres instrumentistas de viento incluido Tom Scott —que había conducido el vuelo de Joni Mitchell hacia el jazz de cóctel— y dos cantantes femeninas de acompañamiento. Ellos hicieron una primera versión de cuatro canciones del nuevo álbum, rehechas posteriormente.

Morrison reapareció poco después de las ocho de la tarde, con el mismo conjunto de ante de color borgoña que vistió en el Winterland, en el último concierto de The Band. Van se lanzó de inmediato a una versión de siete minutos de «Moondance», con Carlos Santana y George Benson intercambiando riffs de guitarra y con coros de Etta James. Dr. John tomó la batuta para un par de estrofas. Siguió un dúo con Benson en «Misty», de Erroll Garner. Un vídeo superviviente muestra una interacción maravillosa, casi como una pareja haciendo el amor entre las fluidas partes vocales de Van y Benson, un gran guitarrista, que tocó de igual a igual con gente de la talla de Miles Davis antes de que cayera en las canciones para el gran público. Por la tarde había empezado como una jam imprevista, y luego fue el momento culminante de la emisión.

Morrison era como Lázaro, resucitado de entre los muertos. «El programa reafirmó que Van se sentía bien en el escenario, en su sitio. Las informaciones de problemas con la bebida y un comportamiento difícil quedaban lejos de lo que yo observé. Ha renacido una estrella.» Además, el oráculo —tanto tiempo en silencio— hablaba ahora. Cameron Crowe, de *Rolling Stone*, registró la primera entrevista con Van desde 1973 (de la que la trascripción de *Nuggets* parece ser un robo directo). Se reunieron en el hogar provisional de Van en el suburbio de Brentwood, en Los Ángeles, un vecindario urbano «repleto de una cacofonía agradable y folclórica. Los niños chillan mientras van en bicicleta. En la calle, más abajo, se juega un partido de béisbol. El vecino escucha el transistor mientras arregla el coche en la entrada». Un escenario de normalidad agresiva, como el satirizado al inicio de la película *Eduardo Manostijeras*.

Van está a punto de dejar California, su hogar durante los últimos seis años, para siempre. Su próxima base será Inglaterra. El poeta se esconde bajo un disfraz suburbano, abriendo la puerta con una chaqueta de tweed, y llegando en un Nova de alquiler a un restaurante playero de Malibú, con vistas al océano. «Nunca he encajado realmente en California. Es raro que me haya quedado tanto tiempo.» Van tiene el color paliducho de no salir de casa, y lo expresa a su manera: «Me quedo atrapado escuchando el mismo álbum en directo de Ray Charles todo el rato». Los primeros álbumes de Van se vuelven a vender bien otra vez. «Mi intención ahora es integrar los discos y las actuaciones. Hay que tomarlos juntos por separado.»

En cuanto a la puesta al día de «Gloria», de Patti Smith: «Podría incluso gustarme por lo que fue. No me deja sin habla como otras cosas. Pero si llega algo como lo que hace Patti Smith, ahora tengo tendencia a aceptarlo tal como es». Van habla de sus años a la deriva con una rara franqueza: «Llega un momento en que tienes que desprenderte del ego. El ego es muy útil para hacer un montón de cosas, pero en ocasiones se te puede girar en contra y volverte loco, y joderte. Me dediqué a dejarlo todo atrás, incluso en algunos momentos la misma escritura. No tenía nada concreto que decir».

Por pura casualidad, el hilo musical del restaurante difunde *Tupelo Honey*, aunque Van parece que hace tiempo que se ha hecho a la idea de la fama: «No me importa si la gente se me echa encima, yo lo adoro, simplemente, porque significa que la cosa merece la pena..., otros sacan cosas de ello». Esta magnanimidad continuaría durante mucho tiempo.

Van se volvió a zambullir en el circo de pulgas de los medios de comunicación, pasando por encima de las maquinaciones de los demás, incluida una rueda de prensa en Amsterdam. Lo más seguro es que la cinta de los estudios Vara date de esta visita: tres canciones se grabaron en vídeo. También se rodó una actuación de una hora en Hilversum, donde tuvo en el escenario a Dr. John, Mick Ronson, el ex batería de Stackridge Peter Van Hooke y el bajista Mo Foster. Van Hooke se convertiría en uno de los colaboradores musicales más duraderos. Según John Altman: «Él y Van se hicieron muy íntimos, y residieron cada uno en casa del otro». Esta confianza mutua se notó en la música. «Las aportaciones de Peter al espectáculo de Van..., él ofreció mucho. Peter siguió las degradaciones dinámicas de Van y a menudo llevó a Van a lugares en los que siguió.»

La misma formación realizó una recepción con actuación para la prensa en los exclusivos límites del Maunkberry's —anteriormente, el 55 Club— de

Mayfair. El *NME* se entusiasmó: «y él tocó, un buen rato, con el incomparable Mac Rebennack tintineando las teclas de modo exquisito a lo Prof. Longhair». En junio, cuatro de las canciones de esa noche emergieron para un público más amplio en *So It Goes*, de Granada TV. «Van parecía que intentaba sacar a la luz sus tripas para expresar su soul de Caledonia, estándares del rhythm and blues como "I Just Want Make Love To You", una canción nueva llamada "Venice", un pequeño tema angustioso titulado "Twilight Zone".» La gran traca se prendió con el último tema «Kansas City» (su nuevo sencillo). Mick Ronson tocó la guitarra, muy contenido, Peter Van Hooke golpeó los parches con la desinhibición apropiada, y Mo Foster se mostró firme en el bajo, con sus llameantes rizos rojos en movimiento.

Se produjo un breve intermedio, mientras el público se zampaba las salchichas y el puré de patatas gratis, y luego una jam musical, con Van —vestido con una camisa de seda y vaqueros blancos— haciendo dúo con «un ligeramente tímido» Roger Chapman. Apelotonados en un escenario diminuto se producía un ataque triple de teclados con Dr. John, Brian Auger, el socio musical de Julie Driscoll, y Pete Bardens, un colega de Them perdido de hace tiempo. Graham Parker —que era a Van lo que Donovan a Dylan— se agazapó esperanzado en la puerta, pero no se le llamó a escena. El conjunto, que también incluía a Ray Russell y Alan Spenner, retomó un viejo tema de los preferidos de Them, «Turn On Your Love Light», y la lista de canciones era la versión de Van del pub rock, un torrente lleno de viejos clásicos. «Help Me» gustó, y la última canción «Rock Me Baby», de B. B. King, incorporó al guitarrista negro Bobby Tench, «de aspecto radiante». Roy Carr recuerda que el exiguo público estaba más apretujado que en el metro de la línea norte en hora punta, mientras «Van gemía apasionadamente».

Por supuesto que hubo mucha agresión punki y mucha truculencia en acción durante una entrevista con Nicky Horne en Capital Radio, extrañamente parecida al enfrentamiento en directo de los Sex Pistols con Bill Grundy. El acontecimiento se anunció como la «primera entrevista en años» de Morrison, pero cuando Van y un Dr. John, químicamente colocado, llegaron a los estudios de la Capital, aquel respondió al amistoso hola de Horne con un «¿Y tú quién eres?». Desvanécete, John Lydon.

Horne contó a Johnny Rogan lo que siguió: «Morrison estaba evidentemente de mal humor y con Mac no se podía hablar porque no sabía ni en qué planeta estaba. Él estaba allí de pie con una cachiporra, para sostenerse». Primer error de Horne: en realidad, ése es el tótem mágico de Rebennack, del que nunca se separa, casi como la manta de Gene Wilder en *Los productores*, pero con una carga de vudú. Según Van: «Él no dijo una palabra. Tan sólo miraba muy malhumorado. No habló con nadie». No era el mejor inicio para una buena entrevista radiofónica.

Ya en directo, Van divagó, a la manera de un monólogo interior dylaniano, sobre el encuentro con Dr. John; luego, como un punk de expresión clara —si ello no es una contradicción—, Van desmitificó el proceso entero: «Lo que hago en este momento es una entrevista con objetivos promocionales, ni más ni menos que eso. Hay un álbum, y por eso estoy disponible para hablar». Es exactamente lo mismo que PIL titulando su álbum como *Album*, o Prag Vec incluyendo instrucciones en su primer EP para que los demás puedan hacer y publicar otro. Morrison deconstruye su propia imagen mediática, y no la que ofrece Nicky Horne ni la que le agradece: «En mi entorno no hay mística. La única cosa que tengo cerca es este micrófono... No puedo ver ninguna mística por aquí». En ese punto, Van golpea la pared. Evidentemente, a Horne le vienen ganas de golpear a Van, como réplica: «Empecé a perder la calma. Él la estaba cagando. Había miles de personas que querían oír hablar a este hombre y que habían escuchado y adorado su música».

Aunque Van rechaza cualquier otro papel que el de seguir a las musas: «Yo nací con un don natural para tocar música y componer canciones, y eso es todo lo que sé. El resto de este rollo, no tengo ni idea de qué va». Una grabación de «Into The Mystic», nada menos, concluye la entrevista. Van abandona el estudio sin más explicaciones, y deja atrás el sonido, metafóricamente hablando, de los sollozos de Horne en un rincón: «Jamás he realizado una entrevista tan mala. Yo estaba realmente disgustado porque un hombre que yo admiraba desde hacía mucho tiempo pudiera cagarla de una manera tan enorme. Él destruyó realmente mis sentimientos hacia él como persona». Después Van le dijo a Goldsmith que «estoy harto de ser una leyenda viva. Quiero ser una estrella».

Una entrevista parecida con David «Kid» Jensen —un partidario de hacía tiempo—, para Radio One, es ya una leyenda, y permanece decididamente no emitida. Pocas horas después de la entrevista con Nick Horne, Van subió al escenario del Speakeasy, uno de los templos espirituales del beat británico de los sesenta, y habló a través de su música. Van dominó la baja plataforma del escenario, y lo volvió a conseguir de nuevo, esta vez con la ayuda de Eric Burdon. Chas de Whalley estaba allí para *Sounds*: «¿Has mirado a Dr. John the Night Tripper directamente a los ojos? Has estado tan cerca de Van the Man que puedas oír su respiración. Tú debías estar en el Speakeasy la noche del viernes pasado. Anunciado en broma como The Belfast Intruders, Van Morrison tenía tras de sí un pequeño grupo la mar de bueno. Y ellos también estaban apelotonados».

La actuación comezó como poco más que una jam session. Con pausas a menudo de cinco minutos entre canciones, el menú era otra vez de pub rock con viejos clásicos como «C. C. Rider», «Baby What Do You Want Me To Do», «What'd I Say» y «I Just Want To Make Love To You» que mostraban las raíces de Van en los grupos beat. Las peticiones de platos más sofisticados como «Astral Weeks» y «St. Dominic's Preview» se ignoraron cuidadosamente, mientras que «pese a ser un cantante cálido y romántico, Van no hizo ningún intento en absoluto de comunicarse con la multitud. Fuera de micro, desaparecía entre bambalinas, fumando con avidez durante un rato. Ante el micro, gritaba y aullaba con los ojos bien cerrados, cuando no se quedaba mirando fijamente a un punto sobre las cabezas del público, afligido al parecer por un terror extraño y desapasionado».

Después de que algunas bandejas con cerveza circularan entre los músicos, incluso Van empezó a soltarse, y canciones nuevas como «You Gotta Make It

Through The World» y «Fills You Up» toparon y saltaron en los lugares adecuados. Para Chas de Whalley, enfangado de punk, Morrison «era como un Sinatra rockanrolero aunque sin smoking». Más ajustado, el compatriota norirlandés de Van, Roger Armstrong, de Chiswick Records, agarró por los hombros a Roy Carr del *NME* y gritó por encima de la música: «Para mí esto es más que entretenimiento, es casi una experiencia religiosa».

Después, Roy Carr interrogó a Morrison para un artículo titulado «Retrato del artista como capullo malhumorado». Morrison revela finalmente por qué disolvió la Caledonia Soul Orchestra original, tres años antes: «Ese grupo estaba en su apogeo y yo empecé a darme cuenta de que no había nada más que hacer en ese contexto particular. Habíamos estado prácticamente cinco años haciendo el mismo espectáculo. La única diferencia había sido el añadido de la sección de cuerda. Instintivamente, yo supe cuando se agotó». Van viste un jersey de punto, y agarra un paquete de Marlboro: «Quiero obtener tanta diversión como auténtica satisfacción de hacer música, ahora que tengo cuarenta años —o como cuando empecé con Them— porque es lo mejor que sé hacer». Van admite ante Carr que, en los últimos tiempos, ha sido demasiado solitario.

Sin embargo, Morrison se muestra casi hermético en los comentarios a Ian Birch, de *Melody Maker*, tanto que, a la larga, cuando se publique el artículo se titulará «Morrison: una película muda». Va a las entrevistas como si asistiera a su propio sacrificio: «Detesto las entrevistas. Esto lo hago con objetivos promocionales». Aunque se permite deslizar alguna pesadilla: «Los que me copian venden más discos que yo». La mejor de estas entrevistas, un guión cómico en sí misma, es un diálogo con Vivien Goldman, en *Sounds*. Incluso el título es para morirse de risa: «Es decir, está bien ver a la reina y al duque de Edimburgo cómo saludan con la mano». Vivien —una destacada aficionada al reggae que consiguió publicar un sencillo new wave— está lejos de aterrorizarse por conocer al gran hombre, en un restaurante de Kensington. Van cubre su bistec con salsa, y come de buena gana, para después sorprender a los camareros tomando las fresas con los dedos. Hay una sensación de enojamiento, «los ojos azules tras las gafas de sol azules te desafiaban, y te impulsaban a demostrar incomodidad».

El resultado se publica en *Sounds* como un diálogo teatral, todo él material de impacto, con ambos en pleno toma y daca. Como en una obra de Harold Pinter. Bajo la superficie, se masca la tragedia, y se producen muchos silencios entre los asaltos de esgrima verbal.

VG: «¿Qué le ha traído por aquí?»

VM: «Creo que la BEA.»

VG: «¿Y qué ha comido usted en el avión?

VM: «Comida misteriosa.»

VG: «Puede ser cualquier cosa, trinchada allí en el poliestireno. Un arte británico antiguo.»

VM: «No sé lo que es, pero es malísimo.»

Van se niega a hablar de su reciente peregrinaje espiritual. «No te lo puedo contar. No cuadraría en esta revista. A la gente interesada en música pop no les interesaría.» Goldman, por el contrario, sugiere que Van subestima a su público. Ella le empuja a una afirmación extrañamente directa.

VM: «El tema principal es "gústate a ti mismo". No lo vas a conseguir de una estrella del rock. Tienes que conseguirlo por ti mismo.»

VG: «¿Hay algún momento en que usted esté confuso consigo mismo?»

VM: «Sí, me he interesado por algunos temas sobre la identidad, o algún rollo de esos, lo que en psicología llaman una crisis de identidad. Se llama crecimiento.»

Van pide ver la entrevista antes de la publicación, «si no las cosas se pueden poner entre paréntesis, subrayar, añadir, sustraer, partir, puede pasar de todo».

La cosa suena como sacado de aquella sinfonía televisiva de la paranoia, *El Prisionero*. En un tono muy parecido, Lester Bangs escribe haber visto ese verano a Van en televisión, cantando «A Cold Wind In August». Bangs brinda una buena y convencional lectura: «El único problema es que salta adelante y atrás de una línea en el escenario durante todo el rato que canta, con los ojos fuertemente cerrados, con su pequeño cuerpo como de boca de incendios que salta hacia arriba para aplacar lo que debe ser un nerviosismo purgante que se transfiere al operador de cámara.»

Si Van se sentía nervioso por su pasado musical, entonces tenía todo el derecho a temer su resurrección. Ese septiembre, en *Sounds*, Chas de Whalley informa que Phonogram ha adquirido los derechos del material Bang, y lo ha reeditado bajo el título de *This Is Where I Came In*. La música va envuelta en una carpeta horrorosa, con una caricatura de Van caminando por una calle de Nueva York, con el estuche de la guitarra en una mano, y con la otra aferrando su chaqueta contra el frío. Parece una versión de grandes almacenes del *Freewheelin'*, de Bob Dylan, aunque la crítica de De Whalley sugiere un alma gemela de Lou Reed. La música del disco muestra la mente de Van muy al margen, que se tambalea en medio de un infierno personal, y «miles de fiestas clandestinas de drogas». La colección podría figurar en «una lista con los diez primeros de los más atormentados de todos los tiempos, convencidos de que las agujas son agujas y la desesperación es desesperación».

Tony Parsons, ese azote de todo lo hippy, critica el álbum en el *NME*, con el título de «My Bang Pages», y lo compara favorablemente con ofertas más recientes, «pues el hombre sigue su declive». Como *Funhouse*, de los Stooges, o *Kick Out The Jams*, de MC5, el álbum asume una sensación de que estará de moda tardíamente, literalmente música adelantada a su época. Aunque Parsons procede con elegancia. «He Ain't Give You None» viene «de una zona en la que Morrison sobresale como nadie: esa sutil angustia vocal al ofrecer el corazón sangrante a una chica a la que cualquier otro le habría roto las piernas». Mientras tanto, la «intensidad sentimental» de Van estampa su autoridad en «todas las fuentes fragmentadas de su inspiración». En noviembre, otra parte de su rompecabezas musical resurge de la chatarrería del vinilo. WB reeditó «Moondance» en sencillo: llegó al número noventa y dos de los cien primeros estadounidenses.

Van dejó su grupo de ocasión, con Dr. John y los demás. Como declaró Goldsmith a Rogan: «De repente un día, Van dijo: "No quiero trabajar más con ese equipo, lo dejo"». De gira, Morrison observaba una dieta estricta, y despedía inmediatamente a cualquiera que encontrara tomando drogas (lo que quizá explique la rápida renovación de sus músicos de acompañamiento). Él llamaba a Goldsmith dos veces al día, a las dos y a las ocho de la mañana, para preguntar cómo se vendía su nuevo álbum. Goldsmith delegó a Bill Siddons, manager en el pasado de los Doors, viejos amigos musicales de Van, para que supervisara los asuntos de negocios en Estados Unidos. El experimento fracasó, y se despidió a ambos a favor de Bill Graham, el viejo amigo de Van del Fillmore, gracias al que conoció a Janet Planet, que empezó a perseguir los royaltis perdidos. Van también se enfadó con Warner Brothers: «He estado demasiado tiempo con ellos, ya no es lo que era».

En marzo, en una entrevista con la nueva revista irlandesa *Hot Press*, Van declaró a Dermot Stokes que a él ya no se le preguntaría acerca de su trabajo más de lo que se le preguntaría a cualquier obrero: «Es decir, la gente que va a trabajar de nueve a cinco, como muchos hacen. Porque, nadie les aborda micrófono en ristre cuando salen por la puerta de la fábrica y les dicen: "¿Qué tal ha ido hoy?". Ellos sólo hacen su trabajo, y no les preguntan: "¿Cómo ha funcionado la máquina? ¿Hoy ha sido diferente de ayer? ¿Trabaja mejor con un mono marrón que con uno verde?"».

«Para mí la música es espontánea; el componer también, y todo se basa en no tratar de hacerlo. De principio a fin, ya sea componer una canción, o tocar la guitarra, o una secuencia armónica en particular, o tocar el saxo, todo está basado en la improvisación y la espontaneidad. Esto es lo que sigo intentando de comunicar en las entrevistas, y es muy difícil porque el proceso está más allá de las palabras.»

Mientras tanto, Morrison regresó al Manor para grabar su nuevo álbum, *Wavelength*. El oráculo se reveló de nuevo a Davitt Sigerson, del *Sounds*, el 1 de julio. Recién salido del estudio, se dirigió a la sucursal de Browns de Oxford, una tasca de pasta y ensaladas, y pidió una gran fuente de verduras. «No está enfadado, simplemente tiene ese aspecto.» En cuanto al nuevo disco: «Todo es material de Morrison, rhythm and blues, soul, folk, lo que sea. Este álbum es un poco más suave, con más baladas». Van habla reveladoramente de su continuada búsqueda de las raíces celtas: «Es una expresión de la supervivencia primigenia básica, va hacia la mitología y lo que sea, ese tipo de cosas. Durante ese periodo de tiempo yo me interesé mucho por el viaje de los libaneses a Irlanda y de los daneses a Escocia y ese tipo de cosas. Yo nací en Irlanda del Norte, con la abuela paterna escocesa, lo que me coloca en esa situación primigenia».

Van no se revela como un gruñón sino como un duendecillo incomprendido: «Cuando bromeo, me toman en serio. Tengo un sentido del humor seco». Él habla convincentemente de planear su carrera por partes: «Mi método de trabajo es tomar un cierto grupo de músicos, fijar un periodo de tiempo e ir directo al tema. Y salga como salga».

El álbum nuevo se apoya en una columna vertebral que incluye a Peter Bardens al teclado, al batería Peter Van Hooke y al bajista Mo Foster, que habían tocado juntos con los reformados Walker Brothers y para la banda sonora de la serie de televisión *Rock Follies*. Los tres habían figurado en el segundo álbum de Yellow Dog, y con el guitarra solista Bobby Tench —que anteriormente había tocado con Jeff Beck y liderado un grupo propio, Hummingbird— esta formación se convirtió en el grupo de gira de Van, que le iba como un guante. La última pieza del rompecabezas, a la guitarra rítmica, era Herbie Armstrong, otro viejo colega musical de Van. Aunque, el papel protagonista del LP fue para Garth Hudson de The Band, al acordeón, sintetizador y órgano. El propio Van tocaba el saxo, los teclados y la guitarra. John Altman recuerda haber ido al Manor con el trompetista Digby Fairweather, «pero esperamos durante seis horas y no pasó nada».

Wavelength se editó en octubre de 1978. La instantánea de la portada del álbum era del fotógrafo Norman Seeff, largo tiempo asociado con las esbeltas portadas de Joni Mitchell, y mostraba a Van retocado con aerógrafo y casi sonriente, con ajustados pantalones blancos, camiseta oscura y antebrazos peludos, fumando un cigarrillo hasta apurarlo. Por una vez Morrison tiene un aspecto de estrella del rock, o de James Dean viviente, drogado de misticismo, y detrás de él hay unos garabatos a lápiz, en plan infantil, de color azul y morado.

En Estados Unidos, el álbum hizo un rápido ascenso hasta el número veintiocho, complementado por la entrada entre los cincuenta principales para el sencillo del título. En tres meses, consiguió el oro, y se convirtió en el álbum que más rápidamente se vendió en su carrera. En Gran Bretaña, «Bright Side Of The Road» llegó a ser el primer sencillo de Van que entraba en las listas, y llegó hasta el número sesenta y tres. El álbum logró todo lo que *A Period Of Transition* no consiguió, combinando un sonido adecuado para la radio y canciones tarareables con un mensaje místico subyacente, para los que pudieran comprenderlo.

«Kingdom Hall» vuelve a la devoción de Van por su madre en tanto que Testigo de Jehová, aunque sexualizándola con una potente mezcla de amor y religión. Para David McCullough, este tema inicial «tira del álbum en su conjunto con una autoridad audaz y engreída, con una amplitud recién abierta. Como declaró Van a *Rolling Stone*: «Cuando empecé lo hice en orquestas de baile, y quería volver a ello. Realmente, lo veo como una manera de no pensar. Considero el baile solamente como baile. Cuando estás metido de verdad en la interpretación musical, las palabras no vienen al caso. Y yo tengo la sensación de que ese tema del baile, va más allá de las palabras». Una canción sobre perderse a sí mismo.

En «Chekin' It Out» una relación amorosa se acaba, pero la rescatan invisibles «guías y espíritus en el camino». Salvar una relación se compara a la meditación: ambas cosas nos ponen en contacto con lo eterno. Para Max Bell, aquí Van canta con «una voz de encantadora razón de cristal»: para Dave McCullough, la canción «serpentea como un río que espejea. Un hechizo musical». Una canción para encontrarse a uno mismo.

Una de las imágenes de Morrison tomadas en la sesión fotográfica para la portada de su LP *Wavelength*.

«Natalia» divide a nuestros dos críticos invitados. Dave McCullough halla «una canción de amor de conmovedora desesperación, el tipo de relación de hoy en día, fugaz y preciosamente disponible». Mientras que Max Bell es más cínico, y para él es «una canción para capullos vacilones». Sea lo que sea, el canto de Van, el riff de acompañamiento, las voces femeninas y la canción en sí son espléndidos, como un sabroso pastel, aunque las palabras digan poco. De nuevo estamos en el reino de la magia, cuando dos amantes se encuentran por primera vez.

«Venice USA» contiene el acordeón de Garth Hudson, y un ritmo de feria como «Willie And The Hand Jive». De nuevo el amor, con lágrimas llenas de alegría, y la búsqueda del propio yo que es más que geográfica. Un momento de epifanía para Van, las «calles están empapadas de lluvia». Por supuesto que aún son más húmedas en la Venecia italiana.

Para McCullough, «Lifetimes» es música «no simplemente sobre la eternidad, sino que es la materia misma de la eternidad, inexorable y poderosa». Sólo Morrison y Dylan pueden dar la impresión de, «por algún don divino, poseer de verdad la obra entera profundamente en su interior». Para Bell, «él convierte una canción de trabajo en un espiritual personal sin recurrir a la sinceridad gastada». Dos de los mejores críticos de rock se han centrado de manera independiente en el corazón de esta canción, una inmovilidad sagrada. Ésta es una de las mejores canciones de Van al silencio, un himno —una palabra demasiado usada en la crítica pop, aunque aquí adecuada— con un clavicémbalo tintineante, que enfatiza la sensación de estar fuera del tiempo. «Tantas vidas.» El barquero es Caronte, que traslada a los muertos a través de la laguna Estigia, y aquí hay ecos de «Suzanne», de Leonard Cohen, «Ferryman», de Ralph McTell, «Watching The River Flow», de Dylan, y «I've Got The Music In Me», de Kiki Dee, todo junto. Buenas vibraciones.

Si la primera cara constituye una suite musical, una especie de réplica espiritual al Ziggy Stardust de Bowie, luego la segunda cara es más suelta, «soul moderno básico», según Bell. Su tema de vinculación, al igual que en «Venice USA», es una serie de homenajes a la cultura estadounidense, justo cuando Van está a punto de mudarse a Inglaterra. El tema del título es —todo a la vez— una canción de amor sobre la misteriosa y tácita comunicación entre los miembros de una pareja, y un recuerdo cariñoso a la costumbre de Van, cuando era un muchacho, de sintonizar la Voice of America. «Come Back Baby» se refiere a Ray Charles, tema de una relación amorosa musical de toda la vida. El sexo no es el único fruto.

«Santa Fe» es una composición de Jackie DeShannon, y en ella se ve a Van ceder parte de su muy pregonado control creativo: es la primera colaboración musical que aparece en cualquiera de sus álbumes, y es country rock relajado en el mismo tono de «Help Yourself», de Cowboy Or England. Una guitarra que suena cercana al llanto la une a «Beautiful Obsession», una canción de amor a una mujer o a Dios, que para Max Bell «revisita el terreno ondulado de los misterios eternos de Morrison, en los que una serie de afirmaciones aparentemente tópicas asumen una vívida coherencia, que se manifiesta en el *groove*».

Más imaginería vaquera en «Hungry For Your Love», con un precioso *groove* suave, mucho piano eléctrico de Van, Herbie Armstrong con una sociable guitarra acústica y Morrison que declara su amor por el ante. «Take It Where You Find It» trata de una frase: «Sueños perdidos y sueños encontrados en Norteamérica», que le vino a la mente en un vuelo de Los Ángeles a San Francisco. Es una canción de búsqueda, como tantas de las últimas letras de Van, y en el estribillo se enorgullece del cuatro de julio. Otra canción sobre la magia y la búsqueda de la iluminación espiritual a través del amor terrenal. «Voy a caminar por la calle hasta que vea mi luz resplandeciente.» Ésta es una visión de consuelo espiritual que también se puede alcanzar en la mutabilidad, «cambia, ven aquí». Como declaró Morrison a Chris Welch, del *Melody Maker*, sus canciones son lo bastante fuertes para asumir una vida propia: «No me preocupa que la gente haga diversas interpretaciones. Las cosas que compuse hace mucho tiempo ahora tienen un significado diferente. Cuando las interpreto, dicen cosas totalmente diferentes. Las canciones, los significados, todo cambia constantemente».

Esta vez, los críticos se quedaron extasiados. Para David McCullough, de *Sounds*, aquí había «declaraciones de fuerza y pasión, un descubrimiento totalmente fructífero de la longitud de onda». Para el cineasta y novelista Chris Petit, según dijo en *Melody Maker*, Van «suena como un hombre que se ha descubierto a sí mismo». Por todo eso, había algo antipático en el álbum, «música de una excelencia controlada que no permite los excesos ni el acceso». Max Bell, de *NME*, encontró «a un Van muy en forma y satisfecho. Los mejores momentos se producen cuando transfiere sus versos de "rodar en la carretera" hacia una quietud meditativa, casi espiritual. Si la nueva satisfacción encontrada de Van Morrison consigue mantener este grupo para algunas actuaciones en directo, entonces se completará el pleno renacimiento de un auténtico talento».

El mismo grupo —sin Garth Hudson, pero con Katie Kissoon y Anne Peacock en los coros— emprendió una gira de diez semanas por Estados Unidos, a principios de otoño para promocionar el álbum, haciendo actuaciones en grandes ciudades. Era la primera gira importante de Van en cuatro años. La inició en el Old Waldorf de San Francisco, en donde propinó un pase de una hora y cuarto. Llegó a pedir al público que hiciera palmas.

Hay un CD pirata, sacado de un concierto en el club Bottom Line de Nueva York, que primero se distribuyó legalmente, en 1989, en el programa King Biscuit Flower Hour. John Collis lo fecha el 15 de mayo de 1978, pero otra fuente da la fecha más verosímil del 1 de noviembre del mismo año. Van habla de canciones de su nuevo —y no el siguiente— álbum, y de él se sacan cinco títulos. La actuación es agradable, aunque un poco superficial. Bardens es la estrella del concierto, al añadir toda clase de colores de sonido, aunque la carencia de una sección de metal deja muchos vacíos. El presentador anuncia, con un rap colocado: «Tiempo estelar, tiempo de concierto, la incomparable leyenda viva, en directo Mr. Van Morrison», y el primer tema «Moondance», incorpora una estrofa cantada (muy conmovedoramente) por Katie Kissoon, y un solo de saxo seguramente del propio Van.

«Into The Mystic» corre como un lobo, y «Brown Eyed Girl» sustituye los vientos de costumbre por la voz de las chicas. «Natalia» del álbum nuevo se ralentiza de golpe al final, con una coda nueva, «no debes preocuparte por el movimiento del océano», y las chicas suenan como sirenas. La pieza de más éxito del concierto es «Caravan», al principio muy relajada, casi estilo Las Vegas, pero en el soliloquio Van hace que «radio» suene como «radish» («rábano»), y rebusca dentro de la canción, casi llevándola al silencio: «Ellos decían que la costa era clara, niña, el código se había interferido.» Van se encalla con el teléfono, entre «212» y «415» y un «011441» —los últimos los enumera concienzudamente— antes de conducir al grupo a un clímax triunfal.

Los problemas de sonido en el New York Palladium hicieron que Van dejara el escenario intempestivamente antes de acabar la actuación. Los conciertos de Chicago y Washington se cancelaron, y la gira renqueó hasta concluir en Los Ángeles, en donde se le recriminó el proporcionar un tibio espectáculo. Sylvie Simmonds, que escribía para *Sounds*, estaba convencida de que Morrison usó la primera parte de los conciertos como prueba de sonido: «Durante media hora o más en el auditorio Royce de la UCLA, aquello sonó como alguien mascando chicle en un hangar aeronáutico. Dos días más tarde en el Long Beach Theatre, sonaba como si cantara a través de un colador de té». El público de este último estuvo gritando para que se subiera el volumen de la voz. Simmons observó a cinco músicos inconexos que actuaban mecánicamente, y que los solos «estaban tan fuera de lugar como unas cagadas de paloma en un abrigo de visón». Van parecía ceder a medida que se calentaba, y «con una guitarra acústica sujetada delante de su barriga prominente» recordaba la imagen de Neil Diamond. «Quizás esté bien que se vaya antes de acabar de alguno de sus conciertos. Si no va con cuidado puede hacer que el público se precipite hacia la salida.»

Justin Pierce, en una crónica de la misma gira para *NME*, halló a Van «serio, concentrado en una cuidada actuación», aunque a pesar de la evidente timidez del cantante consideraba que, como siempre, «uno o dos momentos brillantes hicieron que todo valiera la pena». El propio Morrison seguía impenitente, ya que declaró a Chris Welch: «Yo no hago un concierto de rock 'n' roll, ya sabes. Yo no salgo ahí con una chaqueta de cuero y gritando "shake it baby". Lo hice tiempo atrás. La mejor actuación para mí de toda la gira estadounidense tuvo lugar en un pequeño club de Colorado. ¡Pam! Y todo salió».

En enero de 1979, *Melody Maker* publicó un reportaje de fondo que tituló «La gira de Van en marcha», con una foto de The Jam al lado, y encima de un homenaje a Charles Mingus. Se anunció una gira británica importante, que se iniciaría con conciertos en Cork, Belfast —las entradas agotadas en media hora— y Dublín, y con un grupo ampliado que incluía a Toni Marcus al violín y a los saxos John Altman y Pat Kyle. En cuanto a la debacle estadounidense: «Van se encontraba muy cansado y fue una mezcla de problema de salud y de conflicto mental. Siempre ha tenido un poco de carácter inestable, y simplemente se fue de la olla». La persona responsable de esta prosa fue recompensada con el despido, y el jefe de WEA, Mo Ostin publicó una disculpa servil. Cuando habló con Chris Welch, Van todavía estaba furioso con la revista que empezó la controversia, y sentado en el Royal Garden Hotel —de hecho, en el jardín— como una ventisca enfurecida.

Welch encontró un hombre con «encanto y sensibilidad». Acompañado por Phil Lynott, y vestido con un viejo abrigo de pieles, tipo Crazy Gang, él rió mucho: «Sí, me siento más feliz en mi interior. Supongo que es porque ahora puedo equilibrar mucho mejor las cosas». En cuanto al rock punk, que en aquel momento gruñía como un perro rabioso en los talones de las superestrellas de los sesenta como Van —aunque, en realidad, muchos mascarones de proa del punk eran veteranos de los sesenta, pero dejémoslo por el momento— «estos punks son unos chicos muy listos, y tienen el asunto bien agarrado. Pero se pierden a propósito lo que están atacando. A decir verdad, el rock punk no me gusta demasiado». Después de una indirecta a los periodistas —«ellos buscan la suciedad, y por eso no les permito que me entrevisten»—, Van va al grano auténtico de su arte: «La música es como un asunto curativo, y todos nos curamos. Yo me he curado. Es lo que yo sé, lo que siento. La gente va a un concierto de rock 'n' roll y se van sintiéndose mejor».

Welch señala, irónicamente, dada la presencia de Lynott (quien acabará como un mártir más del estilo de vida), que el rock 'n' roll también es una fuerza destructiva. Van está de acuerdo: «Hay mucha gente sensible por ahí que ya no quieren quedarse hechos polvo». Morrison se sincera aún más, y revela que cuando él era joven «pensaba que no iba a vivir mucho tiempo». Así que, ¿era «T. B. Sheets» la realización de un deseo? «Yo era un solitario total, la mayor parte del tiempo, mientras que a la mayoría de mi grupo social lo que les interesaba era asistir a fiestas y poseer una pulsera de reloj de Mary Quant..., aunque sólo era yo. Yo no me desperté una mañana y me inventé lo de estar en la música. Yo he estado metido en ella toda mi vida.»

En Cork, la noche de inauguración de la gira, Van tocó durante ochenta minutos. Antes se difundió por la megafonía un disco de Mose Allison, y el grupo creció a medida que tomó confianza, con un sobresaliente Tench a la guitarra solista, y con nuevos finales de canciones con muerte súbita y rápidos cambios de tempo que animaron la actuación. Toni Marcus hizo sonar una estroviola, anterior a Edison, con bocina incluida, y Van lució un gorro de piel, igual que un oso.

Las dos actuaciones de Belfast, en el Whitla Hall, fueron las dos primeras apariciones en casa después del concierto de blues con Alexis Korner en el Queen's, un poco antes del lanzamiento de «Brown Eyed Girl». En plena prehistoria. El concierto estaba al nivel de un derby por la Copa local o del último hurra de Mohammed Ali en Las Vegas. La presencia de Morrison en un hotel de las afueras provocó un frenesí alimentado por los medios de comunicación locales. Un equipo de la televisión regional esperó en vano un prometido paseo por Hyndford Road; se rechazó a los fotógrafos, y a los periodistas de la provincia ni siquiera se les facilitó una invitación para el concierto. El conflicto del Ulster se recrudecía, y el día de la primera actuación de Van se estaba a punto de sentenciar a los «navajeros de Shankhill» por asesinato masivo.

Violet, la madre de Van, había escrito una carta a un diario de Belfast después de la anterior gira de su hijo, en el que no pasó por su ciudad natal. «Su padre y yo le suplicamos que no viniera, porque teníamos razones muy poderosas para no querer que él volviera a casa (sí, a casa..., Van todavía piensa en Belfast como en su casa). Él no se preocupa por su propia seguridad, pero nosotros sí.» En compañía de su nueva novia Brenda, «una norteamericana alta, de buena figua y cabello rubio», Van lo dio todo. Como dijo el periodista local Chris Moore: «Si el primer concierto del martes fue abrasador, el del miércoles aún lo fue más». Cosa que confirman las imágenes del vídeo *Van Morrison In Ireland* y el artículo de Tony Stewart en el *NME*: «Irrumpió en el escenario..., un personaje bajito y calvo vestido de negro, pero con un aspecto fornido, duro y agresivo». Morrison tiene un aspecto de duro buscavidas de salón de billar, con su chaqueta de cuero negro, «Cagney puro». El grupo despliega una gama de texturas que recuerda a la Caledonia Soul Orchestra, «primero con la resonancia oscura del violín de Toni Marcus, luego el agudo saxo tenor de Pat Kyle y finalmente la punzante guitarra eléctrica de Bobby Tench». Mientras tanto, el control del escenario que ejerce Morrison es despiadado, un general de bolsillo que dirige a sus tropas.

Ellos empiezan con «Moondance», con Kissoon que hace una estrofa, y luego una «And It Stoned Me» ligeramente pesada, que después fluye elegantemente hacia «Into The Mystic». Como no estamos en 1970, luego se ponen al día con una «Wavelength» rockera, el «blues envenenado» de «Don't Look Back» y una «Wild Night» vacilona. Katie canta «Crazy Love», con la flauta de Kyle que rodea, se zambulle y se desliza sobre el delicado fraseo del piano de Peter Barden». Van regresa para «Checking It Out», con John Altman al saxo barítono, y luego viene «Kingdom Hall» y una balsa de clásicas: una «Moonshine Whiskey» juguetona e irregular y una controlada «Tupelo Honey». En «St. Dominic's Preview», cuando Van llegó al verso de «queda mucho para llegar a la ciudad de Belfast» la multitud estalló, como los pulmones de Van en «I've Been Working», echando las tripas con la armónica. Por supuesto, la multitud forma parte de la actuación, además de la inspiración. Ellos gritan inútilmente pidiendo «Gloria», entre una «Caravan» de diez minutos y un bis final con «Cyprus Avenue». Van ríe, grita, y cae al suelo. Las luces se apagan.

Después de la actuación del martes, Van realizó una jam en el hotel, con Phil Coulter al piano. Después, al estilo de Dylan, el cantante sometió a Tony Stewart del *NME* —al que he citado antes, evidentemente a favor de la música de Van— a un vapuleo público debajo de unos sudorosos arcos de luz y ante un equipo de filmación: «El motivo principal de estar aquí esta noche actuando es que quiero explicarle a la gente, el porqué no concedo entrevistas». Publicada como «Cuando los ojos irlandeses se fruncen», tiene muy poco que ver con la inspiradora figura en escena que tuvo al público local siguiéndole y aplaudiéndole cada uno de sus movimientos. En *Sounds*, Pete Silverton escribe una historia de la carrera de Van, adecuadamente titulada «Astral Years», llena de recuerdos de los años perdidos de Van en Belfast —resulta que con Dave Robinson de manager, posteriormente en la discográfica Stiff y con el éxito de Madness— presentándose en el escenario con una botella de vino en cada bolsillo, que él acabaría por tomarse. Silverton informa del concierto de Belfast como si fuera una ceremonia religiosa, con «Gloria» —interpretada la noche anterior— como «una recíproca bendición final entre el cantante y el público antes de que cada uno se fuera por su lado». Él visita luego a Van en el camerino, y se encuentra con una persona diferente. «Cuando miré fijamente a sus pequeños ojos de cerdo, él se encogió ante mí, acurrucándose en su vetusta chaqueta de tweed, con la cara con una mezcla de horror confundido y disgusto vergonzoso. Él se escabulló como un ratón de campo, con su pecho de tonel hacia delante, largándose a toda velocidad del aterrorizado plumífero.»

El Belfast de la infancia de Morrison se había transformado debido al paso del tiempo, aparte de por estar situado en una zona de guerra. El Maritime todavía estaba en pie, no así el Club Rado, mientras que los ex integrantes de Them, como Jim Armstrong, aún tocaban rhythm and blues en locales como el Harp. Tras el mostrador de la estafeta de County Down, Billy Harrison, el predecesor de Jim, volvía a resurgir con el primero de dos álbumes con composiciones propias. En el segundo, *Billy Who?*, de 1980, se desahogó con letras que se referían a la escuela Orangefield y a Castlereagh Road, y a una canción evocadoramente titulada «Baby Please Don't Go». Junto con Alan Henderson y Eric Wrixon, él había reformado el grupo para una gira alemana, después de que el retrospectivo *Rock Roots: Them*, de la Decca en 1976, se mostrara como un ejercicio que valía la pena. Se vendió bien en toda Europa, lo que indicaba un público nuevo para la música de Them, antigua pero eterna. Desde luego, nuevos grupos del Ulster como Stiff Little Fingers y The Undertones y pequeños sellos discográficos como Good Vibrations recreaban el sonido de guitarras azotadas velozmente sobre una batería de ametralladora, y un joven gamberro que canta, que chilla su desafío. De hecho, igual que los jóvenes airados Them.

El vídeo *Van Morrison Live In Ireland* contiene trozos de buena música en directo, en especial la aplaudida «Cyprus Avenue», aunque el color tiene grano y el grupo tiene un aspecto curiosamente pasado de moda, con pelo largo y ropa de los setenta. A la inversa, el Van anti-moda luce eterno. Hay unas imágenes interesantes del grupo tocando, en el hotel, en autocar de camino a la actuación, y de Van revisitando los escenarios de su infancia. Todo esto se intercala con «St. Dominic's Preview», y Van queda literalmente conquistado en el asiento del coche cuando pasa por Cyprus Avenue. Huelga decir que llueve. El vídeo registra algunas interpretaciones extremadamente emotivas e íntimas: admito que en «Tupelo Honey» casi me saltan las lágrimas, sin ningún motivo. Aquí se ve el Morrison absolutamente opuesto al malhumorado de las entrevistas, en sintonía mental con el grupo, que se balancea sobre los pies y que canta con toda la furia, de una manera a la que sólo se le puede acercar Joe Cocker. Toni Marcus es otro centro de atención cuando ella se mueve al son de su violín. Ella ensaya incluso en el autocar de la gira, y toca música fantasma bajo la lluvia.

John Altman confirma lo que indica el vídeo: «Los conciertos en Irlanda de 1979 fueron geniales. Recuerdo que había un periodista de *NME* que viajó con nosotros de Dublín a Belfast, y hubo algo que no funcionó bien y él decidió suprimirlo. El libro de Johnny Rogan parecía tan sólo una recopilación de artículos. Lo que se debe recordar es que fueron momentos seminales».

Aunque el periodista del *NME* en cuestión, Tony Stewart, registra el momento más simbólico de la gira, después de la presentación de Van en Dublín. Un solitario punk de entre el público había bramado insultos, nada menos que en plena «Cyprus Avenue»: «Cuando se encendieron las luces del local, él no vio al hippy con barba, colérico, que iba a por él. Luchó sin fuerza mientras unas fuertes y huesudas manos le agarraban por el cuello. Ellos se intercambiaron maldiciones furibundas y se estrellaron contra unas sillas de madera». ¡Nada que ver con Woodstock! «Los contendientes se separaron, aunque el punk se cabreó, agarró una silla, la lanzó hacia la gente y se marchó del Stadium. Cinco matones horripilantes lo aplastaron: golpeado, pateado y arrastrado, el punk, preso de pánico, estaba fuera del auditorio». Una metáfora de dos generaciones guerreras de la música rock.

La crítica de Allan Jones, del *Melody Maker*, de la actuación de Van en el Hammersmith Odeon se tituló «Aquí mueren las leyendas vivientes». El grupo, que se disolvería pronto, «retumbó con un desinterés perezoso», mientras que Van «tenía un aspecto sencillamente cabreado». La música era soporífera, y sólo duraba cincuenta minutos, hasta los bises. Incluso «Gloria» se redujo a «una corta melopea inofensiva». Jones previó «un futuro en el cabaret». Mientras tanto, Van esbozaba una orientación más positiva, en declaraciones a John Tobler, para la publicación oficial de Virgin, *Blank Space*: «Ahora hacemos música espontánea, improvisada, música más poética, aunque no la tocamos en las actuaciones». Aún no, en todo caso. Como con el conflicto irlandés, que le había impedido regresar a Bangor, escenario de vacaciones infantiles, la música podía conquistarlo todo: «Cualquiera la entiende. No es de una religión, ni de la otra, ni negra, ni blanca, ni verde. La música es universal, es para todo el mundo».

«El otro día mantuve una larga conversación con Van —se quejaba Steve Winwood en el *Times* en 1981— y descubrimos lo que teníamos en común. Siempre se le ha dicho que *Astral Weeks* es su mejor disco. ¿Cómo va a desmentirlo?» El pasado de Van lo reciclaban los demás. «Gloria» había sido radicalmente renovada por Patti Smith, y se convirtió en piedra angular de la new wave estadounidense. En 1982 los Dexy's Midnight Runners propondrían después de su éxito con el número uno «Come On, Eileen», la versión de «Jackie Wilson Said», de Van. (¡Una aparición en *Top Of The Pops* incorporó un gran telón de fondo con el jugador de dardos Jockie Wilson!) Ellos también invitaron a Morrison para que asistiera a un ensayo en Birmingham con el fin de pedirle que les produjera. No les salió bien. Adoptaron la estrategia de «fuentes fidedignas» de Van, y anunciaron que la información sobre los futuros planes se difundirían a través de anuncios a página entera en la prensa musical, después de reducir radicalmente las entrevistas periodísticas.

El propio Morrison entró de nuevo en las listas de éxitos, con «Bright Side Of The Road», el primer tema de *Into The Music*, su nuevo álbum, que había subido hasta el número veintiuno, el más alto desde la época de Them. Las letras tratan ampliamente de la necesidad de algún tipo de promesa religiosa, en una época cada vez más compleja e insegura. Aunque el álbum nuevo se grabó en Sausalito, Van lo compuso cuando estaba con Herbie Armstrong en el pueblo de Epwell, en Cotswold. El espíritu del lugar está fuertemente representado. El bajista de la Caledonia Soul Orchestra, David Hayes, estaba otra vez a bordo, y había una nueva sección de viento con Pee Wee Ellis —en tiempos líder de los JBs, el grupo de acompañamiento de James Brown— y Mark Isham, cuyo original sonido «de fusión del jazz y el minimalismo New Age» influiría en el vuelo hacia un sonido nuevo del propio Van. Como declaró éste, en 1981, a Paul Vincent de la emisora KMEL: «El mensaje es quedarse quieto del todo. Cuando estás realmente quieto puedes escucharte a ti mismo de manera natural».

Into The Music se editó en agosto de 1979 en la nueva discográfica de Van, Polydor: el elenco de músicos incluye a Ry Cooder en la guitarra slide, y Robin Williamson, antaño en los exploradores musicales celtas The Incredible String Band, a la flauta metálica. En la portada, con otro retrato de estudio de Norman Seeff, Van está aureolado de azul, el color de la contemplación religiosa, y un nuevo vínculo con Joni Mitchell. La misma foto se ha vuelto de color sepia en la contraportada, como con el tiempo. Los ojos de Van se cierran en contemplación silenciosa, ya se le notan entradas en el pelo, y una cinta de guitarra en el hombro izquierdo es la única pista de su oficio.

Editado la misma semana que *Slow Train Coming* de Dylan, una suave obra maestra de rencor espiritual, muchos consideraron el álbum como testimonio de la conversión de Morrison a lo que John Collis llama «cristianismo panteísta místico». Paul Rambali se esmera en diferenciar esta «adhesión a las alegrías de la fe», del «fervor baptista obsesivo» de Dylan, todo esto escrito en el *NME* y no en el *Church Times*. La conversión de Dylan fue absoluta (en la época), una reorientación completa de su vida y su arte anunciada en una serie de conciertos en el Fox Warfield Theatre de San Francisco. Allí, en uno de los mejores conciertos de su vida, él desveló un grupo, un programa de canciones y un personaje, todo completamente nuevo, y quemó sus pecados y la mayor parte de los del público en la hoguera. *Into The Music* forma parte de un proceso mucho más amable y menos dogmático, que llevaba adelante los dos álbumes anteriores de Van. Es un eco deliberado del título y el espíritu de «Into The Mystic», y a Dios se le percibe en la música, y no de otra manera. El disco está cerca del espíritu del álbum de 1978, *First Light*, de Richard y Linda Thompson, con los participantes bañados en una alegría curativa.

Como declaró Phil Coulter a Rogan, la religión «es uno de los grandes intereses de Van, además de —y no en lugar de— la música. Pienso que él se ha introducido en todo desde el misticismo hasta las experiencias psíquicas, pasando por religiones más organizadas como el catolicismo romano. No como practicante, sino estudiándolo». Y como el propio Van declaró a Steve Turner: «Yo nací en un ambiente cristiano y en un país cristiano, y nací después del advenimiento de Cristo, por lo tanto soy cristiano». Dicho esto, «a veces he vacilado. Cuando te dices "cristiano", es como si se apagaran unas veinte luces». Es como si él «recibiera una especie de orientación interior», un proceso que el cantante ni acaba de comprender del todo, ni se cuestiona.

«Bright Side Of The Road» no se apoya, como el nuevo Dylan, en un texto bíblico sino que es una respuesta en canción a «The Dark Side Of The Street», y es maravillosamente ligera, en espíritu y textura. Dave McCullough describe «su alegre optimismo pastoral», y es una canción de amor para una mujer —y a la música— más que a Dios, con un sonriente violín de Toni Marcus. «Full Force Gale» tiene el empuje alegre del mejor canto gospel, y halla a Van «elevado por el Señor». La experiencia de salirse de la realidad cotidiana se remonta a la infancia, y a las epifanías de *Astral Weeks*: como en Wordsworth, lo divino se percibe no a través de las enseñanzas religiosas sino a través de la naturaleza, el jardín de la siguiente canción, «Stepping Out Queen». Aquí «golpe de suerte» liga tanto con la canción anterior, como con la noción del pecador redimido, pero el impulso de esta canción es el de una mujer en plena gloria, la «Wonderful Tonight», de Clapton. La canción es budista, y no cristiana, si es que se debe elegir, con la amante de Van que resuelve su propio «dharma», en la última de las muchas canciones de renacimiento y reencarnación de Morrison. «Limpia tu espejo» del pasado. Ben Cruikshank sugiere que esta canción es sobre un travestí que se maquilla la cara, Madame George bajando a la ciudad. Extraño, aunque posible. Antes he expuesto que la obra de Van es una continuación de la tradición oral, cuando los bardos y los cantantes ambulantes —o desde luego, los bluesmen itinerantes— vagaban por el país, y en «Troubadours» él homenajeaba al mundo perdido. La música tiene la ingravidez de «I Can't Let Maggie Go», de Honeybus, donde el metal y el violín en vez de golpear, se elevan. «Rolling Hills», en directo en el estudio, es el eslabón perdido entre *Veedon Fleece* y la obra de Van con los Chieftains. Dios se percibe de nuevo a través del mundo natural, y aunque el cantante «leerá la *Biblia* entre las colinas ondulantes», del segundo es de donde parece que extrae más consuelo. La letra es un sueño del ideal campestre de un hombre de ciudad, una versión de lo pastoral. Aquí Dios —Él— se halla en calma, y no en un vendaval de fuerza máxima [full force gale]. John Collis considera que «si los Wurzels fueran un grupo serio, ¡tendrían que sonar así!».

«You Make Me Feel So Free» pasa del folk irlandés al soul, pero con el mismo toque ligero. Una canción extraña, que combina una de las mejores bromas de Van con la desesperación interior, siguiendo a su musa a través de una industria musical corrupta y cansada: él busca la salvación en una novia, y no en una ráfaga de incienso. «Angeliou» también es sobre el amor terrenal, su poder hipnótico, en lo que Dave McCullough describe como «una canción típicamente mística y flotante que parece que no va a ninguna parte pero que, después de unas pocas audiciones, va a todas partes». Arreglada maravillosamente, con un piano tintineante, un violín alegre y un viento consolador, esto es soul de Caledonia a toda máquina. Van suena triste sin ningún esfuerzo, volviendo a visitar París en primavera y, en cierta forma, rescatándolo del cliché por la sinceridad diáfana de su canto. «Angeliou» contiene la palabra ángel, y en este caso la mujer es corpórea —un encuentro casual en la calle— y etérea a la vez. El recitado, hablado a medias es profundamente seductor.

«And The Healing Has Begun» es la canción central del disco, y quizá en toda la carrera de Morrison. Empieza idénticamente a «Cyprus Avenue», no es casual que el verso sobre las «canciones de aquel entonces» lo dé a entender, y hay un paseo por la avenida (de los sueños), pasando por el sonido de un violín encantado. Una canción de sexo pleno, abrasador, y además de revelación. Aquí la curación es como la del mito artúrico, el rey herido recuperado gracias a la acción del Grial, aunque también lo es gracias a una seducción, casi tan gráfica como la versión original en directo de «Gloria». Van cita incluso las bebidas y la música de fondo: Muddy Waters, por supuesto.

Más tarde, en declaraciones a Dermot Stokes de *Hot Press*, Van se refiere a las enseñanzas antiguas que él resucita aquí: «En los viejos tiempos si alguien caía enfermo, ellos tomaban el arpa y tocaban un acorde con un propósito determinado: curar su mal o lo que fuera. Y estas enseñanzas todavía flotan alrededor de varias sectas religiosas. Se habían perdido, pero aún las puedes sacar». Debido en gran parte a la obra de gentes como Morrison, estas técnicas antiguas están en buena parte en el movimiento de las «artes curativas» contemporáneas. Mi propio hospital de Southampton, en este momento, emplea a un músico para que toque para los niños enfermos, y colaborar en su recuperación, gracias a los sonidos de la alegría.

«It's All In The Game» es una versión lenta y conmovedora del éxito de Tommy Edwards de 1957, cantado también por los Four Tops. Para Dave McCullough, «el tono de ternura amarga es bastante pasmoso, Morrison usa y acentúa la melodía y la estructura familiar de la canción para crear un ambiente de trascendencia hipnótica». Marcus, de nuevo, está sobresaliente, y proporciona un subtexto entero gracias a su violín. En la sorpresa final de un álbum magnífico, Van enmarca en la canción anterior —que no es suya, por supuesto, en «You Know What They're Writing About»— el amor que «te eleva» al igual que Dios en «Full Force Gale». Es como una improvisación sufí, que casi hace jadear a McCullough: «Es Morrison quien de repente sale de los altavoces y te dice lo que piensa de ese estándar, la gran balada amorosa». Van, y el álbum, finalizan con una misteriosa evocación de dos amantes, de vuelta a la zona oscura de la calle, que se encuentran «bajo las torres del tendido eléctrico». La música baja hasta el silencio, con el susurro psíquico de Van y el violín espeluznante de Marcus.

Un álbum como *Into The Music* necesita tiempo para madurar, y las críticas de la época se confrontaban. Ian Birch, de *Melody Maker*, hallaba que «hoy en día, la gente no se entera de que han envejecido con Van Morrison», y el álbum muestra una «imaginación agotada», las letras son «clichés empobrecidos, reciclados». De hecho, como la crítica de Birch. Paul Rambali, en el *NME*, despliega su odio por un disco soso, con canciones descuidadas. Él no se consternó por el rechazo de Van de su don más importante: «el arrancar lágrimas de las palabras más corrientes». Que Dave McCullough, en *Sounds*, no está de acuerdo ya se desprende del mismo título: «Van es Dios (Parte 617)», y su crítica realmente merecería citarse por entero. En este caso es «uno de los álbumes de Morrison más redondos, completos y ordenados», una celebración estimulante del vivir, y una «progresión menos difusa que la búsqueda fundamental de orientación del álbum anterior». Morrison siempre ha estado «lo más por delante posible de sus críticos», salvo de McCullough.

Su conclusión es acertada, especialmente para el autor de este libro: «Recuerdo que alguien dijo que *Blue*, de Joni Mitchell, era un álbum que estarías orgulloso de poseer para siempre. Pienso que de *Into The Music* se puede decir lo mismo».

Van llevó de gira estas canciones nuevas, con resultado diverso. John Altman recuerda el concierto de esa gira en el Apollo de Glasgow casi como un desastre: «Pienso que a Van le dio vértigo a causa del escenario exageradamente alto. Es muy extraño porque la tarde de la actuación de Edimburgo estábamos todos en casa de Henderson y Van fue el alma de la fiesta, hablando de cuando él vivía en Belfast con Herbie y de todas las cosas». Hubo una jam en un hotel de Edimburgo, con Altman al piano y Van cantando. Un estadounidense se acercó a Van y le dijo: «Tú suenas muy bien, ¿te dedicas a esto profesionalmente?»

«Luego fuimos a Glasgow y nevaba, y el humor de Van había cambiado diametralmente. Todos pensábamos que exageraba cuando decía que las caídas son peligrosas, y más adelante el chaval que hizo la iluminación del concierto se mató en una gira de Kate Bush, al caer por una trampilla.» En la misma actuación —«era una de esas noches»— Altman «se introdujo en una de esas cosas de metal que hay entre bambalinas y abolló el saxo, lo que cambió el sonido (debo añadir que a mejor)». Había mucho humor, para contrarrestar la música, seria como la vida. Una noche en el autocar de la gira, Van tocó un popurrí de *Sonrisas y lágrimas*. También sentía inclinación por los números de George Formby. Quizás como resultado, «cuando fuimos a Europa sólo estaba yo y el violín. Creo que Herbie se había ido y Pete Wingfield sustituyó a Peter Bardens e hicimos conciertos por toda Europa y en Ingliston para el festival de Edimburgo».

Roy Carr, del *NME*, vio a Van en el Alexander Club de Estocolmo, en un «concierto casi sin fallos» ante cinco mil personas, con pocas presentaciones en el escenario, pero con un público que se enardece ante un intérprete «por su sola presencia y por su capacidad de comunicarse en su propio lenguaje». Contrariamente al mito mediático, Van se mostró afable y extrovertido: «En el fondo soy una persona muy sencilla. Y por tanto seguramente soy demasiado directo y sincero en las entrevistas». Lo de escribir su autobiografía lo dejará para más adelante.

El grupo llegó a Edimburgo a finales de agosto, para un gran festival al aire libre, que combinaba lo mejor de la vieja y la nueva ola. John Peel consideraba, por radio, que a Van le gustaría escuchar a sus paisanos de Belfast, los Undertones. En el cartel también figuraban el grupo de reggae de Birmingham, Steel Pulse, Squeeze con su tintineante pianista original Jools Holland, los Talking Heads con su psicodrama y los Chieftains. Hubo un invitado sorpresa, el cantante folk agresivamente escocés Dick Gaughan, cuya mejor obra comparte la intensidad ardiente de Van, y cuya obra maestra *Handful Of Earth* examina justamente la relación Escocia/Irlanda del Norte de los experimentos caledónicos de Morrison. El primer tema, «Erin-Go-Bragh», presenta a un escocés de nacimiento al que toman por un «Pat», e incluso hay una canción danesa, «Randers Hopska», con un deje escocés.

Como reseñaba Allan Jones en su artículo para *Melody Maker*, «Un día en las carreras», los Chieftains actuaron antes que Van Morrison. «Se sentaron en semicírculo y tenían el aspecto de un corro de mediana edad de carteros, profesores y un jefe de boy scouts..., que es casi exactamente lo que son.» Van parecía extraordinariamente radiante y feliz, con una nueva formación, que incluía a su viejo sparring Pete Wingfield. Sin embargo, Jones no era un fan de la «completamente espantosa Toni Marcus al violín. Esa mujer horrorosa es incapaz de cualquier sutileza musical, y parece que ha añadido extravagantes movimientos de baile gitano a su repertorio habitual de muecas. Tal cosa le reportó varias miradas reprobatorias por parte de Mr. Morrison. Se veía que no estaría mucho tiempo más con el grupo».

Posteriormente, un amigo mío tuvo una breve relación con Toni en Los Ángeles, y me contó una triste historia sobre que ella se mudaba, sin ningún motivo, a una cabaña de jardinero, en su propia finca. Deseo que Toni esté mejor ahora, ya que su talento es mucho más del que le otorga Jones: un prodigio de la música clásica, su violín adorna *Into The Music*, tal como lo hizo Scarlet Rivera en la Rolling Thunder Review de Dylan. De vuelta a Edimburgo, y Jones informa que en «And The Healing Has Begun» Morrison hizo su mejor exhibición vocal, mientras que en «Call Me Up In Dreamland» era una delicia alegre e inesperada, aunque «Into The Mystic» se trató con «indiferencia superficial». Él interpretó una rara versión de «Here Comes The Night» y finalizó con «Brown Eyed Girl» y «Gloria», ambas «desfiguradas por las contorsiones vocales de Katie Kissoon, a la que se debería despedir igual que a Toni Marcus». Sexista o qué... El papel de Van al poner en primer plano a mujeres músicos, y darles el mismo perfil que a los hombres, ni más ni menos, debe aplaudirse como anticipado a su tiempo.

Luego Van llamó a los Chieftains para que le acompañaran en «Rolling Hills» y «una versión más bien desaliñada» de «Goodnight Irene». Jones, un cínico profesional, y auténticamente cómico como escritor, no se impresionó: «Los Chieftains puntearon, golpearon y rechinaron. Toni Marcus rascó y chilló, Van berreó y aulló. Invitó al público a que cantara. Ellos, al menos, tuvieron la distinción de hacerlo afinado».

Jones siguió dirigiendo *Melody Maker*. El joven nuevaolero de Manchester, Paul Morley, uno que no usaba dos palabras si podía meter veinte, se puso a promocionar a unos tales Frankie Goes To Hollywood, cuyas camisetas acapararon el mercado, y cuyos álbumes se esparcen en la actualidad por las tiendas de segunda mano en cada esquina. Cuando aún era un escritor humilde de *NME*, él hizo la crónica del mismo día, en un artículo encabezado por una fotografía de Van acompañado por un hombre, unos pasos detrás, que sostenía una sombrilla, como un portador nativo para el rajá, y el titular «A Van no le moja la lluvia pero él se meó en todo Edimburgo».

Después, «el previsible Van Morrison dirigió sombríamente una orquesta de baile básica de siete elementos con refrenado ademán». De regreso a sus raíces, una revisitación de la gira escocesa con The Monarchs: «la actuación de Morrison tuvo la amarga sensación de funcionar sin objetivo, fue hosco y ofensivamente pedante». En cuanto a Van, «embutido sin elegancia en unos apretados chaleco y pantalones, parecía como si se estuviera castigando a sí mismo con algún ritual puritano secreto». El grupo actuó con talento y simpatía indiscutibles, pero «la hosca intimidación y la presencia rigurosamente castiza de Morrison carecía de dignidad; cuando la voz no se la otorga es una pena, un espectáculo y un sonido huecos». Al grupo se unieron entonces los Chieftains para «un final sensiblero e hímnico». El público, calado hasta los huesos, se marchó.

Hay una anécdota que circuló entre el grupo de Morrison sobre la misma actuación, que Morley mira a través de la acidez de unas gafas de sol new wave. En ocasiones Peter Van Hooke podía cancelar un número en plan de broma. Cuando se iba a marcar el ritmo de un número, él decía: «¿Cómo va éste?». Inicialmente él tocaba «Goodnight Irene» en cuatro por cuatro, mientras que otro músico gritaba: «Es un vals». No era extraño que sonara ingrato al oído, aunque desde este encuentro casual, pudiera después crecer una colaboración poderosa.

Morrison siempre estaba listo para experimentar en el escenario, al menos una vez. John Altman recuerda una actuación en Noruega, al aire libre, con Steel Pulse y Nils Lofgren: «Él acababa de realizar "All In The Game". Pete Wingfield ejecutó un *groove* de gospel durante mi solo de alto y nos metimos en ello, una especie de tema de los de Ray Charles con Hank Crawford. Y el público lo adoró, la gente enloquecía de verdad, y después hicimos mucho más. Cuando Van dejó el escenario, Pete Wingfield le dijo: "Una actuación genial". Todo lo que dijo Van fue: "Sin séptimas". Lo que quería decir "no llevéis la música a otras zonas". Quería el sonido abierto de los acordes mayores sin más».

Ese mismo año se editó un LP promocional con el título *Live At The Roxy*, aunque en realidad la actuación —después muy pirateada— es de finales de 1978, a juzgar por la formación y el repertorio. Un concierto bueno, aunque no asombroso, hasta el tema final, que carecía del violín y el metal complementario. Bobby Tench es un intérprete demasiado anodino para que realmente destaque en la guitarra solista, al menos en este contexto.

El presentador anuncia: «Señoras y señores, George Ivan Morrison», y ya estamos metidos en «Brown Eyed Girl» con un sintetizador a modo de flauta metálica. «Crazy Love» la canta Katie Kissoon, aunque el auténtico festín musical llega con el bis final, «Cyprus Avenue». Es una versión triste y pensativa, con muchas frases improvisadas de Van. «Parece como "El año pasado en Marienbad", o como una película de Fellini», es tan sólo una de ellas. Así se dirige a la amante fantasma: «Tú viniste caminando a través del viento y la lluvia, cuando la nieve cubría el suelo, cuando el sol brillaba entre los árboles, y tú estabas allí de pie», y luego refunfuñando más entrecortado «en toda tu santificada, revelación baptista vaginal». Lo he escuchado decenas de veces, y estoy seguro de que no me equivoco al no escuchar ahí «virginal». La canción parece detenerse en la palabra «revelación» y Van ruge como un poseso: «Esta mañana me levanté, y dije... ya es demasiado tarde para detenerse». Y lo es.

El viaje de Van hacia la mística siguió con su nuevo grupo. Un vídeo en blanco y negro rodado en el Capitol Theatre de Passaic (Nueva Jersey), en octubre de 1979 presenta una formación de transición, todavía con Toni Marcus y Katie Kissoon, junto con Pee Wee Ellis, Mark Isham y el regreso de Pete Wingfield y John Platania. En «Tupelo Honey», Van, entre estrofas, da chupadas a un cigarrillo y pega grandes tragos a una botella de cerveza. Estimulado por algo más que el alcohol y el tabaco, él utiliza la canción para «hablar en lenguas», al producir dos voces en diálogo, tal como el actor Jonathan Pryce interpretando tanto a Hamlet como al fantasma del padre. También hay nuevas letras, improvisadas: «La *Biblia* del Rey Jaime, la leía en el balcón». Un cristianismo instintivo ha empezado a penetrar en su música. El viejo amigo Herbie Armstrong había «nacido de nuevo», un tema que ocupa la obra de Van, y en su álbum *Back Against The Wall* agradecía a Jesucristo por introducirse en su arte, al interpretar música «por el puro amor cotidiano». Él esperaba persuadir a su viejo amigo del mismo modo, aunque señalaba que Van «desde luego sabía del Señor mucho antes que yo». Van, en cambio, declaraba que sólo estaba «andando a tientas en la oscuridad a la busca de un poco más de luz». Este tema impregna *Common One*, su próximo álbum.

Mientras tanto, el pirata *Sugar Was Tough* capta una actuación en directo en Berkeley a principios de 1980. El presentador dice: «Bienvenido de regreso a casa, a San Francisco», y era cierto que Van se había mudado allí desde Brentwood. La lista de canciones contiene «Brigth Side Of The Road», «Angeliou» y «Full Force Gale» de su último disco, junto a viejas clásicas como una hímnica y alegre «Here Comes The Night» —depurada de toda la angustia— y «Moondance», «Tupelo Honey» y hasta «Brown Eyed Girl». La formación es como la de Nueva Jersey, llena de coros femeninos y metal suave, más endulzado aún por el violín. Toni Marcus aún está en el grupo. En julio, Van tocó en el Montreux Jazz Festival, con un grupo reducido que incluía otro nombre del pasado: John Allair, a los teclados. Existe un asombroso vídeo de «Ballerina», con Platania que adorna la canción con unas manos largas y nudosas, que tocan la guitarra como una araña. Van parece estar perdido en un sueño. Se presentan dos canciones nuevas: «Summertime In England» y «Haunts Of Ancient Peace», ambas del álbum siguiente.

En febrero, Van y su grupo al completo —incluidos Allair y el guitarra solista Mick Cox— se habían trasladado a los estudios Super Bear del sur de Francia, para una intensa semana de grabaciones. El álbum se mezcló en California, en vez de en la Albión que inspiró sus canciones. Se acreditó a Henry Lewy, el ingeniero de Joni Mitchell, por su labor en la producción. Jeff Labes regresó, como arreglista musical, con Toni Marcus sustituida por una orquesta de cuerda anónima. El equipo entero suena como una Caledonia Soul Orchestra de pantalla ancha, y va a por todas.

Common One se editó en septiembre de 1980, aunque la compañía discográfica no fue capaz de encontrar un sencillo del álbum. La portada, una fotografía de Rudy Legname, un posible seudónimo, muestra un personaje solitario que camina en lo alto de una colina, silueteado en el cielo. Con un bastón en la mano, él sigue su camino por un terreno desigual, que visto más de cerca está salpicado de túmulos prehistóricos, dispuestos como un dragón durmiente. Los senderos de serpiente de Avebury. Fácilmente el personaje podría ser el labrador, que anda penosamente de regreso a casa, de la «Elegy Written In A Country Churchyard», de Thomas Gray, que «abandona el mundo a la oscuridad y a mí». O podría ser uno de los campesinos idiotas de Wordsworth, lleno de sabiduría del terruño. El diseño gráfico, de John Paul Jones —se supone que no es el bajista de Led Zeppelin— procede directamente del ensayo sobre el mito poético de Robert Graves, *La diosa blanca*, un ciervo atrapado en la maleza.

El álbum puso nuevamente a Van en la esquina del culto, y alcanzó el número cincuenta y tres en las listas británicas de álbumes, y el setenta y tres en Estados Unidos. Allair informa que el método de Van en el estudio era proponer una canción nueva en la guitarra acústica, y grabarla tan pronto como los músicos aprendían los acordes. «Todo desde el principio, el material en bruto, eso es lo que él quiere. Él es muy no-verbal. No te dice lo que has de interpretar, aunque te lo diría si no le gustase.» *Common One* tiene esa espontaneidad de sonido, y una frescura absolutamente propia.

«Haunts Of Ancient Peace» es como un Traffic ralentizado, una búsqueda del Grial en Avalon, una tranquila mañana de domingo. Van aspira al «amor y la luz», y establece así el objeto de su pesquisa. Allan Jones habla de «un empuje lento de trompetas y saxos», y la música deriva entre los altavoces, druídica, sin ego, y se dirige a una caída agonizante y a un susurro. «Apacíguate» es la orientación musical predominante.

«Summertime In England» dura diecisiete minutos, y está puesta en el mismo ritmo de «Walk On The Wild Side», de Lou Reed, aunque es absolutamente opuesta a esa celebración del narcisismo y el travestismo. La canción se divide en un tríptico de movimientos, como una de las epopeyas de Roy Harper: carece de la arquitectura verbal de, pongamos por caso, «Me And My Woman». Jones describe la voz de Van como «dura y refinada a la vez, como un músculo bien engrasado». La radio es una fuente de voces angélicas, el «éter» que trajo el blues al joven Van, y aquí le une a él y a su «prójimo» [«common one»] con los poetas. Esto no es tan patético como muchos críticos han pensado: Wordsworth y Coleridge «fuman» poesía, y no petardos. Después de todo, el opio fue la droga que el segundo eligió. La canción se dirige hacia el final con una pavorosa confianza en sí misma, los maravillosos arreglos de Labes siguen cada recoveco de la mente de Van. La canción termina en silencio y luz. También deja enteramente ahogadas la mayoría de las fusiones de clásico y rock.

«Satisfied» regresa a los chicos del grupo, un concerto funk. Van cita a J. D. Salinger, el cronista de la angustia adolescente, y a Wordsworth, por alusiones. Como «Daffodils», la montaña silvestre puede elevar el espíritu —incluso el karma— en la gran ciudad. Ésta es una canción de estar a veces «completamente en la oscuridad», la misma dicotomía yin/yang de «Truckin'», de los Grateful Dead: «A veces la luz brilla en mí / y otras apenas puedo ver». Morrison ve pobreza espiritual por todos lados, aunque él debe cambiar primero «por dentro».

«Wild Honey» se construye sobre un juego de palabras, y recuerda la dulzura de «Tupelo Honey». La voz de Morrison se coloca plenamente en la magnificencia, y canta otro himno más al amor cumplido. Una sinfonía de metal. El estribillo se repite una vez y otra, y une las esferas natural y espiritual, «cuando la luz llega brillando».

«Spirit», el tema más corto del disco y que aún así dura más de cinco minutos, es una canción de oscuridad puesta encima de un ritmo saltarín. La línea melódica se eleva hacia lo alto, y sugiere esperanza, y el estribillo vuelve a bajar de nuevo, aunque con una resolución nueva. Aquí el ángel es etéreo y mortal a la vez, la novia ideal de «Angeliou» o de «You Angel You», de Dylan. En una extraña interpretación, John Collis imagina a Van controlando el cuadro de mandos del buen samaritano. Desde luego, es una buena canción para poner a alguien que piensa en el suicidio, aunque Van no tiene muchas razones para creer. Es una canción que consuela por sí misma, sin un motivo concreto.

«When Heart Is Open» es música que casi ha llegado a un paro mortal, sonidos New Age antes de tiempo. Fluye entre imágenes clave, con —como lo describe Allan Jones — «el tempo natural de un sueño». La introducción recuerda benévolamente al Richard Strauss sustraído por *2001*, o al sonido de las ballenas cantando, o el inicio de «Flute Song» que iniciaba los conciertos «Sufi» de Richard Thompson en 1977. Van empieza sin palabras, y luego hace detener el tiempo con una serie de instrucciones lentas. Él se convierte en Dai Greatcoat, el soldado de la I Guerra Mundial de David Jones, que se va al bosque en donde se encontrará con la muerte. La canción está imbuida de la Diosa Blanca, una amante que también es el mundo. Ésa es mi interpretación, de todas formas, de una canción que cada uno puede hacer suya, e impregnar con sus propias reflexiones. Por tanto, es interesante que John Collis encuentre que la canción es «francamente imposible de escuchar», y Paul Du Noyer oiga a un Van asmático que se queja «como un hombre en la agonía de un estreñimiento terminal».

En un escrito para el *NME*, Du Noyer opina que el álbum es «colosalmente farisaico y cósmicamente aburrido; una estocada a la espiritualidad, interminable, vacía y espantosamente egoísta. Hacia el muzak». Bueno, cada uno tiene su opinión, lo que pasa es que hay gente que tiene los oídos bloqueados. Allan Jones, en *Melody Maker*, afina más, y ve «un álbum de rejuvenecimiento espiritual y musical». Se mueve por zonas no tocadas desde *Starsailor*, de Tim Buckley: «Él no predica, él guía al oyente a través de las seductoras texturas melódicas de sus himnos (en realidad no hay otra palabra para describirlos)». Jones adapta la metáfora preferida del cantante, la del renacimiento: «Justo cuando pensabas que su cadáver se enfriaba, ahora puedes tomar a Van Morrison entre tus brazos de nuevo».

Dave McCullough, en *Sounds*, lo dice todo en el título de su crítica: «Yo deambulaba solo como un zoquete». Él deshace todo el buen trabajo de su crítica de *Into The Music*, al considerar el nuevo como «irrefutablemente un mal disco», caprichosamente pastoral, «insoportablemente lento y flojo». Steve Burgess, el malogrado gran crítico, en *Dark Star*, está de acuerdo con McCullough en que no se trata de música rock más que en un sentido muy relajado, aunque esto lo considera una bendición, y no una maldición. Maestro del juego de palabras rock, Burgess describe el álbum como «una danza derviche privada, un enfoque valioso, aunque estático, del alma de Van».

El debate todavía colea sobre el artículo seguramente más controvertido de la discografía entera de Van. Para el profesoral Greil Marcus, ofrece «un Van Morrison sin nada que decir y con un interés ilimitado en comunicarse, consigo mismo». Johnny Rogan zumba, a su herética manera habitual, que se trata de poesía de cuarta categoría. Morrison se ha puesto el manto del John Clare de la música rock», un «poeta campesino», que murió en un manicomio de Northampton, después de producir alguno de los mejores versos en el idioma, «aunque sus versos estaban seguramente más cercanos de Ambrose "Namby Pamby" Phillips». Un poeta que no me es familiar ni siquiera a mí. Rogan admite que *Common One* significa una gran obra por realizar, y en una entrevista posterior, Morrison admitió que su concepto original era más esotérico incluso de lo que apareció. El álbum se demostró como rico e inspirador, y quizás no sea casualidad que uno de los organismos, más importantes actualmente, de ayuda para restaurar y proteger el campo inglés se llame Common Ground.

Como declaró David Hayes al *Van Morrison Newsletter*: «*Common One* es uno que se aguanta por sí sólo. Era muy mundano y un gran logro. Recuerdo que en "Summertime In England" una noche Pee Wee hizo la llamada/respuesta improvisada y se quedó tal cual».

Van recreaba Inglaterra en su imaginación, como John Cowper Powys, que escribía enormes y meticulosas novelas de la vida en Dorset (y el cosmos) mientras atravesaba Norteamérica en tren y daba conferencias públicas, igual que Van tocaba en los clubes de rock. Morrison había establecido un nuevo hogar en Mill Valley, un poblado con pocas calles justo al lado del puente de San Francisco, con vistas a la Bahía, y cerca de su hija Shana. Él bromeaba con los amigos sobre que los dos «corrían en paralelo», al experimentar los traumas adolescentes y de la mediana edad, respectivamente. Shana había empezado a estudiar piano clásico y tomaba lecciones de canto.

Sin embargo, Van empezaba a sentir nostalgia, según confesó a John Tobler: «En realidad no soy norteamericano. Yo hablo el idioma y sé lo que pasa, pero al mismo tiempo necesito integrar las demás partes de mí mismo, porque, si uno lo piensa bien, yo nací en estas islas. No podría abandonar del todo Estados Unidos, porque allí pasan muchas cosas, aunque a la vez no quiero abandonar esto, así que tengo que hacer un compromiso entre los dos lugares, un poco de los dos para ser feliz con esta situación». Por entonces, los padres de Van habían regresado a Belfast, y él empezó a buscar casa. Consideró una mansión en Berkshire que el grupo pop Five Star acababa de dejar, pero rechazó sus onduladas parcelas de campo porque estaban «demasiado cerca de la carretera».

También se interesó por una casa en el pueblo de Stadhampton, en Oxford. La propietaria declaró a John Collis que «a veces cuando nosotros no teníamos que marchar, él venía y permanecía en casa por el día y luego regresaba al hotel. Nos fuimos para trabajar y él se mudó. Siempre tenía a una chica junto a él. A menudo una chica diferente». Ella encontró a Van terriblemente tímido, aunque curioso por su herencia celta: «Él se metía en discusiones bastante profundas sobre temas como Stonehenge. Más bien preguntas antes que respuestas». A menudo ella encontraba trozos de papel llenos de notas, que ella tiraba. A la larga, Van compró la casa, y la mantuvo durante algunos años, aunque él se trasladó de nuevo a Londres, cerca de sus viejos lugares predilectos en Notting Hill.

En forma apropiada, «Summertime In England» es un momento álgido del concierto grabado por la televisión holandesa en 1981, en Rotterdam. Mick Cox e Herbie Armstrong tocan las guitarras, la cabeza rizada de Pete Wingfield está a bordo de nuevo, y Pee Wee Ellis —que tiene un aspecto un poco demasiado dignificado para la ocasión— se une a los coros mientras Van con gafas oscuras improvisa sobre cuando «Auden e Isherwood se separaron» (en Berlín) y añade a Ginsberg en Saint Louis, y a la City Lights de Ferlinghetti, la editorial que publica a Colin Wilson. ¿Un manifiesto beat?

De vuelta a California, en declaraciones a Paul Vincent de la emisora KMEL, Van dijo: «Realmente no pienso en mí como un "compositor". Conozco a los compositores y yo no lo soy. Un compositor es un tipo que puede entrar a las nueve y media de la mañana y escribir una canción a petición, y yo nunca he sido capaz de hacer eso. Soy un escritor de inspiración. Un poeta. Escribo cuando estoy inspirado». En un registro diferente, él habla también de que ha enseñado «Mechanical Bliss» a Dudley Moore «y ha flipado. La adora realmente». Aunque el humor no forma parte de lo que actualmente trata de hacer en el escenario: «Lo que hago es interpretar la música, y debo concentrarme en ello. Tengo que levantar la energía y tengo que conjurarla, por así decir. No quiero hablar porque rompe el conjuro. La música son mis palabras». Su propósito principal es «que la gente se escuche a sí misma». Un noble objetivo, digno del mejor arte, para ubicar el sentido oculto de la mística en el interior de todos nosotros.

ocho:

Latido irlandés (Irish Heartbeat)

Morrison en un restaurante del West End de Londres, hacia 1983.

Van tenía una nueva novia, Ulla Munch, de Vanlose, en Copenhague. «Listen To The Lion» hecha carne. La influencia de Ulla en el sentido renacido de los misterios celtas infundió a *Beautiful Vision*, completado en California hacia finales de 1981. Compuso tres piezas con Hugh Murphy, un viejo conocido de Decca y productor de «Baker Street», de Gerry Rafferty.

Los músicos nuevos incluían a Chris Michie a la guitarra, Tom Donlinger a la batería y al propio Sr. Dire Straits, Mark Knopfler. La grabación se efectuó en el Record Plant de Sausalito. El álbum se editó en febrero de 1982, y en Gran Bretaña alcanzó el número treinta y uno, y el cuarenta y cuatro en los Estados Unidos. La vanguardista portada tiene como fondo un cielo con una noche estrellada, al estilo de Van Gogh. En el centro hay una luna de luz en cuarto creciente —de la que sale una mano anciana— que hace de prisma a través del cual surge un arco iris de luz. Esta «Visión Maravillosa» es más hábil que hermosa, más inepta que visionaria. Hubiera sido mucho mejor usar la fotografía del mismo título de Julia Margaret Cameron, en la que Julia Stephen —la madre de Virginia Woolf— mira hacia la cámara, con los ojos relucientes, una imagen de feminidad mística.

Algunas de las letras salen de *Glamour-A World Problem*, de la escritora mística Alice Bayley, ayudada por un tibetano misterioso. Más cercano a la tierra, el álbum está fuertemente basado en los recuerdos de Belfast, y Sean Fulsom toca la gaita en dos canciones. En declaraciones a Johnny Rogan, Phil Coulter confirmó ese sentido nuevo de las raíces irlandesas: «Me parece que él es mucho más feliz». Van había encontrado en San Francisco un bar en el que se tocaba música tradicional. «Él tenía esa cosa sobre la evolución de la tradición y la cultura celta.» Una noche le puso a Coulter un álbum de cantos gaélicos de las Shetlands. «Era muy primitivo y me quedé fascinado.»

La primera canción, «Celtic Ray», trata de esta vieja cultura, aunque debido a la ausencia de la hoja de las letras no siempre es posible decir exactamente qué palabras pronuncia Van. Las dificultades de producción que hicieron que muchos de los prensajes originales en vinilo salieran descentrados, además del envoltorio de pacotilla implicaban una falta de control de calidad, aunque ello no se extendió a la música. El concepto en la primera canción es el de «Wavelength», con mensajes que atraviesan el éter desde la Madre Irlanda. El rayo celta, como algo de un tebeo infantil, o de las películas del sábado por la mañana, es una especie de filón materno para un hombre que ha estado «fuera demasiado tiempo», un antídoto para la locura y «el hombre corporativo». En forma de esquizofrenia controlada, Van puede oír «las voces que llaman». Él remeda esta mundanidad otra de la manera en que canta «children», que hace que se te erice el vello de la nuca. El acompañamiento irrumpe en una giga, y Van se desvanece, y gime sin palabras.

«Northern Muse (Solid Ground)» combina el estado de Irlanda con una mujer joven, en County Down (que es protagonista en el primer tema de *Irish Heartbeat*). De nuevo, nos encontramos con un ritmo como de balada en acción. Según declaró Van a la revista irlandesa *Hot Press*: «Al principio, parte del material, era más tradicional. "Solid Ground" y "Celtic Ray" empezaron básicamente como material de orientación folk».

«Dweller On The Threshold» está sacado de H. P. Lovecraft, pero con desenvoltura. Van todavía permanece en la oscuridad, como Jesucristo en el cuadro *La luz del mundo*, de Holman Hunt, a la espera de entrar. Aquí el ángel es corpóreo, femenino. Y se produce la primera referencia de Van a una «tierra ardiente», y a la música de las esferas, cuya armonía perfecta la remedan los músicos del grupo. Mark Isham suena a lo Beatle, rebosante de alegría.

«Beautiful Vision» tiene una letra sencilla, que se repite, y la visión puede ser algo celestial o su nueva novia, o ambas, aunque la música se hace interminable. «She Gives Me Religion» es la contrapartida a «Covenant Woman», una de las mejores canciones de Dylan, y da gracias a una mujer en vez de ponerla como un trapo. Van sigue avanzando por la avenida mística —tal vez bordeada de cipreses— con la ternura en la voz provocada por el «sonido hierático» de Isham. Robert Redford, para el que iba a hacer la banda sonora de *El río de la vida*, habló de «la profundidad emocional de su obra, muy sencilla, a veces casi minimalista, pero que todavía tiene energía». Antes de estar con Morrison, Mark había experimentado con música de sintetizador, y tocado la trompeta con intérpretes tan diversos como The Sons Of Champlin, Pharoah Sanders y la Oakland Symphony Orchestra. Posteriormente, él grabó *Vapor Drawings*, el primer álbum electrónico para Windham Hill, y trabajó con artistas renovadores como XTC, Was (Not Was) y David Sylvian.

«Cleaning Windows» es una bocanada de aire fresco, adornada por una guitarra bailarina como la del Jerry Garcia más alegre. La canción se estructura sobre el concurso «What's My Line». ¿Os acordáis que Van en tiempos citó como su intérprete favorita a su presumida presentadora, Lady Isobel Barnett (¡una mujer que no tenía que trabajar!)? Van cree que él podía haber sido más feliz en el primer oficio que escogió, en medio de un ritmo traqueteante. Éste es un ejercicio de nostalgia a la manera de Keats, con gusto, olfato y sonido. Incluso aquí, Van está al pie de la escalera, preocupado por hacer un buen trabajo. Él grita los números de las casas que limpiar, como un locutor del bingo.

Entretejida está la historia de sus primeros entusiasmos, en la calle en que nació: Jimmie Rodgers, Muddy Waters y Christmas Humphreys, country y blues, el budismo, y su amor por Jack Kerouac. A pesar de la referencia bromista del final de acabar en el paro, Van pronto iba a abandonar esas calles de la infancia, para ir de gira. Los cinco Woodbines, además de ser un trozo de historia social, nos hacen recordar a un Morrison aún más joven, que compra cigarrillos y cerillas en las tiendas.

«Vanlose Stairway» es una canción de amor nuevo, en el que él le pide a Ulla que le mande de golpe la foto, la almohada —seguramente empapada de perfume—, la guitarra y una *Biblia*. Queda claro que es la misma a quien se dirige en «She Gives Me Religion». Como la primera canción, ésta es sobre maneras de comunicarse que Correos o British Airways desconocen. Van dice: «Hold it», y toca la armónica no acreditada, rugiendo en ella como un toro.

«Aryan Mist» sopla y resopla como un tren, aunque la primera palabra del título todavía está empañada por las asociaciones de ideas con los nazis para que se sienta con comodidad. Es como el antiguo símbolo de la curación, la esvástica, que ellos primero se apropiaron, y luego cambiaron por completo. Hitler también era un místico natural, un visionario. «Los gurús del este y el oeste te elevan»: Van está a punto de desprenderse de ellos. La niebla es mitad aire, mitad agua, y los dos elementos se cruzan en la siguiente canción: «Across The Bridge Where Angels Dwell». Lo mejor es explicarlo de forma literal; Shana y su madre vivían entonces en San Mateo, literalmente al otro lado del puente desde la casa de Van en Mill Valley. Finalmente se han gastado todas las palabras, y el álbum finaliza con un instrumental, «Scandinavia». Van toca un piano poco instruido, en lo que parece una variación de «Chopsticks», por encima del sintetizador de Mark Isham, con un golpeteo de batería como un latido del corazón. Para Lester Bangs, esto «dirige a Van hacia las cumbres nevadas que mezcla en esas piscinas sin sol que Brian Eno cultiva tan asiduamente.» Para mí, los acordes recuerdan a los de «El pequeño tamborilero» interpretado por David Bowie y Bing Crosby.

El poeta de Dorset David Caddy ha escrito sobre «auras» como energías que en la época medieval se creía que emanaban de la gente, las piedras, los árboles, y de hecho en todo el mundo de la materia, como un fuego interior. Esta sensación de un oculto universo de energías es justo la que Van Morrison revela en *Beautiful Vision*: reside en el corazón de su misterio. Caddy ha comparado la antigua creencia en las auras —todavía utilizadas en curación psíquica— con experimentos más recientes de poetas estadounidenses modernos como William Carlos Williams, George Oppen y Charles Bukowski. Ellos intentan parecidamente delinear en palabras la textura inflexible de lo cotidiano. «Sin ideas, si no en las cosas». Ésta es la cualidad auténtica que les falta a estas canciones, y que era tan omnipresente en *Astral Weeks* o incluso en *Common One*. Las particularidades minuciosas. Después de todo, incluso William Blake necesitaba un grano de arena para ver el cielo a su través.

Maxim Jakubowski habla de «una tranquila, gracia espiritual» tras la nueva música de Van. Los críticos de rock británicos de la época, todos cínicos, se mostraron sorprendentemente entusiastas. Para *Sounds*: «Morrison arregla su mente en una especie de gloria semi tranquila, como si preparara su música enorme, biográfica, a la manera de Yeats, para el arreglo final». *NME* halló que «el sentimiento religioso se mueve por el álbum, y proporciona una fuerza tranquila», mientras que *Melody Maker* alababa «una sensación, una mezcla que abraza el folk, el gospel, el rock y su propio blues apasionado». Los críticos estadounidenses no estaban tan convencidos, y *Creem* consideraba que demasiadas canciones «celebraban esos vagos bromuros que Dylan ha frecuentado en los últimos años», y *Trouser Press* en cambio pedía un nuevo *Wavelength*. El viraje más extraordinario lo efectuó Lester Bangs en el *Village Voice*.

Al principio, Bangs había despachado el álbum anterior a través de la mirada de su amigo Greil Marcus: «Van se hace el poeta místico», pero había vuelto al álbum para encontrar música sagrada, «un cuarto de hora extasiante que pasa como momentos dilatados», como la obra de Miles Davis en *In A Silent Way*. Geoff Wall ha señalado con sensibilidad que todos los últimos álbumes de Van necesitaban tiempo para madurar, y que descubrían sus misterios lentamente. *Beautiful Vision* es «auténtica música del alma», aunque las letras son de material de postal, «seguras y cohibidas de una manera que finalmente desangra la pasión y aburre simplemente».

La pasión se evidenciaba totalmente en un especial de Rockpalast, grabado en Essen (Alemania) en abril de 1982, y posteriormente redifundido en la BBC. Figuran dieciocho canciones inmaculadamente interpretadas y grabadas. Alguna de las canciones más sosas del álbum nuevo florecen en la actuación en directo, con Van inclinado ante un piano eléctrico, un jovial gigante barbado al bajo, Chris Michie a la guitarra y la sección de viento de Ellis e Isham. Ahora hay tres cantantes femeninas, como el coro de gospel que ahogó gradualmente a Dylan a principios de los ochenta. Los momentos álgidos incluyen un «Summertime In England» de diez minutos y «She Gives Me Religion», con un solo de trompeta de Mark Isham, tan claro y penetrante como una campana.

Van parece mucho más contento y seguro. Como declaró Phil Coulter a Rogan: «Ya no está enfadado; está muy suave. Se ha enderezado a sí mismo. Ahora su problema es el café». Ni drogas ni alcohol. «Van lleva una vida muy sencilla y formal. Vive con una mujer y en septiembre pasado tuvo a su hija de vacaciones de verano con él». Él estaba lo suficientemente seguro como para dejar pasar la oportunidad de componer la banda sonora para *One From The Heart*, de Francis Ford Coppola, una película desastrosa rodada enteramente en estudio, y que intentaba recrear la extraña magia de Powell y Pressburger, aunque errando el blanco completamente. «Yo tan sólo pensé que no era lo mío, ya sabes. No le tengo ningún cariño especial a Las Vegas. Yo no tenía la sensación de que podía resultar verdadero haciendo ese tipo de música, aunque Coppola me gusta mucho. Creo que es un gran director.»

A finales de marzo, Van había emprendido un compromiso de cuatro noches, con las entradas agotadas, en el Dominion Theatre, de Tottenham Court Road. Se podía haber titulado *Apocalypse Now*, con Van que rebuscaba en lo más profundo del alma y lo traía de vuelta a casa. Un crítico incluso vio a un cliente con un «Van es Dios» escrito en la espalda de su chaqueta de cuero. Después de un pase acústico de Herbie Armstrong —que actualizó descaradamente una emotiva versión de «Friday's Child» con el mandato de «es demasiado tarde para detenerse ahora»— Van estuvo fascinante, y realizó una completa actuación de una hora y media. Gavin Martin, del *NME*, le describió como «cantando con más pasión que cualquier otro ser vivo», todavía hambriento y de regreso con una venganza. Él había aprendido el truco de Dylan de dar nueva vida a canciones antiguas: «Las canciones se recolorean, revibran y reinterpretan. Es como si hubiera subsumido todos sus viejos ámbitos y poderes y los hubiera cristalizado». Los diamantes del carbón. Martin destaca como momentos cumbre el dúo con Pee Wee Ellis en «It's All In The Game», el «funk astillado» de «I'm Satisfied» y «Cyprus Avenue» casi como una nueva canción, «con ritmo disperso y una nueva letra viva».

En junio, Van tocó en el anual festival de Glastonbury, en Avalon. El *NME* retrató el baño de barro resultante, con un titular bajo la foto de Van: «Amor cálido en un clima frío». Canciones recientes y aún no grabadas como «Real Real Gone» engrosaron la actuación, y la gira siguió por Europa e Irlanda. En el agradable e íntimo Gaiety Theatre de Dublín, Martin informaba de nuevo en el *NME* sobre un grupo que era «bueno y rico, caliente y apretado, descarado y jazzístico», como una antigua y más sabia versión de los Famous Flames de James Brown. Un momento álgido fue «la chillona exposición emotiva de «It's All In The Game», «una interpretación clásica que hacía que te mezclaras con sus deliciosos estremecimientos dolorosos y que te dejaba agotado y exultante después de su crescendo climático». ¿Mejor que el sexo? La actuación terminó como una fiesta, y todo el viejo malhumor se había ido. Para Barry McIlheney, aquí había un viejo maestro redescubierto, gracias en gran parte a los Dexy's Midnight Runners, «más que nunca con aspecto de rey de salón de billar de East Belfast», un trabajador en su mejor momento. Cuando la gira se fue a Norteamérica, el espectáculo empezó a incluir una buena porción de versiones de originales de rhythm and blues.

Cuando el señuelo de Albión fue demasiado fuerte, y Van se trasladó a Holland Park, él encontró el duro rhythm and blues de su juventud todavía vibrante y otra vez de moda. Los Pretty Things, con Phil May y Dick Taylor en sus filas, tocaban en el Bridge House de Little Venice. A Morrison se le vio a menudo entre el público, aquí y allá, de compras en Notting Hill, en los pubs de Ladbroke Grove, o tranquilamente sentado en Holland Park. Él también se apuntó en la sede de Tottenham Court Road del movimiento de la cienciología, al que le había introducido Robin Williamson. No se han podido confirmar las informaciones que le señalaban abordando a transeúntes incautos. El líder de este controvertido culto, el antiguo escritor de ciencia ficción L. Ron Hubbard recibió un «agradecimiento especial» en la carpeta del siguiente álbum de Van, *Inarticulate Speech Of The Heart*.

Editado en marzo de 1983, el álbum se grabó en Sausalito, Dublín y Londres. La formación del grupo es casi la misma de antes, con el añadido de dos músicos irlandeses del firmamento de la música tradicional, Arty McGlynn a la guitarra acústica, y Davey Spillane de los Moving Hearts en la gaita irlandesa y la flauta. Como en *Common One*, la portada se secciona en dos en diagonal por el horizonte, aunque aquí se trata de un diseño de alta tecnología, como conviene al brillo refinado de la música del interior. En este caso la división es entre el espacio profundo y un planeta rojo sin rasgos. Desplazándose por el infinito, como una «faja alrededor de la tierra», figura un pentagrama musical, con corazones en vez de notas. Para contrarrestar esta imagen etérea, Morrison cita a su nuevo manager financiero Paul Charles y a su contable. El álbum alcanzó el número más alto en las listas, al colocarse en el catorce de Gran Bretaña, mientras que en Estados Unidos conseguía la posición más baja —la ciento dieciséis— desde *Blowin' Your Mind*.

Aquí tampoco hay hoja con las letras, y esta vez parece intencionado: con una excepción importante —un poema recitado— las palabras a menudo se usan para dar un colorido suplementario a la música. Isham ha sustituido en gran medida la trompeta por un sintetizador y aquí lo que hay es música New Age en toda su gloria sin emoción. El álbum fluye como un experimento de escucha fácil, con colorido celta. Casi la mitad del disco es instrumental, «Conswater», titulada como un canal de Belfast, es un baile irlandés lento, «Celtic Swing» empieza lentamente, y luego se lanza a un estilo de orquesta de baile, con Van que toca el saxo y lo hace sonar como el mar que se escucha desde dentro de una concha. El tema del título se basa en acordes sencillos que se repiten lentamente, con una percusión de caja china directamente extraída de *Pet Sounds*: regresa con un verso cantado, las mismas frases una y otra vez, como un mantra. «September Night» recuerda a trozos de *Dark Side Of The Moon*, quejidos sin palabras encima de un ritmo lento.

Las letras parecen inspiradas por la cienciología, una fe optimista que predica la superación de los bloqueos mentales internos, y la supresión de los «engrams», los nudos de la psique. El problema es que al suprimir los controles personales también puedes amputar la creatividad. Tal cosa se demostró por el descenso de la Incredible String Band de una mezcla ingeniosa de relatos mitológicos colocados, y sabidurías extrañas, hacia un capricho soso sin encanto. Por cierto, ¿quién quiere ser totalmente feliz?

«Higher Than The World» pone en música la foto de portada, pero cómo se puede ser más alto que una flor, o vivir en un sonido. De todas formas, Van suena convencido. En «River Of Time» se encuentran el alma y el corazón, como en la placa de un carnicero, pero la música emociona y la voz de Morrison se mezcla perfectamente con el sintetizador y los coros femeninos. «Irish Heartbeat» es lenta y sentimental, uno de esos himnos que Van parece capaz de coger en el aire. «¿No te quedarás, con los tuyos?» no parece gran cosa impreso, pero el canto de Van lo transforma en un lamento doloroso por la tierra natal de uno. Billy Connolly regresó a Caledonia cuando él lo usó como tema principal para *Billy's World Tour Of Scotland*. «Cry For Home» es una llamada a casa más alegre. Sería un buen himno para el equipo de fútbol preferido de Van, cualquiera que pueda ser. «The Street Only Knew Your Name» sucede en el Belfast de su juventud, con un riff de sintetizador, y los adolescentes que dan vueltas de noche.

En una rápida acción, Van hizo su primer vídeo comercial para «Celtic Swing». Hacer un vídeo para un instrumental era típicamente perverso, y el resultado es encantador, con escenario en Irlanda donde un malhumorado Van con el saxo se convierte en un reacio flautista de Hamelín, al que sigue un muchacho por dondequiera que va, que presumiblemente es su yo joven. Todo parece como algo de la nouvelle vague francesa.

La canción más importante del álbum, de hecho, es un poema, sí, uno auténtico, recitado, aunque Morrison no puede pararse y rompe a cantar, y un saxo lento finaliza la acción. «Rave On, John Donne» suena como una alegre declamación de Ginsberg, con el metafísico isabelino y otros poetas muertos llevados a la actualidad, como rayos de luz. Walt Whitman, Omar Khayam, y también W. B. Yeats: una guía de lectura de visionarios para una universidad a distancia. David Hayes confirma que en el estudio se grabó en vivo una versión de cuarenta y cinco minutos: «Se llenaron dos bobinas de cinta de veinticuatro pistas. A la mitad se produjo un vacío cuando el ingeniero cambió frenéticamente la cinta. Fue una sesión especial, como estar en la iglesia».

Las críticas de *Inarticulate Speech Of The Heart* fueron diversas. La más entusiasta fue la de Niall Stokes en el *Hot Press* —«una profundidad oceánica»— contrariamente al desarrollo parecidamente sentido de *Magical Ring* de Clannad, otra obra que combinaba las raíces celtas y los sintetizadores. Van «ha igualado su lenguaje de regreso a la nada, con la esperanza de, incluso una sola vez, expresar ese todo, esa globalidad, esa unidad que, al final de todo, desafía el significado y lo llena». Sí, bien..., como escribía Adam Sweeting en *Melody Maker*: «no hables de él, escúchalo». En *Sounds* no se mostraban tan animados —«su tercer álbum seguido horroroso»— y *Record Mirror*: «A cada álbum nuevo se vuelve más soso. Y éste es el peor de lejos», Maxim Jakubowski invoca a Erik Satie y a John Coltrane, y a «un ligero groove jazzístico, tan agudo como un rayo de sol». *Music World* cree que el álbum suena genial si el sol brilla, pero no tanto si llueve. Gavin Martin opina que «no es lo que él canta, sino cómo lo canta». En un escrito para el *NME*, señala también la singularidad absoluta de los instrumentales del álbum, con Van que toca el saxo como «una flauta aborigen o africana». Como indica: «Es un estado de cosas triste el que el nuevo poder absoluto y la visión de la última encarnación de la Van Morrison Band deba ser disfrutada por un público que predominantemente es de clase media y de mediana edad».

Irónicamente, con esta banda a remolque, Van declaró en febrero a Radio Ulster que suprimiría las actuaciones en directo hasta el mínimo: «Es un asunto de ir hacia otras zonas creativas. Parte del problema con las actuaciones es esa expectación por cosas que hiciste cinco años antes. Ya no estás allí. Y vas hacia atrás». Él hablaba de un interés renovado por la literatura irlandesa, y de que había «estado oyendo música folk celta. Variada, música de Bretaña, Inglaterra, Escocia, País de Gales, Irlanda. El blues es "su" música. Tú puedes tocarla pero no te pertenece». El arpista bretón Alan Stivell era un preferido especial: él también llevaba la música tradicional hasta la época de la electrónica. Van había encontrado una nueva salida para su creatividad: «Ahora estoy escribiendo un libro. No es una autobiografía en realidad. Hechos reales, ficción, filosofía, misticismo. Mi experiencia». Mientras tanto, Howard DeWitt, un profesor de cultura popular, publicó *The Mystic's Music*, una biografía corta llena de anécdotas minúsculas, como la de Van, que alquiló un coche Mercedes con matrícula personalizada con las letras «R'N'B».

La gira promocional de la primavera de 1983 para el nuevo álbum fue la del regreso a casa definitivo de Van. El estudio móvil de grabación Manor se trasladó para grabar lo mejor de cuatro noches de primeros de marzo en la Grand Opera House de Belfast, aunque el álbum resultante se limitó a material sacado de sus últimos cuatro álbumes.

Con casi el mismo grupo de los últimos tiempos, salvo que Tom Donlinger había sustituido a Peter Van Hooke en la batería, Van ofreció un despliegue abrasador. Los momentos cumbre incluían «It's All In The Game», con el público ensimismado, y nada menos que «Danny Boy». Barry McIlheney en *Melody Maker* informaba de una versión de «Summertime In England» que citaba a Seamus Heaney, Dylan Thomas y D. H. Lawrence, una «Full Force Gale» que animaba el corazón, y al final «Gloria». «Morrison, con un aspecto maduro, permaneció impertérrito cantando a voz en grito este estándar de todos los tiempos para las orquestas de baile, los grupos de rock y los de punk, y el círculo se cerró limpia y finalmente.» Al igual que en sus anteriores conciertos en su ciudad en 1979, Van fue capaz de elevar el espíritu colectivo de una nación dividida, testimoniando su música como Billy Graham a Dios.

En marzo, van interpretó en directo «Cry For Hours» en el *Late Late Show* de la televisión irlandesa. En declaraciones a Bill Flanagan de *Musician* él explicó que, aunque el vivir en tantos lugares le había dado «una perspectiva más amplia de la vida en general» todavía había «buena parte de mí que está estrictamente implicada con la isla de Irlanda». Sin embargo, él rechazó el comprometerse políticamente. En una entrevista con el periodista irlandés Dermot Stokes, en vez de ello él decía deser «inducir idealmente a estados de meditación y éxtasis, además de hacer pensar a la gente». Gracias a libros como la obra de 1937 *Music: Its Secret Influence Through The Ages*, de Cyril Scott, él exploraba el poder transformador de su arte: «Yo intentaba hacer meditación en el Fillmore East, ¡puedes creerlo!». Así que fue por eso que se largó del escenario.

En un *NME* de mayo, Gavin Martin encontró un hombre «íntegro, inteligente y sobrio» dando vueltas por el centro de cienciología, y leyendo en voz alta trozos de las obras de L. Ron Hubbard. Reuniéndose en el hotel Tara —¿cuál si no?—, Morrison rehúsa hablar ni de cienciología ni del pasado, lo que deja muchos huecos en la conversación. Van está agudamente nervioso, vestido de negro, con un aspecto del que se ha metido en un funeral equivocado. Él mastica un bistec con patatas fritas al tiempo que responde lacónicamente a las educadas preguntas de Martin: «Me metí en el asunto del rhythm and blues pero lo rebasé. Rebasé el folk y cualquier otro medio. Así que ahora sólo soy yo mismo».

Van entró en un periodo de tranquilidad, considerando de nuevo su carrera, y surgió a inicios de 1984 con un grupo nuevo y una creatividad con nuevos objetivos. Él estaba a punto de grabar una trilogía de álbumes de poesía rock abrasadora. En enero, Rockpalast grabó catorce canciones durante la celebración del «Midem» de Cannes. La actuación fue muy parecida a la de Belfast, aunque en el grupo de acompañamiento ahora estaban el guitarrista con cara de niño Arty McGlynn, el teclista con barba Kenny Craddock —un músico de sesión muy respetado que había tocado con Lindisfarne y el grupo de Paul Brady— Martin Drover a la trompeta, Richard Buckley al saxo y los coros, el bajista negro Jerome Rinson y el enérgico batería Terry Popple, con dos coristas femeninas. El propio Van tocaba los teclados.

En febrero se produjo el lanzamiento de *Live At The Grand Opera House, Belfast*, una estela del viejo grupo, que alcanzó el número cuarenta y cuatro en las listas británicas de álbumes, aunque no figuró entre los cien primeros estadounidenses. Como muy a menudo, un álbum oficial en directo suena debilucho y escatima el tiempo de actuación en comparación con las delicias pirateadas en Europa, que la BPI persigue como si fuera drogas de la clase «A». La mayoría de las canciones suenan mejor retocadas en los álbumes originales, y la política de selección restringe el pasado de Van a unos pocos compases de «Into The Mystic» al inicio. Los estimables añadidos incluyen un llamativo solo en «Haunts Of Peace» y una segunda parte suplementaria a «Rave On, John Donne»: «esta noche entenderéis la unidad».

La reseña de Sandy Robertson en *Sounds* se titulaba «Morrison Menor». Era más bien grosera; para ella, Van estaba «entrado en carnes..., justo igual que su música», y todo seguía en el mismo tono. La versión de «It's All In The Game» es «un insulto a la grandeza que él hubiera podido tener en su día». «Rave On, John Donne» suena como una parodia de los Two Ronnies. Para Christopher Hill, Morrison «suelda el rayo nebuloso de la poesía oculta al calor del rhythm and blues», aunque *Record Mirror* encontró que era «un disco realmente tan pesado como su título». La portada muestra la Opera House iluminada, como un pastel de boda, con sus portillas y sus vidrieras de colores. El diseño es el de un cartel del concierto de la gira de Van. Está colocado sobre un fondo impresionista que podría ser hierba, pizarra, roca o la cara oculta de la luna.

En el *NME*, David Quantick opina que el álbum es una compilación útil de los años Mercury de Van. Ahora, éste ha cortado por completo los vínculos con WB, que todavía estaba distribuyendo su obra en Estados Unidos. Lo que provocó el rumor, amplificado por *Rolling Stone*, de que lo habían despedido. En declaraciones a la citada revista, Morrison puso las cosas en claro de manera airada: «Me he enterado por segundas personas. Creo que ellos han despedido a mucha gente, y yo era el nombre más importante. Imagino que alguien pensó que yo estaba en Tombuctú durmiendo bajo un seto. Sy Waronker estaba extremadamente avergonzado. Él me pidió excusas..., me dijo que negociaríamos, y no negociamos. Lo que hice después fue ceder los derechos estadounidenses a Polygram porque ellos me representaban en cualquier otra parte hacía ya seis años. Era tan sólo una decisión normal». ¿Ahora está claro?

La misma formación se presentó en el Montreux Jazz Festival de julio, realizando una actuación de amplio espectro que incluía un popurrí de tres grandes éxitos de Them, el «If Only You Knew», de Mose Allison, y nuevas versiones de «Jackie Wilson Said», «St. Dominic's Preview», «Hard Nose The Highway» y «Ballerina», un placer especial. Siguió un instrumental de media hora, titulado «Jazz Session», con los auténticos jazzmen Joe Henderson al saxo, el batería Billy Hart y el trompetista Freddie Hubbard. «Yo he sabido de este chaval desde hace tiempo, y hoy me ha dicho que le gusta el jazz, así que vamos a hacer una jam session, porque quiero ir a Irlanda, porque soy irlandés, viejo Hubbard. Es estupendo que podamos tocar todos juntos.» El concierto terminó con «What Would I Do?», de Ray Charles. Todo ello está registrado en el CD pirata *I Can't Go On... But I'll Go On.*

Otras colaboraciones musicales incluyeron improvisar con los Chieftains en Edimburgo, retomar *The Last Waltz* —en plan de serie B— con una Band reformada en un concierto al aire libre en la región central de Inglaterra, e interpretar «Moondance» con la Gil Evans Orchestra. Una cinta privada de la actuación del 22 de junio en el Gaumont de Southampton es infinitamente superior al álbum *Live In Belfast*, con un grupo firme, un repertorio interesante, y un agresivo Van que gruñe con un control total. Esto es una alabanza especial, ya que una voz irlandesa anuncia al inicio del concierto que «el señor Morrison se ha hecho daño en la pierna, y efectuará el concierto sentado en un taburete, dicho sea para que no se pregunten por qué no se mueve él en escena». Antes del intermedio, el grupo realiza un pase de veinte minutos casi de jazz de vanguardia. Después de esto, la misma voz presenta a un hombre que durante veinte años ha compuesto «con un discurso inarticulado del corazón», lo que suena insultante sin querer.

Van inicia la actuación de manera cronológica, con los tres éxitos de Them, «Brown Eyed Girl», y dos piezas de *Astral Weeks*, «Young Lovers Do» y el tema del título. Éste es especialmente impresionante, con sólo guitarra, batería y órgano. El estático Van todavía goza de buena voz, y actualiza las cosas con «I Will Be There» y «You Win Again», antes de volver a zambullirse en el pasado con «Jackie Wilson Said» y «St Dominic's Preview», con un buen riff de guitarra nuevo. Otras delicias incluyen una impetuosa «Hard Nose The Highway», «I'm Not Working», durante la que Van gime como un agonizante y que el público sigue furiosamente con palmas, y «Haunts Of Ancient Peace», que hace época. Una diversión ideal para una noche de verano, incluso en Southampton. La siguiente, para sorpresa general, es una «Madame George» a ritmo de cortejo lento. La batería suena como un desfile de Orange, McGlynn toca arpegios en la guitarra, y el acongojado Van lo pone todo en la voz, infinitamente triste y afectuosa. Unos teclados imponentes entran en la ecuación y el bajo (eléctrico) retumba. Van casi escupe el verso de «tened piedad, es la policía», luego hace *scat* en la estrofa final, y se encalla como una aguja de gramófono en el verso de «loves to love». Van susurra «dice adiós» mientras la música se desvanece, y luego tartamudea consonantes, haciendo añicos las palabras. Un público pasmado, consciente de estar ante la rara presencia del genio, una pausa durante un momento, luego alguien grita, y todo el mundo aplaude a rabiar.

Apenas una pausa —esta cinta no está editada en modo alguno— y ya estamos metidos en «Like A Ballerina», con órgano sacado de *Highway 61 Revisited*, y guitarra española. Los músicos extraen el baile que se mece en el corazón de la canción, como conviene al tema. Sin llegar a desearle a Van el terrible accidente que le sucedió a Robert Wyatt, él realmente debería estar más sentado en el escenario, si se consigue este resultado. Su canto es borroso y majestuoso, mientras que el grupo va de una acorde a otro de forma imponente, y todo llega a una conclusión agradable. Un breve floreo de batería y ya estamos en una alegre «Summertime In England», que suena de una pieza, con las maravillas que acababa de desplegar, aunque con metal añadido.

El 7 de julio, Morrison se unió a Bob Dylan en el escenario de Wembley, para un bis de «It's All Over Now, Baby Blue» junto a Eric Clapton, Chrissie Hynde y Carlos Santana. Fue la primera vez que yo veía a Morrison en persona, y tenía un aspecto demasiado cotidiano para estar en escena, hasta que abrió la boca y derramó su miel silvestre. Ellos repitieron la experiencia en Slane Castle, en la huerta del Boyne. Los dos rasgaron la guitarra y compartieron micrófono, al estilo de los Everly Brothers. En el camerino, un joven Bono entrevistó a los dos viejos estadistas del rock. Van alaba el talento periodístico de Bono y ellos hablan de negocios, sobre técnicas de grabación. Van recuerda la época en que «tú estabas en el estudio, y ellos ponían la cinta en marcha. Unas ocho horas después o así, ellos decían: "Vale, la hora del té, se terminó"».

Ahora Van se encontraba como en casa en los estudios de televisión, como antaño en los pequeños clubes. En agosto, Morrison interpretó «Northern Muse» en *The Mary O'Hara Show*, y volvió a traerlo todo a casa para el gran público. En octubre, tocó dos números con los rebeldes folk de Caledonia, The Battlefield Band. También cantó dos canciones como parte de la celebración de los sesenta años de emisiones de la BBC desde el Ulster, presentado por su viejo amigo Phil Coulter. En noviembre se pudo ver a Van en directo desde el atestado estudio de *Old Grey Whistle Test*, delante de ese hombre ridículo que da patadas a una estrella. Preestrenó «A Sense Of Wonder», de su álbum venidero, como si fuera un hombre desesperado por compartir un secreto.

Los Dexy's Midnight Runners recorrían el pasado de Van, a gran velocidad. El reformado grupo grabó un primer LP titulado *The Celtic Soul Brothers* y en el segundo álbum *Too-Rye-Ay* añadieron la sección de cuerda de la Emerald Express. Van y su grupo estaban de gira por Australia, y en esa estancia grabó dos canciones en directo para televisión: «Tore Down À La Rimbaud», y la canción del título de su nuevo álbum, *A Sense Of Wonder*, editado en febrero de 1985.

Alcanzó el número veinticinco en las listas británicas, y el sesenta y uno en las estadounidenses. Los prensajes originales tuvieron que retirarse cuando los albaceas literarios de W. B. Yeats obligaron a la supresión del álbum de la versión musical de Van del poema de aquel «Crazy Jane On God». Peter Bellamy, inicialmente, sufrió el mismo problema, a la hora de grabar los poemas de Rudyard Kipling, acoplándolos a las melodías folclóricas inglesas que él había analizado que los había inspirado en primer lugar, y suprimiendo la censura al restaurar el lenguaje grosero que Kipling hubiera usado de haberse atrevido. Posteriormente Bellamy fue elegido vicepresidente de la Kipling Society, y la obra pionera de Morrison inspiró más tarde un álbum entero de musicaciones de las letras de Yeats. Mientras tanto, Van admitió la derrota provisional, y sustituyó el poema por «If You Only

Knew», de Mose Allison, y declaró a Stephen Davis: «Yo pensé, de acuerdo, está bien. Pensaba que les hacía un favor. ¡Mis canciones son mejores que las de Yeats!».

En el álbum nuevo, Bob Doll sustituye a Mark Isham en la trompeta, y desplaza el punto central de la música. Por otra parte, el grupo utilizado es más amplio que el que Van ha dispuesto en los últimos tiempos para las giras. Tanto en portada como en la contraportada hay fotos de Van, que reaparece como gancho comercial, después de todas esas imágenes new age de aerógrafo, aunque aquí la cosa aún va más lejos. Después de tres álbumes en los que trató de esconderse a sí mismo, de convertirse en anónimo, de borrarse de las letras, éste es un esfuerzo maravillosamente egoísta. Es como si la personalidad de Van —y su individualidad poética— hubiera surgido de las nieblas celtas hacia la brusca luz del sol.

La portada es buena parte del mensaje del álbum, como también lo es el cuento sobre Boffyflow y Spike. Van se asoma por un círculo de hojas, como un ornitólogo que mira desde su escondite, del mismo modo que Boffy «ha cubierto con hojas la madriguera entera». Los ojos y la boca de Van sonríen franca e inequívocamente, en vez de su más característico ceño fruncido o aspecto de éxtasis místico. En la contraportada él no sonríe aunque, en cierta forma, tiene un aire travieso: luce el mismo sombrero de estilo español, y una capa —el «sobretodo» de la canción— abotonada con un broche de plata. Todo ello sobre una camisa, con el cuello desabrochado, lo que casi mina el efecto, y que por tanto resulta ligeramente ridículo, aunque esto presumiblemente forme parte de la trama. La carpeta interior de la edición en vinilo intercala las letras y las hojas muertas.

El relato, asimismo impreso en la carpeta, tiene un ingenio de gnomo parecido al de la tentativa de Dylan en la contraportada de *John Wesley Harding*, al surrealismo embaucador de John Lennon o a alguno de los cuentos de la Isla Secreta de Robyn Hitchcock, con sus juegos de palabras. Los paralelismos literarios más evidentes serían la fantasía loca de Flann O'Brien —aunque sin la vena de terror puro que atraviesa su mejor obra— o la novela de Spike Milligan *Puckoon*. El «Spike» del título seguramente es Milligan también, uno de los maestros a quien el álbum rinde homenaje. Van ha aprendido a aligerar, y su personaje Boffyflow es un completo «idiota», un tramposo, un bufón de la corte, que congela las hojas mientras espera el cheque del paro. Él cita (burlonamente) sus propias letras, e incluso derrama humor sobre el apodo de «Belfast Cowboy».

> «Eres terrible, de verdad. Lo sueltas todo.» Él se tragó seis dobles de Jameson del bar y se sumió en un profundo sueño apático, mascullando «malditos cowboys, malditos cowboys».

La música del interior, también comunica un mensaje serio de manera ligera. «Tore Down À La Rimbaud», que tardó ocho años en componer, trata del bloqueo creativo: después de todo, Rimbaud dejó la poesía y se marchó a África para llevar una vida aventurera. Como declaró Van a Stephen Boston: «Cuando tuve la idea original estaba leyendo a Rimbaud. La idea es de hace diez o doce años, y simplemente la rescribí. Yo no componía nada en absoluto y realmente no entiendo por qué. A veces me bloqueaba con tan sólo sentarme ante la máquina de escribir para anotar lo que acababa de hacer. Me levantaba, tomaba el desayuno. A veces me escapaba de esa manera. Y otras veces, no». Todavía hay más, ya que la canción es de agradecimiento, a un mentor. Madame George, quizás. La música está llena de metal alegre y voces femeninas, parecidamente a la letra de «Bright Side Of The Road», otra canción de esperanza con la que comenzar.

Unos sonidos más desenvueltos introducen «Ancient Of Days», que también puede hacerse lenta, como un himno. Otra vez, Dios en la naturaleza. Van tararea y cosquillea las teclas del piano en el agradable, más que pesado, instrumental «Evening Meditation». El rasgueo de guitarra del final es puro Roy Harper, cuya rara mezcla de melifluidad, sarcasmo y cólera parece ejercer su influencia en el álbum. No hay que avergonzarse, Jethro Tull y el Led Zeppelin del periodo medio, asaltaron la inspiración de Harper al por mayor. Por supuesto que Roy Harper es fanáticamente anti-Dios, así que no se debe llevar el paralelismo demasiado lejos. El objeto de devoción en «The Master's Eyes» podría ser Dios, o L. Ron Hubbard, o incluso William Blake.

Como señala John Collis: «Si las preguntas de Morrison hubieran sido respondidas alguna vez, su carrera ya habría terminado». Por la misma razón, Van tiene la precaución de no explicar nunca sus canciones, dejando que se abran en las mentes de sus oyentes, como flores en el agua. Por la misma razón, la versión de Van de «What Would I Do?», de Ray Charles, contiene un enfoque doble, el de perder una novia y perder a Dios, quizás perdiendo también sus dotes literarios, si cualquiera de ellos pudieran quitarse.

«A Sense Of Wonder» es hímnica, compuesta para los hijos de los amigos, y regresa a la traslación juvenil hacia la eternidad del propio Van, «la presencia eterna, en presencia de la llama». Él llama «Filosofía» a su amor, al igual que en esa rara pieza extraviada de Them: «Te lo dije, cariño, desde el principio. Yo tenía razón y tú no». Van regresa a lo concreto de su infancia que, en cierta forma, él puede hacer que parezca como la nuestra propia. Los detalles cambian, pero la luz del recuerdo es universal: «El hombre que tocaba el serrucho frente al ayuntamiento. Las cenas con empanadas en el Davy's Chipper, los anillos de salsa de carne, los graneros, las ruedas de carro, las bolas de nieve. Una sensación de maravilla». Parecidamente maravilloso es el acompañamiento de los Moving Hearts, la contrapartida eléctrica a Planxty, con Donal Lunny y Christie Moore de copilotos originales. Van Morrison y Moving Hearts en concierto, aquí hay una idea. Ellos se recombinan para un instrumental «Boffyflow And Spike», que es tan irlandés como la espuma de la Guinness auténtica o la lluvia suave.

«If You Only Knew» de Mose Allison es tan sardónica como sólo lo pueden ser los norteamericanos, y prefigura una serie entera de composiciones de Van sobre los viles compromisos de la industria discográfica. Aún cala más hondo, en la amenaza implícita en «qué le puede suceder a un hombre por decir la verdad», lo que lleva hermosamente a las palabras de William Blake seleccionadas por el poeta Adrian Mitchell en «Let The Slave», la dura y amarga búsqueda de la sabiduría. Desde luego, es difícil encontrarla en las recepciones de la empresa discográfica. Morrison sigue atentamente el arreglo del álbum *The Westbrook Blake*, aunque sin acabar de cáptar el canto desesperado y gritado de Phil Minton, o la disciplina rítmica de Westbrook. Yo respeto la lectura de Morrison, alternativamente exagerada y entrecortada, aunque el original me hiela el alma. Las más recientes excursiones hacia Blake de Jah Wobble captan la misma exuberancia de vendedor callejero de fruta.

La última canción «A New Kind Of Man», se «tituló según un libro sobre William Blake. El libro hace hincapié en que Blake era muy New Age y que quizás ahora esto se pueda desarrollar. Creo que es una posibilidad, aunque pienso que sería muy difícil, porque en la actualidad tenemos el shock del futuro, y es muy complejo tratar con ello y tener tu nueva era al mismo tiempo». La canción recuerda grandemente al cuadro de Blake *Día brillante*, un Adán renacido. Ésta es la canción de un superviviente, y Van la canta con legítimo orgullo.

El dossier de prensa facilitado con el álbum menciona once noches, con las entradas agotadas, en el Dominion Theatre, y anuncia con cierto asombro que «la estrella del rock más reacia del mundo (junto a J. J. Cale) se prepara ahora para ayudar a promocionar sus discos y su carrera concediendo entrevistas de prensa, actuaciones en directo, sesiones fotográficas ¡e incluso televisión!». Los signos de admiración son del dossier. Por vez primera desde *Wavelength*, «Van ha consentido que su fotografía esté en portada». El informe evidentemente lo escribió un fan, que adjetivaba el tema del título como «lujoso, cálido y brillante. Una interpretación sentimental que te estremece el espinazo. Más de siete minutos de paraíso». «Boffyflow And Spike» es «muy graciosa», y «A New Kind Of Man» [«Un nuevo tipo de hombre»] es «tal como me siento después de escuchar este álbum de cuarenta y cinco minutos».

El poema de W. B. Yeats «Crazy Jane On God» todavía está en su lugar en ese momento. Podría haber adornado más el tema del álbum, con su estribillo «todas las cosas permanecen en Dios». Jane relata dos evocaciones, que forman parte de la sensación de maravilla. Incluso el título del libro en que figura el poema aparece como relevante *Palabras quizá para la música*. O quizá no, hasta que los albaceas de Yeats cedan más tarde.

Las críticas se dividieron. En el *NME* el empedernido experto del reggae Penny Reel encontró que «la voz más importante del soul blanco desde Elvis Presley» decepcionaba una vez más con el repertorio, y aún tenía que recapturar su antigua «gracia despreocupada». Reel —como su seudónimo indica— prefiere los instrumentales, de los que «Boffyflow And Spike» es «muy posiblemente los John Barry Seven poseídos por los Da Danaan». Más adelante, él considera que Van suena como Georgie Fame, una observación clarividente. En *Melody Maker*, Barry McIlheney no duda, a pesar del espantoso titular «Van en tránsito», y capta la novedad que supone el álbum, así como la naturaleza «verdaderamente inmensa» del tema del título. El álbum en conjunto es una «especie de regreso al hogar».

En marzo, Van apareció en *The Tube*, ese caldero de rock en directo, desde Newcastle, y lo dio todo en tres canciones del álbum nuevo, con un jersey de lana azul y aire de malhumor, filmado desde abajo, y tocando brillantemente una gran guitarra. Su grupo de giras se despabiló para tocar bien, y Van compartió los solos con Arty McGlynn.

Van había acudido a un centro en Hampshire, una especie de iglesia seglar dedicada al vidente indio norteamericano Águila Blanca, que era venerado como un «maestro total». Es posible que él fuera el modelo para «The Master's Eyes». La búsqueda espiritual estaba aún en pleno vuelo, como un hincha futbolístico decidido a ir a todos los estadios de la liga de fútbol. Van también tomó contacto con el Wrekin Trust, establecido por Sir George Trevelyan para «despertar la visión de la naturaleza espiritual del hombre y el universo, y para ayudar a la gente a desarrollarse como vehículos para canalizar las energías espirituales a la sociedad». Katherine, la sobrina de Trevelyan, estaba mucho más cercana a la música de Van; en la obra *Fool In Love*, publicada en 1962, Katherine destacó su «sentido de maravilla inimaginable». La nostalgia de Dios se apoderó de ella, y «el sol brilló con una nueva luz, cuando sintió que el oro traslúcido estaba en su corazón. Yo vi no sólo el sol físico sino también el espiritual, que se derramó en mí mientras yo caminaba por el jardín». (El Trust investiga las experiencias «cercanas a la muerte».)

El director del Wrekin Trust, Malcolm Lazarus, ya ha organizado una conferencia sobre «El poder de la música para cambiar las conciencias», un tema caro al corazón de Van. Como declaró Lazarus a Steve Turner: «Creo que fue en 1985 cuando Mick Brown, un periodista del *Sunday Times*, se puso en contacto conmigo y me dijo que Van buscaba una dimensión espiritual para su música. Yo daba una conferencia en Winchester y Van vino, y aunque él la encontró un poco pesada, sacó algo de ella. Luego él decidió que quería hacer algo por cuenta propia». El interés de Van era el de un intruso, y rechazó participar en talleres en los que los estudiantes aprendían a elevar su propia conciencia gracias a la música. «Él sabía que allí había algo valioso, aunque como muchos artistas temía ir contra el proceso creativo. Es un temor razonable.» Sin embargo, la inspiración y el compromiso de Van parecen haber renacido en torno a esa época. Qué mejor para que ello surta efecto que un hombre llamado Lázaro.

En mayo, Van habló con Stephen Davis, de la revista esotérica *New Age*, para un artículo que a la larga se tituló «La mística». Morrison acababa de volar a su antiguo hogar de Cambridge, y se alojaba en un hotel enormemente selecto en comparación con su antiguo apartamento. Había visto recientemente a Allen Ginsberg, y encontró un objetivo en común: «Ginsberg explica su propia experiencia visionaria, sin drogas, y es parecida a la mía». Van confiesa haber leído *La diosa blanca*, de Robert Graves —«Allí encontré identidad..., este es mi linaje, musical o no»— y habla de cómo su obra une el rhythm and blues negro y el folclore irlandés, aunque el último estaba «provisionalmente enterrado». Y de las ruinas surgen todo tipo de sucesos extraños. En su primera orquesta de baile, Morrison hizo números cómicos, el preferido de los cuales fue una versión de «My Boomerang Won't Come Back». Van prefiere el café al hachís como aguijón para la creatividad. Bruce Springsteen me ha «copiado decididamente, incluso mis movimientos. Los que yo hacía en los años setenta, ya sabes lo que digo. Ese material»; y él lo demuestra dando patadas en el suelo. Shana, con catorce años, es fan de U2. El círculo se cierra.

Van trabajaba en la banda sonora para la película *Lamb*, ambientada en Irlanda, un relato trágico de la amistad entre un muchacho y un sacerdote católico. Durante el verano y el otoño hizo una gira por Gran Bretaña, Europa y Estados Unidos para promocionar el álbum. Ese octubre, en *Melody Maker*, Tom Morton hizo la crónica de su actuación en el Playhouse de Edimburgo. Hay muchos asientos vacíos. Van sale «agarrando una gran guitarra eléctrica, mucho más calvo que antes, más rechoncho, aunque andando pausadamente, con los hombros arriba. De vuelta al asunto». Él tiene un grupo de seis elementos aunque sin coristas.

El concierto iba por la mitad, con una «It's All In The Game» asombrosa. «La ampliada e improvisada "Help Me" subió hasta un sublime orgasmo de rhythm and blues de solos vocales e instrumentales, mientras que "She Gives Me Religion", una canción inmensa, puso a Van al piano y todos los corazones en la garganta.» El concierto llegó a la cumbre con «Astral Weeks» y «Sweet Thing». Después de diez minutos de frenesí multitudinario, el grupo regresa para «Send In The Clowns», nada menos. «"Que entren los payasos..., no molestes, ¡están aquí!". Y él se larga. Un mago, una auténtica estrella.»

Una grabación privada de una actuación del mismo mes en el Gaumont de Southampton revela casi lo mismo, un asunto bullicioso, con un sonido como el de los Stranglers con metal de más. Es casi demasiado energético, y los mejores momentos son cuando reina la tranquilidad, como el órgano de «It's All In The Game» que lo ralentiza todo casi hasta el silencio, o cuando «Solid Ground» se transforma en «Wild Mountain Thyme». Lo mejor de todo es «Sweet Thing», lenta y sentida con una armónica punzante, y flauta, que desemboca en «No Going Back» con Van casi en trance. Se lanzan otras rarezas, como «Heathrow Shuffle» y «Dimples», aunque en este caso hay poco de la quietud sagrada de la actuación del año pasado en el mismo local, y ahora «Summertime In England» no es más que una canción. El concierto tiene todo el interés de ver a un hombre que se lanza a todo correr contra una pared de ladrillos.

La próxima parada era Belfast. En una entrevista con Seamus Creagh, de la *Hot Press*, Van declaró: «No hago nada en especial. El ritmo ha sido muy fuerte este año, así que me tomo unas vacaciones largas. De hecho, no tengo ni idea de cuando volveré a ir de gira. No hay nada que me guste más que tocar con unos cuantos muchachos, pero no puedes hacerlo sin estar de gira. Me gusta tocar, pero detesto la carretera. Y ése es el precio que tienes que pagar. No puedo pensar en otra manera de tocar a menos que tuviera mi propio club, pero no me gusta ese ambiente. No bebo y no me veo como empresario». En mayo de 1985, una columna de chismes del *Daily Mirror* afirmaba que Van había empezado a asistir a las reuniones de Alcohólicos Anónimos de Chelsea.

«Además, no puedo ir a un club como el Ronnie Scott's, porque entonces habría un par de miles de personas en la calle.» Espera unos cuantos años, Van. «Es difícil reunir a unos muchachos sólo para ensayar, yo trato con músicos profesionales. Ellos sólo quieren un cheque. La gente con quien trato son empleados a los que se debe pagar por lo que hacen. Si pudiera hacer un par de actuaciones cada seis semanas ya sería suficiente.»

Morrison en directo en el Ulster Hall de Belfast, en 1985.

Van rompió su silencio creativo el 17 de mayo de 1986, cuando se unió a U2, Elvis Costello, Clannad, Rory Gallagher y los Pogues para el «Self Aid» de Dublín, apodado «Paddy Aid» por todos los implicados. Siguiendo el ejemplo del Live Aid del compatriota irlandés (Sir) Bob Geldof, los empresarios prometieron empleos por teléfono, y se recaudaron fondos para planes de creación de empleo. En el escenario, se presentó a Van con las palabras «si Van Morrison fuera un pistolero, dispararía a los imitadores», un ejemplo de creación de empleo en marcha.

Melody Maker consideraba que Van «se está convirtiendo rápidamente en Blarney Hotspur. En la imagen que nos ofreció en la presentación del Self Aid en la embajada irlandesa, parecía más bien que se hubiera presentado para sacar la basura o fregar el suelo». Lo que no obsta para que él todavía cante «encima de las alas de los ángeles». Van interpretó tres canciones, todas nuevas: «Thanks For The Information», «Here Comes The (K)night» y «A Town Called Paradise». Neil Drinkwater a los teclados se sumó al grupo de giras, y realizó una interpretación inolvidable.

Mientras tanto, Van entró en el club Ronnie Scott's —con las multitudes expectantes al parecer súbitamente desmaterializadas— y soltó una versión de «Send In The Clowns» con el trompetista Chet Baker. En junio se introdujo en otra leonera de la cultura popular, e interpretó «Ivory Tower» en el programa de televisión de su paisano irlandés Terry Wogan. Al mes siguiente, él actuó en el Greek Theatre de Berkeley, con un nuevo programa de canciones. «Moondance» e «Into The Mystic» estaban de nuevo, junto con «Rave On, John Donne». A «Cyprus Avenue» le siguió «In The Garden», una combinación devastadora, y «Send In The Clowns» se configuraba ahora como un bis en tono irónico.

Lo más atractivo eran los muchachos del (nuevo) grupo, una formación estadounidense, que procedía en gran parte del pasado de Van, con Platania y Hayes, Jeff Labes y Dahaud Shaar, nada menos. Pee Wee Ellis estaba de nuevo al saxo y Bob Doll a la trompeta, con Terry Adams al violín, una buena mezcla de veteranos y caras nuevas. Éste fue también, en gran medida, el grupo que ayudó a Van a grabar su nuevo álbum, *No Guru, No Method, No Teacher*, otro punto culminante de su carrera.

Grabado en Sausalito y en el Townhouse de Londres, Labes, Platania y Hayes estaban a bordo de nuevo, con Baba Trunde a la batería y Kate St. John —de Dream Academy— al corno inglés y el oboe. Del grupo habitual de giras de Van permanecían Richie Buckley y Martin Drover. El título era una refutación consciente de los intentos de los medios de comunicación de calificarle como esclavizado por la cienciología o por cualquier otro credo. En la entrevista para *New Age* lo dejó igualmente claro.

Como declaró él a Anthony Denselow, del *Observer*: «Se han dicho muchas mentiras sobre mí y el álbum finalmente fija mi posición. No me he integrado en ninguna organización, ni planeo hacerlo. No me he afiliado a ningún gurú, no suscribo ningún método, y para toda la gente que no sabe lo que es un gurú, tampoco tengo maestro». Ninguno, aparte de sí mismo.

El nuevo interés de Van en cómo se podía utilizar la música para curar la escisión entre el cuerpo y la mente se reflejó en los intérpretes de lo que se llamó «New Age», que usaban patrones de sonido para «relajar, inspirar y elevar». *In Search Of The Turtle's Navel* (1975), de William Ackerman, se editó en el propio sello del intérprete, Windham Hill, de igual nombre que su empresa constructora en California, y despertó una emoción generalizada. Fue el primero de tantos, que combinaban la música apropiadamente tranquila con bucólicas portadas. Junto con la Vital Body Marketing de Nueva York, especializada en música acústica «de baja tensión», estos sonidos agradables y tranquilizadores se adecuaban perfectamente como fondo para la meditación, el movimiento improvisado, y la terapia de grupo. Los puntos de referencia de la New Age incluían la música de trance de Can, los sueños sintetizados de Tangerine Dream y los sonidos de ambiente que divulgaba el sello discográfico Obscure de Eno. Música para los mejores aeropuertos; música de salón VIP para viejos hippies. Los nombres nuevos disfrazaban a antiguos practicantes: Stairway era una tapadera para Jim McCarty, un veterano del grupo de fusión clásica Renaissance de Keith Relf, al que vi en un pequeño club en 1969, construyendo unas buenas escaleras hacia el cielo.

Había paralelos renovadores en la obra de grupos para adolescentes como los Cocteau Twins y Dead Can Dance, y en el exotismo de la música étnica como el ingenioso producto Le Mystère Des Voix Bulgares. El misticismo celta —hermanado con el sutil uso de los sintetizadores— se exploró en el remoto Donegal por los portavoces gaélicos Clannad, y su joven pariente Enya. Aunque apagada actualmente por la familiaridad, la importancia de la conmoción fue como una tormenta atlántica, y su música demostró ser un material ideal para bandas sonoras de cine y televisión. Es prácticamente intercambiable con instrumentales de Morrison como «Scandinavia» y «Evening Meditation», y el concepto global recibió una patada en el trasero a cargo de Afro-Celt Sound System, una combinación centelleante de ritmos de salón de baile con un cuarteto de cuerda, gaita y sitar, arpa celta y kora, bongos y tambores parlantes. Davey Spillane es el encargado, como lo fue en *Inarticulate Speech Of The Heart.*

Un largo preámbulo, pero *No Guru, No Method, No Teacher* surgió de este terreno, y contiene una santidad genuina, a falta de una palabra mejor, y una frescura musical que necesita contextualizarse para que se comprenda. Los hechos son sencillos. Editado en julio de 1986, el álbum llegó al número veintisiete en las listas británicas de álbumes, y al setenta en Estados Unidos. La portada está teñida de color morado, y Van, con una camisa blanca con el cuello desabrochado, con una camiseta negra que asoma un poco, y americana oscura está de pie al lado de una deidad oriental esculpida, con la cara desgastada por los siglos. Quizá una foto del antes y el después, con Van que predice su decadencia, o una simetría espiritual. Van es su propio Buda. La fotografía de la contraportada es oscura y borrosa, aunque parece contrapesar la piedra esculpida con hojas. Ars longa, vita brevis. Esta sola frase puede provocar años de pensamiento.

Como dice Van a Mick Brown en el *Interview Album*, una edición de promoción de Mercury también de 1986, al hablar específicamente de la canción «In The Garden»: «Te llevo por un proceso de meditación determinado que es una forma de meditación trascendental. No es la convencional, no tiene nada que ver. Tú tendrías cierta tranquilidad al final. Este proceso tan sólo tarda unos diez minutos. Así que luego te preguntas por qué hacer álbumes, y por qué hacer giras. Es muy difícil hacerlo. Cuanto más público hay, es más difícil comunicar lo que haces. Cuando consigues la intimidad, tienes una oportunidad mayor de llevar a la gente hacia esa experiencia. Así que en realidad es esto. Esto es lo que hago en esta canción. Yo solía hacerlo bastante. Por ejemplo, cuando lo hacía en los años sesenta, llegamos a un lugar en donde hay una parte de meditación, digamos al final de "Cyprus Avenue". La canción entera era tan sólo un concentrado para llevarlo a un punto desde el que podíamos acceder a la meditación».

El problema era que, en esta época hedonista, alguien tomó este proceso en serio, y otros «pensaron que era una oportunidad de decir "ya" o algo así». Sucedía mucho más en aquel tiempo caleidoscópico, «en el plano político, y con las drogas. La gente no podía vincularse a ese nivel». El mundo del rock 'n' roll, con su fuerte énfasis en la cultura juvenil y sus manipulaciones sin fin tras el escenario, no está preparado para tales cosas, aunque alguien puede replicar que se puede decir exactamente lo mismo de todas las religiones organizadas. La música rock está «preparada para estimular. Tiene que ser interesante. Y eso no tiene nada que ver con el proceso de meditación, que es en lo que estoy metido y sobre lo que finalmente giran las canciones y todo lo demás. En un momento determinado, tendré que separarme del rock 'n' roll. No hace falta que saques un álbum para hacerlo, no tienes que estar en las listas ni ser famoso necesariamente». Posteriormente Van negaría haber sido jamás una estrella del rock.

La primera canción «Got To Go Back» se inicia con los fascinantes sonidos de Kate St. John, y los recuerdos del colegio en Belfast, con la música de Ray Charles. Van necesita volver a esa sensación de maravilla, sus primeros sentimientos de elevarse y llenarse de «ese amor que estaba en mi interior». Es el presente, y no el pasado, que es otro país, y Van está en el exilio, lo que induce a pensar en una dependencia de la bebida. Esta es otra canción que busca «La Curación», y que aquí está localizada sin ambigüedad en la infancia. Claro que, la obra *Blue Remembered Hills*, de Dennis Potter, proponía una valoración escalofriante —adultos que literalmente actuaban como niños— sobre cómo las relaciones de poder de la vida adulta empiezan en los patios de recreo. Quizás no hay una escapatoria posible, salvo hacia la segunda infancia, al final de todo.

«Oh, The Warm Feeling» es la segunda canción optimista seguida, con el amor que reanima las sensaciones de la infancia, la seguridad de la vida familiar, y otra vez el amor que «curó mis emociones». El saxo —supongo— refleja la voz de Van, y burbujea con una cálida felicidad.

El principio de «Foreign Window» siempre me hace llorar, así que, en este caso, el discernimiento crítico salta por la ventana. Aquí se produce una gracia y una majestad que he experimentado con muy pocos más de la música rock, aunque el álbum prácticamente desconocido de Mighty Baby, *A Jug Of Love* se acerca mucho, y Platania en aquella epopeya tiene un toque del empuje de la guitarra acústica de Martin Stone. Ambos discos tratan de la necesidad de seguir, a pesar de las dificultades, y ambos son profundamente consoladores, incluso curativos. Las palabras tienen que ver con alguna especie de terapia autoimpuesta, quizás luchando contra una adicción de cualquier tipo. De nuevo nos hallamos en un mundo encantado de «maestros», el Señor y los poetas decadentes. A pesar de su libertinaje a ultranza, Byron murió en la lucha por la libertad de Grecia. Hay algo de pintor en esa canción, y una extraña referencia a Calvino, ese monstruo puritano, que fundó su reino de los elegidos en Ginebra.

«A Town Called Paradise», al contrario, recuerda a Bunyon, y a sus avances de peregrino más allá de los falsos profetas que querían llevarle hasta el desistimiento por desánimo, y hasta Jerusalén. Y efectivamente un trocito de la canción de ese título, que usa el poema de Blake, surge brevemente. Aquí al objeto de amor se le llama niño, quizás Shana, quizás el niño Jesús. Van habla de saltar de alegría, y la música es lo que hace.

«In The Garden» nos lleva de nuevo a Hyndford Street, y al mundo de *Astral Weeks*, y al Edén. En esta, como en la canción siguiente, los jardines están empapados de lluvia, y sale a la luz una visión infantil. Van recrea los trances de su juventud, y se interna en una meditación en la que se encuentra con la Santísima Trinidad en un jardín suburbial, mientras está cómodamente sentado con la familia. No hagáis caso de los críticos, esto es gran poesía —«tú eras una criatura siempre en éxtasis / tú tenías la llave de tu alma»— y el canto atemorizado de Van y la manera en que la melodía y el piano serpentean la una con el otro se suman meramente al silencio. Yo también me estremezco de emoción, siempre que escucho esta canción.

«Tir Na Nog» es la tierra de la eterna juventud en la mitología irlandesa, otra clase de jardín. Gracias al amor, uno recupera al niño interior. Hay otro eco de *Astral Weeks*, el verso de «tú besaste mis ojos», sobre un alegre cello. Una canción extraña que se vuelve más rara cuanto más de cerca la miras, con todo tipo de credos y mitologías envueltas en ella. Es como una de esas peregrinaciones de las que Seamus Heaney escribe en «Station Island», en las que se sube a las montañas de rodillas.

«Here Comes The Knight» es un gran juego de palabras, y cita el epitafio de Yeats. Una melodía maravillosa en la que Van es ahora el acusado, de «verdad y alquimia». Se declara culpable, creo yo. «Thanks For The Information» es una respuesta. Van se muestra alegremente amargo, y gira los clichés de la vida de negocios hacia una trampa, que él esquiva cuidadosamente. Una versión cómica de «Let The Slave». «One Irish Rover» es un trocito de autoexaltación, gloriosamente melancólica, mientras que «Ivory Tower» [«Torre de Marfil»] es otro eco de Yeats, que en realidad vivía en una. Para John Wilde esta canción es «delicadamente alegre», y rompe el «ambiente de reflexión serena y solemne». Para otro crítico, Van o bien copia aquí a Tom Waits, o es que tiene dolor de garganta. Yo lo atribuyo a la pura emoción. Él se dirige a sí mismo, con guitarra solista, al estilo de Them, y arpa.

La mayoría de los críticos elogiaban el regreso de Van a la forma. En *Sounds*, John Wilde encuentra que «aquí los crescendos no se frustran gracias a su naturaleza sutil, y nunca alcanzan a deslumbrar». El álbum entero padece «de una corriente constante de dolor». Barry McIlheney, del *Melody Maker*, va más al grano: «Van Morrison es lo bastante mayor para ser mi padre, él es gordo, calvo y pone por los suelos a los mejores. Sin disputa». En su escrito para el *NME*, Sean O'Hagan no está tan convencido: «Ya hace tiempo que dejó de asombrar», y como músico tenía que darse por satisfecho de envejecer con dignidad.

En una entrevista con Anthony Denselow, en el *Observer* del 3 de agosto de 1986, Morrison dijo: «Éste es mi trabajo, y toda esas otras tonterías no son de mi incumbencia. El tema principal de ser famoso es una ilusión y no doy crédito a las ilusiones. Antaño estuve metido en el negocio cuando tocaba rock y rhythm and blues, pero ahora estoy lo más alejado posible, como de la noche al día. Ahora estoy obligado a hacer música a tiempo parcial; el noventa y cinco por ciento de mi tiempo se lo lleva el trabajo para que la música se difunda. La compañía discográfica no se preocupa más que de la distribución. Yo contrato a los músicos y en la mayoría de los casos, los tengo que pagar. Yo contrato las sesiones. La distribución, debo hacerla a través de una compañía discográfica de las grandes, así que estoy obligado a entrar en el juego. No soy aficionado a los juegos. En ocasiones parece como si no fuera a hacer otro álbum y no tengo ni idea de lo que pasará después. Yo me divierto tocando música. El resto es un disparate total».

Van amplió la cuestión ante Mick Brown en el *Interview Album*: «Creo que en este mundo hay muchas ilusiones. El hombre de la calle sabe que es una tontería, pero la cosa se perpetúa. ¿Por qué? Porque mucha gente saca un montón de dinero de ello. No sucede por motivos artísticos. La industria discográfica no es artística. La industria cinematográfica tampoco. Son negocios financieros». Él había decidido disminuir la producción, y esta iba a ser su última gira en el campo del rock 'n' roll: «Para mí ya no funciona. Quizá la gente pueda venir y verme en circunstancias diferentes. En lugares diversos que no sean sitios de rock 'n' roll. Desde luego que no quiero repetir esta rueda de álbum y gira nunca más».

Jeff Labes cuenta algunas anécdotas interesantes tras el telón. Chrissie Hynde de los Pretenders vino para cantar algo «pero no pudo grabarlo. Estaba con los nervios destrozados». Van quería un álbum menos intenso, y repetía una y otra vez al batería «escobillas, escobillas, escobillas». Van había traído a Ry Cooder para que tocara algo de guitarra slide, algo así como traer a Miguel Ángel para que te pinte el techo del baño. Morrison había previsto que el álbum se titulara *Jazz*. «Él contrató a Ry y empezó una canción, Ray se une a él, y Van sin decir nada. Lo hizo en cada canción. Van no dijo ni palabra. Y al final va y dice: "Gracias, hasta luego". Cuando Ry se había ido, él se fue a Mick Glossop y le dijo: "Yo pensaba que Ry tocaba jazz".»

Luego Morrison hizo una gira por Europa, promocionando su nuevo álbum. La actuación de Dusseldorf sobrevive intacta en el álbum doble pirata *Rave On*. Presenta una visión de conjunto de la carrera desde la última década; tan sólo «Moondance», «Domino» y «Gloria» son anteriores a su hiato de mediados de los setenta. El concierto está bien cantado y tocado, pero parece correr de un lado para otro, rehusando al público la relajación esperada. Van suena como un hombre apresurado. Su grupo regresa al habitual conjunto de gira, con una sección de metal con Richie Buckley y Martin Drover, y Neil Drinkwater que sustituye a John Allair en los teclados. Éste es el grupo que tocará en *Poetic Champions Compose*, y ellos convierten «In The Garden» en una experiencia aplastante, al inicio con estrépito, con el piano de Drinkwater como una fuente tintineante, luego Van tranquiliza las cosas casi hasta el susurro, como las últimas palabras de un agonizante.

La gira de promoción de *No Guru* despegó en actuaciones en Londres con la Blues Band, y en Belfast, al frente de la big band de la Northern Ireland Music Association. La presentación de Van en el Hammersmith Odeon la calificó Len Brown en el *NME* como «parpadeante de luz». La actuación es una «ceremonia casi religiosa», con su momento álgido en la corriente oculta de «In The Garden». «Lo de que Van parezca cada vez más un esforzado agente de seguros convertido en predicador del fuego del infierno simplemente añade una naturaleza cómica a su misticismo.» Allan Jones, del *Melody Maker*, vio a Van cómo seguía desmontando los mitos a su alrededor y cómo entraba en un territorio nuevo, al igual que su contemporáneo Lou Reed. En su enfoque hay una agresión subyacente, casi al estilo punk. Las canciones antiguas se ven despojadas de su grandeza original, «tocadas y cantadas con una urgencia agresiva». Morrison canta con bravura, y enfría la intensidad. Él corta «Full Force Gale» a media frase, y ya está de vuelta al camerino antes de que el público ni se dé cuenta de qué los ha golpeado, derribados de un maldito puñetazo.

La edición de enero de la revista *Q* publica una entrevista con «el irascible vidente de Holland Park —en realidad, de Kensington— en la que coincide con Jung en que su concentración en la creatividad quiere decir "yo no soy un vendedor, y soy muy malo vendiendo cosas. Si tuviera que hacerlo para ganarme la vida, seguramente estaría en la ruina total"». Decir esto a mitad de una década en que todo tenía un precio y nada tenía valor por supuesto que es tener valentía. Chris Salewicz describe un hombre que es la antítesis absoluta del diseñador de moda, con el jersey con manchas de comida y pantalones holgados, un «individuo curioso» de quien «el desgraciado efecto pulposo de su cuerpo sugiere algo primitivo, casi pantanoso» o un personaje de Tolkien, o el sapo de Toad Hall, «gruñón e irascible». Aunque adorable, una palabra que él omite.

Salewicz relaciona una serie de medidas de supervivencia, como las supersticiones para la buena suerte que los futbolistas ejecutan antes de un gran partido. Van lleva de gira a un chef personal, que cada noche hace un sándwich sin cortezas y una macedonia pequeña, que Morrison deja intactos. Él tiene que ver un plano de disposición del restaurante antes de entrar en él, y debe sentarse con la pared a su espalda y fuera de la vista del público. En los camerinos, nadie debe fumar o beber en su presencia, y él llega un minuto antes de subir al escenario, y se va diez minutos después del bis, y se aloja en un hotel diferente al del resto del equipo. Signos más de timidez que de encumbramiento, y al parecer lo que le pone más contento es estar sentado en Holland Park, dando de comer a los pájaros. En el jardín.

De vuelta al negocio, Van ve la música como tan sólo un aspecto de la búsqueda espiritual que él percibe como la obra de su vida: «Es como intentar de quitarte de encima esas capas de experiencia, como pelar una cebolla» —alguien se apunta para hacer de Peer Gynt— «te desprendes de todo ese material para ser tú mismo. En pocas palabras, para mí el tema espiritual es sencillamente ser tú mismo.» Para entrar en un «estado de satisfacción» en el que pueda crear música nueva, Van utiliza la meditación, algo que ha hecho de manera natural durante años, «poniendo en blanco la mente». No se necesita un mantra, lo conseguirá con su propia música. Toda su producción artística se dirige a establecer un estado de meditación en el interior del oyente. «Momentos trascendentes.»

El propio Van saca idéntico sentimiento de la música de Debussy, o de la poesía de William Blake, con quien le une una gran afinidad: «No sé si esto viene de la reencarnación o qué — ríe él—. No recuerdo lo que recuerdo. Pero yo conozco este sentimiento». Por lo que se refiere a su sentido de pertenencia a la tradición celta, definitivamente sí, aunque en la actualidad «*celta* es una palabra cargada de connotación política. Hay mucha gente que no quiere conocer la visión amplia de lo celta.»

En febrero, Van voló a Copenhague para actuar con la Danish Radio Big Band, y otorgar una grandiosidad épica a temas como «Vanlose Stairway» —por supuesto— y afirmaciones celtas como «Listen To The Lion» y «Haunts Of Ancient Peace». En junio, su presentación en Avalon, o al menos en el festival de Glastonbury, es un asunto enérgico y rockero, con mucha armónica del Gran Hombre. Las dos nuevas coristas añaden una sedante capa de sonido, flotando por encima y en contrapunto a su gruñido profundo. En «Solid Ground» hay un poco de buen órgano de iglesia, con Van que testimonia el evangelio del amor. Hay versiones especialmente hermosas de «Foreign Window» y «In The Garden», recién salidas de fábrica.

En julio, se editó un vídeo de promoción de Polydor, con una entrevista y una actuación en directo desde el Hammersmith Odeon de «Did Ye Get Healed?». Van, con una chaqueta brillante, canta y toca el saxo, casi al mismo tiempo. Enormemente sudoroso, al final él lo ralentiza todo, pero el golpe de gracia llega de manos de una de sus coristas, posiblemente June Boyce. Ella pregunta, de manera salaz: «Did he get healed?» («¿Ya se ha curado?»). ¡Así que la canción iba de eso!

Esta pregunta no era puramente retórica. Van iba a emprender pronto una misión para saber cómo podía actuar la música con el fin de llevar a la práctica el «sanar y elevar el alma». En un fin de semana de septiembre, en Loughborough, Morrison organizó y patrocinó con fondos una convención del Wrekin Trust, titulada «El corazón secreto de la música». Un cartel la describía como «una exploración en el interior del poder de la música para cambiar la conciencia». El folleto de presentación iba más allá: «La música puede tender un puente entre el mundo material y el espiritual. Este encuentro sin par se ha organizado para ayudar a recolocar la música en un lugar central de nuestra cultura como una fuerza unificadora y trascendente». No como el festival de la canción de Eurovisión, por tanto, y disponible a un precio de ciento sesenta y cuatro libras todo el fin de semana.

Bob Kennedy recordó los actos para el *Van Morrison Newsletter*. El acontecimiento se inauguró con Malcolm Lazarus presentando a Van y leyendo en voz alta fragmentos de «The Mystery», del nuevo LP. Siguió una breve actuación con Van, Robin Williamson, Clive Culberson y el arpista Derek Bell, en la que interpretaron sedantes versiones de «Tir Na Nog», «The Healing Has Begun», «Celtic Ray» e «In The Garden», entre las que se intercalaron recitación de pasajes de relatos folclóricos irlandeses, y un dúo de Van y Robin en «Mr. Thomas» del último, que posteriormente se publicaría en una cara B de Van.

El sábado por la mañana, los seminarios se pusieron en marcha con temas como «La música como una fuerza en el desarrollo espiritual», «El efecto de la música sobre las secreciones hormonales en la glándula endocrina» y «Música, magia y misticismo». Entre los músicos que proporcionaron los sonidos de la transformación estaban Per Vilayayt Khan, el líder espiritual de la Orden Sufí Occidental y asimismo alumno de Pau Casals, el músico indio Nishat Khan y el Consort of Music. La presencia de Derek Bell, de los Chieftains fue más crucial para la propia dirección futura de Van. Las notas sobre Morrison del programa indicaban su inmersión en la cultura irlandesa, como parte de «su lucha para reconciliar la mítica, y casi espiritual, visión de los celtas, y su propia búsqueda de la satisfacción espiritual, con el aparente hedonismo del blues y el soul, que ha producido muchas actuaciones inspiradas y visionarias».

Una de ellas se efectuó esa noche, cuando Van y su grupo interpretaron música, en su mayor parte del nuevo álbum. A la mañana siguiente, se celebró un foro abierto, con comentarios de los delegados. Una profesora de niños disminuidos explicó cómo había utilizado la música para provocar cambios de humor en los niños, y ayudar a que se comunicaran. Morrison pronunció algunos comentarios casi políticos, y como clausura el conjunto de Anthony Rooley cantó algunas obras corales del Renacimiento, y luego se les sumó Van para una alegre «Greensleeves».

En declaraciones posteriores a Kennedy, Malcolm Lazarus decía que el proyecto debía seguir adelante, aunque él debía dejar el Trust al año siguiente, por enfermedad irónicamente, y le sustituiría gente que «no dominan el tema». Y así sucedió. Lazarus sentía que las letras de Van seguían su búsqueda, «haciendo tangibles las ideas espirituales al oyente». Él mismo había estado «utilizando la música para ayudar a la gente a entrar en estados alterados de la conciencia; viajes de transformación». Justamente de la misma manera, Morrison podía crear en el escenario lo que parecía una experiencia religiosa: «Él se convierte en un canal. En un auditorio, él llega a ser parte de la psique de masas que se genera, y él canaliza algo en el interior de ella.»

El mismo mes se produjo la edición de *Poetic Champions Compose*. Grabado en Londres y Bath, incorpora solamente a los músicos británicos de Van, con el sólido núcleo de Neil Drinkwater al piano, el bajista Steve Pearce y Roy Jones a la batería. Por encima están Martin Drover a la trompeta y fiscorno, el guitarrista Mick Cox y el residente en Dublín Fiachra Trench, que hizo los arreglos de cuerdas y madera y toca el órgano en «Give Me My Rapture». A Paul Ridout se le dan las gracias por la programación de sintetizadores, y June Boyce suministra unos agradables coros.

«Empecé haciendo un álbum de jazz, pero después de tres números pensé que podía añadirles algunas palabras», dijo Van. El álbum alcanzó el número veintiséis en Gran Bretaña y el noventa en Estados Unidos. En la portada, Van, con el pelo revuelto y con un cuello de piel abrochado hasta arriba, mira fríamente al espectador como desde una esquina. El fondo es borroso, aunque dominado por dos paralelas tras su cabeza, como alambradas gigantes. A la izquierda de Van hay las viñetas de un piano, un saxo y una guitarra. En la contraportada, se han convertido en realidad, y Van los toca los tres, en un estado de éxtasis, con micrófonos y una palmera detrás de él.

El álbum es la tercera obra maestra seguida de Van, tan diferente de *No Guru* como éste lo era de *A Sense Of Wonder*, aunque toma de él sus momentos más trascendentes y los amplía hasta un álbum entero. En el conjunto de la música «rock» hay pocas cosas que se puedan comparar con *Poetic Champions Compose*;

tiene una globalidad y un sentido de la elegancia muy propios. *One World*, de John Martyn, o el inspirador reggae de Ijahman están cerca de su espíritu; música curativa, que va más allá de los que Van intentaba intelectualizar en la convención de Lougborough. Como señalaba John Munro, él álbum juega con el oyente: «Aquí hay trocitos alegres de melodía que podrían ser ecos de "Brown Eyed Girl", mientras que "Someone Like You" podría ser la conclusión feliz de la búsqueda iniciada en "Listen To The Lion"».

Cada cara se abre con un instrumental, y el álbum se cierra con uno: todos tienen un sentido curativo, beneficioso. «Spanish Steps» [«Escalones españoles»], presumiblemente los de la plaza romana, pone al saxo de Van frente a una sección de cuerda y unos amables acordes de piano, una melodía tan tranquila como la presa de un molino. El título y los matices son parecidos al *Sketches Of Spain*, de Miles Davis, y a los conciertos para guitarra de Rodrigo. «The Mystery» es una canción de consuelo y esperanza, alquímica, que convierte el barro en oro. Bien podría ser un mensaje a la hija de Van, al estilo de «Hey Jude»: «Ya sabes que tienes muchos encantos, y sólo es el principio». Aquí los violines ocupan el lugar de la habitual sección de metal. El arreglo podría encajar también en el álbum más subestimado de Roy Harper, *Come Out Fighting, Gengis Smith*, que asimismo contiene su buena cantidad de poesía hablada, o en la obra primera de Al Stewart o Cat Stevens. Un muchacho, la guitarra, y una orquesta. La armónica de Van es dulce como la miel, aunque hay algo patriarcal en los versos «confía en lo que digo y haz lo que te han dicho».

Algunos críticos distinguieron que estas canciones podían estar dedicadas a una mujer o a Dios, canciones de amor en cualquier contexto, y «Queen Of The Slipstream» coloca a una novia nueva en un decorado sagrado, con una aureola de luz. También coloca claramente a Van en la tradición del bardo, donde «componen los campeones poéticos». El arpa celta no es casual, aquí. Aunque el canto de Van suena un poco inconexo. «I Forgot That Love Existed» también es sobre «empezar a ver la luz», como lo dijo Lou Reed. Desde luego, Van suena aquí comprometido, ahogado por la emoción, aunque después canta sobre sí mismo. Se usa a Sócrates y Platón para alabar el amor, y la cosa no es tan desastrosa como parece al principio. La canción va de unir el pensamiento y la emoción, un corazón que puede pensar y un cerebro que puede sentir.

El blues tradicional «Sometimes I Feel Like A Motherless Child» finaliza la cara con un lamento. El tema es un hombre que espera el Reino de Dios. Cantado tan formalmente gospel como en la banda sonora de *El Evangelio según San Mateo* de Pasolini, esto le da al álbum una dimensión suplementaria, la austeridad y belleza de ese relato cotidiano de milagros. El porqué John Collis pueda calificar esta versión de «superficial» me supera. Es la Madre Irlanda a quien añora Van, «tan lejos de casa», y su canto profundamente abatido es como un llanto de dolor.

Apropiadamente, pues, el siguiente tema es el instrumental «Celtic Excavation», con el saxo de Van como un alma solitaria que atraviesa el océano. Además, «he buscado durante mucho tiempo» es el primer verso de «Someone Like

You», y su tristeza lenta es una continuación perfecta. Otra canción sobre esperar la luz, con una cuerda suntuosa, con una combinación de melancolía y melodía cercana a la que alcanzó en su corta vida el trovador encantado que fue Nick Drake. El título de la canción recuerda un verso de «Reason To Believe», compuesta por Tim Hardin, otra alma perdida, que murió antes de tiempo.

«Alan Watts Blues» está dedicada al buscador estadounidense de la sabiduría oriental, un beat que se convirtió en zen. Las alturas se han asociado siempre con la sabiduría espiritual —Moisés bajando con las tablas, el sermón de la montaña, la ascensión de Cristo— y Van se sube al coche, hasta la cima de una montaña, cita a Steinbeck y mira hacia abajo a la carrera de ratas. Quizá sea la falta de cualquier melodía auténtica, pero en esta canción él suena más atrapado que liberado. El biógrafo de Watts le tilda de «genuino impostor».

«Give Me My Rapture» se inicia alegremente, decididamente entusiasta, y tiene el swing interno del mejor gospel. Por todo ello, Van parece un poco egoísta, solicitando «mi» éxtasis de hoy, a modo de premio. Divertido, yo pensaba que la esencia del cristianismo residía en ayudar a los demás, con el éxtasis como un resultado de ello. Por si esto fuera poco, la combinación de teclados tiene la rica brillantez de The Band o Procol Harum, y el sonido de órgano está sacado de «Positively Fourth Street», de Dylan, una canción de odio supremo para una ex novia.

En «Did Ye Get Healed?», Van dirige su atención al exterior, aunque Collis distingue aquí «una curiosidad casi voyeurística sobre la fe de otra conversa, anónima». Esto es un poco injusto, pues es una canción de alegría, con la voz de June Boyce que responde al saxo de Van, nota por nota, y Morrison que intenta ampliar genuinamente su sentimiento de certeza interior a la mujer, y curar su conflicto interior. «A veces cuando el espíritu me empuja, puedo hacer cosas maravillosas.» De vuelta al tema de la convención de Loughborough. «Allow Me» es el tercer instrumental conducido por el saxo, uno de más para aquellos oyentes que no pueden tragar tanto de golpe. Otra manera de verlo es que el álbum deja atrás las palabras como sus momentos más intensos, y penetra en el silencio. La trompeta de Martin Drover bebe directamente del periodo de finales de los cincuenta de Miles Davis, lo que haría que Morrison fuera John Coltrane.

Van habló en un disco de promoción de Polydor de su amor por la música improvisada, y su rechazo total a tocar una canción dos veces de la misma manera: «Yo tengo que ver con la gente del jazz». Su música es una obra en proceso continuado, «con todo el acompañamiento», desde *Astral Weeks*, «el álbum más espiritualmente lírico que he hecho jamás». Su viaje sigue. Desde luego, «toda la música es espiritual. Tan sólo es un par de cuerdas en una tabla con trastes, o quizá una cuerda de piano. ¿Qué es? No sólo es una pieza de madera. Por supuesto que toda la música es espiritual. No puede ser otra cosa».

Esta creencia atraviesa *Poetic Champions Compose*, un álbum que es más que la suma de sus partes y que respira una sensación global de calma y optimismo. En el *NME*, John Munro opina que es «una colección de profunda devoción e inspiración poderosa». Van trata con los misterios del cielo y de la tierra, nada menos, y trasciende desesperación. Él sigue a la busca de algo más, «una visión que él y también el oyente ven sólo en miradas parciales». Mat Snow, en *Sounds*, opina que la foto de portada de Van parece como si «él te fuera a poner al corriente de algo antes que a cantar una canción». Aunque éste es uno de los ofrecimientos más hermosos y asequibles. «En la vía de escape dulcemente agitada de sus melodías oyes la armonía universal con la que él procura acceder a la unidad.»

En *Q*, Paul Du Noyer halla «la misma cosa antigua magnífica», un trance como una corriente de palabras y sonido: «Van todavía canta como si residiera en algún estado superior de conciencia. Uno imagina a su gente teniéndole que agitar para despertarle al final de la grabación de cada día, y diciéndole que se acabó, que hay que regresar a casa».

Con *Poetic Champions Compose* (1987), el contrato de Van Morrison con Mercury Records se acababa definitivamente; el nuevo contrato con Polydor estipulaba que las campañas de marketing para el «producto» futuro no serían agresivas, ni se inmiscuirían en su intimidad. O en su mística.

En el LP de promoción, Van indicaba su orientación futura. Había llegado a sus encrucijadas celtas: «Muchos músicos serios o bien están en el campo del folk o se dirigen a él. La verdad reside ahora en las formas tradicionales de la música». Jack O'Neill, en la crítica para el *NME* de una actuación de diciembre de 1987 en el City Hall de Belfast, también consideraba que Morrison hace música «ni superior ni más allá de su tiempo, sino fuera de él». O'Neill se acerca como el que más a la hora de definir al Van esencial.

«Una pequeña pieza de rock que es poesía para siempre, Morrison se mueve en un mundo de escritores y reliquias, misticismo y música, de la cabeza a los pies. No se le ve demasiado con la guitarra eléctrica colgada del hombro; la toca incómodo, tímido y habitualmente lo hace con el pulgar. Su voz es inquieta, y se esfuerza siempre por lograr perspectivas más nuevas, más profundas y más fundamentales.»

Bringing It All Back Home, una serie de televisión producida en colaboración por la BBC y la RTE, era una exploración de cinco horas de «las raíces celtas del rock 'n' roll». Los músicos, de ambos lados del Atlántico, que participaban en ella incluían a los Everly Brothers, Christy Moore, los Pogues, Emmylou Harris, Clannad, los Waterboys, Hothouse Flowers, Pete Seeger, Cowboy Jack Clement, Elvis Costello y Van Morrison.

Van estaba decidido a investigar en sus propias raíces celtas, y sus colaboradores en el festival de rock de Edimburgo de años antes se revelarían ahora como cruciales. Los Chieftains hacía tiempo que eran admirados por músicos de rock como los Grateful Dead. Su carrera ya se extendía por espacio de dos décadas, después de que surgieran en 1963 del grupo folk Coeltiori Cualann de Sean O'Riada —por la misma época en que Van estaba de gira en Alemania—, aunque en 1988 sólo permanecían dos miembros originales, Paddy Moloney a la gaita irlandesa y la flauta metálica y Martin Fay al violín. Ellos tocaron en el Phoenix Park de Dublín ante una multitud de un millón trescientas mil personas reunidas para una misa papal, con la formación que iba a colaborar con Van, que incluía el violinista Sean Keane, el ex arpista de la BBC Symphony Orchestra, Derek Bell, el cantante Kevin Conneff y el flautista Matt Molloy de la Bothy Band y una posterior encarnación de Planxty.

Los Chieftains tenían una cómoda posición en algún lugar entre la música clásica y la tradicional. Después de un álbum de 1986 entre los cuarenta principales con el flautista pop irlandés James Galway, algunos fans veteranos les acusaron de mutilar su arte, lo que era una opinión totalmente desacertada. La mayor grandeza de los Chieftains era su versatilidad estilística: los Rolling Stones y Frank Zappa serían colaboradores posteriores. Por supuesto, fue gracias a su flexibilidad de estilo y de actitud que esta síntesis de música celta y rock pudo llegar a una audiencia anteriormente inclinada hacia uno de los dos estilos.

Los Chieftains volvieron a unirse a Van en el escenario en Belfast durante la gira de *No Guru*. Después, Van y Paddy Moloney, con su cara de duendecillo, hablaron de grabar juntos un álbum entero, en largas conversaciones caminando por St. Stephen's Green. Ambos tenían unas cortas listas de canciones concretas, y Morrison era inflexible en cuanto a que no debía haber largas partes instrumentales. Se llegó a un consenso, el de versionar dos canciones ya editadas de Morrison (incluida la canción del título) y el resto extraerlo de las fuentes tradicionales. Desde septiembre a enero, ocuparon los Windmill Lane Studios de Dublín, para grabar un álbum conjunto, *Irish Heartbeat*.

Durante el proceso, el 29 de octubre de 1987, Van actuó junto a los Chieftains ante un público en directo en el Balmoral Studio de Belfast. Tocaron «Raglan Road», de Patrick Kavanagh, dos canciones tradicionales —«Star Of The County Down» y «My Lagan Love»— y una composición de Van Morrison, «Celtic Ray». El estudio estaba engalanado con emblemas celtas, Van lucía una camisa verde para la ocasión, y su interpretación es fascinante, aunque extraña, golpeando jugosamente una batería con escobillas y rasgueando la guitarra. Van tararea, llena los pulmones y ruge, gime como un viejo bluesman y susurra: todo tan exagerado que el violinista no puede impedir que se le escape una sonrisa. El compromiso de Van con la música es definitivo: él suena borracho de inspiración. Apropiadamente, el concierto se emitió en la BBC el día de San Patricio, el 17 de marzo de 1988.

Mientras tanto, una votación del *NME* en enero otorgaba el número seis a *Astral Weeks* en la votación de los lectores de los cien mejores álbumes de todos los tiempos, tras dos álbumes de los Smiths, *Psychocandy*, de The Jesus And Mary Chain, *Unknown Pleasures*, de Joy Division, y el primer álbum de la Velvet Underground. Sobrepasó cómodamente a cualquiera de los Beatles, Dylan, Sex Pistols, Marvin Gaye o los Clash. Las cintas master del material editado por Warner Brothers volvieron bajo el control de Exile Productions, propiedad de Van, al igual que toda la obra nueva. En febrero, con la esperanza de montar algún tipo de centro psíquico cerca de Avalon, Morrison se mudó a Bath, no lejos de sus preferidos Woolhall Studios.

Morrison también hizo una aparición como invitado en un homenaje de *Late Late Show* a los Chieftains, emitido de nuevo en marzo, cantando con ellos «Star Of The County Down» y «Marie's Wedding», esta última con Christy Moore,

Gary Moore y Paul Brady. Morrison «explicitó lo que ya llevaba tiempo siendo implícito», según dijo nada menos que Bill Graham, en *Hot Press*. Material simbólico. Es como si el mentor de Van en San Francisco hubiera renacido como periodista en la primera revista musical irlandesa. Una coincidencia, aunque según Jung todas las coincidencias tienen su razón oculta.

Irish Hearbeat se editó en junio de 1988. En la fotografía de Bobby Harvey, Van y los Chieftains posan en un saliente de granito, con una estatua sin cabeza detrás de Derek Bell. Es invierno, y la mayoría de los Chieftains tienen las manos en los bolsillos. Van está de pie en una pose vagamente simiesca, con manoplas negras en las manos, vaqueros y un abrigo negro, el pelo despeinado y ya escaso, sin sonreír ni mirar a la cámara, al igual que todos los Chieftains, salvo dos. Un dibujo de un nudo celta de color verde reaparece en el interior, impreso bajo las letras de las canciones. El álbum alcanzó el número dieciocho en Gran Bretaña, aunque sólo el ciento dos en Estados Unidos, a pesar de la confianza de *Rolling Stone* en su «esplendor e intensa belleza». Un sencillo de «I'll Tell Me Ma» no consiguió seguir el ascenso por los diez primeros puestos de «Fairytale Of New York», de los Pogues, que también bebía de la cultura irlandesa, mezclando el amor con la amargura.

En este caso, la guerra subterránea era más honorable, aún así Shane McGowan es uno más de los pocos poetas genuinos del rock. Aunque Morrison hizo pocas declaraciones políticas, ésta era desde luego una llamada a la unidad, para los enterados. Muchos habían considerado a la música folclórica irlandesa durante años como un asunto «católico». Un viejo hippy tan moderado como Christy Moore interpretó algunas canciones (extremadamente buenas) del «huelguista de hambre» Bobby Sands, y lo hizo como un acto político, mientras que grupos no tan sutiles como los Wolfetones se concentraban casi exclusivamente como integrantes de la música «rebelde». Para un protestante del Ulster tararearla era, a los ojos de algunos, un sacrilegio.

«Star Of The County Down» se asociaba originalmente con John McCormack. El canto alegre de Van está dulcificado por el arpa, la gaita y los violines, y todos se unen bruscamente en el estribillo. Un dúo con June Boyce en «Irish Heartbeat», de *Inarticulate Speech Of The Heart*, suena casi como si fueran Gram Parsons y Emmylou Harris, él ronco y ella celestial, con un violín campestre que lo salpica todo. El canto sin palabras de Van al final, con un leve acompañamiento, podría juntarse con *Astral Weeks*. En «Ta Mo Chleamhnas Deanta», Kevin Conneff canta en gaélico, y Van y Mary Black cantan la traducción inglesa. El clavicémbalo y el ritmo amable podrían ser de la amoral obra maestra de Kubrick *Barry Lyndon*, en la que el tiempo parece detenerse.

John Wilde describe el trabajo de los Chieftains en «Raglan Road» como de inspirar a Morrison hacia «un éxtasis que verdaderamente raya en lo demoníaco. Ahí hay un temblor furibundo, una veneración sofocada. Se pueden oler las lágrimas». Del otro lado, el *Belfast Telegraph* considera que si Patrick Kavanagh hubiera vivido para oír esta interpretación, habría habido «conflictos en los pubs de Dublín». Lento y majestuoso al principio, Van alcanza él mismo con la batería una emoción realmente antigua.

«She Moved Through The Fair» fue una de las primeras incursiones de Fairport en el folk tradicional, aunque había un ribete literario en las palabras, y Padraic Colum se lo reprochó. David Cavanagh describe «una lenta seducción a cargo del violín». La manera en que Sandy Denny canta la última estrofa sugiere que la futura novia ha fallecido, «llegó mi amante muerto», y que no verá nunca su día de boda, una interpretación que Van callaba, repetía la parte cantada —«no tardará» una y otra vez— y su casi estertor de muerte del mismo final como mínimo la daba a entender. O quizás sólo se trataba de la avidez del amor juvenil. Se produce un contraste rápido con la canción infantil callejera «I'll Tell Me Ma», con percusión urgente, y el ambiente de una banda de calle. El conjunto, disimulada o valientemente, inserta trozos de una canción rebelde republicana y un himno de Orange, «The Sash», «una diversión espontánea», en palabras de Moloney. Van admite que una vez se saltó esta canción, o al menos se saltó el colegio. «¿Vestías medias negras?», replicó Moloney, con una risita.

Denis Campbell describe «Carrickfergus» como «una tonada digna de Otis Redding» —una encrucijada celta desde luego— y opinaba que se hace difícil pensar en alguien, ni tan sólo Engelbert Humperdinck, que la pudiera arruinar, el canto de Van es lo más tierno y emotivo que esperarse pueda. Hay justo la acritud suficiente para que el falso sentimiento no se presente en la interpretación. De todas maneras, la canción se burla de sí misma en el verso «No cantaré más hasta que beba un trago», y Van, de repente, suena malvadamente sediento. El fúnebre final concuerda con la pausa de Van antes de la última frase, y liga a la perfección.

«Celtic Ray» apareció primero en *Beautiful Vision*, aunque ahora el disponer de la letra hace resaltar la sutilidad de esta canción, que combina las avanzadas celtas con figuras representativas, Lewellen, McManus, el hombre del carbón —Cornualles o Bretaña— y Jimmy. Aquí Van y los músicos hacen swing con un ritmo alegre. El inicio de «My Lagan Love» es indeciblemente hermoso como sólo pueden serlo los Chieftains, y el canto de Van se calma y se tensa justo allí donde debe, y al final acaba en una rara efusión. El *Belfast Telegraph* se quejaba brutalmente de que si Morrison fuera a cantar la canción en una fiesta de Belfast, «la gente se iría pronto». Bueno, y ellos que se lo perderían. «Marie's Wedding» es una febril contradanza escocesa, con Maura O'Connell, Mary Black y June Boyce que se suman al jolgorio. Seguramente, ésta es la canción que Richard Thompson subvirtió con el típico ardid ruin en la amarga «Nobody's Wedding», ¡y después quitó la mayoría de las palabras, para que nadie pudiera saber sobre qué cantaba! Van la canta de manera formal. Como comentó Ben Cruikshank, completa un álbum tan amable para el oyente, «que no tiene más remedio que ponerlo de nuevo desde el principio».

Aparte de Robert Sandall en *Q*, típicamente desdeñoso —«es el viejo tacaño místico, pásmense, que intenta levantarse el ánimo»— las críticas fueron exaltadas. Como observaba posteriormente Gavin Martin, la carrera de Van había sido marcada hace tiempo por su capacidad de «renovarse constantemente, con variaciones asombrosas sobre el híbrido que él formuló a partir del rhythm and blues norteamericano y la tradición irlandesa: el soul celta.» En este caso, él sencillamente ha privilegiado el elemento tradicional. En el *NME*, debajo de un dibujo a lápiz de Van con calidad suficiente para merecer estar en una carpeta de álbum, y bajo el titular «Celtic Champions Compose», Denis Campbell halla que el entusiasmo contagioso de los Chieftains ha influido en Morrison «que ha replicado con una calidez digna de las melodías».

John Wilde, en *Melody Maker* («Pasadizos esmeralda» era el título en este caso), encuentra a Morrison como alcanzado por el relámpago: «Uno tiene que ir atrás antes de los vertiginosos días de *Astral Weeks* para hallarle casi tan suelto». La colaboración había despertado su espíritu fanfarrón. En *Sounds*, David Cavanagh encuentra parte de la «música más encantadora, provocadora y francamente amable del año». Dice más sobre Irlanda que mil folletos turísticos. «Este disco lleva un brillo dorado». En el resumen de final de año, el álbum quedó segundo en una votación de críticos, entre Public Enemy y R. E. M.

En abril, Van tocó en Riverside, Coleraine, para la Universidad de la Ulster Literary Society. El concierto se filmó, y en julio se emitió en la televisión del Ulster, como «Van The Man». Intercalado en medio de una entrevista y un debate, Van actuó acústicamente, sólo con Clive Culbertson al bajo y Derek Bell, ese duende de aspecto formal, al piano. Él revisitó su época estadounidense con una renacida «T For Texas» y con «When I Was A Cowboy», de Leadbelly. «A Sense Of Wonder» es tierna, «Celtic Ray» seria, y clásicamente hermosa «In The Garden». Van canta sobre los pétalos que caen, y Bell toca notas descendentes: cuando Van canta sobre la brisa que sopla «en su cara», Bell imita la escena con un arpegio. Un momento cumbre de su carrera. «Raglan Road» excita la sangre. Morrison, se supone, toca un solo de guitarra que casi habla, por encima de la marea que fluye del teclado de Bell.

Antes incluso de la edición de *Irish Heartbeat*, se realizó una gira conjunta con los Chieftains por Gran Bretaña y Europa, y Van empezó visiblemente a penetrar el espíritu de las cosas. Como la Guinness, los Chieftains le sentaban bien. Morrison incluso se mezclaba con el público antes del concierto, charlando libremente, intercambiando bromas y atendiendo peticiones dentro y fuera del escenario. En una actuación, a él le sobrevino un acceso de risa compulsiva, y tuvo que intentar «Carrickfergus» por segunda vez.

La gira *Irish Heartbeat* se inició en Aberdeen a finales de abril de 1988, y llegó al centro de cultura Riverside de Londres una quincena después. Sean O'Hagan de Microdisney, en su escrito para el *NME*, describió el acontecimiento: «Esta noche el genio ha curvado las piernas, ha abierto los brazos y ha retorcido la cara en pleno exorcismo creativo. La música se derrama sobre sus hombros y Van Morrison está lejos, más allá de las palabras y de lo que significan. Algo le ha ocurrido al más desagradable de los cantantes en directo y apuesto a que radica en su proximidad a la dicha pura de la obra en acción de los Chieftains. Él sonríe, ríe, dice un chiste curioso fuera de micro e intercambia sarcasmos con el bufón de la corte Paddy Moloney».

El pase propio de Morrison empieza con él tocando el saxo con un grupo de seis músicos, con Derek Bell al teclado, en un instrumental con deje celta, que enlaza con «Vanlose Stairway». «Van mantiene este ambiente celestial todo el rato, y sigue el evangelio de la globalidad poética y de la búsqueda metafísica que ha sido un puntal de su música desde hace mucho tiempo.» «In The Garden» la canta como en trance, mientras el grupo «se mueve con cada matiz de Van».

Entran en escena los Chieftains, y el grupo ampliado irrumpe con «The Star Of The County Down», con la sonrisa de Morrison igualada sólo por la del bajista. «She Moved Through The Fair» literalmente «deja sin respiración al público, con Morrison que repite su exorcismo sacado a la luz para invocar la muerte violenta de la heroína». «My Lagan Love» choca con una «Marie's Wedding» al estilo de los Pogues, y de repente «absolutamente todos se ponen de pie y provocan un estallido en el antaño tranquilo Riverside». «Aterrador», concluye O'Hagan. El *Melody Maker* opinaba que «te ibas transformado. Se acababa de ver a un genio que llegaba a su punto más alto, más allá de un grado supremo. Una visión maravillosa».

Una cinta privada del mismo concierto confirma la nueva crepitación de las actuaciones en directo de Van, y muestra a un público absorto, que profiere alaridos antes incluso de que los Chieftains salgan al escenario. Hay un pase entero con el grupo de Van, incluida una versión impetuosa de «Common One», y una de «Did Ye Get Healed?» en la que incluso el solo de saxo tiene una fiereza celta. Esta noche «Solid Ground» tiene una parte de arpa, y los Chieftains ofrecen un sonido rico, y una energía que estalla desde el escenario, que incluso se capta parcialmente en la cinta, enlazados con delicadeza y cohibición donde es menester.

En «Heart For Art's Sake», David Cavanagh habló con Derek Bell que dio el primer paso frente al manager de Van para esta colaboración, y que organizó una reunión en terreno de Paddy Moloney. Morrison —aquí risas irreprimibles— «quedó encerrado en el lavabo del hotel Wicklow. Tuvieron que ir a por un hacha para sacarle». El teclista de los Chieftains le habló después acerca de su propia obra maestra de 1979, *Derek Bell Plays With Himself*, y a Van casi tuvieron que llevárselo en ambulancia de la risa que le dio. Efectivamente, Bell confirma que Morrison es profundamente chistoso, y «de lo más divertido porque siempre pone la misma cara seria sin expresión con el ceño fruncido permanentemente». Aunque aún no creo que Nicky Horne pudiera verle la gracia. Bell dio a entender incluso una colaboración futura, para grabar un álbum entero de composiciones propias de Van. Un sueño que no acabó por realizarse.

En declaraciones a *Hot Press*, Bell revela que lo que hizo que Van se le dirigiera, fueron las grabaciones que realizó del compositor místico británico Cyril Scott: «Él buscaba algún tipo de respuesta espiritual a las cosas». Van ya había leído unos tres mil libros sobre el misticismo, «durante una época de crisis periódicas». Otro punto de contacto era una común adoración por un buen helado. Él llamaba por teléfono y decía: «¿Te apetece una buena cucharada? Aquí me tienes». El perfil de los dos confirma esta adicción secreta (conmovedoramente inocente en el mundo de la música en directo). «Todos los sabores, pero particularmente el de chocolate».

Van interpretó «Marie's Wedding» en pleno «Fife Aid» de St. Andrews, en julio, y es la indudable estrella del vídeo resultante. Un concierto más serio, al menos musicalmente, se filmó en el Ulster Hall de Belfast, en septiembre, y se emitió por el Channel 4 a principios del año siguiente. El concierto de una hora de duración se abre con tres canciones del último grupo de Van —Arty McGlynn, Clive Culbertson, Dave Early, Richie Buckley y June Boyce— junto con el invitado especial Derek Bell, que ya no tocaba sólo consigo mismo, como en el disco anteriormente citado.

Por entonces, McGlynn también estaba pluriempleado en el muy desestimado conjunto Patrick Street, con Andy Irvine. El grupo se lanzó a hacer versiones de «Tore Down À La Rimbaud», «In The Garden» y «Rave On, John Donne», antes de que se les sumaran los Chieftains con todo su poder para una actuación entera. La única palabra aplicable es maravillosa. La prueba auditiva se encuentra en el pirata *Dark Knight Of The Soul*. Las delicias incluyen «Boffyflow And Spike» y los bises con «Goodnight Irene» y «Moondance».

En octubre de 1988, Morrison y los Chieftains regresaron a Londres, al Royal Albert Hall, pero el antiguo Morrison conflictivo parecía volver a la carga. Tal como lo explicaba *Melody Maker*: «Cuando no está en contacto con la musa que le inspira, Morrison a menudo, con el paso de los años, se ha inclinado por dejarlo correr y por esconderse tras lecturas rutinarias de sus himnos devocionales». Por todo ello, Eric Clapton, se sumó al jolgorio general casi hasta perder la dignidad al saltar al escenario y bailar una giga improvisada, hasta que se le conminó a que volviera a su asiento.

Gavin Martin entrevistó a Van y Paddy conjuntamente, y declaró: «Yo quiero una pinta de lo que sea que tomen este par». Según parece, un colega llamado Micky the Muck, que es un tío sucio, asistió a las sesiones de grabación. Van piensa que Paddy tiene cien años de edad como mínimo, mientras que él tiene sólo veintiséis. Paddy opina que los dos tendrían que hacer un viaje a Marte: «Seríamos los primeros músicos en tocar allí y cualquiera que quisiera podría venir y sumársenos».

Martin completa el regocijo con una guía apócrifa de Van Morrison, parte de la cual incluso podría ser verdad. Él hace hasta nueve comidas completas al día. En una actuación con Elvis Costello y los Confederates, Van echó fuera al legendario guitarrista James Burton e hizo los honores él mismo. Un libro de prosa y poesía que tenían en proyecto fue rechazado por un destacado editor en el último momento, y desde entonces a las versiones en directo de «Summertime In England» se les habían añadido los crípticos versos «Faber and Faber; no perdimos nada». Todo parte de la mitología.

Paddy Moloney contó a *Hot Press* que «ciertamente, a la prensa parecía que le gustaba el álbum. Pero no creo que hiciera realmente mucho efecto en la gente. Desde luego nosotros no apreciamos una gran diferencia en el público. Al principio la cosa era muy dudosa, pero todo funcionó a la perfección». ¿Será posible un día de estos un *Irish Heartbeat II*? «Bueno, quizá no sea tan pronto.»

La revista le pidió que citara los diez momentos más humorísticos con Van, y en la respuesta escurrió el bulto: «No quiero que esto sea difamatorio». ¡Ni yo, Paddy, ni yo! Finalmente, dice que Van describió un escenario pequeño con una valla de metal alrededor como si fuera una jaula —«Van es así de rápido»— y luego más dudas. Mucho después, en el punto ocho, «oh sí, la vez en The Point que Paul Durcan tenía que salir al escenario y salió el trompeta por error. Todos nosotros nos pusimos a reír..., y Van no se dio cuenta de lo divertido de la situación hasta después». El énfasis recaía en la última palabra. Al final, Paddy concluye que «la cosa más importante de Van es que es una persona muy creativa. Tienes que ignorar todas las cosas que la gente tiende a hablar. La vida es demasiado corta para mirar al lado malo de las personas».

Los dos tienen mucho en común, ni que sea la reputación de ser a veces un poco cabeza de chorlito, y su adoración por el humor estilo Goon. Moloney era tan íntimo de Peter Sellers que él jura haberlo visto a los pies de la cama, sonriendo, exactamente a la misma hora en que después supo por la radio que Sellers había fallecido. Van hablaba con él de todo salvo de música, y dejó que Paddy hiciera todos los arreglos —o «formas»— del álbum. En declaraciones a *Q*, Moloney consideraba que Van se muestra tan tenso que sólo se puede relajar en el escenario. «Si no él se siente enjaulado.»

Después surgieron historias de que Paddy y Van no se dirigían la palabra, y que derramaron una botella de vino (cada uno) sobre la cabeza del otro. En el LP en directo de los Chieftains, *An Irish Evening*, Roger Daltrey de los Who sustituía a Van ante el micro, para la versión de «Raglan Road». Luego estalló la paz y Van volvió a unirse a los Chieftains en su instrumental «Boffyflow And Spike» en el CD de 1990 *Celebration*. Al final, los instrumentos se estrellan en el suelo, y Van grita «cósmico», y luego «tenemos que hacer un poco de aerobic». Paddy lo mantuvo en la grabación, aunque a él no le hizo gracia la broma. Una cosa está clara. Para Van, «todo lo demás le distrae de la música». Morrison cantó «Have I Told You Lately», en el álbum de 1995 de los Chieftains, *The Long Black Veil*, en el que figuraban invitados como Sting, Sinéad O'Connor y Marianne Faithfull.

En una entrevista posterior para la radio de la BBC, Paddy considera que la técnica vocal de Van es parecida al estilo de canto que todavía puede oírse en remotos lugares de Connemara y Donegal: «Al final de una canción, Van simplemente rechina. No sabes cuando se parará, ni él tampoco lo sabe, depende de lo que sienta en aquel momento». En una ocasión Moloney le pidió que hiciera un «billy», queriendo decir un golpe de cabeza, cuando él fuera a acabar sus extravagancias vocales. «Nos metimos en ello, llegamos casi al final, y él grita «Billy, Billy».

nueve:

Años de fama

Morrison durante un concierto en la iglesia St. Mary, en Stogumber (Somerset, Inglaterra), en enero de 1990.

En las siguientes actuaciones de Van actuó habitualmente Georgie Fame, un viejo amigo de los años sesenta. Desde que los Blue Flames se habían extinguido, Fame había hecho giras con Alan Price, protagonizado su propia serie en la BBC 2, y grabado un álbum de canciones de Hoagy Carmichael con la cantante de jazz Annie Ross. Él iba a encontrar en Van un líder generoso, que nunca dejaba de presentar a los miembros del grupo, y que dirigía la respuesta del público hacia ellos. Durante la actuación en el festival de Glastonbury de 1989, Fame hizo de cantante solista en un breve pase con el grupo de Van, y recibió grandes ovaciones con viejos caballos de batalla como «Yeah Yeah» y «Get Away», éxitos de hacía veinte años, cuando la mayor parte del público apenas había nacido. A cambio, Van iba a encontrar en Georgie una presencia constante y alentadora, un organista maravilloso y un corista que también podía dirigir el grupo mientras Van se concentraba en sus propias partes cantadas. Un par de manos seguras, al igual que Simon Nicol lo había sido en los treinta años de las diversas formaciones de Fairport.

Como señalaría otro miembro del grupo: «Georgie es muy abierto y seguramente le quita la presión a Van por lo que se refiere al escenario. El grupo improvisa el sesenta por ciento del tiempo, y raramente seguimos una lista de temas. Van va por otro lado de la música».

Fame hacía que se notara su presencia en *Avalon Sunset*, y formó parte del grupo que preestrenó el álbum en una actuación privada en el club Ronnie Scott's el 24 de mayo de 1989. Se pudieron ver imágenes de cinco canciones antiguas en *One Irish Rover*, casi dos años más tarde. Pee Wee Ellis y Haji Ahkbar dejaron su puesto: los músicos que les sustituyeron todavía estaban a bordo en la actuación del Beacon Theatre de noviembre, también editada en vídeo. El batería Dave Early, la sección de metal con Richie Buckley y Steve Gregory y el pianista Neil Drinkwater ya eran viejos conocidos por entonces. Los nuevos en el mundo de Morrison eran Fame, Brian Odgers al bajo y Brian Holland a la guitarra, que había estado cerca desde Bluesology, y se especializó en apuntalar a grupos flojos: Jody Grind, Back Door...

En aquella época, Morrison tenía contrato con Polydor, para Gran Bretaña, y con Mercury, para Estados Unidos. *Avalon Sunset* se editó en junio de 1989, e irrumpió entre los veinte primeros lugares —el número trece— de las listas británicas, mientras que en Estados Unidos alcanzaba un decepcionante número noventa y uno. La portada tiene un toque de New Age. Después de dos apariciones en plan del Sr. Gruñón, el rostro de Van desaparece de nuevo del mapa, y en su lugar hay la imagen mucho más relajante de un cisne que se desliza sobre el agua, enrojecida por la puesta de sol. En la contraportada, en el río, bordeado de juncos, no hay nada. Entre las dos palabras del título hay una insignia mística de color violeta, que engloba las iniciales de Van, entrelazadas una con otra como una pareja que hace el amor. *Ivan* Morrison ejerce de productor.

El álbum se grabó en Londres y Bath, no lejos de Avalon, el reino mítico de Arturo, ahora perdido entre los llanos de Somerset. Sunset [puesta de sol] sugiere una oscuridad venidera, del mismo modo que la última pieza del álbum no sugiere demasiado verano al final. Por todo el celo de nuevo cristiano de Van, el álbum presenta una visión de las glorias que se van. En el futuro habrá temas desperdigados que perseguirán una búsqueda mítica —«Avalon Of The Heart», del próximo álbum, por ejemplo— aunque nunca volverá a haber la invención concentrada de la gran serie de álbumes a que *Avalon Sunset* sirve de coda. Luego, uno tendrá que buscar glorias aisladas.

Van se restringe a la guitarra. Fiachra Trench se responsabiliza de nuevo de los arreglos de cuerda y metal, que dominan el álbum. Katie Kissoon vuelve a los coros. El gran trompetista de jazz Henry Lowther se une a la refriega en un tema, encabezando una sección de metal con Cliff Hardie al trombón, Stan Sultzman al saxo alto, y Alan Barnes al barítono. Entre todos han realizado uno de esos raros álbumes que está redondeado a la perfección, que suma más de lo que dan las partes.

El debate principal del momento se centraba en el peregrinaje espiritual de Van, y sobre qué credo o secta se identificaba él por entonces. Cuando en Loughborough se le preguntó si era católico practicante, él contestó: «No, lo más cerca que estuve fue de la Iglesia de Irlanda. Aunque en este momento no sigo ninguna senda. Intento encontrar un camino». Sin embargo, según Derek Bell, «después de que colaboró con Cliff Richard, el volvió de nuevo al cristianismo Hallelujah». Esto no interesó demasiado a Bell, pero «Van quería seguir cambiando sus conceptos. Él siempre decía: "Necesito ir en una nueva dirección". Ya no compartimos un interés a ese nivel, aunque aún tenemos una gran relación».

Herbie Armstrong, otro músico que también era amigo personal de Van, se había integrado en la iglesia pentecostal de Notting Hill Gate, nada menos. Como declaró él al fanzine de Van Morrison de la época: «Yo ahora toco música por puro amor y amor cotidiano, y es a través de Jesucristo. Él me devolvió algo en mi interior y yo rezo para que un día Van encuentre al Señor, porque Van se está informando y además él conoció al Señor mucho antes de que yo lo hiciera». Casi como Bob Dylan, que cantaba canciones llenas de imaginería bíblica y con una moralidad en blanco y negro, mucho antes de convertirse. El de Van es un cristianismo menos justiciero que el de Dylan, más ágil en la alabanza y más remiso a la hora de señalar con el dedo del desprecio. Si uno piensa en cómo Cat

Stevens resurgió como algo parecido a un ayatolá inglés, entonces el nuevo cristianismo de Van es la moderación personificada. Como declaró Van a Gavin Martin: «Estoy en ello por completo, ortodoxo o no. Tan sólo ando a tientas en la oscuridad a la busca de un poco más de luz».

«Whenever God Shines His Light» es, desde luego, muy abierta por lo que se refiere a su mensaje cristiano, citando a Jesús para empezar, y luego con el acompañamiento del feliz y palmeante Cliff Richard. En realidad, Cliff está terriblemente subestimado por los críticos finos, y es un gran cantante dentro de los límites elegidos por él mismo, y su dúo con Van es auténticamente emocionante, casi como una mezcla de dulzura y amargura. Las palabras son más oscuras de lo que sugiere el alegre acompañamiento: Van canta sobre la confusión, la desesperación y la soledad. Ahora es Dios el que efectúa la curación.

«Contacting My Angel» no es tan correcta bíblicamente, porque este ángel es una mujer, y mucho más viva. Van recibe mensajes de ella sin tener que recurrir a la telefonía —quizá utilizan el rayo celta— pero la música gira y el bajo explota, y él suena transformado, así que los resultados son bastante auténticos. Todos los temas habituales están aquí: el agua, curativa, de un riachuelo montañoso, y el poder transformador del amor. Luego, en un giro extraño, Van se encuentra con una presencia angélica auténtica, «la juventud de los veranos eternos».

En «I'd Love To Write Another Song», una orquesta de jazz con todas las de la ley de vuelta al regreso a lo básico de Van, su necesidad de componer una canción de amor para «hacer algo de dinero, y pagar las facturas». De nuevo hay una cara más oscura en todo esto, como si esos bloqueos compositivos hicieran que la vida no valga la pena de vivirla, y que tan sólo fuera gracias a su arte —y no a la vida— que él pudiera «sentir las cosas nuevas y brillantes». Aunque hay un buen chiste; él se ofrece a «rhyme» («rimar»), aunque al emparejarlo con «mind» («cabeza»), no llega a conseguirlo.

La respuesta es una de las mejores canciones de amor del siglo, y recuerdo que me dejó abrumado la primera vez que la escuché, porque me parecía algo que no se había dicho antes. Y, a la vez, es una canción que yo sentía como si conociera de siempre. Espero que sirviera a Van para pagar las facturas durante unos cuantos meses. El arreglo de Fiachra Trench es exuberante, pero no pegajoso. El piano acústico y la guitarra tocan sobre una gran cuerda, aunque el leve gruñido de Van evita todo empalago. El amor terrenal se transmuta en el divino, justo al igual que en el Dante, «hay un amor que es divino, que es tuyo y es mío». El sol de la mañana se pone al final de la canción, y sugiere que el amor hace sombra a la muerte, aunque sutilmente.

El sol de otoño ilumina «Coney Island», que se inicia con un amanecer, el de la creación quizá. Un día perfecto, igual al que antaño cantó Lou Reed, y Van coloca el paraíso firmemente en el Ulster, como si el conflicto hubiera desaparecido: «No sería bonito si todo pudiera ser siempre así». Al recitar este soliloquio, Van parece estar en la habitación, a ratos prosaico, en éxtasis, cariñoso y melancólico. Con esta actuación demuestra que hubiera sido un actor soberbio, y desde luego da un impulso a la Organización del Turismo de Irlanda del Norte.

En 1996, el programa *Going Places* de Radio 4 intentó localizar ese día, como si Van estuviera recitando de su diario, más que imaginando la perfección. La carretera serpentea desde la costa de County Down hacia Belfast, y quedó claro que Morrison no sería nunca un buen guía turístico. Hay un Coney Island más famoso, justo al sur de Brooklyn. Durante el programa, un orgulloso habitante del Ulster reivindicó que ese tomó el nombre del conocido lugar de County Down.

Un anuncio de Bass robó la idea, aunque omitió la poesía:

> Baje a la costa cerca del puerto
> y tome pescado fresco de la barca para comer.
> Maravilloso, el sol que se refleja en el agua.
> Pero lo mejor del día es luego en el bar,
> qué bien calentarse junto al fuego y de nuevo conversar.
> Ojalá todos los días fueran como éste.

La voz de Van y la orquesta acaban al unísono, en un momento cautivador, luego la cuerda sigue, al parecer con la misma pieza, aunque estamos ya en «I'm Tired Joey Boy». De nuevo la noche, la oscuridad justo antes del amanecer, que siempre es la peor. Van vuelve a estar deprimido, y hace un comentario extrañamente manifiesto sobre el conflicto irlandés: «No tengo tiempo para cismas». Escrita para un amigo del colegio, que se hizo granjero, Van parece lamentar sus ambiciones del pasado, que le distanciaron para siempre de una vida tan sencilla. Seguramente Joey también sufre de insomnio, al desear ser como Van. Como Dylan en «Watching The River Flow», Morrison se sienta cerca de una corriente de agua y medita. Literalmente elevado, como en la primera canción, Van encuentra la paz en las alturas montañosas —como siempre— y no tanto en Dios, sino en el silencio. Que es lo mismo, en realidad.

«When Will I Ever Live To Live In God» trata simplemente de ese sentido de duda, después de la certidumbre de «Whenever God Shines His Light On Me». Por otra parte, son precisamente esas dudas las que nos hacen seguir a la escucha: si Van creyera completamente en uno de sus senderos religiosos nosotros empezaríamos a perder interés, al igual que para Richard Thompson parece haberse terminado el componer —salvo en fogonazos esporádicos— después de su inmersión en el Islam.

Un pasaje de cuerda con el arpa, un piano melancólico y Van infinitamente triste. El sol se pone en Avalon, o al menos en los muelles de Bristol, y Morrison balbucea sobre ángeles y William Blake, incoherentemente. La segunda estrofa es más clara. Su nueva amante le presenta las glorias de la arquitectura cristiana, cosa que no conmueve a su alma. Un órgano celestial de Fame, y Van se da cuenta de que tienes que hacer las cosas por tu cuenta. Estamos de nuevo en la última canción, una montaña y un pastor, la gloria verde de Irlanda. Gracias a tales paisajes juveniles, Van aprende efectivamente a vivir en Dios. Él evoca incluso «un sentido de maravilla» para recordarnos éxtasis pasados. El estribillo final es más una respuesta que una pregunta.

En «Orangefield» regresamos al territorio de *Astral Weeks*, tanto en términos históricos como psíquicos. Es un día brillante de otoño. Van está de vuelta al colegio, y se enamora por primera vez y para siempre. Ella es la niña de sus ojos —a la vez fértil (como el nombre de la escuela) y la Eva que le tienta a pecar— y su belleza llega a ser como el sol, o Dios. «Iluminó nuestras vidas.» No es un puro capricho el comparar esta visión con la de Beatriz en la *Divina Comedia*. Todo es a la vez real y simbólico. Ella incluso permanece al lado del agua que fluye, «en la orilla».

«Daring Night» quizá invoque al señor de la danza, como en el himno de Sydney Carter, pero trata de un sexo rico y ardiente, aunque el órgano de iglesia y el ritmo amable puedan sugerir otra cosa. «Los cuerpos se mueven y sudamos y existimos.» De nuevo es de noche, aunque brillante de estrellas y la luna. El amor también aporta su luz propia, y los amantes parecen estar arriba con los cuerpos celestes (incluido el juego de palabras), «en el firmamento en que nos movemos». Una canción difícilmente cristiana, con la Gran Diosa de la Sabiduría Eterna por encima de la acción, aunque elevada en todos los sentidos.

«These Are The Days» finaliza el álbum en un «verano infinito». El amor humano se vuelve divino, como en «Have I Told You Lately», que se transmuta de su novia al mago que convierte el agua en vino. La amante de Van es como una versión crecida de la chica de «Orangefield». Apropiadamente, los amantes caminan de nuevo cerca de un río centelleante, y los amargos lamentos de «I'm Tired Joey Boy» se han desvanecido con la luz. El paraíso tan brevemente vislumbrado en «Coney Island» está aquí ahora y para siempre, ni en el pasado, ni en el futuro. Si esto no es una visión del paraíso, entonces no sé lo que es.

Los críticos de la época se quedaron perplejos. En *Q*, Mark Cooper era, como siempre, el más clarividente, al oír un «guisado de rhythm and blues cálidamente relajante» y la música «a veces como en trance en su capacidad de intensificar un ambiente de calma religiosa». En *Sounds*, David Cavanagh encontró que «si Morrison tiene que conseguir la paz de la mente —como todos los actores y artistas aplastados de la historia— él se arriesga también a perder el tormento anterior de su musa».

Hablando con el colega músico Sean O'Hagan en el *NME*, Van coincide con Jung: «Ésta es la explicación más cercana que puedo encontrar para mi obra. El escribir canciones viene del inconsciente colectivo o del mío propio o de ambos.» La música de Van es una búsqueda de momentos trascendentes, aunque en el escenario raramente puede alcanzarlos. «Es donde apagas el mecanismo, apagas aquello que se llama *la voz constante*.» Él también se liga a la tradición literaria. «Los escritores irlandeses, y yo me incluyo entre ellos, escriben básicamente sobre las mismas cosas, la energía y de cuando las cosas van mejor. O esto, o la tristeza. Y ya está.»

O'Hagan señala que, en escena, Van era «un hombre que había ido más allá del lenguaje, que las palabras le fallaban en un sentido positivo».Predice acertadamente que Van mira en dirección a otro escritor irlandés, Samuel Beckett, el «poeta del silencio». Van asiente: «El lenguaje es una manera de ir hacia atrás, supongo. Dice: "No puedo avanzar, pero avanzaré". Solo se trata de eso. "Falla mejor —dice—, *falla mejor*"».

El 18 de junio, cerca del solsticio de verano, Van tocó en Nimega con Fame y los muchachos. Según un artículo de fanzine, él soltó directamente una saltarina «Did Ye Get Healed?» que convirtió una actuación aburrida en «casi una luminosidad religiosa». Durante «Cleaning Windows» Van demostró que sabía hacer correctamente el gesto de limpiar el cristal con una gamuza: «Arriba, a la izquierda, a la derecha, abajo, a la derecha, arriba, al centro, y todo hasta abajo». Él incluso dijo al sin duda confuso público holandés cómo trepar por la escalera sin que se derramara el cubo.

Durante una «Northern Muse» cantada como un himno, Van facilitó otro tipo de manual de instrucciones, en este caso para la vida: «Cuando se abre el corazón, tú debes cambiar. Lentamente como se abren las flores. Da, da, da más, da mejor. Cuando estás completamente vacío y agotado, y no puedes seguir, tienes que dar, dar otra vez, dar más, dar mejor. Cuando estás bajo, deprimido, desanimado, cabreado, jodido, tienes que dar, dar más, dar otra vez, dar mejor. Cuando se abre el corazón».

En escena, Van dio las gracias a Georgie Fame, los Blue Flames y la Van Morrison Band —que se mezclaron entre sí— tres en uno, como la Santísima Trinidad. En una entrevista posterior, él declaró a O'Hagan que había empezado a perder interés en la vida en la carretera: «Yo empecé a hacer giras de muy joven. Me pasé años viviendo con una maleta en la mano desde los quince años hasta los veintidós. Durante años viví en hoteles. Y ya se me acabaron las ganas. No quiero pasar mi vida de gira, porque ya lo hice al principio. Ahora es un día y basta. Algunos días va bien, y otros no. Así es la vida, me la tomo tal como viene.» Por otra parte, como confesó a Paul Jones en Radio Two, desde que tenía con él a Georgie Fame «es una cosa nueva por completo. Antes de esto, durante seis o siete años, el actuar me aburría de verdad». El saxofonista de Dublín Richie Buckley notó este nuevo entusiasmo después de algunos conciertos con éxito en el Dublin Stadium, en 1989.

De vuelta a Nimega, Van leyó una versión improvisada de la oración de Señor, a la mitad de «Summertime In England»: «Imagínate en medio de un campo, en Somerset. Imagínate en medio de un campo sobre las cuatro y media. Es junio, el solsticio de verano, y puedes oír una banda de metal a través del campo. Tocar».

Van hizo lo mismo, esa misma semana, cuando encabezó el cartel de festival de Glastonbury de 1989. Colegas músicos declararon al *NME* lo mucho que había afectado su propia obra la música de Van. Bono envidiaba a Cliff Richard por cantar con él. Él produce «música que llega hondo». Para los Proclaimers «él es un hombre del Ulster que canta música soul sin insultar ni imitar a los negros».

David McComb estalló en llanto durante «Raglan Road» en el Albert Hall y siguió llorando todo el concierto. *Astral Weeks* «desintegraba tu cuerpo, alma y vida enteros». Van es un buen analgésico. La canción favorita de Boy George es «Moondance», y envidia a Van su chaqueta de cuero Johnson, eso y su gran aparato reproductor (parafraseando). Mike Scott ve «Summertime In England» como «sencillamente la música más alta que he escuchado jamás». Para Shane McGowan, «él es brillante e inspirador, un cantante de soul irlandés de nacimiento, que siempre va hacia arriba». Su canción preferida es «My Lonely Sad Eyes», y su álbum *Astral Weeks*, «porque en él no hay chorradas».

Gavin Friday recuerda un concierto gratuito del Millennium, al aire libre, con Van y los Chieftains, «tan apretado como el nudo de las zapatillas de una monja». Al jazzman Andy Sheppard le gusta la voz de Van porque suena como un saxo tenor, y para Joby de Energy Orchard, él es un «hechicero». Edwyn Collins tiene una palabra escocesa para él, «carnaptious», un hombre poco dispuesto a comprometerse o a cooperar.

Danny Kenny, del *NME*, señaló que en la siguiente actuación de los Bhundu Boys el día quedó dominado por la amplia sombra de Van Morrison. «No es por nada que él tenga la reputación (y algo de la apariencia) de un cerdo extremadamente malhumorado, aunque su presencia en el lugar motivó un aumento instantáneo del nivel de electricidad en el aire, un latido tangible de expectación». *Sounds* le vio cómo se llevaba al grupo a alturas de belleza improvisada: «En un punto, él entabló una tanda fenomenal de canto de llamada y respuesta con el saxo; en otro él flotaba completamente liberado de la canción con un estallido de *scat* inspirado que se resistía al análisis en frío. Era éxtasis para los oídos».

El programa de actuaciones de Van era castigador. En el Montreux Jazz Festival del 17 de julio, él tocó con Georgie Fame y The Dallas Jazz Orchestra, y en el pase incluyó «Listen To The Lion» y «Here Comes The Night». Dos días después, él interpretó dos canciones en la Prince's Trust 1989 Rock Gala, en el NEC de Birmingham. También figuraban Phil Collins, Level 42 y Jeff Beck. Aún más importante, el director musical fue George Martin, que dirigió la City of Birmingham Shympony Orchestra, y se unieron a Van en una terrorífica versión para la gran pantalla de «Orangefield». En el Eco Rock Festival for a Greener Future, que se celebró una semana después en St. Andrews, Van fue filmado interpretando tres canciones: «A Sense Of Wonder», «Marie's Wedding» y «Cleaning Windows».

«Have I Told You Lately» fue un éxito menor para el propio Van en julio de 1989, cuando alcanzó el número setenta y cuatro. La versión de 1993 de Rod Stewart se convirtió en millonaria en ventas. A la generación de «escucha fácil» se le ofreció un arreglo instrumental de Richard Clayderman con The James Last Orchestra. Una canción más antigua del mismo título se asoció principalmente con Tony Bennett, y fue un éxito estadounidense para Ricky Nelson.

En agosto, Van se tomó un descanso en medio de la actividad para encontrarse con su héroe de siempre Spike Milligan, gracias a los buenos oficios de la revista *Q*. Van recuerda los domingos por la mañana de la infancia: «Los Goons, luego *Round The Horne*, Jimmy Clitheroe, parecían vivir todos en un domingo. Los Goons eran popularísimos en Irlanda: los chavales de mi edad hablaban de ellos todo el rato». En la actuación de esa noche, él invoca el nombre de Spike, durante un extraño, y aún no grabado boogie llamado «Max Wall». A la pregunta de si es católico o protestante, Van al principio elude la respuesta:

«En realidad no soy nada», para luego admitir que «teóricamente es de la Iglesia de Irlanda». «Un Proddy», replica Milligan.

Spike apenas deja meter baza a Van, aunque logra introducir algunas opiniones contundentes: «En el fondo, tú eres una persona muy seria. Tú eres diferente, Van, tú eres un tío muy extraño». Él piensa también que, con todo, Van es demasiado modesto, aunque «tú tienes un carisma muy extraño. No me siento muy cómodo ante ti. Una sensación de amenaza. Hay una sensación de abandono en tu manera de cantar. Yo creo, que él no lo piensa, lo hace y punto». Milligan lo compara con la época en que él mismo fue músico de jazz: «Cuando tocaba aquella trompeta no podía pensar en los precios, o en el alquiler. Era una liberación, una autoterapia. Y tú puedes inducir esa terapia en los demás».

Van admite que él utiliza el blues como una obra de teatro: «Eso es lo que aprendí de ti. Yo creo que tú haces las cosas más reales de lo que son, para llegar al público. Es la fantasía, la ilusión». Es interesante ver, como con la guardia bajada ante un colega intérprete, las entrevistas de Van de repente adquieren un sentido tan intenso. A finales de agosto, él tocó de nuevo en la Belfast Opera House, una noche con un par de Raybans, que después algún chistoso diría que le hacían que se pareciera a Roy Orbison.

A David Cavanagh, de *Sounds*, el grupo dirigido por Georgie Fame le recuerda «un combo de jazz con otro nombre», y se toma tiempo para precisarlo. Sin embargo, «Raglan Road» es «ronca y duele», y «Gloria» la mejor lección de deletreo que haya tenido jamás. En «Summertime In England» el duelo vocal con Richie Buckley dura un minuto entero con la frase «Mr. Lawrence». Las luces suben en el momento en que se muere el último acorde de una cargada «She Moves Through The Fair». «Pienso que ellos no han experimentado nada ni musical, ni físico, ni espiritual que pueda seguirlo.»

Polydor había conseguido la ganga de los derechos de doce de sus álbumes anteriores, y apresuradamente editó siete de ellos en septiembre. Robert Sandall en *Q* hallaba «algunos de los pasos más inspirados, de los menos convincentes y de los menos conocidos de una carrera inexorablemente a fuego lento». En noviembre, Van apareció con Jerry Lee Lewis en el Hammersmith Odeon, e interpretó dos canciones «Goodnight Irene» y «What'd I Say». En la primera, Lewis parecía a medio disecar, con un acompañamiento rígido e intercambiando frases con Van, cada vez con menos pelo, pero que volvió loco al viejo rockanrolero. Los dedos rechonchos de Lewis podían sacar todavía la magia de su piano de cola.

Ese mismo mes, John Lee Hooker subió junto a Van al escenario del Beacon Theatre de Nueva York, para tocar «Boom Boom» e «It Serves Me Right To Suffer». La importancia de la actuación la dio el título de la posterior edición en vídeo: «The Concert». ¡Como si no hubiera habido otros! La presentación es casi idéntica a la del CD *The Best Of*, que se anuncia en la contraportada. Instantáneas de la ciudad alternadas con montañas irlandesas, y un cisne que descansa: Van canta de pie sobre una alfombra roja, apretadamente embutido en un traje azul, y usando el método Bobby Charlton para esconder la calvicie inminente. Que como saben todos los que lo han probado, ¡no sirve!

Hay cuatro canciones de *Irish Heartbeat* —con un swing jazzístico añadido— y cuatro más del nuevo álbum. «Moondance» se prolonga en «Fever» y Mose Allison se presenta para una canción, su composición «Thank God For Self Love», soltada entre él, Fame y Van. El grupo se queda reducido a los dos teclistas, de los que Fame tiene un aspecto envidiablemente delgado y sereno, Neil Drinkwater, juvenil y formal, Buckley —con bombín— y Gregory al metal, Early a la batería, Odgers, con gorro psicodélico, al bajo y Bernie Holland a la guitarra. Van inicia un rap improvisado sobre caminar por los campos verdes. «Summertime In England» empieza a un ritmo restallante, un cruce entre una giga irlandesa y Frank Zappa.

Luego las cosas se vuelven realmente extrañas. «Profesor Heaney. He leído su libro. *Preoccupations.* Tom Paulin, te añoramos.» Paulin es un irlandés profesional nacido y criado en parte en Yorkshire, que escribió algunos primeros poemas maravillosos, luego cayó en unos versos malos incomprensibles —con un argot de Belfast excesivo— y terminó como un mezquino crítico cultural en la BBC2. Entonces Georgie toca algunos acordes formales de órgano, y Van grita «Iglesia mística» y presenta al reverendo Fame. De repente, Morrison inicia un «largo, largo» (muy repetido) viaje al paraíso (también muy repetido), con Buckley que se hace eco de cada sílaba. «Un sentimiento chillón», grita Van, y Buckley se cambia al saxo, y extrae toda clase de sonidos maravillosos y raros. Luego regresamos al dúo vocal, con «way back» y «previous» una y otra vez, con Georgie Fame que estalla en risas. En ese momento entra Bernie Holland, e imita los riffs vocales de Morrison con la guitarra. Van y Buckley intercambian «Mr. Lawrence» de acá para allá, Van presenta al grupo y abandona el escenario, en el que sólo quedan Holland que baila a lo largo de él, y Fame que repite «Mr. Morrison» sin fin, y luego «Mr. Hi-Fidelity». Van regresa, en medio de una gran ovación.

«Caravan», la siguiente canción, es más extraordinaria si cabe, con Van que se lanza a una explosión de improvisación vocal sobre «the radio station plays», cuando el grupo toca por turnos algo de música clásica, una mala imitación de Weather Report, y soul. Van grita «rain check», y luego saca un trocito breve de «In The Midnight Hour». La banda grita, como al unísono, «es Ivan», y él se mete sin un segundo de pausa en una «Moondance» supercargada. Drinkwater cita «Greensleeves», y Bernie Holland hace bailar a las cuerdas de la guitarra en un solo breve y rápido como un streaker. La flauta y el acordeón introducen «Star Of The County Down», con señas manuales de Fame, que gira dando vueltas en su taburete. «In The Garden» se inicia con un estribillo de otro himno irlandés, «Danny Boy» y Van repite siete veces «born again» y «you fell» al menos doce, para subrayar el mensaje cristiano. Él da las gracias al grupo —definitivamente llamado The Blue Flames— y ellos responden con lo que parece un repiqueteo de campanas. «Have I Told You Lately» se canta como un himno formal y profano. Van observa el solo de piano de Drinkwater, comenta quedamente «¿a que es perfecto?» —lo es— y ruge como un león.

«Gloria» se retoma como una celebración: Van introduce un trocito de «Smokestack Lightning», aullando como un hombre lobo, y dedica la siguiente parte del concierto a John Lee Hooker, que «no es más que un extraño en este mundo, no lo dejéis en la puerta de vuestra casa», y ahí entra él, con traje, corbata, gafas de sol, sombrero, y una estrella de Texas en la solapa. Hooker posee el don de una intensa inmovilidad en escena, y sin sonreír. Van le mira como un hijo orgulloso, y posteriormente le copiará el vestido y el porte. Ellos hacen dúos como un par de sacerdotes vudú, y la canción evoluciona a «T. B. Sheets». Es tiempo del paso del ganso. «Me merezco sufrir, me merezco estar solo. Viviendo del recuerdo de los días pasados.»

«John Lee, el rey del blues», exclama Van. Hooker se lanza a «Boom Boom», que cierra todos los círculos, un clásico del boom del rhythm and blues, vaya si hasta le dio el nombre. Van y John traban las guitarras, como dos toros que aran. Van exhibe una sonrisa infantil, impresionado de repente. Después él inicia la ovación y Hooker incluso se quita las gafas de sol, un rey entre sus súbditos. El concierto finaliza con un saxo encantado, doblado con flauta, un sonido espeluznante por supuesto, y ya estamos en «She Moved Through The Fair». Los créditos pasan sobre Van, con los ojos cerrados, cantando con el resultado de la pasión. Los dos guitarristas patrullan por el escenario, como centinelas. Van repite «be long» una y otra vez, y luego se lanza a un quejido sin palabras, con gemido de saxo y Georgie Fame hasta aúlla. Una batería escandalosa y luego el silencio. El público chilla y aúlla, y se desvanece hasta el silencio.

Queda un misterio: ¿Qué hizo realmente la mujer acreditada como «pelo y maquillaje»? En una crítica de la época, Geoff Wall describe el vídeo, que aún debe estar disponible, como «éxtasis para los oídos», y también es un tónico para los ojos. Una sorpresa y una delicia.

El 1 de diciembre de 1989, Morrison acudió de invitado junto a Georgie Fame a *Late Night With David Letterman* de la NBC TV. La aparición de diez minutos de Van era la primera que hacía en la televisión estadounidense desde 1978. Él también estaba a punto de salir en las pantallas británicas de televisión con un sencillo de éxito. Dos años antes, Van había empezado dedicando «Gloria» en el escenario a Cliff Richard, cuyo «Mistletoe And Wine» se convirtió en el sencillo británico más vendido de 1988. Su dúo en «Whenever God Shines His Light» se publicó como sencillo de Navidad, y ellos hicieron una aparición promocional en el espacio de entrevistas de Terry Wogan en la BBC1. Van parecía pequeño y rechoncho al lado del siempre joven Cliff, que giraba alrededor del escenario como un colegial. Cuando su sencillo entró entre los veinte primeros se les invitó a *Top Of The Pops*, la primera aparición de Van en el programa desde «Here Comes The Night». Él tenía un aspecto más elegante y más animado, ya que cantaron en directo sobre una cinta con el acompañamiento.

Van apareció también en *Slim Gaillard's Civilisation*, una serie de la BBC2. Ellos improvisaron juntos en «Arabian Boogie» y Van leyó fragmentos de *En el camino* de Jack Kerouac, su biblia, con acompañamiento al piano de Gaillard. El humorista Lenny Henry, que empezó su vida profesional como mimo en el execrable *Black And White Minstrel Show*, contó una anécdota sobre Morrison en el *Late Late Show*. A finales de 1989, Henry actuaba en un club de Nueva York. Durante su número, Van le gritó: «Haz de Norman Wisdom». Wisdom era un cómico descoyuntado, popular a principios de los sesenta por su patetismo y su apariencia estúpida. Un Jerry Lewis inglés, que había actuado con los amigos de Van, los Pretty Things, en la película *Goose For The Gander*: ellos aparecen en una mazmorra psicodélica, despeinados y rabiosos, con un parpadeo predominante en la imagen. Finalmente, Lenny accedió, ante la confusión del público estadounidense. Morrison se rió histéricamente, y se mantuvo silencioso durante el resto de la actuación.

Lo que sigue está cerca de un milagro moderno, allá por Avalon, un relato extraordinario que John Collis investigó el primero. Andy Lock era un maestro local, que se casó en la iglesia parroquial de Stogumber. Él escribió a la compañía discográfica de Van para solicitar permiso para utilizar su música durante la ceremonia. La novia entró a los compases de «Connswater». Cuando se celebraba el banquete se recibió una llamada que decía que el mismo Van estaba a punto de llegar. Su novia de entonces, Cathy McGhee, le había convencido de que asistiera. Los de la boda pensaron que era un timo, pero lo cierto es que Van se presentó «muy tímido y nervioso», y se quedó con ellos durante una hora o así, y regresó unas semanas más tarde, un sábado por la noche, para conversar. Envalentonado, Lock le pidió que hiciera un concierto en la iglesia, por los gastos, y él dijo que sí.

El 17 de enero de 1990, Van y su grupo —ahora con Haji Ahkbar a la trompeta— ofrecieron uno de sus conciertos más memorables. Las entradas, a un precio de diez libras y limitadas sólo a trescientas, se agotaron por el boca oreja. En el intermedio, Van «se acercó al público y habló con ellos. Así de bien se encontraba allí. Después él dijo que era el mejor concierto que había hecho. Podías oír literalmente caer un alfiler». Todo ello fue a pesar de un altercado con un equipo local de televisión. Los beneficios sirvieron para la restauración de un retablo medieval. Como declaró Lock a John Collis: «Yo miraba en el libro de visitas de la iglesia, y encontré una nota del día de Año Nuevo de 1990, "Van Morrison, de Belfast y Londres, de camino a la actuación", así que él volvió por su propia cuenta, dio un vistazo a la iglesia, no dijo nada a nadie, y se fue de nuevo». Él vio a Van «en un plano más alto que el cristianismo básico. No pienso ni que sea especialmente religioso. En Stogumber Van intentó desplegar una sensación de meditación, de relajación, en todo el público».

Tal cosa se confirma en el CD pirata *The Church Of Our Lady St. Mary* que, a pesar de las críticas del fanáticamente puntilloso Clinton Heylin en su libro *The Great White Wonders*, se puede escuchar perfectamente. Toda distorsión del sonido proviene del lugar de la grabación, que añade una distancia evocadora a la música. Como comenta Van, es la primera vez que toca en una iglesia. En la primera canción, «Did Ye Get Healed?» la sección de metal oscila en el aire, como trompetas celestiales ligeramente estruendosas. Aunque no está acreditado en el pirata, no hay duda que Georgie Fame está al órgano (eléctrico) y a los coros.

Van ha conseguido su deseo profundo, llevar su música sagrada a un marco consagrado, y elige cuidadosamente su repertorio. Las siguientes son «Whenever God Shines His Light», convenientemente humilde, y «It's All In The Game», con órgano de iglesia. «Orangefield» es pedestre, pero «When Will I Ever Learn» recoge las vibraciones antiguas, con un solo de órgano como un repiqueteo de campanas. Van testimonia al Señor en «Full Force Gale», y escarba profundamente en su alma en «Vanlose Stairway», de nuevo con un órgano maravilloso, sacado de Percy Sledge. Esto es música gospel inglesa, sin problemas. Cuanto más lenta es la canción, mejor resulta en este contexto, y Van nunca ha sonado tanto como un predicador, que aterroriza a su rebaño. Es sorprendente que no subiera al altar para alguna de estas canciones.

«Give Me My Rapture» contiene la alegría de Pentecostés, mientras que «So Quiet In Here» adquiere un significado añadido, «muy pacífico», y Van susurra reverentemente sobre un acompañamiento acústico. El público asiente en silencio al verso «el paraíso deber ser esto». La irónica «Thank God For Self Love», de Mose Allison —un ancestro musical de Randy Newman—, es una elección atrevida en este contexto, y si la segunda voz no es Georgie Fame, debe ser que se emite por el rayo celta. «Into The Mystic» encuentra aquí su verdadero hogar, aunque la batería retumbe por los bancos de la iglesia. Van se va metiendo en la tarea. «She Gives Me Religion» podría convertir a un pagano, y una larga introducción lenta de órgano a «Northern Muse» —éste no es un concierto en el que los músicos normalmente quieran extenderse en los solos— da paso al Van más tierno, que hace un himno de «una clase de mujer de la sal de la tierra de County Down», en palabras de Gavin Martin. En este contexto, una deidad femenina en un bastión masculino. El órgano vira hacia trocito de «Auld Lang Syne», y Van hacia «When Heart Is Open». El himno pacifista «Down By The Riverside» concluye este oficio musical, y el público bate palmas felizmente, y sin duda enfurece a todos los tradicionalistas de la congregación. «No voy a estudiar más la guerra», militar o eclesiásticamente. Por esta actuación, Van se merece que pongan su efigie en una vidriera.

Luego, ese mismo mes, en Milán se permitió una «Wonderful Remark» acústica y una nueva versión de «Buona Sera». En febrero, él participó en una sesión filmada con la Danish Radio Big Band de veinte músicos, descrita en el *NME* por Bobby Surf como «una noche corta de confusión bienhumorada». Van rasgueó distraídamente la Telecaster durante un solo de saxo de aficionado, y «Got To Get Back» sólo sonó con la sensación de incomodidad de Van. Georgie Fame salió a escena, como el caballero que corre al rescate, y aportó ideas a un «Vanlose Stairway» estremecedor, aunque el formato musical de este «matrimonio de conveniencia» era demasiado estricto para dejar que Van remontara el vuelo de verdad. No tan restringido como en el festival de San Remo, en el que cantó «Have I Told You Lately», sobre una pista pregrabada de acompañamiento.

En Marzo, Morrison actuó con Mose Allison en *Rock Steady Special*, de Channel 4, desde el recargado marco del St. George Church Hall, de Bristol. El programa en sí mismo agradable, también es un indicador de futuro, con Alec Dankworth al bajo y Alan Skidmore al saxo tenor. Contiene una débil versión de «Baby Please Don't Go». El día de San Patricio, a Van le filmaron en el Joker Club, de Belfast, y le entrevistó Gerry Anderson, un hombre que más tarde indignaría a los oyentes de Radio Four con su labia. El mismo mes, Paul Jones de Radio Two habló con Van de su pasado compartido en las ondas. Ambos buenos armonicistas, intercambiaron anécdotas y piezas favoritas. Van contó cómo John Lee Hooker le robó «T. B. Sheets», y Jones comenta que «muchos de nosotros robamos nuestras canciones de gente como Hooker», así que la cosa quedaba un poco más igualada.

Van habla de una sesión improvisada con Little Walter en un pub de Londres, y de cómo consiguieron propinas tocando la armónica en los restaurantes chinos de comida para llevar. Jones admite que en tiempos envidiaba a Van: «Tú te acercaste un poco más a Estados Unidos de lo que lo hicimos nosotros». Van explica su estilo vocal, original desde el principio, debido a «frasear como un saxo. Pienso que buena parte procede de eso, del saxo». Morrison admira enormemente a Ray Charles, por toda clase de razones, aunque en parte por su manera de tocar el saxo: «De hecho pienso que él debería tocarlo más». Jones comenta que Van está muy metido en el fraseo: «Es la columna vertebral de su propio estilo». Morrison asiente con un gruñido. «Ajá, sí».

En abril, *The Best Of Van Morrison*, una antología de la Polydor autorizada aunque no seleccionada por Van —«No tengo tiempo para hacer ese tipo de cosas»— alcanzó el número cuatro en Gran Bretaña. En Estados Unidos rozó tan sólo los cincuenta primeros, aunque se mantuvo tres años en las listas. Sólo una canción de *Astral Weeks*, pero con tres piezas de Them, «Brown Eyed Girl» y un buen resumen de su carrera. El CD añade «Wonderful Remark», con Nicky Hopkins y Jim Keltner. Compuesta en la época de *Moondance*, se dio a conocer en la banda sonora que Robbie Robertson hizo para la amarga película *El rey de la comedia*.

Polydor editó un disco promocional con una entrevista, de Sean O'Hagan, que la revista *Select* hinchó como artículo de portada. Van se abre un poco más de lo habitual, y hay algunas buenas anécdotas. Dick Rowe se acercó a un joven Van en la cabina de voz de Decca y le dijo: «Grita de verdad. Hazlo agresivo». Por fin se desvela el enigma de Jeff Beck. En «Baby Please Don't Go» él tocó una «especie de parte de bajo, aunque estaba a la guitarra solista» y aportó la guitarra rítmica a «Here Comes The Night». Van le había visto por primera vez tocando la guitarra española con Marianne Faithfull. Van compone pocas canciones que sean directamente autobiográficas: «En las canciones pones algo de tu experiencia, y el resto es inventado». Por ejemplo, «Brown Eyed Girl» empieza con un ritmo de calipso, y luego Van tomó un par de nombres de *Silvia y Bruno*, de Lewis Carroll, una suerte de secuela muy desconocida de *Alicia en el País de las Maravillas*: «Una canción viene de todo tipo de cosas. Puede venir de esta taza de té. Muchas de ellas provienen de diversos fragmentos de ideas, y luego se trata de reunirlos».

Astral Weeks fue un momento crucial, una etapa de transición, en la que la escritura de Van profundizó «estando más en contacto con el inconsciente, considero yo». Luego las cosas se convirtieron en rutina: «Yo solía acabar un disco e inmediatamente volvía al estudio para empezar a grabar piezas de nuevo». En una crónica de los frutos de esta labor en el *NME*, Stuart Maconie considera que de allí es de donde Kevin Rowland y Tanita Tikaram sacaron las ideas. La última apenas podía desambarazarse de ello, al tener de manager al ex director financiero de Van, y al usar músicos de sus grupos anteriores. Maconie describe al joven Van como si rezumara lascivamente «como un hurón en celo», y al maduro que compone canciones que «hacen que las silbe incluso un agnóstico como yo».

En el «Pink Pop» Festival, de Holanda, celebrado el 4 de junio, se sumó al grupo la saxofonista Candy Dulfer. Ella conoció a Van en un festival de jazz —«él fue muy amable y modesto»— y aquél le introdujo también a la cerveza Guinness: «Van me dijo que era buena para la salud». Un mes después, Van actuó en el Montreux Jazz Festival, y la primera canción fue el tema festivo de Georgie Fame «Yeah Yeah». Una buena actuación habitual, de la que destacó «Sweet Thing», emotiva y ralentizada, un dúo con Fame que desembocó en el solo de flauta de Steve Gregory, que bailaba de nota en nota, al igual que la obra de Jimmy Hastings con Caravan (el grupo, no la canción de Van). Luego la canción se mezcla con «Astral Weeks», una delicia especial. Zumba un sintetizador, y Fame entra con una ligereza de toque cercana, de nuevo, al genio tímido de Caravan, Dave Sinclair. Van suena ahora mucho más maduro, y el regreso de «Sweet Thing» es como un lamento por los sueños perdidos. Él se enerva en la siguiente canción, «Star Of The County Down», así que todo va bien. «No prima donna», repite él sin fin en «When Heart Is Open», y tiene toda la razón.

Más tarde, en julio, Van apareció en la pesadilla despierta de la epopeya desolada de Roger Waters *The Wall: Live In Berlin*. El otrora manager de Van, Harvey Goldsmith, había convocado a todo tipo de famosos, junto a una orquesta sinfónica, una banda callejera, un coro y el propio ego de Waters, que por sí solo no bastaba. Bryan Adams, Marianne Faithfull, Sinéad O'Connor, Thomas Dolby y Joni Mitchell se unieron al flautista irlandés James Galway y a los actores Albert Finney y Tim Curry. Aunque la cosa no resultó como *Rocky Horror Show*. Un show horroroso, quizás... El marco era la Potsdamer Platz, la antigua tierra de nadie entre el Este y el Oeste, y el lugar del *Fuhrerbunker*. El muro de Berlín recientemente demolido, se reconstruyó en poliestireno y luego se demolió de nuevo, con la colaboración del ejército alemán. Dios sabe lo que pensaría Morrison de todo esto, emparedado entre hinchables gigantes y un castillo de fuegos artificiales, aunque —según informó el *NME*— se le encargó de que condujera el acontecimiento: «Su inconfundible voz se abre paso sobre el murmullo tecnológico en "Comfortably Numb" y el bis de "The Tide Is Turning"».

Después de presentarse en el Fleadh del año en Finsbury Park, Morrison hizo doblete al tomar parte en el Feile de 1990, en un regreso a Irlanda con todo. Stephen Wynne escribió sobre una «Moondance», momento cumbre de toda una vida, bajo una luna de Tipperary. «Orangefield» fue más dispersa y rápida que en el álbum, con un metal «tan ajustado como la cinturilla del director de orquesta». Un piano boogie woogie lleva «Summertime In England», con una letra nueva, como siempre, en el medio, «gastando una carretada de dinero un sábado por la tarde y regresando con una sonrisa en la cara». «Caravan» incluye una orden de meditar tres veces al día, y un comentario sobre lo aburrido que es ver el snooker por televisión. Vuelve, Alex Higgins. En agosto, David Wild entrevistó a Van para *Rolling Stone*.

«¿Qué quiere la gente?, ¿sangre? Lo que yo hago es trabajo. No hay espejos mágicos. Es auténtico trabajo duro.» Van recuerda la época de antes de la televisión, en que «las únicas estrellas que yo conocía estaban en el cielo». O en la radio. La MTV es «una mierda». ¿Y por qué luego hizo vídeos de promoción para salir en ella?

Portada del LP *Enlightnment* (1990).

El 27 de agosto, actuó en el Grandstand de Toronto, con las entradas agotadas, ante un público de 13.589 personas, y se puso a tocar en locales grandes de Estados Unidos. Los informes sobre el concierto fluían al *Van Morrison Newsletter*, como las crónicas de partido de un importante equipo deportivo. El Spectrum de Filadelfia es un gran palacio de hockey, con media entrada esta noche, pero Van lo encoge al tamaño de su sala de estar. Él sonríe, y canta a lo tirolés en «Cleaning Windows», y termina con el alegre conjuro de los títulos de las canciones de Little Richard. Él canta incluso «Just Like A Woman», de Dylan. En Lake Compounce Park, a Van se le felicita con el «Cumpleaños Feliz» que los músicos siguen con una versión con sabor de salsa.

A principios de octubre, el *NME* anunció la edición de un álbum nuevo y una gira promocional por Gran Bretaña. *Enlightenment* alcanzó el número cinco británico —prueba de su resurgir musical— y el sesenta y cinco en Estados Unidos. La portada es una fotografía abstracta, que parecen los pétalos de una flor (aunque bien pudiera ser un líquido en movimiento) que emergen de algún tipo de abismo, que visto más de cerca resultan ser dos manos abiertas. Ellas ofrecen ese regalo directamente al espectador.

Las sesiones de grabación se efectuaron en los mejores estudios de Londres y en el Real World, de Box. «So Quiet In Here» se grabó en el Kirk, Rode, de Somerset, en lo que puede ser una iglesia, un estudio, o ambas cosas. Fiachra Trench proporciona los arreglos de nuevo, con el maestro irlandés Michael O'Suilleabhain al piano. Esta vez no está Neil Drinkwater, sustituido por Alex Gifford, aunque Georgie Fame, Bernie Holland y los sospechosos rítmicos habituales están en su lugar. La sección de metal es una nómina de la nueva ola del jazz británico de finales de los sesenta: Frank Ricotti, Henry Lowther y Malcolm Griffiths.

A primera vista, *Enlightenment* parece ser sólo lo que sugiere el título, un Morrison feliz y espiritualmente satisfecho, que festeja su suerte. Es un disco muy atractivo, diversión pública de la mejor clase. La primera canción, «Real Real Gone», trata de las flechas de Cupido que te llegan a domicilio, aunque también es un grito de deseo: «no sabes que necesito tu ayuda». El amor se canaliza a través de los poetas del soul, Sam Cooke y los demás. Por supuesto que Van suena muy feliz, al frente de una gran sección de metal.

«Enlightenment» es exactamente el contrario de lo que suena: está llena de dudas, sin afirmaciones. «Yo medito y todavía sufro». Él parece que diga que todo es un estado mental, que igual puedes vivir en el cielo que en el infierno. Un coro tararea lo que es casi «A Whiter Shade Of Pale» y Van, todavía inseguro, escupe las palabras, con un sonido amargo. Él toca un poco de buena armónica, aunque «So Quiet In Here» es una continuación directa de «Into The Mystic», que incluso se inicia con el zumbido de la sirena y casi el mismo riff, aunque aquí hay un éxtasis sin parangón incluso con aquella canción. El canto de Van es el de un hombre absolutamente seguro de sí mismo. El amor y el compañerismo es la respuesta, ya que los humanos flotan hacia la «otra orilla» de su desaparición. El cambio principal en sus canciones más recientes es que, antes que buscar la luz, intenta más bien penetrar en el silencio. «Puedes oírlo, es tan silencioso.»

«Avalon Of The Heart» contiene dos de las citas más evidentes de Van sobre sí mismo, el título de su álbum anterior y «los viaductos de mis sueños» de «Astral Weeks». Esta canción es tan precisa como un rayo láser. Es un material de enfoque suave, «el valle encantado», una versión borrosa de «La dama de Shalott» de Tennyson, con el apropiadamente llamado coro Ambrosiano que hace gorgoritos al fondo. Música de ambiente. Irrumpe una gran orquesta y Van lucha por la precedencia, aunque el resultado es tono sonido y furia, con muy poco significado.

«See Me Through» empieza con violines como deben ser, misteriosos y ligeramente amenazantes, con una armónica punzante que añade tensión. Van canta como para sí mismo, «triste y melancólico». Cita el aterrador himno del siglo XIX «The Old Rugged Cross» aunque no se habla mucho de Jesús en este álbum. El salvador posible es una mujer. El solo de guitarra es retumbante, como los primeros Them, y Van dice «baby please don't go». Para un artista más hábil, eso sería post-modernismo, como Bowie al actualizar al Major Tom en «Ashes To Ashes», pero para Van es algo mucho más poderoso, y va muy dentro de sí mismo. De repente se pone a asociar libremente, enamorado de una novia de infancia que antaño «le solía gustar mi corbata», y que ahora está ligada a él en un deseo consumado. «Enciende mi alma.»

El soul vuelve en «Youth Of A Thousand Summers», otra imagen en palabras del cuadro *Día de sol*, de Blake, un joven dorado que también es un ángel, quizás Cristo —«de tiempos antiguos»— pero a pesar del gran solo de órgano y de que Van suena como si todo tuviera significado, en realidad no es así, y roza la autoparodia. Por otra parte, «In The Days Before Rock 'n' Roll», es lo bastante original como para ser extraña, una colaboración con el poeta irlandés Paul Durcan, que fractura el monólogo recitado aquí como si lo leyera palabra por palabra de una chuleta, o bajo los efectos de la bebida.

Aquí hay un nuevo capítulo de la obsesión de Van con la radio de los viejos tiempos, y uno puede imaginarse el aparato de baquelita marrón en la mesa del salón, un modelo de la Telefunken con emisoras extranjeras inscritas en el dial. Él añade un nuevo giro con recuerdos de apuestas por Lester Piggott, y de liberar al pececillo de colores ganado en una feria. En un riachuelo de montaña, por supuesto. Elvis es el primer profeta de un sonido nuevo, y Durcan lee en voz alta una lista de cantantes de blues y rock 'n' roll, como si fueran profetas del antiguo testamento. No es casualidad que a Ray Charles se le llame el «sumo sacerdote» de este nuevo orden musical. La cuerda suena como algo de *Children's Favourites with Uncle Mac*, y buena parte queda sin explicar. Por ejemplo, ¿quién es Justin? En este caso Durcan, un poeta «auténtico», añade un tinte surrealista, y su propia obra está llena de un parecido ingenio travieso.

Durcan recordó a Harry Browne del *Irish Times* «cuatro días de trabajo muy intenso». Cuatro personas se enclaustraron en el estudio: él mismo, Van cantando y tocando el piano, el bajista Steve Pearce y el batería Dave Early. «Nos encerramos durante cuatro días, cada uno dándose a todos los demás. Cada uno tocaba para el otro.» Uno piensa en el penúltimo episodio de *El Prisionero*, en el que a McGoohan y a Leo McKern se les encerró en una toma, una batalla psicológica a muerte, después del rodaje de la cual McKern se fue a su remolque y llamó a un terapeuta. Casi como el Número Seis en su soledad voluntaria, Van estaba, según Durcan, «perdido en la música, total y completamente inalcanzable, excepto a través de la música». El «subid a bordo» final de Van se dice como a un niño, y la pieza termina con un trozo de conversación en el estudio. «Desde luego que hay cosas maravillosas ahí dentro», dice Durcan.

En «Start All Over Again» volvemos a las puestas de sol y sobrevive un año entero. Con un deje soul, Van intenta resucitar una antigua relación amorosa. «Todavía hay horizontes por ver.» Una canción feminista, en la que él le deja a la mujer que decida, y le da el tiempo y «tu propia mente». «She's A Baby» quizás no es tan políticamente correcta —como le gustaría a Van que se le dirigieran de esa manera, especialmente a su edad— aunque esta canción contiene una angustia auténtica. Su canto ansioso en esta canción se ha comparado al de Smokey Robinson, y la letra también tiene el sentido principal de recitación de los Miracles, que oculta una tristeza profunda. Después de todo, Smokey fue proclamado uno de los poetas más grandes de Estados Unidos nada menos que por Dylan. Aquí, Morrison parece que canta sobre algo más que el amor: la imagen de altos y bajos suena como la depresión clínica.

«Memories» es parecidamente agridulce. Estos recuerdos son «preciosos» y aún así, irrecuperables: la canción es de antes de la muerte de George, el padre de Van, en Belfast ese invierno, aunque hace de hermoso memorial. Flota un acordeón, y una guitarra imita el arpa, o al revés. Palabras sencillas, aunque el significado reside en el canto de Van, que evoluciona sutilmente a través de un espectro de ambientes. Una canción al final del amor, que cierra un álbum que empieza con el amor joven. Quizá el significado subyacente viene, semioculto, en la salida gemida de «See Me Through». La hoja con las letras dice «Please yourself» («Haz lo que quieras»), pero a mí me suena más como «pray for yourself» («reza por ti»). Sin método, sin gurú, sin maestro.

Ann Scanlon encuentra la música de Van «más llena de vida, de amor y de alegría que nunca», aunque su crítica en *Sounds* se titulaba «El aturdimiento según el rock 'n' roll». Stephen Dalton, del *NME*, opinaba que era el álbum más accesible de Van desde *Wavelength*. No estaría mal para cualquier otro cantante, pero «sabemos y él sabe que puede hacerlo mejor». En *Melody Maker*, Carol Clerk comparaba el índice de crecimiento de la obra de Morrison con sus pares, Dylan —un profeta gruñón en *Oh Mercy*— y Neil Young, que también experimentaba algún tipo de renacimiento, después de volver a unirse a Crazy Horse para *Ragged Glory*. Por todo esto, *Enlightenment* estaba «lejos de ser revelador».

Por supuesto, Van encendió los locales en los que tocó ese otoño. Se hacía énfasis en los dos últimos álbumes, aunque con astutas miradas retrospectivas a su carrera e influencias. En Doncaster, «Cleaning Windows» incorporaba parte de «The Story Of Them», y aludía a George Formby, simplemente cambiando la manera de pronunciar la segunda palabra del título. Las canciones de Formby están cargadas de voyeurismo, para aquellos que se concentran en buscar algún tipo de clave psicosexual en la inspiración de Morrison. Van decía «¿Sentís el silencio?» mientras los músicos, uno a uno, abandonaban el escenario.

El veterano del soul Andy Fairweather-Low, ex miembro de los Amen Corner de Cardiff, le acompañaba. Una crítica de *Sounds* de una actuación de Wolverhampton comparaba aquella noche con un concierto parecido de un año antes. Entonces, Van había merodeado por el escenario «como una bestia enjaulada», y desplegó un pase vociferante. Ahora, parecía que Van volvía a su peor malhumor, muy a menudo «apresurado y superficial», cuando no decididamente raro. Él había dispuesto focos que apuntaban a la multitud, y les mandaba a que «meditaran hacia el karma». Sin embargo, Morrison podía parecer «una excavadora torcida e hinchada», aunque su voz permanecía rica como un pudding de ciruela.

Aunque, en general, la gira fue notable por el buen rollo en escena, que se desparramaba sobre el público. En Wembley, Lonnie Donegan salió en los bises. Van vestía como un basurero, con una camisa vieja de punto y zapatillas de deporte, y se pone delante de una serie de «telones de fondo destartalados», pero todavía es imponente. En Liverpool, se puso una gorra de béisbol, así que el resto del grupo también usó sombrero, con Georgie Fame con un stetson. En un momento dado, Fame se oculta tras el órgano como un colegial travieso. En Preston, para un bis, Van vuelve al pasado para versionar «It's All Over Now,

Baby Blue». En Exeter, los integrantes del público hablan de un muro de sonido como el de Phil Spector. En Bristol, él dice al público que incluso él mismo no sabe quién es Justin, y en el mismo tema cambia el nombre de Lester Piggot por el de Scobie Breasley. Un buen rato garantizado para todos.

El buen interrogador de la cultura popular, Melvyn Bragg, presentó *Clear Cool Crystal Streams*, un programa de una hora sobre la obra de Van. Al otro lado del Atlántico, Van actuó en directo en un estudio de Los Ángeles, junto con las primeras figuras del jazz Herbie Hancock, Chick Corea, Freddie Hubbard y Larry Carlton, así como el siempre fiel Georgie Fame. En declaraciones a *Into The Music*, revela que el contacto con Van se produjo a través de su hijo, un ingeniero de grabación, que le hizo saber que Morrison quería hablar con él: «Yo actuaba durante una semana en el Ronnie Scott's en un contexto de jazz y Van vino un par de noches y nos pusimos a hablar y decidimos hacerlo, ir juntos de gira». Hacer música como una forma de seducción. Él explica cómo su parte de órgano en «The Days Before Rock 'n' Roll» era lenguaje morse, tres puntos y tres rayas: «Siempre solías captar una interferencia en código morse en la radio cuando intentabas sintonizarla, porque la cogías de los barcos. Estaba completamente fuera de compás, pero encajaba.» El mismo truco que en la sintonía de *Inspector Morse*. En noviembre Van y Georgie actuaron a dúo en el *Late Show* de la BBC2, y tocaron tres canciones del álbum nuevo, en directo en el estudio.

Uno de los mejores retratos sobre Van se halla en el artículo de Gavin Martin «Teenage Van Club» aparecido en el *NME*. En Belfast es Navidad y Van ha llegado para una serie de conciertos en su ciudad natal, entre amenazas de bomba y noches enteras de rondas alcohólicas. Él se había deshecho de su último manager Chris O'Donnell, y ahora se organizaba sus propios asuntos. El joven grupo de Belfast Energy Orchard actúa de telonero, y Brian Kennedy, el cantante que acababa de separarse de ellos, jugará un papel importante en la carrera posterior de Van. Éste había hablado de establecer un estudio en Belfast, y prestó un interés breve en el cantautor dylaniano Andy White. Él planeaba también un taller musical para los parados en Bangor. Esto no tuvo ninguna reciprocidad con Energy Orchard, un grupo cuyas ventas nunca estuvieron a la altura de su potencial. «El me estrechó con esa mano floja y hubo un silencio embarazoso.» A insistencia de Van, en el cartel también figuraba el humorista John McBlane, que satirizaba a los políticos locales.

Van tocaba durante más de dos horas; fue un concierto frenético que terminó con «See Me Through». «Concluye con un mantra profundo. Morrison hace crecer el conjuro poco a poco, y luego, justo cuando alcanza una cumbre tensa y exasperada, la música se interrumpe y deja sólo una melodía de piano centelleante que hechiza, como el rayo de sol que atraviesa las nubes de lluvia.» Sin perder el compás, Van susurra la calma después de la tormenta, «despierta, es un nuevo día». Antes del concierto, Morrison se ha rodeado de monitores, «cinco a sus pies, y dos detrás de él» para que en el directo pueda «agarrarse a una frase de guitarra, un trompeteo o una melodía del piano y sacarlo, usarlo para llevarle a él y al público a un terreno nuevo». Durante la prueba de sonido de Energy Orchard, se le puede ver, una figura rotunda con un gorro de Papá Noel, bailando a un lado del escenario.

Más adelante se produce un pequeño suceso extraño. Un miembro del grupo entra sin querer en la zona privada de camerinos donde Van se prepara para la actuación, un área con el paso prohibido patrullada tan cuidadosamente como cualquier otra del Ulster. Se encontró con Van que agitaba los brazos y dos agentes de seguridad se lo llevaron a empujones.

Mientras tanto, en la película *Durmiendo con su enemigo*, Julia Roberts adapta «Brown Eyed Girl» y la obra de la BBC *Out Of The Blue* —en la que Catherine Zeta Jones aparece desnuda— utilizaba música reciente de Van como banda sonora. Van se puso a colaborar musicalmente con el ídolo galés Tom Jones, para el que compuso cuatro canciones para el álbum *Carrying A Torch*, en el que tocó la guitarra, además de seleccionar al grupo. El ingeniero comentó: «Fue la sesión más agitada en la que trabajé durante mucho tiempo». Jones añadió que «se produjo la mejor sensación que tuve en una sesión de grabación desde los primeros tiempos». Ambos cantantes habían actuado en el circuito Top Rank a primeros de los sesenta, habían grabado para Decca, y estaban muy influidos por el soul. Un vídeo de promoción muestra a los dos haciendo playback en el estudio, con un aspecto del bello y la bestia, hasta que Van sonríe como un duende, y saltan chispas de afecto entre Tom y él. Mágico.

Van también grabó un vídeo de promoción con los Chieftains, inédito para el público. Más importante fue el especial de media hora *Coney Island Of The Mind*, de Channel 4. Rodado principalmente en County Wicklow, en casa de Garech De Brun, de discos Claddagh, Van habla con algunos de los mejores poetas irlandeses publicados: Seamus Deane, Michael Longley y John Montague, autor de «The Rough Field», un poema épico que va directamente al corazón del conflicto del Ulster a lo largo de la historia. Ellos hablan de cómo su paisaje natal ha definido su arte. Para Van, al principio esto era una cosa «inconsciente», y sólo más tarde descubriría la tradición propia: «Encuentras que lo que escribes ya lo eres». El vivir en el campo le otorga una cierta cantidad de espacio mental, «receptivo». Montague habla del poder redentor del arte, y cita «Shancoduff» de Patrick Kavanagh y su propio «The Hill Of Silence». Seamus Deane, un académico que ha recopilado una enciclopedia total de la literatura irlandesa, lo relaciona con una forma de «cantar el universo». El paisaje puede dar unidad a una tierra rota, y esa unidad, que gracias al arte puede «recobrar algo imaginativamente puede ser una salida a pertenecer a algo fracturado y discontinuo. Uno puede cruzar todas las fronteras de tiempo y lugar y encontrar algún escenario imaginado en el que uno pueda decir, estamos en posesión de nuevo. Una Irlanda que representa una unidad curativa».

Como si quisiera demostrar la afirmación, Van lee parte de «I'm Tired Joey Boy», que empezó como poema en la tradición de la escuela de Antrim. Longley, cuya obra propia se ha hecho más profunda con los años, piensa que él comparte una infancia en Belfast, e intercambia nombres de lugares predilectos de juventud, a modo de conjuros. «Él sabe su lugar», comenta Van, sin querer hacer un juego de palabras. También alaba a Longley por la calidad sedante de su voz cuando lee. Gerald Dawe habla con Van en una colina sobre Belfast, y bromea sobre un antiguo maestro de carpintería de Orangefield, que se frotaba pociones

Morrison y Tom Jones, en marzo de 1991.

para la madera en la cabeza para que brillara, Van se ríe tanto que se cae de espaldas y sale de cuadro de la cámara. Es simbólico, o no. Aquí, Van devuelve una parte a las musas, y lo agradece generosamente a sus pares.

Poco tiempo después de este programa maravilloso se emitió *One Irish Rover*, de la BBC2, una visión de conjunto de su carrera. Se inicia con Van y Bob Dylan que cantan un dúo, desde lo alto de la Colina de las Musas, en Atenas. El *Independent* describía al «cantante irlandés flanqueado entre Bob Dylan y la Acrópolis: tres leyendas, que aparentan su edad, y toda la pérdida de tiempo hablando micrófono en mano. Dylan parecía que no había oído nunca las canciones, y su inseguridad de costumbre parecía aumentar porque se daba cuenta visiblemente de que él no era la atracción principal». Lo que veo yo son dos grandes poetas y cantantes, que se miran tímidamente el uno al otro, con respeto mutuo. Los defensores de la poesía componen. Hay más colaboraciones, todas cuidadosamente colocadas en su lugar. John Lee Hooker aparece en un muelle del Mississippi. Los Chieftains se suman a Van en Belfast, la Danish Big Band en Copenhague y Georgie Fame en el Ronnie Scott's. Aunque el auténtico protagonista, y la influencia, es el paisaje del Ulster, filmado en su momento más eterno y pacífico, como si el conflicto no hubiera existido nunca. Al ignorarlo, este par de programas televisivos — que indicaban lo que el medio puede hacer cuando el pensamiento y la imaginación tienen la debida preferencia— refutan la teoría de Van de que la televisión es intrínsecamente desastrosa. Tan inspiradora como aquellos sonidos que se filtraban a través de la radio de Van.

Parece otro mundo aparte del frenético y sudoroso del pirata *Soul Labyrinth*, grabado —a pesar de lo que digan las notas— en La Haya en marzo de 1991. El disco se inicia con algunas versiones de soul y rhythm and blues, que incluyen «Who Do You Love», de Bo Diddley, y luego Van irrumpe en sus propios poemas musicales y finaliza con una cargada versión de «Moondance». El CD pirata doble *Pagan Streams* es aún mejor, grabado también una noche en Holanda, con el grupo de Van en escena como los Grateful Dead. El tejido entre canciones, de manera casi telepática, las propone en combinaciones nuevas, y coloca la propia obra de Van en un marco de rock, soul y jazz, al igual que el documental *Coney Island* le ubicaba en la tradición natal de las palabras.

En cierta forma, el sonido es intensamente vivo, como suelen ser siempre los buenos discos piratas en comparación con sus equivalentes oficiales: sólo hay que comparar el *Liver Than You'll Ever Be*, de los Stones, con *Get Yer Ya-Ya's Out!*, la diferencia entre el pan moreno y el blanco. La interpretación clave es una versión de dieciocho minutos de «Summertime In England», con Van que grita con y al grupo, que cita «I Believe», nada menos, y luego «Astral Weeks», mientras la música se ralentiza y se acelera, como por instinto. «Si tú escuchas, puedes oír la banda de metal que suena a través del campo», y la sección de viento le complace.

Van se pierde, «dónde estamos ahora», y luego se pone a hablar de la Swedenberg Church de Notting Hill Gate: «Yo sentí el silencio, y su gracia mística». Más adelante, Van relaciona sus cantantes de gospel preferidos, y luego un trocito de «Jack And Jill Go Up The Hill». Él reitera «el pasar a través de la belleza», que implica otro desvío hacia una lista de las rutas del mar de Irlanda, y luego el estribillo de «qué hora es, es hora de darse prisa». Impreso queda ridículo, aunque incluso con sólo el sonido para cautivar, música que te eleva hasta la estratosfera. Van presenta a los integrantes del grupo, que ahora incluye a Georgie Fame en «órganos, voz y todo lo demás», Candy Dulfer, Nicky Scott, Steve Gregory, Ronnie Johnson y Haji Ahkbar, al principio suena como Ozzy Osbourne, un pensamiento verdaderamente raro. «Caravan» tiene una parte extraña, en la que Van urge a la meditación, y un largo «om» surge de uno de los instrumentos. «Subidlo un poco», pide Van, y sus colaboradores musicales se ven obligados.

A principios de junio, la Van Morrison Band hizo de telonera en tres conciertos de Bob Dylan en Roma, Bolonia y Milán, en el último de los cuales Dylan se sumó a ella en el escenario. Se puso a la derecha de Van, un par de pasos atrás, e improvisó un solo de armónica en «Whenever God Shines His Light». Se quedó para «Enlightenment», sentado en el podio de la batería.

En agosto, Van y su grupo de última hora tomaron parte en el Feile de 1991 en Tipperary con los Pogues y Nanci Griffith. El *NME* informaba que «es imposible no elevarse con la marea de alegría de Van. Él abandona el escenario gritando "SOUL! SOUL! SOUL!", y yo me fui tomando nota mental de que la música de trance no es un coto exclusivo del Acid House». Van también hizo un regreso triunfal a Edimburgo para una demostración de rock celta, con los Chieftains, el mago del violín de Shetland, Aly Blain y Runrig, una parte del nuevo orgullo escocés. Era el primer concierto de rock que formaba parte oficialmente del Festival de Edimburgo, y *The Scotsman* lo recogía con términos apropiadamente apocalípticos. Morrison «se quejaba extáticamente, con los ojos cerrados y sin que le importaran las murallas iluminadas del castillo. Su actuación fue inquieta, buscando un poco de paz mental. Sus canciones son himnos a su continuada supervivencia, a su voz devocional y espiritual. Para el público, el final con "Moondance" fue una plegaria atendida».

Van también llegó a actuar en un pub, el King's Head de Newport: «Van sencillamente telefoneó y preguntó si podía tocar el domingo... Traía un grupo nuevo». También concedió una entrevista a la revista de rock 'n' roll *Now Dig This*. El primer sencillo que compró fue «Razzle Dazzle», de Bill Haley. Van suelta los nombres del rockero Sil Austin y de Jimmy Giuffre: «Si hay alguien que fuera un asterisco o una nota al pie fue él; él fue el que más me influenció con el saxo». Van recuerda con nostalgia el Maritime Hotel: «Pienso que donde estoy mejor es en el ambiente de un club, aunque ahora es difícil para mí. No está tan fácilmente disponible».

El nuevo guitarrista de Van, Ronnie Johnson, también fue entrevistado por *Guitar Magazine* y revela unos gustos inquietantemente escorados hacia el virtuosismo, como el *Inner Mounting Flame* de la Mahavishnu Orchestra: «Pienso que era salvaje, y un poco elitista también». En cuanto al punk, «me cabreaba hasta más no poder». Dado que Johnny Rotten podía parecer un monaguillo al lado de Morrison, quizás no sabía dónde se estaba metiendo.

El tema más extraordinario del pirata *Pagan Streams* refleja la cara maníaca de Van, el Keith Moon interior. Él presenta «Send In The Clowns» en plan casi formal —«Ésta la aprendí de Shirley Bassey»— y luego cambia «clowns» por «clones». Un corista en falsete entra en juego, y le priva a Van de su chiste acostumbrado, para incorporar «en sus llamaradas habituales», aunque él recupera el canto, y machaca el verso «que entren todos», al parecer definitivamente. Es un Van de antes de Them incluso, que devuelve el golpe. El grupo entero estalló en carcajadas, y la canción vira hacia la parodia estilo Bonzo Dog Band. Después, a la mitad de «Gloria», él se lanza a una narración extraña que va de ver a los estudiantes de arte de Queens —el público ríe— y de convertirse en beatnik, y de ir a Wardour Street y ver a Georgie Fame en el Flamingo, y de cómo Johnny Kidd And The Pirates fue el primer grupo beat británico. Él proporciona entonces una clase de elocución sobre la canción original. Van como contador de historias, como maníaco ingenioso.

Es una cara de Van que no figura en su álbum siguiente, el doble *Hymns To The Silence*, editado en septiembre de 1991. Alcanzó su techo en el número cinco de Gran Bretaña. En la portada, Van está sentado en el banco de un parque, pensativo y sin sonreír, rodeado de hojas. En la contraportada está el solar urbano de Hyndford Street, el lugar de nacimiento de Van. La placa de la calle está destrozada, y hay una pintada en una pared contigua, con los coches aparcados sobre la acera y nadie a la vista. El interior de la carpeta contiene otra foto de Hyndford Street, bajo un cielo gris y con un letrero de «en venta» más abajo. Enfrente hay «On Hyndford Street», un poema de suprema belleza, que Morrison recita en el interior con una voz apagada sobre un zumbido de sintetizador, como en una hipnosis profunda. En estas malas callejuelas, el joven Van pudo sentirse «maravilloso y elevado por dentro».

El poema de W. B. Yeats «Before The World Was Made» desapareció en combate, una vez más. La obra de Yeats ya no devengaba derechos de autor, y al fin Van podía lanzar su versión, sin que la ley lo impidiera. Desgraciadamente, el ingeniero de sonido «tenía fiebre el día que hicimos las mezclas, y que me aspen si recuerdo dónde lo metí». *Hymns To The Silence* es amplio y de rápida evolución, más fácil para respetarlo que para adorarlo, aunque en su seno hay dos de las canciones más importantes de Morrison, la del título y «Take Me Back». Aquí hay la evocación más clara de las revelaciones infantiles en medio de una «avenida con árboles», cuando él podía entrar en la eternidad al igual que el poema de Yeats. La ironía de ese poema es que el soñador parece vanidoso e insensible con respecto al mundo cotidiano. Parecidamente, la insistencia de Van en las pegas de ser un músico profesional me recuerda a un actor que nos muestra su caja de maquillaje. El espejo se ha roto.

Stephen McGlynn divide prudentemente el álbum en tres movimientos. Primero están las canciones de trabajo: «alguien —mitad Van, mitad cualquier hombre— que intenta producir mercancías en un mundo cada vez más complejo». Luego sigue una incursión en las raíces de Van, y el álbum acaba con algunas tiernas canciones de amor. Algunos encuentran el álbum desigual y sermoneador: para Andy Gill «acaba por ser una catequesis de la diversión». Los motivos tienen más que ver con la música que con las letras, que en cierta forma carecen de pasión y de empuje. La forma en que él puede subvertir el himno cristiano «Just A Closer Walk With Thee» hacia una evocación de las tardes dominicales de la infancia seguramente es herética, aunque luego en las canciones siguientes desanda el camino de nuevo, para que ese «Sonny Boy, toca la armónica» nos devuelva al paraíso. Gavin Martin, del *NME*, pone las cosas en su punto. Van podría ser que pareciera Terminator en la portada, y algunas partes del álbum son monótonas, aunque aún puede trasladar al oyente «a un mundo más allá de la música».

Cuando actuó en el Point Depot de Dublín en noviembre, Morrison tenía prácticamente un grupo nuevo del todo, joven e ilusionado, y en gran medida desconocido. Los centros de atención eran Tina Lyle, al vibráfono, y Kate St. John, al saxo. La guitarra de Ronnie Johnson lideraba una sección rítmica con los teclados de John Miller, el bajo de Nicky Scott y la batería de Paul Robinson. Van tocaba el saxo y la guitarra y cantaba «como un poseído», tal como decía Tom Noone. La actuación de dos horas se llevó a un ritmo vertiginoso; «Into The Mystic» incluía un duelo de saxos entre Morrison y Kate St. John, y en «Sweet Thing» la armónica de Van suena por encima del vibráfono, la guitarra y los teclados, antes de que él regrese para cantar «cuando la meditación es correcta, cuando la motivación es correcta». Las canciones para el nuevo álbum se abrían paso entre temas de la lista de actuación como «Summertime In England» y «Full Force Gale».

Era como si Van borrara la pizarra. Cuando Buddy Guy —el héroe de las noches de blues de Eric Clapton en el Albert Hall— descubrió una placa en el lugar de nacimiento de Van, el 26 de diciembre, gracias a los buenos oficios de la Belfast Blues Appreciation Society, él replicó describiéndolo como una «invasión de la intimidad». Y no era que él siguiera viviendo allí. *Private Eye* publicó una viñeta con el pie «Van Morrison fue desgraciado aquí». Una década antes, la misma revista había publicado un reportaje difamatorio en que él supuestamente había subido a un autobús y había obsequiado puñados de álbumes nuevos. Es parte de la imagen de los medios de comunicación que Van ataca en *Hymns To The Silence*. John Collis cita el comentario de Cliff Richard de que Van está «lleno de autoodio». Lo que no se demuestra en su música.

En diciembre de 1991, Morrison apareció en una casette de recitados editada por un pequeño sello independiente, Moles of Bath. Grabada en 1989 y mezclada en 1990, dramatiza la historia de Cuchulain, una de las figuras heroicas más importantes de la mitología irlandesa. Esa versión la escribió Bob Stewart, un músico de folk que también había publicado ampliamente en el campo del ocultismo. Tanto Yeats como Lady Gregory habían utilizado el mito de Cuchulain como trampolín creativo, y Van ofrece una lectura maravillosamente erizada, repleta de cólera y violencia, que debe haber sido catártica. Morrison suena aquí como Ian Paisley un domingo por la mañana, o como Father Jack. Aunque el proyecto no es humorístico, Stuart Baillie en el *NME* opinaba que el método de actuación a gritos de Van lo hace «llegar al público verdaderamente como si fuera un poco un ogro». La casette es un recuerdo de que «las palabras altisonantes, la hipérbole y la emoción grandilocuente» ya formaban parte de la cultura irlandesa, en los tiempos anteriores al rock 'n' roll. De vuelta al Rayo Celta.

La saga de Cuchulain mitifica una gran batalla entre Ulster y Connaugh por el sagrado suelo de Irlanda, aunque esta reescritura no consigue abrir ningún paralelismo contemporáneo. Todo suena como un poco forzado. Fuera del papel y a principios de 1992, Van se confió a Victoria Clarke del *Irish Post*. En la escuela «no había ni un solo libro de un autor irlandés», así que tuvo que descubrir a Joyce y Yeats por su cuenta: «Yo hacía conexiones inconscientes, ya ves..., del aire o del suelo». En los años sesenta, no como ahora, ser irlandés no era de buen tono, «entonces todo era muy norteamericano». Sus primeros héroes locales fueron la familia McPeake que «ya habían tocado en el Carnegie Hall antes de que yo ni tan sólo hubiera salido de Belfast».

Van parece resentido, y Clarke le describe como sujeto paciente de una reacción en contra cada vez más evidente por parte de la prensa musical: «No soy un famoso. Y no quiero serlo». Su música trata de «una lucha por la supervivencia. No tiene nada que ver con hacerme feliz. Tan sólo es un trabajo. ¿El trabajo de cualquiera le hace feliz? No lo sé».

Aunque siguió haciéndolo, y en abril interrumpió unas vacaciones en Estados Unidos para realizar unas actuaciones seleccionadas. Las informaciones volvieron poco a poco a casa. En Berkeley él estaba tan ansioso que tuvieron que disuadirle de que subiera al escenario media hora antes del inicio de la actuación, y una vez en él apenas hizo pausas entre canciones, como un fumador compulsivo, aunque «no dijo una sola palabra en toda la noche, y ni sonrió ni dio las gracias al público». Joyce Millman del *San Francisco Examiner* le describe abandonando el escenario cantando «Todavía estoy en una cuerda de presos» una y otra vez, micrófono en ristre y con la guitarra echada a la espalda. «Si se trata de cadena perpetua, Morrison no se esfuerza por obtener la libertad condicional.» Durante «In The Garden», el público se pone en pie, aunque «cuando Van susurra bajo no se oye nada más en el local. Es hipnótico, místico, más allá de la realidad física».

Van también hizo un regreso sentimental al Great American Music Hall de Marin County, minúsculo a pesar del nombre, en el que tan a menudo había actuado a primeros de los setenta. Una noche, las únicas palabras que pronunció fueron para atacar a un periodista que había entendido mal una de sus letras, dicho lo cual se lanzó a una abrasadora «I'm Not Feeling It Anymore», «rojo de rabia».

De vuelta a Gran Bretaña, él actuó en el Fleadh escocés en una noche azotada por el viento en el Glasgow Green, e incluyó un popurrí de rock 'n' roll, y en el Fleadh 1993 de Finsbury Park: un vídeo le muestra con gafas de sol y chaleco de ante, cantando «I'll Take Care Of You» y tocando la armónica con una mano. Pee Wee Ellis regresa al grupo, junto a Kate St. John en la sección de metal, y aunque el organista está escondido tras una columna —el cámara aficionado intenta enfocarle, con el resultado de llevarse al espectador a un paseo por una montaña rusa— de ninguna manera es Georgie Fame. También en junio, Van actuó en Glastonbury, con «On Hyndford Street» como primera canción, que se convierte mágicamente en «Baby Please Don't Go». En «Ordinary Life» hay un solo de guitarra furioso, y Van suena dylaniano. De hecho, las canciones de *Hymns To The Silence* adquieren nueva vida en el escenario, con Van que añade un sentido de pasión que a veces se encuentra a faltar en el estudio.

Se podría, y se debería, escribir un libro sobre la carrera de Van exclusivamente en los años noventa. El tiempo y el espacio que se me han otorgado, me obligan a recoger unos pocos frutos para que el lector mastique, y a remitir a cualquiera deseoso de más información suplementaria a *Wavelength*, el excelente fanzine sobre Van, confeccionado con fanatismo y amor, como son estas cosas a menudo. Realmente, desde que se juntó con Fame, Van se había comprometido en su propia versión de la «gira inacabable» de Dylan, como atestiguan una cantidad enorme de conciertos, reportajes periodísticos y discos pirata. Según declaró él a *Q* a principios de 1997, en el pasado su carrera se centraba más en las grabaciones concretas. «Pero el directo es en lo que estoy más metido ahora. Quizás he estado siempre metido ahí sin saberlo.»

Esto explica en parte por qué sus discos más recientes parecen ser una especie de popurrí de canciones y temas antiguos, como si se hubieran mezclado en una licuadora, y se hubieran renovado. Lo que también explica la reacción adversa de la crítica, de los comentaristas que quieren novedades sin fin, y que no aciertan a comprender que así es como los artistas tienden a trabajar. Los tiempos de creatividad abrasadora han quedado atrás. Ahora el trabajo de Van es frotar la Piedra Filosofal, tal como Neil Young ha estado haciendo durante buena parte de la misma época, y de reordenar y revisitar su pasado, comprometiéndose en proyectos aparte —con Mose Allison o una big band de jazz— sin dejar de mirar de avanzar en su propia carrera. Y no es una empresa sin humor. En julio, Bob Geldof llegó a una actuación de una gira de Radio One, en Bangor, espectacularmente desaliñado, incluso en su opinión, y le echó la culpa a una juerga alcohólica hasta altas horas de la noche del día anterior. Ellos ofrecieron una jam imprevista en un bar de North Down. «Van Morrison se fue casualmente a la pista de baile, y empezó a actuar. Luego había ese tipo que hacía imitaciones de nosotros. Él hizo la de Van y luego la mía. Luego hizo la de Paisley. Fue cómico.»

Ese mismo mes, Van causó una buena impresión como académico, al presentarse en Coleraine con traje gris, un gorro con una borla dorada y una toga de seda roja para recibir un doctorado honoris causa en Letras. La mención hablaba de un «rechazo a admitir un compromiso comercial que tenía las raíces —como su música— en la tierra del Ulster, de donde él brotó». Levántese Dr. Morrison... Van expresó posteriormente su interés por ocupar un puesto de profesor de filosofía en la Universidad de Belfast.

En agosto, en el Point Depot de Dublín, Van lucía una llamativa camisa de diseño y gafas de sol, pero su accesorio de moda más importante era Georgie Fame, de nuevo al órgano y coros, y como director de orquesta. El grupo presentó un aspecto sorprendentemente ajustado con Georgie que controló cualquier movimiento y Teena Lyle y Kate St. John ejecutaron un duelo al estilo «dueling banjos» a la flauta dulce y el oboe en «Haunts Of Ancient Peace». Richie Buckley, al saxo, se sumó para el segundo bis, como prueba de que no existían malos rollos. En Belfast, Fame inició la actuación con un instrumental de Lester Young, y Van dijo «os habéis reunido, a partir de ahora no hablamos, sólo tocamos música», y cerraron con «Gloria»; «por ésta me detuvieron».

Fame bosquejó su semana para *The Guardian*. El sábado, dejó a su invitado Alan Price en casa y partió hacia Dublín para su primera actuación con Van en un año: «Estoy completamente inmerso en la música y estoy contento de destacar muy pocos errores si se considera mi larga ausencia». El domingo está en Belfast: «el concierto es dinámico, puro soul». Lunes: «A Edimburgo a las buenas o a las malas». El batería Alan Morris ha sido despedido, o ha dimitido, y Geoff Dunn se encarga de ella in extremis. El grupo cambiaba aeropuertos y aviones. «Hay que aprovechar que es el cumpleaños de Morrison, y él realiza otra actuación memorable.» Martes. Todo cambia. Georgie se toma un descanso, telefonea a su hijo mayor, que produce a un grupo sueco de rock heavy, hace la siesta, «duchado, afeitado, me pongo mi mejor traje de King Kong, sonrío», y se reúne con la sección rítmica de Carol Kydd con la que él toca esa noche. Salen para el Queen's Hall «swingando y esquivando el desistir».

Ese octubre, el propio Van tocó un concierto único en Aberdeen, con Maceo Parker and the JB horns, incluido Pee Wee Ellis. Parker describía a su grupo como dos por ciento de jazz y noventa y ocho por ciento de funk, aunque el pase propio de Van empezó tranquilamente, tocando incluso un trocito de «Tupelo Honey». Candy Dulfer regresaba como solista principal, y Van llegó a citar

Oklahoma en «A Town From Paradise». Los vientos se sumaron a él en escena, y luego justo cuando las cosas se calentaban una amenaza de bomba hizo desalojar el auditorio. Van, con chaqueta de cuero y casco de aviador, se sumó al público en el exterior. Muchos se fueron a casa, pero unos doscientos se quedaron para ver cómo Van reanudaba el pase con una lectura asombrosamente ralentizada de «Vanlose Stairway», con mucho énfasis en la parte de «la almohada en la que mi chica solía descansar». Los JB horns regresaron para «Gloria», con Van cantando «justo sobre medianoche» de manera exacta. Aunque Van tocó hasta la madrugada, con un homenaje a Dylan y «Have I Told You Lately».

En diciembre, Van se reunió con The JB horns para cuatro noches en el Masonic Auditorium de San Francisco, y una noche añadió una versión definitiva de «Sweet Thing» a un repertorio que incluía «Moondance», «In The Garden» y «Cleaning Windows». Pasó las Navidades en California, grabando en el Record Plant, de Sausalito, donde se reunió con el pianista John Allair. Planeando un álbum de blues, se juntó con los músicos de acompañamiento de Robert Cray, y con John Lee Hooker, con quien grabó una actualización de «Gloria». También tocó en una actuación de homenaje dedicada a Joel Selvin —un periodista de rock, nada menos— junto a Chris Isaak y Todd Rungren, y se unió a Maria Muldaur en el escenario, en una actuación de club de Harvey Mandel. Más formalmente, él y su grupo tocaron en el Mystic Theatre de Petaluma, un pequeño teatro con un aforo de sólo seiscientas personas, todas ellas de pie —siempre lo mejor para la música en directo—. Van volvería allí un año después para grabar otro álbum definitivo en directo, mostrando simplemente cómo hay que hacerlo.

Aunque Van no acudió a la octava cena anual de ingreso en el Rock And Roll Hall of Fame celebrado el 12 de enero de 1993, en el Century Plaza Hotel de Los Ángeles, que no parecía que fuera a ser gran cosa, pero al que todos habían acudido para homenajearle. El premio lo aceptó en su nombre su amigo Robbie Robertson. Van estaba ocupado grabando su nuevo álbum de vuelta a Inglaterra, y actuando. En el legendario auditorio rock del Gloucester Leisure Center, el 22 de enero, Van confesó durante «See Me Through» que «tenía dinero en el banco, un coche a la entrada de casa, un televisor de color y un teléfono móvil», ¡pero no tranquilidad espiritual! Pee Wee Ellis estaba de nuevo a bordo, y la trompeta fue tan buena en «Lonely Avenue» que Van se quedó atrás asombrado, tomó una caja de pañuelos de papel y se la lanzó al instrumentista en cuestión. La noche siguiente, en el Colston Hall de Bristol —uno de los venerables teatros chamuscado por Dylan en 1966— Van tocó durante más de tres horas, tomando canciones de toda su carrera entera, incluido un nuevo arreglo de «Brown Eyed Girl». En febrero, en Dublín, Morrison había suprimido prácticamente todo lo de *Hymns To The Silence*, y Richie Buckley y Haji Ahkbar volvieron a reunirse con él. En plan de ahondar el desastre del Hall of Fame, Van dijo que a Johnny Kidd nunca se le concedieron premios, pero que él si que sabía lo que era tocar rock 'n' roll. Para «Gloria», a Van se le unió en el escenario una formación extraordinaria, casi una nómina del rock: Bob Dylan, Bono, Elvis Costello, Steve Winwood, Chrissie Hynde, Nanci Griffith y Kris Kristofferson.

Juzga a un hombre por sus amigos. Era como si Van agitara intencionadamente el calidoscopio de su pasado, en dirección a nuevos patrones infinitos. La noche anterior, en una actuación celebrada en el castillo de Tullynally —el hogar del compañero de combate Lord Longford— para recaudar fondos contra la tala prevista de un viejo bosque, Van había tocado un pase acústico con Arty McGlynn. Longford había conocido a Van en una cena formal en el castillo de Leixlip, el domicilio de una heredera de la Guinness. Éstos eran los círculos en que se movía Van, literalmente en presencia del Señor.

En marzo, Van cerró otro pilar ancestral, el Town and Country Club de Londres, donde se le pidió que ejecutara los ritos finales. Gavin Martin la encontró «una fiesta rapaz de maravilla, ligando sin fin sus preocupaciones y las historias de las canciones». Éste era el hombre más autobiográfico del negocio del espectáculo. Exactamente, y espero que el presente estudio lo haya señalado precisamente, a pesar de las frecuentes protestas del mismo personaje, ¡como un ave cantora que trata de alejar a los depredadores de su nido oculto! Además, tenía «al menos el décimo gran grupo que ha tenido en muchos años», con Brian Kennedy de segundo cantante. Van finaliza rugiendo «tú no me das nada» hacia la noche, aparentemente sin final. La cosa más extraña del concierto es una de las sentencias que ha lanzado: «A veces me siento como Phil Spector, y a veces como Howard Hughes».

Mientras tanto, los compradores de discos hicieron un segundo viaje a través del pasado de Van con *The Best Of Van Morrison Vol. 2*, que se quedó parado sin llegar a entrar en los treinta primeros de las listas británicas. Había dos canciones de Them, «It's All Over Now, Baby Blue» y (extrañamente) «Don't Look Back», aunque nada de las sesiones Bang, ni de *Astral Weeks*. La selección se concentraba en la carrera de Van en los años ochenta. Peter Paphides describió el disco como «una compra esencial sólo para los muy perezosos o los muy nerviosos», y el periodo en cuestión como «una larga crisis existencial». Para Patrick Humphries, era «un ejercicio sin objetivo», que no presentaba nada inédito. Los fans auténticos querían inmediatamente un estuche de tres CD con material perdido.

Van regresó a San Francisco esa primavera, para hacer más actuaciones. Un momento cumbre fue un «Domino» sobrecargado, y en «Vanlose Stairway» citó a Ray Charles con lo de llorar tanto que le pasas el blues a tu vecino. «In The Garden» hizo que el público llegara al llanto. Van mantuvo encendidas las luces del local en las actuaciones del fin de semana en el Masonic Hall, con el objeto de poder ver al público, mientras que —con sus gafas de sol— ellos no podían verle a él en realidad. Fantástico.

Van regresó a Londres para el Fleadh, y realizó un pase sacado de su álbum venidero, aunque sus descensos hasta casi el silencio, tan devastadores en locales cerrados, fueron ahogados por los generadores diesel, las camionetas de hamburguesas y la charla de los fans. En «One Irish Rover» tuvo con él a Bob Dylan —al que se le había otorgado la ciudadanía irlandesa esa noche—. Los flashes se dispararon locamente mientras los hermanos gruñones del rock parecían estar cantando en tonalidades diferentes, un despropósito aún mayor —como observó mordazmente Andy Gill— que el dúo de Bob con Johnny Cash.

De vuelta a Dublín se puso de manifiesto una armonía mejor, y Van empezó a ser visto en compañía de su nueva novia, Michelle Rocca.

El número doble de Morrison y Hooker en «Gloria» se había quedado a las puertas de los treinta primeros como avance del nuevo álbum de Van, de nuevo un vinilo doble, *Too Long In Exile*. Georgie Fame estaba de vuelta, así como Candy Dulfer. El álbum es un asunto relajado y melodioso, que mira hacia atrás a la herencia rhythm and blues de Van, y que encuentra espacio para canciones de Sonny Boy Williamson, Doc Pomus —cuyo fallecimiento se conmemoró en el sombrío álbum de Lou Reed *Magic And Loss*—, Ray Charles, James Moody, el soulman de Carolina del Sur Brook Benton..., y W. B. Yeats. Editado en junio, la portada es una sinfonía en azul, con una figura solitaria de pie aunque empequeñecida por un paisaje urbano, sacado de *Cabeza borradora*. Curiosamente anticuados, los pasos elevados y los edificios altos parecen como un decorado gigante de Meccano, y Van —si es que es él— mira hacia un cartel de «Se alquila» encima del «Shamrock Bar And Grill». Éste es el mundo de «Fairytale Of New York», de los Pogues, de la diáspora irlandesa.

En el interior, Van con sombrero y abrigo está de pie en una calle de ciudad, entre coches sucios aparcados. Un letrero en la pared de un edificio vacío tiene una cita de L. Ron Hubbard, «Cómpralo, Léelo, Úsalo», así que quizás la cienciología todavía forma parte de la visión del mundo de Van. Lo más probable es que sea una broma. Jonn Savannah asume el papel de segundo cantante, ya que Brian Kennedy se dispone a hacer un disco propio, asimismo en escena. Los músicos incluyen ampliamente al grupo de gira de Van. El álbum fue directamente al número cuatro, el máximo alcanzado, en Gran Bretaña, y también alcanzó a estar entre los treinta primeros en Estados Unidos, por poco.

El ambiente del álbum es en general «animado», aunque la primera pieza del título contiene una letra un poco sombría: «nunca podrás volver a casa de nuevo». Incluso aquí, Van —que vive en un exilio autoimpuesto en Bath— canta de una manera alegre, y la música de acompañamiento es alegre y rápida. En este caso, el exilio no parece muy malo. Yeats, Beckett y Oscar Wilde murieron todos en el extranjero, y Van aporta dos héroes modernos, con todos sus defectos humanos, George Best y Alex Higgins. A continuación «Bigtime Operators», la mejor canción de Van sobre las estafas del negocio musical, palabras que ligan con el clima vagamente mafioso de la portada, y con su posterior código de vestuario. Toca un poco de guitarra solista con un estilo de blues de Chicago, aquí genuinamente amargo, con su voz sofocada por el disgusto, aunque también con un humor oscuro. Aunque la frase «ellos tenían aspecto de políticos, pero actuaban como matones» es un poco ingenua. Creo que una cosa se intercambiaba con la otra. «Lonely Avenue» es un precioso blues, de balanceo constante, con Van que sopla fuerte la armónica y el saxo, y Georgie Fame que acierta en cada nota.

Avanzado el álbum, Van canta uno de sus mejores trozos sobre la curación sexual, «Till We Get The Healing Done», en el que la sanadora anónima puede quedarse la noche entera, y no sólo para rezar. Incluso «Gloria» tiene ahora palabras nuevas, en la que ella llega a ser una «transmisora del alma de nacimiento». «In The Forest» liga perfectamente con el nuevo interés ecológico de Van: esos caminos antiguos ahora están en peligro. Morrison cambia hacia el jazz de big band de los últimos álbumes, nostalgia instantánea, y aquí «Moody's Mood For Love» es mitad formal, mitad parodia cariñosa.

Los que intentan encontrar rastros de paidofilia en la obra de Van podrían aportar en este caso «Good Morning Little Schoolgirl», salvo que simplemente forma parte de la tradición del blues en la que él escarba, y que el objeto de deseo es por supuesto postpubescente. La inocencia es la búsqueda auténtica, como en el poema de Yeats «Before The World Was Made». El exilio auténtico es aquí el de la seguridad de una infancia pasada en la Madre Irlanda. La cita «tiempo y espacio» es un ejemplo de cómo Van remonta sus propias palabras hacia la tradición irlandesa, ya que la frase aparece también en *Astral Weeks*. El encontrar correspondencias posteriores, lo más opuesto al plagio.

Los críticos replicaron a la alegría generalizada que se contenía aquí. Peter Paphides consideraba que «la terapia de regresión de un hombre nunca había sonado tan estimuladora». Gavin Martin contó a aquellos que habían encontrado demasiado blando el álbum anterior que Van había redescubierto su «fuego terreno y elemental». Todavía es «el primer autor de blues». Hasta ese periódico para obscurantistas jóvenes y viejos de todas partes que es el *Daily Telegraph* encontró «una reevaluación de sus raíces en el blues y el jazz». David Hepworth, de *Q*, apoya mi teoría —antes de que llegara a pensarla incluso— de que mientras que Van antaño hacía giras para promocionar los álbumes nuevos (a veces con una excesiva desgana), ahora editaba álbumes «para justificar y subrayar sus giras». Hepworth no acaba de estar convencido por el ofrecimiento actual, con «In The Forest» —hermosa, efectivamente— «que espolea la imagen risible de nuestro héroe que atraviesa un arroyo susurrante y bala como una oveja en dirección a su amante dama en la noche artúrica». Bien, de acuerdo, Van hace un sonido de balido, pero es para expresar el júbilo, no un deseo lanudo. Fue Roy Harper, no Van, el que contrajo una grave enfermedad por besar a una oveja de raza, o al menos esto es lo que contó al mundo su relaciones públicas.

Van tocó de nuevo en Glastonbury, una actuación salvada por su «voz temblorosa y cascajosa» y «su nuevo material más esforzado y con más blues», o así lo consideraba un joven mozalbete en el *NME*. Él también tocó un pase de día «sin adornos» en el castillo Slane, con Neil Young de espectador a un lado del escenario. Una nueva entrevista con Victoria Clarke, para Exile Productions —control total— se pasó a *Q*, como un quinto evangelio. Van dice que no le importa lo que la gente piense de él, y cuando se le dice que al menos ni está muerto ni es un yonqui, él contesta —«creo que estoy revelando demasiado»— que ha vivido al borde: «Me acerqué mucho a la llama, y me he quemado algunas veces».

Van hace una rara referencia al mejor compositor nuevo de los ochenta, casi tocayo suyo, también de ascendencia irlandesa: «Mis canciones no se abren de la misma forma en que se abre Morrissey. Además, él tampoco habla demasiado». Ambos comparten también la aversión por los vídeos pop (y por Johnny Rogan, que escribió biografías de los dos y a quien Morrissey llegó a desearle la muerte en accidente de coche). Van cita a los Pogues: «Ellos no se preocupaban en absoluto de la música irlandesa. Fueron la punta de lanza del ataque con todas esas tonterías que duraron tanto tiempo. Se pusieron en ese plan porque eran irlandeses de Londres». En cambio Van se ha sentido como si fuera el equivalente musical de un objeto sexual. Los británicos necesitan estrellas, por causa de una «enorme vacuidad interior». ¿Y qué es lo que le hace más feliz del mundo? Shirley Bassey. ¿Por qué? «Ella es una gran cantante. Es celta, lo que la hace muy próxima a mi corazón. Fin de la entrevista.»

En agosto, Van encabezó el cartel en un concierto del WOMAD celebrado en el Cornwall Coliseum, de St. Austell. Brian Kennedy entró de nuevo en acción en «Crazy Love», y según un crítico, robó la actuación. Van tocó «Celtic Ray», «porque estamos en un país celta», y Kennedy terminó la noche haciendo la parte de John Lee Hooker en «Gloria», con Van detrás de él, que le iba diciendo la letra, verso a verso, y que se detuvo en la segunda estrofa, «dejando a un desamparado Kennedy sin habla ante el micro», en un abrir y cerrar de ojos. La noche siguiente, Van tocó muy cerca de su casa, en el festival de Wiltshire, que se celebró en el Lydiard Park, y cantó ante la puesta del sol.

Su vida privada se había convertido en pública. Después de Janet Planet y seguramente Jackie DeShannon, Van había elegido novias que rehuían la fama, y en general los medios de comunicación no les habían molestado. Cuando Van empezó a salir con una ex Miss Irlanda, las diferencias evidentes en cuanto a seriedad, belleza y edad hicieron que tuvieran a los moscones hasta en la sopa. No estamos hablando sólo de la prensa sensacionalista. Van se había convertido en noticia de amplio espectro.

Muestra de ello fue un artículo de septiembre del *Sunday Independent:* «La relación no lujuriosa entre Van Morrison y su acompañante Michelle Rocca sigue alarmando la mente de los amigos íntimos así como de la gente de confianza. Una post-Curragh celebrada en Rathsallagh fue el decorado de la última semana para los pecadillos desapasionados. Una relación bulliciosa y fascinante por varios motivos. Keith Richards y Paul Brady pusieron la animación, mientras que el misterio lo proporcionó el Pareamiento Platónico. Afortunadamente la pareja no asustó a los caballos y Van apostó en la primera carrera por los tres ganadores». Estamos hablando de una carrera de caballos, dicho sea de paso. «No me divertía tanto desde 1968», declaró Van. Con una ineptitud maravillosa, el periódico relaciona esa fecha con el festival de Woodstock (de hecho de 1969) en el Verano del Amor (1967). Y uno siente la necesidad de tomar sus demás «hechos» con la mayor precaución... Van estaba comprando una casa para «mi novia». El periodista señala que Michelle le suelta un bofetón en la muñeca a Morrison cuando éste se atreve a mirar a otra mujer guapa.

La publicación en otoño de la biografía profusamente ilustrada de Steve Turner *Too Late To Stop Now*, que incluía fotos de la señorita Rocca, provocó en Van una sensación de afrenta: «Mentiras, exageraciones e insinuaciones», tronó Morrison en el *Belfast Telegraph*. Y añadió: «El hecho de que yo pueda tener éxito en lo que hago no significa que yo acepte que cualquiera venga y publique detalles de mi vida privada para que otra gente lo lea simplemente para su propio placer». Van envió al autor una lista con treinta y seis inexactitudes declaradas, y se quejó al *Today* de que «ese libro es sobre alguien que no soy yo». Turner respondió que las dos terceras partes de la lista eran meras opiniones con las que no estaba de acuerdo, y que el equipo de management de Morrison había dado pasos para adquirir la edición entera. «Por supuesto, eso era imposible. Hubiera sido admitir la culpabilidad.» Luego, Turner más bien gira el cuchillo: «La verdad era mucho peor de lo que yo escribí realmente. Había algunas historias muy salvajes que dejé fuera». Si estás leyendo el presente volumen en una librería, agárralo y cómpralo mientras puedas, antes de que un representante del artista lo retire de la circulación. Como Salman Rushdie, es posible que tenga que esconderme todo lo que me queda de vida, por obra y gracia de una fatwah celta. Stuart Baillie, del *NME*, escribió que Turner no acertó a explicar la música de Van, ni por qué su obra era «tan extraña, soñadora y sexualmente rara».

Van parecía preocupado en esta época. John Collis cita una actuación en el King's Hotel, en Newport, en la que se dice que Morrison se metió con el público por su ignorancia. Aquí ponemos una versión censurada: leed el libro de Collis si queréis el desvarío completo e increíble: «"Brown Eyed Girl" es para la hora del almuerzo. Y ahora es la hora de la cena. Es una pena imaginada por alguien. Lo que en otras palabras significa los yanquis, ya sabéis. Yo hablo sobre el alma. Soy un cantante de soul y canto canciones soul. Blues. A la mierda las listas pop. No quiero tocar «Brown Eyed Girl». Porque no estoy obligado. Si lo estuviera, me suicidaría».

Paul Lewis, en su crónica para *Bluesline*, pone las cosas en su sitio. Ese pequeño hotel galés fue un lugar en el que Van desarrolló su música desde hace unos años. «Asistir a una de estas actuaciones es como ver evolucionar la historia del rock». En ocasiones, Van sólo había querido tocar blues. Esta vez, Van «exasperaba» a Brian Kennedy, primero haciéndole tocar un pase en solitario al frente de su grupo, y luego usándole de segundo cantante, con un repaso a sus canciones antiguas. «El grupo actual de Van es realmente un fruto del King's, ya que ha sido en este local que ellos han evolucionado realmente hasta ser el equipo imbatible que hoy es.» Una noche Van detuvo el concierto para decir que ellos eran el mejor grupo que había tenido jamás. El concierto en el que soltó la diatriba fue «desenfrenado, atormentado y de casi tres horas de duración». Junto a la ofrenda de la noche siguiente, más vivaz y contenida, que incluyó una referencia a Turner en plan de «canalla parásito», esos fueron «los conciertos más salvajes de Morrison que yo haya visto, el auténtico epítome del gran teatro del rock 'n' roll».

Sólo un genio podía luego trasladarse a una actuación en el Festival de Literatura de Derry y ser entrevistado en el escenario por Nik Cohn, el autor de *Fiebre del sábado noche*. Después Van realizó un pase relajado con un grupo de circunstancias, y combinó sus canciones con poemas de Patrick Kavanagh y Yeats. «Como los buenos poetas rapsodas, parecía no saber qué hacer con los aplausos», y contrariaba a un solitario palmoteador por poner sus melodías en popurrís. Un método que fue muy fructífero en *A Night In San Francisco*. Van también se había puesto en contacto con uno de los poetas vivos más importantes, Allen Ginsberg, después de verle en un programa de entrevistas de la RTE. Morrison simplemente telefoneó a la emisora de televisión para invitarle a una copa de madrugada. La fama podía ser una imposición, pero te permite conocer a los héroes de juventud, de tú a tú.

Como el año anterior, Morrison hizo algunas actuaciones unas semanas antes de Navidad en San Francisco. En el Mystic Theatre, le acompañó Jim Hunter, de Howling Wilf and The VJs, con quienes Van había ido de gira en 1991, luego Jimmy Witherspoon y Junior Wells se unieron a la diversión en el escenario. Brian Kennedy formaba ahora parte del grupo en mayor medida, imitando a Van, e incluso cantando alguna de sus canciones, aunque en realidad Georgie Fame era quien lo dirigía todo. Algunas actuaciones de tono bajo en el Berkeley Theatre una semana antes provocaron reclamaciones telefónicas de gente que se quejaban del poco papel de Van. Una acusación que se repetía cada vez más en sus conciertos en directo, aunque demostraba una completa incomprensión de lo que él intentaba hacer ahora. Aunque, en el Nob Hill Masonic Auditorium, Van «tocó el saxo como si estuviera testificando ante el creador». Otra crítica le describía con un aspecto de «agente de la policía secreta», y errando por el escenario, mirando fijamente a los músicos durante los largos solos.

En este caso, de nuevo vemos la influencia del maravillosamente excéntrico Mike Westbrook. En un concierto reciente de su big band, Westbrook pasó mucho rato dando vueltas como un profesor miope, estudiando de cerca al solista de turno, con la cabeza bajada y una sonrisa misteriosa en la cara. De tanto en tanto, Mike volvía a su piano de cola, y se ponía a tocar con un talento y una sensibilidad enormes. A eso se le llama controlarlo todo. Joel Selvin destacó que Van tomó uno de sus temas más fortuitos, «See Me Through», y «llevó el número a proporciones épicas, haciendo señales al grupo, y la pieza fue a través de serpenteos asombrosos, después de escudriñar en sus escondrijos y hendiduras en busca de esquinas que se abrieran a la luz. El tipo de examen destacable que sólo podía intentar un artista dotado, y Morrison lo hizo brillar».

Sacado de estos conciertos, aunque mezclado de vuelta a Inglaterra, *One Night In San Francisco*, es el tercer álbum de Morrison en concierto, y hay quien afirma que el mejor. Aunque le falta la majestad estancada de *It's Too Late To Stop Now*, la altura tanto musical como emotiva es inmensa. Los álbumes parece que siguen para siempre, circundando un océano de música. Van mezcla en sus propias canciones —a menudo radicalmente actualizadas— todo tipo de influencias y citaciones breves. La única cosa que se echa en falta, tanto en el disco como en los conciertos de donde se sacó, es la obra antigua de Van, aunque Kennedy canta una «Tupelo Honey» muy tierna y hay una «Moondance» arrebatada.

Desde luego no voy a intentar un análisis pieza por pieza, ¡o estaríamos aquí toda la noche! Escuchad tan sólo «In The Garden», que empieza como una epopeya de Bruce Springsteen, con piano de Hollywood, luego va hacia un breve trocito de «Danny Boy» y a una versión supercargada de la canción. La urgencia ha sustituido al miedo, y los instrumentos de madera se arremolinan alrededor de la puesta en escena de Van. Cuando él irrumpe en la canción, empieza lento y su voz se hace más profunda. Algo de piano percusivo, Van introduce la mística en otra estrofa, luego un poco de armónica asmática, y en ese momento él está casi fuera del discurso, «con su propia esposa, que ha enfermado otra vez». Van escucha a Sam Cooke por la radio «y la noche se llena con espacio», y Shana entra con el estribillo de «You Send Me». Van responde con el mantra «no gurú», y el grupo retoma la urgencia de nuevo, con una batería estricta y un tifón de voces. Ahkbar brinda por Morrison, que acaba de abandonar el escenario, y el público pide que vuelva mientras que la banda toca un repiqueteo de campanas.

El grupo se ha conformado en una serie de atracciones dobles: un núcleo rítmico con el bajista Nicky Scott y el batería Geoff Dunn, los guitarristas Ronnie Johnson y James Hunter, Teena Lyle al vibráfono y flauta dulce y Kate St. John al saxo y oboe. Los teclados también están compartidos entre Georgie Fame y Jonn Savannah. Haji Ahkbar regresó al fiscorno y como presentador, mientras que Candy Dulfer iba de invitada al saxo alto. Sin cuerda, aunque por otra parte un equipo flexible, que podía manejar cualquier situación. A la hora de cantar colaboraban con Van, Brian Kennedy y la hija de Morrison, Shana, segura de sí misma y ya más alta que su padre. Un grupo y un coro callejero para asaltar el cielo.

A Night In San Francisco se editó en mayo. En una fotografía nocturna del «Puerto de San Francisco» se destaca su letrero luminoso, mientras que sobre la lista de temas figuran en rojo las palabras «ballads», «blues», «soul», «funk» y «jazz». Para ser una oferta tan poderosa, el álbum entró en las listas estadounidenses en un número tan bajo como el ciento veinticinco. Stuart Baillie, del *NME*, opina que se debería haber descartado el «relleno», en especial los veinte primeros minutos de números de club para cenar, aunque en mi opinión tal cosa destruiría el crecimiento orgánico de la totalidad, que es una noche de diversión perfecta. Los veinte minutos finales son imponentes «con su grupo a toda marcha, estelar e implicado y los momentos de calma son casi sagrados, y no apagados y otoñales, como antes. John Lee Hooker salió para hacer "Gloria" y todo el mundo enloqueció escandalosamente como es debido».

Peter Paphides encontró que aquí se seguía un «camino maduro y vigoroso». Después de veinticinco años, su *jelly roll* ya se «había moldeado más allá de todo reconocimiento». En *Q*, Dave Henderson oía una «proeza al estilo de una revista de rhythm and blues descomunal». Barry Egan sintió que «el grupo toca tan cerca que casi están en las mentes de los demás», y el crítico compatriota irlandés Oliver Sweeney descubre «una serie de lazos musicales con los Dioses de Van». Para *Elle*, es la música ideal para «las noches en la playa». Como Van decía en escena, en homenaje a Ronnie Scott «habéis hecho muy feliz a este viejo».

El día de San Valentín, Morrison recibió un premio Brit, entregado por el ex rehén John McCarthy, que en su dura experiencia se ayudó con las canciones de Van. Hubo homenajes en vídeo de gente como Sting, para quien Van era «un mentor musical y espiritual», y Elvis Costello, que esperaba con ansia escuchar la obra de Van «cuando yo envejezca». Bono hizo ruidos, muecas y luego declaró: «Van, tú eres el Hombre». Peter Gabriel dijo que Van había mostrado a los intérpretes de rock «lo que significa no comprometerse», mientras que Bob Dylan soltó: «Dios te bendiga Van, bla, bla, bla, bla, bla, bla, bla, bla». John Lee Hooker fue más sentido:

«Te amo, tío». Morrison dio una breve lista de agradecimientos sin emoción, luego hizo un dúo con su hija en «Have I Told You Lately», antes de que se le unieran Brian Kennedy y Shane McGowan para una caótica «Gloria». MacGowan confirmó también al *Hot Press* que su álbum propio siguiente sería una colección de versiones de canciones de Them, producidas por Van: «Estábamos tomando una copa tranquilamente, y surgió la idea». Y así se quedó la cosa, en una conversación de bar.

En febrero, Van emprendió una gira británica de ocho conciertos, con Georgie Fame de invitado en la mayoría de ellos, y Michelle Rocca recitando poesía irlandesa en plena «Gloria», ante la incredulidad del público de Van. El pirata doble *My Name Is Raincheck* —desde el Apollo de Manchester— capta una versión en tono bajo de las actuaciones de San Francisco, en ocasiones profundamente aburrida, o quizá sólo es por la calidad de la cinta. Ian Gittins vio la actuación de Oxford, y anotó «una visión espantosa de permanentes de caniche, mallas y sonrisas torpes». Y eso sólo era el grupo. Van tiene aspecto de Arthur Lowe (de *Dad's Army*) con Rayban, y «su fervor gruñón me llegó al alma». A pesar del rhythm and blues con sustancia, él rugió en «My Funny Valentine», como si llamara a las vacas.

En «In The Garden», Van «se convierte en víctima de su musa», replicando a cada tic nervioso del grupo. «Tan sólo he visto a Al Green que testificara de manera más tierna.» Pero él liquidaría su grupo. *Mojo* se presenta en el Great Hall de Exeter, y se encuentra a Van contándose chistes con James Hunter, y deslizándose sin esfuerzo de una canción a otra. En «Gloria», Van se ríe de Kennedy, al discutir sobre la calle en que vive ella, aunque Black cree de nuevo que el grupo necesita iluminarse. En Dublín, Van le insiste a Bob Geldof que los extraterrestres existen, y se encuentra con él para un desayuno de gachas y vino tinto. Como dijo Geldof, después de que Van se fuera: «El espíritu de Flann O'Brien está vivito y coleando». Cuando los fans compararon sus notas, esta supuesta «Rhythm & Blues & Soul Revue» —que recuerda a la Rolling Thunder— tocó cada noche el mismo repertorio de la misma manera.

Y, por lo tanto, no se entiende que Van se sintiera obligado a escribir al *Sunday Independent* de Dublín, para declarar: «No soy una estrella del rock». «Lo que soy es un cantante y compositor que hace blues, jazz, soul, etc. Yo me gané la reputación como cantante de blues en Belfast, en el mundillo del rhythm and blues que yo inicié en la ciudad. Por una parte, me halaga bastante la repentina asunción de la mitología de estrella del rock, aunque por otra parte yo no necesito ni quiero dicha atención, después de haber pasado la mayor parte de mi vida en el papel de antihéroe y seguir con mi trabajo, así que me quito el sombrero ante los dioses y diosas de los medios de comunicación y les doy las gracias, pero no.» Esto lo envió Van Morrison desde Chiswick, Londres W4, seguramente la dirección de una empresa.

Aunque era discutible si Van era una estrella del rock todavía, lo que estaba claro es que el actor Richard Gere nunca lo sería. En junio, Van tocó en Grosvenor House, a beneficio de la campaña para el Tibet de Gere, e improvisó con Sting en «When The World Is Running Down», y con el propio Gere a la «guitarra de blues». *Hello!*, y no *Mojo*, informó de esa actuación, y destacó que entre el público se hallaba gente como Koo Stark y Marie Helvin.

Van también hizo un hueco para tocar en un festival literario en Galway, donde apareció al lado de escritores como Roddy Doyle, Derek Walcott y Linton Kwezi Johnson. Ahora ya tenía grupo. Después de unas actuaciones en Suecia, el grupo fue en avión al Montreux Jazz Festival, en el que se captó en vídeo una buena «Ain't That Loving You Baby». En una actuación de la Bobby Blue Band en el King's Hotel de Newport, el club cercano a la casa de Van, éste estaba entre el público, al lado de Robert Plant, y tras insistir se le convenció de que subiera al escenario. En agosto, la no estrella del rock fue acompañada por la RTE Symphony Orchestra para la «Celebration Of USA 1994». Van tocó cinco canciones, la primera «Carrickfergus», y la última la obra definitiva del rock, «Gloria».

Después de una tendencia establecida por Imaginary Records, se convirtió en moda que los grupos contemporáneos desarrollaran —o simplemente copiaran— canciones de leyendas medio vivas como Syd Barrett, Captain Beefheart y Peter Green. El propósito original era el de celebrar la obra de intérpretes subestimados por una audiencia masiva, a través de la utilización de nombres estelares del universo del rock actual, aunque pronto la idea se aplicó a cualquier intérprete de un cierto nivel. No tener uno era como si *Q* no te hubiera entrevistado, o no tuvieras tu catálogo de fondo en vinilo editado en CD.

La mayoría de estos homenajes no los solicitaba el intérprete al que iban dirigidos —y por supuesto, en parte ahí radicaba la gracia del asunto—, aunque el propio Van Morrison encargó *No Prima Donna*, de 1994, un producto desigual. Aunque agradable en general, con muchos arreglos de Phil Coulter, en realidad tan sólo destacaban la graznante «Madame George», de Marianne Faithfull, y la «Full Force Gale», de Elvis Costello, acompañado por los tres poderosos elementos de Voice Squad, en plan de cántico religioso salvaje. Editado en agosto de 1994, presentaba una foto en blanco y negro de Michelle Rocca, aureolada de luz, sonriente, mostrando una boca llena de dientes relucientes, con los ojos cerrados y muy maquillada. Ella viste de blanco, con un collar de perlas de dos vueltas en el cuello, la imagen del estilo sofisticado de *Hello!*

Andy Gill realizó una página entera de autopsia del álbum para *Q*, que mostraba como se había quitado la alegría subyacente de la música de Van para dejar «el afectado equivalente musical de una ceremonia de premios». Por qué no se pidió a Dylan que versionara «Into The Mystic», o a Dr. John que hiciera lo propio con «Bright Side Of The Road». O a Elton John, si vamos a eso. Patrick Humphries señaló que todo era demasiado respetuoso. «Se debería haber grabado en un bar lleno de humo de Grafton Street.»

La idea del álbum surgió de las sesiones que Van hizo con Brian Kennedy para regrabar algunas de sus canciones antiguas para una nueva película irlandesa, apropiadamente titulada *Moondance*, con Ruadhri Connor y Marianne Faithfull de protagonistas. Quizás se hubiera debido dejar así, como una banda sonora de película. Hasta el actor candidato al Oscar Liam Neeson no pudo añadir nada al «Coney Island» original de Van, aunque Neeson y su familia son fanáticos acérrimos de Morrison. En el banquete de boda, la nueva Sra. Neeson cantó una canción de Van, en vez de hacer un discurso.

La otra estrella, Michelle Rocca, había conocido a Van en una cena de beneficencia. Famosa ya por derecho propio, ella había presentado el Festival de la Canción de Eurovisión un año desde Dublín, y tenía su propio programa de televisión. En declaraciones a la irlandesa *RTE Guide*, ella decía: «He oído que soy una prima donna además, pero la gente que dice estas cosas, que me lo echan encima, ni siquiera me conocen». La cosa suena sorprendentemente a un Van femenino, así que al menos los dos podían compararse en cuanto a resentimiento. Ella también parece sumamente cariñosa con él, y con un poco de temor. «He intentado enseñarle algunas cosas. ¿Pero cómo puedes enseñar a un gurú?» Él la animó a que leyera la obra de Shelley —el preferido de Van—, Tom Paulin y Yeats en los conciertos.

En un retrato escrito para el *Sunday Independent*, Michelle revela que él se apuntó por poco tiempo a Alcohólicos Anónimos, pero que encontró que lo de anónimo era lo de menos. El Van privado es «sincero, mordaz y divertido. Le encanta ver al Basil, de *Hotel Fawlty*, disfruta con Spike Milligan y tiene un sentido del humor infantil». Ejemplo: ¿Qué es una cosa pequeña y marrón, que brota del suelo a cien kilómetros por hora? ¡La respuesta es un topo en moto! A él —a Van, no al topo— le gusta actuar, aunque «no todo el rato». Van no se comporta de la manera que los periodistas describen sin cesar. Ella lo dice así, y luego añade que él «compone, graba y está de gira casi constantemente». Es algo que Van «se obliga a hacer», en su interior. Michelle le compara con un trovador medieval «que canta sus canciones como un puritano convencido». El trabajo es más fácil que el juego, aunque «es mejor trabajar que hablar sobre el trabajo, ¿de acuerdo?».

Cuando Michelle le dijo que Paul Durcan le había considerado el mejor poeta irlandés desde Patrick Kavanagh, Van asintió tranquilamente, y añadió que el propio Durcan es el único poeta irlandés «que actualmente vale la pena». Aunque un poco injusta con gente como Michael Longley y, por supuesto, con Heaney, se trata de una réplica maravillosa hacia la clase de poetas alabados por los pretenciosos críticos ingleses. La fantasía absurda de Paul Muldoon, una porquería impronunciable que se trata con la admiración más enorme por gente como los de *Poetry Review*, es efectivamente como un eructo, al lado del tifón de palabras de Van.

Michelle opina que Van está «en una búsqueda constante de la liberación espiritual». Él disfruta emborrachándose de vez en cuando con su viejo colega Bob Dylan. «Hablamos sobre música, canciones. Sólo de cosas corrientes.» Rocca, en su calidad de profesional, le pregunta si él puede llegar a ser romántico. Él se ríe: «Lo soy a veces. Puedo serlo». Es mejor que los dejemos así.

En septiembre, la canción de Van «Wild Night» significó un éxito que llegó al número tres en Estados Unidos, para John Mellencamp. El propio compositor estaba de gira por Europa y tocó en el festival «The Irish Heartbeat», en Italia, con los Saw Doctors y los Cranberries. La actuación de Van incluía un breve trocito de «T. B. Sheets» en un popurrí. Cinco instrumentistas de metal y un grupo al completo animaron su actuación a finales de septiembre en Utrecht, que incluyó un pedazo de «Be Bop A Lula», de Gene Vincent.

El 23 de octubre Michelle Rocca le acompañó a la ceremonia de los premios de la BMI en el Dorchester Hotel de Londres, en la que un Van entusiasta cantó «Gloria» y «Have I Told You Lately», con las que había conseguido un millón de difusiones por la radio en Estados Unidos. A primeros de 1995, él apareció en *A River Of Sound*, cantando «My Lagan Love» con acompañamiento al piano de un viejo amigo, el pianista Michael O'Suilleabhain, como parte de la serie de televisión que trazaba «El Variado Curso de la Música Irlandesa Tradicional». Un CD extraído de la serie, con aportaciones de Christy Moore, Brendan Power y Donal Lunny, contenía notas de portada que también podían suponer una nota al pie sobre la carrera de Van: «Nuestra música es un agua de vida, el whisky de la pasión. Nos eleva, nos libera, señala nuestras alegrías y tristezas. Es una música para vivir y para morir. El gran héroe de la Irlanda ancestral, Fionn MacCumhaill, se dice que había expresado la preferencia por "la música de lo que sucede", sobre cualquier otra».

En febrero, igualmente sucedió la edición de *Chill Out*, de John Lee Hooker, que incluía un dúo asombroso con Van en «Serves Me Right To Suffer». Las dos grandes y oscuras voces se intercalaban por encima de un órgano a cargo de Booker T. Jones, que acababa de compartir algunos conciertos agitados con Neil Young. Cuando Van inicia la canción, Hooker se ríe con malicia y ellos parten hacia una excursión musical que fácilmente podría durar el álbum entero. Quizás sólo Elvis Costello se encontraría igualmente cómodo en el folk tradicional irlandés y el blues de los pantanos.

Ahora Van esta comprometido con Michelle, y el secreto se desbordó sobre la actuación de él en los premios IRMA. La versión de «Have I Told You Lately», con Sinéad O'Connor y Paul Brady, se la dedicó a Michelle. Según informó el *Sunday Independent*: «Michelle había cambiado su viejo solitario de diamantes por la sortija celta de oro diseñada por Van. Cuando Van y Michelle abandonaron la mesa para posar ante los fotógrafos (¿cuándo había dejado antes una mesa Van para posar para nadie?), él estaba alegre y relajado. "Soy muy feliz", me dijo. La pareja habían sido amigos y socios financieros hace más de tres años. No se ha fijado fecha para la boda, aunque no se espera un noviazgo largo».

Desde luego que hay un ataque en la actuación del 14 de abril de 1995, fielmente captada en el pirata doble *Lost In A Fugitive's Dream*, que compite con el de *A Night In San Francisco*. Se inicia con la muy romántica versión de «Sweet Thing» a cargo de Brian Kennedy, lejos de la visión más de día de San Valentín de Marty Balin. El nuevo guitarrista Alan Darby tiene un estilo más agradable que el de su predecesor, y también hay una nueva sección de metal con Matt Holland y Leo Green, que se suma a Georgie Fame y Teena Lyle, y la sección rítmica ya conocida. La única causa de inconformidad, dado el elevado precio de las entradas fue, según lo expuso el *Daily Record* escocés, que «a dieciocho libras por barba tú te esperas a Van The Man, y no al otro hombre de Van».

Un grupo completamente diferente —con Fame de único común denominador— grabó *How Long Has This Been Going On* el 3 de mayo en el Ronnie Scott's con vistas a que se editara para Navidades. Ese mismo mes, Van apareció en *Letterman In London*, cantando «Have I Told You Lately» a dúo con Sinéad O'Connor, acompañados por los Chieftains. El resultado suena como la primera Incredible

String Band, amateur en el mejor sentido. Van ríe, O'Connor canta como un pájaro. Michelle Rocca no suena tan tierna en un artículo en el *Sunday Independent*, en el que dice que «Letterman no tiene ni una palabra para lanzar a un perro. En este caso se trataba de un neurótico refunfuñante sin remedio». Gracias a Dios que Van nunca apareció en *The Word*, de Channel 4. «Mi querido amigo cantante», como se refiere ella a Van, opina que «en un tanatorio hay más juerga. Él se parece a Bugs Bunny».

A la pareja se la veía a menudo en el Bad Bob's, un club de country and western de Dublín, en compañía de gente como Shane McGowan y Jim Capaldi. En junio, Van tocó en el Fleadh, pero Stephen Dalton, del *NME*, no quedó impresionado. Vuelve, David Letterman. «A lo largo de su fláccida actuación, imperaba el hedor. Van Morrison es un viejo borrico subestimado, que inutiliza generación tras generación de músicos irlandeses potencialmente interesantes.» ¿Cómo? «Ya es hora de admitir que no es nada divertido oír al grupo de "destripaterrones" de Morrison babeando otro chorrito tibio de memeces aguadas mientras que la famosa voz soul-scat imita el sonido de una cabra que se tira pedos en una bolsa de papel.» En realidad, él ni siquiera dice lo que Van tocó, pero es que no es tan divertido como un buen patadón crítico sin motivo.

Van, descansando un poco de destruir el legado musical irlandés, estaba mientras tanto improvisando con Junior Wells en Newport. En mayo, se sumó en el escenario a Dylan, en Dublín, para una versión de «Real Real Gone» [«Completamente desaparecida»], lo que se podría aplicar con toda seguridad a la voz de Dylan por aquel entonces. Morrison también tuvo tiempo para editar un álbum nuevo, *Days Like This*, en junio.

La portada es una fotografía monocroma de Van, con ropas oscuras y gafas de sol, como uno de los siniestros «Men In Black», los agentes del gobierno que descubren y acosan a cualquiera que haya tenido un encuentro con alienígenas. Un secuaz del fumador de cigarrillos en *Expediente X*. Michelle está junto a Van, y luce elegantemente un vestido blanco de baile, y ambos son arrastrados por un galgo con bozal en un callejón suburbial, del tipo del que en cualquier momento puede surgir una banda juvenil. Que probablemente echaría a correr a la vista de la extraña pareja. Nadie compraría él álbum sólo por el reclamo de la portada: es como una deconstrucción de *Veedon Fleece* en el que los perros estaban encogidos, Van ha perdido su mística, y el paisaje ha evolucionado, y se ha convertido en unos barrios bajos.

Van canta y toca la armónica. Georgie Fame no figura, pero los regresos maduros incluyen a Ronnie Johnson, Arty McGlynn, Phil Coulter, Kate St. John y Pee Wee Ellis. A Shana se la acredita por su primer álbum en estudio con papá, y la canción «You Don't Know Me» parece describir su largo periodo de retiro. El álbum alcanzó el número cinco en Gran Bretaña, y debutó en el treinta y tres en Estados Unidos. Un crítico cruel (yo mismo) tomaría algunos versos de «No Religion» —«y no hay misterio, y no hay nada oculto»— como sintomáticos. Ésa fue mi impresión inicial, y luego me puse a escuchar cuidadosamente «Ancient Highway», una evocación de nueve minutos de arroyos paganos, días de otoño, y un pueblo llamado paraíso, el mundo de Van en pocas palabras, y todo ello colocado en una melodía española. Esa vieja magia negra, que se filtra, un rasgueo a lo *Astral Weeks*, y de nuevo vuelves a estar encantado.

Michelle entrevistó a Van en un álbum de promoción editado por Polygram. Las letras se publicaron en el disco, lo que era extraño en Van. «Ancient Highway» va de escapar de la carrera de ratas, y tiene relación con el cuadro de Ray Charles del libro *Rock Dreams*, en el que conduce un coche por un desierto. Como siempre, Van regresa al blues: «Yo nací con el blues. Quiero decir que muchas razas más que la negra han sido oprimidas en el mundo. Así que eso no tiene nada que ver con el color negro, o el blanco. Junior Wells dice: "No me importa si eres blanco, yo no quiero pelear". No me importa si eres morado, verde, lavanda o turquesa. La gente son personas, ya sabes».

En *Q*, David Sinclair sostiene que el álbum es un «regreso glorioso a la forma». Michelle ha estimulado algo en el viejo huraño, y «el resultado es una colección de canciones en su clásica vena celta, bañada con un espíritu de optimismo romántico». Morrison planteó una gira mundial, tocando en Estados Unidos y en Montreux. En agosto, Michelle entrevistó de nuevo a su novio, para *Q*. Él opina que «agotó» el enfoque místico en sus composiciones. A él no le ven como un poeta porque «los académicos quieren el monopolio. Y te miras esas antologías de poesía y ellos no quieren ninguna canción en ellas. Ellos quieren mantenerse a salvo, por eso trazan una línea. De todos modos, no hay ninguna ventaja en ser poeta».

La siguiente evolución principal de la música de Van se mostró en la aparición en el Royal Festival Hall del 12 de julio. Anunciada con el título «Van Morrison y Georgie Fame», como parte de la Capitol Radio Jazz Parade, fue la primera interpretación en público del material que se había grabado en mayo en el Ronnie Scott's. Según dijo Georgie al público: «Ésta es la primera interpretación en público de mucho material nuevo y viejo, material con el que Van y yo hemos estado jugando desde que estábamos en el colegio». Luego presentó a Alan Skidmore al saxo tenor —que tocó con Van y Mose Allison en la grabación de Bristol para Channel 4—, Guy Barker a la trompeta, Robin Aspland al piano Alec Dankworth al bajo y Ralph Salmins. Los dos últimos habían tocado en el álbum de Kate St. John, así que ya se habían producido contactos musicales.

De las catorce canciones preestrenadas aquella noche —incluidas «Moondance» y «Vanlose Stairway»— se repitieron nueve en la actuación con la BBC Big Band en el Festival Internacional de Edimburgo, en agosto, junto con «Haunts Of Ancient Peace», «Days Like This» y una selección de estándares de jazz. El concierto lo emitió la BBC2, aunque las restricciones de trabajar con una big band llevaron, en opinión de *The Guardian*, a un punto «sin pasión, sin atrevimiento en las improvisaciones vocales y a un decidido aire de contención». Unos días antes, Van había actuado en el Helsingor Jazz Festival con la Danish Big Band, con una lista de temas más interesante, que incluía «Here Comes The Knight», «Listen To The Lion» y «Orangefield».

El grupo que se estrenó en el Festival Hall partió de gira en otoño. A finales de octubre, en el Cork Jazz Festival, ellos tocaron como Van Morrison and The Jazz

Set. En alguna de las actuaciones de la gira, algunas de las personas del público se marcharon, molestos por la nueva orientación que Van empezó a extender en este nuevo contexto musical. El pirata doble *Stepping On A Dream* capta una actuación en Bournemouth, junto con algunas de las piezas de big band de Helsingor. El órgano de Georgie Fame es el pegamento que lo mantiene todo unido, Van se excusa por cantar tantas canciones nuevas, y por ser tan «incomprensible», aunque él raramente ha sonado tan animado y de tan buen humor. Van incluso hace tocar notas falsas a sus músicos en «That's Life» y hay versiones magníficas de «In The Garden» y «Have I Told You Lately», entre muchas otras. «Gracias por vuestra compañía», dice él al final de la actuación. El grupo demuestra su valía, y las viejas canciones de Van respiran de nuevo en este nuevo contexto musical. El contrabajo trae recuerdos incluso de *Astral Weeks*. La gira de jazz era un gusto adquirido, aunque valía la pena adquirirlo, y musicalmente superior al álbum grabado en el Ronnie Scott's. Si se hubiera editado antes, el público quizá hubiera entendido mejor lo que pasaba, aunque en la grabación pirata no hay más que aplausos. Michelle Rocca actúa como la Yoko Ono de Van: «No me diréis que no es genial. Y no tiene a nadie a quién explicárselo». Salvo a ella, seguramente.

El 30 de noviembre, Van tocó ante seis mil personas en el centro de la ciudad de Belfast, como acto de bienvenida a la visita de Bill Clinton. El swingante Bill, saxofonista aficionado, en principio quería lograr introducirse en el acto, literalmente, pero los encargados de la seguridad se lo desaconsejaron. Van cantó «Days Like This», que se había convertido en el himno oficial del movimiento pacifista y en la banda sonora de un anuncio de televisión promovido por el Ministerio de Irlanda del Norte. Van se estaba convirtiendo en respetable a los ojos de gente que antaño lo habían visto como un forajido, y esta aceptación quedaba subrayada por la elección como mejor compositor en los premios anuales por votación de *Q*.

Morrison actuó también en un acontecimiento en Swansea, como parte del Año Británico de la Literatura, y habló de nuevo con Gerald Drawe sobre las influencias literarias tras su obra. Influencias que él descubrió sólo después de que hubiera compuesto las canciones, así que la charla dio poco de sí, y Van regresó después del intermedio para hacer lo que mejor sabe hacer, cantar sus canciones.

Un acontecimiento más triste de la agenda de Van lo marcó su asistencia al funeral de Rory Gallagher, que había fallecido en junio. Su amistad se remontaba a la época de las orquestas de baile. A Rory se le añoró enormemente, como una especie de embajador nacional del blues, desde los días de Taste. Para mí, y muchos otros, él sería ahora eternamente joven, en vaqueros, pisando las tablas del Festival de la Isla de Wight en 1970, dando testimonio del blues, al igual que Van. En el *Graffiti Tongue* de Christy Moore hay un precioso homenaje a Rory.

How Long Has This Been Going On apareció poco tiempo antes de las Navidades de 1995, editado por el sello Verve/Polygram Jazz de Polygram. Además del grupo habitual de Van, Pee Wee Ellis estaba de vuelta, como arreglista y saxofonista, Annie Ross cantaba en «Blues Backstage», y la lista de temas, con pocas composiciones de Van, incluían «Centerpiece», de Edison y Hendricks, versionada también por Joni Mitchell. Se actualiza «Moondance» y se registra una inesperada nueva versión de «Heathrow Shuffle».

La portada la preside una foto de Van y Georgie Fame, ambos con sombreros de los que se ven habitualmente en el hipódromo. Ellos miran fijamente hacia arriba, como con pavor, hacia un toldo con el nombre del club Ronnie Scott's. En la contraportada e impreso en el CD hay la boca de un saxofón. En el interior, los dos posan con el propio Ronnie Scott que, como tantos hombres auténticamente divertidos, también tenía un pozo oculto de soledad, y se quitaría la vida un año después. La canción de Van «Melancholia», de su álbum anterior, se demostraría como una epopeya adecuada para aquel jazzman visionario, que levantó uno de los mejores clubes de jazz del mundo, prácticamente por sí solo. De vuelta a tiempos más felices, los tres se sentaron en la terraza de un café, asimismo en Londres, si hacemos caso al ejemplar del *Time Out* que sale en las fotos.

Las notas de contraportada son una cita de Mose Allison, de una entrevista grabada por Ben Sidran, dos participantes en el siguiente álbum de Van. Allison, de quien aparecen aquí dos canciones, elogia el enfoque musical directo de Van: «Quiero decir, no hay negocio del espectáculo, ni acciones, uniformes o vestidos escandalosos. Y en el escenario no hay payasadas. Él sale estrictamente y toca, y su grupo es muy bueno».

John Fordham entrevistó a Van en un CD promocional, y él recordaba cuando de niño escuchaba la colección de jazz de su padre: «Para mí, era como respirar». Quizás el proyecto entero es un homenaje secreto al hombre que infundió primero a su hijo un profundo amor por la música. Morrison en la actualidad escucha a tenores como John Coltrane, «el repertorio de baladas» y, como siempre, a Ray Charles. El álbum se grabó en una tarde, cuatro horas, quizá cinco, al igual que en la primera época de Them. Ellos escogieron el Ronnie Scott's «por las vibraciones». Las críticas del álbum se dividieron. Caspar Llewellyn Smith, en un artículo para el *Telegraph* —no podía ser otro—, es el más despreciativo: «Van se cabrea y resopla donde tendría que susurrar». Del otro lado, el *Manchester Evening News* opinaba que «él cantaba con todo su corazón». Los críticos estadounidenses en general tomaron la segunda opción, «el sentimiento de una relajada sesión de jazz». Stephen Phillips, del *Plain Dealer* de Cleveland, resume mi propia opinión, la de que «el tono de Morrison se echa en falta a veces y su gama no es especialmente amplia. Aunque Morrison se lo monta bien y su sentido del swing es impecable. Recomendado».

En enero de 1996, Van apareció en *Later*, de la BBC2, con Georgie Fame y la formación jazzística, y parecía el hombre invisible, misterioso y amenazante a la vez, envuelto en un uniforme con sombrero negro, gafas oscuras y traje negro. Un cruce entre un compinche de la Mafia y uno de los Blues Brothers. Tras el disfraz, él se introducía en otra fase de su carrera, una que tenía la génesis en Swansea. Como que la megafonía apagada y distorsionada de allí había hecho prácticamente inaudible la discusión con Dawe —y de todas formas no se dijo gran cosa, aparte de que «Mystic Eyes» la inspiró una frase de *Grandes Esperanzas*—, la segunda parte del concierto había colocado a Van en una nueva ruta. Acompañado por Fame y otros cuatro músicos de la gira de jazz, la actuación de hora y media era prácticamente acústica, e incluía canciones que raramente interpretaba Van, pero que se contaban entre las más intensas, y también obra poética. Qué mejor escenario para darles nueva vida que un festival de literatura.

Ante un público incrédulo se interpretaron «Ballerina», «Slim Slow Slider» y «Madame George», «St. Dominic's Preview» y «On Hyndford Street». Él también estrenó una canción nueva titulada «The Healing Game». A principios de diciembre, Van utilizó una gira irlandesa de baja intensidad para prácticamente rescribir su carrera; en Waterford parecía que iba haciendo la lista de temas a medida que cantaba. «Madame George» contenía trozos de dos canciones anteriores, «Who Drove The Red Sports Car» y «T. B. Sheets». La ausencia de un guitarra solista —éste aún era básicamente el grupo de jazz— obligó a Morrison a tocar mucho la guitarra acústica y repasar así sus raíces folk, con un efecto devastador.

El 17 de diciembre de 1995, cuando hizo una actuación en el Dublin's Point, posteriormente emitida en la RTE y gracias a eso captada con un sonido perfecto en el pirata *The Night Is Full Of Space*, Van tocó el cielo. El concierto incluye versiones soberbias de la nueva tríada de *Astral Weeks*, con «Ballerina», «Madame George», «Slim Slow Slider» y otros temas que parecen conformar una lista de ensueño para un fan de Morrison. De hecho, después de comprar y escuchar este álbum, la primera cosa que hice a la mañana siguiente fue comprobar si todavía estaba en mi montón de CD, o si había sido una suerte de alucinación ¡como consecuencia de mi profunda inmersión en el tema para escribir este libro!

La música es asombrosa, por cuanto canciones nuevas como «Days Like This» y «Melancholia» viven y respiran en la interpretación en directo, y se abren paso entre lo mejor del pasado, «Listen To The Lion», «Irish Heartbeat», «In The Garden», «Have I Told You Lately», y hasta «Brown Eyed Girl», una canción que Van había prometido recientemente que no la cantaría de nuevo jamás. La voz de Van desmiente su edad, o ésta más bien la embellece, un instrumento musical profundo y sutil que extrae cada gramo de significado y de poesía de estas canciones, y que se eleva por encima del grupo como un gran pájaro de presa, dando vueltas al cielo. En unas imágenes de aficionado de una actuación de enero de 1996, en el Royal Concert Hall de Glasgow, se puede ver una versión diferente, más dolorosa de «Slim Slow Slider». Van, con su nuevo uniforme, con aspecto de ex gangster que hace su confesión final y sonando como lo mismo, ataca la guitarra como un joven punk, y gime la letra como si escupiera sangre. La cámara le sigue como el cañón de una pistola.

En este concierto, que forma parte de un mes de conmemoración de «Celtic Connections», Van se presentó con un grupo de circunstancias, que reintroducía a Ronnie Johnson a la guitarra, con Nicky Scott al bajo y Geoff Dunn a la batería. Leo Green tocaba el saxo tenor y Matt Holland la trompeta, con Georgie Fame en el papel de director. John Williamson hizo la crónica para el periódico local, como un hombre que hubiera visto el paraíso: «El grupo se compone de ocho miembros, con Brian Kennedy como corista más que como un atareado sustituto de las partes cantadas por Morrison. Con la voz de éste en buenas condiciones, el grupo tacando muy bien y el evidente sentido del humor de Van hasta los organizadores del festival no podían esperar una mejor relación calidad-precio para este éxito sorprendente». Ni el público tampoco.

Era como si la relajada gira de jazz y la posterior actuación de Van en Swansea hubieran disparado un interruptor interno —el etiquetado con la palabra «genio»—. Sin que la prensa musical general lo advirtiera, Van volaba alto otra vez y hacía una música tan buena como cualquier otra de su carrera entera. En la primavera de 1996, hizo unos conciertos en España y después una gira por Estados Unidos con una especie de supergrupo. La formación de Glasgow se veía aumentada ahora por Haji Ahkbar, Robin Aspland al piano de cola, Alec Dankworth al contrabajo, Ralph Salmins a la batería, y Pee Wee Ellis, lo que daba una especie de efecto de grupo doble, con dos baterías, dos bajos, y dos teclados, además de una amplia sección de metal.

El conjunto aterrizó en los estudios de David Letterman, en Nueva York. Y, desde luego, Van se lanzó prácticamente sobre el escenario e interpretó una alegre «Moondance». En el vídeo resultante —que es como si apagara los rayos catódicos de la televisión con su pura alegría de vivir—, Morrison está animado y jovial, sonriente y bromista con Fame y ardiente de entusiasmo. Letterman, después de perdonar el tratamiento que se le dio en Londres, casi no podía creer en su suerte, y abrazó a Van como un emparrado que se enrollara en torno a un cachorro pequeño, rechoncho y vivo. Era como si alguien hubiera tomado el grupo que tan bien había tocado en el estudio de *Later* y hubiera doblado el número de miembros, dividido por dos la edad y, después, les hubiera inyectado helio. Realmente llamativo.

Este entusiasmo por la vida se trasladó a las cuatro noches a finales de abril en el «Supper Club» de Nueva York, el mismo local pequeño e íntimo en el que Bob Dylan había revivido recientemente su vacilante carrera, que con este proceso obtuvo una nueva y triste majestad en escena, y que insufló nueva vida a alguna de sus canciones más importantes. Van presentó una actuación de cuatro horas, de la que Dan Murray informó a un incrédulo *Wavelength*. Van volvía a subirse al podio de la batería de Ralph Salmins, como si estuviera de nuevo en el Whiskey: «Van estaba de espaldas al público y con la mano en la cadera, y hacía saltos y parones mientras que gritaba una y otra vez al micro que sostenía en la mano: "¡No dejéis que me venga abajo! ¡No dejéis que me venga abajo!". Un técnico corre para ayudar al cantante a que regrese al escenario. El fiscornista Haji Ahkbar se dirige al micro de pie para despedir a Van. Pero el intérprete no está exhausto del todo. Agarrando a Ahkbar con una llave virtual, Van sigue su exorcismo: "¡No dejéis que me venga abajo!". Repite la súplica al menos cincuenta veces, machacando al público hasta que finalmente abandona la escena».

Van tenía un grupo fuerte de once miembros, y la primera noche interpretó un «Man's World» de quince minutos «serpenteante, lleno de tensión». Los cuatro conciertos comenzaron con una suite de canciones del álbum nuevo. «Who Can I Turn To» estaba dedicada a Michelle, y la sección de metal bombeaban «como pistones, y el canto de Van volaba como en un paseo con alfombra mágica». En «Lonely Avenue», Van habló de telefonear a Lou Reed —al que habían practicado electroterapia de joven— para hablarle de los ruidos y las voces que el cantante decía que oía en su cabeza. Justo como un chamán. En la segunda noche, Van se refirió a sí mismo como «el intérprete conocido antiguamente como Van Morrison», e «In The Afternoon» alzó el vuelo en escena con un cantante «que hablaba totalmente fuera de sí». La tercera noche, Van dio patadas por todo el escenario, como si fuera 1970 y golpeó *a propósito* el soporte del micro en pleno «The Healing Game». Próxima parada, los Who.

«Mi paciencia se está agotando», dice Van en medio de «Have I Told You Lately» y los integrantes del público están de acuerdo. Ésta es la única actuación con cansancio de las cuatro noches, seguramente debido a la presentación de antes en el programa de *David Letterman*. La cuarta noche, Michelle Rocca acompañaba a Van, y Richard Gere improvisó en «Vanlose Stairway» y pronunció un breve discurso sobre el poder curativo de la música. Una chica grita «te amo» en gaélico, y Van le pregunta a ella «¿estás segura de estar en el lugar adecuado?». Después de la actuación, el viejo amigo Robert De Niro se lleva volando a Van para cenar.

El grupo se fue a Nueva Orleans, y luego a Memphis, donde Van cantó una versión alargada de «See Me Through», que incluía el verso de los Hollies «él no es pesado, es mi hermano». ¿Se refería a De Niro? En una noche húmeda y ante un enorme público de festival, Van se lanzó a un extraño rap sobre «no necesitamos cuerda, no necesitamos chorradas, no necesitamos gente..., todo lo que necesitamos es...». La frase no se acabó nunca, aunque en cierta forma no creo que la palabra final sea «amor». En Nueva Orleans, antes de Memphis, el momento álgido fue de nuevo un «Slim Slow Slider» prácticamente acústico, cantado, según señaló recientemente B. P. Fallon, «con la gravedad de un sepulturero». Van besó a Michelle en el escenario en pleno bis de «Have I Told You».

Luego Van fue en avión a Amsterdam para una actuación de hora y media, muy corta vistas las normas habituales, y estrenó una canción nueva «Fire In The Belly» y «Boppin' The Blues», una de las piezas que había grabado recientemente con el rocker pionero Carl Perkins. En junio, Morrison hizo cuatro conciertos en Wembley, compartiendo cartel finalmente con su héroe de siempre Ray Charles. Gavin Martin, en el *NME*, informaba que aquellas eran sus primeras actuaciones de telonero en veinte años. «Después de iniciar la actuación con una versión lúgubre de "Satisfied" escorada al funk, el momento cumbre del pase fue "The Healing Game", que Van presentó como "una canción sobre East Belfast, de vuelta a la época antes de que todo se jodiera"». Martin la describe como «un himno triste, una acción maravillosamente modelada de esperanza sentimental, y de nostalgia útil». Luego Van se sumó a Ray Charles para un bis de «I Believe To My Soul».

En la prensa amarilla se publicaron reportajes sobre la relación que Michelle, a espaldas de Van, había tenido con un rico preparador de caballos. Esto en el *Mirror*, al que hacía poco que John Pilger había regañado por la brusca caída —que se inició bajo el mando de Robert Maxwell, antes de su «último» baño— del periódico, que pasó de ser un diario partidista con entrañas a una especie de *The Sun* de segunda categoría. Después de protestar por esta grosera invasión de la intimidad, el propio Van se convirtió en objetivo de los mismos periodistas, los auténticos amarillistas después de años de zaherir a los pobres escribas del rock.

Ellos le persiguieron hasta un nido de amor de Warminster, y aseveraron, sin pruebas, que él se refocilaba con damas de la noche. Todo más bien conmovedoramente inocente, ¿y qué? La situación con Rocca se resolvió pronto, y en la actualidad hay rumores no confirmados de celebración de una boda discreta. Y deseamos que ella inspire a la musa de Van. El *Sunday Times* reveló, no menos contenciosamente, que Morrison había proporcionado música para *Lord Of The Dance*, de Michael Flatley, un espectáculo multimedia que reproponía narraciones folclóricas celtas y se centraba en despliegues de zapateados con alta tecnología, en la estela de *Riverdance*, pero la música no se utilizó nunca.

Hacia finales de año, se editó *Tell Me Something*, un CD dedicado a las composiciones de Mose Allison, y que presentaba a Allison, Fame, Morrison y al Dr. Ben Sidran, antaño en la Steve Miller Band y creador de una serie de agradables álbumes de piano jazz. Los demás músicos provenían del grupo de Van, y una vez más Pee Wee Ellis hizo los arreglos. El álbum es un pasatiempo interesante. En la portada de color naranja hay cuatro fotos pequeñas con Allison, con suéter y sombrero rústico, Fame ante el micrófono, Sidran con la mano en la mejilla, y Van con los ojos cerrados tras las gafas de sol. Teclas de piano adornan la contraportada y el libreto del CD. Las notas de contraportada de Sidran dicen que «Van califica a Mose como uno de los compositores más importantes de nuestro siglo. Él habla realmente en nombre del blues moderno mejor que cualquier otro anterior o posterior. Las sesiones se hicieron rápido y bien, todo interpretaciones en directo a la primera o segunda toma».

«Hacía tiempo que quería hacer este disco», explicó Van. «Hay muchas canciones de Mose que admiro, y en este álbum debe haber sólo un diez por ciento.» La grabación entera se hizo en un día. «Hemos ensayado durante treinta años para esta ocasión», añadió Sidran. «Este asunto ha fascinado nuestras mentes durante años; es casi una parte de nuestro vocabulario musical.» En *Q*, Mark Cooper considera que menos es más en el estilo lacónico y astuto de Allison, que ha honrado y desconcertado los clubes nocturnos del mundo durante los últimos cuarenta años. La contrapartida jazzística a J. J. Cale, aquellos que aquí echan en falta el aspecto espiritual de Van han de saber que Allison se especializa «no en la mística, sino en conocer la partitura», lo que puede convertirle en brillante, o en un engreído insoportable.

Van incluso atrajo a un tal Paul Lloyd, un yesero de Merthyr Tydfil, en plan de imitador profesional. Él apareció en *Stars In Their Eyes*, y cantó «Brown Eyed Girl», que fue considerado como el éxito más importante de Van, aunque en cuanto a aspecto, el actuante se presentó como el Van de mediados de los setenta, y fue vencido en el concurso por «Dinah Washington». En una forma más duradera de alabanza pública, y siguiendo las huellas de sus viejos colegas Eric Clapton, miembro de la orden del Imperio Británico, Harvey Goldsmith, comendador de la misma, o *Sir* Cliff Richard, Van —el original rebelde blanco del soul— recibió la recompensa de la Orden del Imperio Británico por sus «servicios a la música». Morrison había conseguido su mansión en la colina.

diez:

El juego de la curación (The Healing Game)

Morrison en concierto (1993).

En 1997, el CD de Brian Kennedy *A Better Man* —¿mejor que Van The Man?— se encaramó a la cima de las listas irlandesas. Kennedy se había criado en Falls Road, con cinco hermanos más, antes de trasladarse a Londres. Como declaró él a *Q*: «Cuando empecé a tocar con Van, la gente supuso que yo tenía un contrato discográfico. Él me dio todo el apoyo posible y yo, en cuatro años, sólo falté a dos noches por causa de mi carrera en solitario». *Q* habla de la voz de chiquilla de Brian, y de las letras que —como las de Morrissey— rechazan la concreción de género. «Algunos hombres, grandes jugadores de rubgy, las oyen y piensan que está bien manosearme y se encuentran con una nueva faceta de sí mismos. Mis canciones pueden tratar de hombres o mujeres, pero no son sobre el sexo, es más el amor y la nostalgia. Yo sé que en mi mente soy un hombre.»

El mismo mes, Michael Evis habló en *Mojo* de sus planes para el siguiente festival de Glastonbury. Un nombre ya estaba decidido. «Van Morrison sigue sin parar; pase lo que pase en el mundo exterior, él siempre está allí conmigo y siempre lo estará. Cada año él vuelve conmigo fresco como una rosa.» El mismo número publicaba una excelente retrospectiva sobre los Pretty Things, una influencia de formación sobre Them. El proceso fue en dos direcciones, y para Phil May, Van todavía es «los cojones del perro. Cuando le ves ahora es como un tío que sabe realmente donde está y que no hace caso de ninguna chorrada».

En la portada de *The Healing Game* un amenazante Van circula por la fotografía, junto a uno que parece uno de sus acompañantes, alias Pee Wee Ellis. El álbum se grabó en Dublín, y se editó en marzo de 1997. Morrison, vestido y fotografiado monocromáticamente, parece más bien que te pueda herir en vez de curarte, el Jefe que viene a hacerte una visita. Es como si toda aquella juventud y esperanza, la belleza y el deseo de *Astral Weeks*, se hubieran quedado atrás, un calidoscopio de colores corroído hasta el blanco y negro. Por otra parte, podría ser un condenado a muerte. El álbum está dominado por el excelente órgano de Georgie Fame, los coros de Brian Kennedy y el grupo de jazz de Van, que en gran parte proviene de las sesiones del Ronnie Scott's. Igualmente de vuelta al redil, están Haji Ahkbar y Katie Kissoon, que añaden «coros ardientes y sentimentales».

La primera canción, «Rough God Goes Riding», marca el tono del álbum entero, tan oscuro como la portada. La voz de Van es tan desolada como la de Leonard Cohen en su álbum *The Future* —básicamente no hay ninguno— o los cantos destruidos de Dylan en su último álbum decente, *Oh Mercy*. Todo se ha roto. El álbum de Van empieza con «víctimas salpicadas de fango» en el televisor, el «dios brutal» de W. B. Yeats, una figura del Apocalipsis y de su poema «El segundo advenimiento», y el acoso a Van de la prensa sensacionalista. El solo de saxo de Ellis es magistral, el mismo grito lento de la garganta de Van. Éste pide una *Biblia*.

En cierta forma, el resto del álbum se unifica de una manera en que no lo hacía *Days Like This*, y es más agradable de escuchar, aunque el tema de fondo es poco prometedor. Se sigue jugando con los temas recurrentes de Van: en «Fire In The Belly» él escucha la radio, y una mujer es como una «nube que vuela alto», según «Beside You». En un momento dado Van imita a John Lee Hooker.

«This Weight» es casi la canción más famosa de The Band, y trata de la liberación, aunque en realidad es sobre la esclavitud, el tema subyacente en todo el álbum. Como sostiene *The Guardian*, «el solo de saxo barítono de Pee Wee Ellis sobre un fondo neblinoso de tenor, trompeta y fiscorno es un deleite». Justo como el grupo estadounidense con el coro callejero de Van de hace veinticinco años. La combinación del canto amargo con el juvenil eco de Kennedy es como si fuera paterno-filial, y la canción se abandona más que se acaba. Suena como el tiempo que se ralentiza.

En «Waiting Game», Van se muestra maravillosamente cansado del todo, sus eones de voz profunda contrapunteados por el soprano arrullador de Kissoon. Él es «el hermano de la serpiente», en relación al Edén y a la mitología del malogrado amigo y tocayo Jim Morrison. Salvo que este «lagarto» no es sexual sino venenoso.

Más inesperado aún es el misterioso «Piper At The Gates Of Dawn», tomado casi directamente de *El viento en los sauces*, con la gaita de Paddy Moloney y el imponente piano de Phil Coulter que revive glorias pasadas. La tragedia de Kenneth Grahame fue que él no acabó de crecer verdaderamente, a pesar de que sus padres le obligaron a aceptar un empleo importante en el Banco de Inglaterra. Van suena infinitamente triste, perdido de regreso a su propia infancia. A él no se le puede haber pasado por alto que el título lo comparte con el primer álbum de Pink Floyd. Más decisivamente, la canción se resuelve en sí misma en silencio.

«Burning Ground» ha sido atacada por su «ridículo sainete recitado sobre la quema del yute», aunque Morrison narra una escena de su infancia —el yute llegaba en barco a Belfast desde la India— y en este caso suena como un predicador de la hoguera, que es lo apropiado. La canción tiene un tono parecido a la última obra maestra de Dylan «Blind Willie McTell». «It Once Was My Life» se inicia con una conversación feliz y borracha, y luego un coro de gospel acompaña el agrio cuadro de desilusión de Van. «Juicios y aflicciones», que uno podría poner de nuevo a los pies del *Sunday Mirror*. Las voces de acompañamiento se convierten en una pesadilla. Musicalmente, estamos de vuelta a las sesiones Bang. Bajo acústico, luego «Sometimes We Cry» cita a Johnny Ray, aunque aquí las lágrimas son de verdad, y no falsas. La voz de Van nunca ha sido más parecida al saxo, a plena garganta, gritando dolor. «If You Love Me» es un dúo emocionante, aunque con clichés, como una pieza de los Bonzo ralentizada. Pop de los cincuenta, que resuena a través del tiempo. No es que sea «Have I Told You» número dos. Aunque hay una buena armónica, sobre un coro sin palabras, y el truco de los cuatro acordes.

La canción que da título a *The Healing Game* va del canto en las calles de Belfast. Como declaró después Van a *Q*: «La gente no se lo cree cuando les cuento que antes se solía cantar y tocar música en la calle. Pienso que hay una tradición oral entera que ha desaparecido.» Una localizada en el barrio de Hyndford Street. La canción trata de cuando la gente solía cantar en las calles: «La cosa venía de Norteamérica, donde tenían todos esos grupos de doo-wop. Ésta es la idea general de la canción: tú nunca cambias realmente de posición. Tomas muchos desvíos, pero al final todavía estás en la esquina». La culminación final del proyecto «Street Choir» abandonado durante mucho tiempo, aquí hay un coro doo-wop y un órgano de iglesia, directamente sacado de Procol Harum. Van es como los protagonistas de la obra de Yeats *Purgatory*, condenados a la eterna repetición, «aquí estoy de nuevo», otra vez con el «jelly roll del callejón». El orgásmico solo de saxo, y el tifón de un coro final sugieren una fuga del infierno esbozado en este álbum. La música es el único alivio.

Los críticos no se resistieron a comparar este álbum con el otro disco nuevo de la semana, *Pop* de U2. El grupo de Dublín empezó con una fe evangélica en la música rock, y al principio parecía seguir los pasos de Van, e incluso grabó una canción (diferente) titulada «Gloria». Después ellos cambiaron, como Van a los paisajes de sonido, esculpidos por Eno. Luego la gira *Zooropa* abrazó el multimedia y la postmodernidad: cuando ellos quisieron una voz profunda con autoridad miraron hacia Johnny Cash, y no a Van. Su CD nuevo abarcaba todo tipo de música popular nueva, bajo y batería con techno, mientras que Van parecía que iba hacia atrás, hacia el rhythm and blues urgente de su juventud.

Bajo las distintas superficies, tanto Van como Bono —al que una vez Van describió como un buen chaval, que aún no había crecido— se ocupaban de asuntos de fe y desesperación. La mayoría de críticos no acabaron de entenderlo. David Hepworth, de *Mojo*, opinaba que desde 1980, Morrison había hecho once álbumes que habían mostrado una falta de ambición sin parangón entre sus contemporáneos; aquí yo quisiera exponer justo lo contrario. «Todas las sombras de encanto y maravilla de su música de juventud» se han cubierto ahora con una «niebla displicente de inocencia herida». De acuerdo, hasta que te das cuenta de que las primeras canciones de Van podían ser todavía más displicentes y heridas. «He Ain't Give You None» tiene poco que ver con «Woodstock». En *Q*, Lucy O'Brien consideraba que Morrison estaba «en una formulación clásica, un realista meditativo y, a la vez, un soñador nostálgico». Para *The Guardian*, «el disco descansa en la relación de Morrison con su grupo excelente» e imparte «momentos de musicalidad sublime». John Muvey, del *NME*, no se mostraba tan caritativo: «Donde antaño se elevaba, ahora él anda con paso pesado. Camina penosamente. Se mueve pesadamente. Y gruñe un poco». Morrison ha atracado en la orilla del río «con un fracaso sonoro».

«The Healing Game» aparece también en el nuevo CD de John Lee Hooker *Don't Look Back*, que también produjo Van. Los dos tardaron años en reunirse el tiempo suficiente para hacer un álbum completo, aunque el *Observer* tan sólo escuchó «el sonido de dos hombres que cantaban con el piloto automático puesto». Aunque Hooker declaró a *Q* que «no conozco a tipos jóvenes que toquen el blues auténtico como yo, B. B. o Van. Ellos tocan un blues sofisticado, pero ninguno toca el blues bien profundo que nos gusta hacer». ¿De qué hablan cuando se llaman por teléfono? «De mujeres.»

«The Healing Game» es el tema del título de dos CD singles de Van y los muchachos. Ambas portadas muestran Hyndford Street, sin tráfico, con Morrison y Kennedy a lado de una farola (no como George Formby) con el resto del grupo —o de la banda— que camina hacia ti con una amenaza lenta. Van tiene un aspecto ceñudo y macizo, casi disecado. Entre dos fotografías, se ha cambiado la camisa. El segundo CD contiene una metálica puesta al día de «Full Force Gale» y dos canciones nuevas. La dylaniana «Look What The Good People Done» parece que va sobre otro hombre del Ulster incomprendido, George Best, que podía hacer con el fútbol lo que Van hace con las palabras, y al que, en el programa de televisión *Wogan*, se le inflingió la cosa más parecida a una crucifixión pública. «Celtic Spring» tiene a Paddy Moloney a la flauta metálica, y la repetida frase de ir «a las regiones de nuevo». Van, una vez más, parte en busca de sus encrucijadas celtas.

Al estar pendiente una edición oficial —que ahora se ha previsto para noviembre de 1997—, *The Philosopher's Stone* es un producto aún más interesante. Un CD en estuche doble, con el subtítulo de «The Unreleased Tapes Volume One», y aunque no se editó en la anunciada fecha del 15 de julio de 1996, se distribuyeron algunos ejemplares de promoción. En mi discografía he relacionado los temas previstos, con comentarios tema por tema de Simon Gee. «No se les puede llamar descartes porque ello sugiere que estos temas eran, en cierta manera, de segunda. Y no lo son, tan sólo son canciones realmente buenas que no se editaron a tiempo», declaró a *Ice* una fuente cercana al proyecto.

El título procede de la alquimia, que convierte la escoria en oro. Uno espera que este proyecto —o los proyectos que el subtítulo hace suponer que seguirán— no siga la senda del amenazante estuche, anunciado hace tiempo, de diez CD de Neil Young con descartes y grabaciones en directo. Cuando se editó la colección *Bootleg Series*, con tres volúmenes de Dylan, tan sólo rascaba la superficie de las páginas antiguas del intérprete, y tuvieron el desgraciado efecto de ridiculizar a sus lanzamientos actuales. Como declaró Van a *Q*: «Es difícil calcular por qué algo no se editó a su tiempo. Habitualmente se piensa que no encajaba. Cuando yo estaba con Warner Brothers, ellos eran muy minimalistas. Ellos siempre decían que no querían más de veinte minutos por cara, por causa de los niveles de grabación».

Asimismo, editado en 1997, está *New York Sessions 67*, un nuevo embalaje del material de Bang, y de las «canciones» ráfaga de un minuto destinadas a liberar del contrato a Van. Para Martin Aston de *Q*, estas representan «un acto de venganza musical de un desdén sin parangón». Peter Doggett de *Record Collector*, que escribió también una excelente visión de conjunto, en tres capítulos, de la carrera de Van para la citada revista, encontraba que aislar los fragmentos deliberadamente inutilizables «hace resaltar tanto su estupidez como su humor malvado». A Van se le ve en fotografías con Bert Berns, sin «un solo rastro de agravio o de resentimiento en la cara».

Otro álbum editado a principios de 1997 fue *Now And In Time To Be: A Musical Celebration Of The Works Of W. B. Yeats*. Reunido por dos periodistas de viajes, que habían ido hasta Sligo con la música de Van en el estéreo del coche, y habían escuchado su interpretación de «Before The World Was Made». Esa misma versión aparece en el álbum, junto con nuevas composiciones de los poemas de Yeats a cargo de Christy Moore, los Waterboys, los Cranberries, Shane MacGowan, además de lecturas de Richard Harris, y una grabación de archivo del propio Yeats. «Los poetas irlandeses te enseñan a cantar sea cual sea su calidad.»

La pieza final de esta avalancha de material nuevo relacionado con Van era *The Van Morrison Songbook*, que reúne versiones de la obra de Van, ya publicadas en disco, por intérpretes tan diferentes como Energy Orchard («Madame George»), Steel Pulse («Brown Eyed Girl»), Goldie Hawn («I Wanna Roo You») y Billy Connolly («Irish Heartbeat»). Una gran mejora con relación a *No Prima Donna*.

Morrison ha influenciado a todo el mundo, desde Graham Parker a Tanita Tikaram. Una versión sobresaliente de su obra es la interpretación en directo de «The Way Young Lovers Do», que Jeff Buckley grabó dos veces en vivo, en *Live At Sin-e* y *Live From The Bataclan*. Ambas versiones sobrepasan los diez minutos, y Jeff usa el estilo exuberante de su padre, como un ángel dichoso, para llevar la canción hacia nuevos mundos felices. Es liquidar una deuda, por cuanto hay una clara influencia de Tim Buckley en la propia versión de Van en directo de «Vanlose Stairway», especialmente en el mal grabado pirata de Manchester *My Name Is Raincheck*. Jeff adorna la canción, la desarrolla para contar su propia narración, la tuerce y la estruja hasta deformarla.

Quizá Shana hará después lo mismo, y desmontará y revalorizará el mito de su padre. Thomas C. Palmer Jr. informa en *Wavelength* de una actuación de ella en Boston que incorporó algunas delicias secretas como «Twiligth Zone», de su padre, junto con la canción tradicional «The Blacksmith», y sus propias canciones, una de ellas compuesta con su madre. De vuelta a casa en San Francisco, «tenemos muchos seguidores allí donde vivimos. Una lista de correo». Los músicos que acompañaban a Shana tocaban también con Claddagh, que ella describe como una orquesta irlandesa de baile. El círculo permanece intacto.

La influencia de Van en otros músicos resulta fascinante, para ellos y para nosotros. El reciente colaborador de Van, James Hunter, alias «Howling Wilf», cuenta que Morrison le dijo que «hay la tendencia de insistir en una sola cosa y agotarla rápidamente por sobreexposición. Pienso que él quiere hacerlo con cuidado para que dure un poco más». Para Elton John, «él, de todos modos, por lo general está en el planeta Van». El sumamente extraño intérprete de trip-hop Tricky, cuya obra se acerca a la amenaza de la primera época de Van, admite de mala gana que «él es consistente». Mike Pickering, de los magos del dance M People, se muestra más expansivo: «Van es uno de mis héroes de todos los tiempos».

Incluso el famoso cascarrabias Woody Allen, que actúa un poco cuando no toca con su grupo semanal de jazz, admite que a él «le solía gustar escuchar *A Sense Of Wonder* los domingos». Noel Gallagher primero consideró que «él es un auténtico **** viejo miserable, y su música no es la de mi generación», si bien después añadió, con algo parecido a la cortesía, «aunque él va en serio y lo respeto por eso».

Mientras escribo, circulan rumores sobre una gira británica conjunta de Morrison y Dylan para principios de verano. Ambos comparten (o compartían) el mismo contable. Según se cuenta, él les invitó una vez a cenar. Nadie dijo una sola palabra, ni a él ni entre ellos. Cuando Dylan se había ido, Van se inclinó sobre su anfitrión, con un brillo en la mirada, y le dijo: «Pienso que esta noche él estaba en la mejor forma, ¿verdad?».

Una pista sobre los propios métodos de Van surge del pasaje de *En el camino* de Kerouac, que él leyó en el homenaje televisivo a Slim Gaillard, de quien se dijo: «Grupos numerosos de jóvenes semi intelectuales se sentaban a sus pies. Cuando él entra en calor se quita la camisa y la camiseta y se lanza de verdad. Él no dice ni hace nada que le venga a la cabeza. Él ralentizará el ritmo y dará vueltas a..., todos se inclinan hacia delante, pasmados, para escuchar. Y él sigue adelante, durante una hora entera». Luego Gaillard recita la misma frase, una y otra vez, «durante quince minutos, con la voz que se vuelve más y más suave hasta que resulta inaudible». Dean Moriarty comenta, con las manos juntas como para rezar, que «Slim conoce el tiempo, él conoce el tiempo». Gaillard le dice a Van que el «ritmo lento» que se describe ahí es un «ritmo cubano auténtico de verdad».

Los escritores contemporáneos han quedado tan fascinados por Van como Gaillard con Kerouac. En el cuento de Hanif Kureishi, *With Your Tongue Down My Throat*, publicado en el número veintidós de *Granta*, el héroe viaja en autobús hacia el este, a Holland Park, donde vive la gente rica. «¿Por ejemplo? Van Morrison con un gran abrigo se apresura hacia alguna parte de manera nerviosa. "¡Oye, Van! ¿Ni siquiera vas a decir buenos días?", grito yo al otro lado de la calle. Cuando me oye Van The Man acelera como un perro con un recogedor de caracoles marinos en el ano.» Esto recuerda una anécdota que Jackie Leven contó recientemente en el escenario, la de que a Van casi lo pilla un autobús, después de cruzar sin mirar, y la acalorada discusión entre él y el conductor.

En *Tres LP Americanos*, una de las primeras películas en alemán del director Wim Wenders, el narrador sostiene un ejemplar de *Astral Weeks*, y luego se oye «Slim Slow Slider» en la banda sonora, mientras una chica está en un balcón, fumando un cigarrillo. Wenders, el director de *París-Texas* y muchos filmes más, desea trabajar un día con Morrison: «Sólo le vi una vez en San Francisco, e hizo todo el concierto de espaldas al público. Quizá es que es tímido». En su libro *Emotion Pictures*, Wenders dice de la obra de Van: «No conozco otra música que sea más clara o más llena de sentimiento o más perceptible a mis sentidos que ésta». Da una sensación de lo que el cine podría ser en su grado más alto, «la percepción que no siempre salta ciegamente sobre los significados y las afirmaciones, sino que más bien deja que tus sentidos se extiendan más y más».

El novelista alemán Peter Handke es un fan de hace tiempo de Van, y cita «Coney Island» en *Ensayo sobre el día logrado*, y admite haber basado en Morrison uno de sus protagonistas —un cantante— en su gran éxito *El año que pasé en la bahía de nadie (Mein Jahr In Der Niemandsbucht)*. Exhausto después de grabar su nuevo álbum, el cantante se escapa a las montañas de Inverness, y echa la mirada atrás sobre su larga carrera. Ulrich Buehring traduce un pasaje clave para *Wavelength*. «"El ser en la canción" era para él la fuente original.» Él se siente como si «dentro de sí mismo algo se empezó a curar, algo que él no quería curarse, aunque había cantado sobre el tema una y otra vez».

Jurgen Rank, traduce otro libro de Handke, en el que Sorger, el protagonista, asiste a un concierto que sólo puede ser de Van the Man: «El cantante era un hombre bajo y cuadrado que parecía ser muy robusto y totalmente ausente. Su voz era poderosa desde el principio sin necesidad de forzarla. No salía del interior del pecho, sino que al inicio surgía como si fuera independiente. Se hizo oír por sí misma como el sonido de alguien que, después de una larga, miserable y horrible crianza se pusiera a cantar de repente. Todas sus canciones se juntaban gracias a una rápida, y a veces repetitiva y tartamudeante, secuencia de cortantes, amargos y amenazantes (en ningún caso tranquilizantes) gritos de dolor». El concierto sigue adelante, con el cantante que no sonríe nunca, como si buscara en el interior de sí mismo.

«Durante un buen rato él parecía un muerto viviente atrapado en su propia maquinaria, que transmitía poco a poco ese vibrátil sonido resultante a su voz que, furiosamente, se abría paso hacia un himno ordinario. Sorger fue un testigo de lo que pueden ser los "himnos", y vio en el cantante que en el escenario parecía anónimo y desproporcionado un renuente cantante de la libertad.»

La novela de Roddy Doyle *La mujer que se daba con las puertas* presentaba a su protagonista limpiando la casa de un cliente, a los sones de «Tupelo Honey», lo que le hace recordar tiempos más felices. «Adoro a Van Morrison —se dice ella a sí misma—. Van es mi hombre.» Algo positivo sobre la esforzada vida de ella: «Tiene una gran banda sonora».

Wavelength contiene un poema emocionante, «Morning Ritual», de Chris Murray, un alcohólico rehabilitado, que trata de la manera en que canciones como «Melancholia» pueden consolar a los solitarios:

Y lo mejor es tener a Van de mi lado
lo que hace más fácil enfrentarse al nuevo día.

Mientras tanto, la poesía británica, o la sancionada oficialmente por la Poetry Society y los elegantes dominicales, se ha vuelto tramposa, postmoderna y antirrealista; unas obras que son gélidas en su mismo núcleo. Conceptos como la belleza o la sinceridad se eluden con todo rigor. Existe una pequeña industria cultural dedicada a impulsar este material, en general un puñado de chorradas antiguas, que los estúpidos y los pretenciosos llegan a creer que son buenas, porque no las entienden. Uno de los muy promocionados como «el Mejor de los Poetas Jóvenes Británicos» es Don Paterson, que es mucho mejor que la mayoría, y que se gana el pan como músico freelance. En un célebre artículo para el *Observer*, él alaba las canciones de Van, y luego lo estropea todo al escribir, con una condescendencia pésima: «Y digámoslo con toda franqueza: Van ni sabe ni puede escribir poemas». Otro poema de Chris Murray —que no figura en ninguna lista sancionada por la Consejería de Cultura— prudentemente añade:

Esto suena a pura envidia.
El peor Van
es mejor que el mejor Paterson.

Tom Paulin, muy citado en las interpretaciones en directo de «Summertime In England», elogia «la manera fenomenal que él tiene de incorporar trozos de discurso de Belfast en las canciones o de que ese discurso interfiera en la canción». Morrison toma su acento nativo «y luego le añade esa carga norteamericana, y recoge el blues y hace esa especie de cabeza de puente transatlántica». Paulin compara este dominio del ritmo con la solitaria estadounidense Emily Dickinson. Otro inconformista, el poeta Paul Durcan, que por supuesto grabó con Van, le coloca a él en la «ancestral tradición oral y toponímica que en irlandés se llama *dindsenchas*».

Para Greil Marcus, el crítico cultural por excelencia, «Morrison es el heredero de una tradición de misterios, y él lo sabe. Él es un celta y como mínimo un descendiente espiritual de San Brendan, que hace quince siglos partió de Irlanda y, según la leyenda, llegó hasta América. Así que Morrison... puede comprender que no hay divisiones, que todas las partes de sí mismo están ligadas en cierta forma. Aunque esto no es una creencia, es una posibilidad, y la tensión permanece, e impulsa la urgencia hacia la globalidad».

Dicha teoría se traslada a la realidad en «The Big Man», de Paul de Noyer, para *Q*, la primera entrevista importante (independiente) en ocho años; y él tiene la gripe. Van sale a puntualizar los mitos que rodean su carrera. Él nunca creyó en el sueño utópico de los sesenta: «Para mí, todo ha sido siempre tan difícil que nunca sentí esa ilusión». Él no se proponía vivir en Estados Unidos, pero después del «suicidio comercial» de la saga de Bert Berns, estaba completamente arruinado. Esto liga con una entrevista anterior de Gavin Martin, que habla de él llegando a Boston «evidentemente descorazonado todavía, bebiendo mucho aún (se dice que, en un momento dado, cerca del gran abismo). A menudo él telefoneaba a los locutores de las emisoras de radio que emitían toda la noche para solicitar discos de John Lee Hooker en medio de una arenga de borrachera irlandesa indescifrable».Siendo o no verdad todo esto, lo cierto es que Van se fue de Estados Unidos cuando su hija Shana se hizo adolescente.

Morrison se resiste a las interpretaciones de su obra: «Cuando estás metido en un tema puedes verlo todo en cualquier cosa». La gente le analiza demasiado: «Ellos lo exageran más allá de toda proporción, con el fin de parecer mejores, o más intelectuales». (Culpable de la acusación, agente, ya me lo tomaré con más calma.) La mayoría de sus canciones son ficción. Lo que más le gusta es la actuación en directo, la relación con el grupo, aunque es un trabajo duro: «Lo que pasa allí es muy complejo, y si alguien hace algo mal y la concentración se va..., es decir, que hay que hacer muchas señales. Yo tiro adelante con la música y la cosa es muy intensa, no se para nunca y todos están sobre ascuas todo el rato, desde el mismo momento en que salen al escenario hasta que se van».

En cuanto a la música, «claro que es mágica, yo creo que sí». Van solía hablar de poner a la gente en un estado de meditación, aunque la gente lo sacó de contexto, así que ahora prefiere no hacerlo. En realidad, él no ha abandonado nunca Belfast, su ciudad natal: «En el fondo aún estoy allí. En mente. Todavía estoy dando vueltas con los muchachos de la esquina». Él acaba de redescubrir *Astral Weeks*: «Hizo que me asentara. Aquí había mucho material de aquel que decididamente había atravesado el muro y estaba ahí. Y era bueno. Y me sentía afín a él».

Lo que los colegas intérpretes admiran más es su capacidad para perderse completamente en la música. Natalie Merchant declaró a *Hot Press* que ella había visto a Morrison en escena «en un estado casi chamanístico, un estado de trance, cuando él está realmente "conectado". No siempre es así, pero sucede». Para el espeluznante Dr. John: «Van es un tío profundo. Esa poesía que le sale de dentro es como escritura automática o más bien un flujo espiritual. Es muy enrollado, tío». Paul Jones, con los pies más en la tierra, le recuerda cuando se presentaba para improvisar con The Blues Band, y luego él se «escabullía» en el camerino, y Jones tenía que sacarlo como a un topo de la guarida. Un «hombre de lo más extraordinario, absolutamente maravilloso».

Como declaró Van en 1978 a Davitt Sigerson: «He estado por ahí un buen rato. Imagínate la situación. Ponte a trabajar en las orquestas de baile, de gira en autocares con siete u ocho personas, dormir en los parques, sin dinero. Ponte a trabajar en los clubes alemanes, en los sesenta cuando empezaba el movimiento en pro del rhythm and blues. Lo que me ha hecho aguantar en la música es el tiempo que le dediqué cuando yo no era absolutamente nadie. Cuando estaba en Them, era un anticlímax: "Vale, así que soy una estrella, pero no quiero serlo". Y lo dejé atrás: "No quiero salir cada semana en *Top Of The Pops*. No quiero ser una estrella". Yo sólo hago mi música».

Yo le pregunté a la poeta Elli McCarthy lo que había significado la música de Van en su vida: «Cuando me enamoré, lo hicimos con *Moondance*. Después, a lo largo de un matrimonio de once años que nos llevó a Creta, la India y a ser propietarios de una diminuta parcela en las Shetland donde nació nuestra hija Tao, Van y su música siempre estuvieron con nosotros. Las cosas cambian —los matrimonios vienen y van—, pero los viejos adictos a los festivales no cambian nunca, y aunque los niños crecen, nosotros seguimos asistiendo, ¡y los llevamos con nosotros! Y ahora el flaco gitano irlandés que antaño conocíamos como "Van The Man" toca ante cien mil personas. Tan sólo la primera expresión de cólera apasionada te hace saber que él está entre la formación plagada de estrellas. ¿Es Georgie Fame el que está al teclado doble, coño Linda, dónde están los prismáticos? Él canta sus letras para sí mismo, es la única manera en que él sabe cómo vivir. Él todavía adora a las mujeres, el se reunió con la hechichera en su época gitana del mar. Él es de mediana edad, con sobrepeso, demasiado bajito para mí, aunque cuando él canta "no estoy cansado, tan sólo me siento como rendido", ¡yo me iría con él! Sólo Dios sabe quién es él. Pero cuando él canta, nosotros bailamos, sostenemos en alto a nuestros hijos, y sudamos en los campos de Avalon».

El legendario articulista B. P. Fallon, que ha visto de todo, considera que «a veces él tiene un aura de malestar; puedes verle que sufre pinchazos de inquietud. En el escenario es donde él está más a gusto, seguramente es su oasis. Algo pasa allí, algo espiritual». Como declaró Van a Fallon, su búsqueda espiritual sigue: «En un momento dado tomé clases de cienciología por un periodo de un año y medio, pero no soy un adepto. Lo dejé estar, es un poco como el shiatsu. También me interesé por el budismo, el hinduismo..., el cristianismo esotérico. Ya no creo en mitos. Si pudiera encontrar una religión que funcionara...».

Phil Coulter piensa que Morrison se complica la vida a propósito. Es lo que le impulsa a seguir. Como declaró Coulter a Johnny Rogan: «Él es muy inquieto, física, emocional y creativamente. Es absolutamente imprevisible». En una entrevista, Van se vuelve hacia Michelle y le dice: «No soy un tío estupendo. Nunca dije que lo fuera». Ella discrepa, aunque el amor es ciego.

Quiero terminar volviendo a las palabras del colaborador musical de muchos años David Hayes: «Van es la única persona que he conocido en el negocio de la música que, si todos los elementos son buenos y todo está en su sitio, puede llevar la música hacia un campo totalmente diferente, en el que puedes penetrar. Es muy extraño, y cualquiera que trabaje con Van y lo experimente es afortunado». Lo mismo puede aplicarse a los que han visto a Morrison en concierto, o han escuchado sus discos. En ocasiones, nos puede irritar, aburrir, sorprender, excitar o elevar. En una buena noche, arrasados por un torrente poderoso de música y palabras, y por su creador, nos sentimos verdaderamente bendecidos. ¿Te has curado?

Estas palabras finales se hicieron amargas unos meses después, cuando Van Morrison casi me liquida. La primera edición de VAN MORRISON: EL GENIAL POETA DEL ROCK se demoró varios meses, y apareció luego en las tiendas sin gran fanfarria. Incluso se habló de acciones legales.

Ya que la música de Van me ha ayudado a lo largo de épocas emocionalmente difíciles, y como me retiré anticipadamente de un trabajo administrativo después de padecer crisis de pánico, todo ello parecía un poco desgraciado; está claro que hubo más que algunas noches de insomnio. El Van Morrison que había sido amenazado por «gente de peso» en Nueva York parecía que ahora jugaba el mismo juego consigo mismo. Sin el apoyo de mis editores, mis amigos y mi compañera Eileen, seguramente que yo me hubiera hundido. ¿Te has no-curado?

No se envió ningún ejemplar de VAN MORRISON: EL GENIAL POETA DEL ROCK a la prensa, aunque un artículo favorable, en general, en *Wavelength* ayudó a iniciar un debate sobre la importancia de lo irlandés en Van, y sobre la atención que centré en ello al incluirlo en mi título.

El motivo de la desaprobación de Morrison era aparentemente doble: por las entrevistas publicadas en la época de Hamburgo, época que pasó con músicos que él dice no haber conocido jamás; y por el disgusto causado a Michelle Rocca.

Las entrevistas en cuestión han sido efectuadas por Alan Clayson, un muy respetado experto en rock del que yo heredé el proyecto VAN MORRISON: EL GENIAL POETA DEL ROCK. Alan escribió después el relato definitivo de los años en Hamburgo (para la editorial Sanctuary), un libro repleto de entrevistas con otros muchos músicos que tocaron allí más o menos en la misma época que Van.

En relación al segundo punto, la queja principal sobre mis libros suele ser que soy demasiado amable con mis personajes, y no que intente sacarles la sangre. Yo soy tan profesionalmente responsable ante mis lectores como lo es Van ante sus fans; en ambos casos, si tú te pones a reprimir la verdad, vas a tener auténticos problemas. Van es un hombre sincero, y yo también, confío en serlo.

Elegí no reproducir titulares ofensivos de periódico como «Have I Told You Lately I'm Having An Affair?» [«¿Te he dicho recientemente que tengo un lío?»], o «Lost His Brown-Eyed Girl» [«Perdió a su chica de ojos castaños»], ambos extraídos del *Daily Mirror* del 7 de junio de 1996. No veo la manera de tratar de manera más compasiva el timo del Granada Loge de Warminster. Ni tan siquiera reproduje el titular cruel del *Sunday Mirror* del 16 de junio de 1996, «¡Deshonra sexual de Van El Hombre del trío en la cama!», o este titular ciertamente divertido: «It's The OBE — Old Bonker Exposed» [algo así como «el Miembro del Imperio Británico, es un viejo chalado al descubierto»]. (¡Ya lo he pillado!) El artículo describe a Van como «gordo, cincuentón y calvorota», aunque eso también me lo podrían aplicar a mí, o casi. Cuando se le saca el tema de sus relaciones con Sheila y Rose, él declara al periodista: «Yo simplemente me sentía solo y rechazado, y quería algo donde poderme agarrar... Y exageré la nota». El tono del artículo es más bien divertido que desdeñoso, y llega a la conclusión de que «será una gran sorpresa para sus leales seguidores que él haya reunido todas sus fuerzas para montar un trío con dos mujeres sexy». Lo que casi implica que él se merece un premio.

Ya que Van no demandó al referido periódico, seguramente la noticia no era ninguna difamación. Es un reportaje muy detallado: nos dice el número de la habitación (213), la edad y situación conyugal de ambas mujeres (segunda mitad de los cuarenta y divorciadas), la duración del disfrute sexual (dos horas), y lo que sucedió después (ellos cenaron juntos, después de lo cual las mujeres regresaron a Southampton y Van volvió a casa, seguramente a Bath). En qué medida el enojo causado por este reportaje inspiró buena parte de *The Healing Game* no puede apenas ignorarse.

Gerry Smith escribió un segundo artículo, en el que se quejaba de que muchos críticos habían recreado a Van como un Seamus O'Morrison. El «soul celta» es la «descripción más común y las más estúpida» de su música, que proviene principalmente de Norteamérica, y que —aparte de su colaboración con los Chieftains— apenas se puede escuchar un arpa o un *bodhran*.

Mike Burns también entró en combate, y argumentó que aunque Van es el «más negro de los cantantes blancos», cuando él «arremete con uno de aquellos rugidos... con los ojos cerrados en la mejor tradición irlandesa... y canta con el corazón, el podría ser un sean-nossinger», es una cuestión de fraseo. «Sí, ya sé que él canta "A Change Is Going To Come", y que viste como un matón de una película de serie B», pero su música es «irlandesa hasta los tuétanos». Luego Burns baja el tono y cita al propio Van, extraído de una reciente entrevista radiofónica: «Soy un artista internacional, aunque personalmente, esto es espiritualmente, soy irlandés». Desde *Astral Weeks*, «he intentado una incorporación de la tradición de la música celta y esta música negroamericana».

Depende de cómo se tome literalmente la palabra «celta». Mi libro concede una atención especial a *Veedon Fleece*, un álbum con, por supuesto, una portada verde. De nuevo en *Wavelength*, Robin Tarry ve afinidades con «una tradición antigua que incluye *John Wesley Harding*, de Dylan, las canciones de forajidos de Robert Hunter para los Grateful Dead y, por supuesto, las canciones de Woody Guthrie y Leadbelly». Todas ellas provienen en parte de la música de los colonizadores irlandeses, y es el tema de mi próximo libro, *Country Roads*, un relato de cómo llegó la música country a Nashville.

Otras personas han completado después el rompecabezas. Recibí un artículo del *NME* en el que Lemmy (luego en Motörhead) recuerda a Van regresando de Estados Unidos a Londres después de que Them implosionara, «bebiendo mucho y propenso a esporádicos estallidos de mal genio». Lemmy recuerda a Van sentado en «una desvencijada habitación de hotel de dos-chelines-por-semana», mirando al techo, a una gotera que dejaba caer la lluvia, y diciendo: «Los tiempos son malos».

Wavelength también llenó otro vacío, y entrevistó a Cuby, de los Blizzards, que estaba por allí en esa misma época. Según parece, Herman Brood tocaba los teclados con el grupo por entonces. Van se sumó a ellos para una minigira por Holanda, y concedió una extraña entrevista, en la que dice que hizo una corta estancia en un monasterio, «porque estaba harto por completo del mundillo pop... por su falsedad. En realidad no quería hacerme monje». Él se retiró con objeto de «pensar, leer y filosofar. Y ellos me dijeron, que podía volver siempre que quisiera».

Recientemente tuve en mis manos una promoción radiofónica para *The Healing Game*, en la que Morrison revela que «viene de mucho trabajo duro. Mi voz no se pone en camino así como así. Viene de usar lo que ya has conseguido, y trabajar en ello». Los libros también son así; requieren tiempo, y pensar, y algo que, aunque no llega a ser amor, queda poderosamente cerca de él.

Es posible que yo haya inculcado una idea en la mente de Van. En la Feria del Libro de Francfort, en octubre de 1997, el «vago» de *The Guardian* informaba que, «se dice que Luigi Bonomi, gracias a una sinopsis de tan sólo tres páginas, ha conseguido varias ofertas que rondan las 500.000 libras por la autobiografía de Van Morrison», aunque esta misma idea se fue a pique con Weidenfeld, que tenía planes para que Faber & Faber publicara «una colección de poemas y un "Van on Van"». «El muy avanzado proyecto de Cape para publicar las letras de "The Man" parece que también se ha demorado». En cuanto a VAN MORRISON: EL GENIAL POETA DEL ROCK, según parece una vez Van firmó un ejemplar en el camerino, con mueca incluida.

Portada del LP *The Healing Game* (1997).

El libro ya no me quita el sueño, y considero que eso cierra el asunto hasta, es un decir, que yo me sume a gente como Madame George, Linden Arden y John Donne y tenga una canción de Van compuesta sobre mí. Es un buen tema de conversación para las fiestas.

Mientras tanto, regresemos a la narración de la inquieta vida de Van, al cual, cuando hicimos un alto provisional en la acción, teníamos planeando una gira con Dylan en el verano de 1997. Desgraciadamente, la grave enfermedad de Bob hizo que la idea se quedara para mejor ocasión. Entre tanto, Morrison todavía tenía su Big Band, con la que tocó en Belfast en febrero, el golpe doblado del órgano y el piano, una ráfaga de metal, y Van que rugía como un león (y la voz casi femenina de Brian Kennedy que se elevaba por encima). Parecía como si esta formación fuera permanente, aunque en cosa de un mes se disolvió. El CD pirata *Live At The Waterfront* capta una lista de temas con predominio del «álbum venidero», *The Healing Ground*, y a un locuaz Van que habla entre canciones. Parece como si hubiera regresado a casa, y los muchachos del grupo hubieran penetrado en el espíritu, ladrando bien en «Rough God Goes Riding». (¡Apuesto a que nunca se le ha pedido tal cosa a un empleado!) Luego ellos entran todos a la vez, como una banda de Nueva Orleans, con auténtico orgullo en sus pasos. «Quiero que pongas las manos en alto contra la pantalla del televisor», bromea Van al final. «¡Y mándame un cheque!».

En abril, un grupo más reducido realizó cuatro actuaciones en Florida, sin Georgie Fame ni tan siquiera Brian Kennedy, que lo dejó para proseguir una carrera en solitario. En junio, Van actuó en el Great Irish Famine Event [Gran Concierto Irlandés contra el Hambre], en conexión vía satélite con la Casa Blanca, y durante el cual la presidenta de Irlanda Mary Robinson encendió una vela blanca simbólica. (Van también había pasado hambre en su época, y también tuvo que huir al otro lado del océano para buscar trabajo.)

Morrison encabezó el cartel del Fleadh en Finsbury Park, y cuando alguien solicitó a gritos «Moondance» le miró mal y preguntó de qué año era. Después de esto, cruzó el Atlántico para aparecer en la versión estadounidense del acto, donde su sombrero flexible voló con el viento. Luego el *NME* le atrapó en Glastonbury, y la voz de la cultura juvenil no se impresionó; al parecer, Morrison estuvo tanto rato que, para el crítico, fue como si «él toca y toca y toca..., y cada cierto tiempo le construyen un festival a su alrededor. Por eso Glastonbury es tan grande. Ya que si "Van The M(o)an" ["Van el hombre que gime"] cambiara el clima de un blues lento a un blues ligeramente más lento, se suicidarían generaciones enteras». Ese verano también se vio la primera entrega del catálogo de fondo reeditado y remasterizado, que se remontaba a los años setenta. *Mojo* la consideró una época en que su celebridad «aventajaba en buena medida a su energía creativa», aunque el sonido ahora es «más claro y más lleno». Unas grabaciones geniales, si no las tenías todavía.

En mayo, Van había llevado su espectáculo de gira a su punto máximo en Hay-On-Wye, como parte del festival literario que allí se celebraba, y realizó dos pases relajados, uno a continuación del otro. Cuando en agosto repitió el truco —¡y de qué manera!— en Ross-On-Wye, yo tenía la obligación de estar presente, y la cosa fue horrible. El primer pase lo vi gratis, por un hueco en la carpa, y echó chispas. Él demostró su aburrimiento tocando «Tupelo Honey» en si bemol, y procedió a desmontarla y luego a reconstruirla, para perplejidad del grupo. Van reconoció que «esta noche Pee Wee está ardiente», y con el grupo casi esquelético con seis miembros él tenía el espacio musical para conseguirlo.

La bestia salvaje no se había aplacado, y yo me puse en la cola con tiempo para poder estar en el centro de la primera fila, desde donde tendría a Van a una distancia en que podía tocarle, o quizá golpearle. Me fijé mentalmente en los dos matones, a un lado y otro del escenario, aunque ellos se preocupaban más de las grabadoras ocultas. Yo había conducido solo por la A40, gritando al viento, hasta los montañosos alrededores de Gloucester, donde había estado con mi tía, y no tenía ni idea de lo que iba a suceder, aunque sentía que ése iba a ser un momento destacado de mi vida. Pese a estar completamente frío interiormente, me sentía descontrolado. ¿Cómo se atrevía ese diminuto personaje a tratar mi tentativa de comprenderle a él y a su música con un desprecio tal?

Lo que pasó después estaba más allá de mis suposiciones más descabelladas. Quizá porque inconscientemente comprendió que había un loco de ojos feroces que lo miraba fijamente a pocos metros de distancia, Van se puso a levitar. Literalmente no, por supuesto, aunque en cierta forma Van se creció en el escenario, y su milagrosa voz atronó por los altavoces adyacentes como el saxo más profundo, uno con el don del lenguaje. Yo había ido con la vaga intención de causarle un daño físico, y ahí estaba ese personaje casi enano, vestido de blanco, regordete como un Guy Fawkes disecado, con sus rabietas repentinamente reducidas a las de un niño, y ahí estaba yo sonriendo como un tonto, con el espinazo estremecido de deleite, como en un acto sexual de los mejores.

Puedo jurar incluso que Van me sonrió, en especial cuando yo coreaba, con perfecta entonación, sus versiones más oscuras de rhythm and blues. Él hasta se puso a hablar con nosotros: «Hay tres clases de público: el que quiere las canciones nuevas, el que quiere las antiguas, y de tanto en tanto lo que llamo un público esotérico, y vosotros sois uno de ellos». El desconocido de mi lado, que me había mirado de manera rara al iniciarse el concierto, de repente me balbuceaba al oído: «¡He visto a Van veintiocho veces, y ésta es la mejor!». Muy cierto, compañero; esta noche él canta con su vida en juego. Luego, ya puesto a charlar, Van decidió concedernos el secreto de la música, del universo, y de la vida misma...

Luego él paró de tocar, y nos miró con sus ojitos porcinos, y ahí van las palabras que todavía resuenan en mi mente (no son exactamente las mismas que aparecen en la cinta, aunque si tienes que elegir entre la historia y la leyenda en tales ocasiones, confía siempre en tu imaginación): «¿Queréis saber el secreto de la música?», Gritó, brusco, casi sin aliento. Repitió la pregunta, más enérgicamente incluso, y como nadie gritó «no gracias» él dijo: «Bien, os lo diré. Primero lo subes. Y luego lo bajas. ¿Vale?».

Y entonces, ya está. Aunque cuando lo piensas, todo, desde su propia música hasta hacer el amor pasando por limpiar la alfombra tan sólo es eso, la tensión que se crea y se resuelve, acelerar y aminorar.

De todas formas, con mi tensión interna evaporada, como el rocío de la mañana, yo miraba al pequeño personaje que tenía enfrente (y yo no soy justamente Goliath), y un remolino entero de imágenes centelleaban en mi mente: Van en el Fillmore, Van en los tugurios de Belfast, Van en la oscura noche del alma, Van brillando de sudor y felicidad en el canto del cisne del grupo, y un enorme oleaje de amor me recorrió la espalda por completo y fluyó por el suelo. Yo oí un sonido extraño que venía de alguna parte, y era yo que reía, de pura alegría. Dime, ¿dónde puedes conseguir una cosa así por diecisiete libras?

Me cuesta hablar de esta actuación de manera objetiva, incluso después de escuchar el CD privado que un amigo belga me proporcionó muy amablemente (¿qué os parece, colegas?, ¡piratas personalizados!), ya que suena sólo como música muy buena, sin pruebas de levitación. La actuación vive en mi mente, en un espacio privado, como lo hacen las mejores. Simon Gee en *Wavelength* es más preciso, aunque no menos entusiasta: Van, que tocó «mucha guitarra acústica», y el «delicado solo de tenor de Leo Green en "Love In The Afternoon" y su paseo entre el público mientras seguía tocando "The Healing Game"». Vaya, si hasta tocaron «Snow In San Anselmo».

Vi actuar más o menos al mismo grupo en el Guildhall de Portsmouth, en noviembre, aunque por entonces no estaba Leo Green, Liam Bradley se había sumado a la percusión y a unos coros vacilantes, y esta sería la última aparición de Robin Aspland durante años. La cosa en conjunto fue tan plana como una tortita, y parecía como si Van no estuviera muy implicado, ya que hizo un énfasis impropio en el verso: «No es más que un trabajo, ya sabes». El público se marchó, descontento, sin apenas molestarse en pedir un bis, aunque en realidad se les ofreció tres.

Luego, una semana más tarde, puse el pirata sacado de las actuaciones en el St. David's Hall de Cardiff, y sonaba como un grupo nuevo, con Brian Kennedy de tierno contrapunto de nuevo, y Georgie Fame al órgano, ¡y luego dicen del juego de las sillas musicales! Los músicos suenan relajados, aunque cuando es necesario se muestran duros. Van grita a lo largo y a lo ancho como un dios ronco, y al final dice: «Queremos probar algo diferente. Hace tiempo que no lo hacemos, pero es un blues de doce compases sin séptimas, y que luego al final se mete en una especie de tema de Cannonball Adderley». De repente estamos en «Cyprus Avenue», de regreso de la muerte. El público aúlla de placer. Él lo repitió la noche siguiente. Entonces él atribuye «Conquered In A Car Seat» y «Mansion On The Hill» a Hank Williams, lo que de improviso tiene mucho sentido, y él también cita el «Libro de la Revelación». La canción devuelve una sensación de misterio a la actuación de Van, y quizá nos recuerda lo que él ha perdido con el correr de los años: la sensación de espacio. En «Just Another Walk With Thee», el órgano es catedralicio, el coro testifica, y la voz de Van se cuaja como la nata. Él tendría que haber sido realmente un predicador revivalista desde el principio.

En otro lugar, la industria Van Morrison seguía a grandes pasos. La *Complete Guide* de Patrick Humphries se convirtió en la perfecta guía de bolsillo, con una explicación álbum a álbum. (Me gusta especialmente su descripción de «On Hyndford Street» como el *Ulises* del cantante: «[una] letanía de quien era el joven Van Morrison, además de los lugares que le marcaron».)

Dos libros más miraban más de cerca su legado. En *The Star Factory*, el poeta de Belfast, Ciaran Carson, nos lleva a un viaje sentimental por su infancia, de los salones de billar New Oxford a la panadería de McWatter: el agudo objetivo de su memoria es tan claro como el de Van, aunque a causa de la división religiosa esta podría ser una ciudad completamente diferente. (Van creció cerca de Calvin Street.) Mientras tanto, el núcleo del libro de Gerald Dawe, *The Rest Is History*, está en el capítulo primero, «El suelo ardiente: Belfast y Van Morrison». Primero retrata a los Morrison como «un clan escocés de origen escandinavo», y coloca firmemente a Van en la tradición pentecostal, «a menudo, vista como obsesiva, hosca y santurrona», aunque su música es alegre.

En *Astral Weeks*, grabado en el exilio, «el mundo de ríos, jardines, líneas de ferrocarril y avenidas en particular, se puede identificar con la juventud de Morrison en East Belfast». El pasado se convierte en «emblemático», en más que un telón de fondo. Dawe identifica —como sólo uno de allí puede hacerlo— la «concha de la segregación de clase» por la que vagó el joven Morrison, en los «cambiantes umbrales mágicos entre la ciudad y el país».

Van había grabado una versión completa de «Shenandoah» para la serie de televisión *Long Journey Home*, y la cantó en directo en la recepción para la prensa en Nueva York, con el actor Liam Neeson a los coros. Era enero de 1998, y Van y Dylan se embarcaban en su gira aplazada, que se inició con cinco noches, con las entradas agotadas, en el Madison Square Garden. Van interpretó cada noche un potente pase de hora y media, con un grupo que incluía a Fame y Pee Wee, pero hubo pocas apariciones en el escenario con su viejo rival, aunque los dos se reunieron una noche en el metro para tocar «Blue Suede Shoes» como dos músicos callejeros borrachos.

De vuelta a Inglaterra, Lonnie Donegan se juntó con Van para un par de noches en el Dome de Brighton, después de las cuales Morrison fue de nuevo a Estados Unidos para algunos conciertos más con Dylan y una tercera gran cantautora: Joni Mitchell. Van fue muchas noches el primero en salir, y cabeza de cartel en dos.

Después volvió a cruzar el charco, esta vez de invitado de Chris Barber para plantar la semilla de su colaboración skiffle. Luego Dylan se juntó con Van para los muy demorados conciertos europeos, y en Birmingham interpretaron juntos «Knocking On Heaven's Door». La última noche de la gira, el grupo de Van empezaba a sonar cansado y el propio Van estaba «de un humor detestable. Ni una sonrisa en la cara durante toda la noche». (Simon Gee lo atribuye al hecho de que el noventa y nueve por ciento de los asistentes iban a ver a Dylan.) La tensión del pequeño grupo de Dylan, y la fatigada belleza de las canciones nuevas que empezaban a ocupar la actuación, debían causar un efecto, aunque sólo fuera el de provocar celos. Y así «en un espacio de tres días, Van iba a dar un descanso a la sección de metal, y regresar al saxo, la guitarra y el blues».

Mientras tanto, más productos: el siguiente lote de CD remasterizados salió al mercado, y suministró la excusa a algunos críticos para que dieran una mirada de nuevo a su carrera. Para David Hepworth, «Morrison se ha vuelto implacablemente hacia sí mismo sin que sus problemas se esclarecieran siempre. Esta introspección excesiva puede resultar asfixiante». La misma cosa ocurre cuando Morrison intenta «hacer explícito lo que está implícito» en la obra de los héroes musicales que él cita en canciones. Hepworth cree que su mejor tarea siempre ha estado en «la entrega más que en el mensaje..., las dinámicas de tensión y relax». Primero lo subes, y luego lo bajas... Para Gavin Martin, mientras tanto, el *Best Of* era bastante «una oportunidad para oír como suena el cielo sin abandonar tu sillón».

The Philosopher's Stone por fin tuvo una edición oficial, y era muy parecida al ejemplar pirata. (Los que miran a los trenes como yo pueden en este punto avanzar hasta la discografía.) Patrick Humphries opinó que «incluso cuando Van mira hacia atrás por encima del hombro, echa adelante», aunque para Robert Yates, «el Morrison más oscuro ya suena familiar, resultado de su canto marca de la casa, un vicio o una virtud, dependiendo del gusto».

Van regresó a su mejor forma ese verano en Ross-On-Wye, y de nuevo parecía que el efecto ribereño le suavizaba (él llegó a reconocer que era un fan de *Los Simpson*), aunque Simon Gee revela que, en un momento dado, él miró con indignación a su grupo como si ellos fueran «un plato de guarnición no solicitado colocado frente a él en el restaurante». Ellos hicieron un alto, y luego se esforzaron porque la canción fuera más del agrado de su líder. Después Van apareció inesperadamente en el programa de televisión *The Rose Of Tralee*, y se unió a su antiguo guitarrista Arty McGlynn para un lamento musical por las víctimas de las bombas de Omagh, la ciudad natal de McGlynn. «The Healing Game» nunca pudo sonar más apropiada, con la gaita de Liam O'Flynn resonando fúnebremente al fondo, y un Van desafiante cantando directamente desde el corazón.

En septiembre Morrison estaba de vuelta al King's Hotel de Newport. El siempre fiel Gee encontró el grupo «tan apretado como mis vaqueros después de un curry», y a la mayoría les encantó que les ofreciera la raramente interpretada «Mr. Thomas» con «cada palabra escupida». La edición de *The Philosopher's Stone* significó que algunas de estas delicias previamente oscuras —incluso «Naked In The Jungle» y «Crazy Jane On God»— se filtraran en el repertorio actual de Van. Candy Dulfer se juntó con él en escena en un par de festivales europeos, aunque los críticos también observaron los malhumores de Van y su «cortedad con los músicos». O su cortedad sin más.

Van no se presentó en la convención de *Wavelength* en Manchester, en la que un grupo de fans de toda Europa y de Estados Unidos intercambiaron anécdotas y cintas, escucharon al afable Mick Cox hablar de los época salvaje de Van, y compitieron en un concurso de preguntas y respuestas. Un grupo holandés de homenaje a Van llamado «Little Axe» tocó en lugar de él, y varios escribas de rock (incluido yo) describieron la manera tan personal en que Van nos había afectado a todos nosotros, en este caso, por supuesto, hablábamos de las amenazas, no de la música. Steve Turner pensó que él se había ganado su confianza, para luego desengañarse rápidamente. Al parecer, Van realizó su estratagema habitual de ofrecerse a comprar todos los ejemplares del libro de Turner y quemarlos, lo que recordaba algunos paralelos históricos...

Yo conté a los reunidos mi mejor historia sobre Van (desgraciadamente impublicable), de que un anónimo teclista en una gira no identificada se había embriagado manifiestamente una noche con el gran hombre, y los dos compartieron una velada de amistad imperecedera. A la mañana siguiente él se tambaleaba por el salón del hotel para saludar a su nuevo colega, y sólo consiguió que le mandara a la furgoneta del grupo (el cantante, por supuesto, se fue en su limusina con chofer) con las palabras: «deja la puerta de los cojones y métete en el jodido autobús». Estas fueron las últimas palabras que Van le dirigió, aunque él permaneció en el grupo durante unos cuantos meses más después de esto.

Morrison seguía de gira, tocando con Dylan otra vez en Estados Unidos y luego viajando de vuelta a Belfast para dos noches de skiffle con Lonnie Donegan y Chris Barber. Vehemente pero relajada, la naturaleza básica de la música parecía introducir una sensación de diversión de nuevo en su trabajo en directo, que recientemente había carecido de brillo, la lascivia del canto de Van en «Good Night Irene» por sí sola ya valía el precio de la entrada. Un melancólico Dr. John se incorporó para un par de canciones, y tocó el piano como sólo él sabe.

Lo que poca gente fuera de Belfast parecían darse cuenta era de que estos pases de skiffle simplemente eran la primera parte de calentamiento para lo que se demostrarían como dos de las actuaciones más importantes de Van en toda la historia. Simon Gee escribe que su versión de «Burning Ground», de vuelta en terreno propio, era la interpretación «más, torturada, expresiva y emotiva» de una canción que él hubiera escuchado jamás: «Me saltaron las lágrimas y sentí de nuevo el poder curativo de la música..., la versión del sábado fue simplemente ardiente en sí misma, las llamas del suelo casi consumieron al cantante». Gee dirige el mejor fanzine actual, y parece que tiene escaso apoyo por parte del hombre a quien dedica tanto tiempo. De hecho, la reciente declaración en grandes letras de que el fanzine es estrictamente «NO OFICIAL» me huele a imposición de abogados.

¿Así que con qué salió él luego? Despidió a sus músicos. Ellos tocaron en el programa de televisión *Rockpalast* en Bremen, y el trombonista invitado especial de esa noche, Fred Wesley, opinó que «el grupo estaba en una esfera que yo llamo "visitada", en la que los espíritus de los grandes caminan entre nosotros. Dejamos el escenario abrazándonos, palmeándonos todos las manos y comportándonos como si acabáramos de ganar la Super Bowl». En realidad, ellos sólo habían ganado sus impresos para Hacienda con el finiquito.

Los veteranos del rhythm and blues Pretty Things, cuyos vínculos con Van se remontaban al Londres de mediados de los sesenta, también figuraban en el cartel, con su mezcla habitual de empuje descalabrado y el poderoso canto de Phil May. Ellos tocaban material de su renovado álbum *SF Sorrow*, con sus trajes a juego, con un aspecto más bien de Reservoir Dogs que de Blues Brothers, mezcla de agresividad con tupés en el pelo. Esa noche Van se enamoró de su sonido rockero, se le vio en animada conversación con Phil May (que figuró de invitado en algunos conciertos posteriores), y de puta madre, el año nuevo vio el renacimiento de Van Morrison, la estrella del rhythm and blues.

El viejo grupo se esforzó en algunas actuaciones finales a principios de 1999, y en febrero la mayoría de los antiguos fieles iban o venían, sustituidos uno a uno por gente como el ex Pirate Mick Green a la guitarra solista y el actual Balham Alligator Geraint Watkins al órgano. Cuando el álbum *Back On Top* se editó apresuradamente en abril, Van sonaba como un hombre nuevo, que incluso peleaba por entrar en las listas.

Él también tuvo tiempo para componer una canción al parecer sobre este mismo libro: «New Biography». Al rechazar pagar una buena cantidad de dinero para oír como se me insultaba (aunque confieso que lo compré después), fui a la tienda HMV más cercana para escuchar el CD con los auriculares, y me quedé anonadado por la nueva riqueza del sonido, en gran parte gracias a Geraint Watkins, y a la naturaleza casi indulgente de la canción. Se me acusaba nuevamente de entrevistar a gente que él no había conocido jamás, aunque parecía que él se había reservado su cólera auténtica para *Wavelength*, internet y los admiradores fanáticos. (¡Muchas personas podían resultar afortunadas! No en vano *The Irish Independent* le llamó «el Victor Meldrew del rock».)

Como autor del libro (y en momentos ociosos me pregunto si podría reclamar una participación en los royaltis de una canción que he contribuido a inspirar), puedo contestar categóricamente, punto por punto: que recibí la información de Alan Clayson, que la obtuvo de sus compatriotas musicales en Hamburgo; que, si esas fuentes tenían una memoria mejor que la de Van, seguramente es una buena cosa; y que la única persona que aquí juega el «juego del nombre, el juego de la fama» es el propio Van —yo escribí el libro porque pensé que él no era lo bastante famoso. Por eso lo definí como un explorador musical y un genio por derecho propio— bueno, creo que lo mejor será dar a cada uno lo suyo, y espero no tener que ir a juicio por ello.

Back On Top es un álbum de escucha tan agradable que se hace difícil de tomar los temas individualmente; todos se mezclan en uno. Se presentan algunos temas de interés: aunque nadie haya oído hablar de Vince Taylor, el más excéntrico de los astros del rock 'n' roll británico, el Ziggy Stardust de David Bowie se basaba en él, los Clash versionaron su casi éxito «Brand New Cadillac» y, recientemente, aparecía como uno de los cien héroes de culto esenciales de *Mojo*. Vince se proclamó a sí mismo como Jesucristo en el escenario y trabajó en Ginebra como empleado de mantenimiento antes de su muerte, en 1991.

La canción del título es afirmativa de una manera que no se había oído a Van en años, y hay una sonrisa de bienvenida en su voz, aunque las palabras son más amargas de lo que parecen al principio. (Aunque, ¿hubiera sido él algo más alegre de limpiador de ventanas a horario completo? Por lo menos, ahora trabajaba en locales cerrados.) «When The Leaves Come Falling Down» es otro clásico al instante, con Van que una vez más se refiere a las estaciones.

Es un álbum en el que Morrison redescubre esa especie de ensueño desfallecido, en el que viven todas sus mejores canciones y actuaciones. El diseño de la portada lo presenta en silueta, o escondido bajo el sombrero, o dando la espalda a la cámara, llamando todavía más la atención sobre sí mismo, y es una clara contrapartida visual al contenido de las canciones del álbum, que se esconden de los focos, en el centro del escenario.

Los críticos saludaron un regreso a la forma, mientras que se preocupaban por las evidentes tendencias ocultas del álbum. Paul du Noyer escribió: «inquieto, desilusionado, acongojado. Sólo podemos desear que el Van de la vida real no esté en la situación de lo que canta.» Él piensa que a Van le falta un sentido de la perspectiva: «En un punto él canta como un ángel *in excelsis*, y al siguiente se queja de las colas en la estafeta de correos». Luego él se pone a señalar la verdadera singularidad de «Golden Autumn Day», en la que un hombre agredido por dos atracadores imagina una venganza completa: «Los pillaría y los zurraría». Suena a auténtico.

Este finalmente podría ser otro de los álbumes de Van en que (para citar a *Q*) «la suma de las partes es inferior al conjunto», aunque las nuevas canciones y el nuevo sonido rockero de Van se trasladaron bien al escenario, incluso sin la majestad del sonido que otorgaban los arreglos orquestales de Fiachra Trench. Se produjeron actuaciones especialmente animadas en el auditorio de Cheltenham y en Hay-on-Wye (de nuevo la carpa de los milagros), en donde «a medida que la noche avanzaba, Van estaba cada vez más relajado, y alcanzando el clímax con un lote de canciones totalmente improvisadas al final del último concierto..., parecía como si no quisiera acabar», y con la presencia de unos temas tan poco habituales como «My Bucket's Got A Hole In It» y «Georgia On My Mind». Van estaba atípicamente hablador, e incluso llegó a pedir al público que le ayudara con una cita de Oscar Wilde; después de todo «éste es un público literario».

Los músicos iban y venían, como siempre, con Alan Dankworth al contrabajo, Johnny Scott sustituía a Mick Green a la guitarra, y Geraint Watkins derramaba por encima sus sabrosos acordes de órgano Hammond como si fuera miel. Watkin fue asimismo el blanco de varios chistes desagradables sobre los galeses y sus costumbres sexuales, y en una ahora famosa actuación en el Brighton Centre, ese mismo año, se bajó desde el techo la figura de una oveja con el fin de que Geraint imitara el hacer el amor con ella. Un Morrison inusitadamente animado soltó chistes toda la noche, aunque en ocasiones se los reía él solo.

Van fue el cabeza de cartel del Fleadh de verano «una vez más con la imagen del viejo malhumorado», aunque inició la actuación con «Here Comes The Night» y «Brown Eyed Girl», y con Elvis Costello haciendo coros en «Gloria». Existe un pirata del Loreley Festival, que empieza con un trallazo doble pasmoso: el arreglo de Them de «It's All Over Now, Baby Blue», con Van aullando a la luna, seguido de «T. B. Sheets», con una armónica punzante y un canto áspero.

Van conversó muy amablemente con George Melly en el programa de radio *Melly Talks Jazz*, la edición se grabó en la casa doblada de estudio de grabación de Van al oeste del país, la cual George admira por su mezcla de «piedra antigua y tecnología». Van se lo monta con la colección de discos de su padre, casi literalmente, y selecciona piezas de Muddy Waters, Ray Charles y el «espiritual» Sidney Bechet. Van cuenta a Melly que recuerda haber conocido a alguno de sus ídolos del blues cuando tenía diecinueve años, y Decca le había instalado en una pensión de Russell Square en Londres. Little Walter era un «truquista», que le enseñaría secretos de la armónica al joven irlandés a cambio de ir a buscarle comida rápida, «aunque no me enseñó mucho». Van reconoce que le llevó cuatro años el volver a tener el control de su propia música, y confirma que ahora como consecuencia «soy feliz la mayor parte del tiempo». Sin embargo, él añade que «todavía necesitas ponerte duro. A mi alrededor he tenido muy buena gente». Ya lo sé: algunos todavía tenemos las cicatrices que lo demuestran.

Pero me estoy volviendo amargo otra vez, y ¿cuál es el tema? Coincido ampliamente con el artículo de Sean O'Hagan en *The Guardian*, que se escribió en la cúspide del año 2000, y en el que el periodista creía que *Astral Weeks* era el mejor álbum de todos los tiempos. Podía ser «angustiado y a menudo intencionadamente inarticulado», aunque eso forma parte de su genio (y del de Van). En él hay «el sonido de alguien que surca más allá de los parámetros del pop, y juega con la idea de la "canción" hasta que derriba nuestra idea de lo que debe ser una canción»; un chico de veinte años, que entra en «un estudio lleno de experimentados músicos de jazz, y que no sólo les comunica su visión, sino que les fuerza hasta que ellos forjan, en el espacio de un par de días, una atrevida música nueva». Van todavía puede ejercer dicho efecto en los profesionales más endurecidos.

En 1999, él apareció en *Hootenanny* de la BBC2 la noche de la antevíspera del nuevo milenio. Él permaneció erguido, tieso como una baqueta, con unas enormes gafas de sol, como anteojeras de aviador, y los traje y sombrero flexible oscuros habituales, con la camisa abotonada hasta el cuello. Esa noche Van parecía menos un padrino del blues que un predicador de la hoguera de mal humor, o un pistolero cansado. Soplando en su armónica cogida con la mano derecha y agarrando el pie de micro con la izquierda, él se lanzó hacia «Precious Time», puntuando cada nota. Leo Green se le sumó en un solo de saxo desde un pupitre de la orquesta de Jools Holland, a la que se había trasladado con unos derechos de traspaso indudablemente enormes.

Morrison estaba en el otro lado del estudio, cerca de un sonriente y superactivo Lonnie oprimido y agachado en un encajonador y que parloteaba como podía a lo largo de «Long John». Había algo de enorme en estos viejos guerreros del rock 'n' roll, algo primitivo en la manera en que se metían en la canción. Después ellos se templaron con una versión casi de bossa nova de «I Wanna Go Home», con Van que sonaba tan triste como los siglos. Holland comentó: «Estos son los hombres que saben».

John Sessions miró nerviosamente a la «leyenda verdadera», luego le dijo a Jools que pronto se registraría una parodia de Van Morrison en el programa humorístico de él y Phil Cornwell *Stellar Street*, que seguramente la protagonizaría él mismo, el más bajo de los dos actores (junto con Keith Richards, Joe Pesci, John Hurt y demás). Sabida la noticia, se produjo una ausencia destacada de cualquier risa con acento de Belfast que resonara por el estudio en ese momento. Morrison había empujado a Holland casi violentamente después de una sombría versión de «The Philosopher's Stone», con el saxo de Leo Green a fuego lento y Mick Green que doblaba las cuerdas y luego las restregaba frenéticamente; pero el presentador se reservaba el elogio mayor para él, algo que uno supone que no se concede fácilmente: «Van es un auténtico filósofo del boogie-woogie, un hombre del que me enorgullece decir que es amigo mío».

Una muestra de las grabaciones hechas las dos noches en el Whitla Hall se editó en *The Skiffle Sessions*, y Fred Dellar lo definió como «indomable». En una entrevista publicada en *The Guardian*, Van recordaba su temprana admiración por Lonnie: «No me lo creía cuando salió Donegan y lo que hacía. Yo no era más que un chaval, y me subí a aquel carro. Él, en cierta manera, fue el que puso la pelota en juego para mí. Él hizo posible que yo tuviera un grupo». Van le admira incluso ahora: «Él lo hace estimulante. Lo tensa todo un poco».

El veterano articulista Keith Altham también se mostraba un poco tenso al narrar sus recuerdos en el libro *No More Mr. Nice Guy*. De las estrellas que había conocido, Van es «la que más le ha repateado el culo», según *Mojo*. «Él es absolutamente áspero, propenso a limpiarse los dientes con hilo dental en la mesa del restaurante, y claramente sujeto a algunas reacciones extrañas cuando decide aparecer en público.» Se dice que una vez se presentó en una fiesta a las tres de la madrugada, con anorak y una gorra de plato, y el agente de seguridad, cogido de improviso, preguntó a los juerguistas si alguien había pedido un minitaxi.

Aquí está la contradicción innata del personaje: modesto al elogiar a los demás, y rechazando quisquillosamente comportarse o vestirse como una estrella, aunque también con la falta de cualquiera de las delicadezas sociales o de la gracia de la vida real que impulsa su mejor música. Deberíamos confiar en la canción y no en el cantante, supongo yo. Pero mientras que siga vivo y productivo, eso será lo más que podamos pedir. Tampoco creo que yo pueda conseguir alguna carta suya de respuesta a un fan, por ahora. Aunque ni siquiera la querría, tan sólo una firma en mi prensaje original de *Astral Weeks*, comprado con uno de mis primeros sobres de salario.

Ahora escribo hacia el futuro lo que vosotros leeréis en pasado, así que mis vaticinios en relación a Van para lo que queda de año 2000 son un álbum de country and western y una gira con Bobby Bland. Y desde luego, algo inesperado. Lo veremos ciertamente en un documental de la televisión holandesa sobre lo mucho que *Veedon Fleece* ha significado para la gente al largo de los años.

La mejor descripción de lo que pasa cuando Van abre la boca ante un micrófono sigue siendo la de Barney Hoskins en *From A Whisper To A Scream*, su historia *perchero* de las grandes voces del pop. En *Astral Weeks*, Morrison se había «estado lo más cerca posible de exponer el grito desnudo en el corazón del canto humano de lo que había estado ningún otro... El "significado" se convertía en irrelevante al exprimir la voz todo el sentido de las palabras, extraer sus interioridades y desgarrar su estructura». En ese punto él se pone en postestructuralista francés, y halla *«jouissance»* en esa subversión, «una disolución extasiada del yo».

Greil Marcus habla de «Listen To The Lion» casi en los mismos términos, así que escuchamos —literalmente en trance— que Morrison «canta, corea, se queja, llora, suplica, grita, aúlla, y susurra, hasta que finalmente se sitúa más allá del lenguaje». Definitivamente, «él no canta el tema, sino que el tema le canta a él». Hoskyns, con todo, observa que, con el tiempo, la misma voz se ha deteriorado «hasta el punto que ahora nos parece cargada y congestionada de manera irreparable». Víctima de la autorepugnancia, ahora él es «chapucero y áspero», con la boca llena de melaza, y se parece a Hamlet, aunque sólo sea en cuanto que «está gordo y corto de aliento».

En un debate reciente de *Wavelength* (que parece haber sobrevivido a la indirecta satírica del tema «New Biography»), los fanáticos de Van discutían si ahora estaba en declive artístico, por supuesto que no su canto «humeante y flexible», que es «muchísimo más fuerte de lo que podíamos esperar». Las discrepancias surgieron cuando la gente entró a considerar el tema de la composición que, igualmente se aceptó, que no estaba a la altura de antes.

Para Andrew Robertson, inevitablemente había «una frescura y un sentido de descubrimiento» cuando Van inició su viaje espiritual vital. Desde luego esos poetas visionarios que tuvieron la oportunidad de hacerse viejos —Wordsworth, Coleridge, Tennyson— escribieron con una intensidad menor a medida que transcurrían los años, o incluso —como David Gascoyne, el más ilustre ejemplo viviente— se refugiaron en el silencio.

Pero la cosa va más allá. Frank Lepowski opina que, en los últimos años, la obra de Morrison ha «perdido completamente su dimensión espiritual, y sólo se ve a un tipo espabilado, que ve cómo se acerca el final del trayecto». Las canciones nuevas contienen una sensación interna de «encerradas-en-un-espacio-del-yo». En la medida de ser alguien que se ha visto reconocido en su obra «también te preocupas por él, cuando él parece encontrarse en un callejón sin salida».

Quizá eso sea una exageración; cosas peores hay en este mundo. En 1996, Cabletec instalaba un nuevo sistema de cable en Belfast y levantó las aceras, lo que amenazaba a los centenarios pinos, hayas, sicómoros y tilos que delineaban ambos lados de Cyprus Avenue. Los vecinos —incluido el reverendo Ian Paisley— se ofendieron, y se quejaban de que la abertura de una zanja exploratoria ya había destruido las raíces de alguno de los árboles. Entonces Cabletec se puso a explicar en que consistía exactamente una raíz, lo que no supuso una mayor confianza en su mayordomía de la avenida de árboles. La canción de Van «When The Leaves Come Falling Down» era una respuesta adecuada al tema, y rezuma un aura sagrada de intensa quietud, el mismo silencio que hay en el núcleo de la mejor poesía de T. S. Eliot. Si las palabras no consiguen acercarse a la antigua sutileza a la hora de captar dichos misterios, el canto de Van sí que lo hace aún. Él todavía es capaz de erizarte los pelos de la nuca.

Así que vamos a perdonar al viejo mezquino, y elogiar su búsqueda imparable de ese «sentido de maravilla». Terminaré con una historia que contó en el escenario otro gran cantante celta de soul, Jackie Leven, aunque no podré relatarla con su indiferencia centelleante. Se dice que Leven se encontraba a un lado del escenario mientras Van actuaba ante 50.000 fans. De repente, Van detuvo al grupo con un gesto airado y envió a un técnico al espectador. «Van quiere saber si le estás mirando fijamente», le dijo el técnico. Jackie se lo pensó un momento, y luego respondió: «No. Le miro, pero no fijamente». Él técnico volvió para comunicar la respuesta. Van levantó el pulgar hacia Leven, le concedió una rara sonrisa, y reanudó la faena.

Epílogo a la edición española

Desde el primer día del nuevo milenio, la carrera y la actitud de Van ha seguido siendo exactamente tan contradictoria y entretenida como siempre, tanto si te lo miras a una distancia prudencial, como si ya te lo esperas. Van abandonó rápidamente el álbum repleto de versiones de música country grabado en el verano de 1999 con el grupo local que eligió, los Rimshots, aunque la cosa disparó algo en su mente, y buena parte del mismo repertorio acabó apareciendo —como yo había vaticinado— en su siguiente CD editado. Que resultó ser uno de los más controvertidos de toda su carrera.

Sin previo aviso, Van despidió a su grupo de giras de gran duración, y se juntó con la hermana de Jerry Lee Lewis, la ocho veces casada Linda Gail Lewis —que ahora residía en Gales del Sur con su último marido— y el grupo con el que ella se había presentado recientemente, los Red Hot Pokers, unos rocanroleros de Swansea. Una de los atractivos posibles era que los Pokers lucían unos uniformes de escena clavados a los de las orquestas de baile de la juventud de Van. Ellos eran buenos en el estudio, aunque las relaciones posteriores en directo demostraron que los Pokers, como se podía esperar, eran geniales tocando estándares del rock, aunque no acababan de dar la profundidad requerida a las mucho más sutiles canciones del fondo de catálogo de Van.

Van había conocido a Linda en la convención de Jerry Lee Lewis de 1993 de Gales del Sur; Van conoció antes a Jerry Lee, en la época del exilio irlandés por impuestos del Killer. Después, así de improviso, él le dijo a ella si quería ir a cenar con él; ambos establecieron una relación musical de inmediato, y él tomó el móvil para reservar un estudio. Linda había grabado en Memphis para el legendario sello Sun, y luego hizo un álbum clásico de dúos con su hermano, *Together*, del que salió un sencillo entre los diez primeros, a principios de los setenta.

El resultado, *You Win Again*, fue un CD entero de versiones de canciones con las que Van había crecido, a finales de los cincuenta y principios de los sesenta, con lazos de pedal steel, el buen piano honky tonk de Linda, y un ritmo fijo a contratiempo. Solo había una composición de Van, la poco interesante «No Way Pedro», una estrofa de la cual se ocupa de los héroes vaqueros televisivos de su infancia, el Llanero Solitario y su escudero indio Tonto. Siete de los trece temas presentes los había grabado anteriormente Jerry Lee Lewis, y hay canciones previamente asociadas a gente como Hank Williams, Bo Diddley y John Lee Hooker, por no hablar de los rocanroleros británicos Johnny Kidd and the Pirates, de los que Mick Green tuvo sus propios contactos con Van (y que habría inyectado un espinazo a estas versiones ampliamente desmembradas).

Los resultados entran fácilmente al oído, aunque no repercuten en el cerebro. *Mojo* describe el producto como «una actuación a dúo pasada de moda». Aunque, vocalmente, las intervenciones de Linda «acaparan la mayor parte del tiempo. Ella nunca se aviene al fraseo característico de Morrison y a sus exigentes maneras de hacer las cosas al momento, así que a pesar de la energía de ella en el piano barrelhouse, sus segundas voces suenan un poco fuera de compás». Para *Q*, «Van el Hombre regresa a la época en que era Van el muchacho, para hacer el tipo de country puro que realizaba Hank Williams y los frenéticos sonidos de rock 'n' roll adoptados por Jerry Lee Lewis. Linda es una mujer pendenciera que vivió la vida a tope. Y lo muestra en su manera de cantar». Está claro que éste forma parte de una serie de álbumes que pueden «carecer de la profundidad de sus discos seminales y que a menudo parece salir de una cadena de montaje, aunque el tipo se lo pasa de maravilla haciendo música de nuevo. ¿Éste es el álbum de la fiesta de Van?».

El comentario más acertado fue el de Peter Doggett, en *Wavelength*, en el sentido de que «más que un álbum de country es un disco de blues", y un gesto afectuoso de parte de Morrison a la leyenda norteamericana que «formó su mente». Doggett saluda la espontaneidad del mejor de los temas del disco, además de aceptar que una «aspereza» tal puede caer rápidamente hacia el confortable «lounge blues». Él elogia con razón a Linda por su «entusiasmo lúbrico» que rescata muchas de las canciones del disco, y a la vez alaba a Van que «en respuesta balbucea y murmura» en «Real Gone Lover».

Ahora llegaba el momento de llevar de gira este repertorio de vuelta-a-lo-básico, y ved lo que pasó. Los Red Hot Pokers calentarían al público con su rockabilly, luego Linda soltaría unas cuantas canciones melódicas, con «Dark End of the Street» de momento álgido, y luego saldría Van para una noche de versiones, además de la ocasional zambullida en su importante fondo de catálogo, con rarezas como «Philosopher's Stone». El grupo hizo algunos conciertos caóticos, en especial uno en el Coal Exchange de Cardiff, que abarcó desde un rock 'n' roll ronco a tentativas desastrosas con su repertorio de composición propia, particularmente la que se describió memorablemente como una «Vanlose Stairway» [«Escalera de Vanlose»] que se convirtió en un choque de trenes de la línea Trans-Euro.

Pero la familiaridad que se desarrolló llevó a un sonido más ajustado, y el pirata doble *Van Morrison In Ireland*, que reunía buenos momentos de algunas actuaciones de septiembre de 2000, es un lote tenso y en directo, aunque fundamentalmente poco inspirado, con versiones aceptables de «These Dreams Of You», «Back On Top» e incluso «Star Of County Down», junto a popurrís de rock 'n' roll, acelerando primero y aminorando después, como en los viejos tiempos. Hay mucho saxo y piano honky tonk, algunos afilados solos de guitarra, y ningún pedal steel a la vista. Van suena feliz, aunque notas que el grupo toca más por su propio placer que para el público. No es un CD al que regrese a menudo como escucha placentera.

El mismo mes, *The Guardian* publicó una crítica de un concierto de Bradford. «No es el Van Morrison que conocemos y amamos», se lamenta un veterano que se dirige hacia el bar. «¿Van Morrison en plan country? Eso no está bien», se quejaba otro. Los fans identificaban a Linda Gail Lewis «como un personaje estilo Yoko, una mujer diabólica que le ha robado la inspiración a nuestro héroe». Muy parecida a la anterior resistencia a las lecturas poéticas de Michelle en el escenario. Entre el «jukebox de karaoke», el crítico encontró un tono especialmente bajo en «Jambalaya (On the Bayou)», de Hank Williams, de la cual «la versión "yujú" de Van evoca imágenes gélidas de boy scouts y fuegos de campamento».

En el haber, los Red Hot Pokers podían muy bien ser el mejor grupo de bar del mundo, y en «Rough God Goes Riding» ellos «alcanzaban las exigencias de su maestro. Tristemente, a este ambiente sólo se llegaba en dos ocasiones, allí y en la solitaria y encantada "In The Midnight"». Otro deleite es el que Van presenta al público como «el primerísimo disco cantado que hice», el «Don't Start Crying Now» de 1964. Como señaló un veterano seguidor de Morrison, al menos «él no lo hizo tan mal como la última vez».

Van regresó al estudio con una formación distinta de músicos, aunque aún con Linda de compañera cantante, y grabó un nuevo álbum de composiciones propias. Luego, característicamente, Van abandonó a Linda, y en marzo de 2001 después de algunas muestras de enorme desconsideración personal hacia ella, con frases del estilo de «¡Ya te voy a arreglar yo a ti! ¡Te voy a pillar! o ¡No trabajarás nunca más!», ella se desvinculó tanto del grupo como del álbum. Para restregar sal en la herida, ella se fue después directamente a casa del combativo biógrafo Clinton Heylin, con las cintas de esas sesiones.

Como uno de los pocos afortunados en poder oírlas, Clinton enjuicia el álbum con el título provisional de *Choppin' Wood* de ser un CD corto y concentrado, con diez canciones y una duración de apenas cincuenta minutos. Empieza brillante y animado, con canciones como «Down The Road» y «Hey Mr. DJ», para luego ensombrecerse con un trío de canciones con la oscuridad en su núcleo, y con la amargura de Van acerca de la separación con Michelle Rocca en su corazón. «Princess Of The Darkness», «Just Like Greta» y «For A While» se eliminaron del siguiente *Down The Road*, aunque todas ellas arden con una intensidad tétrica. El álbum planeado termina luego con «Meet Me In The Indian Summer», que lleva las cosas a una conclusión mucho más optimista, y un dúo con un éxito en la radio cantado de antemano.

En vez de editarlo, Van borró las partes cantadas de Linda de las cintas master, y regrabó buena parte del material con destino a lo que surgió como su álbum siguiente, un disco bien grabado aunque muy poco interesante. Una de sus mejores cosas era una fotografía de portada de una tienda de discos de segunda mano, abierta los siete días de la semana, en cuyo escaparate principal figura un despliegue de LP clásicos de vinilo de todos los ídolos musicales de Van, desde Ray Charles hasta Mahalia Jackson. Fácilmente podría tratarse de la misma tienda ideal imaginada por Nick Hornby en su novela —y película posterior— *Alta Fidelidad*. *Down The Road* se reeditó después con un tema de regalo, el sencillo «Hey Mr. DJ», que consiguió, sin ningún tipo de sorpresa, una enorme difusión radiofónica.

El CD se criticó en *The Guardian* en mayo de 2002, junto con el 7 *Wishes*, de Shana Morrison, en el que Van aparece en la versión que su hija hace de «Sometimes We Cry». Para acentuar la conexión familiar, Shana le puso Caledonia a su grupo, y se quedó en un AOR de la costa oeste a medio tiempo, muy parecido al de su padre, de hecho. En cuanto al álbum de Van, el crítico considera que «Van ha demostrado una enorme falta de control de calidad después de su última oleada de grandeza creativa a finales de los años ochenta. Este álbum autoproducido, con sus partes cantadas masculladas, su paso pesado al estilo pub y sus espantosos intermedios de armónica, casi parecen la obra de un grupo de homenaje». El que en uno de los momentos cumbre, «Whatever Happened to P. J. Proby?», Van cante «ya no hay mucho con qué vincularse, a menos que quieras ser mediocre» tampoco es que ayude demasiado. La conclusión es que Van está «flotando de pie en el agua junto a un grupo sin chispa».

Mojo llega a una conclusión muy parecida: Van «patrulla su zona cómoda propia, revisitando las figuras y temas familiares, y esquiva las grandes ideas que solían elevar su obra a niveles celestiales». El hombre que antaño ambicionó el Veedon Fleece [Vellocino Veedon] ha creado un simple «artículo industrial, con una bocanada de renuente trabajo pesado». Incluso instrumentistas tan personales como Acker Bilk no pueden «insuflar fuego a la música, cuya Musa hace tiempo que está de vacaciones». Para mí, Van está muy bien de voz, la interpretación musical es ejemplar, aunque todo suena como una versión de mediana edad del decisivo álbum de Dylan *Highway 61 Revisited*, sin el ritmo, ni la urgencia, ni las letras surrealistas. Aquí es difícil de oír el «aleteo del ala de un ángel», si el propio Van dice que ahora no es «más que un trabajo», y la mejor letra de canción, la de «Choppin' Wood» va sensiblemente de una vida de «desesperación tranquila», y de seguir adelante cuando todos tus sueños han fracasado.

Las críticas como mucho fueron tibias, y en cambio Van apareció en las páginas de información, primero como el anónimo «astro del rock de fama mundial» al que se acusó de «discriminación sexual» y de despido improcedente, en un tribunal de empleo de Cardiff por parte de Linda Gail Lewis, que reclamaba veinte mil libras esterlinas en concepto de pérdida de ingresos. Una de las alegaciones era que Van había pedido a Linda que se divorciara de su marido, y que el comportamiento de Morrison se estaba convirtiendo en «extraño». El anónimo Van respondió que él nunca le había prometido a ella un trabajo a tiempo completo, y que ella había cancelado el contrato, y no había sido despedida. En cambio Linda se quejaba de que el anónimo astro la «había humillado en público» en pleno escenario: «Él intentaba arruinar mi carrera y mi vida. Y explota a otros músicos todo el tiempo. Está arruinado. Él es una leyenda del rock aunque tiene la fama de hacer lo que le apetece sin reparar en los sentimientos de nadie».

En septiembre llegó más publicidad desagradable, con un conflicto contractual entre Van y el propietario del Crown Hotel, cerca de Salisbury, en donde Van suprimió una actuación, y dejó a mil fans con su dinero provisionalmente perdido, después de que el importe de las entradas se quedara en el limbo.

Y luego para colmo de males, una nueva «biografía» de Van llegó a las librerías, escrita por el famoso Clinton Heylin. Una de las críticas típicas que cosechó el libro de Heylin, *Can You Feel The Silence?*, fue la del *Observer* que describía el resultado como «un producto quisquilloso, un libro largo, enmarañado y sin humor, con unas gotas de veneno. Cuando lo cerré me sentí ligeramente sucio». El método de escritura de Heylin es el de cortar y pegar entrevistas con músicos clave y el viejo recorte de intuición crítica, además de una fuerte dosis de vitriolo (no en vano es una autoridad a nivel mundial sobre Bob Dylan). Los intentos de Morrison de detener la publicación del libro sólo consiguieron alimentar la paranoia incipiente de Clinton, así que la cosa quedó realmente como «dos locos buscando pelea», con un resultado altamente entretenido.

Esta historia oral lanza al aire algunos interesantes datos nuevos, en especial la separación legal de Bang, con un nervioso ejecutivo de Warner Brothers saldando cuentas, en efectivo, con dos mafiosos en un edificio vacío, y el papel anteriormente subestimado de Lewis Merenstein en los arreglos musicales de lo que acabó siendo *Astral Weeks*. Linda Gail Lewis se fue corriendo hacia el escondite rural de Clinton después de abandonar el enclave de Morrison, con cuentos y cintas a cuestas, lo que acrecentó aún más la sensación de paranoia de Morrison. Aunque el alegato más explosivo surgió de una discusión sobre «Rough God Goes Riding», y de la propia visión nihilista del mundo de Van: «En realidad, no hay ningún tipo de héroes. Naces, vives y mueres, ya sabes».

Al igual que el ancestro W. B. Yeats descartó todas las mitologías que anteriormente le habían consolado —y adornado su poesía— para concentrarse en la «trapería» del corazón, desde 1994 en adelante, Morrison se puso a declarar que «ya no creo más en mitos». Aunque las cosas se oscurecieron aún más. En *Back On Top*, «High Summer» se identifica con el diablo de una manera en que nunca se atrevieron ni los mismos Rolling Stones: «Y le echaron del paraíso, le llamaron Lucifer y le desaprobaron». Y ahora Van no se identificaba con los ángeles, sino con el que cayó. Linda Gail Lewis cuenta a Heylin que «él experimenta con ese asunto de la Iglesia de Satanás. Él me pidió que hiciera un ritual con él. Ha decidido que ni Dios ni Jesucristo existen, que sólo hay un único espíritu, y es Satanás». Si las canciones más importantes de Van siempre han sido sobre el ser rescatado de un lugar de dolor gracias a la iluminación y los misterios, si todo aquello es cierto explicaría desde luego la ausencia de alegría y esperanza en la música actual de Morrison. Realmente, el diablo no tiene las mejores melodías.

Aunque ya es demasiado tarde para detenerse. En 2003, Van fue de nuevo de gira con un grupo formado por músicos muy expertos asociados desde hace tiempo a su música, con una sección de metal completa una vez más, que hacía solos furiosamente. En abril, una aparición en el Royal Albert Hall se iniciaba con un trepidante «Choppin' Wood», para meterse directamente a temas como «Cleaning Windows» y «Moondance», e incluso la muy ridiculizada (por Van) «Brown Eyed Girl». Era como si los intermedios de skiffle y rock 'n' roll no hubieran existido nunca.

Un nuevo CD, *What's Wrong With This Picture?* era el primer lanzamiento de Van en el legendario sello Blue Note, muy famoso por su lista de músicos de jazz con base en Nueva York, algunos de los cuales, los mejores, figuraban de invitados en *Astral Weeks*. El sello sigue siendo sinónimo de calidad, tanto por la música que publica como por sus valores de producción. El álbum se inicia con una sección de cuerda, una sección a ritmo de rock, una entrecortada guitarra eléctrica y clarinete bajo. Luego Van entra en la canción del título con una voz tan buena como era posible de esperar. De acuerdo, el álbum emocionalmente es un poco de perfil bajo, con demasiadas canciones sobre los peligros de la fama, aunque «No promociono ningún disco de éxito, no tengo programa de televisión» —a Dios gracias—, pero en conjunto es una experiencia de escucha elegante y madura, maravillosamente cantada y tocada.

La emoción tal vez ha desaparecido, aunque en canciones como «Evening In June» y «Somerset» hay una sensación de deleite. Y por encima de todo, el órgano Hammond adorna la mayoría de los temas del disco, una cortesía de Richard Dunn, y Van suena parecido a Georgie Fame en la (quizá) autoburlona «Whinin' Boy Moan». Éste es un hombre que podría cantar el listín telefónico de Belfast y hacer que sonara épico y un poco amenazante a la vez. Como dijo una de las muchas críticas positivas, «Morrison queda como un cantante magnífico, maravillosamente expresivo».

No parece que en este punto de su carrera vayamos a tener otro *Astral Weeks*, ni otro *Veedon Fleece*, ni *No Guru, No Method, No Teacher*, aunque está claro que Van seguirá avanzando, a ratos enfureciendo y agradando a fans como nosotros que sencillamente no podemos ignorar a un hombre tan terco y desconcertante, incluso después de todos estos años.

Discografía

Todas las referencias son las ediciones británicas originales, excepto las que indiquen lo contrario. He intentado abrirme camino a través del atolladero para relacionar tan sólo los artículos esenciales. Para una lista más completa, véase los imprescindibles números 178-180 de Record Collector, *los exhaustivos listados de* Wavelength *y las informaciones colgadas en internet por Michael Hayward. Las referencias videográficas son cortesía de la Videografía de Andy Nieurzla, de* Wavelength. *Toda la información ha sido revisada por Simon Gee, de* Wavelength.

• con GEORGIE AND THE MONARCHS

SENCILLO DE 17 CM ALEMÁN Y HOLANDÉS

CBS

1307	Boozoo Hully Gully/Twingy Baby (1962)

• con THEM

SENCILLOS DE 17 CM BRITÁNICOS

DECCA

F11973	Don't Start Crying Now/One Two Brown Eyes (septiembre 1964)
F12018	Baby Please Don't Go/Gloria (noviembre 1964)
F12094	Here Comes The Night/All For Myself (marzo 1965)
F12175	One More Time/How Long, Baby? (junio 1965)
F12215	(It Won't Hurt) Half As Much/I'm Gonna Dress In Black (agosto 1965)
F12281	Mystic Eyes/If You And I Could Be As Two (noviembre 1965)

F12355 Call My Name/Bring 'Em On In (marzo 1966)
F12403 Richard Cory/Don't You Know? (mayo 1966)

MAJOR MINOR
MM509 Gloria/Friday's Child (julio 1967)
MM513 The Story Of Them Part One/The Story Of Them Part Two (septiembre 1967)

SENCILLOS DE 17 CM ESTADOUNIDENSES

PARROT
9702 Don't Start Crying/One Two Brown Eyes (1964)
9727 Gloria/Baby Please Don't Go (1965)
9749 Here Comes The Night/All For Myself (1965)
9784 I'm Gonna Dress In Black/(It Won't Hurt) Half As Much (1965)
9796 Mystic Eyes/If You And I Could Be As Two (1965)
9819 Call My Name/Bring 'Em On In (1966)
3003 Richard Cory/Don't You Know? (1966)
3006 I Can Only Give You Everything/Don't Start Crying Now (1966)
365 Gloria/If You And I Could Be As Two (agosto 1972, acreditado a Van Morrison and Them)

EP BRITÁNICOS

THEM

Philosophy/Baby Please Don't Go//One Two Brown Eyes/Don't Start Crying Now

EP: Decca DFE 8612 (febrero 1965)

EP HOLANDESES

UNTITLED (1967)

Times Getting Tougher Than Tough/Stormy Monday//Baby What You Want Me To Do?/Friday's Child

ÁLBUMES GRAN BRETAÑA Y ESTADOS UNIDOS

THEM

Cara A: Mystic Eyes/If You And I Could Be As Two/Little Girl/Just a Little Bit/I Gave My Love A Diamond/Gloria/You Just Can't Win

Cara B: Go On Home Baby/Don't Look Back/I Like It Like That/I'm Gonna Dress In Black/Bright Lights Big City/My Little Baby/(Get Your Kicks On) Route 66

LP: Decca 4700 (junio 1965)
LP: Parrot PS 6100 5 (mono)/PAS71005 (estéreo) (julio 1965)

La edición estadounidense del primer álbum omitía «My Little Baby», «Bright Lights Big City», «Just a Little Bit», «I Gave My Love A Diamond» y «You Just Can't Win». En su lugar ofrecía «Here Comes The Night», «One More Time» y «One Two Brown Eyes».

CD: London 820 563-2 (1988)

THEM AGAIN

Cara A: Could You Would You/Something You Got/Call My Name/Turn On Your Love Light/I Put A Spell On You/I Can Only Give You Everything/My Lonely Sad Eyes/I Got A Woman

Cara B: Out Of Sight/It's All Over Now, Baby Blue/Bad Or Good/How Long Baby Blue/Hey Girl/Hello Josephine/Don't You Know?/Bring 'Em On In

LP: Decca LK 4751 (enero 1966)

LP: Parrot PS 61008 (mono)/PAS 71008 (estéreo) (abril 1966)

La edición estadounidense del segundo álbum omitía «Hello Josephine», «I Put A Spell On You», «Hey Girl» y «I Got A Woman».

RECOPILATORIOS

THE WORLD OF THEM

Cara A: Here Comes The Night/Baby Please Don't Go/ I'm Gonna Dress In Black/Richard Cory/I Put A Spell On You/Bring 'Em On In

Cara B: Gloria/Mystic Eyes/Turn On Your Love Light/ It's All Over Now, Baby Blue/One Two Brown Eyes/Don't Start Crying Now

LP: Decca SPA 86 (octubre 1970). Contiene tomas alternativas.

THEM FEATURING VAN MORRISON, LEAD SINGER

LP doble. Decca DPA 3001/2 (octubre 1973)

BACKTRACKIN'

London APS 639 - edición estadounidense (1974)

THE STORY OF THEM FEATURING VAN MORRISON

London LC50001 - edición estadounidense (1977)

THEM - ROCK ROOTS

Cara A: Don't Start Crying Now/I'm Gonna Dress In Black/Route 66/How Long, Baby/Bright Lights Big City/Don't You Know/Call My Name

Cara B: The Story Of Them Parts One and Two/Mighty Like A Rose/Times Getting Tougher Than Tough/Stormy Monday/Baby What You Want Me To Do?/Friday's Child

LP: Decca ROOTS 3 (1976)

THEM

Cara A: Don't Start Crying Now/Baby Please Don't Go/ Here Comes The Night/One More Time/(It Won't Hurt) Half As Much/Mystic Eyes/Call My Name/Richard Cory/Gloria/The Story Of Them Part One

Cara B: One Two Brown Eyes/Philosophy/All For Myself/How Long, Babe/I'm Gonna Dress In Black/If You And I Could Be As Two/Bring 'Em On In/Don't You Know/Friday's Child/ The Story Of Them Part Two

LP: See For Miles SEE 31 (1984)

THE THEM COLLECTION

LP doble. Castle CCSLP 131 (abril 1986)

THEM FEATURING VAN MORRISON: THE COLLECTION

Baby Please Don't Go/Bright Lights Big City/I Put A Spell On You/Hello Josephine/Turn On Your Love Light/Don't Start Crying Now/Gloria/The Story Of Them/It's All Over Now, Baby Blue/I Got A Woman/My Little Baby/How Long, Baby/Here Comes The Night/Stormy Monday/I Like It Like That/Go On Home, Baby/Out Of Sight/Baby What You Want Me To Do?/Route 66/Friday's Child/Little Girl/Hey Girl/Call My Name/Mystic Eyes

CD: Castle CCSCD 131 (1992). Con notas de contraportada de Michael Heatley.

THEM FEATURING VAN MORRISON

Gloria/The Story Of Them/Stormy Monday/Mystic Eyes/Hey Girl/Baby Please Don't Go/Here Comes The Night/My Lonely Sad Eyes/Richard Cory/(It Won't Hurt) Half As Much/Turn On Your Love Light/I Put A Spell On You/Don't Look Back

CD: Castle (1982)

• VAN MORRISON

SENCILLOS BRITÁNICOS

LONDON

HLZ10150	Brown Eyed Girl/Goodbye Baby (Baby Goodbye) (julio 1967)

WARNER BROTHERS

WB 7383	Come Running/Crazy Love (mayo 1970)
WB 7434	Domino/Sweet Jannie (diciembre 1970)
WB 7462	Blue Money/Call Me Up In Dreamland (junio 1971)
K 16120	Wild Night/When The Evening Sun Comes Down (noviembre 1971)
K 16210	Jackie Wilson Said/You've Got The Power (agosto 1972)
K 16299	Warm Love/I Will Be There (agosto 1973)
K 16392	Caledonia/What's Up Crazy Pup? (mayo 1974)
K 16486	Bulbs/Who Was That Masked Man? (noviembre 1974)

K 16939	Eternal Kansas City/Joyous Sound (mayo 1977)
K 16986	Joyous Sound/Mechanical Bliss (julio 1977)
K 17254	Wavelength/Checkin' It Out (octubre 1978)
K 17322	Natalia/Lifetimes (febrero 1979)

Ninguna de las referencias precedentes se publicó con carátulas con fotografía, al contrario de las ediciones en 17 y 30 cm siguientes

MERCURY

6001221	Bright Side Of The Road/Rolling Hills (septiembre 1979)
MER 99	Cleaning Windows/It's All In The Game (marzo 1982)
MER 110	Dweller On The Threshold/Scandinavia (junio 1982)
MER 132	Cry For Home/Summertime In England (live) (febrero 1983)
MERX 132	Cry For Home/Summertime In England (live)/All Saints Day (maxi-single) (febrero 1983)
MER 141	Celtic Swing/Mr Thomas (mayo 1983)
MERX 141	Celtic Swing/Mr Thomas/Rave On, John Donne (maxi-single) (mayo 1983)
MER 159	Dweller On The Threshold (live)/Northern Muse (Solid Ground) (abril 1984)
MER 178	A Sense Of Wonder/Haunts Of Ancient Peace (live) (octubre 1984)
MERX 178	A Sense Of Wonder/Haunts Of Ancient Peace (live) (maxi-single) (octubre 1984)
MER 223	Ivory Tower/New Kind Of Man (1986)
MERX 223	Ivory Tower/New Kind Of Man/A Sense Of Wonder/ Cleaning Windows (maxi-single) (1986)
MER 231	Got To Go Back/In The Garden (agosto 1986)
MER 254	Did Ye Get Healed?/Allow Me (agosto 1987)
MER 258	Someone Like You/Celtic Excavation (noviembre 1987)
MER 261	Queen Of The Slipstream/Spanish Steps (abril 1988)
MER 262	I'll Tell Me Ma/Ta Mo Chleamhnas Deanta (junio 1988) (con The Chieftains)
MERX 262	I'll Tell Me Ma/Ta Mo Chleamhnas Deanta/Carrickfergus (maxi-single) (junio 1988) (con The Chieftains)

POLYDOR/POLYGRAM

VANS 1	Have I Told You Lately That I Love You?/Contacting My Angel (junio 1989)
VANX 1	Have I Told You Lately That I Love You?/Contacting My Angel/Listen To The Lion (maxi-single) (junio 1989)
VANCD 1	Have I Told You Lately That I Love You?/Contacting My Angel/Irish Heartbeat (CD) (junio 1989)
VANS 2	Whenever God Shines His Light/I'd Love To Write Another Song (noviembre 1989) (el primer tema con Cliff Richard)
VANX 2	Whenever God Shines His Light/I'd Love To Write Another Song/Cry For Home (maxi-single) (noviembre 1989) (el primer tema con Cliff Richard)
VANCD 2	Whenever God Shines His Light/I'd Love To Write Another Song/Cry For Home/ Whenever God Shines His Light (unedited) (CD) (noviembre 1989) (el primer tema con Cliff Richard)
VANS 3	Orangefield/These Are The Days (diciembre 1989)
VANX 3	Orangefield/These Are The Days/And The Healing Has Begun (maxi-single) (diciembre 1989)

VANCD 3	Orangefield/These Are The Days/And The Healing Has Begun/Coney Island (CD) (diciembre 1989)
VANS 4	Coney Island/Have I Told You Lately That I Love You? (enero 1990)
VANX 4	Coney Island/Have I Told You Lately That I Love You?/A Sense Of Wonder (maxi-single) (enero 1990)
VANCD 4	Coney Island/Have I Told You Lately That I Love You?/A Sense Of Wonder/Spirit (CD) (enero 1990)
VANS 5	Gloria/Rave On, John Donne (julio 1990)
VANX 5	Gloria/Rave On, John Donne/Vanlose Stairway (maxi-single) (julio 1990)
VANCD 5	Gloria/Rave On, John Donne/Vanlose Stairway/Bright Side Of the Road (CD) (julio 1990)
VANS 6	Real Real Gone/Start All Over Again (septiembre 1990)
VANX 6	Real Real Gone/Start All Over Again/Cleaning Windows (maxi-single) (septiembre 1990)
VANCD6	Real Real Gone/Start All Over Again/Cleaning Windows (CD) (septiembre 1990)
VANS 7	In The Days Before Rock 'n' Roll/I'd Love To Write Another Song (noviembre 1990)
VANX 7	In The Days Before Rock 'n' Roll/I'd Love To Write Another Song (maxi-single) (noviembre 1990)
VANCD 7	In The Days Before Rock 'n' Roll/I'd Love To Write Another Song/Coney Island (CD) (noviembre 1990)
VANS 8	Enlightenment/Avalon Of The Heart (febrero 1991)
VANX 8	Enlightenment/Avalon Of The Heart/Jackie Wilson Said (maxi-single) (febrero 1991)
VANCD 8	Enlightenment/Avalon Of The Heart/Jackie Wilson Said (CD) (febrero 1991)
VANS 9	I Can't Stop Loving You/All Saints Day (mayo 1991) (con The Chieftains)
VANX 9	I Can't Stop Loving You/All Saints Day/Carrying A Torch (maxi-single) (mayo 1991) (con The Chieftains)
VANCD 9	I Can't Stop Loving You/All Saints Day/Carrying A Torch (CD) (mayo 1991) (con The Chieftains)
VANS 10	Why Must I Always Explain?/So Complicated (septiembre 1991)
VANX 10	Why Must I Always Explain?/So Complicated/ Enlightenment (maxi-single) (septiembre 1991)
VANCD 10	Why Must I Always Explain?/So Complicated/ Enlightenment (CD) (septiembre 1991)
VANS 11	Gloria/It Must Be You (live) (mayo 1993) (el primer tema con John Lee Hooker)
VANCD 11	Gloria/It Must Be You (live)/And The Healing Has Begun (live)/See Me Through (live) (primer CD de dos) (mayo 1993) (el primer tema con John Lee Hooker)
VANDR 11	Gloria/Whenever God Shines His Light (live)/It Fills You Up (live)/Star Of The County Down (live) (segundo CD de dos) (mayo 1993) (el primer tema con John Lee Hooker)
VANCD 12	Days Like This/I Don't Want To Go On Without You/That Old Black Magic/Yo (CD) (mayo 1995) *Material inédito salvo el primer tema.*
74321271702	Have I Told You Lately/Love Is Teasin'/Fenny Hill (instrumental) (CD) (1995) (con The Chieftains; Van únicamente en el primer tema)

5770152 Perfect Fit/Raincheck/Cleaning Windows (live) (CD) (septiembre 1995)
5774892 No Religion/Whenever God Shines His Light/Have I Told You Lately/Gloria (CD) (noviembre 1995)
5775792 No Religion/Days Like This/Raincheck (CD digipack) (noviembre 1995)

POLYDOR/POLYGRAM

Precious Time
Jackie Wilson Said (en directo, Berna, diciembre 1998)
Call Me Up In Dreamland (en directo, Berna, diciembre 1998)
Precious Time
Naked In The Jungle (en directo, Berna, diciembre 1998)
Give Me A Kiss (en directo, Berna, diciembre 1998)
Back On Top
John Brown's Body (descartada a última hora de *The Philosopher's Stone*)
I'm Ready (descartada a última hora de *The Philosopher's Stone*)
Back On Top
Tell Me (1973)
Sax Instrumental Number One (1979)
Philosopher's Stone
These Dreams Of You (Rockpalast, 1998)
Raincheck (Rockpalast, 1998)

VERVE/EXILE

5762052 That's Life (live)/Moondance/That's Life (febrero 1996) (con Georgie Fame And Friends)

POLYDOR/EXILE

573-391-2 The Healing Game/Have I Told You Lately/Whenever God Shines His Light/Gloria (febrero 1997)
573-393-2 The Healing Game/Full-Force Gale '96/Look What The Good People Done/Celtic Spring (febrero 1997)

DOVER

ROJ 12 Carrying A Torch/Walk Tall (Valley Of The Shadows) (marzo 1991) (primer tema con Tom Jones, segundo únicamente Tom Jones)
ROJ X12 Carrying A Torch/Walk Tall (Valley Of The Shadows) (maxi-single) (marzo 1991) (primer tema con Tom Jones, segundo únicamente Tom Jones)
ROJ CD12 Carrying A Torch/Walk Tall (Valley Of The Shadows) (CD) (marzo 1991) (primer tema con Tom Jones, segundo únicamente Tom Jones)

SENCILLOS ESTADOUNIDENSES (diferentes a las ediciones británicas)

BANG

545 Brown Eyed Girl/Goodbye Baby (Baby Goodbye) (julio 1967)
552 Ro Ro Rosey/Chick A Boom (1967)
585 Spanish Rose/Midnight Rose (1968)

HIP POCKET

16	Brown Eyed Girl/Midnight Special (flexidisc de 10 cm con carátula) (1968)

WARNER BROTHERS

7383	Come Running/Crazy Love (marzo 1970)
7434	Domino/Sweet Jannie (octubre 1970)
7462	Blue Money/Sweet Thing (mayo 1971)
7488	Call Me Up In Dreamland/Street Choir (abril 1971)
7518	Wild Night/When The Evening Sun Goes Down (agosto 1971)
7543	Tupelo Honey/Starting A New Life (diciembre 1971)
7573	Like A Cannonball/Old Old Woodstock (marzo 1972)
7616	Jackie Wilson Said/You've Got The Power (agosto 1972)
7638	Redwood Tree/St Dominic's Preview (octubre 1972)
7665	Gypsy/St Dominic's Preview (enero 1973)
7706	Warm Love/I Will Be There (junio 1973)
7744	Green/Wild Children (septiembre 1973)
7797	Ain't Nothing You Can Do/ Wild Children (febrero 1974)
8029	Bulbs/Cul De Sac (julio 1974)
8450	Moondance/Cold Wind In August (1977)
8805	Kingdom Hall/Checkin' It Out (1979)
49162	Full Force Gale/You Make Me Feel So Free (1979)
50031	Cleaning Windows/Scandinavia (1982)

SENCILLOS HOLANDESES (diferentes a las ediciones británicas o estadounidenses)

WARNER BROTHERS

Full Force Gale/Bright Side Of The Road (1979)
Full Force Gale/Troubadours (1979)

SENCILLOS ALEMANES (diferentes a las ediciones británicas o estadounidenses)

WARNER BROTHERS

Redwood Tree/Jackie Wilson Said (1972)
Gloria/Warm Love (1974)

SENCILLOS ESPAÑOLES (diferentes a las ediciones británicas o estadounidenses)

MERCURY

Cleaning Windows/Aryan Mist (1982)

OTROS SENCILLOS

Todas son ediciones estadounidenses, salvo indicación en contrario. Los sencillos no estadounidenses sólo se incluyen si los temas son diferentes de la edición estadounidense.

Brown Eyed Girl/Goodbye Baby. Bang (1967).
Ro Ro Rosey/Chick-A-Boom. Bang (1967).

Spanish Rose/Midnight Special. Bang (1968).
Spanish Rose/Who Drove the Red Sportscar. Pink Elephant (Holanda).
Brown Eyed Girl/Midnight Special. Hip Pocket (1968).
Come Running/Crazy Love. Warner Bros. (1970).
Domino/Sweet Jannie. Warner Bros. (1970).
Domino/Come Running (España). Warner Bros. (1970).
Blue Money/Sweet Thing. Warner Bros. (1971).
Call Me Up In Dreamland/Street Choir. Warner Bros. (1971).
Wild Night/When That Evening Sun Goes Down. Warner Bros. (1971).
Tupelo Honey/Starting A New Life. Warner Bros. (1972).
(Straight To Your Heart) Like A Cannonball/Old Old Woodstock. Warner Bros. (1972).
Jackie Wilson Said (I'm In Heaven When You Smile)/You've Got The Power. Warner Bros. (1972).
Redwood Tree/St. Dominic's Preview. Warner Bros. (1972).
Redwood Tree/Jackie Wilson Said (I'm In Heaven When You Smile) (Alemania). Warner Bros. (1972).
Gypsy/St. Dominic's Preview. Warner Bros. (1973).
Warm Love/I Will Be There. Warner Bros. (1973).
Bein' Green/Wild Children. Warner Bros. (1973).
Gloria. Warner Bros. (1973).
Gloria/Warm Love (Alemania). Warner Bros. (1974).
Ain't Nothin' You Can Do/Wild Children. Warner Bros. (1974).
Bulbs/Cul De Sac. Warner Bros. (1974).
Caledonia/What's Up Crazy Pup? (Francia, Alemania, Italia, Gran Bretaña). Warner Bros. (1974) [Van Morrison and the Caledonia Soul Express].
Joyous Sound/Mechanical Bliss. Warner Bros. (1977).
Cold Wind In August/Moondance. Warner Bros. (1977).
The Eternal Kansas City (edit)/Joyous Sound (Gran Bretaña). Warner Bros. (1977).
Wavelength (short version)/Checkin' It Out. Warner Bros. (1978).
Natalia (edit)/Lifetimes. Warner Bros. (1979).
Kingdom Hall/Checkin' It Out. Warner Bros. (1979).
Bright Side Of The Road/Rolling Hills. Warner Bros. (1979).
Full Force Gale/Bright Side Of The Road (Holanda). Warner Bros. (1979).
Full Force Gale/Troubadors (Holanda) Warner Bros. (1979)
You Make Me Feel So Free/Full Force Gale. Warner Bros. (1980).
Cleaning Windows/Scandinavia. Warner Bros. (1982).
Cleaning Windows/It's All In The Game (Gran Bretaña). Mercury (1982).
Scandinavia/Dweller On The Threshold (Gran Bretaña). Mercury (1982).
Cry For Home/Summertime In England (Gran Bretaña). Mercury (1983).
(Live at Ulster Hall, Belfast, junio 1982). El maxi-single incluye «All Saints Day».
Celtic Swing/Mr. Thomas (Gran Bretaña). Mercury (1983). El maxi-single incluye «Rave On, John Donne».
Dweller On The Threshold/Northern Muse (Solid Ground) (Gran Bretaña). Mercury (1984).
A Sense Of Wonder/Haunts Of Ancient Peace (live) (Gran Bretaña). Mercury (1984). Editado en Estados Unidos como maxi-single.

Tore Down À La Rimbaud/Haunts Of Ancient Peace (live) (Gran Bretaña). Mercury (1985).

Ivory Tower/New Kind Of Man. Mercury (1986). El maxi-single (Gran Bretaña) incluye «A Sense of Wonder» y «Cleaning Windows».

Got To Go Back/In The Garden (Gran Bretaña). Mercury (1986).

Did Ye Get Healed?/Allow Me (Gran Bretaña). Mercury (1987).

Someone Like You/Celtic Excavation (Gran Bretaña). Mercury (1987).

Queen Of The Slipstream/Spanish Steps (Gran Bretaña). Mercury (1987).

I'll Tell Me Ma/Ta Mo Chleamhnas Deanta (Gran Bretaña). Mercury (1988) [Van Morrison & Chieftains.] El maxi-single y el CD single incluyen también «Carrickfergus».

Have I Told You Lately/Contacting My Angel (Gran Bretaña). Polydor (1989). El CD single incluye también «Irish Heartbeat». El maxi-single contiene los temas del 17 cm más «Listen to the Lion».

Whenever God Shines His Light (versión 17 cm)/I'd Love To Write Another Song (Gran Bretaña). Polydor (1989). [«Whenever God...» acreditado a Van Morrison con Cliff Richard.] El CD single incluye también «Cry For Home» y «Whenever God Shines His Light» (versión del álbum). El maxi-single contiene «Whenever God Shines His Light» (versión del álbum), «Cry For Home» y «I'd Love To Write Another Song».

Orangefield/These Are The Days (Gran Bretaña). Polydor (1989). El CD single incluye también «And The Healing Has Begun» y «Coney Island». El maxi-single contiene los temas del 17 cm más «And The Healing Has Begun».

Coney Island/Have I Told You Lately (Gran Bretaña). Polydor (1989). El maxi-single contiene los temas del 17 cm más «A Sense Of Wonder». El CD single incluye también «A Sense Of Wonder» y «Spirit».

Gloria/Rave On, John Donne (Gran Bretaña). Polydor (1990).El CD single incluye también «Vanlose Stairway» y «Bright Side Of The Road».

Real Real Gone/Start All Over Again (Gran Bretaña). Polydor (1990). El CD single también incluye «Cleaning Windows». El maxi-single a 45 rpm es igual que el CD Single.

In The Days Before Rock 'n' Roll/I'd Love To Write Another Song (Gran Bretaña) Polydor 1990. El CD single también incluye «Coney Island».

Enlightenment/Avalon Of The Heart (Gran Bretaña). Polydor (1991). El CD single también incluye «Jackie Wilson Said (I'm In Heaven When You Smile)».

I Can't Stop Loving You/All Saints Day (Gran Bretaña). Polydor (1991) [el primer tema acreditado a Van Morrison con The Chieftains.] El CD single y el maxi-single a 45 rpm también incluyen «Carrying A Torch».

Why Must I Always Explain?/So Complicated (Gran Bretaña). Polydor. El CD single también incluye «Enlightenment».

Gloria (con John Lee Hooker)/It Must Be You (Live) (Gran Bretaña). Exile (1993). El doble CD single también incluye temas en directo: Whenever God Shines His Light/Star Of The County Down/It Fills You Up/And The Healing Has Begun/See Me Through.

Days Like This/I Don't Want To Go On Without You/That Old Black Magic (Gran Bretaña). Polydor (1995).

Perfect Fit/Raincheck/Cleaning Windows (live) (Gran Bretaña). Polydor (1995).

No Religion/Whenever God Shines His Light/Have I Told You Lately/Gloria (Gran Bretaña). Polydor (1995).

No Religion/Days Like This/Raincheck (Gran Bretaña). Polydor (1995).

That's Life (live)/Moondance/That's Life (Gran Bretaña). Verve (1996).

The Healing Game / Full Force Gale '96 / Look What The Good People Done/Celtic Spring (Gran Bretaña). Polydor (1997).

The Healing Game/Have I Told You Lately/Whenever God Shines His Light (con Cliff Richard)/Gloria (con John Lee Hooker) (Gran Bretaña) Polydor (1997).

Rough God Goes Riding/At The End Of The Day/The Healing Game (alternate version) (Gran Bretaña). Polydor (1997).

Precious Time/Jackie Wilson Said/Call Me Up In Dreamland (Gran Bretaña). Polydor (1999).

Precious Time/Naked In The Jungle/Give Me A Kiss (Gran Bretaña). Polydor (1999).

Back On Top/John Brown's Body/I'm Ready (Gran Bretaña). Polydor (1999).

Back On Top/Tell Me/Sax Instrumental No. 1 (Gran Bretaña). Polydor (1999).

Philosopher's Stone/These Dreams Of You/Raincheck (Gran Bretaña). Polydor (1999).

I Wanna Go Home/New Burying Ground/Midnight Special (alternative take) (Gran Bretaña). Polydor (2000).

Let's Talk About Us/Singing The Blues. Pointblank (2000).

Let's Talk About Us (Virgin/Exile September 2000), con Linda Gail Lewis.

The Ballad Of Jesse James (Gran Bretaña).

Hey Mr. DJ/Someone Like You. Polydor (2002).

Bright Side Of The Road (Gran Bretaña).

Hey Mr. DJ

Meet Me In The Summer. Polydor/Exile.

(Carezco de detalles exactos de estos, o de cualesquiera otros sencillos publicados desde la última edición de VAN MORRISON: EL GENIAL POETA DEL ROCK.)

ÁLBUMES

Material Bang (las canciones se han combinado en una serie de álbumes)

BLOWIN' YOUR MIND

Cara A: Brown-Eyed Girl/He Ain't Give You None/T. B. Sheets

Cara B: Spanish Rose/Goodbye Baby (Baby Goodbye)/Ro Ro Rosey/Who Drove The Red Sports Car?/Midnight Special

LP: Bang BLP (S) 218 (septiembre 1967)

Edición estadounidense. Algunas copias incluyen la versión censurada de «Brown-Eyed Girl».

LP: London HAZ 8346 (febrero 1968)

CD: Sony Gold Mastersound 4804212 (febrero 1995)

Edición remasterizada. Con tomas alternativas de «Spanish Rose», «Ro Ro Rosey», «Goodbye Baby (Baby Goodbye)», «Who Drove The Red Sports Car?» y «Midnight Special».

THE BEST OF VAN MORRISON

Spanish Rose/It's All Right/Send Your Mind/The Smile You Smile/The Back Room/Brown-Eyed Girl/Goodbye Baby (Baby Goodbye)/Ro Ro Rosey/He Ain't Give You None/Joe Harper Saturday Morning

LP: Bang BLPS 222 (edición estadounidense, 1970)
LP: President PTLS 1045 (mayo 1971)

T. B. SHEETS

He Ain't Give You None/Beside You/It's All Right/Madame George/T. B. Sheets/Who Drove The Red Sports Car?/Ro Ro Rosey/Brown-Eyed Girl

LP: Bang BLPS 400 (enero 1974, edición estadounidense)
LP: London HSM 5008 (marzo 1974)
CD: Sony 4678272

THIS IS WHERE I CAME IN

Spanish Rose/Goodbye Baby (Baby Goodbye)/He Ain't Give You None/Beside You/Madame George/T. B. Sheets/Brown-Eyed Girl/Send Your Mind/The Smile You Smile/The Back Room/Ro Ro Rosey/Who Drove The Red Sports Car?/It's All Right/Joe Harper Saturday Morning/Midnight Special

LP: Bang 6467 625 (septiembre 1977)

BANG MASTERS

Brown-Eyed Girl/Spanish Rose (con una estrofa añadida)/Goodbye Baby (Baby Goodbye)/Chick A Boom/It's All Right/Send Your Mind/The Smile You Smile/The Back Room/Midnight Special/T. B. Sheets/He Ain't Give You None/Who Drove The Red Sports Car?/ Beside You/Joe Harper Saturday Morning(con una estrofa añadida)/Madame George/Brown-Eyed Girl (toma alternativa)/I Love You (The Smile You Smile) (inédita)

CD: Columbia 4683082 (1991)

Se omite «Ro Ro Rosey» por dificultades técnicas, aunque figura en la edición estadounidense. Las notas, de Bill Flanagan, constituyen una visión de conjunto magistral de las sesiones originales. Todos los temas son remasterizados de las cintas master originales.

THE LOST TAPES

CD: Movieplay Gold 74012/3 (enero 1993)

Edición exclusivamente portuguesa. Contiene todos los temas inéditos hasta el momento de los contratados por Bang Records, junto con los temas anteriormente no editados, a pesar de la división de títulos en «The Bang Masters» y «Previously-Unreleased Takes». Este recopilatorio lo importó Prism a Gran Bretaña.

PAYIN' DUES

Primer CD: Brown-Eyed Girl/He Ain't Give You None/T. B. Sheets/Spanish Rose/Goodbye Baby (Baby Goodbye)/Ro Ro Rosey/Who Drove The Red

Sports Car?/Midnight Special/Beside You/It's All Right/Madame George/Send Your Mind/The Smile You Smile/The Back Room/Joe Harper Saturday Morning/Chick A Boom/I Love You (The Smile You Smile)/Brown-Eyed Girl (toma alternativa)

Segundo CD: Twist And Shake/Shake And Roll/Stop And Scream/Scream And Holler/Jump And Jump/Drivin' Wheel/Just Ball/Shake It Mable/Hold On George/The Big Royalty Check/Ringworm/Savoy, Hollywood/Freaky If You Get This Far/Up Your Mind/Thirty Two/All The Bits/You Say France And I Whistle/Blow In Your Nose/Nose In Your Blow/La Mambo/Go For Yourself/Want A Danish/Here Comes Dumb George/Chickee Coo/Do It/Hang On Groovy/Goodbye George/Dum Dum George/Walk And-Talk/The Wobble/Wobble And Ball

CD: Charly CD 8035-2 (1994)

NEW YORK SESSIONS '67
CD doble: Burning Airlines PILOT 6 (1997)

Material posterior a Bang
ASTRAL WEEKS

Cara A: Primera Parte: In The Beginning
Astral Weeks/Beside You/Sweet Thing/Cyprus Avenue
Cara B: Segunda Parte: Afterwards
The Way Young Lovers Do/Madame George/Ballerina/Slim Slow Slider

LP: Warner Brothers K 46024 (noviembre 1968, edición estadounidense)
LP: Warner Brothers WS 1768 (septiembre 1969)
CD: Warner Brothers K 246024 (mayo 1987)

MOONDANCE

Cara A: And It Stoned Me/Moondance/Crazy Love/Caravan/Into The Mystic
Cara B: Come Running/These Dreams Of You/Brand New Day/Everyone/Glad Tidings

LP: Warner Brothers K 46040 (febrero 1970, edición estadounidense con carpeta desplegable)
LP: Warner Brothers WS 1835 (marzo 1970, edición británica con carpeta sencilla)
CD: Warner Brothers K 246040 (enero 1986)

VAN MORRISON, HIS BAND AND THE STREET CHOIR

Cara A: Domino/Crazy Face/Give Me A Kiss/I've Been Working/Call Me Up In Dreamland/I'll Be Your Lover, Too
Cara B: Blue Money/Virgo Clowns/Gypsy Queen/Sweet Jannie/If I Ever Needed Someone/Street Choir

LP: Warner Brothers WS 1884 (diciembre 1970, edición estadounidense)
LP: Warner Brothers WS 1884 (enero 1971)
CD: Warner Brothers 7599-27188-2 (edición alemana; disponible en Gran Bretaña)

TUPELO HONEY

Cara A: Wild Night/(Straight To Your Heart) Like A Cannonball/Starting A New Life/You're My Woman

Cara B: Tupelo Honey/I Wanna Roo You (Scottish Derivative)/When That Evening Sun Goes Down/Moonshine Whiskey

LP: Warner Brothers WS 1950 (octubre 1971, edición estadounidense)
LP: Warner Brothers K 46114 (noviembre 1971)
CD: Polydor 839 161-2 (1988)

ST DOMINIC'S PREVIEW

Cara A: Jackie Wilson Said (I'm In Heaven When You Smile)/Gypsy/I Will Be There/Listen To The Lion

Cara B: St Dominic's Preview/Redwood Tree/Almost Independence Day

LP: Warner Brothers 2633 (julio 1972, edición estadounidense)
LP: Warner Brothers K 46172 (agosto 1972)
CD: Polydor 839 162-2 (1988)

HARD NOSE THE HIGHWAY

Cara A: Snow In San Anselmo/Warm Love/Hard Nose The Highway/Wild Children/The Great Deception

Cara B: Green/Autumn Song/Purple Heather

LP: Warner Brothers K 46242 (julio 1973)
LP: Warner Brothers WS 2712 (octubre 1973, edición estadounidense)
CD: Polydor 839 163-2 (1988)

IT'S TOO LATE TO STOP NOW

Cara A: Ain't Nothing You Can Do/Warm Love/Into The Mystic/These Dreams Of You/I Believe To My Soul

Cara B: I've Been Working/Help Me/Wild Children/Domino/I Just Wanna Make Love To You

Cara C: Bring It On Home/St Dominic's Preview/Take Your Hand Out Of My Pocket/Listen To The Lion

Cara D: Here Comes The Night/Gloria/Caravan/Cyprus Avenue

LP: Warner Brothers K 86007 (febrero 1974, publicado con carpeta desplegable)
LP: Warner Brothers WS 2760 (marzo 1974, edición estadounidense con carpeta desplegable triple)
CD: Polydor 829 166-2 (1988)

Un álbum doble grabado en directo en Los Ángeles y Londres en verano de 1973.

VEEDON FLEECE

Cara A: Fair Play/Linden Arlen Stole The Highlights/Who Was That Masked Man?/Streets Of Arklow/You Don't Pull No Punches, But You Don't Push The River

Cara B: Bulbs/Cul De Sac/Comfort You/Come Here, My Love/ Country Fair

LP: Warner Brothers WS 2805 (agosto 1974, edición estadounidense)
LP: Warner Brothers K 56068 (octubre 1974)
CD: Polydor 839 164-2 (1988)

TWO ORIGINALS OF VAN MORRISON
LP: Warner Brothers K 86009 (octubre 1975)
Reedición de His Band And Street Choir *y* Tupelo Honey, *con carpeta desplegable.*

A PERIOD OF TRANSITION

Cara A: You Gotta Make It Through The World/It Fills You Up/Eternal Kansas City
Cara B: Joyous Sound/Flamingos Fly/Heavy Connection/Cold Wind In August

LP: Warner Brothers K 56322 (abril 1977)
CD: Polydor 839165-2 (1988) (con Mac Rebennack)

WAVELENGTH

Cara A: Kingdom Hall/Checking It Out/Natalia/Venice, USA/Lifetimes
Cara B: Wavelength/Santa Fe/Beautiful Obsession/Hungry For Your Love/Take It Where You Find It

LP: Warner Brothers K 56526 (noviembre 1978)
CD: Polydor 839169-2 (1988)

INTO THE MUSIC

Cara A: Bright Side Of The Road/Full-Force Gale/Stepping Out/Troubadours/Rolling Hills/You Make Me Feel So Free
Cara B: Angeliou/And The Healing Has Begun/It's All In The Game/You Know What They're Writing About

LP: Mercury 9102 852 (agosto 1979)
CD: Mercury 800 057-2 (1986)
CD: Polydor 839603-2 (agosto 1989)

COMMON ONE

Cara A: Haunts Of Ancient Peace/Summertime In England/Satisfied
Cara B: Wild Honey/Spirit/When Heart Is Open

LP: Mercury 6302 021 (septiembre 1980)
CD: Mercury 800 043-2 (1986)
CD: Polydor 839600-2 (agosto 1989)

BEAUTIFUL VISION

Cara A: Celtic Ray/Northern Muse (Solid Ground)/Dweller On The Threshold/Beautiful Vision/She Gives Me Religion
Cara B: Cleaning Windows/Vanlose Stairway/Aryan Myst/Across The Bridge Where Angels Dwell/Scandinavia

LP: Mercury 6302 122(febrero 1982)
CD: Mercury 800 036-2 (1986)
CD: Polydor 8390601-2 (agosto 1989)

INARTICULATE SPEECH OF THE HEART

Cara A: Higher Than The World/Connswater/River Of Time/Celtic Swing/Rave On, John Donne

Cara B: Inarticulate Speech Of The Heart Number One/Irish Heartbeat/The Street Only Knew Your Name/Cry For Home/Inarticulate Speech Of The Heart Number Two/September Night

LP: Mercury MERL 16 (marzo 1983)
CD: Mercury 811 140-2 (1986)
CD: Polydor 839604-2 (agosto 1989)

LIVE AT THE GRAND OPERA HOUSE, BELFAST

Cara A: Introduction/Into The Mystic (instrumental)/ Inarticulate Speech Of The Heart/Dweller On The Threshold/It's All In The Game/You Know What They're Writing About/She Gives Me Religion/Haunts Of Ancient Peace/Full-Force Gale

Cara B: Beautiful Vision/Vanlose Stairway/Rave On, John Donne/Rave On Part Two/Northern Muse (Solid Ground)/Cleaning Windows

LP: Mercury MERL 36 (febrero 1984)
CD: Mercury 818 336-2 (1986)
CD: Polydor 839602-2 (agosto 1989)

Grabado en la Grand Opera House, el 11 y 12 de marzo de 1983

A SENSE OF WONDER

Cara A: Tore Down À La Rimbaud/Ancient Of Days/Evening Meditation/The Master's Eyes/What Would I Do?

Cara B: A Sense Of Wonder/Boffyflow And Spike/If You Only Knew/Let The Slave (incorporating «The Price Of Experience»)/A New Kind Of Man

LP: Mercury MERH 54 (enero 1985)
CD: Mercury 822 895-2 (febrero 1985)
CD: Polydor 843116-2 (mayo 1990)

En alguna de las primeras portadas, en vez de «If You Only Knew» se relaciona el descartado poema de W. B. Yeats «Crazy Jane On God», que apareció en los prensajes de prueba.

NO GURU, NO METHOD, NO TEACHER

Cara A: Got To Go Back/Oh, the Warm Feeling/Foreing Window/A Town Called Paradise/In The Garden

Cara B: Tir Na Nog/Here Comes The Knight/Thanks For The Information/One Irish Rover/Ivory Tower

LP: Mercury MERH 94 (julio 1986)

CD: Mercury 830 077-2 (julio 1986)
CD: Polydor 849619-2 (agosto 1991)

POETIC CHAMPIONS COMPOSE

Cara A: Spanish Steps/the Mystery/Queen Of The Slipstream/I Forget That Love Existed/Sometimes I Feel Like A Motherless Child

Cara B: Celtic Excavation/Someone Like You/Alan Watts Blues/Give Me My Rapture/Did Ye Get Healed?/Allow Me

LP: Mercury MERH 110 (septiembre 1987)
CD: Mercury 832 585-2 (septiembre 1987)
CD: Polydor 517217-2 (1992)

IRISH HEARTBEAT

Cara A: Star Of The County Down/Irish Heartbeat/Ta Mo Chleamhnas Deanta/Raglan Road/She Moved Through The Fair

Cara B: I'll Tell Me Ma/Carrickfergus/Celtic Ray/My Lagan Love/Marie's Wedding

LP: Mercury MERH 124 (junio 1988)
CD: Mercury 834 496-2 (junio 1988) (con The Chieftains)

AVALON SUNSET

Cara A: Whenever God Shines His Light/Contacting My Angel/I'd Love To Write Another Song/Have I Told You Lately/Coney Island/I'm Tired Joey Boy

Cara B: When Will I Ever Learn To Live In God?/Orangefield/Daring Night/These Are The Days

LP: Polydor 839262-1 (junio 1989)
CD: Polydor 839262-2 (junio 1989)

THE BEST OF VAN MORRISON

Cara A: Bright Side Of The Road/Gloria/Moondance/Baby Please Don't Go/Have I Told You Lately/Brown-Eyed Girl/Sweet Thing/Warm Love

Cara B: Jackie Wilson Said/And It Stoned Me/Here Comes The Night/Domino/Did Ye Get Healed?/Wild Night/Cleaning Windows/Whenever God Shines His Light

LP: Polydor 841970-1 (marzo 1990)
CD: Polydor 841970-2 (marzo 1990)
Incluye temas adicionales: «Wonderful Remark», «Full Force Gale», «Queen Of The Slipstream» y «Dweller On The Threshold».

ENLIGHTENMENT

Cara A: Real Real Gone/Enlightenment/So Quiet In Here/Avalon Of The Heart/See Me Through

Cara B: Youth Of 1.000 Summers/In The Days Before Rock 'n' Roll/Start All Over Again/She's My Baby/Memories

LP: Polydor 847100-1 (octubre 1990)
CD: Polydor 847100-2 (octubre 1990)

HYMNS TO THE SILENCE

Cara A: Professional Jealousy/I'm Not Feeling It Any More/Ordinary Life/Some Peace Of Mind/So Complicated

Cara B: I Can't Stop Loving You/Why Must I Always Explain?/Village Idiot/Se Through Me Part Two (Just A Closer Walk With Thee)/Take Me Back

Cara C: By His Grace/All Saints Day/Hymns To The Silence/On Hyndford Street/Be Thou My Vision

Cara D: Carrying A Torch/Green Mansions/Pagan Streams/Quality Street/It Must Be You/I Need Your Kind Of Loving

LP: Polydor 849026-1 (septiembre 1991)
CD: Polydor 849026-2 (septiembre 1991)

THE BEST OF VAN MORRISON: VOLUME TWO

Real Real Gone/When Will I Ever Learn To Live In God?/Sometimes I Feel Like A Motherless Child/In The Garden/A Sense Of Wonder/I'll Tell Me Ma/Coney Island/Enlightenment/Rave On, John Donne/Rave On Part Two (live)/Don't Look Back/It's All Over Now, Baby Blue/One Irish Rover/The Mystery/Hymns To The Silence/Evening Meditation

LP: Polydor 517760-1 (enero 1993)
CD: Polydor 517760-2 (enero 1993)

TOO LONG IN EXILE

Cara A: Too Long In Exile/Big Time/Lonely Avenue

Cara B: Ball And Chain/In The Forest/Till We Get The Healing Done

Cara C: Gloria/Good Morning Little Schoolgirl/WastedYears/Lonesome Road/Moody's Mood For Love

Cara D: Close Enough For Jazz/Before The World Was Made/ I'll Take Care Of You/Instrumental/Tell Me What You Want

CD: Polydor 519219-2 (junio 1993)

A NIGHT IN SAN FRANCISCO

CD 1: Did Ye Get Healed?/It's All In The Game/Make It Real One More Time/I've Been Working/I Forgot That Love Existed/Vanlose Stairway/Trans-Euro Train/Fool For You/Yo Make Me Feel So Free/Beautiful Vision/See Me Through/Soldier Of Fortune/Thank You Monday/Have You Ever Loved A Woman?/No Rollin' Blues/Help Me/Good

CD 2: Jumpin' With Symphony Sid/It Fills You Up/I'll Take Care Of You/It's a Man's Man's World/Lonely Avenue/Four O'Clock In The Morning/So Quiet In Here/That's Where It's At/In The Garden/You Send Me/Allegheny/Have I Told You Lately/Shakin' All Over

CD: Polydor 5221290-2 (abril 1994) (grabado en el Masonic Auditorium de San Francisco, el 18 de diciembre de 1993 y también en el Mystic Theatre de Petaluma, el 12 de diciembre de 1993)

DAYS LIKE THIS

Cara A: Perfect Fit/Russian Roulette/Raincheck/You Don't Know Me/No Religion/Underlying Depression

Cara B: Songwriter/Days Like This/I'll Never Be Free/Melancholia/Ancient Highway/In The Afternoon

LP: Polydor/Exile 527307-1 (junio 1995)
CD: Polydor/Exile 527307-2 (junio 1995)

HOW LONG HAS THIS BEEN GOING ON

Cara A: I Will Be There/The New Symphony Sid/Early In The Morning/Who Can I Turn To?/Sack O' Woe/Moondance/Centerpiece

Cara B: How Long Has This Been Going On?/Your Mind Is On Vacation/All Saints Day/Blues In The Night/Don't Worry About A Thing/That's Life/Heathrow Shuffle

LP: Polygram/Exile 529 136-1 (febrero 1996)
CD: Polygram/Exile 529 136-2 (febrero 1996)

TELL ME SOMETHING: THE SONGS OF MOSE ALLISON

One Of These Days/You Can Count On Me (To Do My Part)/If You Live/Was/Look Here/City Home/No Trouble Livin'/Benediction/Back On The Corner/Tell Me Something/I Don't Want Much/News Nightclub/Perfect Moment

CD: Polygram/Exile 533 203-2 (diciembre 1996)

THE HEALING GAME

Rough God Goes Riding/Fire In The Belly/This Weight/Waiting Game/Piper At The Gates Of Dawn/Burning Ground/It Once Was My Life/Sometimes We Cry/If You Love Me/The Healing Game

CD: Polydor/Exile 5371012 (marzo 1997)
LP: Polydor/Exile 5371011 (marzo 1997, edición limitada)

THE PHILOSOPHER'S STONE: THE UNRELEASED TAPES

CD 1: Really Don't Know/Ordinary People/Wonderful Remark/Not Supposed To Break Down/Laughing In The Wind/Madame Joy/Contemplation Rose/Don't Worry About Tomorrow/Try For Sleep/Lover's Prayer/Drumshanbo Hustle/Twilight Zone/Foggy Mountain Top/Naked In The Jungle/There There Child

CD 2: The Street Only Knew Your Name/John Henry/Western Plain/Joyous Sound/I Have Finally Come To Realise/Flamingoes Fly/Stepping Out Queen Part Two/Bright Side Of The Road/Street Theory/Real Real Gone/Showbusiness/For Mr Thomas/Crazy Jane On God/Song Of Being A Child/High Spirits

CD: Polydor/Exile 351 789-2 (1998)

BACK ON TOP

Goin' Down Geneva/Philosopher's Stone/In The Midnight/Back On Top/When The Leaves Come Falling Down/High Summer/Reminds Me Of You/New Biography/Precious Time/Golden Autumn Day

CD: Virgin/Exile (1999)

THE SKIFFLE SESSIONS: LIVE IN BELFAST

It Takes A Worried Man/Lost John/Goin' Home/Good Morning Blues/Outskirts Of Town/Don't You Rock Me Daddio/Alabamy Bound/Midnight Special/Dead Or Alive/Frankie And Johnnie/Goodnight Irene/Railroad Bill/Muleskinner Blues/The Ballad Of Jesse James/I Wanna Go Home

CD: Virgin/Exile (2000)

Con Lonnie Donegan y Chris Barber. Producido por Van Morrison. Grabado en directo en el Whitla Hall de Belfast, en noviembre de 1998.

YOU WIN AGAIN

Let's Talk About Us/You Win Again/Jambalaya/Crazy Arms/Old Black Joe/Think Twice Before You Go/No Way Pedro/A Shot Of Rhythm & Blues/Real Gone Lover/Why Don't You Love Me/Cadillac/Baby (You've Got What It Takes)/Boogie Chillen

CD: Virgin/Exile VBCD 54 7243 8 50258 22 (2000)

El CD está acreditado conjuntamente a Van Morrison y Linda Gail Lewis, aunque en la portada el nombre de Van aparece en un tipo de imprenta ligeramente mayor. Acompañamiento de los Red Hot Pokers. Notas de portada de Jools Holland.

DOWN THE ROAD (Special Edition)

Down The Road/Meet Me In The Indian Summer/Steal My Heart Away/Hey Mr. DJ/Talk Is Cheap/Choppin' Wood/That's What Makes The Irish Heart Beat/All Work And No Play/Whatever Happened To P.J. Proby?/The Beauty Of The Days Gone By/Georgia On My Mind/Only A Dream/Man Has To Struggle/Evening Shadows/Fast Train

Aumentado con el sencillo «Hey Mr. DJ». Notas de portada de Ben Sidran.

CD: Polydor/Exile 589 177-2 (2002)

WHAT'S WRONG WITH THIS PICTURE?

What's Wrong With This Picture?/Whinin Boy Moan/Evening In Joan/Too Many Myths/Somerset/Meaning Of Loneliness/Stop Drinking/Goldfish Bowl/Once In A Blue Moon/Saint James Infirmary/ Little Village/Fame/Get On With The Show

CD: Blue Note 93651 (2003)

EDICIÓN ÚNICAMENTE EN CASSETTE

CUCHULAIN

Narración recitada de la saga irlandesa

Cassette: Moles MRILC 012 (1991)

TEMAS DE VAN MORRISON EN OTROS DISCOS

«Hungry For Your Love» (*An Officer And A Gentleman*, Polygram 1982)
«Wonderful Remark» (*King Of Comedy*, 1983)
«Here Comes The Knight» (live) (*Live For Ireland*, MCA 1987, de Self Aid)
«Boffyflow And Spike» (*A Chieftains Celebration*, RCA 1989)
«Brown-Eyed Girl» (*The Wonder Years*, Warner Brothers 1989)
«Wonderful Remark» (*Nobody's Child*, Warner Brothers 1990)
«T. B. Sheets» (*Dogfight*, Noveau 1991)
«Someone Like You» (*Only The Lonely*, Varese 1991)
«Jackie Wilson Said (I'm In Heaven When You Smile)» (*Queen's Logic*, Columbia Records 1991)
«Brown-Eyed Girl» (*Sleeping With The Enemy*, Columbia 1991)
«That's Where It's At» (*A Week Or Two In The Real World*, Real World Records 1994 - la canción de Sam Cooke con The Holmes Brothers)

APARICIONES ESPECIALES EN ÁLBUMES DE OTROS INTÉRPRETES

Chet Baker: *Live At Ronnie Scott's, London* (Hendring/Wadham, 1987)
The Band: *Cahoots* (Capitol, 1971)
The Band: *The Last Waltz* (Warner Brothers, 1978)
Jim Capaldi: *Fierce Heart* (Warner Brothers, 1983)
The Chieftains: *The Long Black Veil* (BMG, 1995)
The Chieftains: «Shenandoah», de *Long Journey Home: The Irish In America* (diversos intérpretes) (Unisphere, 1998, producido por Paddy Moloney)
Mick Cox: *Compose Yerself* (SBM, 1990)
Lonnie Donegan: *Muleskinner Blues* (RCA, 1999)
Georgie Fame: *Cool Cat Blues* (Bluemoon, 1990)
John Lee Hooker: *Never Get Out Of These Blues Alive* (Crescendo, 1972)
John Lee Hooker: *Born In Mississippi, Raised Up In Tennessee* (ABC, 1973)
John Lee Hooker: *Mr Lucky* (Silvertone, 1992)
John Lee Hooker: *Chill Out* (Pointblank, 1995)

James Hunter: *Believe What I Say* (Ace, 1996)
Tom Jones: *Carrying A Torch*
Roger Waters: *The Wall - Live In Berlin 1990* (Mercury 1990)
Bill Wyman: *Stone Alone* (Rolling Stones, 1976)

SENCILLOS PRODUCIDOS POR VAN MORRISON PARA OTROS INTÉRPRETES

Jackie DeShannon: *Sweet Sixteen* (Atlantic, 1973)
Herbie Armstrong: *Real Real Gone* (Avatar, 1980)
Tom Jones: *Carrying A Torch* (Dover, 1991)

CANCIONES DE VAN MORRISON GRABADAS POR OTROS INTÉRPRETES

«Across The Bridge Where Angels»: Dolores Keane (*Lion In A Cage*)
«And It Stoned Me»: Pride (*Mind Candy*)
«And The Healing Has Begun»: The Waterboys (*A Golden Day* disco pirata)
«Angeliou»: Deacon Blue («Riches» CD single, VMS)
«Bayou Doll»: Buckwheat Zydeco (*Five Card Stud*)
«Bit By Bit»: Roy Head
«Blue Money»: Flying Pickets (*Blue Money*)
«Brand New Day»: Dorothy Morrison (sencillo)
Esther Phillips (sencillo)
Frankie Laine
«Bright Side Of The Road»: Hothouse Flowers (*No Prima Donna*)
Delbert McClinton (*Classics Volume One*)
«Brown-Eyed Girl»: Del Amitri (maxi-single)
Jimmy Buffet (*One Particular Harbour*)
El Chicano (*Viva: Their Best*)
Tommy Graham (*Planet Earth*)
Iain Matthews (*Go For Broke*)
Moody Brothers (*Cotton Eye Joe*)
Henry Paul Band (*Anytime*)
Johnny Rivers (*LA Reggae*)
The Senators (*Hopes And Bodies*)
Steel Pulse (VMS)
Texas Mavericks (*Who Are These Masked Men?*)
«Caravan»: Deodato (*The Big Cuckoo*)
«Carrying A Torch»: Evangeline (*Evangeline*)
Tom Jones (*Carrying A Torch*)
«Cleaning Windows»: Pee Wee Ellis (*Sepia Tonality*)
Barrence Whitfield And Tom Russell (*Hillbilly Voodoo*, VMS)
«Come Here My Love»: This Mortal Coil (*Filigree And Shadow*)
«Come Running»: The Joy (*The Joy*)
«Comfort You»: Pumpkinhead (*Pumpkinhead*)
«Coney Island»: Phil Coulter Orchestra (CD single)

Liam Neeson (*No Prima Donna*)
«Could You, Would You»: Willy De Ville (*Miracle*)
«Crazy Love»: John Anderson (*You Can't Keep A Good Man Down*)
Vikki Carr (*Superstar*)
PJ Colt (*PJ Colt*)
Isley Brothers (*Shout And Twist*)
Brian Kennedy («Intuition», CD single)
Esther Phillips (sencillo)
Nolan Porter (*Nolan*)
Maxi Priest (*Intentions*)
Helen Reddy (*Very Best Of*)
Sanne Salomonsen (*Where Blue Night Begins*)
Cassandra Wilson (*No Prima Donna*)
«Domino»: Buddy Rich
Swingle II
«Fair Play»: Robyn Hitchcock («Oceanside», maxi-single promo)
«Feedback On Highway 101»: Johnny Winter (*Saints And Sinners*)
«Flamingos Fly»: Sammy Hagar (*Nine On A Scale Of Ten*)
«Friday's Child»: Herbie Armstrong (*Back Against The Wall*)
Lisa Stansfield (*No Prima Donna*)
«Full-Force Gale»: Elvis Costello And The Voice Squad (*No Prima Donna*)
«Gloria»: The Boots (*Here Are The Boots*)
David Bowie (*Die Bowie* disco pirata)
Elvis Costello (*Bone Of The Attractions* disco pirata)
Definition Of Sound (CD single)
Doors (*The Matrix Tapes* CD pirata)
Eddie And The Hotrods (*The End Of The Beginning*, VMS)
Jimi Hendrix (*The Singles Album*)
Alan Lancaster (*Life After Quo*)
101ers (*Elgin Avenue Breakdown*)
Iggy Pop (*Nightclubbing* disco pirata)
Santa Esmeralda (*Don't Let Me Be Misunderstood*)
Shadows Of Knight (sencillo)
Patti Smith (*Horses*)
13th Floor Elevators (*Demos Everywhere* disco pirata)
Johnny Thunders And Hanoi Rocks (sencillo)
The Wheels (sencillo)
Frank Zappa (*Frank Zappa Vs Tooth Fairy*)
«Have I Told You Lately»: The Chieftains (*Long Black Veil*)
Emilio (*Life Is Good*, VMS)
Rene Frogen (*Live In Concert*)
Laura Fygi (*Turn Out The Lamplight*)
Dolores Keane (*An Drolchead Beag*)
James Last And Richard Clayderman (*In Harmony*)
Barbara Mandrell (*It Works For Me*)
Jane McDonald (*Jane McDonald*)
Mighty Clouds Of Joy

Rebekah Ryan («You Lift Me Up», sencillo)
Rod Stewart (*Vagabond Heart/Unplugged And Seated*)
«He Ain't Give You None»: Jerry Garcia (*Garcia*)
«I Can Only Give You Everything»: Richard Hell And The Voidoids (*Destiny Street*)
MC5 (sencillo)
«I'm Not Feeling It Any More»: Tom Jones (*Carrying A Torch*)
«I'm Tired, Joey Boy»: Tom Petty (*Too Good To Be True*)
«Into The Mystic»: Icicle Works (*Seven Singles Deep*)
Esther Phillips (*You've Come A Long Way Baby*)
Johnny Rivers (*Slim Slo Slider*)
«Irish Heartbeat»: The Burns Sisters (*Close To Home*)
Billy Connolly (CD single, VMS)
Brian Kennedy and Shana Morrison (*No Prima Donna*)
«I Shall Sing»: Art Garfunkel (*Angel Clare*, VMS)
Miriam Makeba (*The Queen Of African Music*)
Toots And The Maytals (*Reggae Got Soul*)
«It Must Be You»: Tom Jones (*Carrying A Torch*)
«I've Been Working»: Bo Diddley (*Portrait*)
Orphan (*More Orphan Than Not*)
Bob Seger (*Live Bullet*)
«I Wanna Roo You»: Jackie DeShannon
Goldie Hawn (VMS)
«Jackie Wilson Said»: Dexy's Midnight Runners (*Too-Rye-Ay*, VMS)
«Linden Arden Stole The Highlights»: Robyn Hitchcock («Oceanside» maxi-single)
«Madame George»: Energy Orchard (*Shinola*, VMS)
Marianne Faithfull (*No Prima Donna*)
«Moondance»: Joan Armatrading (*Show Some Emotion*)
Michael Bublé
Peter Corry (*Live At The Grand Opera House*)
Georgie Fame (*Cool Cat Blues*)
Terry Garthwaite (*Hand In Glove*)
Bobby McFerrin (*Bobby McFerrin*, VMS)
Nana Mouskouri (*Nana*)
Nazareth (*The Ballad Album*)
Rupert Parker (*Songs From The Harp*)
Pele («The Celtic Rumour» CD single)
Phoebe Snow (*I Can't Explain*)
Irene Reid (sencillo)
Show Of Hands (*Formerly Anthrax*)
Grady Tate (*Bag Of Goodies*)
Vinx (*The Storyteller*)
«My Lonely Sad Eyes»: Maria McKee (*You Gotta Sin To Get Saved*, VMS)
«Mystic Eyes»: The Crawdaddys (*Crawdaddy's Power*)
Stackwaddy (*Stackwaddy*)
«One Two Brown Eyes»: Energy Orchard (*Energy Orchard*)
Iggy Pop (*Nightclubbing* disco pirata)
«Queen Of The Slipstream»: Brian Kennedy (*No Prima Donna*)

«Real Real Gone»: Herbie Armstrong (sencillo)
Tom Fogerty (*Deal It Out*)
«Ro Ro Rosey»: Charlie Brown
«Slim Slo Slider»: Johnny Rivers (*Slim Slo Slider*)
«Some Peace Of Mind»: Tom Jones (*Carrying A Torch*)
«Sunday Night Yap»: Pierce Turner (*Now Is Heaven*)
«Sweet Sixteen»: Jackie DeShannon (sencillo de 1980)
«Sweet Thing»: Flower Pornoes (*Ich And Inch*)
The Waterboys (*Fisherman's Blues*, VMS)
«T. B. Sheets»: John Lee Hooker (*Never Get Out Of These Blues Alive*)
«Tell Me All About Your Love»: Brian Kennedy («Intuition», CD single)
«These Were The Days»: Elisabeth Von Trapp (*Wishful Thinking*)
«Tupelo Honey»: Blackfoot (*After The Reign*)
Phil Coulter Orchestra (*No Prima Donna*)
Richie Havens (*Live On Stage*)
Dusty Springfield (*Cameo*, VMS)
Wayne Toups (*Zyda Cajun Blast From The Bayou*)
«Vanlose Stairway»: Georgie Fame (*Three Line Whip*)
«Vanlose Stairway»/«Mercy, Mercy, Mercy»: Georgie Fame (VMS)
«Warm Love»: Johnny Coppin (*Roll On Dreamer*)
«Wild Night»: Amazing Rhythm Aces
Polly Brown (*Super 20 Disco Specials And Love Songs*)
Richie Havens (*The End Of The Beginning*)
Martha And The Vandellas
John Mellencamp (*Dance Naked*)
Martha Reeves (*Thelma And Louise*)
Johnny Rivers (*Wild Night*)
«You Make Me Feel So Free»: Sinéad O'Connor (*No Prima Donna*)
«You Move Me»: Tom Fogerty (*Deal It Out*)
«You've Got The Power»: Roy Head
«Young Lovers Do»: Jeff Buckley (*Live At Sin-e*)
Maria McKee (*You've Got To Sin To Get Saved*)
Shusha (*This Is The Day*)

NO PRIMA DONNA: THE SONGS OF VAN MORRISON
CD: Polydor/Exile 523368-2 (1994)

THE VAN MORRISON SONGBOOK
CD: Connoisseur VSOP CD 233 (1997)
En la primera noticia sobre esta edición se dijo que tendría dieciocho piezas, pero la edición final sólo incluyó quince, descartando las previstas «Warm Love», interpretada por Joan Armatrading, y «T. B. Sheets», por John Lee Hooker.

Los lectores de *Wavelength* dan testimonio de versiones en directo de canciones de Van a cargo de (entre otros muchos) David Bowie, Counting Crows, Bob Dylan, Bob Geldof, Gary Glitter, The Grateful Dead, REM, Southside Johnnie, Bruce Springsteen y U2. También dan información de versiones en otros idiomas: «Brown Eyed Girl» en catalán (*«Ulls de mel»*), «Have I Told You Lately» en noruego (*«Har Jeg Sagt Deg Alt Jeg Burde Si Deg»*) y una versión española de «Bright Side Of The Road» (*«A este lado de la carretera»*).

Hay un disco pirata, en el sello Great Live, titulado *Caravan Sings Van Morrison: Live In Belgium 26/3/1985*. No es el famoso grupo de Canterbury con el mismo nombre, y aún tiene menor importancia si el solista no es el propio Van, como se declara. Seguramente es un viejo grupo de versiones, y no está mal del todo, si no se es muy exigente. Los temas contenidos son los siguientes: Bulbs/Dweller On The Threshold/I Will Be There/And The Healing Has Begun/Cleaning Windows/Crazy Love/ The Street Only Knows Your Name/Listen To The Lion/Caravan.

Más extraño aún es el álbum de Mandu, de 1974, *To The Shores Of His Heaven*, grabado en Melbourne y muy influenciado por *Astral Weeks*, aunque el tema «Hi Ho Silver» es más al estilo de *Veedon Fleece*. No se trata de versiones de canciones de Van Morrison, sino más bien imitaciones de su estilo, y el álbum sorprendentemente se merece la escucha.

ARTÍCULOS PROMOCIONALES Y EMISIONES RADIOFÓNICAS

BOTTOM LINE, NEW YORK, 15 MAY 1978
CD: King Biscuit Flower Hour, DIR Broadcasting (1989)

VAN MORRISON LIVE AT THE ROXY

Brown-Eyed Girl/Wavelength/And It Stoned Me/Checkin' It/Hungry Four Your Love/Kingdom Hall/Crazy Love/Tupelo Honey/Caravan/Cyprus Avenue

LP: WBMS 102 Warner Brothers Music Show (1979, edición promocional)

THE INTERVIEW ALBUM
LP: Mercury 830 222-1 (1986)

Entrevista con Mick Brown a guisa de promoción de No Guru, No Method, No Teacher.

ST PATTY'S DAY SPECIAL: TURN UP YOUR RADIO - AN EVENING WITH VAN MORRISON
Dos CD: Radio Today Entertainment, Nueva York (1989)

Greek Theatre de Berkeley, el 25 de julio de 1986, con temas de It's To Late To Stop Now *y declaraciones de Graham Nash, Robbie Robertson y Huey Lewis.*

DAYS LIKE THIS
CD: Polygram (1995)

Entrevista con Michelle Rocca, con declaraciones sobre alguna de las canciones.

HOW LONG HAS THIS BEEN GOING ON?
CD: Polygram (1995)

Entrevista con John Fordham, con declaraciones sobre alguna de las canciones.

THE PHILOSOPHER'S STONE

Disco 1:

1) «Really Don't Know» (grabada en 1971 — «una pieza musical realmente pasmosa, muy potente»).
2) «Ordinary People» (grabada también en 1971 — «un gran blues»).
3) «Wonderful Remark» (una interpretación de ocho minutos grabada en San Anselmo, California, en 1973; la versión original de la canción con la que Mo-

rrison figuró en la banda sonora de *El rey de la comedia*: «muy bonita y etérea, con Ronnie Montrose ala guitarra y coros»).

4) «Not Supposed To Break Down» (grabada en los Caledonia Studios de Fairfax, California, en 1973).
5) «Laughing In The Wind» (grabada en los Caledonia Studios en 1973, con Jackie DeShannon a los coros: «una canción fuerte y muy pegadiza con muchos vientos, un Morrison destacado de principios de los setenta»).
6) «Madame Joy» (grabada en los Caledonia Studios en 1973: «realmente espectacular». Supuestamente, este era el título original de «Madame George», ¡alucinante!).
7) «Contemplation Rose» (grabada en los Caledonia Studios en 1973: «una hermosa canción con alusiones a Harlem»).
8) «Don't Worry About Tomorrow» (grabada en los Caledonia Studios en 1973).
9) «Try For Sleep» (grabada en los Caledonia Studios en 1973, coescrita con John Platania: «una canción con un tempo muy lento, con Van cantando en falsete. El ambiente se establece con las primera frase de la letra: "It's four o'-clock in the morning".»).
10) «Lover's Prayer» (grabada en los Caledonia Studios en 1973: «muy hermosa, en la tradición de las canciones de amor de Van»).
11) «Drumshabo Hustle» (grabada en los Caledonia Studios en 1973: «una canción entretenida y fascinante sobre la industria musical y las compañías discográficas»).
12) «Twilight Zone» (una interpretación de leyenda, con una duración de ocho minutos. Grabada en Holanda en 1974 y mezclada el mismo año en The Record Plant de Sausalito, California: «una canción muy lenta, de madrugada, bluesy, que hubiera encajado en *Veedon Fleece*. Van la interpretó en directo en 1975»).
13) «Foggy Mountain Top» (como el tema anterior, esta canción se grabó en Holanda y mezcló en Sausalito: «un número de blues, lento, llevado por el piano, con un solo de armónica lleno de emoción»).
14) «Naked In The Jungle» (grabada en The Record Plant en 1975: «una melodía muy enérgica, trazada por el teclado, con un eficaz canto scat por parte de Van»).
15) «There There Child» (coescrita con John Platania, y grabada en los Caledonia Studios en 1976).

Disco 2:

1) «When I Deliver» (grabada en The Record Plant en 1975).
2) «John Henry» (canción tradicional, grabada en The Record Plant en 1977).
3) «John Brown's Body» (asimismo una canción tradicional. The Record Plant, 1979).
4) «I Have Finally Come To Realise» (The Record Plant, 1975).
5) «Flamingoes Fly» (con otra ortografía, y una versión diferente de la que aparecía en *Period Of Transition*; grabada en Holanda en 1974, con Pete Wingfield al piano. Mezclada en The Record Plant).
6) «Stepping Out Queen Part II» (grabada en The Record Plant en 1979; una secuela de la pieza que figura en *Into The Music*).
7) «Bright Side Of The Road» (una versión diferente de la toma oficial).

8) «I'm Ready» (grabada en The Record Plant en 1979).
9) «Street Theory» (grabada en Francia en 1980: «una canción llevada a ritmo rápido por el piano..., un cruce entre "Turn On Your Love Light" y "Come Running". Con Mark Isham al sintetizador»).
10) «Real Real Gone» (versión original, grabada en 1980 y difundida una vez por una emisora de radio de San Francisco; diez años después, aparecía una nueva versión en *Enlightenment;* con Pee Wee Ellis al saxo).
11) «Showbusiness» (una canción de nueve minutos, grabada en Londres en 1982).
12) «For Mr. Thomas» (grabada en 1983; Van interpreta una canción escrita por Robin Williamson, un viejo colega musical y cofundador de The Incredible String Band).
13) «Crazy Jane On God» (grabada en 1984 en Inglaterra y California: «una canción muy bonita», con coros adicionales a cargo de los folk-rockers irlandeses Moving Hearts; en su momento, los herederos del poeta W. B. Yeats negaron a Van el permiso para incluir este poema en un LP).
14) «Song Of Being A Child» (grabada en 1987 en Bath; una colaboración entre Van [música] y Peter Hudke [letra]).
15) «High Spirits» (grabada en 1988 en Irlanda del Norte; coescrita con Paddy Moloney de The Chieftains, que también toca en el tema).

Éste es un recopilatorio en dos CD de canciones no publicadas, que Van Morrison acordó inicialmente darlas para su edición el 16 de julio de 1996, pero que todavía no ha visto la luz. Debía contener un libreto con notas tema por tema. La información anterior es cortesía de internet y de Simon Gee.

El boletín *Ice* de junio de 1996 da detalles más completos. Después de desechar la idea de una caja con material antiguo, el propio Morrison seleccionó de sus archivos 30 interpretaciones no editadas anteriormente. Excepto cuatro, las demás eran canciones totalmente inéditas. El CD 1 es el mismo que se publicó comercialmente dos años después, mientras que el CD 2 no contiene «The Street Only Knew Your Name» y «Western Plain», que se añadieron para la citada edición, aunque incluye tres temas que luego se descartaron: «When I Deliver» (The Record Plant, 1975), «John Brown's Body» (The Record Plant, 1979) y «I'm Ready» (The Record Plant, 1979). Las dos últimas piezas se publicaron como «bonus tracks» en un CD single de «Back On Top».

Una fuente cercana a Morrison declaró a *Ice* que: «No diría que son tomas descartadas, porque ello sugeriría que estos temas son un tanto secundarios. Y no es así. Sólo son canciones realmente buenas que en su momento no se publicaron». El lote contiene bastante material entre álbumes. Como Neil Young, Morrison era muy prolífico, y a menudo abandonaba proyectos de álbumes a la mitad, o más allá.

Un subtítulo en los prensajes de prueba señala que este sólo es el «Volumen 1», y a juzgar por las canciones ya en circulación, tales como «I Shall Sing», «Feedback On Highway 101», «And The Streets Only Knew Her Name», «Don't Change On Me» y «Grits Ain't Groceries», hay suficiente buen material para más recopilatorios o para una caja. «Básicamente, ellos querían hacer la caja y vieron que él tenía tanto material no publicado que, en vez de intentar imaginarse cómo funcionaría todo el material no editado en el contexto de la caja, decidieron anticipar este formato. Luego quizás saldría la caja de discos.»

THE HEALING GAME: EXCLUSIVE RADIO INTERVIEW
Dos CD: Polydor/Exile View 1 (1997)

DISCOS PIRATA IMPORTANTES

Los discos pirata son la expresión última del mercado libre, y su cantidad y calidad tiende a reflejar la importancia cultural del artista concernido. Dentro de un siglo, los mejores de esos productos serán una herramienta importante para la comprensión de algunos de los poetas y músicos más grandes de la historia, en plena actuación.

Hay una cantidad enorme de producciones relacionadas con Morrison, que reflejan un interés fanático por sus actuaciones en directo que ninguna programación de edición oficial podría ni querría satisfacer jamás. En una ocasión Morrison pirateó a los piratas, al incluir temas en directo de Pagan Streams *en dos CD singles. Existe una reseña global sobre el tema en la detalladísima discografía de John Collis. Lo que sigue es una cronología breve de los CD ilegales y de los encantos en cinta no disponibles en la megatienda de discos más cercana.*

Viejas sesiones radiofónicas y sencillos raros de Them y The Monarchs: *Bluesology 1963-73*
Maquetas de estudio, 1969-71: **GETS HIS CHANCE TO WAIL/LAUGHING IN THE WIND/NAKED IN THE JUNGLE**
Fillmore West, 26 abril 1970: **ROCKS HIS SOUL/INTO THE MAN/MOONLIGHT SERENADE/LIVE IN SAN FRANCISCO**
Pacific High Studios, 19 septiembre 1971: **DESERT LAND/INTO THE MYSTIC/THE INNER MYSTIC/THIS IS VAN MORRISON**
Aquarius Theatre, 1972
San Anselmo, 15 febrero 1973: **STORMY WEATHER IN SAN ANSELMO**
Los Angeles Troubadour, 26 mayo 1973/Gira Mundial, 1974.
Descartes de un tercer álbum propuesto de *It's Too Late To Stop Now:* **IT AIN'T WHY, IT JUST IS/IT'S NEVER TOO LATE**
Cowtown Palace, 17 enero 1974
Cambridge (Massachusetts) 11 marzo 1974
Vara Studios, Amsterdam 24 junio 1974, con Dr. John: **AMSTERDAM'S TAPES**
Montreux Jazz Festival, 30 junio 1974; **IF YOU DON'T LIKE IT GO FUCK YOURSELF/PURE**
The Orphanage, 29 julio 1974
Maquetas de estudio, 1974-75: **LAUGHING IN THE WIND/NAKED IN THE JUNGLE**
Vara Studios, 22 julio 1974
Mechanical Bliss, 1975 (descartes)
The Last Waltz: masters de prueba de mezclas, 25 noviembre 1976: **FRIENDS AND OTHER STRANGERS**
King Biscuit Hour, Bottom Line Club, Nueva York, 15 mayo 1978: **GOSPELS FOR THE OCEAN/IRISH SOUL**
Bottom Line, 1 noviembre 1978
Roxy Theatre, Los Ángeles, 26 noviembre 1978: **LIVE AT THE ROXY**
Hammersmith Odeon, Londres, 27 febrero 1979
Rockpalast TV Special, Essen (Alemania), 3 abril 1982: **CAN YOU FEEL THE SILENCE/LIVE IN ESSEN**
Bob Dylan, París, 1 julio 1984 (un bis): **LES TEMPS CHANGENT**
Bob Dylan, Slane Castle, 8 julio 1984 (dos bises): **FROM THE COAST OF BARCELONA**
Cannes, 1984
Montreux Jazz Festival, 11 julio 1984: **HAUNTS OF ANCIENT PEACE/I CAN'T GO ON... BUT I'LL GO ON**

Francfort, 1986: **COPYCATS RIPPED OFF MY SOUL**
Ronnie Scott's Club, 6 junio 1986, con Chet Baker: **DARK KNIGHT OF THE SOUL**
Greek Theatre, Berkeley, 25 julio 1986: **SOUNDING IN THE CLOUDS/ST. PATRICK'S DAY**
Edinburgh Playhouse, 1986: **LIVE IN EDINBURGH AT THE PLAYHOUSE**
Danish Radio Big Band, Copenhague, 28 febrero 1987: **LISTEN TO THE LION**
Glastonbury, 21 junio 1987: **AND IF YOU GET IT RIGHT THIS TIME**
Coleraine University, 20 abril 1988, con Derek Bell: **DARK KNIGHT OF THE SOUL**
Hammersmith Odeon, Londres, 10 mayo 1988
Beacon Theatre, 30 noviembre 1989: **INSPIRED EVENINGS**
Church Of Our Lady St. Mary, Stogumber (Somerset) 17 enero 1990: **THE CHURCH OF OUR LADY ST. MARY**
Montreux Festival, julio 1990, con Georgie Fame: **LIVE IN MONTREUX**
Banda sonora de *One Irish Rover* de la BBC TV, emitido el 16 marzo 1991: **VAN MORRISON MEETS BOB DYLAN AND JOHN LEE HOOKER**
Concertgebouw, La Haya (Holanda), 31 marzo 1991 (en algunos discos pirata figura incorrectamente que las actuaciones provienen del Fleadh celebrado en Finsbury Park y del Feile de 1991 de Dublín): **SOUL LABYRINTH**
Utrecht/Vredenburg (Holanda), 1 abril 1991: **PAGAN STREAMS**
Glastonbury Festival, 28 junio 1992: **VAN THE MAN**
Bristol, 23 enero 1993: **WILD NIGHT**
The Point, Dublín, 6 febrero 1993: **LIVE IN EDINBURGH AT THE PLAYHOUSE**
Hammersmith Apollo, Londres, 22 marzo 1993: **WILD NIGHT**
Kings Hotel, Newport, 6 octubre 1993: **NOT SUITABLE FOR CHILDREN**
Apollo Theatre, Oxford, 26 febrero 1994: **A NIGHT IN OXFORD**
Manchester Apollo, 4 marzo 1994: **MY NAME IS RAINCHECK**
St David's Hall, Cardiff, 3-4 diciembre 1995: **AN ESOTERIC EVENING WITH VAN MORRISON**
Premios EMA, Belfast, 13 abril 1995: **LOST IN A FUGITIVE'S DREAM**
Danish Radio Big Band, Helsingor Jazz Festival, 5 agosto 1995: **STEPPIN' ON A DREAM**
Edinburgh, 1995 International Jazz Festival, con la BBC Big Band: **EDINBURGH CASTLE**
Bornemouth LEC, 16 septiembre 1995: **STEPPIN' ON A DREAM**
The Point, Dublín, 17 diciembre 1995: **THE NIGHT WAS FULL OF SPACES**
The Forum, Leverkusen, 18 junio 1996 (aparición como invitados de Candy Dulfer y su grupo): **IT'S VAN'S WORLD**
Reading, 21 enero 1997: **SING IT LIKE YOU'RE PROUD**
Waterfront, Belfast, 3 febrero, 1997: **LIVE AT THE WATERFRONT**
Hay-on-Wye, 23 mayo 1997: **A MADMAN LOOKING FOR A FIGHT**
Fleadh, Finsbury Park, 7 junio 1997: **TOP OF THE BILL**
Nueva York, 21 enero 1998 (dos bises): **MADISON SQUARE GARDEN**
Brighton Dome, 18/19/20 febrero 1998: **BRIGHTON DOME MEMORIES**
Apollo Theatre, Manchester, 12 marzo 1998: **THE VM WORKSHOP**
UCLA, Pauley Pavilion, 21 mayo 1998: **SICK LOVE**
Sheffield Arena, 23 junio 1998: **SOUL**
Birmingham NEC, 24 junio 1998 (un bis: «Wonder'): **BETTE DAVIS STYLE**
Brecon Jazz Festival, 7 agosto 1998: **FOLLOW THE A40**
Ross-on-Wye, 21 agosto 1998: **FOLLOW THE A40**

Belfast, 20-21 noviembre 1998: **THE SKIFFLE SESSIONS**

Contiene un listado de temas diferente de la posterior edición comercial, y en otro orden, incluyendo «New Burying Ground», «Linin' Track» y «Jesse James». Comprende la primera noche entera, junto a tres canciones de la segunda.

HOW LONG IS A PIECE OF STRING? Un CD triple con las actuaciones de la segunda parte con su grupo propio en las dos mismas noches, de vuelta a territorio hogareño.

Rockpalast, 19 diciembre 1998: **I LIKE CANDY/EMERALD DREAMS** (con Candy Dulfer)

Coal Exchange, Cardiff, 16 febrero 1999: **LOOK TO THE WEST**

Stockport Theatre, 15-16 marzo 1999: **IT'S A HARD ROAD**

Town Hall, Cheltenham, 8 abril 1999: **IT'S A HARD ROAD**

Festival Of Literature And Art, Hay-On-Wye, 28 mayo 1999: **HAVING FUN WITH VAN MORRISON ON STAGE**

Loreley Festival, 9 julio 1999: **A LEGEND IN LORELEY**

Ross-on-Wye, 21 agosto 1999: **TWISTS AND TURNS**

Guildhall, Portsmouth, 20 septiembre 1999: **A WEEK IN THE LIFE OF VAN MORRISON**

Oasis Centre, Swindon, 21octubre 1999/Princess Theatre, Torquay, 22 octubre 1999: **PUTTING THE BOOT IN** Apollo Theatre, Oxford, 9 febrero 2000: **THE IVAN MORRISON WORKSHOP**

Olympia Theatre, Dublín, 25/26 septiembre 2000/Munster Showrooms, Cork, 3 junio 2000: **VAN IN IRELAND**

Noviembre 2000: **CHOPPIN' WOOD**, un álbum de diez canciones con Linda Gail Lewis, posteriormente regrabado —con la supresión de las aportaciones vocales de ella— con el título de *Down the Road*.

Carre Theatre, Amsterdam, 29 marzo 2002/Royal Albert Hall, Londres, 16 abril 2003: **2ND NIGHT AT THE ROYAL ALBERT HALL**

Filmografía

Algunos de los artículos siguientes captan parte de la gracia y el peligro de Morrison en escena. Sin embargo, él no ha aceptado de buena gana la era de la MTV, ni las obsesiones con los vídeos de ostentosos directores, la mera antítesis de la obra de Van. Véase Wavelength *para una relación más completa y actualizada.*

GLIDE

Una película alemana en blanco y negro, que al parecer se rodó en 1962, mientras Van estaba de gira con The Monarchs. *Wavelength* afirma que no existe.

READY STEADY GO

Original Performances (Volume One) incluye a Them interpretando «Baby Please Don't Go», en 1964. En 1994, la televisión del Ulster también emitió una entrevista de noviembre de 1964, en la que un joven Van habla sobre una refriega que se desencadenó entre el público en una actuación local de Them.

WHERE THE ACTION IS

Tres películas promocionales de «Call My Name», «Mystic Eyes» y «Brown Eyed Girl», realizados para la TV estadounidense. Paradójicamente los dos primeros presentan a Them en el Puente de Londres. El tercero es con Van solo en un estudio neoyorquino.

TOPPOP GOLD, TV HOLANDESA 1967

Playback en «Mystic Eyes» con Cuby And The Blizzards en un jardín (aunque no «empapado de lluvia»). Reemitido en *Toppop Gold* en 1990.

RANDALL'S ISLAND POP FESTIVAL, 17 JULIO 1970

Una versión de cuatro minutos de «Come Running», difundida posteriormente por la televisión estadounidense.

FILLMORE EAST, NUEVA YORK, OCTUBRE 1970

«Cyprus Avenue»

DON KIRSCHNER'S IN CONCERT, ABRIL 1973

Cuatro canciones en color: «I've Been Working», «Caravan», «Gloria» y una «Cyprus Avenue» de nueve minutos. Con la Caledonia Soul Orchestra en la mejor forma y Van con stetson negro, esta emisión de la televisión estadounidense es legendaria entre los fanáticos de Van. Y con razón.

OLD GREY WHISTLE TEST, 23 JULIO 1973

«Whispering», Bob Harris entrevista a Van y dos miembros de su grupo, John Platania y David Hayes.

RAINBOW THEATRE, 24 JULIO 1973

La primera emisión simultánea de música rock de la BBC, en televisión y en estéreo en Radio One, en el *Old Grey Whistle Test*. Anne Nightingale presenta once canciones con la Caledonia Soul Orchestra, que culminan con una versión de «Cyprus Avenue» de casi diez minutos, en la que se ve en escena a una Shana de diez años. El nacimiento de una futura estrella. Al día siguiente, la televisión irlandesa emitió cuatro canciones más, con «Gloria» al final.

TALK ABOUT POP, RTE, 11 SETIEMBRE 1973

Entrevista con Donall Corvin, más cinco canciones en directo interpretadas en solitario, incluida una «Autumn Song» salvajemente recortada y «Drumshanbo Hustle».

WINTERLAND, SAN FRANCISCO, 2 FEBRERO 1974

Un popurrí con «4 O'Clock In The Morning» y «Family Affair» en vídeo pirata.

HAMMERSMITH ODEON, PRIMAVERA 1974

Emisión de la BBC TV.

MONTREUX JAZZ FESTIVAL, 19 JUNIO 1974

Cuatro temas en directo de los años perdidos, que incluyen el instrumental «Heathrow Shuffle», con Van soplando el saxo, y «Naked In The Jungle».

MUSIKLADEN, BREMEN, 10 JULIO 1974

Cuatro temas, el primero de ellos «Heathrow Shuffle». Los cuatro se retomaron en la ITV en 1988. «Bulbs», una rara interpretación en público de una canción de *Veedon Fleece*, que posteriormente reapareció en *Beat Club Volume Four* (BMG Video), al igual que «Heathrow Shuffle».

THE ORPHANAGE, SAN FRANCISCO, AGOSTO 1974

Entrevista con Tom Donahue, ensartada en medio de ocho canciones en directo con el grupo acompañante de corta duración, Sound Hole. Una versión especialmente buena de «Snow In San Anselmo».

THE LAST WALTZ, 1976

Película de Martin Scorsese, que registra el concierto de despedida de The Band. Van Morrison canta «Caravan» y se suma al bis de «I Shall Be Released». Una cinta de la mesa de sonido del concierto original emerge en el CD pirata *Friends And Other Strangers*, que también incluye el dúo de Van con Richard Manuel en «Tura Lura Lura».

MIDNIGHT SPECIAL, NBC, 28 MARZO 1977

Cinco canciones, como parte de un supergrupo que presentaba la rara mezcla de Carlos Santana, George Benson, Dr. John, Tom Scott y Etta James. La lista de piezas es igualmente interesante, e incluye «Cold Wind In August» y «Joyous Sound».

APARICIÓN PROMOCIONAL, MAUNKBERRY'S, GRANADA TV, 15 JUNIO 1977

«Joyous Sound» aparece aquí de nuevo, junto a «Venice, USA», «The Eternal Kansas City» y un instrumental sin título. El grupo incluye a Dr. John —una vez más— y Mick Ronson.

WONDERLAND, VARA STUDIOS, 1977

El mismo grupo aparece, tocando en el estudio en este especial de la televisión holandesa, que también incluye imágenes de archivo de paisajes irlandeses, no muy acordes con la interpretación de «Baby Please Don't Go», «The Eternal Kansas City» y «Cold Wind In August».

SATURDAY NIGHT LIVE, 4 NOVIEMBRE 1978

El grupo dirigido por Bob Tench interpreta «Wavelength» y «Kingdom Hall» en un concierto de diez minutos, en directo para televisión, en Nueva York, que después se repitió en MTV.

OUR TIMES, WB PROMO, DENVER 1978

Cinco canciones con el mismo grupo anterior, una mezcla de lo viejo («Brown-Eyed Girl» y «Caravan») y lo nuevo («Kingdom Hall», «Checkin' It Out» y «Wavelength»). Se emitió también en el programa de Don Kirschner, y en Italia se retomó como un lanzamiento «oficial» de fuentes dudosas.

VAN MORRISON IN IRELAND, FEBRERO 1979

Lista de temas: Moondance/Cheking It Out/Moonshine Whiskey/Tupelo Honey/Wavelength/St Dominic's Preview/Don't Look Back/I've Been Working/Gloria/Cyprus Avenue.

El mismo grupo anterior, en Dublín y Belfast, intercalando música en directo con imágenes de ellos en gira y lugares del pasado de Van, en especial algunas tomas sorprendentes de Cyprus Avenue. Lanzado comercialmente (dos veces) en estéreo, aunque después suprimido. Dirigido por Michael Radford, famoso por *El cartero y Pablo Neruda*. Narrowcast, 1980; Hendring, 1987.

LIVE AT THE CAPITOL THEATRE, PASSAIC, NUEVA JERSEY, 6 OCTUBRE 1979

Lista de temas: Kingdom Hall/ Bright Side Of The Road/Here Comes The Night/Into The Mystic/You Made Me Feel So Free/Warm Love/Call Me Up In Dreamland/It's All In The Game/Ain't Nothing You Can Do/Angeliou/Full-Force Gale/Moondance/Moonshine Whiskey/Wavelength/Tupelo Honey/I've Been Working/Troubadours/Brown-Eyed Girl/Gloria.

Un vídeo pirata en blanco y negro del nuevo grupo con Pee Wee Ellis, John Platania, Pete Wingfield y Mark Isham.

MONTREUX JAZZ FESTIVAL, 10 JULIO 1980

Cinco canciones desde el Casino de Montreux, emitidas posteriormente por TV5 en 1988. Pee Wee Ellis sobresale en rendiciones de ocho minutos de «Summertime In England» y «Haunts Of Ancient Peace», y sigue hasta el final con «Ballerina» (editada). Superlativo.

ROTTERDAM, 23 MAYO 1981

«Summertime In England» también es el punto culminante de este concierto para la TV holandesa del Festival del 81.

ROCKPALAST, ESSEN, 3 ABRIL 1982

Los conciertos del Rockpalast son justamente legendarios gracias al tiempo y al cuidado que se concede a los intérpretes seleccionados, casi como si fueran de importancia cultural o así. Compárese éste con la televisión británica habitual, en la que el rock es algo que, en su mayor parte, miran los aquejados de insomnio o aquellos que tienen un ejemplar de *Radio Times*, buen ojo y un grabador de vídeo de fiar. Incluso si te quedas despierto para, digamos, un concierto de Neil Young y Crazy Horse, se suprime de repente sin ningún motivo. Fin del sermón.

Éste es un buen ejemplo en especial, grabado en la Grugahalle de Essen, que contiene 18 canciones con un grupo que incluye a Chris Michie a la guitarra y la sección de viento de Ellis e Isham. Un «Summertime In England» de diez minutos es un digno punto álgido. Van ya había iniciado la costumbre de ausentarse del escenario, y por esa razón no aparece en dos canciones.

LATE LATE SHOW, MARZO 1983

Van interpreta en directo «Cry For Home» para la televisión irlandesa.

ROCKPALAST, «MIDEM», CANNES, 26 ENERO 1984

Una hora y media de música y veinte canciones, con una visión y sonido perfectos, desde el Nouveau Palace du Festival. Un grupo completamente diferente al de dos años antes, con Martin Drover, Richie Buckley, Kenny Craddock, Arty McGlynn, Jerome Rimson y Terrry Popple. El propio Van toca mucho los teclados. El pase dobla ampliamente el anterior lanzamiento alemán. Los temas nuevos incluyen «Inarticulate Speech Of The Heart», «Higher Than The World» y «River Of Time».

WEMBLEY STADIUM, 7 JULIO 1984

Una toma alternativa de la MTV, en la que Van se une en un bis de «It's All Over Now, Baby Blue» con el autor, Bob Dylan y un grupo de ocasión con Eric Clapton, Chrissie Hynde, Carlos Santana y Mick Taylor.

MARY O'HARA SHOW, ITV, 19 AGOSTO 1984

Interpretación de «Northern Muse (Solid Ground)» en un espectáculo para el gran público *por excelencia*.

CELTIC SWING, PROMO, NOVIEMBRE 1984

El primer vídeo comercial de Van para la era MTV, que aún no ha liquidado a ese fanático de la radio.

PAVILION THEATRE, GLASGOW, 15 OCTUBRE 1984

Van canta «Celtic Swing» y «Cry For Home» con la Battlefield Band, anfitriones del programa para la BBC de Escocia.

A GRAND NIGHT OUT, 23 OCTUBRE 1984

Presentado por Phil Coulter, Van canta «A Sense Of Wonder» y «What Would I Do» como parte de la celebración de los sesenta años de emisiones de la BBC desde el Ulster.

OLD GREY WHISTLE TEST, BBC2, 13 NOVIEMBRE 1984

Van interpreta «A Sense Of Wonder» en directo desde el estudio, dos veces. Una versión apareció en Nochevieja en un especial de *Pick Of The Year*. El grupo de Van sigue siendo el mismo del segundo Rockpalast.

ENTERTAINMENT CENTRE, SIDNEY, TV AUSTRALIANA, FEBRERO 1985

Película con dos canciones de la gira australiana, grabadas en directo para televisión: «A Sense Of Wonder» y «Tore Down À La Rimbaud».

THE TUBE, CHANNEL FOUR, 29 MARZO 1985

'Tore Down À La Rimbaud», «The Master's Eyes» y «If Only You Knew», en directo en el estudio Tyne Tees.

SELF AID, DUBLÍN, 17 MAYO 1986

Emisión de la RTE con «Thanks For The Information», «Here Comes The Night» y «A Town Called Paradise», con Neil Drinkwater a los teclados sumado al grupo habitual.

CHET BAKER AT RONNIE SCOTT'S, 6 JUNIO 1986

Van canta «Send In The Clowns». Hendrin: 1990.

WOGAN, 27 JUNIO 1986

Van interpreta «Ivory Tower» ante Terry, en una actualización del refrán «echar perlas a los cerdos».

NIMJAZZ, QUEEN'S UNIVERSITY, BELFAST, 13 NOVIEMBRE 1987

Van de invitado con la big band de la Northern Ireland Music Association, que incluye al viejo colega John Wilson a la batería. Contiene seis canciones, entre las cuales «Listen To The Lion» y «Haunts Of Ancient Peace».

SATURDAY REVIEW, 15 NOVIEMBRE 1986

Entrevista en la BBC2 con Mick Brown, que incluye dos canciones: «The Healing Has Begun» y «In The Garden».

POLYDOR PROMO VIDEO, 7 JULIO 1987

Una entrevista de veinte minutos con Bill Morrison, en la que se entremezclan dos interpretaciones desde el Hammersmith Odeon de «Did Ye Get Healed?» y «The Mystery».

AS I ROVED OUT, BELFAST, 29 OCTUBRE 1987

Un especial «en concierto» de 40 minutos, con The Chieftains, rodado en los Balmoral Studios. Emitido en la RTE y la BBC en marzo de 1988. Van canta y toca la batería en cuatro canciones: «Raglan Road», «Star Of The County Down», «My Lagan Love» y «Celtic Ray».

THE LATE LATE SHOW: TRIBUTE TO THE CHIEFTAINS, RTE, MARZO 1988

Morrison de invitado en «Star Of The County Down», «My Lagan Love» y «Marie's Wedding», ésta con Christy Moore, Gary Moore (sin parentesco) y Paul Brady. Vídeo de la RTE, 1988.

VAN THE MAN, ULSTER TELEVISION, 20 ABRIL 1988

Entrevista y tertulia rodada en el Riverside Theatre de la Universidad de Coleraine, emitida en la televisión irlandesa en julio. Incluye una actuación acústica con Van a la guitarra, Clive Culbertson al contrabajo y Derek Bell al piano, y diálogos con el profesor Bob Welch y Martyn Lynch. Las canciones que se interpretan son «When I Was A Cowboy», «Foggy Mountain Top», «A Sense Of Wonder», «In The Garden» (recogida en WPV), «Star Of The County Down» y «Raglan Road». Material de primera.

ECO ROCK, FIFE AID, ST ANDREWS, 24 JULIO 1988

«A Sense Of Wonder», «Marie's Wedding» y «Cleaning Windows», grabadas con un grupo improvisado para un concierto benéfico. Vídeo Castle/Hendrin, 1990.

SONGS OF INNOCENCE: VAN MORRISON AND THE CHIEFTAINS AT THE ULSTER HALL, BELFAST, 15 SETIEMBRE 1988

Lista de temas: Tore Down À La Rimbaud/In The Garden/Rave On, John Donne/Did Ye Get Healed?/Star Of The County Down/She Moved Through The Fair/Ta Mo Chleamhnas Deanta /I'll Tell Me Ma/Carrickfergus Celtic Ray/Marie's Wedding/Boffyflow And Spike/Goodnight Irene/Moondance.

Contiene un concierto de una hora emitido en el Channel Four en marzo de 1989. 14 canciones, las cuatro primeras con su propio grupo (Arty McGlynn, Clive Culbertson, Dave Early, Richie Buckley y June Boyce) y el invitado especial Derek Bell. «Rave On, John Donne» aparece en WPV. El resto es con los Chieftains, quienes como la lista de temas indica, van mucho más allá de la tradición irlandesa. Un magnífico espectáculo.

HAVE I TOLD YOU LATELY

Promo de Polydor para el sencillo.

THE PRINCE'S TRUST 1989 ROCK GALA, BIRMINGHAM NEC

Emitido en la ITV, con una gran orquesta dirigida por George Martin en «Orangefield».

ATENAS, 27-28 JUNIO 1989

Dúo con Bob Dylan (véase *One Irish Rover*, 16 marzo 1991)

MONTREUX JAZZ FESTIVAL, 17 JULIO 1989

Emisión de la BBC de «Vanlose Stairway», con Georgie Fame y la Dallas Jazz Orchestra.

KILLER: JERRY LEE LEWIS AT THE HAMMERSMITH ODEON, 21 NOVIEMBRE 1989

Se entrevista a Van, e interpreta dos canciones: «Goodnight, Irene» y «What'd I Say?». Esta última aparece en la edición comercial en vídeo de la MCA, de este concierto de homenaje.

VAN MORRISON: THE CONCERT, BEACON THEATRE, NUEVA YORK, 30 NOVIEMBRE 1989

Lista de temas: I Will Be There/Whenever God Shines His Light/Cleaning Windows/Orangefield/When Will I Ever Learn To Live In God?/Thank God For Self Love/Raglan Road/Carrickfergus/Summertime In England/Caravan/Moondance/Fever/Star Of The County Down/In The Garden/Have I Told You Lately/Gloria/It Serves Me Right To Suffer/Boom Boom/She Moved Through The Fair.

Con Mose Allison y John Lee Hooker. Vídeo editado por Polygram, 1990.

LATE NIGHT WITH LETTERMAN, NUEVA YORK, 1 DICIEMBRE 1989

Una aparición de diez minutos.

WHENEVER GOD SHINES HIS LIGHT

Vídeo de promoción de Polydor para el sencillo.

WOGAN, BBC1, DICIEMBRE 1989

Dúo con Cliff Richard en «Whenever God Shines His Light».

TOP OF THE POPS, BBC1, DICIEMBRE 1989

Ambos repiten su actuación conjunta.

ARENA SPECIAL: SLIM GAILLARD'S CIVILISATION

Programa de la BBC2, emitido a finales de 1989, en el que Morrison improvisa sobre «Arabian Boogie» y recita extractos de *En el camino* de Kerouac, con Gaillard que proporciona acompañamiento al piano.

FESTIVAL DE SAN REMO, 24 FEBRERO 1990

Van canta «Have I Told You Lately» sobre fondo pregrabado. Emitido en Super Channel.

ROCK STEADY SPECIAL, CHANNEL FOUR, FEBRERO 1990

Van y Mose Allison tocando juntos en Bristol.

THE SHOW, BBC NORTHERN IRELAND, 17 MARZO 1990

Cuatro canciones en directo en el Joker Club de Belfast.

MONTREUX JAZZ FESTIVAL, 11 JULIO 1990

THE WALL, BERLÍN, 21 JULIO 1990

Channel Four hizo la retransmisión en directo del acontecimiento multimedia de Roger Waters, que resucitaba su tenebrosa épica de Pink Floyd. Morrison interpreta dos de las canciones de Waters: «Comfortably Numb» y «The Tide Is Turning».

REAL REAL GONE, FINALES DE 1990

Vídeo de promoción de Polydor para el sencillo.

CLEAR COOL CRYSTAL STREAMS, LWT, 21 OCTUBRE 1990

El *South Bank Show* de Melvyn Bragg se ocupa durante sesenta minutos de Van Morrison y su música, en un horario de máxima audiencia.

SHOWTIME: COAST TO COAST, 22 OCTUBRE 1990

La televisión estadounidense emite dos canciones en directo desde un estudio televisivo de Los Ángeles, con las figuras del jazz Herbie Hancock, Chick Corea y Larry Carlton.

THE LATE SHOW, BBC2, 13 NOVIEMBRE 1990

Tres canciones en directo en el estudio.

VAN MORRISON AND TOM JONES, 14 FEBRERO 1991

Vídeo de promoción para el nuevo álbum de Van, con el rodaje de dos canciones en el estudio: «Carrying A Torch» y «I'm Not Feeling Anymore».

MEAN FIDDLER, 6 MARZO 1991

Promo de Polydor (oficialmente) no distribuido para «I Can't Stop Loving You», con los Chieftains.

CONEY ISLAND OF THE MIND, CHANNEL FOUR, 12 MARZO 1991

Especial televisivo de media hora, rodado en Wicklow y Belfast, en el que Morrison se reúne con varios poetas irlandeses.

ONE IRISH ROVER, BBC2, 16 MARZO 1991

Un *Arena Special*, emitido también por cable en Estados Unidos, que presenta diecinueve actuaciones distintas con gente como los Chieftains, John Lee Hooker, Bob Dylan y The Danish Radio Big Band, además del propio grupo de Morrison. «Foreign Window» y «One Irish Rover», con Dylan rasgueando al unísono, se rodaron en Atenas en junio de 1989.

EMA AWARDS, BBC1, 16 MARZO 1991

El programa incluye «You're The One».

CIVIC HALL, WOLVERHAMPTON, 17 ENERO 1992

Vídeo aficionado.

FLEADH '93, FINSBURY PARK, 12 JUNIO 1993

MUZIEKCENTRUM VREDENBURG, UTRECHT, 23 OCTUBRE 1993

MANCHESTER APOLLO, 4 MARZO 1994

MONTREUX JAZZ FESTIVAL, 9 JULIO 1994

A RIVER OF SOUND, TELEVISION IRLANDESA, 1995

«My Lagan Love», con el único acompañamiento de piano, en una historia de conjunto de la música irlandesa, situada en el contexto mundial, para la televisión.

DAYS LIKE THIS PROMO, ABRIL 1995

PERFECT FIT PROMO, JULIO 1995

DAVID LETTERMAN: LETTERMAN IN LONDON, BBC2, 17 MAYO 1995

Van hace un dúo con Sinéad O'Connor en «Have I Told You Lately», acompañado por los Chieftains.

ALBUM OF THE YEAR - LIVE, 23 SETIEMBRE 1995

Canciones de «Days Like This», con la intervención del trompetista Guy Barker.

LATER, BBC2, ENERO 1996

Tres canciones de Morrison acompañado por Georgie Fame y el grupo. Van tiene un aspecto misterioso y amenazante a la vez, con sombrero, gafas de sol y traje negro.

ROYAL CONCERT HALL, GLASGOW, 14 ENERO 1996

«Slim Slow Slider» lleva a WPV a una brillante conclusión.

IRMAS, DUBLÍN, 29 MARZO 1996

DAVID LETTERMAN SHOW, 30 ABRIL 1996

Versión de «Moondance».

BANDAS SONORAS DE PELÍCULAS

THE SCHOONER (dirigida por Bill Muscally, Eire, 1983). Un film para la RTE, con banda sonora original de Morrison, grabada en los Cucumber Studios.

LAMB (dirigida por Colin Gregg). Banda sonora original compuesta por Morrison.

CANCIONES UTILIZADAS EN PELÍCULAS

«Astral Weeks»: *Slipstream* (Canadá, 1970).

«Baby Please Don't Go»: *Good Morning Vietnam* (dirigida por Barry Levinson, EE. UU., 1987);

Wild At Heart (*Corazón salvaje*, dirigida por David Lynch, EE. UU., 1990).
«Brown-Eyed Girl»: *Sleeping With The Enemy* (*Durmiendo con su enemigo*, EE. UU., 1991).
«Gloria»: *The Outsiders* (*Rebeldes*, dirigida por Francis Ford Coppola, EE. UU., 1983).
«Hungry For Your Love»: *An Officer And A Gentleman* (*Oficial y caballero*, dirigida por Taylor Hackford, EE. UU., 1982).
«Moondance»: *An American Werewolf In London* (*Un hombre lobo americano en Londres*, dirigida por John Landis, EE. UU. 1982).
«Slim Slow Slider»: *Three American Albums* (dirigida por Wim Wenders, Alemania Occidental, 1970).
«Wonderful Remark»: *King Of Comedy* (*El rey de la comedia*, dirigida por Martin Scorsese, EE. UU. 1983).

VÍDEOS RECOPILATORIOS

THE WAVELENGTH PARTY VIDEO: VOLUME ONE
Where The Action Is (1964): «Call My Name»/«Mystic Eyes»/«Brown Eyed Girl»
Holland (1967): «Mystic Eyes» (con Cuby And The Blizzards)
Fillmore East (1970): «Cyprus Avenue»
Don Kirschner's Rock Concert (1973): «I've Been Working»
The Rainbow (1973): «Help Me»/«Caravan»
Winterland (1974): «Four O'Clock In The Morning»/«Family Affair»
Musikladen, Bremen (1974): «Heathrow Shuffle»/«Bulbs»
Midnite Special (1977): «Misty» (con George Benson)
Promo EE. UU., Denver (1978): «Wavelength»
Capitol Theatre (1979): «Tupelo Honey»
Montreux Jazz Festival (1980): «Ballerina»
Festival '81, Rotterdam (1981): «Summertime In England»
Rockpalast (1982): «She Gives Me Religion»
Midem, Cannes (1984): «Vanlose Stairway»/«It's All In The Game»
Vídeo promo (1984): «Celtic Swing»
The Tube (1985): «The Master's Eyes»/«If You Only Knew»
Self Aid, Dublín (1986): «Thanks For The Information»/«A Town Called Paradise»
Hammersmith Odeon (1987): «Did Ye Get Healed?»
Belfast (1989): «Raglan Road»/«Star Of County Down»
Riverside Theatre, Colraine (1988): «In The Garden»
Ulster Hall, Belfast (1988): «Rave On, John Donne»
Atenas (1989): «Foreign Window»/«One Irish Rover» (con Bob Dylan)
Hammersmith Odeon (1989): «Goodnight Irene»
Joker Club, Belfast (1990): «Have I Told You Lately»
Montreux Jazz Festival (1990): «Sweet Thing»
Vídeo promo (1990): «Real Real Gone»
Vídeos promo (1991): «I Can't Stop Loving You»/«Carrying A Torch»/«I'm Not Feeling It Any More»
EMA Awards (1991): «You're The One»
Civic Hall, Wolverhampton (1992): «Why Must I Always Explain»
Symphony Hall, Birmingham (1992): «See Me Through»
Fleadh (1993): «I'll Take Care Of You»
Musiekcentrum, Utrecht (1993): «Vanlose Stairway»
Montreux Jazz Festival (1994): «Ain't That Loving You Baby?»
Manchester Apollo (1994): «Raincheck»
Vídeos promo (1995): «Days Like This»/«Perfect Fit»

IRMAS, Dublín (1996): «Days Like This»
David Letterman Show (1996): «Moondance»
Royal Concert Hall, Glasgow (1996): «Slim Slow Slider»

Este extraordinario (aunque no autorizado) vídeo recopilatorio sólo puede haber sido reunido por fanáticos de Van, y hace las veces de una especie de historia alternativa de la carrera de Morrison. Indispensable, a pesar de la deficiente calidad visual de algunas piezas.

DOWN ANCIENT ROADS

Rainbow Theatre, Londres, 24 julio 1973: Take Your Hand Out Of My Pocket/Here Comes The Night/I Just Want To Make Love To You/Brown-Eyed Girl/Moonshine Whiskey/Moondance/Help Me/Domino/Caravan/Cyprus Avenue

Midem Festival, Cannes, 26 enero 1984: Inarticulate Speech Of Heart/Into The Mystic/Dweller On The Threshold/Vanlose Stairway/It's All In The Game/You Know What They're Writing About/She Gives Me Religion/Help Me/Beautiful Vision/Northern Music (Solid Ground)/Bright Side Of The Road/Celtic Ray/Higher Than The World/River Of Time/The Street Only Knew Your Name/Cry For Home/Haunts Of Ancient Peace/Cleaning Windows/Summertime In England/Full-Force Gale

Mary O'Hara Show, 19 agosto 1984: «Northern Music (Solid Ground)»

The Brit Awards, 13 febrero 1994: «See Me Through»/«Have I Told You Lately That I Love You?» (con Shana Morrison)/«Gloria» (con Shane McGowan)

Liverpool Empire, 1 octubre 1996: «Fire In The Belly»

Vídeo promocional, 1997: «The Healing Game»

Estas grabaciones contienen parte de las mejores imágenes de conciertos de rock de todos los tiempos.

WHEN THE CLOCK STRIKES 3

Venice, EE. UU. (1977): Summertime In England (1984)/No Religion/Days Like This/Have I Told You Lately (1995)/How Long Has This Been Going On? (promo, 1995)/Tell Me Something (promo) (1996)/Saint Dominic's Preview (1996)/I've Been Working/Vanlose Stairway/Stormy Weather (1996)/Leverkusen: The Healing Game (promo, 1996)/Rough God Goes Riding (promo, 1996)/The Healing Game/ Rough God Goes Riding (1997)/Late Late Show/Cold Sweat (1991)/Allow Me/Mama Don't Allow (1992)/A Town Called Paradise (1992)/Haunts Of Ancient Peace (1993)/One Irish Rover (1993)/Vanlose Stairway (1994)/Raincheck (1994)/Tupelo Honey/See Me Through (1995)/Ordinary People (1995)/That's Life (1995)/This Weight/The Healing Game (1996)

Éste es el menos indispensable de los tres recopilatorios de vídeo, ya que exhibe un endurecimiento musical y visual de las arterias. Por supuesto que incluso la menor de estas canciones supondría un punto álgido en la carrera de prácticamente cualquier otro.

Bibliografía

Altham, Keith; *No More Mr. Nice Guy*, Blake, 1999.

Bangs, Lester; «Astral Weeks», *Stranded*, 1979. Reimpreso en *Psychotic Reactions And Carburetor Dung* Heinemann, 1988, págs. 20-28.

Bono; «Bono Talking With Bob Dylan And Van Morrison», *Hot Press*, 24 agosto 1984. Reimpreso en *The U2 File*, Niall Stokes, ed., Omnibus, 1985, pág. 160.

Brooks, Ken; *In Search Of Van Morrison*, Agenda, 1998. (Una puesta al día de «Into The Sunset», de 1996, de Ben Cruikshank, que es el mismo nombre al revés.)

Brown, Mick; *American Heartbeat: Travels From Woodstock To San Jose By Song.*

Burgess, Steve; «The Common One», *Dark Star* 25, diciembre 1980.

Carson, Ciaran; *The Star Factory*, Granta, 1997. (Una guía histórica y poética sobre el Belfast del pasado.)

Clarke, Victoria; «The Hardest Thinking Man In Showbiz», *Q*, agosto 1993.

Clayson, Alan; *Call Up The Groups: The Golden Age Of British Beat 1962-67*, Blandford Press, 1985, págs. 168-70.

———, *Beat Merchants: The Origins, History, Impact And Rock Legacy Of The 1960s British Pop Groups*, Blandford Press, 1995.

Clayton-Lea, Tony y Richie Taylor; *Irish Rock*, Sidgwick & Jackson, 1992.

Collis, John (editor); *The Rock Primer*, Penguin, 1980, págs. 163,302-3.

———, *Van Morrison: Inarticulate Speech Of The Heart*, Little, Brown & Company, 1996. (Claro y sabio, con mucha investigación original entre los viejos amigos de Van. El libro parece un poco apresurado, y termina con una nota negativa, en relación con la personalidad de Morrison.)

———, «Van Morrison», *Rock: The Rough Guide*, editada por Jonathan Buckley y Mark Ellingham, Rough Guides, 1996, págs. 582-4.

Copple, Cynthia (editora); *Van Morrison: Reliable Sources*, Caledonia Productions, San Rafael, 1973. (La versión autorizada de la vida de Van, aunque nunca ha sido ampliamente disponible, salvo para periodistas.)

Cruikshank, Ben; *Into The Sunset: The Music Of Van Morrison*, Agenda, 1996. (Una útil guía tema-por-tema, con artículos cortos sobre influencias clave.)

Davies, Mike; «Van Morrison Interview», *Nuggets* 8, verano 1977.

Dawe, Garard; «The Burning Ground, Belfast And Van Morrison», *The Rest Is History*, Abbey Press, 1998, edición limitada de 1.000 ejemplares.

Denselow, Robin; *When The Music's Over: The Story Of Political Pop*, Faber, 1989, págs. 158, 161, 207.

Densmore, John; *Jinetes en la tormenta. Mis años en los Doors*, Grijalbo, Barcelona, 1991. [Ed. original, *Riders On The Storm* (Bloomsbury, 1991, págs. 74-6).]

Dewitt, Howard; *The Mystic's Music*, Horizon Books, Freemont, California, 1983.

Doggett, Peter; «Them», *Record Collector* 149, enero 1992.

———, «Van Morrison», *Record Collector* 178-80, junio-agosto 1994.

Du Noyer, Paul; «Blind Date», *Q*, agosto 1989.

———, «The Big Man», *Q*, abril 1997.

Fallon, B. P.; «Interview», *The Guardian*, 15 junio 1996.

Flanagan, Bill; «Van Morrison», *Musician*, 1984. Reimpreso en *Written In My Soul*, Omnibus, 1990, págs. 447-50.

Garry, Mac; «One Of Them-The Astral Van Morrison», *Zigzag* 5, septiembre 1969.

Gillett, Charlie; *Historia del Rock. El sonido de la ciudad* (2. vols.), Ma Non Troppo-Ediciones Robinbook, Barcelona, 2003. [Ed. original, *The Sound Of The City*, Souvenir Press, 1970; edición revisada, 1983].

Graham, Bill; *My Life Inside Rock And Roll*, Delta, 1993. (Pasajes inéditos aparecieron posteriormente en *Musician*, enero 1994.)

Grissim, John; entrevista en *Rolling Stone*, junio 1972. Reimpresa en *Rolling Stone Interviews Volume Two* (editado por Ben Fong-Torres, Warner Paperback Library, Nueva York, 1973, págs. 74-83).

Hatch, David; *From Blues To Rock*, Manchester University Press, 1987, pág. 23.

Heylin, Clinton; *The Great White Wonders: A History Of Rock Bootlegs*, Viking, 1994, págs. 305-6, 327.

———, *Can You Feel The Silence? Van Morrison, a New Biography*, Viking, 2002.

Hodgett, Trevor; «Them», *Record Collector* 89, enero 1987.

Hogg, Brian; «Van Morrison And Them», *Strange Things Are Happening*, septiembre 1988.

Holden, Stephen; «St. Dominic's Preview», *Rolling Stone* 31, agosto 1972. Reimpreso en *Rolling Stone Record Review Two*, Pocket Books, Nueva York, 1974, págs. 458-61.

Hoskyns, Barney; «100 Great Voices», *Mojo Music Guide Two*.

Humphries, Patrick; *The Complete Guide To The Music Of Van Morrison*, Omnibus Books, 1997.

Kelly, Pat; *More Than A Song To Sing: Mystical Ideas And The Lyrics Of Van Morrison*, Rowan Press, Darlington, 1993. (En este caso la palabra clave es sinceridad, tanto la de Van como la de la reacción del autor a los versos clave de sus canciones, a través de las cuales Kelly sigue seis temas principales. Una respuesta de fan por excelencia.)

Kureishi, Hanif; «With Your Tongue Down My Throat», *Granta* 22, otoño 1987, págs. 21-76.

Landau, Jon; «His Band And Street Choir», *Rolling Stone* 4, febrero 1971. Reimpreso en *Rolling Stone Record Review Two*, Pocket Books, Nueva York, 1974, págs. 454-8.

Landy, Elliott; *Woodstock Vision: The Spirit Of A Generation*, Continuum, Nueva York, 1994.

Marcus, Greil; entrevista en *Rolling Stone*, julio 1970. Reimpresa en *Rolling Stone Interviews Volume Two*, editado por Ben Fong-Torres, Warner Paperback Library, Nueva York, 1973, págs. 57-61.

———, *Mystery Train*, Penguin, 1975 (1991, 4.ª edición), pág. 153.

———, «Van Morrison», en *The Rolling Stone Illustrated History Of Rock 'n' Roll*, editado por Jim Miller, Random House, Nueva York, 1980, págs. 320-3.

Marsh, Dave (editor); *Rolling Stone Record Guide*, Random House, Nueva York, 1979, págs. 256-7.

———, *The Heart Of Rock And Soul: The 1,001 Greatest Singles Ever Made.*

Martin, Gavin; «Poetry, Punks And Pawns», *Record Hunter*, abril 1991.

May, Chris & Phillips, Tim; *British Beat*, Socion Books, 1974.

Morrison, Van; *The Songs Of Van Morrison*, Wise, 1971; antología: Wise, 1992. (Letra y música de 26 canciones.)

Mullan, Bob (Editor); *Memories Of R.D. Laing*, Cassell, 1997. (Incluye una entrevista inédita con Morrison, sobre las ideas contenidas en «In The Garden».)

O'Connor, Nuala; *Bringing It All Back Home: The Influence Of Irish Music*, BBC, 1991, págs. 126-8.

Palmer, Myles; «The Lion Of Caledonia», *Let It Rock*, enero 1973.

Power, Vincent; *Send 'Em Home Sweating*, Kildanore Press, 1990.

Prendergast, Mark; *Irish Rock: Roots, Personalities, Directions*, O'Brien Press, Dublín, 1987, págs. 113-142.

Rebennack, Mac; *Under A Hoodoo Moon: The Life Of The Night Tripper*, St Martin's Press, Nueva York, 1994, págs. 224-5.

Reynolds, Simon y Joy Press; *The Sex Revolts: Gender, Rebellion And Rock 'n' Roll*, Serpent's Tail, 1995, págs. 168-70.

Rocca, Michelle; «Pillow Talk», *Mojo* 100, agosto 1995.

Rogan, Johnny; *Van Morrison*, Proteus, 1984. (Escrito con todo el detalle meticuloso que uno pueda esperar, aunque es un libro ácido que devalúa la música de Van, a causa de su personaje público.)

———, «Van Morrison», *Record Collector* 57, mayo 1984.

Salewicz, Chris; «Van Morrison, The Hermit Of Holland Park», *Q*, enero 1987.

Sarlin, Bob; «Van Morrison — Belfast Cowboy», *Turn It Up! [I Can't Hear The Words]*, Simon & Schuster 1973, págs. 89-104.

Sinclair, David; *Rock On CD: The Essential Guide*, Kyle Cathie 1992, págs. 221-4.

Smith, Joe; *Off The Record: An Oral History Of Popular Music*, Sidgwick & Jackson, 1989, págs. 270-272.

Stambler, Irwin; *Encyclopaedia Of Pop, Rock & Soul*, St James Press, 1977, págs. 359-60.

Tame, David; *Beethoven And The Spiritual Path Quest.*

Tobler, John; «Van Morrison Out Of The Mystic», *Zigzag* 36.

———, *100 Great Albums Of The Sixties*, Little, Brown & Company, 1994, pág. 78.

Traum, Happy; entrevista en *Rolling Stone*, 9 julio 1970. Reimpresa en *The Rolling Stone Interviews 1967-1980* (editado por Peter Hebst, St Martin's Press, Nueva York, 1981, págs. 100-6).

Turner, Steve; *Hungry For Heaven: Rock And Roll And The Search For Redemption*, Hodder, 1995; edición revisada, 1998, págs. 123-8.

———, *Van Morrison: Too Late To Stop Now*, Bloomsbury 1993. (El mejor repaso global de la carrera de Van, de escritura comprensiva y profusamente ilustrado.)

Wild, David; entrevista en *Rolling Stone*, 9 agosto 1990.

Wyatt, Robert; «The Record That Changed My Life», *Q*, junio 1995.

Yorke, Ritchie; *Van Morrison: Into The Music*, Charisma/Futura, 1975. (El único libro que ha conseguido la aprobación del cantante, aunque quizá ha resultado excesivamente reverencial. Fascinante, de todas maneras, y largamente descatalogado.)

Las críticas particulares que he citado en el texto, están referenciadas en él. A petición puedo proporcionar todo tipo de detalles adicionales.

FANZINES

Into The Music 1-9 (dirigido por Donal Caine).

The Van Morrison Newsletter 1-10 (dirigido por Stephen McGinn).

Wavelength (dirigido por Simon Gee, P. O. Box 80, Winsford, Cheshire CW7 4ES, wavelength@netcentral.co.uk). *Wavelength* es uno de los más globales, leíbles y devotos de todos los fanzines existentes, aunque sus niveles de producción realmente están por encima de dicha categoría. Contiene gran riqueza de información y detalle. Simon Gee planea actualmente un listado completo de todas las listas de actuaciones de cuantos conciertos de Van Morrison sea posible recuperar del recuerdo o las grabadoras de sus lectores.

Índice de nombres

Otros títulos de MA NON TROPPO-MÚSICA

Rolling Stones. Los viejos dioses nunca mueren
Stephen Davis
La biografía no censurada más exacta y arriesgada de la banda más grande del planeta. Stephen Davis pone al descubierto la saga completa (y sin cortes) de los Rolling Stones, la banda que constituye uno de los pilares de la mitología universal del rock & roll. Desde sus inicios y su debut como teloneros en el club Marquee de Londres, en 1962, pasando por los altibajos de su siempre vibrante evolución.

«En este libro encontrarán a los Stones auténticos. Stephen Davis, que los conoce bien, no se ha limitado a retratarlos, sino que ha contado de manera soberbia sus 40 años de historia [...] sin favoritismos [...] una obra de consulta ineludible.»

JORDI TARDÀ

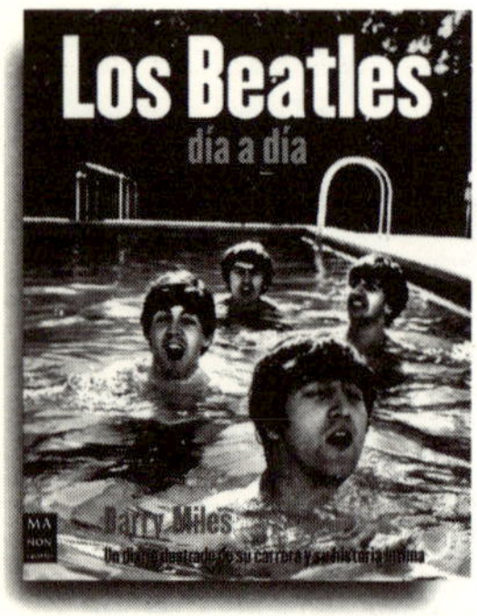

Los Beatles, día a día
Barry Miles
La crónica definitiva de los beatles y su entorno íntimo, contada día a día.

El legendario Barry Miles, miembro del círculo íntimo de los Beatles en los años sesenta, ofrece en este libro una cronología asombrosamente detallada de las actuaciones, los locales, los discos, las declaraciones y las fechas memorables de la inmortal banda de Liverpool.

«Los Beatles, día a día *supera a todos los demás libros sobre los Beatles.»*

ROLLING STONE

Bruce Springsteen. Nacido para el rock
Eric Alterman
En este libro (ganador del premio Stephen Crane Literary, de periodismo), Alterman nos habla del mito y del artista, de cómo se construyó y de qué es hoy Bruce Springsteen. Esta obra desglosa la biografía del que, sin duda, es el músico de rock más importante de su generación. Un convincente retrato que muestra a un Springsteen maduro, guiado por su talento y por su personal sentido de la responsabilidad hacia su público. Esta biografía destaca la importancia de Bruce como cronista del malestar social y como creador, a través de su música, de una comunidad «invisible» que, como él, rechaza hacer concesiones a la manipulación del poder. Vida y música en un todo coherente, sólido y excepcionalmente bien narrado.

Historia del jazz clásico, Frank Tirro
Historia del jazz moderno, Frank Tirro

Obra de culto para todo amante del jazz, la obra del músico y musicólogo Frank Tirro es por fin publicada en español, en dos volúmenes en su edición más actual. Todos los compositores, los instrumentistas, los y las vocalistas, los instrumentos, la época, los ritmos, los estilos y su evolución son presentados en estos dos libros, profusamente ilustrados, por uno de los mayores conocedores de la música de jazz.

«Una de las aproximaciones [al jazz] más ambiciosas y sugerentes escritas en los últimos años.»
Esteban Linés, LA VANGUARDIA

Historia del rock. El sonido de la ciudad (2 vols.), Charlie Gillett

Un libro imprescindible para entender la historia y la cultura del rock. Surgido de la erudición y la investigación del autor, así como de su amor y fascinación por la música, esta obra se ha convertido ya en un auténtico clásico. Al margen de tópicos y poco inclinado a dar una mera opinión personal, Gillett revisa el nacimiento del género, su evolución, sus grandes estrellas, las corrientes minoritarias y los músicos menores, así como las compañías discográficas. El autor ha escrito un capítulo sobre las últimas tendencias y la world music especialmente para esta edición en español.